Gesundheit

Politik – Gesellschaft – Wirtschaft

Herausgegeben von
E.-W. Luthe, Wolfenbüttel/Oldenburg, Deutschland
J. N. Weatherly, Berlin, Deutschland

Der Gesundheitssektor ist in politischer, ökonomischer und gesellschaftlicher Hinsicht eine einzige Herausforderung. In entwickelten Gesellschaften wird er zunehmend zum eigentlichen Motor für wirtschaftliches Wachstum, enthält er als Kostentreiber gleichzeitig viel politischen Sprengstoff und ist er für die Zukunft einer alternden Gesellschaft schlechthin konstitutiv. Vor allem aber ist der Gesundheitssektor viel mehr als bloße Krankenbehandlung: als *Prävention, Rehabilitation* und *Pflege* verweist er auf den gesamten ihn umgebenden sozialen Kontext, als *Organisation* auf ein in steter Veränderung begriffenes System der Koordination und Vernetzung von Behandlungsleistungen und als *medizinisches Experimentierfeld* auf die Grenzen dessen, was von Politik und Gesellschaft noch verantwortet werden kann. Der Gesundheitssektor ist nach allem ein Thema, das nicht nur Medizinern vorbehalten sein kann und zweifellos auch Politiker, Juristen, Betriebs- und Volkswirte, Sozialwissenschaftler sowie zahlreiche weitere Disziplinen betrifft. Mit wachsender Einsicht in die Komplexität des Gegenstandes aber ist mittlerweile deutlich geworden, dass auch dies nicht reicht. Wer den Gesundheitssektor verstehen und hier wirksam handeln will, für den ist der isolierte Blickwinkel einer einzigen Fachdisziplin grundsätzlich unzureichend. Mehr denn je ist der kombinierte Sachverstand gefragt. Dies ist für die neue Buchreihe tonangebend. Leitbild ist der *interdisziplinäre Diskurs* auf der Suche nach Lösungen für einen in der Gesamtheit seiner Strukturen und Prozesse nur noch schwer zu durchdringenden Gesellschaftsbereich. In dieser Hinsicht wäre bereits viel gewonnen, wenn es gelänge, einen Blick über den eigenen Tellerrand zu werfen und divergierende Perspektiven zusammenzuführen.

Ein Dankesgruß in die Zukunft sei bereits jetzt an alle Leser und Autoren gerichtet, die mit konstruktiver Kritik, Anregungen, Verbesserungsvorschlägen und natürlich eigenen Publikationen einen persönlichen Beitrag zum Gelingen der Buchreihe und damit letztlich zur Fortentwicklung des Gesundheitssektors leisten wollen.

Herausgegeben von
Prof. Dr. Ernst-Wilhelm Luthe
Institut für angewandte Rechts- und Sozialforschung (IRS)
Ostfalia Hochschule und Universität Oldenburg
Wolfenbüttel/Oldenburg, Deutschland

Dr. John N. Weatherly
NEWSTAND Management Akademie
Berlin, Deutschland

Weitere Bände in der Reihe http://www.springer.com/series/11770

Werner Vogd · Martin Feißt
Kaspar Molzberger · Anne Ostermann
Juliane Slotta

Entscheidungsfindung im Krankenhausmanagement

Zwischen gesellschaftlichem Anspruch, ökonomischen Kalkülen und professionellen Rationalitäten

 Springer VS

Werner Vogd
Witten, Deutschland

Martin Feißt
Witten, Deutschland

Kaspar Molzberger
Berlin, Deutschland

Anne Ostermann
Hannover, Deutschland

Juliane Slotta
Berlin, Deutschland

Gesundheit. Politik – Gesellschaft – Wirtschaft
ISBN 978-3-658-17000-4   ISBN 978-3-658-17001-1   (eBook)
https://doi.org/10.1007/978-3-658-17001-1

Die Deutsche Nationalbibliothek verzeichnet diese Publikation in der Deutschen National-
bibliografie; detaillierte bibliografische Daten sind im Internet über http://dnb.d-nb.de abrufbar.

Springer VS

Lektorat: Katrin Emmerich

Gedruckt auf säurefreiem und chlorfrei gebleichtem Papier

Springer VS ist Teil von Springer Nature
Die eingetragene Gesellschaft ist Springer Fachmedien Wiesbaden GmbH
Die Anschrift der Gesellschaft ist: Abraham-Lincoln-Str. 46, 65189 Wiesbaden, Germany

Inhalt

Vorwort

Mehr als drei Jahre lang haben wir uns mit den Problemen des Krankenhauses aus einer managementsoziologischen Perspektive beschäftigt und dabei insbesondere gefragt, wodurch die Entscheidungsprozesse im Krankenhausmanagement konditioniert werden. Wir haben mit Geschäftsführern, Chefärzten, ärztlichen Direktoren, Pflegedirektoren und anderen Akteuren aus der Verwaltung gesprochen. Wir haben an Leitungssitzungen teilgenommen und die einschlägigen Debatten zur Reform des Gesundheitswesens verfolgt. Nicht zuletzt haben wir eine erhebliche Zeit mit ,Theoriearbeit' verbracht, denn um eine so komplexe Tätigkeit wie die des Managements aufschließen zu können, bedarf es theoretischer und methodologischer Ressourcen, die uns hinreichend differenzierte Begrifflichkeiten zur Verfügung stellen.

In unserem Projekt folgen wir einem praxistheoretischen (genauer: praxeologischen) Zugang, der jedoch nicht blind für die politischen und ökonomischen Dimensionen ist, die traditioneller Weise zur Domäne der Gesellschaftstheorie gehören. Allerdings begreifen wir die Art und Weise, wie diese innerhalb der Organisation aufgegriffen werden und in konkreten Reflexionsverhältnissen zum Ausdruck kommen, ihrerseits wiederum als eine Praxis, die vom Forscher zu rekonstruieren ist. In den von uns untersuchten Entscheidungsprozessen verzahnen sich Psyche, Interaktion, Organisation und Gesellschaft in einer jeweils spezifischen, jedoch nicht beliebigen Weise.

In der synoptischen Zusammenschau von Krankenhäusern unterschiedlicher Trägerschaft und der Betrachtung der spezifischen Probleme der unterschiedlichen am Management beteiligten Berufsgruppen entsteht deshalb ein umfassendes Bild des zeitgenössischen Krankenhausmanagements, das weitaus mehr ist als nur eine Momentaufnahme. Es verweist vielmehr einerseits auf die übergreifenden strukturellen Probleme des Krankenhauses, die wohl auch im nächsten Jahrzehnt das bundesdeutsche Gesundheitswesen prägen werden. Anderseits lassen sich übergreifende Einsichten für eine Managementsoziologie gewinnen, die in

Hinblick auf die Verzahnung von Theorie und Empirie wie auch in Bezug auf eine gegenstandstheoretische Theoriebildung einiges nachzuholen hat.

Zudem können wir im Anschluss an unsere Studie die spezifischen Bezugsprobleme der unterschiedlichen Managementakteure nachzeichnen. Es wird deutlich, inwiefern sich die Perspektiven von Pflegedienstleitung, ärztlicher Direktion und kaufmännischer Leitung unterscheiden und dass entsprechende Spannungen und Inkommensurabilitäten in den Handlungsorientierungen und professionellen Werten weniger als Problem zu sehen sind denn als Ressource, um überhaupt den Steuerungsanforderungen eines komplexen, multiprofessionellen Betriebs begegnen zu können.

Um den unterschiedlichen Berufsgruppen wie auch den typologischen Ausprägungen unterschiedlicher Managementarrangements gerecht zu werden und dabei die Ergebnisse unserer empirischen Rekonstruktionen nachvollziehbar und überprüfbar zu machen, braucht es Raum zur Darstellung. Aus diesem Grunde ist ein Buch mit einem gewissen Umfang entstanden, wobei für den Leser das Angebot besteht, nicht jeden Schritt der Rekonstruktion im Einzelfall nachzuvollziehen, sondern stattdessen von Schlussfolgerung zu Schlussfolgerung zu springen, wobei er jederzeit bei Interesse tiefer in die Interpretationen einsteigen kann.

Ebenso haben wir bewusst den Originalzitaten aus den Interviews eine prominente Stellung eingeräumt, denn nur darin offenbaren sich die Strukturen des Denkens und Erlebens der befragten Akteure in ihrer spezifischen Typik und Eigendynamik. Gerade hier wird deutlich, worin professionelle Identitäten und entsprechende Habitus bestehen und weshalb sie unhintergehbar sind, an welcher Stelle Brüche und Spannungen auftreten und was dies für den Prozess des Managements eines Krankenhauses bedeutet. Ebenso lässt sich vor allem in Gesprächen erahnen, wie subtil und prekär die jeweilige Balance zwischen Medizinischem und Ökonomischem, zwischen Innen und Außen, zwischen Authentizität und Unredlichkeit, zwischen Oben und Unten im Einzelfall sind. In der oft tastenden und gebrochenen Rede der befragten Akteure wird die Gratwanderung zwischen technokratischer Routine und unternehmerischer Produktivität, zwischen dem Passiven, dem den Verhältnissen ausgeliefert Sein und einem souveränen Umgang mit Spannungen und Unsicherheiten besonders deutlich.

Dieses Buch ist ein Gemeinschaftswerk der fünf Autoren.[1] Darüber hinaus sind an dieser Stelle noch eine Reihe weiterer Personen zu nennen, die zum Erfolg dieses

---

1   Ausnahmen stellen die Rekonstruktion der Managementarrangements des St.-Joseph-Krankenhauses und des Klinikums Bergstadt in Kapitel V.4 und V.5 dar. Die in Kapitel V.4 vorgelegten Analysen beruhen auf der M.A.-Arbeit von Martin Feißt, die dieser im September 2016 der Fakultät für Kulturreflexion an der Universität Witten/

Projektes beigetragen haben. Sarah Becker (geb. Poranzke) und Julian Wolf sind als wissenschaftliche Mitarbeiter in der ersten Hälfte des Projekts an der Erhebung und Dateninterpretation beteiligt gewesen.[2] Die studentischen Mitarbeiter Franca Kneier, Maximilian Locher, Isabell Bosbach und Ruth Kania haben uns bei der Auswertung wie auch bei der Literaturrecherche unterstützt. Darüber hinaus ist den Teilnehmern der Forschungswerkstatt am Lehrstuhl für Soziologie für die kritische Diskussion unserer Rekonstruktionen zu danken. Nicht zuletzt möchten wir der Deutschen Forschungsgemeinschaft unsere Dankbarkeit ausdrücken, die dieses Projekt durch ihre Finanzierung erst ermöglicht hat.

Vor allem aber gebührt unser Dank den Interviewpartnern, die uns gestattet haben, in dieser offenen Form an ihren Alltagsproblemen, Aufgaben, Herausforderungen – und oftmals auch an ihrem Leiden an den Verhältnissen – teilzuhaben. Wir bedanken uns für das Vertrauen, das uns als Interview- und Gesprächspartnern entgegengebracht wurde. Zum Schutz der Akteure wurden die Namen wie auch weitere Hinweise, die zur Identifizierung der Personen und der Krankenhäuser führen könnten (etwa Ortsnamen und Datumsangaben), verfremdet.

Witten, den 22.4.2017

Die Autoren dieses Buches

Herdecke vorgelegt hat. Die teilnehmenden Beobachtungen und Fallrekonstruktionen zum Klinikum Bergstadt wurden von Anne Ostermann durchgeführt und sind zugleich Bestandteile ihrer Doktorarbeit, die an der Universität Witten/Herdecke voraussichtlich Ende 2017 eingereicht werden wird.

2   Im Sinne der Lesefreundlichkeit nutzen wir in diesem Buch das generische Maskulinum zur Bezeichnung beider Geschlechter.

Problemaufriss:
Das Krankenhaus unter Druck

Ein Krankenhaus zu managen ist eine schwierige Aufgabe. Von unterschiedlichen Seiten wird Druck ausgeübt und es ist mit kritischer Gegenbeobachtung zu rechnen. In Folge einer kaum zu bremsenden „Anspruchsspirale"[1] steigen kontinuierlich die Erwartungen der Patienten und der Gesellschaft an die Leistungen der Medizin. Parallel ist der Anteil des Bruttosozialprodukts, der für Diagnose, Therapie und Pflege aufzuwenden ist, in den letzten 60 Jahren ständig gewachsen.

Der technische und wissenschaftliche Fortschritt (Bodenheimer 2005), die Entdeckung bzw. Erfindung neuer, behandlungsbedürftiger Krankheitsbilder[2] und die Folgewirkungen einer erfolgreichen Akutmedizin, die zugleich die Zahl der Patienten mit chronischen Krankheitsbilden (Kerson und Kerson 1985) stetig anwachsen ließ, treffen allerdings auf volkswirtschaftliche Dynamiken, die ihrerseits nur noch mit minderem Wachstum rechnen lassen.

Wie der Flug der Hummel, der nur durch den Verbrauch der Energiereserven zu bremsen ist – so Luhmanns (1983) schönes Bild für die auf unbegrenztes Wachstum ausgerichtete Dynamik des Gesundheitssystems –, scheint die Eigendynamik medizinischer Leistungsausweitung nur durch Erschöpfung der Ressourcen gebremst zu werden. Da die Ansprüche an die Krankenbehandlung hiermit jedoch nicht abreißen, sind die Mittel unweigerlich immer zu knapp. Entsprechend stehen all die Akteure, welche in die unmittelbaren Leistungsvollzüge verwickelt sind, unter Dauerstress. Hoch verdichtete Arbeitsprozesse, Überstunden und konstanter Zeitmangel für Patienten- und Angehörigengespräche bilden den Regelfall.

Während sich diese Dynamik in den 1950er Jahren noch vorrangig durch Mangel an ärztlichem Personal äußerte, wird die Grenze seit den späten 1970er Jahren verstärkt von ökonomischer Seite bestimmt. Mit Versuchen der volkswirtschaftlichen

---

1   Bereits Herder-Dorneich und Schuller (1983).
2   Siehe zur Kritik an der zunehmenden Vereinnahmung der Bereiche Geburt, Tod und Leben durch die Medizin nicht zuletzt Illich (1995).

1

Gegensteuerung wurde in den USA, Großbritannien, Australien und später auch in den kontinentaleuropäischen Ländern jedoch zunehmend auch finanzieller Druck auf die Einrichtungen wohlfahrtsstaatlicher medizinischer Dienstleistungen ausgeübt (Bode 2013; Pollitt und Bouckaert 2011; Pollitt et al. 2007; Scott 1992).[3] Pate stand hierfür die zunächst im angloamerikanischen Raum, dann aber auch in Kontinentaleuropa zunehmend attraktiver erscheinende Semantik des *New Public Management* (NPM). Das NPM trat mit dem Reformversprechen an, wohlfahrtsstaatliche Dienstleistungen zu modernisieren, indem gezielt Marktelemente, etwa in Form der Privatisierung von Leistungsbereichen, eingeführt sowie moderne Managementmethoden bei gleichzeitiger (externer) Qualitätskontrolle implementiert werden. Es steht im Kontext einer bestimmten gesellschaftlichen Doktrin, die – so attraktiv und unbezweifelbar sie bislang auch schien[4] – einer Programmatik folgt, deren gesamtgesellschaftliche Rationalität im strengen wissenschaftlichen Sinne bislang nicht bewiesen ist und vermutlich auch nicht bewiesen werden kann (zumal hier mit einer Reihe von paradoxen Effekten zu rechnen ist, die mit den Programmzielen des NPM in Konflikt stehen[5]).

Darüber hinaus wurden die medizinischen Leistungen der Krankenhäuser zunehmend einer kritischen Zweitbeobachtung unterzogen. ,Evidenzbasierung' (Vogd 2002; Sackett et al. 1997), ,Standardisierung' (Timmermans und Berg 2003) sowie

---

3   Ab 1977 wurden Krankenkassen und Leistungserbringer in der Bundesrepublik dazu verpflichtet, einer Politik der Kostendämpfung mit dem Ziel der Beitragsstabilität zu folgen. Mit den Gesundheitsreformgesetzen (1989 „Erste Stufe", 1993 „Zweite Stufe", 1997 „Dritte Stufe") wurden schrittweise die Möglichkeiten der Krankenkassen erhöht, Druck auf Krankenhäuser und ambulante Ärzte auszuüben. Infolge wurden externe Kontrollen hinsichtlich von Plausibilität und Begründung der ärztlichen Leistung ausgeweitet. Zudem wurden Einzelverträge mit Krankenhäusern jenseits der globalen Landesbedarfsplanung möglich (Observatory 2000, S. 119ff.).

4   Siehe zum nun wohl offensichtlichen Scheitern in der Gesundheitspolitik Vogd (2016).

5   Das NPM lässt aus organisationssoziologischer Sicht insbesondere zwei Klassen von Folgeproblemen erwarten, die in der Literatur unter den Begriffen *colonization* und *decoupling* diskutiert werden (Power 1997, S. 94ff.): Im ersten Fall kommt es zu paradoxen Effekten, wenn die ,reformierten' Organisationen nun Leistungskriterien folgen, die der Qualität der eigentlichen Dienstleistung widersprechen. Beispielsweise kommt es zur Entwertung des professionellen Kernbereichs zugunsten der Surrogatparameter, die dem Controlling unterliegen. Im zweiten Fall bearbeiten die Zielakteure die vorgegebenen Kriterien im Modus des ,Als-ob'. Es entsteht ein zusätzlicher bürokratischer Mehraufwand, der inhaltlich wie auch funktional vom eigentlichen Kerngeschäft abgekoppelt ist.

Versuche, die Qualitätssicherung zu formalisieren[6] – etwa durch Akkreditierungen[7] –, sind hier die Stichworte. Dabei ließ sich für gut ein Jahrzehnt noch hoffen, die hiermit einhergehenden Spannungen zwischen einer am Einzelfall orientierten Medizin, den eher an großen Zahlen und statistischen Mittelwerten orientierten Gesundheitswissenschaften, einer an Knappheitskalküle gebundenen Gesundheitsökonomie und den alltagspraktischen Anforderungen der organisationalen Prozesse – und nicht zuletzt der Patientenbedürfnisse – in Richtung einer übergreifenden Rationalität bändigen zu können. Unter dem Leitspruch „Rationalisierung statt Rationierung im Gesundheitssystem" (Porzsolt 1996) schien es zunächst möglich, innerhalb der Versorgungsprozesse sogenannte ‚Effizienzreserven' zu mobilisieren, ohne damit den Druck auf die Akteure zu erhöhen oder den Patienten (und sei es nur in Hinblick auf psychosoziale Bedürfnisse) hintenan stellen zu müssen. Der programmatische Anspruch, die Bereiche der „Unter-, Über- und Fehlversorgung" (so der Sachverständigenrat im Gutachten von 2000/2001) zu identifizieren und entsprechend der Erkenntnisse wissenschaftlicher Expertise Überflüssiges und Nicht-Bewiesenes aus den Katalogen herauszustreichen, entsprach einem volkswirtschaftlichen Primat, das parteipolitisch übergreifend geteilt wurde.

Wie auch immer man diese Initiativen zur Reformation der wohlfahrtsstaatlichen Krankenversorgung einschätzt – Fakt ist, dass auch in der Bundesrepublik Deutschland in diesem Sinne seit Beginn der 1990er Jahre mit unterschiedlichen Gesundheitsreformen Initiativen zur Kostensenkung auf Basis einer stärkeren Marktorientierung formuliert wurden, die zugleich durch Maßnahmen der Qualitätssicherung flankiert werden sollten (Manzei und Schmiede 2014; Klinke 2008; Simon 2000).[8] Hier wird also auf die Rationalität eines vermeintlichen ‚Marktes' gesetzt, über den konkurrierende Akteure wechselseitig ihre Effizienzreserven herausfordern sollen. Da jedoch dem Markt in seinen entscheidenden Momenten – nämlich in der Aushandlung der Preise für die Leistungsentgelte sowie in der

---

6   Siehe aus einer anspruchsvolleren, reflexiveren Perspektive Ortmann und Schnelle (1999), Badura und Siegrist (1999) und Rüegg-Stürm (2007) und aus kritischer Diskussion der Ärzteschaft Eberlein-Gonska (2015).

7   Siehe zu einer Fallstudie, welche die Fallstricke der Akkreditierung offenbart, Iding (2000), sowie zu einer übergreifenden Akkreditierungsforschung, die bislang eins nicht zeigen kann: dass eine Akkreditierung die Versorgungsqualität verbessert, Greenfield (2008).

8   Zu nennen sind hier etwa das im Januar 2000 in Kraft getretene ‚GKV-Gesundheitsreformgesetz', mit dem eine sektorale Budgetierung zeitlich unbefristet fortgesetzt wurde, das ‚GKV-Modernisierungsgesetz' von 2003 sowie das 2007 in Kraft getretene ‚Gesetz zur Stärkung des Wettbewerbs in der gesetzlichen Krankenversicherung' als auch das ‚Krankenhausstrukturgesetz' vom 10. Dezember 2015.

Sicherstellung einer angemessenen Leistungsqualität – misstraut wird, setzt man gerade in diesem Bereich ökonomischen Handelns auf eine zentrale Steuerung, die bürokratisch bis in die einzelne Fallabrechnung hineinreicht und zudem durch die ebenfalls bürokratisch organisierten Qualitätssicherungsinstrumente begleitet wird.[9]

Aufgrund der weiterhin fortbestehenden administrativ-politischen Steuerung des Krankenhauswesens kann und darf deshalb nur von einem „Quasimarkt" gesprochen werden (Le Grand und Bartlett 1993), denn ein öffentliches Monopol „bestellt" hier „vordefinierte Leistungen bei konkurrierenden Anbietern", wobei die Leistungskonditionen in Verträgen im Sinne von „Optionen" fixiert werden (Bode und Vogd 2016a, S. 8).[10]

Das gesundheitsökonomische Medium, mittels dessen die oben genannten Prozesse überhaupt erst möglich wurden, ist das sogenannte Fallpauschalensystem der *Diagnosis Related Groups (DRGs)*. Während das alte Krankenhaus[11] unter dem Abrechnungsparameter ‚Liegezeit' weitgehend resistent gegenüber dem von außen angetragenen Veränderungsdruck blieb, erlauben die Fallpauschalen der DRGs dem Krankenhaus nun eine differenzierte, auf den Einzelfall bezogene Kalkulation der Gewinn- und Verlustchancen (s. weiter unten und zur Darstellung aus soziologischer Perspektive ausführlicher Vogd 2011b, S. 92ff.).

In einer Krankenhauswelt, die zuvor rein von einer Logik der Verwaltung und der medizinischen Profession geprägt war, wurden so zunehmend ökonomische

---

9   Die hiermit verbundenen gesundheitspolitischen und gesundheitsökonomischen Initiati-
      ven lassen sich somit zunächst als ein Versuch der Politik verstehen, Steuerungslasten in
      Bezug auf die moderne Krankenversorgung auszulagern. Die Gesundheitspolitik vertritt
      in Hinblick auf ihre wohlfahrtsstaatlichen Aufgaben zwar weiterhin die unstrittigen
      Werte ‚Wirtschaftlichkeit' und ‚Qualität für alle', ordiniert aber als politischer Agent
      dieser Werte die hiermit verbundenen Steuerungsaufgaben wiederum an Organisationen
      und Akteure, welche strukturell (zunächst) außerhalb des Politischen zu verorten sind.
      In Bezug auf die moderne Gesundheitspolitik begegnen wir auch hier dem Befund, dass
      Politik in einer funktional differenzierten Gesellschaft vor allem dann gut operieren
      kann, wenn es ihr gelingt, ihre Macht- und Wissensgrenzen dadurch zu kompensieren,
      dass sie die hiermit verbundenen Bezugsprobleme in Richtung einer Lösung wendet
      und ihren Rückzug aus diesbezüglichen Verantwortlichkeiten als politisch motivierte
      Intervention plausibilisiert. Siehe zu einer theoretischen Konzeptualisierung Willke
      (1992; 1997).

10   Aufgrund der hierdurch eingeschränkten Freiheitsgrade auf Anbieterseite erscheint
      für Sauerland auch aus gesundheitsökonomischer Perspektive das eigentliche „Ziel der
      Wirtschaftlichkeit" verfehlt, da unter den jetzigen Konstellationen „allein eine Politik
      der Ausgabenbegrenzung in der Gesetzlichen Krankenversicherung betrieben" werde
      (Sauerland 2002, S. 412).

11   Hier ist Mintzbergs Bezeichnung „professional bureaucracy" treffend (Mintzberg 1983b).

Fragen und betriebswirtschaftliche Kompetenzen relevant. Hiermit einhergehend wurden Krankenhäuser zunehmend attraktiver für private Träger (vgl. Bähr 2008). Nolens volens verändert sich hiermit auch die Rolle der Krankenhausleitung. Diese kann sich nicht mehr nur auf Verwaltungsfunktionen beschränken. Vielmehr wird an ihrer Spitze ein Management verlangt, das strategische Optionen reflektiert und entsprechend steuernd in die Organisation Krankenhaus einzugreifen versucht.[12]

Experten aus Krankenhausmanagement, Gesundheitsökonomie und medizinischer Soziologie stimmen dahingehend überein, dass die DRG-Einführung wie kaum ein anderes ordnungspolitisches Instrument zuvor die Krankenhausprozesse verändert hat. Jedoch liegen bislang weder überzeugende Kriterien zur Bewertung der hiermit einhergehenden Wandlungsprozesse vor, noch gibt es eindeutige empirische Befunde, die eine allgemeingültige Beurteilung der Konsequenzen des DRG-Systems erlauben würden (s. für die bundesdeutsche Expertendiskussion Rau et al. 2009).[13] Einerseits lässt sich nicht abstreiten, dass ein großer Teil der Krankenhäuser so massiv unter Druck steht, dass die ökonomische Anpassung für sie zur Existenzfrage wird (s. Blum et al. 2014). Andererseits ist damit nicht ausgemacht, dass hiermit ein Managementstil einhergehen muss, der ärztliche und medizinische Belange ökonomischen Denkfiguren subordiniert. Vielmehr spricht mit Bär auch einiges dafür, die „Ökonomisierungsthese als Erklärungsansatz kritisch" zu hinterfragen, und zwar deshalb, da empirisch „nämlich keine Entdifferenzierung – als erwartbare Konsequenz –, sondern eine fortschreitende Binnendifferenzierung zu konstatieren ist" (Bär 2011, S. 255).[14]

---

12 Auch die Betriebswirtschaftslehre hat diese Problematik, die sich schon im Spannungsfeld zwischen operationalem und strategischem Management abzeichnet, erkannt (siehe etwa Debatin et al. 2010; Braun von Reinersdorff 2002). Mit Sibbel (2004) wird zudem deutlich, dass personenbezogene medizinische Dienstleistungen in der Regel indeterminierte Leistungsprozesse darstellen, die wesentlich durch die organisationalen Prozessstrukturen und das Verhalten der ärztlichen und pflegerischen Leistungsträger geprägt sind.

13 An dieser Stelle ist zu beachten, dass wir hier nicht von einem DRG-System ‚an sich' sprechen können, sondern jeweils nur von verschiedenen, beobachterabhängigen Anwendungskontexten desselben. Wir treffen beispielsweise auf eine Politik, die sich vor der unliebsamen Aufgabe scheut, Krankenhäuser autoritär zu schließen – und damit eben jene „Mutationen" (Bode und Vogd 2016b) zu Tage treten lässt, die Krankenhäuser in einem quasimarktwirtschaftlichen Überlebenskampf zeitigen. Denn bevor ein Krankenhaus schließt, fällt einem Management, dessen Aufgabe ja darin besteht genau dies zu verhindern (!), allerhand ein.

14 Auch wenn die alten Selbstverständlichkeiten der ärztlichen Profession durch die mit den DRGs ermöglichten ökonomischen Reflexionsformen in Frage gestellt wurden und infolge der sich hiermit verändernden Managementaufgaben Verschiebungen in

Vor diesem Hintergrund stellt sich die Frage, wie das Krankenhausmanagement die hiermit aufgeworfenen Spannungslagen und Komplexitäten bewältigen kann, wobei selbstredend in nicht unerheblichem Maße mit Scheitern und Krisen zu rechnen ist. Nicht ohne Grund zählen Meyer und Zucker (1989) Krankenhäuser lakonisch zur Kategorie der *permanently failing organizations*, um auszudrücken, dass hier bei genauerem Hinschauen immer Krisenphänomene der einen oder anderen Art zu erwarten sind. Zudem weist die immer mitschwingende existenzielle Dynamik von Krankheit und Tod auf kaum zu hintergehende Wertprobleme hin. Trotz Knappheit und Druck darf nämlich nicht der Eindruck entstehen, dass im Krankenhaus an entscheidender Stelle – nämlich in der Patientenbehandlung – Mangel herrscht. Nicht zuletzt steht die medizinische und pflegerische Arbeit zunehmend unter kritischer Beobachtung der Massenmedien, die hier bekanntlich zu Skandalisierung und Moralisierung neigen (s. etwa Bode und Lange 2014).

Mit Blick auf seine gewichtigen Aufgaben und die immer knappen Mittel kommt das Krankenhaus also nicht umhin, sich in einer *„routinization of emergency"* einzurichten (Rohde 1974, S. 345ff.), jener zunächst kaum erfüllbar scheinenden Aufgabe, qua Organisation das Unmögliche zu leisten und den immensen Druck – auf unterschiedliche Weise verteilt und fokussiert – an die Mitarbeiter der Organisation Krankenhaus weiterzuleiten. Wie auch immer die Lösungen im Einzelfall aussehen mögen, in den betroffenen Einrichtungen hat der ökonomische Alltagsdruck erheblich zugenommen. Daher wird auch auf Ebene der Organisation allenthalben nach neuen Wegen gesucht (vgl. Amelung 2007; Scott et al. 2000).

Vor diesem Hintergrund stellt sich die Frage, welche Rolle das Krankenhausmanagement in diesem Prozess spielt, denn wir haben nun nicht nur davon auszugehen, dass auch die Organisation Krankenhaus „ein Produkt von Selektionsprozessen in ihrer Umwelt ist, der sie sich trotz oder dank ihres Managements mehr oder minder erfolgreich anzupassen versteht". Sondern wir haben darüber hinaus davon auszugehen, dass das Krankenhaus seine „eigene Evolution organisiert" und

---

den Machtgefügen medizinischer Organisationen zu beobachten sind, bedeutet dies also keineswegs automatisch, dass medizinische Rationalitäten durch ökonomische Rationalitäten aufgehoben werden oder gar entsprechend harter Kriterien eine Verschlechterung der medizinischen Versorgung festgestellt werden kann. So kommen etwa Crilly und Le Grand (2004) sowie Prosser und Walley (2005) zu dem Ergebnis, dass medizinische Kriterien nicht durch eine Verwaltung, die primär ökonomischen Zielen folgt, ausgehebelt werden. Denselben Schluss legen für den Fall deutscher Krankenhäuser unsere eigenen qualitativ-rekonstruktiven Studien nahe (Vogd 2007b; 2006a). Selbst Buhr und Klinke (2006), die ihre Forschung durch die Kritik an der Ökonomisierung des Krankenhauses leiten ließen, kommen in der WAMP-Studie zu einer differenzierten Einschätzung, entsprechend der die Folgen des DRGs-Systems vermutlich stark durch die Spezifika der einzelnen Organisationen geprägt sind.

dass es „einen Weg" finden muss, sein „eigenes Management dementsprechend einzusetzen" (Baecker 2003b, S. 276).

1 Management und Führung

Wenngleich eine gegenstandstheoretisch fundierte soziologische Managementforschung nach wie vor ein Desiderat ist,[15] lässt sich aus einer übergreifenden soziologischen Perspektive dennoch einiges zu den Bezugsproblemen des Managements moderner wissensbasierter Institutionen sagen.

Zum einen gilt, dass Organisationen keine trivialen Maschinen[16] sind – also keinen linearen Input-Output-Relationen folgen und entsprechend das, „was sie an Sinn produzieren", weder „einfach kalkulierbar noch erzwingbar" ist (Pohlmann 2002, S. 232). Auch wenn an Managemententscheidungen die Erwartungen der klassischen Moderne herangetragen werden, dass sie einer rationalen Zweck-Mittel-Abwägung folgen und entsprechend begründet werden sollen, werden die „Strukturen" der zu steuernden Organisationen „partiell, ‚von unten' und ‚von oben' desorganisiert" (a. a. O., S. 234). Ersteres ergibt sich nicht zuletzt aus der zunehmenden Bedeutung von gut ausgebildeten Wissensarbeitern und professionellen Akteuren, wie sie Ärzte aber auch zunehmend Pflegekräfte darstellen, da die Professionsgruppen ihre jeweils eigene Agenda verfolgen. Letzteres geschieht allein schon aufgrund der immer komplexer werdenden Regularien, die in Verbindung mit den ebenso komplexer werdenden Marktlagen nicht mehr auf Basis einfacher Angebot-Nachfrage-Kalküle bewältigt werden können. Der moderne Manager erscheint entsprechend nicht (mehr) als eine allmächtige Figur, die unmittelbar in die Betriebsabläufe durchgreifen kann, sondern „kümmert sich" vorrangig nur noch „um die Verfahrensregeln für den ‚flow' von Entscheidungen" und „stellt in Form von Fiktionen ‚Kanäle' und ‚Brücken' zur Verfügung". Die hierdurch gebahnten Entscheidungsprozesse werden in der Regel erst „im Nachhinein" mit „Rationalität" aufgeladen (a. a. O., S. 233). Der Blick auf die Praxis lässt damit vermeintliche Unternehmensziele vielfach als nachgelagerte Sinn-Rekonstruktionen

---

15 Die Managementforschung im Allgemeinen und in Bezug auf das Krankenhaus im Besonderen ist bislang weitgehend die Domäne der Betriebswirtschaftslehre geblieben. Siehe hierzu immer noch maßgeblich Glouberman und Mintzberg (2001). Für einen Überblick über die soziologische Managementforschung s. Buß (2011) sowie Schmidt et al. (2002).

16 Siehe zu trivialen und nicht-trivialen Maschinen v. Foerster (1994, S. 247ff.) sowie konkret im Kontext von Unternehmen und Organisation Baecker (1999a, S. 41ff.).

erscheinen, da zunächst die vorhandenen Mittel und die als gegeben angesehenen Opportunitäten das Handeln der entscheidenden Akteure prägen (Weick 1998).

Dennoch: trotz allen Driftens durch Opportunitäten und Problemlagen generiert das Management einer Organisation einen spezifischen Unterschied für ebendiese. Der Begriff „Unterschied" meint hier im Sinne Spencer-Browns (2005) eine Operation, die zugleich eine spezifische Beobachterperspektive hervorbringt – nämlich die des Managers, der aufgrund der mit der Operation einhergehenden Selektivität ‚Markierungen' setzt, die von anderen Mitgliedern der Organisation als ‚steuernde Interventionen' beobachtet werden können. Die Organisation erscheint damit einerseits als die komplexe Vielfalt koordinierter und verschränkter Handlungsabläufe als auch als die Einfachheit einer selektiven Beobachtung durch die Führung, um auf Basis abstrahierender, vereinfachender Modelle Entscheidungen treffen zu können.

Das Management doppelt damit gleichsam die Organisation, um eine Differenz zu setzen, an der sich die Organisation abarbeiten kann (Baecker 2003b, S. 273).[17] Indem es auf diese Weise Ist-/Soll-Bilder als neue Beobachtungsperspektiven generiert, gewinnt das Management Freiheitsgrade, durch die es in eine Organisation steuernd eingreifen kann, die aufgrund der Komplexität ihrer Eigendynamiken nicht in trivialer Weise gesteuert werden kann. Es besteht zwar keine Durchgriffskausalität auf die operativen Prozesse der Organisation, doch die im Regelfall durch entsprechende Abbildungstechnologien (Controlling) materialisierte Differenz des Managements erzeugt eine weitere *Spannung*, welche – neben den bereits bestehenden vielfältigen *Innen-* und *Außenspannungen* – die Organisation unter Stress setzt. Die Einführung dieser Spannung geschieht reflexiv, d. h. in Referenz auf antizipierte Problemlagen. Und genau hierdurch legitimiert sich das Management, denn es scheint geboten, dass zumindest an einer Stelle darauf geachtet wird, die zweckrationale Architektur der Organisation gegenüber den vielfältigen anderen desorganisierenden sozialen Kräften zu behaupten.

Das Management findet seine Aufgabe also darin, diese Spannungen aufzugreifen und produktiv werden zu lassen bzw. neue Spannungen zu generieren, indem anhand ausgewählter Parameter Sollwerte für die Organisation formuliert und die

---

17 Dirk Baecker formuliert diesbezüglich die „kurzmöglichste Definition des Managements einer Organisation: Wiedereinführung der Organisation in die Organisation mit dem Ziel und mit der Aussicht, die Organisation in der Organisation doppelt und damit wählbar präsent zu haben: als das, was sie ist, und als das, was sie nicht ist, beziehungsweise nicht mehr ist oder noch nicht ist. Alle weiteren Managementmaßnahmen ergeben sich daraus, daß diese Wahl zwischen zwei Versionen desselben zum einen möglich ist, zum anderen jedoch nur um den Preis der Oszillation zwischen den Alternativen und der Invisibilisierung der Art und Weise, wie die Alternative zustande kommt, möglich ist." (Baecker 2003b, S. 273)

Mitarbeiter entsprechend zu Anstrengungen aufgefordert werden, die formulierten Zielvorstellungen zu erreichen. Andererseits hat das Management dafür Sorge zu tragen, zu starke Innen- und Außenspannungen auszugleichen, damit die Einheit der Organisation nicht gefährdet wird. So kann mit Blick auf innerbetriebliche Problemlagen ggf. immer befriedend zugunsten eines mikropolitischen Arrangements entschieden werden, auch wenn dies dem betriebswirtschaftlichen Effizienzgedanken widersprechen mag. Zudem lässt sich überfordernden Zumutungen aus der organisationalen Umwelt im Zweifelsfall immer noch im Modus des Als-ob begegnen.

Um es knapp in einer regelungstechnischen Sprache auszudrücken: *Das Management führt in die Organisation eine Spannung ein, um Spannungen zu bearbeiten und zu moderieren* (zu dämpfen oder auch zu verstärken, um Strukturveränderungen in der Organisation zu forcieren).[18] Und genau dies erscheint notwendig, weil moderne Organisationen per se von vielfältigen strukturellen Spannungen durchsetzt sind – etwa aufgrund von Hierarchie und Arbeitsteilung und der Existenz inkommensurabler institutioneller Logiken[19] und berufsbezogener Wertsphären innerhalb der Organisation.

Insbesondere das Topmanagement verfügt und behält damit nach innen und außen Freiheitsgrade, und zwar selbst dann, wenn „übergeordnete Sozialstrukturen", wie die „der kapitalistischen Marktwirtschaft" den Betrieb oder die Einrichtung zu „erwerbswirtschaftlichen Prinzipien zu verpflichten scheinen" (Ortmann et al. 2000, S. 347f.). Letzteres ergibt sich allein schon in Hinblick auf die Bedeutung strategischer Entscheidungen, denn „dauerhafte Wettbewerbsvorteile werden Unternehmungen weniger von Marktstrukturen ermöglicht als durch eigene nutzenstiftende und schwer imitierbare, auf jeden Fall organisationsinterne Fähigkeiten zur Ressourcenkombination" (ebd.). Darüber hinaus lenkt ein solcher Blick die Aufmerksamkeit auf strategische Entscheidungen, in denen Märkte durch „Versuche strategischer Institutionalisierung und rekursiver Regulation" einerseits erst geschaffen werden,

---

18 Um es wiederum mit Baecker zu formulieren: „Strukturelle Spannungen sichern die Lebensfähigkeit eines Systems. Das gilt auch für Organisationen. Strukturelle Spannungen schaffen Probleme, in die sich interne Veränderungen ebenso wie Umweltvorgänge einzeichnen können, um Aufmerksamkeit zu finden und in Entscheidungen überführt werden zu können. Unter dieser Voraussetzung kann man annehmen, daß die Funktion des Managements einer Organisation darin besteht, solche Spannungen sicherzustellen und auszugleichen. Da das Management einer Organisation mit dieser Funktion personell überfordert wäre, werden Spannungen nicht nur personell, sondern auch strukturell in jenem doppelten Sinne institutionalisiert, daß sie sowohl dauernde Berücksichtigung als auch routinierte Behandlung erfahren." (Baecker 2003b, S. 256)

19 Siehe zum institutional logics-Ansatz Thornton et al. (2012) sowie bereits Friedland und Alford (1991).

um dann die Konkurrenzdynamik des Marktes durch die selben Prozesse wieder unterlaufen zu können (etwa wenn eine Quasimonopolstellung erreicht worden ist oder über Netzwerke Preisabsprachen getroffen werden können). In diesem Sinne können also auch Außenspannungen nicht nur selektiv aufgegriffen oder zurückgewiesen, sondern auch durch entsprechende Interventionen des Managements moderiert werden (vgl. ebd.).[20]

In Hinblick auf seine Position und die hiermit verbundenen perspektivischen Inkongruenzen oszilliert das Management ständig zwischen einer Innen- und einer Außenperspektive, da es sich sowohl als Teil wie auch außerhalb der Organisation stehend begreift. Es gewinnt hierdurch Freiheitsgrade auf Ebene der Führung, indem es situativ Ziele, Konflikte, Macht und Gesellschaft zu Effizienz, Rationalität und Einheit in Beziehung setzten kann, um auf diese Weise Interventionen in der Organisation platzieren und plausibilisieren zu können.

Hiermit ergibt sich aus einer soziologischen Perspektive nochmals eine Differenz zwischen Management und Führung. Während ersteres (u. a. durch ein Controlling) Ist- und Sollwerte generiert, um die Organisation in ein reflexives Verhältnis zu sich selbst zu setzen, bringt Führung explizit und implizit Machtressourcen für ihre Entscheidungen in Stellung. Im Sinne Baeckers erscheint die „Führung" daher als die „Wiedereinführung der Organisation in die vom Management bereits wiedereingeführte Organisation. Sie stellt die evolutionäre Oszillation zwischen den einzelnen Dimensionen einer inkonsistenten Organisation in einer oder in einigen wenigen dieser Dimensionen für einen mehr oder minder begrenzten Zeitraum und unter Rückgriff auf einen mehr oder minder großen sozialen Rückhalt still, indem sie der einen oder anderen Dimension Prominenz verleiht. Und ‚Prominenz' heißt hier, daß nicht etwa blind auf eine Karte gesetzt wird, sondern daß alle anderen Karten, wenngleich mit geringerer Prominenz, mitgeführt werden, so daß auch der Wechsel zwischen den Dimensionen und damit die Kontingenz der Prominenz mitgeführt wird" (Baecker 2003b, S. 284).

Führung führt daher immer mit, dass man sich gegebenenfalls auch anders entscheiden kann, wenn es opportun ist bzw. die Chancen zur Durchsetzung schwinden. Aus einer soziologischen Perspektive gesprochen ist Führung allerdings nicht einer einzelnen Person zuzurechnen. Führung ist „keine Fähigkeit der Manager, sondern Resultat einer Führungsbeziehung. Sie beruht nicht auf Eigenschaften von Personen, sondern auf der Art einer sozialen Beziehung. Der Führungsstil ergibt sich aus dieser Beziehung, nicht aus dem Führungsanspruch der Manager. Er bildet

---

20 Aus einer netzwerktheoretischen Perspektive diskutieren Amelung et al. (2009) auch für das Gesundheitswesen die möglichen Konsequenzen solcher Arrangements aus gleichzeitig kooperativen und konkurrierenden Beziehungen.

sich erst aus der Form der Wechselwirkung in der Führungsbeziehung, also aus dem ‚Aufeinander-Eingestellt-Sein'." Entsprechend ist vor diesem „Hintergrund zu erwarten, dass auch die Vorgesetzten in einer Führungsbeziehung ‚geführt' werden, also auch ‚Führung von unten' erwartbar ist" (Pohlmann 2007, S. 16f.). Zudem lässt sich fragen, ob Manager in ihren Entscheidungen wirklich so autonom sind, wie es ihrer Selbstbeschreibung oftmals entspricht, oder um es in Form eines Bildes auszudrücken: „Manager surfen oft auf einem Meer von Entscheidungen, nutzen große Wellen und führen ihre Kunststücke vor, ohne dass sie den Wellengang wirklich beeinflussen können" (a. a. O., S. 15f.).

Hiermit deutet sich bereits eine gesellschaftstheoretische wie auch eine herrschaftssoziologische Perspektive auf Management und Führung an.[21] Denn die Akteure des Managements ‚surfen' gleichsam auf überindividuellen gesellschaftlichen, organisationalen *und* interaktionalen Dynamiken, die ihre Entscheidungen plausibel erscheinen lassen (oder nicht) und die hiermit einhergehenden Autoritäten als legitim (oder als illegitim) qualifizieren. Da diese Dynamiken auf komplexen Referenzen aufreiten, lassen sie sich nicht im Sinne eines Mikro-Makro-Schemas in eine eindeutige Kausalität überführen. Weder gilt hier eine Top-Down-Kausalität, entsprechend der Anweisungen der Politik, ökonomische Zwänge oder gesellschaftliche Diskurse einfach in die Organisation eindringen, noch eine Bottom-up-Kausalität, entsprechend der im Sinne einer *negotiated order* (Strauss et al. 1963) interaktiv unter den Organisationsmitgliedern ausgehandelt wird, was unter Führung zu verstehen ist.

---

21 Insbesondere Pohlmann weist darauf hin, wie wichtig es „für die Managementsoziologie ist, die traditionelle herrschaftssoziologische Konturierung ihrer Perspektiven aufrechtzuerhalten und mit ihrer Hilfe den gesellschaftlichen Wandel im Verhältnis von Management und Beschäftigten einzufangen. Auch hier kann und muss sie sich von einer in der Managementlehre gängigen Verengung von Führung als einseitig von den Vorgesetzten beeinflussbares Geschehen lösen und ihre Theorien von Dependenz auf Interdependenz umstellen. Anders als beim mikropolitischen Machtkonzept ist es hier die Betonung von freiwilliger Anerkennung und der Möglichkeit ihres Entzugs, die den Zugang zu einer kulturell fundierten Wechselwirkung eröffnet, deren organisationale Veränderung gleichsam als Seismograph für die gesellschaftliche dienen kann. Die in der Managementlehre sich häufig einschleichende herrschaftssoziologische Abstinenz erscheint deswegen ungerechtfertigt. Im Mittelpunkt einer solchen managementsoziologischen Perspektive stehen dann keineswegs nur die Einstellungen der Manager, sondern ebenso die Anerkennungsformen der Mitarbeiter und ihre immer auch organisational geprägte Wechselwirkung. Erst die im organisationalen Kontext validierte Dynamik der Wechselwirkung, die nicht nur Einstellungen, sondern auch konkrete Entscheidungs- und Handlungsweisen mit in den Blick nimmt, eröffnet m. E. einen sinnvollen managementsoziologischen Zugang zu Autorität und Herrschaft im gesellschaftlichen Wandel." (Pohlmann 2002, S. 242)

Führung beruht vielmehr immer schon auf der komplexen Verschränkung unterschiedlicher Ebenen, die ein jeweils spezifisches Arrangement (er-)finden lässt, das Machtchancen bündelt und rearrangiert, sodass sich Lösungen performativ als Notwendigkeiten präsentieren können. „Keine Führungstechnik ist daher erfolgreicher" – so Dirk Baecker – „als diejenige, die jene Dritten zugleich als glaubhafte Bedrohung und als beherrschbaren Gegner aufbaut", denn: „Beides zusammen gibt dem Ziel seine überzeugende Form. Und nur beides zusammen kann dazu motivieren, sich der Macht zu unterwerfen, die man ausübt" (Baecker 2003a, S. 284).[22]

Die hier zum Ausdruck kommenden Formen der Machtausübung lassen sich deshalb nicht allein durch institutionentheoretische Konzepte wie Legitimation, Norm, Autorität, bürokratische Herrschaft, Vertragsverhältnis etc. erklären. Sie erschließen sich erst aus Perspektive einer komplexen Systemik, die ein bestimmtes Arrangement als ein Wechselspiel sich gegenseitig bestätigender Dynamiken begreift, die ihrerseits performativ durch eben dieses Arrangement erst als prominent gesetzt werden. Jedes empirisch gefundene Arrangement muss damit von außen betrachtet als kontingent erscheinen, nämlich als eine Lösung unter anderen, von innen her jedoch als nahezu zwingend, wenn die beteiligten Akteure erst einmal in die proponierte Sichtweise eingerastet sind und auch auf die hiermit einhergehenden Emotionen eingestimmt sind.

Auch in dieser Hinsicht überschreiten die Dynamiken von Führungsprozessen das Bewusstsein und die Intentionen eines einzelnen Akteurs. Wir finden zwar an der Spitze Personen, denen qua Rollenzuschreibung Entscheidungsbefugnisse mit entsprechenden Freiheitsgraden zugestanden werden, und die von dem Charisma ihrer Rolle profitieren können. Zugleich ist jedoch zu betonen, dass die hiermit verbunden Freiheitsgrade einzelne Personen überfordern würden und dementsprechend im Managementalltag so institutionalisiert werden müssen, dass das Augenmerk nur temporär und selektiv auf bestimmte Spannungslagen gelegt zu werden braucht, dass also selbst die Problembehandlung und -thematisierung wiederum in Form von Routineprozeduren bearbeitet werden kann (s. Baecker 2011a, S. 106ff). Die Akteure des Managements können also nur dann auf den genannten ‚Wellen' reiten und sich als ‚entscheidende' Akteure produzieren, die ansagen, wie

---

22 Eine andere wirksame Führungstechnik besteht darin, dort Zweifel zu sähen, wo zuvor lebenspraktisch Gewissheit und Selbstverständlichkeit bestand: „Und auch das ist ein Trick, den der Manager bei Intellektuellen abgeschaut haben könnte, der es seinerseits vom Priester gelernt hat: Stelle bei deinem Gegenüber genau die Selbstverständlichkeiten der inneren Glaubensgewissheit, der Antwort auf die Frage nach dem Sinn des Lebens oder eben der eigenen Arbeitsgestaltung in Frage, zu denen dein Gegenüber keine Alternativen kennt und deswegen keine guten Gründe gesammelt hat: und liefere ihm dann die Antwort, die deinem Spiel in die Hände arbeitet." (Baecker 2011b, S. 22)

das Segel zu stellen ist, wenn im Hintergrund der Organisation (fast) alles andere stillschweigend weiter funktioniert und die Voraussetzungen für die getroffenen Entscheidungen bereits nahezu gegeben sind bzw. wenn auf die hierfür notwendigen Ressourcen ohne größeren Aufwand rekurriert werden kann.[23]

Sowohl in Bezug auf Führung als auch auf Organisationen – so der Befund unterschiedlicher managementsoziologischer Perspektiven – ist auf der einen Seite also mit jeweils spezifischen, im Einzelfall hoch unterschiedlichen Lösungsformen zu rechnen, die sich evolutionär im Sinne eines spezifischen Selektions- und Retentionsmusters bewähren – oder auch nicht. Auf der anderen Seite zeigt sich aus soziologischer Perspektive ein typisches Bezugsproblem des Managements, nämlich die Arbeit an und mit Spannungen,[24] die der Organisation oder ihrer Umwelt zugerechnet werden können und entsprechend vom Management (selektiv) aufgegriffen, genutzt und in die Organisation gespiegelt werden können.

Hiermit gelangen wir zu den typischen Innen- und Außenspannungen der gegenwärtigen Organisation Krankenhaus, die dem Management das diesbezügliche Spielmaterial zur Verfügung stellen.

2 Außen- und Innenspannungen des Krankenhauses

Einer der zentralen Meilensteine der Krankenhausforschung bleibt Johann Jürgen Rohdes „Soziologie des Krankenhauses", das 1962 in der ersten Auflage erschienen ist.[25] Aus einer institutionentheoretischen Perspektive in Anschluss an Arnold

---

23 An dieser Stelle lässt sich aus soziologischer Perspektive nach den Bedingungen der Rekrutierung der jeweiligen Akteure und den hierfür notwendigen habituellen Haltungen fragen. Im Rahmen dieses Beitrags kann jedoch nicht auf die diesbezüglichen Habitus- und Felddynamiken der Rekrutierung eingegangen werden. Siehe zur allgemeinen Einführung in die Bereiche der Managementsoziologie Buß (2011).

24 Siehe hierzu nochmals Baecker mit Blick auf Funktion und Bedeutung der Hierarchie: „Deshalb ist auch die ‚managerial hierarchy', die Chandler der ‚managerial revolution' gegenüberstellt, unverzichtbar. Sie ist nicht unverzichtbar, weil sie Ineffizienzen heilt, auf die man sich mit der ‚multi-unit firm' zwangsläufig einlässt, sondern weil sie Adressen der Zurechnung bereit stellt, an die man sich halten kann, wenn man wegen der Ineffizienzen umorganisiert. Nicht die Einheit des Unternehmens ist der Angelpunkt einer Organisation, sondern die Spannung der Positionen, die innerhalb des Arbeitsflusses und zwischen den Abteilungen und Ebenen des Unternehmens aufeinander bezogen werden können, so unmöglich dieser Angelpunkt auch als Prinzip zu formulieren sein mag." (Baecker 2016, S. 96)

25 Vgl. zur zweiten, erweiterten Auflage Rohde (1974).

Gehlen und Talcott Parsons [26] gelang es Rohde, ein differenziertes Bild der modernen Krankenbehandlung zu zeichnen. Medizin erscheint demnach vor allem als eine *organisierte* Medizin, die durch zahlreiche ‚Innenspannungen' wie auch ‚Außenspannungen' geprägt ist. Diese beiden Lagerungen sind, so die Einsicht Rohdes, hinsichtlich ihrer jeweiligen Dynamik klar auseinanderzuhalten, sofern man die gängigen Konfliktsphären der Medizin in Hinblick auf ihre Bezugsprobleme und funktionalen Einbindungen verstehen möchte.

Rohdes Arbeiten sind an dieser Stelle nicht zuletzt deshalb von Interesse, weil sie bereits 50 Jahre vor der aktuellen Diskussion um die ökonomische Zurichtung des Krankenhauses auf Entfremdungsphänomene hinwiesen, die heute allzu schnell dem Einzug betriebswirtschaftlicher Instrumente in die Krankenhaussteuerung zugerechnet werden. Rohde lässt deutlich werden, dass das Krankenhaus auch früher keinesfalls als spannungsfreier Hort menschlicher Fürsorge zu betrachten war, aber genau hierin – in der Aufrechterhaltung der Ambivalenz – eine der wesentlichen, jedoch üblicherweise verkannten Leistungen der Institution Krankenhaus besteht.[27] Zudem zeigt sich, dass die einfache Unterscheidung von bedarfs- und erwerbswirtschaftlicher Orientierung analytisch allein schon deshalb in die Irre führt, weil sich bereits die unterschiedlichen Stakeholder des Gesundheitswesens, wie auch die verschiedenen im Krankenhaus tätigen Berufsgruppen, keineswegs darüber einig sind, was unter einer angemessenen Krankenbehandlung zu verstehen ist.

Gehen wir – zuerst mit Blick auf die *innerinstitutionellen Spannungslagen* – auf einige in unserem Zusammenhang interessante Befunde Rohdes ein: In den

---

26 Siehe etwa Gehlen (1963) und Parsons (1951).

27 Hier in Rohdes Worten und nicht nur für das Krankenhaus zutreffend: „In der Bestürzung und Entrüstung, im Aufbegehren gegen derartige Verhältnisse zeigt sich ein naives und dennoch für die Reflexion Wesentliches zugleich: die Idee der absoluten Harmonie, die Idee der reibungslosen Prozesse, die Idee eines von Schwierigkeiten freien Daseins, die sich wohl letzten Endes in allen gesellschaftlichen und zwischenmenschlichen Verhältnissen als Norm setzt und dem naiven Bewußtsein so lange wenigstens als Norm gilt, wie dieses selbst sich als das denken läßt, das den Störungen nur ausgeliefert ist, nicht aber selbst sie bewirkt. Das Ganze ist Sehnsucht nach dem (wie und wann immer) ‚verlorenen Paradies' und der (unbewußte) Versuch, die normative Kraft des Verlorenen aufrechtzuerhalten, in einem." Beziehungsweise, „daß schließlich jene Machtverhältnisse als Ordnungsmittel Quellen permanenten Ärgernisses sind, indem sie aus sich heraus nicht bestätigen, was sie zumeist vergessen lassen, wenn nicht beseitigen wollen: die Abwesenheit letzter gesellschaftlicher Harmonie. Von daher erklärt sich dann auch die ambivalente Haltung gegenüber Institutionen; die Entrüstung dort, wo deren Idee, Behelfs-Paradies mit Harmonie-Garantie zu sein, durch die Vorfälle zwischenmenschlicher Konflikte und Spannungen in Frage gestellt wird, die Auflehnung dort, wo sich dem einzelnen verdeutlicht, wie sehr er sich an dem reibt, was der Aufhebung von Reibungen zugedacht war." (Rohde 1974, S. 359f.)

Vordergrund rücken hier zunächst die problematische Beziehung zwischen den Pflegekräften und den Ärzten als auch das durchaus konfliktbeladene Verhältnis der unterschiedlichen medizinischen Disziplinen. Da beispielsweise – wie Rohde treffend feststellt – „freundlich zu sein" nicht unbedingt zur Rollenbeschreibung eines Krankenhausarztes gehört (a. a. O., S. 107), wird die Kunst, emotionale Zustände geschickt zu balancieren, im Sinne einer funktionalen Arbeitsteilung überwiegend dem pflegerischen Bereich überantwortet, was in Folge zu Belastungen in der Zusammenarbeit der Berufsgruppen führt. Ebenso ergeben sich hier Unterschiede in der Frage, ob bis an die Grenze des Möglichen Medizin betrieben wird (was in der Regel der Position der Ärzte entspricht) oder ob eher die Würde und Lebensqualität des Patienten im Vordergrund steht (wofür eher die Pflege einsteht).

Typischerweise ergibt sich auf Stationen eine Spannung zwischen den Bedürfnissen der Patienten und denen der Ärzte. Denn letztere zeigen sich oftmals mehr am medizinischen Fall interessiert als am Wohl der Patienten, was wiederum weniger durch „Geldgier" motiviert zu sehen ist denn durch die Faszination der Ärzte für komplexe und komplizierte Eingriffe (a. a. O., S. 111). Gleiches gilt für organisatorische Primate funktionaler Routinen, in denen der Patient zwar einerseits den „Ausgangs- und Zielpunkt der Veranstaltung" Krankenhaus darstellt, doch andererseits im Handlungsgefüge tendenziell nur „ephemer" vorkommt (a. a. O., S. 345ff.). Im Krankenhausmanagement taucht diese Spannung jedoch nicht unmittelbar auf, sondern – wenn überhaupt – nur vermittelt (etwa in Form von Beschwerden oder Patientenzufriedenheitsstatistiken).

In unserem Zusammenhang ist mit Blick auf Rohdes Arbeiten zudem auf drei weitere *Außenspannungen* hinzuweisen: das Verhältnis der unterschiedlichen medizinischen Akteure untereinander und ihr Verhältnis zu den Krankenkassen sowie die Spannung zwischen den tendenziell überfordernden gesellschaftlichen Ansprüchen an die Medizin und dem de facto Leistbaren. So erscheinen im Krankenhaus tätige Ärzte und niedergelassene Ärzte als Kontrahenten eines Spiels, in dem versucht wird, dem jeweils anderen den Schwarzen Peter in Bezug auf Arbeitslasten und Kosten zuzuschieben. Zudem lässt sich oft Kritik an der fachlichen Kompetenz der Kollegen finden. Wenngleich solche wechselseitigen Vorwürfe hinter vorgehaltener Hand oft zu hören sind, verschwinden diese Konflikte jedoch, wenn es um das Verhältnis zu den Kostenträgern geht. Hier zeigt sich nach außen hin eine nahezu unzerstörbare Loyalität unter den unterschiedlichen Ärzten und Ärztegruppen, auch wenn sie für verschiedene Institutionen arbeiten. In Bezug auf die Beziehung zwischen niedergelassenen Ärzten und Krankenhaus mündet der Charakter der professionellen Kooperation mit Rohde also in den Befund, dass „das Verhältnis" unter den Ärzten „vor allem dann ‚stimmt', wenn das, was der Krankenkasse berichtet wird, nicht stimmt" (a. a. O., S. 345f.).

Eine weitere, in unserem Kontext bedeutsame Außenspannung tritt in Zusammenhang mit der gesellschaftlichen Erwartung an Krankenhäuser auf, in Hinblick auf das Ideal des „risikolosen Lebens" universelle Problemlösungen anbieten zu können. Der hiermit implizierte „Bedarf" steht im Kontrast zu den weiterhin vorhandenen biologischen Grenzen des Menschen sowie zu den begrenzten Ressourcen der Organisation Krankenhaus, zumal diese von außen geregelt und gedrosselt werden, so bereits Rohde vor mehr als 40 Jahren (a. a. O., S. 474f.).

Schauen wir nun systematischer auf die Außen- und Innenspannungen, die das gegenwärtige Krankenhaus prägen und teilweise in Ausprägung und Charakteristik über die von Rohde genannten Aspekte hinausgehen.

Außenspannungen

Als wohl wichtigster ökonomischer Kontext der bundesdeutschen Krankenhäuser kann das 2003 eingeführte DRG-System (Diagnosis Related Groups) genannt werden, welches den vorherigen (primär auf Basis von Liegezeiten beruhenden) Finanzierungsmodus ablöste. Eine DRG stellt zunächst ein statistisches Konstrukt dar, das eine Gruppe von Patienten mit einer ähnlichen Diagnosestellung abbilden soll. Diese Gruppe fungiert als virtuelles Produkt, zu dem sich die Anbieter marktförmig verhalten müssen (wobei die Gesamterlösstruktur im Sinne eines Nullsummenspiels gedeckt wird). Die DRGs wurden ursprünglich von Fetter (1991) als Instrument zur Qualitätssicherung konzipiert, das jedoch nur funktionieren kann, wenn alle Beteiligten die DRGs ausschließlich für die Erhebung medizinischer Informationen nutzen. Indem den DRGs aber von der Politik qua Gesetz ein Preis angeheftet wurde, wurden sie entsprechend zu Produkten (Samuel et al. 2005). Dadurch erscheinen sie weniger als Kennzahlen für sinnvolle oder bedarfsgerechte Behandlungsmaßnahmen, sondern mutieren zu *leaky black boxes*, die je nach Interessen unterschiedlich beschrieben werden können (Lowe 2001). So sind Krankenhäuser aus ökonomischen Gründen gut beraten, ihren Case Mix Index in Richtung der (vermeintlich) lukrativen DRGs anzupassen. Hierdurch kommt es unweigerlich zu neuen Anreizen für Über-, Fehl- und Unterversorgung (s. Porter und Teisberg 2006 und für die bundesdeutsche Diskussion etwa Schrappe 2007 sowie Scriba in Vogd 2011b, S. 240f.).

Insbesondere die Krankenkassen formulieren den Verdacht medizinisch nicht indizierter Mengenausweitung und versuchen dem gegenzusteuern (s. etwa Neumann et al. 2013), was wiederum von den Krankenhäusern kritisch gegenbeobachtet wird (s. etwa Blum und Offermans 2013).[28]

Das DRG-System kann vor diesem Hintergrund von Anbeginn an als Hybrid bezeichnet werden, dessen Konstitution von Politik, innermedizinischen Verteilungskämpfen, Gesetzgebung und gesundheitsökonomischen Anreizsystemen bestimmt wird. Da aufgrund der besonderen Berechnungssystematik zur Bestimmung der Basisfallwerte[29] die antizipierten DRG-Gewinne durch veränderte Mittelwerte im folgenden Jahr wegbrechen können, stehen Krankenhäuser permanent vor einer existenziellen ökonomischen Bedrohung (Simon 2013), wobei dem einzelnen Haus nicht per se die mit den DRGs verbundene Abrechnungsmodalität problematisch erscheint, sondern vielmehr der Druck, der durch die Deckelung der Gesamtbeträge aufgebaut wird.

Dass seit vielen Jahren etwa 40% aller bundesdeutschen Krankenhäuser Defizite schreiben und hier mittelfristig auch keine Besserung zu erwarten ist (s. Blum, Löffert, Offermanns und Steffens 2014, S. 109f.), kann vor diesem Hintergrund als Konsequenz einer Politik gesehen werden, die Krankenhäuser über marktähnliche Strukturen unter Stress setzt,[30] um einen deutlichen Kapazitätsrückgang zu bewirken.[31] Dennoch konnte die angestrebte globale Reduktion der Krankenhausausgaben nicht zuletzt aufgrund der deutlichen Mengenausweitung bislang nicht erreicht werden.[32] Vielmehr zeigt sich eine deutliche Verdichtung der Arbeitsprozesse, die

---

28 Siehe zur Diskussion der komplexen Ursachengeflechte medizinischer Leistungsausweitung Klauber et al. (2013).

29 Siehe für ein kritisches Resümee und Plädoyer für einen „empirischen Zugang" auf Basis von Algorithmen Klein-Hitpaß und Scheller-Kreinsen (2015).

30 Siehe in offener Form etwa Mihm (2013).

31 Siehe zum Kontext wie auch für eine Reflexion der Auswirkungen des DRG-Systems Rau et al. (2009).

32 Gemäß der Datenlage des statistischen Bundesamtes kann im Zeitraum von 2003 bis 2013 zwar eine Reduktion der Krankenhäuser um etwa 10% (von 2.197 auf 1.996 Häuser) festgestellt werden, zugleich erhöhte sich aber die Fallzahl um etwa ein Viertel. Da zudem die Zahl der ambulant durchgeführten Eingriffe massiv angestiegen ist (von 575.613 Operationen im Jahr 2002 auf 1.854.125 Operationen in 2010), darüber hinaus vermehrt kompliziertere und aufwendigere Eingriffe durchgeführt werden und nicht zuletzt der Verwaltungsaufwand in den Krankenhäusern deutlich gestiegen ist, verwundert es nicht, dass sich die bereinigten Kosten pro Fall seit 1991 von € 15.521 auf € 33.746 mehr als verdoppelt haben. Darüber hinaus ist zu erwähnen, dass die Minderung der Bettenzahl in den Akutkrankenhäusern durch einen starken Anstieg der Betten in den vorsorgenden und nachsorgenden Einrichtungen kompensiert worden ist (von 144.172 im Jahr 1991 auf 171.724 in 2010). (https://www.destatis.de/DE/Startseite.html; Abfrage am 20.04.2014, bzw. Zitation entsprechend Bölt und Graf (2012))

infolge abrechnungsbedingter Kontrolltätigkeiten zusätzlich durch die Aufblähung medizinfremder Verwaltungstätigkeiten belastet werden.[33] Wenngleich es schwierig ist, unmittelbare Auswirkungen auf die patientenbezogene Versorgungsqualität nachzuweisen, berichten alle einschlägigen Studien von einer stark zunehmenden Arbeitsbelastung des in der Patientenversorgung tätigen Personals (Braun 2014; Bräutigam et al. 2014; Grosser 2014; Roeder 2014).[34]

Neben dem ökonomischen Druck sind insbesondere folgende Außenspannungen für das Krankenhaus bedeutsam:

- Die weiterhin fortbestehende Abhängigkeit von der Landeskrankenhausplanung, man denke etwa an den Investitionsstau infolge des dualen Finanzierungssystems und die Bedeutung von politischen Vorgaben zur Bildung von Schwerpunktzentren.[35]
- Zwänge zur Standardisierung, Qualitätssicherung und Akkreditierung (Timmermans und Berg 2003; Power 1997), wodurch Anreize entstehen, eben diese Modalitäten nur im Modus des Als-ob zu bedienen (s. Heath und Luff 1996; Iding 2000).[36] Zu nennen ist in diesem Zusammenhang auch das Krankenhausstrukturgesetz vom 10. Dezember 2015, durch das die Krankenhausfinanzierung an Qualitätsindikatoren gebunden werden soll, was zusätzlichen Druck auf das einzelne Krankenhaus ausübt.
- Zunehmende Haftpflichtrisiken, die insbesondere in kritischen Bereichen (etwa der Gynäkologie) dazu führen können, dass es dem Träger sinnvoller erscheint,

---

33 So kommen etwa Scheel et al. (2011, S. 16) zu dem Schluss, dass im Jahr 2010 ca. 22% der Krankenhausausgaben Deutschlands auf den Verwaltungsbereich fielen, wovon mehr als die Hälfte den Abrechnungsmodalitäten und den hiermit verbundenen zunehmenden Kontrolltätigkeiten der Krankenkassen geschuldet sind.

34 Die Erfahrungen von Ländern, die schon länger mit dem DRG-System arbeiten, zeigen auf, dass die DRG-Einführung bislang weder zur Kostensenkung der Krankenhausausgaben noch zu einem unmittelbaren Durchgriff auf die Praxis der medizinischen Entscheidungsfindung geführt hat. Sie geht jedoch einher mit einem symbolischen Gewinn für die Protagonisten der Liberalisierung der Gesundheitsmärkte (Samuel et al. 2005).

35 Siehe zur Diskussion zur „monistischen" Krankenhausfinanzierung etwa Rürup (2008).

36 Die bisherigen Forschungen zu den Wirkungen von Akkreditierungsmaßnahmen zeigen, dass die Parameter der zertifizierenden Akkreditierungsbehörden zwar bedient werden, wobei jedoch nicht unbedingt die Behandlungsprozesse oder die Behandlungsqualität im positiven Sinne verändert werden (Greenfield und Braithwaite 2008).

diese Leistungen nicht mehr anzubieten (Petry und Grabow 2013; Vogd 2011b, S. 122ff.).[37]

- Der kritische Blick einer massenmedialen Berichterstattung, der dazu neigt, Skandale aufzugreifen und ökonomisches Verhalten von Ärzten zu moralisieren, ohne dabei jedoch die Akteure und Systemdynamiken zu thematisieren, welche diese Fehlanreize evozieren (s. etwa Bode und Lange 2014).

- Die erhöhte Anforderung, die nun vermehrt gleichzeitig kooperativen wie auch kompetitiven Beziehungen zu anderen Anbietern von Versorgungsdienstleistungen zu balancieren (Amelung et al. 2009; Scott et al. 2000).

- Asymmetrien und unterschiedliche Ausgangsvoraussetzungen von öffentlichen und gemeinnützigen Trägern sowie privaten Trägern, die auf marktwirtschaftliche Konkurrenzlagen ‚spezialisiert‘ sind.

Innenspannungen

Als typische, weiterhin fortbestehende „Innenspannungen" des Krankenhauses, wie sie bereits Rohde (1974) vor dem Einzug betriebswirtschaftlicher Managementmethoden ins Krankenhaus beschrieben hat, sind zunächst die unterschiedlichen Haltungen und Orientierungen der Berufsgruppen der Ärzte, der Pflege und der Verwaltung, wie auch die spannungsreichen Dynamiken innerhalb der weithin üblichen steilen Hierarchien zu nennen. Zudem besteht per se eine Spannung zwischen dem organisatorischen Primat funktionaler Routinen, in dessen Handlungsgefüge der Patient tendenziell nur „ephemer" vorkommt (a. a. O., S. 345ff.), und der am konkreten Einzelfall ausgerichteten Behandlung.

Darüber hinaus stellt sich die Frage, ob und inwieweit die jeweiligen professionellen Identitäten durch eine ihnen fremde Wertreferenz korrumpiert werden können.[38] Insbesondere Freidson (2001) sieht in der Balance der drei „Logiken" *bureaucratism*, *economism* und *professionalism* den Garant für eine produktive wie auch im Sinne des Patienten agierende Krankenbehandlung (was allerdings

---

37 Als weitere Nebenfolge erscheint eine rechtlich defensive Medizin opportun, wenngleich diese oftmals mit mehr Aufwand sowie mit negativen gesundheitlichen Nebenwirkungen für den Patienten einhergehen kann (Pauker und Pauker 1998).

38 Auch in Hinblick auf die zunehmende Privatisierung von Krankenhäusern (Bähr 2008) entstehen Unsicherheiten bezüglich der Konsequenzen für die Wertbezüge des Krankenhauses (s. zur Diskussion etwa Frewer et al. 2011; Kettner und Koslowski 2011).

voraussetzt, dass diese Logiken in sich autonom agieren, also nur lose aneinander gekoppelt sind).[39]

Dass es zu kurz greift, die Beziehung zwischen Krankenhausmanagement und ärztlicher Profession als Hegemonie-Widerstand-Verhältnis zu fassen, legen etwa die Untersuchungen von Reay et al. (2009) dar, denn teilweise zeigen sich hier Konstellationen, in denen Manager und Ärzte strategisch vereint gegen die politischen Vorgaben zur Kostensenkung arbeiten. Die Gegenüberstellung von Medizin und Ökonomie verkennt ferner den Sachverhalt, dass Medizin auch zuvor schon immer eine wirtschaftliche Tatsache dargestellt hat, man also nicht naiv davon ausgehen kann, dass Ärzte vor der Einführung des DRG-Systems ihren Einfluss allein in den Dienst der Vertretung von Patienteninteressen gestellt haben, sondern beispielsweise zu Zeiten der Bettenpauschale immer ein Auge darauf hatten, dass die Liegekapazitäten nicht leerlaufen.

Ebenso kommen Numerato et al. (2011) zu dem Schluss, dass das Konzept der konfligierenden Kulturen nicht hinreicht, um die beobachtbaren Dynamiken angemessen zu beschreiben. Einerseits können sich ärztliche und medizinische Logiken und Primate auch gegenüber einer Verwaltung, die primär erwerbswirtschaftlichen Zielen folgt, als erstaunlich resistent erweisen (Crilly und Le Grand 2004; Prosser und Walley 2005). Umgekehrt scheinen aber auch Konstellationen möglich, in denen professionelle Identitäten in ihrer Reproduktion ernstlich gefährdet sind (Pouthier et al. 2013), weshalb sich die Frage stellt, unter welchen Bedingungen diese stabil bleiben bzw. (möglicherweise sogar irreversibel) korrumpiert werden können.

Nicht zuletzt stellt sich die Frage, mit welchen Anpassungsstrategien auf verstärkten ökonomischen Druck geantwortet werden kann (Tonkens et al. 2013) bzw. inwieweit sich hier zu einem produktiven Arrangement finden lässt. Einerseits lässt sich kaum abstreiten, dass ein Teil der Krankenhäuser so massiv unter Druck gerät, dass die ökonomische Anpassung für sie zur Existenzfrage wird. Andererseits ist aber nicht ausgemacht, dass hiermit eine übergreifende Organisationskultur einhergehen muss, in der ärztliche und medizinische Belange subsumptionslogisch ökonomischen Denkfiguren subordiniert werden. Wie eingangs erwähnt, spricht mit Bär einiges dafür, zumindest in dieser Hinsicht die „Ökonomisierungsthese als Erklärungsansatz kritisch" zu hinterfragen, und zwar deshalb, weil empirisch „nämlich keine Entdifferenzierung – als erwartbare Konsequenz –, sondern eine fortschreitende Binnendifferenzierung zu konstatieren ist" (Bär 2011, S. 255).

Nicht zu unterschätzen sind zudem Spannungslagen, die sich aus dem (zusätzlichen) Arbeitsaufwand für Kontrollen, Dokumentationen, Evaluationen und die

---

39   Siehe zum komplexen Verhältnis von Profession, Organisation und Gesellschaft auch Klatetzki und Tacke (2005).

Produktion weiterer Abbildungen der organisationalen Prozesse ergeben.[40] So kommen etwa Scheel et al. (2011, S. 16) zu dem Schluss, dass im Jahr 2010 an die 22% der Ausgaben von Krankenhäusern in den Verwaltungsbereich fielen,[41] wovon mehr als die Hälfte den Abrechnungsmodalitäten und den hiermit verbundenen zunehmenden Kontrolltätigkeiten durch die Krankenkassen geschuldet sind.[42] Eine weitere Innenspannung entsteht durch den Einzug moderner Managementmethoden in das Krankenhaus, denn dieses wird nun nicht mehr nur verwaltet, sondern in Hinblick auf ausgewählte Parameter reflexiv gesteuert.[43]

Zudem ergeben sich weitere Spannungslagen mit Blick auf die Etablierung neuer Berufsgruppen und Technologien der Abbildung wie auch einer sich zunehmend verändernden Semantik in Bezug auf den Status des Patienten. Problemlagen entstehen etwa

- in Folge der Einführung EDV-basierter Techniken der Dokumentation und des Controllings, die in Schrift und Zahl Bilder des Geschehens konstruieren. Obschon diese für vielfältige Steuerungsprozesse instruktiv sind, besteht die Gefahr, sie in problematischer Weise mit der Realität zu verwechseln;[44]
- mit der Etablierung von Kodierkräften und Qualitätsmanagern als eigenständige Berufsbilder;

---

40 So entstand etwa das neue Berufsbild der DRG-Berater, die Ärzte und Kodierfachkräfte beraten, wie Fälle möglichst gewinnmaximierend kodiert werden können.

41 Der Verwaltungsaufwand würde sich hiermit den Verhältnissen in den USA annähern, wo das DRG-System bereits seit den 80er Jahren eingeführt wurde. Wie Woolhandler et al. (2003) aufzeigen, lagen die Verwaltungskosten im US-amerikanischen Krankenhaus 1999 bei 24,3%, während in Kanada die Verwaltungsausgaben im Schnitt nur mit 12,9% zu beziffern waren. (Für den ambulanten Bereich liegt das Verhältnis nach Woolhandler et al. bei 12,3% zu 6,9%, ebenfalls zu Ungunsten der USA. Unter Einbeziehung der Verwaltungsarbeiten der Versicherungen und staatlichen Behörden kommen die Autoren gar auf einen Verwaltungsaufwand von 31%. Knapp ein Drittel der Gesundheitsausgaben würden hier also den Papiertiger nähren.)

42 Hier ist vor allem der MDK (Medizinischer Dienst der Krankenversicherung) zu nennen, dessen Kontrollbefugnisse stark ausgeweitet wurden. Als weitere Folge ist in diesem Zusammenhang der zunehmende Arbeits- und Kostenaufwand zu nennen, der aufgrund abrechnungsbezogener Rechtsstreitigkeiten mit den Krankenkassen entsteht.

43 Siehe zu den Bezugsproblemen des Krankenhausmanagements immer noch maßgeblich Glouberman und Mintzberg (2001). Zur betriebswirtschaftlichen Diskussion s. etwa Braun von Reinersdorff (2002) und Sibbel (2004).

44 Da die Landkarte nicht das Gebiet ist und die Abbildungen immer auch im Modus des Als-ob generiert werden können, ist diesen Bildern immer zugleich zu trauen wie auch zu misstrauen (vgl. Berg 1996; s. Heath und Luff 1996).

• aus dem Desiderat, den Patienten nun vermehrt als ‚Kunden' zu sehen.

Nicht zuletzt bleibt die Frage offen, wie über das Wechselspiel von Organisation und Führung professionsethische und moralische Standards institutionalisiert bzw. wie diese hoch- und heruntergeregelt werden können (vgl. Ortmann 2010, S. 247ff.).

Außen- und Innenspannungen managen

Wie deutlich geworden ist, unterscheidet sich die mit dem vorliegenden Buch entwickelte Perspektive auf das Krankenhausmanagement von den üblichen, monokontextural angelegten betriebswirtschaftlichen Managementlehren, indem wir auf die Analyse *polykontexturaler Arrangements* abzielen,[45] welche die vielfältigen Innen- und Außenspannungen des Krankenhauses zu balancieren haben.

Fassen wir diesbezüglich die zentralen Befunde aus der Managementsoziologie zusammen: Das Management doppelt die Organisation, wodurch eine Differenz gesetzt wird, an der sich die Mitarbeiter der Organisation abzuarbeiten haben. Es führt in die Organisation eine Spannung ein, um Spannungen zu bearbeiten und zu moderieren (sie abzubauen oder gelegentlich zu verstärken, um Strukturveränderungen in der Organisation zu forcieren). Die Führung reflektiert die Organisation darüber hinaus in Hinblick auf inkommensurable Wertorientierungen und Machtchancen, um die hiermit einhergehenden Dynamiken für die Stabilisierung bestimmter Arrangements zu nutzen. Allerdings ist dabei zu beachten, dass keine Durchgriffskausalität auf die operativen Prozesse der Organisation besteht. Weder die Prozesse des Organisierens (Weick 1998) noch ihre Beobachtung und Bearbeitung durch die Führung stellen triviale Prozesse dar, die in eindeutige Rationale oder Routinen übersetzt werden könnten. Aus diesem Grund behält insbesondere das Topmanagement nach innen wie nach außen Freiheitsgrade. Hiermit einhergehend gilt: Nolens volens sind in der Ausgestaltung und Formatierung der Spannungslagen Selektionen zu treffen und Schwerpunkte zu setzen. Es kann nur eine begrenzte Anzahl von Problemfeldern thematisiert und bearbeitet werden. Vieles muss aus- und abgeblendet werden.

Das DRG-System eröffnet einer betriebswirtschaftlich orientierten Krankenhausführung zwar die Möglichkeit, medizinische Dienstleistungen als Waren zu betrachten und entsprechend die Prozesse des Krankenhauses detailliert unter dem Gewinn/Verlust-Schema zu reflektieren, gleichzeitig bleibt die Krankenhausbehandlung jedoch weiterhin hochgradig staatlich bzw. korporatistisch reguliert.

---

45   Siehe zur methodologischen Konzeption der Polykontexturalität Jansen et al. (2015).

Es spricht vieles dafür, dass die krankenhausbezogenen Reformen der vergangenen Dekade zugleich die staatlich-bürokratischen Kontrollansprüche als auch die marktwirtschaftlichen Momente gestärkt haben (Rosenbrock und Gerlinger 2006). Der Krankenhaussektor erscheint besonders in dem Dilemma trianguliert, *„Ertragsorientierung* gegen *Bedarfswirtschaftlichkeit, strategische Kunden* gegen *universalistische Patientenorientierung* sowie *Marktopportunismus* gegen die *Verpflichtung auf Versorgungssicherheit"* miteinander verbinden zu müssen. Der bestehende institutionelle „Ordnungsrahmen" bildet damit – so Bode (2010, S. 207, Hervorhebung im Original) – „einen chronischen Krisenherd", dessen „Ausbrüche immer nur temporär gelindert werden können".

Zwar treffen wir unter den gegebenen Verhältnissen auf einen – politisch gewollten – erhöhten ökonomischen Alltagsdruck, der die Krankenhäuser in einer Wettbewerbssituation zueinander bringt. Damit wird für das Krankenhaus die Frage des Managements in hohem Maße relevant. Es kann sich nicht mehr allein auf die Aufgabe der Verwaltung zurückziehen. Was dies aber für die Steuerung von Krankenhausprozessen bedeutet, lässt sich nicht mithilfe eines einfachen Konfliktmodells fassen, sondern muss komplexer begriffen werden.

Nicht zuletzt steht das Krankenhausmanagement unter diesen zunehmenden Stressbedingungen vermehrt vor dem Problem, wie die hohe intrinsische Motivation und Leistungsbereitschaft der klinischen Eliten in Anbetracht der wachsenden Bedeutung professionsfremder Anreizsysteme aufrechterhalten werden kann (Rüegg-Stürm 2007). Zudem wird häufig die (Macht-)Balance zwischen den verschiedenen Berufsgruppen mit ihren jeweils unterschiedlichen professionellen Orientierungen zu einer Herausforderung (Berchtold et al. 2007; Habersam 2009).

Wie als Ausgangspunkt bereits festgestellt, ist die Führung eines Krankenhauses keine einfache Aufgabe: Alles spricht dafür, dass das gegenwärtige Krankenhaus erheblichen Innen- und Außenspannungen ausgesetzt ist und den hiermit verbundenen unterschiedlichen gesellschaftlichen Ansprüchen kaum gerecht werden kann. Für das in all diesen Fragen geforderte Management des gegenwärtigen Krankenhauses[46] stellt sich nun die Frage, wie die genannten komplexen Lagerungen sinnvoll gestaltet und bewältigt werden können.

---

46 Richter (2008) spricht im Ärzteblatt mit Blick auf die hohe, überfordernde Komplexität gar vom „Krankenhaus in der Postmoderne".

Die Studie:
Management in 15 Krankenhäusern

Kommen wir nun zu unserer empirischen Studie, in deren Rahmen wir untersucht haben, auf welche Weisen das Krankenhausmanagement mit den oben genannten Spannungs- und Problemlagen umgehen kann.[47] Die methodologische Umsetzung der hiermit verbundenen Fragen erfolgte im Rahmen eines wissenssoziologisch-qualitativen Forschungsdesigns, das den systematischen Vergleich von Managementformen verschiedener Krankenhäuser ermöglichte. Mit Hilfe eines theoretisch ausgewogenen *Samplings* konnten dabei einerseits typische Arrangements des Managements identifiziert werden, andererseits wurden Einsichten in Bezug auf die wesentlichen Einflussfaktoren gewonnen, welche die Entscheidungen der Krankenhausleitung prägen.

So wurden Häuser in *privater* mit solchen in öffentlicher und *freigemeinnütziger/ konfessioneller* Trägerschaft sowie Standorte der *Peripherie* mit solchen in *Ballungsräumen* systematisch in einer komparativen Analyse zueinander in Beziehung gesetzt. Ebenso wurden die Perspektiven und Standortgebundenheit der unterschiedlichen am Topmanagement beteiligten Akteure rekonstruiert (Geschäftsführer, Chefärzte, leitender ärztlicher Direktor, Pflegedienstleitung, Verwaltungsleiter, etc.).

Dies gestattete schließlich, im Sinne einer Mehrebenenanalyse (Nohl 2013) verschiedene Formen der Praxis zu rekonstruieren sowie einige der Rahmenbedingungen herauszuarbeiten, die jeweils einen bestimmten Typus eines Arrangements wahrscheinlich werden lassen. Darüber hinaus wurden sogenannte ,erfolgreiche Formen' des Krankenhausmanagements identifiziert. Ein solches wurde dann als erfolgreich begriffen, wenn mit ihm ein möglichst enttäuschungsfreies Arrangement medizinischer, wirtschaftlicher und politisch/rechtlicher Erwartungen zu gelingen scheint.

---

47 Die empirische Studie entstand im Rahmen des von der Deutschen Forschungsgemeinschaft geförderten Projekts „Entscheidungsfindung im Krankenhausmanagement" (Laufzeit: 01.10.2013-31.12.2016)

1   Sampling

Die komparative Analyse stellt gleichsam den Schlüssel rekonstruktiver Forschung dar, denn nur im systematischen Vergleich verschiedener Fälle kann es gelingen, die eigenen, standortgebundenen Vorurteile zu relativieren und hierüber zu einer validen und generalisierbaren Typik der beobachteten Phänomene zu gelangen (s. zur Erläuterung der Methodologie ausführlich Kapitel III). Da jedoch aus forschungsökonomischen Gründen immer nur eine begrenzte Zahl von Einrichtungen untersucht werden kann, kommt der Fallauswahl eine wichtige Bedeutung zu, denn hierdurch werden die Vergleichshorizonte bestimmt. Im Idealfall sollten deshalb nur „solche Fälle aufgenommen" werden, „anhand derer theoretische Kategorien oder Typen entwickelt, spezifiziert oder erweitert werden können." Eine Rekonstruktion des Fallspezifischen „um seiner selbst willen ist nicht Ziel des Vergleichs" (Nohl 2001a, S. 255). Die weiteren Fälle sollten im Hinblick auf ihren Nutzen für die weitere Theoriegenerierung ausgewählt werden. Darüber hinaus muss eine gewisse Dichte und Redundanz im Material sichergestellt werden. Dies gilt nicht nur für den Fall, dass sich einzelne Interviews letztlich als wenig brauchbar erweisen. Vielmehr muss eine gewisse Sättigung erreicht werden, damit valide Aussagen möglich sind.[48]

Für die Ausgangsuntersuchung der vorliegenden Studie wurden als Vergleichshorizonte die Kategorien *Zentrum/Peripherie* sowie *private/öffentliche/konfessionelle (bzw. freigemeinnützige) Trägerschaft* gewählt. Pro Gruppe wurden mindestens zwei Häuser gewählt (insgesamt wurden in fünfzehn Häusern Untersuchungen durchgeführt), die in unsere Untersuchung eingeschlossen wurden. Dabei wurde die Studie auf große Häuser der Regel- und Schwerpunktversorgung beschränkt, die – über die Grundversorgung hinausgehend – zunehmend für die Versorgungssicherheit an Relevanz gewonnen haben. Als Richtwert für die Größe wurde dabei der auch im Krankenhausreport verwendete Wert von 300 Betten gewählt.[49]

---

48 Dieses Vorgehen entspricht dem *theoretical sampling* der *grounded theory*, wie es Glaser und Strauss (1967) entwickelt haben.

49 Interessant wäre auch ein Vergleich von Häusern der Maximal-, Schwerpunkt- sowie Regelversorgung. Ein solcher Vergleich hätte jedoch zum einen den Umfang unserer Studie gesprengt. Zum anderen ist die Unterscheidung der verschiedenen Versorgungsstufen von Bundesland zu Bundesland etwas unterschiedlich geregelt. Darüber hinaus können sich etwa Häuser der Schwerpunktversorgung sehr unterschiedlich gestalten – abhängig vom Schwerpunkt. So bedeutet beispielsweise ein Schwerpunkt im Bereich Neurologie etwas völlig anderes als ein Schwerpunkt im Bereich Gynäkologie oder ästhetische Chirurgie.

Der Zentrum/Peripherie-Vergleich erschien aufgrund der wachsenden strukturellen Probleme in ländlichen Regionen von Bedeutung.[50] Krankenhäuser in peripheren Lagen stehen nicht nur zunehmend vor Problemen bezüglich der Rekrutierung qualifizierten Personals, auch die zunehmende Landflucht sowie die Überalterung, die in ländlichen Regionen stärker ist, zeigen hier ihre Auswirkungen. Wenngleich sich zwei der untersuchten Häuser in den neuen Bundesländern befinden, wurde auf einen expliziten Ost-West-Vergleich verzichtet, da mittlerweile viele Studien auf eine Angleichung der Managementkulturen in Ost und West hindeuten[51] und die bestehenden Unterschiede vielmehr verschiedenen Trägerstrukturen und Standortbedingungen zuzurechnen sind.

Für einen Überblick das Sampling in tabellarischer Form:

Tab. 1   eigene Darstellung

Trägerschaft / Lage	Privat	Öffentlich	Freigemeinnützig / Konfessionell	Total
Zentrum	2	2	4	8
Peripherie	3	2	2	7

Neben dem *sampling* der einzelnen Häuser, die im Rahmen des Projekts den jeweils zu untersuchenden *Fall* darstellen, spielt die Auswahl der Interviewpartner eine nicht unbeträchtliche Rolle. Dabei stellt sich das Problem, dass die Krankenhausleitung keineswegs in jedem Haus gleichermaßen aufgebaut ist. In manchen Häusern setzt sie sich aus Geschäftsführern, ärztlichem Leiter und Pflegedienstleitung zusammen. In anderen Häusern kommt die Verwaltungsleitung hinzu. Dann wieder sind medizinische Leitung und Geschäftsleitung identisch und die Pflegedienstleitung wird nicht der Geschäftsleitung zugerechnet. In einzelnen Häusern besteht die Geschäftsführung nur aus einer Person. Daneben bestehen weitere Gremien, vor allem die Leitungs- bzw. Krankenhauskonferenz, in der vor allem die Chefärzte vertreten sind. Daher wurde von uns der Begriff 'Krankenhausleitung' zunächst flexibel angelegt bzw. als das gefasst, woran sich die jeweils befragten Akteure beteiligt sehen. Befragt wurden jedoch standardmäßig: die Geschäftsführung (in der Regel 1 Person), die Pflegedienstleitung (1 Person), die Verwaltungsleitung (1 Person), die ärztliche Leitung (1 Person) sowie mindestens zwei Chefärzte der bedeutenden Abteilungen Chirurgie und Innere Medizin. Je nach Fall wurde diese Auswahl

---

50   Vgl. Augurzky et al. (2002).
51   Vgl. Clade (2010) und Buscher (2008).

spezifiziert und erweitert, etwa indem zusätzlich Akteure aus der übergreifenden Trägerschaft interviewt wurden. Insgesamt wurden 71 Experteninterviews geführt und transkribiert.[52] Die Interviewdauer lag dabei zwischen 30 und 120 Minuten, durchschnittlich jedoch bei 50 Minuten.

In vier Häusern konnten *teilnehmende Beobachtungen*[53] in den Leitungssitzungen durchgeführt werden. Zudem wurden zwei Interviews und zwei *teilnehmende Beobachtungen* mit *Controllern* durchgeführt, da die Aufbereitung und Aggregation von Zahlen in den Managementprozessen eine prominente Rolle spielt.

2 Spezifizierung der Fragestellung

Wie bereits zuvor aufgeführt, sind wir davon ausgegangen, dass sich die Organisation Krankenhaus mit ihrem Management nicht auf eine einzelne Funktionslogik reduzieren lässt, sondern immer einer Vielzahl unterschiedlicher Referenzen gerecht zu werden hat. So sind Krankenhäuser mit den Ansprüchen einer medizinischen Logik, mit Fragen ökonomischer Knappheit, rechtlichen Fragen sowie den politischen Handlungslogiken, die aus der dualen Finanzierung resultieren, konfrontiert. Dazu kommen die Binnenspannungen, die sich aus dem Zusammenspiel der unterschiedlichen Gruppen aus Verwaltung, Medizin und Pflege ergeben. Hier stehen verschiedene Handlungsreferenzen einander gegenüber und sind in Formen sozialer Praxis stets in ein mehr oder weniger praktikables Verhältnis zu setzen.

Wie dies in der Praxis der Krankenbehandlung selbst geschieht und welche Faktoren wesentlichen Einfluss auf die Form der jeweiligen Praxis haben, konnte bereits in zurückliegenden Studien gezeigt werden (Vogd 2004a; 2004d; 2006a; 2006b; 2007b). Offen blieb dabei unter anderem die Frage, wie die Leitung der Häuser mit den unterschiedlichen Innen- und Außenspannungen bzw. Systemrationalitäten umgeht, mit denen sie konfrontiert ist. Mit Blick auf die Komplexität der Anforderungen und zu vereinbarenden Wertsphären scheinen sich auf den ersten Blick einige Parallelen zur Situation in der Krankenbehandlung zu zeigen.

Unterdessen steht das Krankenhausmanagement jedoch in einer anderen Position als die Ärzte oder die Pflegekräfte, die auf den Stationen arbeiten. Während letztere im je einzelnen Fall eine primär medizinische oder pflegerische Entscheidung

---

52 Die Transkription erfolgte nach Dresing/Pehl (2013, S. 20ff., einschließlich der Erweiterungen S. 23).

53 In der teilnehmenden Beobachtung partizipiert der Forscher an den Alltagshandlungen der beforschten Akteure und erstellt Beobachtungsprotokolle (vgl. Vogd 2005c).

treffen müssen, dabei aber auf andere Wertsphären Rücksicht zu nehmen haben (wirtschaftliche, rechtliche, organisationale, mikropolitische etc.), ist das Krankenhausmanagement zunächst vor allem dem Erhalt der Organisation verpflichtet. Dabei ist es mit Ansprüchen der medizinischen und pflegerischen Profession, den jeweiligen Trägern, den Krankenkassen und den zuständigen Ministerien konfrontiert. Es muss Fragen der Versorgungssicherheit, der Bezahlbarkeit, einer guten medizinischen und pflegerischen Behandlung und zunehmend auch Themen wie Personalmangel und Infrastrukturproblemen begegnen. Diese unterschiedlichen Dimensionen und die hieraus resultierenden Spannungen müssen stets aufs Neue arrangiert und verhandelt werden, da sie doch nie restlos befriedet bzw. ineinander überführ- oder auflösbar sind. Geht man mit Luhmann (2000b) zudem davon aus, dass sich Organisationen wesentlich über Entscheidungen reproduzieren, die in Form von Entscheidungsprogrammen und Entscheidungsprämissen eine eigene Pfadabhängigkeit generieren, so kann man die im Rahmen der vorliegenden Untersuchung gestellten Fragen konkretisieren. Denn es ist zu erwarten, dass sich die für das Arrangement der jeweils prominenten Innen- und Außenspannungen relevanten Praxisformen insbesondere anhand von Entscheidungspraxen aufzeigen lassen.

Indizien für die diesbezügliche Rekonstruktion der Praxisformen und der damit verbundenen Arrangements sowie der hiermit einhergehenden handlungsleitenden Orientierungen der beforschten Akteure geben insbesondere die folgenden Themenkomplexe, die auch in den verwendeten Interviewleitfäden zum Ausdruck kamen:

1. Formale Strukturen des Krankenhausmanagements
   - Wer gehört zum Management?
   - Wie wird der ärztliche und wie der pflegerische Bereich in das Krankenhausmanagement integriert? Welche Formen der Partizipation an den Steuerungsaufgaben werden entwickelt? Wie gestalten sich die Einflussmöglichkeiten der unterschiedlichen Sphären? Sind beispielsweise die Chefärzte aktiv in Managementaufgaben involviert?
2. Selbstbeschreibung
   - Was ist das offizielle Selbstverständnis des Managements?
   - Welche Semantik wird zur Selbstbeschreibung verwendet und wie wird an der Corporate Identity des Unternehmens gearbeitet?
   - Wie wird die aktuelle Situation des Krankenhauses (einschließlich seiner strategischen Position in der regionalen Versorgungslandschaft) gesehen?
3. Deutungsmuster und kognitive Landkarten
   - Wie werden seitens des Krankenhausmanagements die organisatorischen Umwelten des Krankenhauses wahrgenommen (etwa die Krankenkassen, gesundheitspolitische Entscheidungen und Pläne der Länder und Kommunen)?

- Wie werden die ärztliche und die pflegerische Arbeitskraft abgebildet? Erscheinen sie sowohl als Kostenfaktor als auch als Produktionsfaktor im Sinne von expertiseabhängigen Dienstleistungen, die auf Wissensarbeit beruhen? Wie wird die Gefahr der Abwanderung von Spezialisten reflektiert?
- Wie wird die Zusammenarbeit zwischen den Gruppen im Krankenhausmanagement gesehen? Wie werden dabei die Haltungen und Orientierungen der am Management beteiligten professionellen Gruppen jeweils eingeschätzt?
- Wie werden Profilierung und strategische Ausrichtung der Häuser thematisiert? Was sind die Kriterien und Orientierungsmarken, nach denen hier Entscheidungen getroffen werden?
- Welche Metaphern und Bilder werden zur Beschreibung und Charakterisierung der Problem- und Spannungslagen des Krankenhauses bzw. in Hinblick auf die Modalitäten ihrer Bearbeitung genannt?

4. Controlling
- Welches sind die zentralen Parameter im Ist-Soll-Vergleich der ökonomischen Steuerung medizinischer Prozesse? Wie werden Behandlungskosten in Bezug auf Zeit- und Sachdimension operationalisiert? Wie werden Liegezeiten sowie technischer und personeller Aufwand einer Krankenbehandlung ökonomisch in Beziehung zueinander gesetzt?
- Wie werden die Zeitverhältnisse in Bezug auf Produktions- und Investitionskosten integriert? Auf Basis welcher Kriterien wird in die Ausbildung von Mitarbeitern investiert bzw. wie stellt sich das Verhältnis von Mitarbeitern als Kostenfaktor und als Humankapital dar?

Neben den genannten Fokussierungen wurde den befragten Akteuren im Interview großzügig Raum gegeben, eigene Schwerpunkte zu setzen und eigene Relevanzen zu offenbaren, denn im Rahmen eines rekonstruktiven Forschungszugangs ist sicherzustellen, dass auch „unerwartete Phänomene" eingefangen werden können, was eine gewisse Offenheit in Hinblick auf die „Vorentscheidungen hinsichtlich Design und Methode" voraussetzt (Strodtholz und Kühl 2002, S. 16).

Abschließend ist nochmals darauf hinzuweisen, dass sich die vorliegende Studie nicht nur darauf beschränkt, allein in deskriptiver Manier die Orientierungen der befragten Akteure zu rekonstruieren. Darüber hinaus ging es zum einen darum, die wichtigen Einflussfaktoren zu identifizieren, welche bestimmte Lösungen und Arrangements plausibilisieren und stabilisieren. Zum anderen stellte sich uns die Frage, welche Praxis als erfolgreich und welche als weniger erfolgreich angesehen werden kann. Dabei soll eine Entscheidungspraxis insbesondere dann als erfolgreich gelten, wenn es ihr gelingt, die Ansprüche der verschiedenen beteiligten Stakeholder und Referenzen so zu arrangieren, dass die Erwartungsenttäuschungen innerhalb der verschiedenen Räume möglichst gering sind, also wenn etwa empfunden wird, dass man sowohl medizinischen als auch wirtschaftlichen Belangen in einer Weise gerecht wird, die den professionellen Selbstverständnissen der unterschiedlichen beteiligten Akteure einigermaßen entspricht. Als Indikatoren für solche Prozesse eignen sich etwa die Personaldrift von ärztlichem Führungspersonal sowie das Ausmaß der Identifikation der befragten Akteure mit ihrem Krankenhaus und der dort geleisteten Arbeit.

Methodologie: Arrangements des Managements verstehen lernen

Eine empirische Managementforschung, die der Dynamik ihres Gegenstandes gerecht werden möchte, hat zunächst methodologisch in Rechnung zu stellen, dass Management per se einen überindividuellen Prozess darstellt. Steuernde und Gesteuerte, Führende und Geführte stehen in einem *Verhältnis* (hinsichtlich Widerständigkeit und Nichtverstehen: ein Spannungsverhältnis), in das darüber hinaus andere Reflexionspositionen aus der Umwelt der zu managenden Einrichtung (Außenspannungen) eintreten und in Beziehung gesetzt werden.

Zugleich beschränkt sich eine Organisation nicht auf *eine* hierarchische Ebene, sondern beherbergt vielfältige hierarchische und heterarchische Beziehungen zwischen Mitgliedern. Allein schon mit Blick auf die sich hieraus ergebenden vielfältigen Loyalitäten und Anforderungen ist hier mit inkommensurablen Erwartungen (Innenspannungen) zu rechnen. Wie aber können diese zu einer mehr oder weniger praktikablen Anordnung finden? Welche Formen des Managements lassen sich empirisch rekonstruieren und wie stehen diese Formen aus einer gegenstandstheoretischen Perspektive zueinander?

Unabhängig davon, welche Lösung dabei im Einzelfall gefunden wurde, wie diese von den unterschiedlichen Mitarbeitern empfunden wird oder wie dies von einem Außenstandpunkt her gesehen und bewertet werden mag, bedeutet das (Weiter-)Bestehen der Organisation, dass ein Arrangement gefunden wurde; es sind also immer bereits mehr oder weniger routinierte Formen etabliert worden, wie mit diesen Spannungen umgegangen werden kann.

Im Folgenden wird mit der *funktionalen Methode* zunächst eine Forschungsperspektive vorgestellt, die eben diese Arrangements in den Blick nehmen lässt (Abschnitt 1). Aus Perspektive der *Dokumentarischen Methode* offenbart sich dieses als ein immer schon spannungsreicher *Habitus*, in dem seinerseits komplexe Identitätslagen zum Ausdruck kommen (Abschnitt 2). Im Anschluss wird mit der Kontexturanalyse ein methodologischer Zugang eingeführt, mit dem das übergreifende Arrangement – das Muster, das verbindet – ins Zentrum der Analyse rückt (Abschnitt 3). Als

Material der Analyse eignen sich hierfür insbesondere die Experteninterviews, die wir mit den im Krankenhausmanagement involvierten Akteuren geführt haben. Die hier zum Ausdruck kommenden semantischen Verweise ermöglichen es, die benannten Dynamiken des Habitus zu rekonstruieren. Hieran kann dann die übergreifende Rekonstruktion der die einzelnen Akteure umfassenden Systemiken anschließen (Abschnitt 4). Diese werden jetzt als polykontexturale Arrangements komplementärer und divergenter Perspektiven verständlich (Abschnitt 5), wobei die funktionale Methode die methodologische Verbindung zwischen Habitus, Orientierungsrahmen und übergreifendem Arrangement darstellt. Abschließend werden die einzelnen Schritte der Analyse nochmals im Zusammenhang vorgestellt (Abschnitt 6).

1   Funktionale Methode: Bezugsproblem und Lösung

Die bisherigen Ausführungen lenken den methodologischen Blick auf eine funktionale Perspektive, die nach dem *Bezugsproblem* fragt, auf das die in einem konkreten Fall gefundenen Verhältnisse eine Antwort geben. In abstrakter Form besteht es darin, dass die bestehende Organisation gleichsam weiter fortbestehen ,will' und die Akteure sich darin eingerichtet haben, mit ihren Aufgaben zurechtzukommen. Im Sinne Luhmanns (2005 [1970]) kann und darf die *funktionale Methode* jedoch nicht als teleologische Konzeption missverstanden werden. Die Arrangements entstehen nicht in Folge eines absichtsvollen Plans (deshalb das Verb ,will' in Anführungszeichen).[54] Sie stellen vielmehr das Ergebnis von Operationen dar, die sich in ihrer Systemik (dem Wechselspiel von Prozessen, die eine Struktur hervorbringen, die eben diese Prozesse möglich und notwendig macht) so bestätigen, dass ein Muster entsteht, das für einen äußeren Beobachter zielgerichtet oder geplant erscheint, wenngleich es nichts anderes ist als ein Produkt der Selbstorganisation unterschiedlicher Bewegungen und Spannungen, die aufeinandertreffen. Wir treffen hier also auf eine evolutionäre Perspektive, die davon ausgeht, dass die vielfältigen Formen des Lebendigen (sei es in der Natur oder Kultur) Lösungen darstellen, die in Folge von Problemstellungen entstehen, welche die Evolution aufwirft, wobei die Lösungen wiederum neue Probleme aufwerfen. Nichts anderes besagt Darwins Evolutionsschema. Die Variation entwickelt neue Formen, die sich

---

54 Siehe zum Verhältnis der funktionalen Methode in der praxeologischen Wissenssoziologie und der Systemtheorie auch John et al. (2010) sowie aus einer übergreifenden methodologischen Perspektive Vogd (2009).

in der Selektion als Lösungen stabilisieren, die dann wiederum an anderer Stelle Probleme generieren, welche die Ökologie des Gesamtarrangements zu neuen Anpassungsleistungen herausfordern.

Von der Perspektive einer Organisation oder Institution gedacht erscheint damit auch der „Prozess des Organisierens" (Weick 1998) als eine zufällige, aber nicht beliebige Folge von mehreren Selektionen. Zunächst bemerken wir die Gestaltungs- und Interventionsversuche unterschiedlichster Akteure (Variation), die ständig geschehen, von denen aber innerhalb der Organisation nur einige relevant werden (Selektion). Insofern sich ein Muster zu etablieren beginnt, hat sich diese Selektion jedoch wiederum mit Blick auf die vielfältigen Zusammenhänge, in welche die Organisation eingebettet ist, zu bewähren.

Wenn man den einzelnen Akteur betrachtet, also einen Menschen, der in einer Organisation versucht seine Stellung zu wahren bzw. seinen Einfluss zu entfalten, kann man diesen Prozess mit Bourdieu (1997) als das Wechselspiel von Habitus und Feld beschreiben. Dem Habitus entsprechen leiblich verkörperte Selbst- und Weltverhältnisse, die eine bestimmte Sicht auf die Welt und die hiermit verbundenen Handlungsdispositionen eröffnen. Das Feld erscheint als jene soziale Dynamik, die den Habitus prägt bzw. einen bereits etablierten Habitus unter Spannung setzt.[55]

Auch hier treffen wir auf einen sich wechselseitig bestätigenden Prozess, der bestimmte Kognitionen oder handlungsleitende Orientierungen konditioniert und hervorbringt, ohne dass dies geplant oder beabsichtigt sein muss. Erneut lässt die funktionale Methode im Sinne einer nicht-teleologischen Analyseperspektive sehen, dass der Habitus eines bestimmten Akteurs eine Antwort auf die Dynamiken eines bestimmten (sozialen) Feldes darstellt bzw. dass umgekehrt die Muster eines Feldes wiederum Lösungen bestimmter sozialer oder interaktiver Problemlagen darstellen, die sich aus dem Verhältnis unterschiedlicher Habitusformationen zueinander ergeben.

---

55 Der Habitus beruht auf einer Geschichte von Interaktionen, die im Körper zum Ausdruck kommen und in das Körpergedächtnis eingedrungen sind und entsprechend den jeweils realisierten Weltbezug als natürlich erscheinen lassen. Der Habitus kann damit als ein existenzialer Weltbezug verstanden werden, der als ein Mit-sich-selbst-identisch-Sein empfunden wird. Wir haben es beim Habitus also per se mit einem transpersonalen Phänomen zu tun, denn die ihn konstituierenden Prozesse liegen nicht in der Kontrolle eines individuellen Akteurs, sondern verdanken sich einem sozialen Raum, seien es mimetische Prozesse (Wulf 2005), gemeinsame Praxen, die erst erlebt und dann später verstanden und mit Sinn unterlegt werden (Weick 1998), oder die vielfachen, auch schmerzhaften Begegnungen im sozialen Raum, die den Menschen empfinden lassen, wo er ‚hingehört' (Bourdieu 1985), auch wenn er dort nicht wirklich sein möchte.

Es folgen einige einfache Beispiele, um den Sinn der funktionalen Methode im Kontext unserer Fragestellung zu verdeutlichen:

1. Pflegekräfte haben oftmals Interventionen durchzuführen, die dem Patienten Schmerzen bereiten oder schambesetzt sind. Damit stellt sich für sie als Bezugsproblem die Herausforderung, den Patienten dazu zu bringen, ohne größeren Widerstand zu kooperieren. Handlungspraktisch können sich hierbei unterschiedliche Lösungen bewähren. Ein Weg besteht etwa darin, den Patienten kommunikativ darauf vorzubereiten, dass er zwar Schmerzen verspüren werde, dieser aber notwendig für die Behandlung seien. Ein anderer Weg ist, mit ihm freundlich über etwas anderes zu reden, um ihn abzulenken. Als eine dritte Möglichkeit könnte der Patient so eingeschüchtert werden, dass er gegenüber dem spontan erfolgenden schmerzhaften Übergriff keinen Widerstand leistet. Diese drei Lösungen sind funktional äquivalent, da sie alle die Herausforderung an die Interaktion zu lösen helfen.

2. Darüber hinaus lässt sich fragen, ob sich mit Blick auf die typischen beruflichen Lagerungen der Pflege im Krankenhaus in abstrakterer Form ein oder mehrere Bezugsprobleme für diese Berufsgruppe identifizieren lassen. So stellen etwa Strauss et al. (1997) fest, dass Pflegekräfte vielfach für die reibungslose Sicherstellung der Funktionsabläufe verantwortlich gemacht werden (etwa Fieber messen, diagnostische Routinedaten erheben, Patientenkurven pflegen, Medikamente austeilen, Verlegungen organisieren, die Befindlichkeit der Patienten im Blick haben und ggf. den Arzt herbeirufen). Hinzu kommt *emotional work*,[56] die sogenannte Arbeit an dem Befinden und den Gefühlszuständen des Patienten

---

[56] Interessant wie folgerichtig erscheint damit der Befund von Strauss (1998), dass sich emotionale Arbeit und Kontrolltätigkeit bei Pflegekräften in einer spezifischen Weise verbinden, nämlich nicht unbedingt in einer empathischen, verstehenden Form, sondern in einer kontrollierenden, auf die soziale Identität hin ausgerichteten Form. Es geht, so Vogd (2011b, S. 76ff.), primär um die Pflege der Person des Patienten als soziale Adresse und die Aufrechterhaltung der sozialen Ordnung, nicht um den Menschen als Ganzes. Hier instruktiv ein Zitat von Strauss: „Eine forsche Krankenschwester erzählt, daß sie zu der Patientin geht und sie bittet, ihre Schmerzenslaute zu dämpfen; sagt, daß die anderen das auch tun, aber wir sollten das überprüfen. Sie tut das, weil ‚ich denke, wenn die Patientin schreit, dann werden die anderen denken, ich kümmere mich nicht um sie – das heißt Personal und Patienten. Und wenn ich sie weiterschreien lasse, wird jemand kommen und sie zu beruhigen versuchen', das würde auch bedeuten, daß man diese Krankenschwester für inkompetent hält. Deshalb sieht sie die Kontrolle der Schmerzäußerungen als Teil ihrer Hauptarbeit." (Strauss 1998, S. 111) Siehe auch Strauss et al. (1997).

(oft auch in medikalisierter Form, also etwa mit der Gabe von Schmerz- und Beruhigungsmitteln).

Sowohl mit Blick auf die sozialen als auch organisatorischen und technischen Aspekte der Krankenbehandlung kommen den Pflegekräften damit vor allem Kontrollaufgaben zu, also Tätigkeiten, die mit eher geringer Entscheidungsautonomie einhergehen. Demnach ergeben sich die Bezugsprobleme der Pflege aus vorgegebenen Routineaufgaben auf der einen Seite sowie den ständigen Störungen ebendieser auf der anderen Seite. In Folge kann sich als typischer Habitus eine Haltung entwickeln, die sich stark an Kontrolltätigkeiten orientiert, sowie daran, Abweichungen festzustellen und diese wieder in Ordnung zu bringen.

3. Ein weiteres Beispiel weist auf ein anders gelagertes Bezugsproblem hin: Ärzte durchlaufen in ihrer Karriere nolens volens Phasen, in denen sie unter Untersicherheit (d. h. auf unvollständiger Informationsbasis) Entscheidungen treffen müssen, die für Patienten mit existenziellen Konsequenzen verbunden sein können (man denke hier etwa an die Aufgabe, während des Nachtdienstes für eine Station verantwortlich zu sein, dabei jedoch nur im Ausnahmefall die Oberärzte und Chefärzte aus der Bereitschaft kontaktieren zu können). Jemand, der Arzt werden will, hat dementsprechend bewusst oder unbewusst, freiwillig oder unfreiwillig ein *training for uncertainty* (Fox 1969) zu durchlaufen und in Folge einen Habitus zu entwickeln, der ihn dazu befähigt, mit den hiermit einhergehenden Kontingenzen alltagspraktisch umzugehen. Reimann (2013) kann in ihrer Studie zur ärztlichen Sozialisation aufzeigen, dass diesbezüglich üblicherweise zwei Formen als Lösungen ausgebildet werden, die jedoch nicht miteinander kompatibel sind. Die eine besteht darin, jene heroische Haltung einzunehmen, die noch an den Arzt als ‚Halbgott in Weiß‘ erinnert. Entscheidungen werden hier einsam und autoritär über die Köpfe der anderen hinweg getroffen. Der Arzt empfindet sich dabei als Teil einer Leistungselite, die sich dadurch symbolisch und energetisch auflädt, Verantwortung zu übernehmen, Krisen zu schultern und die hiermit einhergehenden psychischen Lasten in einsamer Manier bewältigen zu können. Der andere Modus besteht demgegenüber darin, Unsicherheiten in Bezug auf Entscheidungen primär kommunikativ zu bewältigen. Es wird der Dialog mit Patienten, Pflegekräften und Kollegen gesucht, um auf diese Weise zu einer möglichst breitgeteilten Entscheidung zu kommen.

Wie dem auch sei, das gemeinsame Bezugsproblem, Entscheidungen treffen zu müssen unter der Bedingung unvollständigen Wissens und in Unsicherheit in Bezug auf die Folgen, bleibt bestehen. Um in der Lage zu sein, die in seinem Beruf auftretenden alltagspraktischen Lagerungen zu bewältigen, wird der Arzt also den Habitus einer autonom agierenden wie auch entscheidungsfreudigen Persönlichkeit ausbilden müssen, wobei wiederum unterschiedliche Varianten möglich sind, wie diese Aufgabe bewältigt werden kann.

2   Praxeologische Wissenssoziologie: Spannungsfeld von Identifikation und Habitus

Im Sinne der Grundannahmen der *praxeologischen Wissenssoziologie* (Bohnsack 2003a)[57] gehen wir davon aus, dass sich die gefundenen Lösungen für das jeweilige Bezugsproblem als leiblich verkörperte kognitive Struktur manifestieren. Genau dies ist mit der Bourdieuschen Konzeption des Habitus gemeint. Der Habitus bezeichnet die Trägheit einer zum Selbst- und Weltverhältnis geronnenen Erfahrung, die als Strukturierungsprinzip weiteres Erleben und Handeln anleitet. Aus diesem Grunde mag eine erfahrene Krankenschwester ihren Berufsalltag recht stark unter der Perspektive der Kontrolle erleben, während ein Arzt sich mehr aus einem Orientierungsrahmen heraus erfahren wird, der durch professionelle Autonomie geprägt ist.

Mit Blick auf die Materialität bzw. soziale Realität der Bezugsprobleme gehen wir mit Mannheim (1995 [1929]) von einer ‚Seinsverbundenheit des Wissens' bzw. ‚Seinsgebundenheit des Denkens' aus. Aus dieser Verbindung eröffnet sich, wie Bohnsack (2014c) mit der *Dokumentarischen Methode* zeigt, ein methodologischer Zugang zum Habitus über die Analyse sprachlicher Handlungen bzw. der Texte, die durch entsprechende Erhebungsverfahren produziert wurden. In diesen Texten offenbart sich bei näherem Hinsehen eine Doppelstruktur: nämlich eine inhaltliche Ebene im Sinne des Common Sense-Verständnisses von Sprache und andererseits eine performative bzw. praxeologische Ebene, mittels der sich auf die Denk- und Wissensstrukturen zurückschließen lässt, welche sich auf der latenten Ebene in den Sprechakten ausdrücken.

Worte haben demnach eine inhaltliche Bedeutung, etwa indem Motive erklärt, Kausalitäten formuliert oder Entscheidungen verkündet werden,[58] wie auch eine

---

57   Die praxeologische Wissenssoziologie ist eine praxistheoretische Perspektive, die von der leiblichen Verkörperung von Wissensbeständen im Sinne des Habitus (Bourdieu 1997) ausgeht und damit die überindividuellen, kollektiven Dynamiken der Genese des Habitus in den Blick nimmt. Die methodologische Ausarbeitung und Präzisierung erfolgte vor allem durch Bohnsack (2008).

58   Gleiches gilt selbstredend für Gesten, Bilder, Zahlen und andere Ausdrucksformen.

performative Seite, die bestimmte (soziale) Realitäten erst setzt, beziehungsweise ebendiese erst durch ihre Praxis hervorbringt. Sprachliche Akte generieren Positionierungen in einem sozialen Raum und verweisen auf die hiermit verbundenen Praxen. Worte können beispielsweise entweder degradieren oder ermächtigen (Bourdieu 2005; Herrmann 2013). Zugleich repräsentieren und generieren Worte einen epistemischen Raum, ein Seinsverhältnis. Sie produzieren nämlich immer auch die Rahmung mit, in der ein bestimmter Zusammenhang, etwa eine bestimmte Kausalität, als Realität plausibel ist, in der etwas als richtig oder falsch, recht oder unrecht, vertretbar oder unvertretbar, unethisch oder moralisch noch akzeptabel, machbar oder unmöglich, real oder unwirklich erscheint.[59] Als verkörperte Strukturen repräsentieren sie nicht nur, sondern bilden zugleich eine jeweils spezifische Seinsgebundenheit, indem das Sein – und hiermit auch das Selbst – als eine, jeweils bestimmte Reflexionsperspektive ausgeflaggt wird.[60] Hiermit wird deutlich, dass sprachliche Prozesse immer auch auf (soziale und personale) Identitäten bzw. Selbstverhältnisse verweisen,[61] wobei wiederum zwei Ebenen zu unterscheiden sind. „Im Sinne der propositionalen Logik der Sprache verweisen sie [die Worte] auf Rollen und Positionen, die von Akteuren eingenommen werden und an die (Norm-)Erwartungen (oder Enttäuschungen) adressiert werden können. Im Sinne des Habitus von Bourdieu (1997) verweisen sie auf ein in die eigene Leiblichkeit eingelagertes Selbstempfinden, das die Praxis anleitet, also die eigenen Lebensvollzüge sinnhaft strukturiert." (Vogd und Amling 2017, S. 13)

Hier setzt auch die Dokumentarische Methode mit ihrer methodologischen Leitunterscheidung zwischen formulierender Interpretation und reflektierender Interpretation bzw. der In-Beziehung-Setzung dieser beiden Ebenen sprachlichen Sinns an. So mag sich beispielsweise ein Pflegemanager auf der inhaltlichen Ebene als Manager bzw. als Bestandteil des Teams identifizieren, welches das Krankenhaus leitet. Die Analyse der performativen Dynamik bestimmter Erzählfiguren lässt demgegenüber darauf rückschließen, dass sich bei diesem Akteur in Hinblick auf

---

59 In diesem Sinne geht es auch in der Goffmanschen Rahmenanalyse um die Klärung „dessen, was in Interaktionen und Aktivitäten eigentlich vor sich geht" (Knoblauch 2000). Siehe zum Versuch, die Rahmenanalyse habitustheoretisch zu wenden Willems (1997).

60 Homolog begreift Marotzki (1990), der hier explizit den Anschluss an Gotthard Günthers Konzeption der Polykontexturalität sucht, Bildung als Prozess, der auf die *Transformation des Selbst- und Weltverhältnisses* eines Menschen zielt, also auf eine andere Weise, wie Welt und Selbst reflektiert werden.

61 Der Begriff der Identität wird hier in zweierlei Hinsicht verstanden, nämlich als (sozialer) Habitus im Sinne von Bourdieu und als Selbst- und Fremdidentifizierung im Sinne der Zurechnung einer sozialen Adresse.

wichtige Entscheidungsfragen Machtlosigkeit oder gar Unkenntnis ausdrückt (s. zu Fallbeispielen Kapitel IV.2). Wenngleich sich ein Akteur formal mit einer Rolle identifizieren mag, bedeutet dies also nicht, dass damit auch auf habitueller Ebene beispielsweise eine starke Managementposition eingenommen werden muss. Dies würde sich etwa darin ausdrücken, Spannungen aufzugreifen, die hiermit verbundenen Konflikte auszuhalten und sie in die eine oder andere (riskante) Entscheidung überführen zu können. Letzteres könnte sich etwa in der unternehmerischen Haltung eines Geschäftsführers ausdrücken, größere finanzielle Risiken in strategischen Entscheidungen einzugehen.

Es ist nicht von vornherein festgelegt, inwieweit eine Managementaufgabe nur mit der formalen Einnahme einer Rolle einhergeht oder auch darüber hinaus habituell ausgefüllt wird. Oder ob sich umgekehrt der befragte Akteur von der Rolle distanziert, wenngleich er handlungspraktisch sehr wohl Managementverantwortung übernimmt. Dies ergibt sich vielmehr selbst wiederum aus einem komplexen Wechselspiel von habituellen Dispositionen, die vom Akteur bei Aufnahme der Rolle eingebracht werden, der spezifischen Seinsgebundenheit, die mit der Rolle verbunden ist, und den Common Sense-Erwartungen an eben diese Rolle. Auch hier gilt wiederum, dass ein Bezugsproblem auf verschiedene Art und Weise gelöst werden kann.

Die funktionale Methode geht also nicht von einem Determinismus aus, entsprechend dem die Umwelt die Selbst- und Weltverhältnisse eines Menschen determiniert. Im Sinne des Schemas von Problem und Lösung wird hier von Freiheitsgraden ausgegangen, die einerseits unterschiedliche Modi ermöglichen, anderseits von den Akteuren aber auch Eigensozialisation im Sinne nur von ihnen selbst zu erbringender Anpassungsleistungen verlangen. Die Lösungswege sind von den Akteuren selbst zu finden. Falls ein bestehender Habitus auf ein verändertes soziales Feld trifft, ist also nicht festgelegt, ob und wann ein neuer Habitus entwickelt wird, oder ob und wie die alten Dispositionen mit den neuen Dynamiken des sozialen Feldes in Beziehung gesetzt werden.[62] Der Organisation bzw. dem

---

62   Um es mit Bourdieu auszudrücken: „Der Habitus ist weder notwendigerweise angemessen noch notwendigerweise kohärent. Er verfügt über Integrationsstufen, die vor allem ‚Kristallisationsstufen' des eingenommenen Status entsprechen. So läßt sich beobachten, dass widersprüchlichen Positionen, die auf ihre Inhaber strukturelle ‚Doppelzwänge' ausüben können, oft zerrissene, in sich widersprüchliche Habitus entsprechen, deren innere Gespaltenheit Leiden verursacht. […] Folglich kann es geschehen, daß – nach dem Paradigma Don Quichottes – die Dispositionen mit dem Feld und den für seinen Normalzustand konstitutiven ‚kollektiven Erwartungen' in Mißklang geraten. Dies ist insbesondere dann der Fall, wenn ein Feld eine tiefe Krise durchmacht und seine Regelmäßigkeiten (oder sogar seine Regeln) grundlegend erschüttert werden." (Bour-

Management bleibt demgegenüber nur übrig, bei der Rekrutierung des Personals abzuschätzen, ob eine Bewältigung entsprechender Lagerungen zu erwarten ist, ohne dabei jedoch auf die unmittelbare Praxis des Akteurs rückschließen zu können, dem die Position angeboten oder zugewiesen wird.

Wie bereits angedeutet, ergibt sich bei all dem auch eine Spannung zwischen der Seinsverbundenheit des ursprünglichen Habitus (berufsbiografisch mag man vor der Wahrnehmung von Managementaufgaben Chirurg, Internist, Pflegekraft oder bei einer Unternehmensberatung tätig gewesen sein) und der Seinsgebundenheit der aktuell eingenommen Position. Auch dies kann wiederum für die Analyse fruchtbar gemacht werden. Einer Dokumentarischen Organisationsforschung folgend, wie sie etwa Nohl (2013) vorschlägt, lässt sich im Sinne einer Mehrebenenanalyse aufzeigen, wie sich unterschiedliche *Orientierungsrahmen* (Bohnsack 2014a), die auf jeweils unterschiedliche Seinsgebundenheiten (etwa das Bezugsproblem der Organisation als auch Verhaftungen an bestimmten Milieus) verweisen, miteinander verschränken, um damit bestimmte Lösungen plausibel werden zu lassen.

Die Dokumentarische Methode lenkt die funktionale Analyse auf jeweils *eine* eingenommene Perspektive im Sinne eines rekonstruierbaren Orientierungsrahmens, der bezüglich seiner Genese überindividuell und transpersonal gelagert ist – nämlich als ein seinsgebundenes Selbst- und Weltverhältnis.

3   Arrangements: Das Muster, das verbindet

Die funktionale Methode lässt sich allerdings auch auf ein *Arrangement* unterschiedlicher Positionen zueinander lenken. Dies geschieht etwa in der Analyseeinstellung der systemischen Beratung,[63] in der die Systemik in den Blick genommen wird, in der die einzelnen, sich im sozialen Feld befindlichen Akteure zueinander stehen. Im Sinne der funktionalen Perspektive gilt auch hier, dass ein empirisch vorzufindendes Arrangement eine Antwort auf bzw. eine Lösung für ein spezifisches Bezugsproblem darstellt. Man denke beispielsweise an eine typische Spannungslage aus dem Management, zugleich Probleme aufzugreifen und einen entsprechenden Veränderungsdruck aufzubauen als auch Beständigkeit in den Routinen und in Hinblick auf den praktischen Sinn des zu führenden Betriebes zu ermöglichen.

---

dieu 2001b, S.205f.) „Allgemeiner gesagt: Der Habitus kennt das Mißlingen er kennt kritische Momente des Mißverhältnisses und Mißklangs." (Bourdieu 2001b, S.208f.).

63 Siehe zu zur Einführung in die systemische Organisationswissenschaft Wimmer et al. (2014). Mit Blick auf Beratung auch Simon (2014), Wimmer et al. (2015).

Der Blick auf das Arrangement verschiebt die Aufmerksamkeit allerdings von den Akteuren selbst auf das *Muster der Relationierung* von Positionen. Was dies bedeutet, zeigt etwa Siemen (2012) in seiner Studie zur Veränderung der Managementkultur eines multinational agierenden Industriekonzerns auf. Im Verlauf der von ihm durchgeführten Feldstudie kommt es zu einem Personalwechsel an der Führungsspitze, der sich in einem neuen Führungsstil ausdrückt. Der alte Geschäftsführer reagierte auf Probleme, die ihm von der zweiten und dritten Führungsebene zugetragen wurden, eher bedächtig. So zeigte er die Gewohnheit, zunächst umfassendere Analysen durchzuführen, bevor er sich zu einer Entscheidung durchringen konnte. Der neue Geschäftsführer pflegte demgegenüber ein aktionsorientiertes Entscheidungsverhalten. Nahezu jede an ihn herangetragene Problematik wurde nach kurzer Zeit in eine Entscheidung überführt, oft mit deutlichen Konsequenzen für die betrieblichen Abläufe. Nach einigen Wochen zeichnete sich eine markante Veränderung des Verhaltens der untergeordneten Führungskräfte ab. Diese begannen nämlich, ihrem Vorgesetzten Probleme zu verschweigen bzw. erst dann zu berichten, wenn es unvermeidbar war.

Die Systemik eines Arrangements kann und darf also nicht vom einzelnen Akteur her gedacht werden, sondern ist als ein überindividuelles Beziehungsmuster zu rekonstruieren, das auf ein Bezugsproblem verweist – im vorgestellten Beispiel auf die prekäre Dynamik von Initiativen organisationaler Veränderungen. Aus einer funktionalen Perspektive stellen die beiden Relationen (‚bedächtiger, reflektierter Chef und problemformulierende Mitarbeiter' und ‚aktionistischer Chef und kommunikationsvermeidende Mitarbeiter') äquivalente Lösungen dar, um ein bestimmtes, in die Organisation eingelagertes Spannungsfeld zu bearbeiten.

Mit dem Blick auf die Muster des Arrangements richtet sich die funktionale Methode nicht mehr nur auf die einzelne Perspektive eines Akteurs (die sich immer schon als eine überindividuelle Perspektive darstellt, nämlich als eine spezifische Seinsgebundenheit, als ein spezifischer Ausdruck einer Dynamik von Habitus und Feld). Die Aufmerksamkeit wird vielmehr auf eine höhere Ordnung der Selbstorganisation gerichtet, nämlich auf die Ökologie, in der unterschiedliche Akteursperspektiven zusammenfinden, miteinander koexistieren und sich damit wechselseitig bestätigen und stabilisieren können aber nicht müssen. Wie immer in der Evolution können Formen – und damit auch Formen der Organisation – scheitern.[64]

---

64 Vernichtung, Auflösung und Tod erscheinen als die andere – immer mitlaufende Seite der Selbstorganisation. Evolutionäre Prozesse, durch die Brille der funktionalen Methode betrachtet, dürfen deshalb nicht teleologisch, d. h. in einer intentionalen Begrifflichkeit gefasst werden. Eine Lösung (ebenso wie die Auflösung und Vernichtung einer Form)

Mit Blick auf das Beobachtungsschema (Bezugs-)Problem/Lösung erscheint auch die Ausbildung eines bestimmten Arrangements nicht mehr per se durch Umweltdeterminanten (etwa ökonomische oder politische Vorgaben) bestimmt. Auch hier sind verschiedene Lösungsformen denkbar, jedoch nicht beliebige. Denn mit Heinz v. Foerster gilt, dass die Selbstorganisation (die Autopoiese) „des zusammengesetzten Systems" nicht die „Autopoiese seiner Bestandteile" auslöschen darf, „das ist das Kompositionsproblem der Autopoiese" (v. Foerster 1994, S. 349ff.). Auch in Hinblick auf Führung und Management einer Organisation sind also nur Arrangements möglich, die zumindest die folgenden zwei Bedingungen erfüllen: Einerseits haben die zentralen Akteure der Organisation mitzuspielen (d. h. zumindest pro forma so zu tun), bzw. diejenigen, die nicht länger mitspielen, müssen so ersetzt werden können, das weiterhin ihre Funktion übernommen wird. Andererseits können die zentralen Spannungen und Kräfte, die das Bezugsproblem aufwerfen, nicht negiert werden. Diese müssen folglich – wie auch immer – im Arrangement repräsentiert werden.

So kann etwa die Spannung, die sich aus der existenziellen ökonomischen Situation eines Krankenhauses und dem Auftrag einer guten ärztlichen und pflegerischen Versorgung der Patienten der Region ergibt, nicht unter Ausklammerung eines der beiden Pole gelöst werden. Die ökonomischen Anforderungen zu ignorieren würde zum Konkurs des Hauses führen, die medizinischen und pflegerischen andauernd grob zu missachten, würde ebenfalls – allein schon aus haftungsrechtlichen Gründen – den Bestand des Krankenhauses gefährden. Jede Lösung (sei es über Kürzungen und Neuverteilungen im Stellenplan, strategische Neuausrichtung, Straffung oder Reorganisation der Arbeitsprozesse etc.) hat also auf die mit dem Bezugsproblem gegebenen Spannungslagen eine Antwort zu geben.

Eine Down-Regulierung moralischer Standards (Ortmann 2010) ist zwar in gewissem Umfang möglich, doch in Bezug auf die professionellen Identitäten (hier verstanden als tief habitualisierte Wertbezüge in Hinblick auf den Sinn ärztlicher und pflegerischer Tätigkeit) besteht auch hier die Gefahr, dass es zu „Umkippeffekten" kommt (Rüegg-Stürm 2007),[65] die dann – etwa in Form von erhöhter Personalfluk-

---

erscheint als Antwort auf ein Problem, nicht jedoch als ein Ziel oder ein Zustand, der geplant oder angestrebt wurde, um etwas zu erreichen.

65 „Häufig zu beobachten sind Restrukturierungen, das heißt mehr oder weniger überlegte Zusammenlegungen oder Schließungen von Abteilungen. Oder es erfolgt eine Ressourcenausdünnung in Form von Personalabbau oder Lohnkürzungen nach Maßgabe der Machtverhältnisse in der Organisation. Pflege, Reinigungspersonal sowie Assistenz- und Oberärzte sind bevorzugte Zielscheiben für solche Initiativen. – Erfahrungen in anderen Branchen zeigen aber, dass sich komplexe Systeme auf längere Sicht nicht ungestraft ‚trivialisieren' lassen. Das Unheimliche besteht darin, dass es zu Umkipp-

tuation und Rekrutierungsproblemen in Bezug auf qualifizierte Mitarbeiter – das Haus weiter unter Stress setzen[66] oder aus normativen Gesichtspunkten mit Blick auf die gesellschaftlichen Zweckaufträge problematisch erscheinen (wenn etwa nicht mehr behandelt wird, um Patienten zu heilen oder zu pflegen, sondern nur noch, um Geld zu machen).

An dieser Stelle wird auch nochmals deutlich, wie sich die funktionale Perspektive auf den Einzelakteur (als Seinsgebundenheit seines Habitus und die sich hieraus entfaltenden handlungsleitenden Orientierungen) und die funktionale Perspektive auf die Systemik des Arrangements (nämlich als ökologisch mögliche Formen der In-Beziehung-Setzung von Perspektiven) verschränken. Wenngleich – insbesondere unter den Leistungseliten – der einzelne Mitarbeiter in Hinblick auf organisationale Zumutungen in der Regel eine hohe Leidensfähigkeit mit sich bringt, bleibt die Frage für ihn virulent, ab welchem Punkt er sich in dem Arrangement nicht mehr als professionelle Identität oder als moralisch halbwegs integre Person wiederfinden kann. Man denke etwa an den leitenden Oberarzt, für den eine Achtzigstundenwoche und unbezahlte Überstunden noch kein Problem darstellen, wohingegen das Verbot der Geschäftsführung, Urlaub für eine Tagung zu nehmen, die Bruchstelle markiert, an der die Loyalität zum eigenen Haus aufgekündigt wird, da dem Oberarzt dieser Autonomiespielraum unverzichtbar und identitätsrelevant erscheint (so beschrieben in Vogd 2008).

Auch die Beziehung zwischen Führung und Geführten bildet demnach ein Arrangement aus, in dem hierarchische Durchgriffe und Autonomiespielräume, Kontrolle und Nicht-Hinschauen ein jeweils spezifisches Muster bilden.[67] Was von wem an welcher Stelle kontrolliert oder offen gelassen wird, wo Spannungen

---

effekten kommen kann. Das Unheil kündigt sich nicht graduell an, sondern tritt überraschend, schlagartig und weitgehend irreversibel ein. Wenn die hohe intrinsische Motivation vieler Mitarbeiter im Gesundheitswesen einmal verheizt und die entsprechenden Organisationskulturen ‚traumatisiert' sind, könnten sich fatale Einbrüche in der Behandlungsqualität und Patientensicherheit ergeben. Dies zu vermeiden und dennoch sinnvoll mit dem wachsenden Effizienzdruck umgehen zu können, ist eine strategische Führungsaufgabe in den Krankenhäusern." (Rüegg-Stürm 2007, S. 3464f.)

66   Als Extrembeispiel sei hier das Töten von Patienten durch Pflegekräfte und Ärzte genannt. Beine (2007; 2015) kann aufzeigen, dass die Beteiligten überwiegend schuldfähig sind, also nicht aufgrund einer individuellen psychiatrischen Erkrankung agieren, dass sehr wohl aber eine Systemik, sozusagen eine organisationale Soziopathie besteht, welche das deviante Verhalten zugleich deckt, als auch in Hinblick auf die Eigendynamik verstärkt, insofern es einmal aufgetreten ist.

67   Siehe hierzu instruktiv und paradigmatisch im Sinne einer Typologie, welche die Arrangements in den Blick nimmt, die Studie zu mitbestimmten Aufsichtsräten von Jansen (2013).

verstärkt, ignoriert oder rausgenommen werden, erscheint damit keineswegs zufällig, sondern selbst wiederum als inhärenter Bestandteil eben jenes Prozesses des Organisierens, der sich die Bedingungen und Strukturen seines Funktionierens selbst zu erarbeiten hat.

4   Experteninterviews: Dokumente komplexer Reflexionsverhältnisse

Da Organisationsmitglieder kaum umhin kommen, die von der Organisation an sie gestellten Erwartungen und die sich hieraus ergebenden Spannungen mit-zureflektieren, ist es möglich, die entsprechenden Arrangements auf Basis der Transkripte und Protokolle, die sich aus Gesprächen bzw. Experteninterviews[68] mit Einzelakteuren ergeben, zu rekonstruieren.

An dieser Stelle ist es hilfreich, sich nochmals die Leitunterscheidung der Dokumentarischen Methode zu vergegenwärtigen. Diese folgt nämlich einerseits auf einer inhaltsanalytischen Ebene dem Common Sense-Verständnis der Sprache, wobei sie dieses andererseits mit der performativen bzw. praxeologischen Ebene in Beziehung setzt. Dies eröffnet eine besondere Perspektivierung von „Action and Talk" (Brunsson 1989) und den hiermit einhergehenden komplexen Identitätsformationen. Zum einen haben wir es vor diesem Hintergrund mit sozialen Identitäten zu tun im Sinne des Einnehmens und Zuweisens von Rollen und Positionen, an die (Norm-)Erwartungen (oder Enttäuschungen) adressiert werden können. Im Sinne des Habitus von Bourdieu (1997) erscheint auf der anderen Seite das in die eigene Leiblichkeit eingelagerte Selbstempfinden, das die Praxis anleitet, also die eigenen Lebensvollzüge sinnhaft strukturiert.

Die sich daraus ergebenden unterschiedlichen Selbst- und Weltverhältnisse, die hier zum Beispiel als *eigen – fremd, extern – intern, Ich – Nicht-Ich, Wir – Ihr* zugerechnet werden, können in einem zweiten Schritt über verschiedene Akteure hinweg in Beziehung gesetzt werden. Auf diese Weise lässt sich auf das Muster, das verbindet (Bateson 1987; Bateson und Bateson 1993), zurückschließen. Mit Blick darauf, wie die Positionierungen und Perspektivierungen unterschiedlicher Akteure in Beziehung gesetzt werden, können sich symmetrische, komplementäre,

---

68   Insbesondere das Experteninterview im Sinne von Meuser und Nagel (2005) entspricht dem hier vorgestellten methodologischen Rahmen, da dem Befragten dabei hinreichend Raum gegeben wird, seine eigenen Relevanzstrukturen und Perspektivierungen zu entfalten.

aber auch in sich gebrochene Verhältnisse zeigen. Der Habitus des Akteurs und die sich aus der Systemdynamik ergebende Rolle können in Hinblick auf Bewegung und Intentionalität in die gleiche Richtung weisen oder auch divergieren. Im letzteren Fall erscheinen die sich hieraus ergebenden Spannungen selbst wiederum als Bestandteil des Arrangements. Im Extremfall kann die hiermit verbundene Agonie für einen Mitarbeiter so groß sein, dass es zum Bruch kommt. In unserem Sample hatten wir den Fall einer Pflegedienstleitung, die im Interview nüchtern von ihren Aufgaben und Alltagsprozessen berichtete, dann aber bat, das Aufnahmegerät auszuschalten. Daraufhin erklärte sie, dass sie wenige Tage vorher die Kündigung eingereicht habe. Der rollenförmige Vollzug einer Rationalität, die offensichtlich nicht mehr als die eigene erlebt wird und bezüglich der Ausgestaltung der Selbst- und Weltverhältnisse nicht mehr integriert werden kann, ist jedoch als typologischer Extremfall eher eine Ausnahme.

Im Regelfall kommt es unter den leitenden Akteuren zu einem Modus Operandi, in dessen Rahmen die Spannung nicht zugunsten eines Pols getilgt wird. Beispielsweise finden wir den Typus eines Pflegemanagers, der sich im Interview deutlich von seiner Managementrolle distanziert und damit im Interview seinen Abstand zur Geschäftsführung markiert. Demgegenüber dokumentiert sich in seinen Erzählungen jedoch, dass er sehr wohl in der Lage ist, seine Untergebenen zu führen. Etwa indem er sich als Identifikationsfigur anbietet, die anderen zeigt, dass die Tatsache, dass man an den Verhältnissen leidet und entsprechend Missmut äußert, einen nicht daran hindern muss, die täglichen Lasten der Arbeit zu schultern.

Darüber hinaus kann mit Blick auf das Spannungsfeld von Habitus und Rolle im Pflegemanagement ein weiterer Typus gefunden werden, der sich in Bezug auf Ziele und Rationalität stark mit der Geschäftsführung identifizieren kann. So wird etwa oft von „wir" gesprochen und in der Praxis nur noch selten Kontakt zur Stationspflege gesucht, die immerhin die originäre Gruppe der eigenen Profession darstellt. Zudem weisen einige Textstellen deutlich darauf hin, dass diese Akteure in Managementfragen nicht nur hilflos agieren, sondern einige der von der Geschäftsführung angebahnten Entscheidungen nicht einmal gänzlich verstehen können (s. Kapitel IV.2). Auf der habituellen Ebene der praktischen Performativität offenbart sich hier, dass der Akteur nicht in der Lage ist, eine Führungsaufgabe im Sinne des Aushaltens der hiermit verbundenen Spannung auszuüben, wenngleich sich auf inhaltlicher Ebene eine hohe Identifikation mit der eingenommenen Rolle zeigt. In der Analyse zeigt sich so nicht nur der praktische Sinn von Bedeutung, sondern auch der übergreifende Rahmen, in dem auch die habituelle Ebene und die inhaltlichen (formalen) Beschreibungen der jeweiligen Berufsrolle in ein Verhältnis gesetzt werden. Erst mit Blick auf dieses Verhältnis lässt sich auf die jeweils spezifische Dynamik des Arrangements rückschließen.

Am Beispiel der genannten unterschiedlichen typologischen Ausprägungen des Sich-in-Beziehung-Setzens zur Aufgabe des Pflegemanagements lässt sich nochmals verdeutlichen, wie die funktionale Analyse in der Dokumentarischen Methode angewendet wird, um dann in einem zweiten Schritt aus dem Ins-Verhältnis-Setzen unterschiedlicher Positionen Rückschlüsse auf das Gesamtarrangement zu gewinnen.

- In der *vergleichenden Analyse* finden wir empirisch unterschiedliche Formen, wie die Aufgabe des Managements erfüllt werden kann.
- Die Zusammenschau der Fälle zeigt, dass es offensichtlich problematisch ist, den von unterschiedlicher Seite an diese Position herangetragenen Rollenerwartungen gerecht zu werden.
- Es lässt sich entsprechend auf ein *Bezugsproblem* rückschließen, das in dem genannten Beispiel auf der prekären Stellung der Pflege im Krankenhaus gründet (Personal- und Ressourcenmangel gepaart mit beschränkten Einflussmöglichkeiten der leitenden Pflegekräfte hinsichtlich der Veränderung dieser Situation).
- Dieses Bezugsproblem – innerhalb der Dokumentarischen Methode auch *Basistypik* genannt – wird von unterschiedlichen Akteuren unterschiedlich bearbeitet. Eine bestimmte Typik entspricht einem jeweils spezifischen *Welt- und Selbstverhältnis* (Bohnsack spricht hier von *sinngenetischer* Typenbildung[69]). Unter anderem bilden hier die soziale Identität (Rollenübernahme und Rollenidentität) sowie der berufsbezogene Habitus (etwa die berufsbiografische Prägung) eine spezifische Konstellation. Die Genese des jeweiligen Typus (Bohnsack spricht hier von *soziogenetischer* Typenbildung) ist allerdings nicht Gegenstand der Untersuchung.
- Die Analyse nimmt demzufolge nicht nur den Habitus in den Blick, sondern ebenso das In-ein-Verhältnis-Setzen von Habitus, Rollenanforderungen und den hiermit einhergehenden Perspektivierungen. Letzteres manifestiert sich selbstredend auch als Praxis, nämlich als die Form, in der sich Rolle und Habitus, System- und Lebenswelt ineinander verweben, um auf diese Weise organisationale Realität hervorzubringen und diese zugleich aushalten zu können.
- Mit Blick auf Rekonstruktion folgen wir Bohnsacks Vorschlag, den Begriff des *Orientierungsrahmens* weiter zu fassen, nämlich so, dass er den Habitus, das Common Sense-Verständnis von Rollenskripten (Bohnsack spricht hier von *Orientierungsschemata*) und die Beziehung der beiden zueinander umschließt (Bohnsack 2014a; 2014b).[70] Auf diese Weise lassen sich die sich im Habitus aus-

---

69 Vgl. Bohnsack (2014c, S. 145ff.)

70 Bohnsack (2014a, S. 37ff., Hervorhebungen im Original) expliziert die Sphären folgendermaßen:

drückenden Selbst- und Weltverhältnisse ihrerseits wieder als ein komplexes, jedoch in ihrer jeweiligen Dynamik nachvollzierbares Verhältnis rekonstruieren. Die Beziehung von Habitus, Identität und Felddynamik (als systemische Relationierung zu anderen sozialen Positionen) wird somit deutlich. Man mag sich mit der Position des Pflegemanagement identifizieren und als Teil der Geschäftsführung sehen, was jedoch nicht heißt, zugleich habituell die Aufgabe eines Managers auszufüllen (etwa indem man zeigt, Widersprüche und Spannungen auszuhalten).

- Dies wiederum erlaubt im letzten Schritt übergreifende Muster zu rekonstruieren, nämlich wie sich unterschiedliche Habitusformationen, Rollenanforderungen, Positionen in der Organisation (in unserem Fall: im Managementprozess) nicht nur miteinander verschränken, sondern ihrerseits wiederum eine Systemik im Sinne eines übergreifenden Arrangements ausbilden. Auch Letzteres darf dann im Sinne der funktionalen Analyse weder deterministisch gedacht werden (so wie nicht nur ein Orientierungsrahmen möglich ist, um eine Position auszufüllen, sind auch hier mehrere Formen denkbar), noch können beliebige Lösungen angelaufen werden. Denn es muss ein Arrangement gefunden werden, das die Organisation bzw. die Bestandteile, welche diese trägt, nicht gefährdet. So müssen die beteiligten Akteure irgendwie mitspielen, aber auch die von der Umwelt an das Krankenhaus gestellten Anforderungen (etwa Recht und Wirtschaft sowie die Beobachtungen durch die Massenmedien) so bearbeitet werden, dass die Existenz des Krankenhauses nicht in Frage gestellt ist. Hier wäre etwa in unserem Beispiel zu fragen, unter welchen Bedingungen (Krankenhausfinanzierung, Bedeutung und Stellung der Ärzte, kritische Gegenbeobachtung durch die Presse) es opportun erscheinen könnte, dass die Pflege als

---

„Konjunktives Wissen: Habitus (Orientierungsrahmen im engeren Sinne)
- modus operandi der Handlungspraxis selbst (‚existenzielle Vor-Struktur des Daseins')
- reflexives (zirkelhaftes) Modell der Sinn- und Handlungskonstitution
- konjunktive (implizite) Bedeutung von Äußerungen und Handlungen
- methodischer Zugang über Erzählungen und Beschreibungen sowie
- mentale und materiale Bilder und die darin implizierten Gegenhorizonte
Kommunikatives Wissen: Orientierungsschemata
- Common Sense-Theorien über die Handlungspraxis (‚theoretisches Welt-Erkennen') mit Stereotypisierungen und legitimatorischen Funktionen, zweckrationales (deduktives) Modell des Handelns und der Sinnkonstitution (Um-zu-Motive)
- Orientierung an Erwartungserwartungen: Normen und Rollen
- Ebene des institutionalisierten Handelns
- Konstitution sozialer Identität: Fremd- und Selbstidentifizierung
- methodischer Zugang über theoretisierende und argumentative Texte und die darin implizierten Gegenhorizonte."

eigenständige Profession im Management kaum abgebildet ist und dies auch für die Geschäftsführung opportun erscheint, um Personalkürzungen in der Pflege durchführen zu können, die an andere Stelle (etwa im ärztlichen Bereich) nicht durchsetzbar wären.

- Um die Verschränkung der einzelnen Positionen zu einem Gesamtarrangement verstehen zu können, ist also der Blick auf andere Positionen im Krankenhaus(-management) zu lenken. Ob sich dann – wie in vorangehenden Beispiel – ein Pflegemanager mit der Geschäftsführung unter Tilgung der eigenen professionellen Identität identifizieren mag oder eher widerständig in Distanz geht, erscheint nicht nur als Funktion des Habitus, der in die Rolle mit eingebracht wird, sondern zugleich als ein Ergebnis des Wechselspiels zwischen den Ausdrucksformen anderer Positionen (etwa der Art und Weise, wie der kaufmännische Geschäftsführer mit Spannungen umgeht und/oder der konkreten Situation der Pflege auf den Stationen).
- Schließlich stellt sich die Frage nach den Operationen der Vermittlung zwischen den unterschiedlichen Reflexionsperspektiven.

5   Polykontexturale Arrangements: Vermittlung, Rejektion und Integration von Reflexionsperspektiven

Hiermit gelangen wir zur methodologischen Konzeption der *Kontexturanalyse*, welche die wechselseitige Koproduktion unterschiedlicher Positionen und die sich hieraus ergebenden Reflexionsverhältnisse in den Blick nimmt (Jansen und Vogd 2013; Jansen et al. 2015; Vogd 2014b). Die Kontexturanalyse gestattet es, unterschiedliche Erfahrungsräume und Reflexionsperspektiven systematisch zueinander in Beziehung zu setzen.[71] (Berufs-)Gruppen, Stakeholder, hierarchische Positionierungen, mikropolitische Konstellationen, Patienten oder auch einzelne menschliche Akteure im Management werden hier als eigenständige und logisch gleichberechtigte Reflexionsperspektiven – sprich: Kontexturen – beschrieben. Gleiches gilt für die typischen Außenspannungen eines Hauses (z. B. ‚Gesetze‘, ‚Machtverhältnisse‘, ‚Märkte‘, ‚Wahrheiten‘, ‚Medienresonanz‘, ‚konkurrierende

---

71   Diese Räume können innerpsychisch gelagert sein oder als relevante Perspektiven der Außenwelt, wobei aber im Rahmen der Kontexturanalyse die Innen-Außen-Unterscheidung wiederum selbst als Kontextur begriffen wird, die stabilisiert, d. h. erst in Koproduktion mit anderen Reflexionsverhältnissen aufgebaut werden kann.

Organisationen'). All diese Reflexionsperspektiven können wiederum – insofern sie kommunikativ etabliert (d.h. sozial enaktiert) worden sind – das Verhältnis anderer Kontexturen zueinander moderieren.

Die Kontexturanalyse erlaubt es, zwischen drei verschiedenen Formen der *Vermittlung* bzw. des *In-Beziehung-Setzens* von unterschiedlichen Reflexionsperspektiven zu differenzieren: (1) Die Existenz anderer Perspektiven kann negiert werden (*partielle Rejektion*),[72] (2) als fremde anerkannt, aber zurückgewiesen oder nur im Modus des Als-ob bearbeitet werden (*totale undifferenzierte Rejektion*) oder aber (3) als relevante eigene Perspektiven integriert und (4) als fremde rejiziert, aber dennoch als ernstzunehmend berücksichtigt werden (*totale differenzierte Rejektion*).[73]

---

72   Die partielle Rejektion setzt streng genommen keine Kontexturen in Beziehung bzw. ist die Operation des Nicht-in-Beziehung-Setzens – zumindest aus ihrer Perspektive. Eine partielle Negation ist daher die Negation innerhalb einer Kontextur. Sie verbleibt innerhalb sich selbst und kennt nur die eigenen Wertigkeiten. Eine partielle Negation ist daher die Negation innerhalb einer Kontextur, sie ist intrakontextural. Genau hierin liegt der Unterschied zur totalen Rejektion. Diese erkennt an, dass es andere Logiken gibt und ist damit eine interkontexturale Operation, die mit anderen Wertigkeiten umgehen kann. Siehe ausführlicher Marotzki (1990, S. 212ff.).

73   Um es hier stärker an die Begrifflichkeiten von Günther angelehnt (1976) auszudrücken:
   • „Die partielle Rejektionen stabilisiert die Binnengrenzen einer Kontextur. Hier wird ein vorgeschlagener Wert als Wert abgelehnt. Dies geschieht beispielsweise, wenn ein Geschäftsführer eine bestimmte strategische Idee mit Hinweis auf wirtschaftliche Implikationen zurückweist. Eine mögliche andere Perspektive oder ein Akteur, der einen anderen Werthorizont hat, wird hierbei nicht artikuliert. Die partielle Rejektion ist in dieser Form die einfachste Form der transjunktionalen Operation, da sie keine zweite Kontextur als Reflexionshorizont aufbaut, sondern einfach nur zur Grenzsicherung zwischen einem ‚Wir' und einem unbestimmten Fremden dient." (Jansen et al. 2015, Abs. 27)
   • Die totale undifferenzierte Rejektion nimmt nun eine solche Artikulation vor. Ein ‚Anderer' im Sinne einer alternativen Reflexivität wird benannt. Jedoch wird auf diese Perspektive nicht als zu verstehende und zu berücksichtigende Bezug genommen. Sie wird vielmehr als illegitim, korrupt, krank oder mit ähnlicher Begründung abgelehnt. Betrachtet etwa ein Chefarzt den kaufmännischen Leiter nur als ‚Feind guter medizinischer Praxis', ohne seine Sprecherposition zu akzeptieren, so kann man von einer totalen undifferenzierten Rejektion reden.
   • Eine totale differenzierte Rejektion führt die Perspektive des fremden Raums mit, indem sie diese zu verstehen sucht und sich zu ihr in Beziehung setzt. Sie benennt ein signifikantes Anderes, das es zu verstehen und zu beachten gilt. Dies ist etwa der Fall, wenn ein kaufmännischer Leiter sich der Tatsache bewusst wird, dass die Kennzahlen des Controllings nur bedingt eine gute medizinische Praxis abbilden, dass aber der wirtschaftliche Erfolg seines Hauses letztlich von den Ärzten abhängt. Gutes Management hieße dann, die Grenzen der Kennzahlen und ihre spezifischen blinden Flecken zu erkennen, um mittels dieses Wissens wieder bessere Zahlen

Die Kontexturanalyse kann dementsprechend mit dem gleichen Material arbeiten, das auch der Habitusrekonstruktion bzw. der Analyse des Spannungsfeldes von Habitus und (formaler) Rolle (s. o.) zugrunde liegt, in unserem Falle den Transkripten der Experteninterviews (ggf. ergänzt durch Protokolle aus den teilnehmenden Beobachtungen). Der Fokus der Auswertung ist jedoch ein anderer. Nicht mehr der Orientierungsrahmen eines einzelnen Akteurs (als Repräsentant einer Form, das mit seiner Position einhergehende Bezugsproblem zu lösen) steht im Vordergrund, sondern die Ordnungsverhältnisse unterschiedlicher Perspektiven. Diese lassen sich über die Art und Weise erschließen, wie verschiedene Positionen und Reflexionsperspektiven in der Praxis zueinander in Beziehung gesetzt werden. So ist etwa darauf zu achten, welche Perspektiven und Orientierungsrahmen in den Vordergrund treten, welche im Hintergrund verbleiben, dabei aber latent weiterhin an der Strukturierung des Geschehens teilhaben.

Erste Aufschlüsse können etwa folgende Fragen an das Material geben: „Gibt es primäre Referenzen, in die sich die jeweilige Praxis einordnet? Werden spezifische Kontexturen gegen andere mobilisiert? Welche möglichen Gegner werden aufgebaut, an denen sich die jeweilige Praxis abarbeitet? Welche ‚Selbst- und Weltverhältnisse' (Marotzki 1990) werden aufgebaut und wie werden diese zueinander konfiguriert?" (Jansen und Vogd 2017, S. 268f.)

Die Rekonstruktion des Arrangements der Kontexturen verläuft also über die Analyse der perspektivischen Differenzierungen, wie sie im Gebrauch der Sprache zum Ausdruck kommen. Ein Geschäftsführer mag beispielsweise an der einen Stelle des Interviews sein Unbehagen gegenüber den aktuellen Zuständen der bundesdeutschen Krankenhäuser äußern, ein wenig später die Schuld hierfür Akteuren aus der Umwelt der Organisation zurechnen (z. B. der Politik oder den Krankenkassen), um sich dann wiederum etwas später als strenger und kompromissloser institutioneller Vollstrecker der zuvor kritisierten Rationalität zu präsentieren. Die im Interviewprotokoll zum Ausdruck kommenden Zuschreibungen (Selbst- und Fremdzurechnungen, Rahmenwechsel, Grenzziehungen, Distanzierungen, Entschuldigungen, Formen von Ironie, Differenzierungen zwischen persönlicher Meinung und offiziellem Standpunkt, Muster aus Konkretion und Abstraktion etc.), geben dabei wichtige Hinweise auf die hier zum Ausdruck kommenden Arrangements bzw. die Systemik der Verschränkung unterschiedlicher Kontexturen. So können beispielsweise potenzielle Konflikte in eine Form gebracht werden, die den operationalen Vollzug der Organisation (weitgehend) unbehelligt lässt, etwa

---

schreiben, indem man die Eigenreferenz der ärztlichen Profession anerkennt. (Vgl. Jansen und Vogd 2017)

indem – wie hier im Beispiel – der Gegner nach außen projiziert wird, um den
Druck nach innen als alternativlos rechtfertigen zu können.

So ergeben sich etwa aus *Einklammerungen* (Goffman 1996) von Aussagen bzw.
aus sprachlichen Perspektivierungen im Sinne von *de dicto-* und *de re-*Spezifika-
tionen (Brandom 2000, S. 689ff.)[74] – also ob man es der Sache oder dem Gesagten
zurechnen würde – wichtige Hinweise auf das Strukturierungsprinzip, das die
Operationen des Zueinander-ins-Verhältnis-Setzens auszeichnet.

Indem die einzelnen Hinweise aus der Text- und Sprachanalyse zusammenge-
tragen werden, wird das Krankenhausmanagement in der Zusammenschau als ein
polykontexturales Arrangement verstehbar. Das jeweils spezifische Muster (das sich
aus der jeweiligen Lösung ergibt), wie die typischen Innen- und Außenspannungen
eines Krankenhauses praktisch bewältig werden können, wird sichtbar. Mit Blick
auf das Gesamtarrangement gehen wir im Sinne der funktionalen Perspektive
auch hier davon aus, dass „der Gegenstand seinem Beobachter hinsichtlich der
Lösung seiner Probleme voraus ist" (Baecker 2002, S. 103) und gerade deshalb eine
empirisch fundierte Organisationsforschung unabdingbar ist.

Nur auf diese Weise kann man der Organisation gerecht werden. Nämlich
indem man sie nicht mehr nur im Sinne der Idee ihrer zweckrationalen Architektur oder eines sonst wie gearteten theoretischen Modells betrachtet, sondern als
eine kollektive Praxis. Diese beruht jedoch nicht – wie man aus einem Common
Sense-Verständnis heraus denken könnte – auf gemeinsam geteilten Zwecken, Zielen
oder Handlungsorientierungen, sondern auf der *Divergenz* vielfältiger Perspektiven
und den sich hieraus entfaltenden Bewegungen, die nolens volens im Prozess des
Organisierens in ein Arrangement gebracht werden müssen.

Auf den ersten Blick scheinen sich hier auch Anschlüsse an die Organisationsforschung im Umfeld des sogenannten Neoinstitutionalismus zu ergeben (s. Hasse und
Krücken 1999). Prozesse der Entkopplung von „Action and Talk" (Brunsson 1989),
der nur losen Kopplung von Prozessen (Weick 1976) erscheinen vor diesem Hinter-

---

74 In Hinblick auf eine sprachpragmatische Perspektive ergeben sich hier insbesondere
Anschlüsse an Robert Brandom, der mit dem „deontischen Kontoführen" Sprechhand-
lungen immer schon sozialperspektivisch angelegt sieht: „Wenn die expressive Kraft von
Zuschreibungswendungen zur Verfügung steht, wird diese implizite Fähigkeit, mehrere
Kontenbücher zu führen und zu korrelieren, in der Bereitstellung von de re- und de
dicto-Spezifikationen der Gehalte der diskursiven Festlegungen explizit gemacht. Diese
Merkmale – die sozialperspektivische Relativität der pragmatischen Signifikanz des
Verwendens eines bestimmten Satzes oder sonstigen sprachlichen Ausdrucks, der zur
Spezifikation eines gegebenen Gehalts gebraucht werden kann – machen zusammen
den sozialperspektivischen Charakter des semantischen Gehalts aus." (Brandom 2000,
S. 820f.) Siehe ausführlicher zu einer produktiven Beziehung von Brandoms Arbeiten
zur rekonstruktiven Sozialforschung (Vogd 2011a, S. 251ff.).

grund als Antwort auf das Problem, im organisationalen Alltag inkommensurable institutionelle Logiken (Friedland und Alford 1991) in Beziehung setzen zu müssen. Mit unserem Ausgangspunkt der funktionalen Analyse gehen wir allerdings über Einzelbefunde hinsichtlich der Konditionierung und Koordinierung von Prozessen hinaus, weshalb die Kontexturanalyse gegenstandstheoretisch fundierter und metatheoretisch reflektierter anmutet. Mit Blick auf die Frage des Bezugsproblems wird hier immer auch die Ökologie des Gesamtarrangements thematisiert, für das gilt, dass das zusammengesetzte System nicht seine Bestandteile auslöschen darf (s. Foerster 1994, S. 349ff.). Methodologisch entgehen wir hiermit den Fallstricken, die sich aus der Prämisse ergeben, die Dinge entweder aus der Makro- oder der Mikroperspektive analysieren zu müssen, um dann die jeweils andere Seite abzublenden oder zu negieren. Sich über diese Dualität hinwegsetzend gilt mit dem eben Gesagten: das, was in alltäglichen kommunikativen Praxen, insbesondere in Interaktionen, passiert, reaktualisiert zugleich (Welt-)Gesellschaft, und zwar im Sinne der *Mehrsystemzugehörigkeit* von Ereignissen als funktionale Differenzierung und als Differenzierung der Ebenen. Aus Perspektive der soziologischen Systemtheorie gilt entsprechend: Mit der „inklusiven Handhabung von Systemreferenzen" (Stichweh 2000, S. 16) verlassen wir die klassische Entweder-oder-Logik und können Verhältnisse empirienäher aus Perspektive der Kopräsenz verschiedener Kontexturen beschreiben, die aufeinander Bezug nehmen und dabei weitere Reflexionsverhältnisse hervorbringen, die wiederum perspektivisch aufeinander Bezug nehmen. All dies erscheint als eine Praxis, in der Interaktion, Organisation, Gesellschaft und Psyche einerseits zu differenzieren, andererseits aber wiederum nicht zu trennen sind, da sie im Knotenpunkt einer unmittelbaren Gegenwart in einer Praxis zusammentreffen müssen.[75]

Einerseits haben die beteiligten Akteure in einer solchen Praxis mitzuspielen – auch wenn dies aus einer gebrochenen oder leidvollen Perspektive heraus geschehen mag. Andererseits darf der Funktionsauftrag der Organisation, also ihre gesellschaftliche Einbettung und Legitimation nicht aufs Spiel gesetzt werden. Es sind also nicht beliebige Lösungen denkbar. Selbst wenn eine Organisation pathologisch erscheinende Arrangements verwirklicht (beispielsweise gleichsam schizophren agiert, indem eines ihrer Teile geradezu das Gegenteil eines anderen Teils tut

---

75 „Der klassische Vorschlag ist hier der von Niklas Luhmann, Interaktionssysteme, Organisationen und Gesellschaft zu unterscheiden, mit der Implikation, daß ein und dieselbe Interaktion gleichzeitig allen drei Systemen zugleich angehören kann, was dazu führt, daß die wechselseitige Beeinflussung globaler und lokaler Zusammenhänge an der einzelnen Interaktion ablesbar sein muß – und dies auch dann noch, wenn eine zunehmende Differenzierung der Systemebenen im Verhältnis zueinander postuliert wird." (Stichweh 2000, S. 16f.)

(s. Simon 2007)), geschieht dies nicht im Raum des Beliebigen. Mit Blick auf die vorhandenen Innen- und Außenspannungen sind diese zunächst extrem erscheinenden Lösungen ihrerseits wiederum auf ihre Funktionalität hin zu betrachten.[76]

Die auf diese Weise rekonstruierbaren Lösungen sind also immer als ein Arrangement im Sinne eines Musters zu betrachten, das verbindet, als ein Prozessarrangement, das erlaubt, „Differenzen und Widersprüche zu einer koordinierten Praxis zusammenführen, ohne diese aufheben zu können. Sie erscheinen *per se* als die Institutionen, welche reflexiv Mehrdeutigkeiten und Vielstimmigkeiten bearbeiten, in denen also Explizites und Implizites explizit und implizit in ein *bestimmtes* Arrangement gebracht wird. Diese Arrangements wiederum können relativ stabil sein, sodass man fasst geneigt ist, hier von einem beständigen Muster zu sprechen. Diese Muster sind jedoch von Organisationsmilieus oder -kulturen klar zu unterscheiden, da sie nicht mehr von einem konjunktiven [geteilten] Erfahrungsraum unterlegt sein müssen. Vielmehr können gerade unterschiedliche Positionen (etwa ärztliche, buchhalterische und pflegerische) so ineinander verschränkt werden, dass sie aufgrund ihrer Differenzen und in der geordneten Bearbeitung derselben ihre Ordnung finden" (Jansen und Vogd 2017, S. 275f., Hervorhebungen im Original). Dies schließt selbstredend nicht aus, „dass bestimmte berufsbiografische oder milieuspezifische Prägungen bzw. bestimmte Idiosynkrasien ihrerseits als Bestandteil in solche Arrangements reflexiv eintreten. Beispielsweise kann es einen Unterschied machen, ob der neue Manager aus der Beratungsbranche kommt oder aus dem produzierenden Gewerbe, ob er amerikanisch oder kontinentaleuropäisch sozialisiert wurde. Umgekehrt ist es aber auch denkbar, dass Menschen in Organisationen Rollenskripten folgen, die ihnen selbst und ihrem Milieu vollkommen fremd erscheinen" (ebd.),[77] was auf habitueller Ebene entsprechende Entfremdungsphänomene erwarten lässt, die sich in der Feintextur des Interviewtranskripts zeigen würden (etwa in Form von Hinweisen auf Resignation).

Hier schließt sich der Kreis wieder. Die funktionale Methode, die der Dokumentarischen Methode zugrunde liegt und die handlungsleitenden Orientierungen der untersuchten Akteure in den Blick nimmt, steht komplementär zu einer funktionalen Perspektive, die das Gesamtarrangement betrachten lässt. Im ersten

---

76 Mit Blick auf das Krankenhaus lässt sich hier beispielsweise die besondere Dynamik von Organtransplantationen nennen, die es erfordert, Patienten zugleich als lebendig und als tot, als Personen, die (auch als tote Körper) mit Würde bedacht werden müssen und als Material, das ausgeschlachtet wird, zu betrachten (Feuerstein 1995).

77 Siehe hierzu etwa die Untersuchungen von Milgram (1982) oder Zimbardo (2008), denen zufolge unter einem bestimmten organisationalen Setting die üblicherweise für stabil gehaltenen moralischen Haltungen handlungspraktisch irrelevant werden können, insofern bestimmte Rollenskripte ihre Plausibilität einfordern.

Fall steht mit dem Orientierungsrahmen (hier mit Bohnsack im weiteren Sinne gefasst, s. o.) das Spannungsfeld zwischen Habitus und den mit der Berufsposition eingenommenen Rollenskripten im Vordergrund der Analyse. Im zweitgenannten Fall geht es um die Relationierung unterschiedlicher Reflexionsperspektiven, die allein schon deshalb, weil sie nebeneinander existieren und sich entsprechend wechselseitig irritieren, stören und herausfordern, Bezugsprobleme aufwerfen, die – wie auch immer – bearbeitet werden müssen.

6   Analyseschritte: Dokumentarische Methode mit anschließender Kontexturanalyse

Mit der durch die Kontexturanalyse erweiterten Dokumentarischen Methode steht ein methodologisch fundierter Rahmen zur Verfügung, um die Verhältnisse im Krankenhausmanagement entsprechend ihrer empirisch gegebenen Eigenkomplexität rekonstruktiv aufzuschließen zu können. Der Analyseprozess verläuft dabei üblicherweise entlang der folgenden Schritte:

- In der *formulierenden Interpretation* werden die Inhalte des Ausgangsmaterials auf der Ebene des immanenten oder kommunikativen Sinngehalts erschlossen und innerhalb des Relevanzsystems der beforschten Akteure rekapituliert. In der formulierenden Interpretation widmen sich die Forschenden ausschließlich dem thematischen Gehalt der Texte. „Man bleibt hier konsequent innerhalb des Relevanzsystems derjenigen, die man erforscht, ohne auf ein – diesen Texten äußerliches – sozialwissenschaftliches Vokabular zurückzugreifen" (Nohl 2001b, S. 44). Auf dieser Ebene zeigen sich auch die Identifizierungen mit (bzw. Zurückweisung von) Rollenanforderungen und Aufgaben. Ebenso können hier Verortungen thematisiert werden (z. B. im Verhältnis zur Geschäftsführung, zur Station oder zu anderen Mitgliedern der eigenen Berufsgruppe).
- Demgegenüber wird in der *reflektierenden Interpretation* das Augenmerk auf den dokumentarischen Gehalt, den *Modus Operandi* der Herstellung dieser spezifischen Handlungs- und Orientierungsrahmen, gelenkt. Im Sinne der funktionalen Methode geschieht dies, indem „die Selektivität, d. h. die spezifische Weichen- und Problemstellung bei der Behandlung des Themas und damit der für die Behandlung des Themas ausschlaggebende *Rahmen*, dadurch sichtbar gemacht wird, daß ich Alternativen dagegenhalte, daß ich dagegenhalte, wie in anderen Gruppen die Weichen bei der Behandlung desselben bzw. eines vergleichbaren Themas anders gestellt werden: es werden Kontingenzen sichtbar" (Bohnsack

2003b, S. 34), die zugleich auf ein zugrundeliegendes Bezugsproblem wie auch auf verschiedene Lösungsformen der Bewältigung verweisen. So zeigt sich beispielsweise, dass alle ärztlichen Direktoren erhebliche Spannungen zwischen ökonomischen Vorgaben und professionellen Ansprüchen zu bewältigen haben. Dabei offenbaren sich in allen Fällen deutliche Parallelen in den Erzählungen. Gleichzeitig zeigen sich aber unterschiedliche Formen, wie die intermediäre Position zwischen der Geschäftsführung und den medizinischen Abteilungen jeweils ausgefüllt wird. Die *strukturellen Homologien* verweisen auf eine gemeinsame Erfahrungsebene, nämlich die Tatsache, dass die Spannung nicht getilgt werden kann, also weder der existenzielle Druck noch die professionelle Eigenlogik der ärztlichen Akteure negiert werden kann. Die Unterschiede in der Bearbeitung weisen demgegenüber einerseits auf unterschiedliche Dynamiken in der Krankenhausführung hin (etwa in welchem Ausmaß die Geschäftsführung Druck aufbaut), aber auch auf unterschiedliche berufsbiografische Ausgangspunkte (so haben Internisten in der Regel einen anderen Blick auf die Organisation als Chirurgen). Die reflektierende Interpretation leistet also eine *Abstraktion*, indem etwa übergreifende Dynamiken in Hinblick auf die Führung eines Krankenhauses entdeckt werden, und zugleich eine *Spezifizierung*, indem Unterschiede benannt und lokalisiert werden können. Das den jeweiligen Vergleich strukturierende Dritte (*Tertium Comparationis*) wird je nach Vergleichshorizont variieren (Nohl 2001a). Hierbei handelt es sich um ein gemeinsames Thema, das sich in den unterschiedlichen Häusern manifestiert und dort verhandelt wird. Ein Thema zeichnet sich durch strukturelle Gemeinsamkeiten aus, die vielmehr in Hinblick auf die Form bestehen, als dass sie auf inhaltlichen Details beruhen. Erst durch diese mittlere Abstraktionsebene werden die Loslösung vom Einzelfall und die darauf fußenden Verallgemeinerungen möglich. Die Identifikation der Themen erfolgt empirienah aus den Interviewprotokollen der befragten Akteure. So kristallisierten sich stations- und abteilungsübergreifende Thematiken heraus, wie etwa das Controlling, Personalfragen, strategische Optionen, Leistungsausweitung, Kontaktpflege zum ambulanten Bereich etc. Der Abstraktionsgrad dieser Themenkataloge erlaubt es, sich von konkreten Inhalten zu lösen, um die Prozessierung der im Einzelfall recht unterschiedlichen Detailfragen vergleichend betrachten zu können, natürlich unter der Voraussetzung vorhandener struktureller Homologien in der grundlegenden sozialen Problematik. Für die *komparative Analyse* ergeben sich hieraus *Vergleichsmöglichkeiten zwischen unterschiedlichen Themen* und verschiedenen Häusern.

- Auf die Rekonstruktion der Orientierungsrahmen in der reflektierenden Interpretation folgt die *Kontexturanalyse*. Hierbei werden Relationen der für das Krankenhausmanagement bedeutsamen Reflexionsperspektiven nachgezeichnet, wodurch die Besonderheiten und Eigenarten des jeweils zum Ausdruck kommenden Arrangements deutlich werden. Hier wird einerseits auf die Binnenperspektive des Krankenhausmanagements geschaut, d.h. es wird rekonstruiert, wie sich kaufmännische Geschäftsführung, ärztliche Direktion, Pflegedienstleitung und andere relevante Akteure der Führung zueinander in Beziehung setzen. Andererseits wird rekonstruiert, in welcher Form die für das jeweilige Haus dominant erscheinenden Innen- und Außenspannungen als Reflexionsperspektive auftauchen und bearbeitet werden.

Zum einen treten hier Politik, Patienten, Krankenkassen, Recht, andere Krankenhäuser, etc. (Außenverhältnisse des Krankenhauses) als Reflexionsverhältnisse in die Krankenhausführung ein, zum anderen aber auch Problemlagen, welche die Organisation selbst betreffen (etwa problematisch erscheinende Abteilungen oder Mitarbeiter, Personalmangel, etc.).

Im Sinne einer „mehrwertigen Hermeneutik" erlaubt die Kontexturanalyse zu rekonstruieren, wie „in der Praxis der Organisationen verschiedene Reflexionsräume in ein stabiles Verhältnis gesetzt werden und wie hierdurch ihre Grenzen bestimmt werden, wie sich Probleme und Spannungen in einer solchen Praxis aufbauen und entspannen und wie sich die hieraus entstehenden Arrangements selbst konditionieren. Das Resultat einer solchermaßen informierten Sozialforschung ist die Rekonstruktion einer funktionablen Verbundkontextur, also das Verstehen, warum bestimmte Lösungen funktionieren bzw. nicht funktionieren (und ggf. in einem zweiten Schritt: was das bedeutet und wie dies zu bewerten ist)" (Jansen et al. 2015, Abs. 30).

Berufsgruppen IV

In diesem ersten empirischen Kapitel wenden wir uns zunächst einzeln den im Management eines Krankenhauses vertretenen Berufsgruppen zu. Gemäß dem zuvor skizzierten methodischen Vorgehen rekonstruieren wir anhand der im Forschungssample auffindbaren Divergenzen wesentliche Handlungsorientierungen für die Funktion der ärztlichen Direktion, der Pflegedirektion sowie der kaufmännischen Direktion. Für jede Berufsgruppe stellt sich in einem ersten Schritt (s. das jeweilige Unterkapitel „Einleitung") zunächst die Frage einer gemeinsamen Bezugsproblematik (Basistypik), die erkennen lässt, in welchen Funktionsbezügen die hier behandelten beruflichen Positionen angesichts relevanter Innen- und Außenspannungen realiter stehen. In einem zweiten Schritt werden dann die jeweiligen spezifischen und funktional äquivalenten Bearbeitungspraktiken des zuvor dargestellten gemeinsamen Bezugsproblems herausgearbeitet und als (sinngenetische) Typik rekonstruiert. Jeder Typ wird anhand einer berufsgruppenbezogenen systematischen Darstellungsweise strukturiert und durch die Rekonstruktion der besonderen Praxis des Ins-Verhältnis-Setzens unterschiedlicher Anforderungen in der wesentlichen „Aspekthaftigkeit" (Mannheim 1980) seiner spezifischen Handlungsorientierung nachvollziehbar. Die drei Berufsgruppenkapitel schließen daraufhin mit einer Zusammenfassung, die die jeweiligen Typen erneut kurz darstellt und mit Blick auf die hierfür konstitutiven Spannungslagen sowie mit einem stärkeren Bezug auf theoretische Implikationen eingehend diskutiert.

1   Ärztliche Direktoren zwischen Organisationsrationalität und professioneller Selbstbestimmung. Ein Managementakteur in Statu Nascendi?

Einleitung

Im Rahmen des ordnungspolitischen Strukturwandels der Krankenversorgung verändern sich neben den Trägerstrukturen mit ihrem Privatisierungstrend auch die damit assoziierten Führungsstrukturen der Krankenhäuser. Die zunehmende privatrechtliche Natur der Krankenhäuser begünstigt zudem die formalrechtlichen Freiheitsgrade des Managements, das sich zwar nach wie vor einer Gesellschafterversammlung gegenübersieht, operativ jedoch weitgehend frei agieren kann, etwa was Personal- oder Investitionsentscheidungen in einem definierten Rahmen angeht. Dies hat nicht nur Konsequenzen für die bewährten Prozesse und Strukturen auf den Krankenhausstationen, sondern auch für die Position des ärztlichen Direktors. Dieser wurde für gewöhnlich vom chefärztlichen Kollegium gewählt und diente insofern als deren interessenpolitische Stellvertretung in der Krankenhausleitung. Im Zuge des skizzierten Wandels werden ärztliche Direktoren aber immer häufiger von der Geschäftsführung eingesetzt, d. h. als *Personalstelle* ausformuliert und damit inhaltlich mitgestaltet, auch wenn die Ernennung durch das Kollektiv der Chefärzte nach wie vor – auch in unserem empirischen Material – existiert.

Um die Position der ärztlichen Direktoren grob zu skizzieren, erscheint es zunächst angebracht, sich mit dem Setting zu beschäftigen, in welchem sie sich bewegen. Qua ihrer beruflichen Sozialisation als Ärzte sowie des direktoralen Rollensets repräsentieren sie einerseits die medizinische Logik *insgesamt*, der sie auch als Teil der Krankenhausleitung weiterhin *habituell* verbunden und verpflichtet sind, gerade weil sie oftmals gleichzeitig in der Funktion des Chefarztes tätig sind. Der ärztliche Direktor hat von dieser eher als traditionell zu bezeichnenden Konstellation ausgehend die Spannung zwischen Direktorsein und Chefarztsein zu bewerkstelligen. Andererseits wird der ärztliche Direktor im Rahmen der üblichen Krankenhausleitung zunehmend mit Managementaufgaben betraut, die der medizinischen Logik mitunter fremd sind, ihr gar widersprechen mögen.

Die *Managerialisierung* der Position des ärztlichen Direktors geht, wenn man die einschlägige Literatur zum Thema heranzieht (s. u. a. Kapitel I), vor allem mit ökonomischen Bewertungsmaßstäben einher, die an medizinische Ziele, Abläufe und Regeln angelegt werden. Damit verbunden sind genauere, engere Vorgaben seitens einer kaufmännischen Geschäftsführung oder übergeordnete Träger-/Konzernleitlinien an die Adresse der ärztlichen Direktion, die ihre eigenen (chefärztlichen) Gewohnheiten und Entscheidungsautonomien nicht selten überformt sehen dürfte. Ärztliche Direktoren werden dergestalt sukzessive zu Managementakteuren mit eigenen formalen Aufgabengebieten, Handlungsvollzügen und strategischen Interessen *gemacht*. Es handelt sich um eine Position im Management von Krankenhäusern, die erst *im Entstehen begriffen* ist (in Statu Nascendi), deren Figur folglich (noch) nicht klar umrissen ist, dementsprechend erhebliche empirische Varianz aufweist und nicht zuletzt auch massive Auseinandersetzungen produzieren dürfte.

Hinsichtlich obiger Skizze scheint zumindest klar zu sein, dass der ärztliche Direktor im Spannungsfeld von wirtschaftlichen und medizinischen Erwägungen steht. Weiterhin dürfte deutlich geworden sein, dass er sich *formal* betrachtet – sofern er zugleich Chefarzt ist[78] – in einem triadischen Verhältnis bewegt. Erstens muss er durch seine Position ein spezifisches Verhältnis zu den anderen Akteuren der Krankenhausleitung einnehmen, wobei sich letztere zunehmend als von einem Geschäftsführer bestelltes Management versteht. Die Leitung steht vor der Aufgabe, *sich selbst als Management* überhaupt erst einmal zu formieren, d. h. die formal existierenden Positionen Geschäftsführung, also Ökonomie, sowie Medizin und Pflege in ein für alle Seiten annehmbares Verhältnis zu setzen. Dabei muss eine innere Form gefunden werden, die auch nach außen hin bei der Repräsentation im Haus, auf Station wie in der organisationalen Umwelt funktioniert. Der ärztliche Direktor steht dabei also vor der Herausforderung, seine eigene Position vor dem Hintergrund der anderen präsenten Perspektiven als schon in Beziehung Gesetzes zu verstehen und sie in das Ganze – in die Einheit des Managements als Figur – einzufügen.

Zweitens liegt es an ihm, eine ärztliche Position zur gelebten *Stationskultur* im Krankenhaus zu finden, aus der heraus er eine Trennung von professionellen Berufsgruppen, Funktionsbereichen und hierarchisch klar gegliederten Abteilungen zugunsten einer *Organisationsperspektive* hinterfragt. Was bedeutet unter dieser übergreifenden Perspektive ärztliches Handeln, welche Rolle kommt der Medizin als Wissensdomäne zu? Es gilt diese Fragen letztlich mit neuen, meist interprofessionellen Modi der Zusammenarbeit im Sinne neuer Zuständigkeiten und Prozesse zum Wohl des Hauses, der Organisation, zu beantworten.[79]

---

78 Selbst wenn ein ärztlicher Direktor nicht zugleich praktizierender (Chef-)Arzt ist, steht er vor der Herausforderung, diese drei Elemente im skizzierten Spannungsfeld zu einer Einheit zu integrieren, wenn auch mit anderen Pfadabhängigkeiten.

79 Mitunter muss eine Antwort auf die Frage gegeben werden: Was ist das Gemeinsame im und am Krankenhaus angesichts des fortschreitenden Strukturwandels im betreffenden Sektor? Dabei könnten aus der Perspektive des ärztlichen Direktors folgende Punkte eine Rolle spielen: der sich verstärkende innere wie äußere Wettbewerb des Krankenhaus- bzw. Gesundheitssektors; eine weiter voranschreitende wissenschaftlich-medizinische Fachspezialisierung, die es den Ärzten immer schwerer macht, über

Drittens ergibt sich für den ärztlichen Direktor die Aufgabe, ein spezifisches Verhältnis zur eigenen medizinischen Logik aufzubauen: ein Verhältnis, das die beiden vorangehenden Prozesse der Managerialisierung und Organisationsrationalisierung in der Praxis zu bearbeiten vermag. Anders ausgedrückt: Ärztliche Direktoren sehen sich innerhalb des Settings mit unterschiedlichen Anspruchsgruppen und widersprüchlichen Handlungsanforderungen konfrontiert. Der gemeinsame Erfahrungsraum von Ärzten, der sich vor allem als „wechselseitige Referenz der Ärzte aufeinander und durch das gemeinsame verkörperte Wissen darüber, was es heißt, Arzt zu sein" (Vogd 2011b, S. 229), einstellt, dürfte ärztlichen Direktoren noch am meisten Orientierung bieten – und *zugleich* die größte Hürde für die Einpassung in die neuen Erfordernisse darstellen.

Blickt man hierzu erneut in die einschlägige Forschungsliteratur, zeigt sich Folgendes: Das betreffende Spannungsverhältnis wird dort zumeist dyadisch und rollenförmig beschrieben, u. a. als „dual role" (Forbes et al. 2004) bzw. „dual commitment" (Hoff und Mandell 2001), als „two-way window" (Llewellyn 2001) oder „hybrid role" (Kitchener 2000; Noordegraaf 2007). Wir möchten das Spannungsverhältnis im Folgenden in Abgrenzung dazu nicht nur als zweiseitigen oder zweigliedrigen formalen Rollenkonflikt, sondern vor allem als komplexe, in sich verschachtelte Praxis verstehen (vgl. dazu auch Witman et al. 2011; Vogd 2011), die über die Rekonstruktion der je spezifischen Orientierungsrahmen der ärztlichen Direktoren fassbar wird. So ist davon auszugehen, dass ärztliche Direktoren aufgrund ihrer Position komplexere Rahmungen leisten und vollziehen müssen als Chefärzte und dass dies eine wesentliche Herausforderung angesichts der Tatsache darstellt, dass sie in der Regel zugleich mit der Position des Chefarztes bestens ver- und aktuell betraut sind.

Als Teil der Krankenhausleitung zu fungieren, dürfte aus dieser Perspektive einem Vexierspiel gleichkommen, das darauf hinausläuft, die unterschiedlichen Reflexionsperspektiven immer wieder neu zu vermessen und aufeinander zu beziehen. Aus dieser changierenden Praxis, so die hier vertretene Annahme, *ergibt* sich erst die davon abstrahierende Differenz von *entweder* Management/Wirtschaft *oder* Medizin/Profession. Dieses Spannungspaar stellt gleichwohl den Ausgangspunkt der Untersuchung dar, es soll im Sinne der Dokumentarischen Methode als *gemeinsames Bezugsproblem* für die ärztliche Direktion angenommen werden.

Demnach lauten die forschungsleitenden Fragen zur gemeinsamen Bezugsproblematik analog zur skizzierten triadischen Struktur wie folgt:

---

den eigenen fachlichen Tellerrand hinauszublicken; sich daraufhin ausdifferenzierende Organisationsstrukturen versehen mit medizinischen Mitarbeitern, die häufig ihre Stelle wechseln.

- Wie positionieren sich ärztliche Direktoren innerhalb des Leitungsgefüges?
- Inwiefern haben ärztliche Direktoren ein Management-Wir vor Augen und wenn ja welches, wenn sie von ihren Aufgaben, Kompetenzen und Entscheidungen sprechen?
- Wie handhaben ärztliche Direktoren die Unterscheidung von Organisation und Station? Welche Praktiken charakterisieren diejenigen Aufgaben, die ärztliche Direktoren also in ihrer Doppelfunktion betreffen?
- Welches Verhältnis zur ärztlichen Profession lässt sich nachfolgend rekonstruieren, wie ver- und bearbeiten ärztliche Direktoren ihr Spannungsfeld innerhalb wie außerhalb des Managements?

Wir möchten also dem Enaktierungspotenzial ärztlicher Direktoren in Hinblick auf ihre professionelle Identität und medizinisch-manageriale Praxis nachgehen. Mit Werner Vogd (2011b, S. 209) wollen wir uns fragen und erörtern, was „passiert, wenn alte professionelle Identitäten in Frage gestellt werden, aber (noch) keine alternativen professionellen Orientierungen zur Verfügung stehen" – und dies vor dem bereits skizzierten Hintergrund, dass aus Richtung des Managements „ökonomische, rechtliche und organisationale Komplexitäten in den Prozess der Krankenbehandlung eingespielt werden und dass auch entsprechende System- und Zweckrationalitäten in Arrangements der Krankenbehandlung eingehen, sodass oftmals die primären und sekundären Rahmungen nicht mehr so genau auseinanderzuhalten sind" (a. a. O., S. 256).

Ausgehend von dem soeben skizzierten Bezugsproblem sollen nun im Folgenden drei typologische Variationen der Bearbeitung dieser Spannungslage rekonstruiert werden. Dabei liegt der Fokus des rekonstruktiven Vorgehens gemäß der Dokumentarischen Methode (s. Kapitel III, „Methodologie") auf den komplexen Identitätslagen, die sich aus dem Verhältnis von Habitus und (formaler) Rollenidentität ergeben und Ausdruck einer verschachtelten Praxis sind, die es zu rekonstruieren gilt.

Typ 1: Führung ohne Macht

Schauen wir uns zunächst den Fall des ärztlichen Direktors Herrn Kneip an, der Chefarzt für Gastroenterologie und Infektiologie in einem öffentlich getragenen städtischen Krankenhaus im Rahmen eines Krankenhauskonzerns ist und seit zweieinhalb Jahren die Position des ärztlichen Direktors einnimmt.

Verhältnis zum Management: Den „Patienten im Auge behalten"

Interviewer: (3) Ja, zu Beginn des Gesprächs würde ich Sie bitten, nochmal kurz Ihre Person vorzustellen und Ihre Funktion hier im (Name Krankenhaus) und vielleicht kurz zu beschreiben, wie Sie auch in diese Leitungsfunktion gekommen sind.

Herr Kneip: Also mein Name ist Herr Kneip. Ich leite hier die Gastroenterologie und Infektiologie und bin seit zweieinhalb Jahren ärztlicher Direktor für das (Name Krankenhaus). Die Funktion des ärztlichen Direktors ist ja abgeschafft worden nach der Gründung von (Name Krankenhauskonzern) und es wurden dann Regionaldirektoren, die einen ärztlichen Hintergrund hatten und ökonomischen Hintergrund, dann eingesetzt und haben/ sollten sozusagen die ärztlichen Direktoren und die geschäftsführenden Direktoren sozusagen in einer Person darstellen. Das ist insofern ein Problem, weil sie natürlich nicht mehr in dem normalen ärztlichen Beruf tätig sind in keiner Funktion und einige hatten einen gewissen Background, andere kamen eigentlich frisch von der Uni und haben ihren AIP[80] gemacht und wurden dann kaufmännische Direktoren und haben natürlich keine Expertise für den Bereich ärztlichen Direktor. Und der ärztliche Direktor ist eigentlich eine Funktion, die eigentlich, glaube ich, eine wichtige Funktion hat, bei der Ökonomisierung und Industrialisierung des Medizinbetriebs oft einfach nur stört, weil das eigentlich keine wirkliche Wertschätzung erfährt. Also der ärztliche Standpunkt ist insofern interessant, da er ökonomischen Output hervorbringt, aber die Fragen, wie man was macht, welche ethischen Grundsätze da eigentlich gelten sollen, und schon die Vertragsgestaltung von Chefärzten ist ja eine große Diskussion, wo dann der ökonomische Faktor bis zu 100 Prozent das Gehalt des Kollegen dann bestimmt. Das sind so Wirren und Verwirrungen, die am Ende eigentlich dazu führen, dass man dringend wie nie einen ärztlichen Direktor braucht, der versucht zumindestens, den Patienten im Auge zu behalten, denn der ist nicht im Mittelpunkt. Das stimmt nicht. Der ist am Rande. Er ist ein Wirtschaftsfaktor wie andere Wirtschaftsfaktoren auch und die Vorgabe, also den Arzt oder den Patienten im Mittelpunkt zu sehen, ist eher ein frommer Wunsch, als dass er wirklich in irgendeiner Weise eine Implikation in Abläufe, in Prozesse hat.

Die Art und Weise, wie Herr Kneip auf die vom Interviewer vorgebrachte Proposition eingeht und in den folgenden Ausführungen eine gänzlich andere Rahmung vornimmt, gibt bereits einen ersten Einblick in seine innere Verfasstheit, seine „Seinsverbundenheit" (s. Kapitel III, „Methodologie") als (Chef-)Arzt und Leitungspersönlichkeit. Anstelle einer chronologischen Schilderung seiner beruflichen Stationen, die die Proposition des Interviewers evozieren müsste, versteigt sich Herr Kneip zu einer paradox anmutenden Proposition: Er verhandelt die Geschichte seiner derzeitigen Rolle vor dem Hintergrund der *Auflösung* der *Funktion* der ärztlichen Direktion zugunsten der Rolle der Regionaldirektion, die sowohl ärztliche wie auch

---

80   Arzt im Praktikum.

kaufmännische Kompetenz auf sich vereinen soll und mit der Neugründung des Krankenhauskonzerns zeitlich zusammenfällt.

Komplementäre Chefarztperspektive

Herr Sebald, Chefarzt der Inneren Medizin (im Folgenden: CA Innere), bestätigt in seinen Ausführungen diese Einschätzung: Durch die Konzerngründung habe die ursprüngliche triale Krankenhausleitung ihre Stellung verloren. Sie habe zwar nach wie vor „bestimmte Leitungsfunktionen und auch gewisse Weisungsbefugnis [ihm] gegenüber", aber „[sein] Dienstherr ist hier der kaufmännische Leiter" der Region, der „selbst auch Arzt" sei. Zunächst teilt er also ebenso wie der ärztliche Direktor den Erfahrungsraum der (Chef-) Ärzte. Wie später mehrfach deutlich wird, nimmt Herr Sebald, der seinerseits im Kontakt mit den weisungsbefugten Ebenen steht, ein starkes Spannungsfeld zwischen den unterschiedlichen Handlungslogiken wahr. Jedoch scheint es nicht der ärztliche Direktor zu sein, der hier abhelfen kann. Er bleibt auch im weiteren Verlauf des Interviews unerwähnt. Daher ist zu vermuten, dass der ärztliche Direktor in Herrn Sebalds Arbeitsalltag eine solch marginale Rolle spielt, dass er ihn schlicht ausblendet. Um die bestehende Spannung zwischen medizinischen und ökonomischen Ansprüchen bewältigen zu können, versucht sich Herr Sebald mit Kompetenz in beiden Feldern einzurichten. Dort, wo er der Spannung mit Kompetenz nichts entgegensetzen kann, hält ihn Zynismus am Laufen, etwa was das ärztliche Handeln im Rahmen des DRG-Systems angeht: „Und das ist ein zynisches System und das, dem kann man ja auch nur mit einem gewissen Zynismus entgegnen, sonst geht man unter. Das ist leider so."

Langjährige Erfahrung in der medizinischen Behandlungspraxis („normaler ärztlicher Beruf") zu besitzen, ist für den Interviewten eine unverzichtbare Voraussetzung für die Ausübung der Rolle des ärztlichen Direktors. Denn in seiner Deutung stellt sie vor allem ein Korrektiv gegenüber dem sich vollziehenden Wandel „des Medizinbetriebs" dar, den er mit den Schlagwörtern „Ökonomisierung" und „Industrialisierung" umschreibt. Die Personalunion des Regionaldirektors erscheint folglich als ein Vereinnahmungsmoment, das vom ökonomischen Anspruch dominiert ist, und als Ausdruck der fehlenden systemischen „Wertschätzung" für das, was aus Sicht des Interviewten die (neue?) Rolle des ärztlichen Direktors ausmachen sollte: die nun unter ökonomischem Druck im Rahmen einer betriebswirtschaftlichen Produktionsrechnung zu Input-/Outputgrößen reduzierte Arzt-Patienten-Beziehung wieder in den Mittelpunkt der Krankenhausaktivitäten zu rücken und organisationale Erwägungen daran auszurichten. Allerdings ließe sich angesichts monetärer Anreize in Chefarztverträgen (und anderer Beweggründe?) die These aufstellen, dass Herrn Kneips Glaube an die Funktionalität seiner Profession und deren Direktion nicht ungetrübt ist. Die „Wirren und Verwirrungen" der Marginalisierung der Arzt-Patienten-Beziehung zu korrigieren, bedeutet aus seiner Sicht vor allem, überhaupt erst einmal den Versuch einer Umkehr zu unternehmen; professionsethisch nimmt er längst schon eine prekäre Situation wahr („versucht zumindestens, den Patienten im Auge zu behalten").

Hier zeigt sich bereits eine erste Bedrohungslage, da eine Diskrepanz zwischen der *formalen Existenz* einer Rolle und deren *praktischer Funktionslosigkeit* aufscheint. Herrn Kneips Ausführungen deuten an, dass er einer starken ärztlichen Identität anhängt, die er gleichsam massiv bedroht sieht.

Komplementäre Chefarztperspektive

Auch Herr Hoffman, Chefarzt der Chirurgie im gleichen Haus (im Folgenden: CA Chirurgie), versteht die „Funktion oder die Position des ärztlichen Direktors" als „das Sprachrohr, [als] die Stimme der Interessen für die Chefärzte". Doch er kritisiert, dass dies in seinem Haus „zumindest zunehmend nicht der Fall" sei. Er lenkt zwar ein, dass es sich dabei um eine „nicht einfache Position" handele, moniert aber im gleichen Zug, dass sie „tendenziell mehr im Sinne der Geschäftsführung wahrgenommen" werde – und eher nicht im Sinne der Mehrheit der Chefärzte. Auch andere („also unser Eindruck ist") hätten diesen negativ konnotierten Wandel wahrgenommen. Seiner Ansicht nach erscheint der ärztliche Direktor gewissermaßen als chefärztlicher Überläufer auf die Seite der Geschäftsführung, der die Mehrheit der Chefärzte entgegengesetzt ist. Außerdem verfehlt der ärztliche Direktor in Herrn Hoffmans Augen seine Aufgabe ein zweites Mal, da er, anstatt „neutral zu leben", „eigene Vorteile [...] entstehen" lasse. Dies erweckt den Eindruck, dass der ärztliche Direktor jegliche Loyalität zu seinen Chefarztkollegen untergrabe. Solche „recht unfairen Methoden" finde man sonst eher in Universitätskliniken, die Herr Hoffman als negativen Gegenhorizont an anderer Stelle heranzieht.

Interviewer: (5) Wenn wir den Blick jetzt diese/ von dieser Außenbetrachtung nochmal ein bisschen nach innen wenden, können Sie ein bisschen beschreiben, wie Sie versuchen, diese Funktion des ärztlichen Direktors, die Sie ja auch gerade schon in Abgrenzung zu den anderen Positionen und den Schwierigkeiten, die sich durch das DRG-System ergeben, wie Sie dieser Position versuchen nachzukommen, wie Sie versuchen, diese Rolle auszufüllen? Vielleicht in der Zusammenarbeit mit den anderen Leitungspersönlichkeiten?

Herr Kneip: Der wesentliche Unterschied ist eben, dass ich das sozusagen in meiner Freizeit mache. Und ich habe aber keine Freizeit (lacht). Der wesentliche Unterschied ist, ich habe keinen Staff für diese Funktion. Ich habe nicht einen Hauch Staff mehr bekommen für meine Funktion des ärztlichen Direktors. Nicht nur einmal angemahnt und versprochen und ja und aber eigentlich eher abgewiegelt und eher klar, ich kriege gar nichts. Und das ist einfach unfair. [...] Ich habe einen Stellvertreter, mit dem ich sehr gut zusammenarbeite, der leider dieses Jahr am Ende des Jahres in Rente geht, und dann habe ich ein großes Problem, weil wir sozusagen uns immer gegenseitig aufbauen und wieder sagen, wir müssen uns die Richtung vorgeben und versuchen auch, die Leute, die eben für den Pflegedienst/ und den anderen, den geschäftsführenden Direktor dazu zu bringen, eine Bewegung auch herzustellen und zu machen, und das ist so ein bisschen gelungen, aber jetzt muss man dranbleiben. Das muss nachhaltig sein und man muss Zeit haben, dranzubleiben und auch/ weil man kann ja nicht immer alles selber machen.

Einen wesentlichen Unterschied zu den anderen Leitungspersönlichkeiten markieren die fehlenden personellen Ressourcen zur Unterstützung des ärztlichen Direktors, die auch trotz mehrfacher Nachfrage und mündlicher Zusagen von zunächst unbekannter Seite weiterhin Bestand haben. Herr Kneip nimmt daraufhin eine paradox anmutende Positionierung vor: Er verfolge seine Aufgabe als ärztlicher Direktor in seiner Freizeit, obwohl er gar keine Freizeit habe. Gedankenexperimentell scheinen hier auch andere Positionierungen plausibel zu sein, etwa dass die fehlende Zeit für Managementtätigkeiten durch Zeiteinsparungen in der Patientenversorgung möglich gemacht würde oder gar dass die Patientenversorgung in der Freizeit stattfinden könnte. Mit Blick auf seine Rollenidentität als Manager entpuppt er sich damit als „Freizeitmanager" ohne Freizeit, dessen prekäre Position durch fehlenden Ressourcenzufluss weiter verstärkt wird (dazu mehr im Unterkapitel „Verhältnis zur Profession: Eine ‚gewisse Eigendynamik'"). Seine Positionierung jedenfalls, die er gemeinsam mit seinem noch amtierenden Stellvertreter bezieht, entspricht derjenigen der Impulsgebung und Aktivierung („eine Bewegung auch herzustellen und zu machen").

Komplementäre Chefarztperspektive

Entsprechend der Sicht von Herrn Hoffman (CA Chirurgie) kommt der ärztliche Direktor seiner Funktion als Korrektiv der „Ökonomisierung" der Medizin nicht nach. Der einzige Impuls, den er vonseiten des ärztlichen Direktors wahrnimmt, weist in die entgegengesetzte Richtung. Denn Herr Hoffman resümiert, dass „die betriebswirtschaftlichen Anforderungen, die im Rahmen von Zielvereinbarungen an [ihn] gestellt" wurden, stetig erhöht worden seien, und zwar von allen drei Vertretern des Dreigestirns. Demnach verortet sich der ärztliche Direktor aus Perspektive des Chefarztes durch die Wahl seiner Mittel gegenüber der ärztlichen Linie auf der Seite der ökonomischen Logik.

Gleichwohl zeugt die Passage von einer nicht abgeschlossenen Suchbewegung, in der sich Herr Kneip im Rahmen seiner ärztlichen Direktion befindet. Die Beschreibungen evozieren das Bild einer tastenden, nach Passung suchenden und noch nicht habitualisierten Aktionspraxis. Anstelle sich mit den anderen nichtärztlichen Personen innerhalb der Krankenhausleitung zu identifizieren, führt Herr Kneip seinen Stellvertreter, einen weiteren Chefarzt, als Referenz für seine Bemühungen im Rahmen des Managements an. Sich „gegenseitig aufbauen und wieder sagen, wir müssen uns die Richtung vorgeben und versuchen" illustriert gut den vorläufigen, probatorischen Charakter seiner Managementrolle. Weder die Richtung, die direktive Funktion, scheint festgelegt noch die Verortung innerhalb des Managements fixiert zu sein. Letzteres drückt sich insbesondere durch Herrn Kneips Bezug auf seinen Stellvertreter aus: Er reflektiert seine Leitungsposition vor dem Hintergrund seiner habituellen Übereinstimmung im Sinne eines konjunktiven Erfahrungsraumes, den beide miteinander teilen. Das diesem Raum entspringende wechselseitige Verstehen gilt Herrn Kneip als rückversichernde Bedingung seiner fragilen Position („der leider [...] am Ende des Jahres in Rente geht, und dann habe ich ein großes Problem"). Diese Unsicherheit spiegelt sich auch in dem von ihm benannten Managementproblem wider: Eine Bewegung konnten er und sein Stellvertreter gemeinsam zwar anstoßen, doch nun heißt es „dranbleiben" und „nachhaltig" sein. Ganz im Sinne des Direktors, der die Direktion, die Richtung, vorgibt (und dabei allenfalls von seinen Stellvertretern Bestätigung erhält), wird hier nun das Problem der Selbstorganisation virulent. Das Ziel einer nachhaltigen „Bewegung" bei den „Leuten", womit er zuvorderst den „Pflegedienst" (genauer wohl die Pflegedirektion) und den geschäftsführenden Direktor, also die anderen Mitglieder der Krankenhausleitung adressiert, wird in dem Moment problematisch, wo Herr Kneip und sein Stellvertreter auf weitere Kooperations- und Delegationsprozesse im Rahmen des Managements stoßen. Nicht „alles selber machen" zu können, spielt so einerseits erneut auf den personellen Engpass an, stellt aber zugleich das Management-/Führungsdilemma dar, in dem sich Herr Kneip befindet und zu dem er nach wie vor einen habituellen Zugang sucht. Dies vollzieht sich in Analogie zu seinem Chefarzt-Sein, das etwa darin zum Ausdruck kommt, Assistenzärzte kontinuierlich in ihrer Praxis anzulernen, ihnen also (auch hier) die Richtung vorzugeben und dafür auch viel Zeit und große Nähe aufbringen zu können. Im Rahmen seiner Managementtätigkeit als ärztlicher Direktor läuft dieses auf direkte Kontrolle und Nachhaltigkeit gerichtete Führungsverständnis allein schon aus fehlenden personellen wie zeitlichen Ressourcen ins Leere. Um als ärztlicher Direktor den Zumutungen der „Ökonomisierung und Industrialisierung des Medizinbetriebs" etwas entgegenzusetzen, ist also zunächst eine habituelle Übereinstimmung und in der Folge eine etablierte Allianz zwischen Herrn Kneip und seinem ärztlichen Stellvertreter gewachsen. Dabei können die Zumutungen an die chefärztliche Rolle als Zumutungen des Managements kritisiert und zugleich im Nukleus der Zweisamkeit in eine Aktivitätsstruktur überführt werden, die aber sogleich prekär wird, wenn es darum geht, die Komfortzone der vertrauten Interaktion zu verlassen und auf Kompromissformeln mit den nichtärztlichen Leitungsmitgliedern und sukzessive auch mit anderen ärztlichen wie nichtärztlichen Organisationsmitgliedern und -einheiten Bezug zu nehmen.

Verhältnis zur Organisation: Die „erbärmliche" Organisationswirklichkeit

Jenseits der Fragen basaler und fairer Ressourcenzuteilung und dem Wunsch, eine nachhaltige Bewegung auszulösen, spricht Herr Kneip eine weitere Angelegenheit an, die für sein Führungsverständnis wesentlich ist:

> *Herr Kneip:* Und ich fühlte mich überhaupt nicht gut und dann habe ich mir selber irgend so ein Führungsseminar geholt und dann habe ich irgendwie verstanden, dass ich eigentlich meinen vorhergehenden Chef nur imitiere, was gräußlich ist, den zu imitieren, weil das war gar nicht das, was ich wollte. […] Also das zu verstehen, dass ich zum Beispiel als ärztlicher Direktor nicht nur das Recht, sondern die Verpflichtung habe, übergriffig zu werden, in andere Abteilungen hinein mich einzumischen, den Prozess mir zeigen zu lassen, zu sagen, ob wir den als Krankenhausleitung so gut finden oder nicht, also in einen Diskurs zu kommen und auch in eine Konfliktsituation, die eben nicht freundlich ist, aber eigentlich immer mit der/ mit dem festen Willen, dem anderen zu helfen, weil man sieht, da läuft irgendwas gerade schief. Das ist eine großartige Organisationsvorstellung und die Wirklichkeit ist erbärmlich, weil nichts organisiert ist. […] Wenn es sozusagen klar ist, dass ich ein großes Manko zumindestens meine zu erkennen, mich vielleicht auch verrenne, deswegen ja auch Pflegedirektion und Geschäftsführungsdirektion habe, die mich dann ja auch korrigieren können, wenn ich da irgendwie/ und wir uns gegenseitig dann auch Mut machen, diese Übergriffigkeit, das ist ja auch für die anderen nicht einfach, das ist für den geschäftsführenden Direktor genauso wenig einfach gewesen wie die Pflegedirektion, da einfach vorzugehen, in die Abteilungen rein, sich Prozesse zeigen zu lassen (lacht) und das, ja.

Die ausgelöste Bewegung bedarf der Verstetigung. Hierzu scheint es aus Herrn Kneips Perspektive das Gebot seiner Direktionsstelle zu sein, „übergriffig zu werden". Qua Stelle habe er nicht nur das Recht, sondern auch die Pflicht, in konflikthafte Auseinandersetzungen mit den jeweiligen Prozessverantwortlichen in den Abteilungen zu treten, dies aber mit dem „festen Willen, dem anderen zu helfen".[81]

---

81 Das Motiv, sich unter Chefärzten zu helfen und dabei gewissermaßen in den Raum des anderen einzugreifen, taucht auch – mit positiver Konnotation – im Interview mit Herrn Hoffman (CA Chirurgie) auf und kann als Hinweis auf einen geteilten Erfahrungsraum gesehen werden: „Wir hatten hier auch Jahre, wo wir uns verpflichtet haben, innerhalb des Klinikums bestimmte Wachstumszahlen gemeinsam zu erreichen, und haben dann auch immer geguckt, dass der eine vielleicht mal dem einen oder dem anderen da unter die Arme greift, und das hat eigentlich immer ganz gut geklappt." Doch die Zeiten der gegenseitigen loyalen Unterstützung unter Chefärzten scheinen in den Augen Herrn Hoffmans vorüber zu sein: „Mein Eindruck ist, dass das zurzeit eher alles so ein bisschen,

Denn nur so erscheint die Wendung möglich, eine Managementorientierung wenigstens einzuüben. Doch diese transformative Lektion wird in der Praxis als hochproblematische, heikle Konfliktsituation geschildert. Es scheint erneut eine Diskrepanz bei Herrn Kneip auf, nämlich zwischen der rollenförmigen Erwartung, als ärztlicher Direktor auf das Geschehen in anderen Abteilungen einzuwirken, und der Unmöglichkeit, diesen Erwartungen aus einer habituellen Verortung als Chefarzt heraus nachzukommen. Denn zu letzterem Selbstverständnis dürfte es gehören, die eigene Abteilung qua Hierarchie eigenverantwortlich leiten und Entscheidungen frei treffen zu können, ohne dabei befürchten zu müssen, dass ein anderes Organisationsmitglied „übergriffig" werden und ein Mitspracherecht bezüglich stations*interner* Abläufe mit Erfolg einfordern könnte.

Komplementäre Chefarztperspektive

Herr Sebald (CA Innere), in dessen Ausführungen der ärztliche Direktor nicht vorkommt, sieht sich nicht nur für seine Klinik, sondern auch für den Erfolg des Konzerns verantwortlich: „Und wir sind einfach ein Team von Chefärzten und müssen/ jeder von uns hat eine gewisse Verantwortung für seine Klinik, eine wirtschaftliche Verantwortung für seine Klinik. Gemeinsam natürlich auch mit meinen Chefarztkollegen haben wir eine Verantwortung für diesen Standort, für dieses Klinikum. Und natürlich sind wir alle Teil des Konzerns und sind da auch, haben da auch die gewisse Verantwortung, das also auch." Herrn Sebalds hierarchienübergreifende Perspektive trifft jedoch auf die Klinikrealität, in der er „natürlich wenig Einfluss" habe. Dennoch sei das „Ergebnis des Konzern[s]" „relevant" für ihn.

---

ja, wie gesagt, Top-Down läuft […]." Symptom dieses Wandels seien die „vollkommen utopisch[en]" „Steigerungsraten", die von ‚oben' vorgegeben würden und deren Erreichen primäres Ziel sei, auch wenn das Ergebnis über Rechenkunst und nicht unbedingt über die Veränderung der dahinterliegenden Prozesse zustande kommt: „[…] die Regionaldirektorenebene sagt: ‚Okay, das sind die Vorgaben von der Geschäftsführung und/' also wird so ein bisschen Verschiebebahnhof gespielt." Der Verschiebebahnhof kann jedoch nur mit einem gewissen Maß an Zusammenarbeit gelingen – allerdings eine andere Art der Zusammenarbeit als die des früheren Unter-die-Arme-Greifens. – Herr Sebald (CA Innere) zeigt die Grenzen der praktischen gegenseitigen Hilfe im Angesicht des Controllings und damit Gründe für Konkurrenzdenken auf: „Also, da ist weniger, dass wir uns da gegenseitig jetzt, also so groß helfen können. Verstehen Sie, wenn ich meine Sach/ wenn ich zu viel ausgegeben habe an Medikamenten, dann gehe ich nicht zum Nachbarn und hole bei dem mal ein paar Schachteln oder so was. Funktioniert auch nicht. Aber das, so können wir uns nicht helfen gegenseitig, ja."

Die Beschreibung dieses Vorgehens als „übergriffig" zeigt es bereits an, ja es ist förmlich zu *greifen*, dass Herr Kneip mit dieser Umschreibung deutlich machen muss, dass es sich dabei für ihn nicht um ein normales Prozedere im Rahmen eines *change managements* handelt, sondern dass es sich ausgehend von seiner Rolle als Chefarzt vielmehr um ein unlauteres Einmischen handelt, es sich *eigentlich* verbietet, derart vorzugehen. Demgemäß wird diese Erfahrung auch als emotional belastend („Und ich fühlte mich überhaupt nicht gut") und schwer zu erlernende Lektion geschildert, die ihm vor Augen führt, dass er (noch) kein Managementakteur im engeren Sinne ist. Gleichwohl hilft ihm sein ärztlicher Habitus dabei, die transformativen Anforderungen zu meistern, denn Herr Kneip zeigt sich als lernwilliger Akteur, der bereit ist, Veränderungen nicht nur mitzutragen, sondern auch selbst zu gestalten. Dies plausibilisiert sich über die Analogie zu seiner Einübung der Chefarztrolle, in die er erst durch Loslösung von seinem vorhergehenden Chef hineinwachsen konnte: „[…] Führungsseminar geholt und dann habe ich irgendwie verstanden, dass ich eigentlich meinen vorhergehenden Chef nur imitiere, was gräußlich ist, den zu imitieren, weil das war gar nicht das, was ich wollte." Die neue Chefarztrolle gilt ihm nun als Vorbild für sein Engagement, sich ebenfalls in seine neue Managementrolle habituell einzupassen.

Doch wie und wodurch könnte ihm dies gelingen? Ein Management-Wir gewinnt in der zitierten Passage eine erste vage Form vor dem negativen Gegenhorizont der Bewertung einer Station und der darauffolgenden Intervention auf *Stationsebene*, wo eine „erbärmliche" Wirklichkeit vorherrsche, weil „nichts organisiert ist". Die Erwähnung der großen „Organisationsvorstellung", wonach eine Führungspersönlichkeit Prozesse analysiert, Fehler identifiziert und diese rigoros in Eigenregie beseitigt, deutet eine erste Form an, wie es Herrn Kneip gelingen könnte, seinen ärztlichen Habitus mit der übergeordneten Managementaufgabe als ärztlicher Direktor zu vereinbaren. Trotz allem tritt diese Perspektive bestenfalls als Supplement zu seinem bereits verkörperten Wissen, eine chefärztliche Führungsfigur zu sein, hinzu.

Die Möglichkeit jedenfalls, das rudimentär sich abzeichnende Management-Wir am Horizont tatsächlich zu stärken, steht und fällt mit der Unterstützung, die sich die Leitungsmitglieder hierbei gegenseitig geben („gegenseitig Mut machen"). Es geht nun also darum, als Manager ein sich wechselseitig bestätigendes Verhältnis innerhalb der Krankenhausleitung aufzubauen. Dazu ist es nötig, sich in die „Niederungen" der Organisation zu bewegen, der er sogleich ein verheerendes Urteil ausstellt. Die zuvor als problematisch, allenfalls als lose geschilderte Zusammenarbeit innerhalb der Krankenhausleitung (er und sein Stellvertreter gegen die anderen Leitungsmitglieder) wird verworfen: Die Identität der Managementmitglieder firmiert jetzt in der *gemeinsamen Pflicht zur* „Übergriffigkeit" und Fehlerkorrektur.

Weil Führung für Herrn Kneip nach einem schwierigen Lernprozess nun nicht mehr ausschließlich an ein individuelles Recht seiner Position geknüpft ist, es sich hingegen um eine kollektive Pflicht des gesamten Managements handelt, ist er an dieser Stelle in der Lage, Ansätze einer übergreifenden Managementperspektive zu etablieren. Die Pflicht zur Führung anderer wird zum Imperativ der leitungsinternen, selbstbezüglichen Führung: *Weil* es die *allgemeine* Regel ist, dass sich Führungspersönlichkeiten für das *Richtige* einsetzen, *müssen* sie sich auch gegenseitig bei der Bearbeitung *spezifischer* Verfehlungen stützen. Dies plausibilisiert sich als gemeinsame Vision (die „großartige Organisations*vorstellung*") gegenüber dem negativen Gegenhorizont einer „erbärmlichen" Wirklichkeit. Vision und Pflicht verbinden sich hier zu einer Haltung, die von den internen Ungereimtheiten und Enttäuschungen (als ungerecht empfundene Ressourcenallokation und fehlende Durchgriffsrechte seitens Herrn Kneips) – zumindest temporär – abstrahieren kann und Ansatzpunkte zu Kooperation und Identifikation findet.

Die Aneignung von Führungs- und Managementaufgaben erscheinen aus Herrn Kneips Sicht vor allem als empathisches, affektives Sicheinfühlen, als Sozialisation in ein neues Kollektiv, das gemeinsam lernt, sich in Führungsfragen Mut zu machen, und hierzu ein eigenes *Verhältnis zur Organisation* herstellen muss. Die offensichtlichen Probleme auf Station und in den Abteilungen werden also genutzt und *gebraucht*, um zu einem Arrangement zu gelangen, das den *gemeinsamen Feind* – die „erbärmliche" Organisationswirklichkeit – problematisiert und im Gegenzug die eigene Praxis aufwertet und legitimiert. Es lässt ferner vergessen, dass *innerhalb* des Managements angesichts knapper Ressourcen, uneingelöster Versprechen und mangelnder Absprachen ähnlich chaotische Zustände zu konstatieren sind. Doch was ist, wenn Herrn Kneip seine tief habitualisierte Dynamik chefärztlicher Praxis wieder einholt? Was passiert darüber hinaus, wenn der hier beschriebene Blick auf die Unzulänglichkeiten der Organisation die eigene Abteilung trifft? Wie verarbeitet Herr Kneip die in der Übergriffigkeit zum Ausdruck kommende Spannung auf Organisationsebene in Hinblick auf seine professionelle Verbundenheit, seine ärztlichen Kollegen und das eigene medizinische Fach?

Verhältnis zur Profession: Eine „gewisse Eigendynamik"

Schauen wir in Bezug auf die oben genannten Fragen auf einige weitere Passagen, mit denen Herr Kneip entfaltet, was für ihn nachhaltige Führung und auch Praxis bedeutet:

> *Herr Kneip:* Das muss nachhaltig sein und man muss Zeit haben dranzubleiben und auch/ weil man kann ja nicht immer alles selber machen. Man hat ja gar nicht diese Funktion, sondern man muss eben sozusagen mit den anderen eine Stimmung

herbeiführen, dass die sagen: „Oh ja, das will ich machen. Das ist meine Idee." Ja, am Ende muss man sozusagen alle Ideen gemeinsam haben und die dann auch gemeinsam vertreten und das ist eigentlich/ die eigentliche Herausforderung, mit eben einer gewissen Nachhaltigkeit da vorzugehen. Das ist die größte Herausforderung, weil ich mit meinen ganzen Terminen und so/ also ich bin ja sehr stark noch am Patienten tätig, auch als Chefarzt, und das finden ja auch alle Patienten hier entweder komisch oder wunderbar (lachen beide), aber/ ich nehme auch selber Blut ab, weil ich Notrufendoskopie mache, und ich kann ja nicht dahin kommen und dann muss erst mal mir jemand Zugang legen. Also deswegen bin ich da eigentlich in einer ständigen Überforderungssituation. Das ist so die grundsätzliche (3) Situation, in der ich mich befinde. Also ich würde aber, glaube ich, mit mehr Staff auch wirklich anders, noch exakter, präziser, nachhaltiger an die Sachen rangehen können und auch machen und wenn da mein Kollege in den Ruhestand geht, dann habe ich eher große Sorgen, weil man dann relativ sich alleine fühlt.

Herr Kneip erläutert die angestoßene Bewegung innerhalb der Krankenhausleitung vor dem Hintergrund der eigenen Funktionsbestimmung: Er ist – wie bereits erläutert – nicht in der Position, „alles selber" machen zu müssen, sondern baut auf die aktivierende Kraft der gemeinsamen, verbindenden Idee, mit der sich alle Leitungsmitglieder identifizieren und die daher auch als Positionierung nach außen („die dann auch gemeinsam vertreten") fungiert. Als „eigentliche Herausforderung" gilt Herrn Kneip die *nachhaltige* Bewegung, die praktische Verstetigung der identitätsstiftenden Ideen innerhalb des Managements.

Komplementäre Chefarztperspektive

Herrn Kneips Vision einer Leitung, die als gebündelte Kraft wahrgenommen wird, scheint sich nach den Ausführungen Herrn Hoffmans (CA Chirurgie) bereits zu verwirklichen. Doch wir können vermuten, dass der ärztliche Direktor auf eine andere, negativ konnotierte Qualität der Wahrnehmung abzielt als die, die Herr Hoffman beschreibt: „Ich will es mal so umschreiben: dass die betriebswirtschaftlichen Anforderungen, die im Rahmen von Zielvereinbarungen an mich gestellt worden sind, von Generation zu Generation sowohl der kaufmännischen wie auch der ärztlichen Direktoren wie auch der Pflegedirektoren eher zugenommen haben, stärker geworden sind."

Vor dem Hintergrund seiner chefärztlichen Tätigkeit „am Patienten" entwickelt er jedoch eine Perspektive, die eine „ständige Überforderungssituation" skizziert. Die Schilderung, dass er in der Notrufendoskopie „auch selber Blut" abnehme, da er nicht warten könne, bis ihm „jemand [einen] Zugang" lege, gibt Einblick in sein eher ungewöhnliches Selbstverständnis als praktizierender Chefarzt. Die Übernahme selbst einfacher medizinischer Praktiken wie der Abnahme von Blut (die nicht selten den Pflegekräften übertragen wird) erlaubt Rückschlüsse auf seinen professionellen Habitus und soll hier zur Erklärung seines Führungsverhaltens strukturhomolog herangezogen werden.

Das Narrativ zeugt von Herrn Kneips ambivalenter professioneller Erfahrung als Chefarzt, selbst einfachste Behandlungsschritte nicht delegieren zu können, andererseits dadurch aber eine immense *Tatkraft* zu entwickeln, die auf das Konkrete und Notwendige gerichtet ist. Dabei übernimmt er leidenschaftlich Verantwortung, gerät dann aber auch wieder leicht in jene bereits eingangs erwähnte und hier bloß wiederholte „Überforderungssituation". Seine basale Praxis der Blutentnahme ist nicht nur für die Patienten ungewöhnlich, sondern dürfte auch (manchen) Chefärzten fernliegen. Das Gefühl der Einsamkeit („weil man dann relativ sich alleine fühlt") erscheint komplementär zu seiner habituellen Praxis des „Selbermachens", des Vormachens und Anleitens hin zur Selbstständigkeit. Dies führt Herr Kneip weiter aus:

> *Herr Kneip:* […] Weil die anderen wollen immer, aber machen ja nicht. Das ist das Problem. Die erzählen mir auch, wie es besser sein soll, aber machen dafür nichts. Also sagen zum Beispiel, (3) ich würde nicht immer ausreichend alles absprechen. Und ich sage dazu, es geht aber/ es geht um/ es gibt immer zwei. Also ich muss natürlich Leute informieren, aber die Leute müssen sich auch selber informieren. Ich bin, ich habe auch nicht mehr Herzen, mehr Gehirne als die selber. Also ich kann nicht nur alle bedienen und muss die versorgen und das, ich bin nicht in der Versorgungsbringschuld ständig, sondern ich habe natürlich eine gewisse Eigendynamik. Die werde ich mir auch erhalten, weil sonst stehe ich nicht dafür. Also ich bin nicht das, was einige sich wünschen, nämlich ich frage dann erst mal in der Runde: „Wollt ihr das?" Und dann bin ich der Sprecher. Also ich bin auch der Initiator und mache das dann auch, ohne vorher alle zu fragen. Ich glaube, dass ich für eine gewisse Haltung gewählt wurde, und die kriegen sie dann auch. Und die wird nicht immer einfach sein zu schlucken oder zu verstehen und ich werde auch 1000 Fehler machen, aber ich kann jetzt also nicht der Sprecher sein in dem Sinne, dass ich jede Aussage erst mal abspreche, nachfrage: „Ist das auch die Mehrheit?" Das kann ich nicht. Das will ich auch gar nicht.

Herr Kneip wechselt in der unmittelbar anschließenden Sequenz erneut die Referenzebene: „Die anderen" steht hier nun wieder für das chefärztliche Kollegium, das als Negativhorizont seiner Elaboration dient, nicht für die Krankenhausleitung. Die dichte, komplexe Verschachtelung, die daraufhin folgt, lässt sich wie folgt strukturhomolog deuten: Während es in der Krankenhausleitung darum geht, gemeinsame Ideen zu erzeugen, die alle drei Mitglieder gleichermaßen zu einer selbstverantwortlichen Aktivität mit dem Ziel der Erzeugung einer „nachhaltigen Bewegung" bringen, ist es die Pflicht eines jeden Chefarztes, sich selbst zu informieren.

Komplementäre Chefarztperspektive

Dem Interview mit Herrn Hoffman (CA Chirurgie) zufolge sehen die Chefärzte der Chirurgie ebenfalls die Notwendigkeit, sich eigenständig Informationen zu beschaffen und sich gegenseitig in Bezug auf die von der Leitung geforderten Zahlen auszutauschen: „Und wir haben uns auch gegenseitig sozusagen verpflichtet, wir Chefärzte im Medical Board, Medical Board ist so eine Institution, in der alle Chefärzte des gleichen Fachbereichs sitzen, uns die Controllingberichte von den einzelnen Kliniken gegenseitig zuzuschicken, damit wir wissen, ob zum Beispiel die Vorgaben bei allen gleich utopisch sind und wie die Entwicklungen sind und so, um sich da besser auszutauschen." Diese Eigenständigkeit in der Beschaffung von Informationen geht so weit, dass sich die Chefärzte – in Abwesenheit der Leitung – von anderen Mitarbeitern informieren lassen: „[…] wir nutzen dann meistens auch noch eine Gelegenheit, wo wir alleine ohne weitere Teilnehmer der Geschäftsführung nochmal uns austauschen, dann natürlich auch etwas, kann man sagen, offener austauschen und alle wichtigen Entscheidungen, die jetzt bestimmte Bereiche des Unternehmens betreffen, wie zum Beispiel Einkauf, ja, ein ganz wichtiger, entscheidender Bereich […]. Da kommen entweder auf Anfrage oder von sich aus eigentlich die entsprechenden Abteilungsleiter des Unternehmens zu uns und informieren uns."

Herr Sebald (CA Innere) ist ebenfalls an den Zahlen interessiert. Der Umstand, dass er deren Provenienz nicht preisgeben möchte, verweist auf seine starke Konkurrenzorientierung innerhalb des Klinikkonzerns:

Herr Sebald: „[…] verstehen Sie, wenn ich Controllingzahlen bekomme, dann bekomme ich die Controllingzahlen auch nicht in der gesamten Tiefe, aber in einer gewissen Tiefe, vom gesamten Konzern. Ich kann die, ich kann gucken, wie mein Konkurrent in Klinikum X gerade dasteht. Sehe ich dann, das geplant oder im Vergleich zum Vorjahr. Kann ich nachgucken. Das machen wir aber nicht im Medical Board."

Interviewer: „Sondern das wird Ihnen eben von der Geschäftsführung zugespielt?"

Herr Sebald: „Das/ die Daten kriege ich. Das sind einfach Tabellen, die ich kriege."

In beiden Fällen ist es Herrn Kneips ärztlicher Habitus, der seine ambivalente Rahmung anleitet: „[…] ich kann nicht nur alle bedienen und muss die versorgen […], ich bin nicht in der Versorgungsbringschuld ständig, sondern ich habe natürlich eine gewisse Eigendynamik." Die Eigendynamik seines fehlertoleranten heroischen Herangehens („[…] ich werde auch 1000 Fehler machen"), seine „gewisse Haltung" ist keine der Vermittlung oder Moderation, sondern der Ansage („der Sprecher") und der Initiation. Es ist die Haltung des Machens, des prozessschrittartigen Durchgriffs. Diese Haltung bringt Herr Kneip bereits aus seiner Tätigkeit als Chefarzt mit und er hat sie längst schon habituell verkörpert: nach vorne treten, entscheiden, auch wenn es noch nicht alle verstehen.

Komplementäre Chefarztperspektive

Die Haltung des Machens finden wir auch bei Herrn Hoffmans (CA Chirurgie) Selbstbe-schreibung wieder. Auf die Frage des Interviewers, „wie es zur Übernahme der Chefarzt-position" gekommen sei, antwortet er, dass er damals „auch schon gemerkt habe, dass es nicht mehr ganz so spannend ist, einen Lehrstuhl zu übernehmen. Ich fand dann auch die Klinik, die im relativ verlassenen Zustand, was die Mitarbeiter anbetrifft, vorhanden war, eigentlich schon eine interessante Herausforderung. Mein Vorgänger hat fast alle Mitarbeiter mitgenommen in der neuen Abteilung, aber das hatte mir halt die Möglichkeit sozusagen eröffnet, alles so zu gestalten, wie ich es gerne will, und das war/ ich war mit dem damaligen Geschäftsführer relativ schnell einig über die Bedingungen." Nach seiner Schilderung fühlt sich Herr Hoffman also von der praktischen Herausforderung motiviert und er verfügt außerdem über Gestaltungswillen, den er einbringen möchte. Entsprechend einengend empfindet er auch die „betriebswirtschaftlichen Anforderungen, die [...] von Generation zu Generation [...] stärker geworden sind". Er vermisst – im Gegensatz zu seiner Anfangszeit im Klinikum – den Dialog auf Augenhöhe und Entscheidungsspiel-raum: „[...] man hat schon mehr und mehr das Gefühl, dass so ein Management dort, ich will mal sagen, mehr so ein Top-Down-System entwickelt und auch gelebt wird." Wo er früher den „Dialog auf Augenhöhe" wahrnahm, scheint sich die Situation im Haus derart verändert zu haben, dass Herrn Hoffman die faktische Evidenz des Top-Down-Systems (es wird „gelebt") nun unausweichlich erscheint.

Doch wie verhält es sich angesichts dieser habituellen Praxis mit kompromissori-entierten Verhandlungen und Entscheidungen innerhalb des Managements? Auf welche Diskrepanzen stößt Herr Kneip mit Blick auf seine hier zum Ausdruck kommenden handlungsleitenden Orientierungen? Verdeutlichen wir die Prob-lemstellung anhand einer längeren Sequenz, in der er sich mit einer vom Konzern eingeleiteten Regionalisierungsstrategie auseinandersetzt. Dabei hakt der Intervie-wer an jenem Punkt mehrmals nach, wo es sich um Gründe für den stockenden Entscheidungsprozess handelt.

Interviewer: Wie bringen Sie das dann in die Praxis, also tatsächlich Tag für Tag, dass es so auch dann gelebt wird?

Herr Kneip: Das ist eben das Problem. Indem man/ ich glaube, das ist wichtig, da mit Taten auch voranzugehen, ja. Zum Beispiel, also was wir gemacht haben, ist jetzt massiv Patientenströme aus der Inneren Medizin aus dem (Name Krankenhaus I) ins (Name Krankenhaus II)[82] weiterzuleiten. Das ist sozusagen schon ein guter Brauch. Die/ das, was wir eigentlich uns ausgegeben haben, nämlich dass wir dann auch eine gemeinsame Abrechnung haben und dass wir nicht vereinzelt da irgendwie zur Ab-rechnung kommen, das ist nicht, natürlich nicht eingehalten worden. Trotzdem laufen

---

82   Das Krankenhaus I, an dem Herr Kneip arbeitet, bildet gemeinsam mit Krankenhaus
      II einen regionalen Verbund im Rahmen des Klinikkonzerns.

die Patientenströme weiter von (Name Krankenhaus I), wenn die in die Rettungsstelle kommen, ob das jetzt die Pflegepauschale ist, ob das/ also da geht es darum/

Die Frage des Interviewers sekundiert, das bestätigt Herr Kneip, das aufgeworfene Problem von Aktion und Nachhaltigkeit im Management. Gelebte, institutionalisierte Praxis („guter Brauch") ist mittlerweile eine Umleitung von „Patientenströmen" zwischen den beiden Krankenhäusern, die nur gelungen ist, weil man sich „mit Taten auch voranzugehen" getraut hat. Hier mit Entscheidungen vorzupreschen und das für richtig Gehaltene zu tun, entspricht zunächst seinem Orientierungs-rahmen. Das Management im Modus des Pilotprojektes scheint vorerst auch zu gelingen, doch an entscheidender Stelle gerät die Institutionalisierung „natürlich"[83] ins Stocken – nämlich bei einer gemeinsamen Abrechnungspraxis.

Interviewer: Ist das eine Abre/ ist das dann eine Controllingproblematik letztlich oder woran liegt das, dass sich dann die gemeinsame Abrechnung nicht realisieren lässt, also?

Herr Kneip: Weil der (Name Krankenhauskonzern)-Verein behäbig, dumm und faul ist. Ganz einfach (lacht).

Interviewer: Also Sie konnten selber intern keine Mechanismen, Prozesse einführen, die das bewerkstelligen?

Herr Kneip: Dazu müsste ja dann der geschäftsführende Direktor da richtig kämpfen. Der müsste dann sagen: „Wir machen das jetzt so." Entschuldigung. Also hat er aber so nicht gemacht. Die Versprechungen sind nicht eingehalten worden. (Seufzt). Ja, das ist/ wir treffen uns hier zwar, alle vier internistischen Chefs der beiden Abteilungen, aber das ist, diese Frage ist schon (pfeift) disappeared und Mensch, eigentlich wollen wir auch den Lohn unserer Arbeit abholen und den kriegen wir aber nicht, also den vergessen wir dann auch, weil wir zu blöd sind, weil wir einfach so immer arbeiten, ohne zu gucken, wie sich das dann am Ende rechnet für uns. Das ist ein Fehler, aber natürlich auch ein Vorteil, aber/

Interviewer: Inwiefern rechnen, wenn ich da nochmal nachhaken darf, also/

Herr Kneip: Naja, diese Vershiftung von eben DRG-Leistungen in die anderen Abtei-lungen gehen uns ja am Ende verloren. Sinnvoll ist ja aber nicht „meine Schublade, deine Schublade", sondern unsere gemeinsamen Schubladen. Und interessant ist, dass unsere gemeinsamen Schubladen leuchten, ja. Ob meine dabei scheinbar weniger leuchtet oder mehr leuchtet, ist völlig wurst. Wichtig ist, dass der Standort, dass die beiden Häuser zusammen leuchten.

Interviewer: Als Region (Himmelsrichtung) dann.

---

83 Als ob es ein anthropologisches Gesetz wäre, dass die anderen das Geld nicht teilen wollen. Man könnte dies auch so deuten, dass der Sparten- oder Abteilungsegoismus für Herrn Kneip eine ebenso vertraute wie selbstverständliche Sache ist.

Herr Kneip: Ja, und diese Geschichte, die macht sich im Controlling eben noch nicht
bemerkbar und eine strikte Verweigerung, das zu machen, trotz Anmahnung, aber
ich glaube, die letzte Anmahnung ist schon wieder ein halbes Jahr her.

Herrn Kneips Vorwurf in Richtung des geschäftsführenden Direktors, für die ge-
rechte Abrechnung nicht gekämpft, die Entscheidung *nicht erzwungen zu haben*,
suggeriert, dass es tatsächlich so einfach zu erklären ist, weshalb der Prozess an
dieser Stelle ins Stocken geraten ist. Dass der geschäftsführende Direktor andere
Strategien und mikropolitische Interessen verfolgen könnte, die erklären, weshalb
er die „Versprechungen" nicht eingehalten hat, wird von Herrn Kneip hier nicht
erwogen. Damit deutet er das Verhalten des geschäftsführenden Direktors zunächst
lediglich als fehlende Kampfeslust. Dazu aber in Kürze mehr. Kontrastiert man dies
ferner mit dem, was er einige Zeilen weiter oben über den Krankenhauskonzern sagt
(„behäbig, dumm und faul"), kommt der Eindruck auf, dass es Herrn Kneip nicht an
intellektuellen Kapazitäten mangelt, die komplexen strategischen Erwägungen, die
beim geschäftsführenden Direktor im Spiel sein dürften, zu erkennen (etwa in dem
Sinne, dass er den Aufwand und die Probleme scheut, welche die Einschaltung der
Konzernebene mit sich bringen würde). Doch warum diese zunächst zynisch und
fatalistisch erscheinenden Aussagen über den Konzern? Diese dürften Ausdruck
seiner praktischen Erfahrung von Verfahrensverschleppungen, uneingelösten Versprechen und Anmahnungsschleifen, kurz: von *Entscheidungslatenz* im Management
sein. Es ist daher plausibel anzunehmen, dass er mit seinem chefärztlichen Habitus
des Machers im Rahmen des Managements in eine gewisse, sogleich zu erläuternde
Spannung gerät. Die weiter oben schon erwähnte Anmahnungspraxis wirkt dabei
geradezu als Routine des Bittstellens, die zudem von Herrn Kneips Dilemma des
Führens ohne Macht zeugt.

Der kleinere chefärztliche Zirkel, den Herr Kneip skizziert, könnte zwar ein
gutes Forum zur eigenverantwortlichen Lösung des skizzierten Problems sein, doch
das Verschwinden des Themas zeigt es schon an: Das Ziel, an einer Umstellung
der Rechenpraxis zu arbeiten, ist wieder aus dem Blick geraten („disappeared").
Dies mündet wiederum in eine interessante Reflexion in Hinblick auf die nun von
zwei Seiten kritisierte ärztliche Haltung. Das Fehlen eines abstrakten Interesses an
Gerechtigkeit (übergreifende Perspektive) und einem professionell-strategischen
Kalkül: Dem kollektiven ärztlichen Habitus mangelt es aus Herrn Kneips Sicht an
Weitsicht, die die prozedurale Arbeitsperspektive ergänzen könnte („weil wir zu
blöd sind, weil wir einfach so immer arbeiten, ohne zu gucken, wie sich das dann
am Ende rechnet für uns").

Komplementäre Chefarztperspektive

Herr Hoffman (CA Chirurgie) beweist entgegen Herrn Kneips Kritik an mehreren Stellen des Interviews strategischen Weitblick. Dazu gehört für ihn und seine ärztlichen Kollegen „heute" auch der (geschickte) Umgang mit Zahlen: „Man fängt schon an natürlich auch als Klinikleiter, sich strategisch Gedanken zu machen, wohin sich das eigene Fach entwickelt, wo sozusagen auch Abwertungen in der Fallschwere zu erwarten sind und wo Aufwertungen stattfinden. Man versucht sich dann natürlich auch im Markt so zu positionieren, dass man dort, wo Aufwertungen sind, gut aufgestellt ist, dass man auch entspre/ mehr Fälle versucht zu generieren oder eben auch weniger Fälle mit höheren Fallschweren. Also das/ ich will damit sagen, das betriebswirtschaftliche Denken ist eigentlich heute bei jedem leitenden Arzt und selbst, glaube ich, auch auf der nächsten Führungsebene bei den Oberärzten ist das durchaus vorhanden und beeinflusst uns in der Entscheidungsfindung, ja." Und an anderer Stelle selbstbewusst: „Also da habe ich relativ klare Vorstellungen, wo die Reise hingehen sollte für meinen Bereich." Für das über seinen Bereich hinausgehende Territorium vermisst er allerdings „sozusagen so ein[en] Masterplan mit einem großen Wurf, ja, so ein riesiges Klinikum [...]. Das wäre eigentlich das Richtige in meinen Augen [...]." Dabei gesteht er ein, dass die aktuelle Umbauphase sich nicht (nur?) aufgrund der fehlenden Vision der Geschäftsführung verzögert, sondern weil „keine klare politische Vorgabe und Entscheidung getroffen wird". Die unsichere politische Lage provoziere einen „Investitionsstau". Damit zeigt Herr Hoffman, dass sich sein Weitblick nicht auf die Entwicklung seiner Station beschränkt, sondern auch die Player der Krankenhausumwelt und die sich hieraus ergebenden strategischen Optionen umfasst.

Auch Herr Sebald (CA Innere) zeigt an unterschiedlichen Stellen sein Wissen über die regionale Konkurrenzsituation und außerdem, dass er seine Station als Teil eines Ganzen wahrnimmt. Er „formiert" sich gemeinsam mit seinen Chefarztkollegen: „Wir haben schon so ein bisschen das Ziel gehabt, und das kam aus der Chefarztrunde, dass wir die Region auch als wichtige/ die Stärkung der Region insgesamt als wichtiges Ziel haben. Nicht nur immer alle gegen alle anderen, sondern dass wir da auch ein gemeinsames Ziel haben."

Spannend ist an dieser Stelle, dass er erneut abschätzig („blöd") über diese Beschränkungen reflektiert. Den Prozess nicht vom Ende her zu denken, rächt sich aus seiner Sicht. Die Früchte der Arbeit im Hier und Jetzt werden konterkariert durch ein Managementtelos, eine Rechen- und Vertragspraxis, die auf eine Zielerreichung hinsteuert (Zielvereinbarungen, Hochrechnungen, Prognosen etc.) und einzelne *wesentliche* Prozessschritte den jeweiligen (ärztlichen, pflegerischen) Akteuren überlässt – eine Logik, die sich für die Mühen der Stationsebene und vor allem deren symbolische Gratifikation (also die Zurechnung entsprechender Zahlen als deren Erfolge) nicht interessiert. Dieses Dilemma könnte auf divergierende Praktiken des für die Leitung verantwortlichen Betriebswirts hinweisen, der weniger wichtige Dinge womöglich auch mal liegen lassen kann (insofern die Patienten intern überwiesen werden, bleibt das Geld im Konzern) und abteilungsspezifische Verrechnungen vor allem als *konzernweites* Wettbewerbsvehikel versteht (Leistungsdifferenzierung).[84] Demgegenüber zeigt Herr Kneip einen anderen Orientierungsrahmen. Seine chefärztliche Tatkraft lässt ihn Prozesse anpacken mit dem Ziel, diese auch abzuschließen, und ist ferner auf eine *interne* Leistungsgerechtigkeit getrimmt (Leistung soll dort vergütet werden, wo sie erbracht wird).

Gleichwohl bezieht Herr Kneip dabei eine widersprüchliche Position, wenn er sagt: „Na ja, diese Vershiftung von eben DRG-Leistungen in die anderen Abteilungen gehen uns ja am Ende verloren. Sinnvoll ist ja aber nicht ‚meine Schublade, deine Schublade', sondern unsere gemeinsame[n] Schubladen." Dies lässt zunächst auf einen Rollenkonflikt zwischen Chefarzt und ärztlichem Direktor schließen: Wo der Chefarzt für Innere Medizin im Verbund mit den anderen internistischen Chefärzten für Leistungsgerechtigkeit eintritt, den medizinischen Behandlungsaufwand also an Ort und Stelle verbucht sehen möchte, wo er entsteht (in der jeweiligen Fachabteilung), schwebt Herrn Kneip als ärztlichem Direktor ein Zustand vor, wonach „alle unsere gemeinsamen Schubladen leuchten". Insofern kritisiert Herr Kneip aus einer partikularistischen Chefarztperspektive heraus die bereits institutionalisierte Umleitung von Patientenströmen (welche er als „guten Brauch" bezeichnet), während er dies aus Sicht des ärztlichen Direktors, der übergreifend für die Region, vielleicht sogar im Sinne des Konzerns denkt, als positiv anerkennt.

Komplementäre Chefarztperspektive

Auch Herr Sebald (CA Innere) kritisiert die Praxis der Zuordnung von Pauschalen. Es komme vor, dass ein Patient aus medizinischer Perspektive auf eine andere Station verlegt werden soll, weil er dort eine adäquatere Behandlung erfahre. Allerdings bedeutet eine solche Verlegung, dass die ursprünglich behandelnde Station die entsprechende Pauschale verliert, obwohl doch schon Arbeit geleistet wurde und Zielvereinbarungen erreicht werden müssen. Diese Spannung sei vermeidbar, da die Vergütung stationsübergreifend angerechnet werden könnte, was nicht nur den jeweiligen Stationen und den Ärzten zugutekäme (weil kein Konflikt mehr zwischen medizinisch und wirtschaftlich Sinnvollem), sondern letztendlich sogar dem Konzern selbst. Diesen Ansatz hat Herr Sebald zusammen mit seinen Chefarztkollegen zu verfolgen versucht:

Herr Sebald: „Und wir haben dann einfach gewünscht, dass, um das besser abzubilden, dass wir immer mal wieder Patienten einfach irgendwo hinschicken, damit sie dort besser versorgt sind, zum Beispiel geriatrische Patienten, die dann bei uns nicht sind natürlich. Zum/ man gibt Erlöse ab, aber dafür bekommt eben die Region etwas höhere Erlöse für den Patienten, weil diese geriatrische Komplexpauschale dabei ist. Haben wir gefordert, dass wir gemeinsam auch mal berechnet werden irgendwann, ja."

Interviewer: „Als Region [Name]?"

---

84   Vgl. hierzu auch die kaufmännischen Direktoren, Kapitel IV.3, sowie das Arrangement Westgroup-Klinikum, Kapitel V.2.

> *Herr Sebald:* „Als Innere Kliniken der Region [Name] und, weil wir einfach/ also es
> kann nicht sein, dass wir strampeln sollen, dass wir mehr machen, wenn es besser
> ist für (Name Konzern), wenn wir hier und da noch jemanden weggeben. Und solche
> Dinge, da muss man dann sich schon natürlich schon auch positionieren, weil viel
> Lob wird nicht verteilt. Also wenn was gut ist, ist es selbstverständlich und wenn
> was schlecht ist, wird das kritisiert, ja. [...].“

Die hier von Herrn Kneip mit entsprechend emotionalem Vokabular vorgebrachte
Erfahrung verweist auf einen Rollenkonflikt, der sich durch drei Bruchstellen auszeichnet: Einerseits setzt sich Herr Kneip gemeinsam mit seinem Stellvertreter als
„Freizeitmanager" (Managementebene) für das Haus und die Region ein, durchaus
auch mit übergreifender Unterstützung der anderen Leitungsmitglieder (Organisationsebene), generiert dadurch allerdings einen Status quo, der manche Chefärzte
(ihn eingeschlossen?) benachteiligt (Stations- und Abteilungsebene) und der Linie
des geschäftsführenden Direktors respektive den Konzernleitlinien zuarbeitet.
Hiermit wird verständlich, dass er das triangulierte Setting als demoralisierend
erleben muss: Die Verletzung seiner tiefen Identifikation mit dem (chef)ärztlichen
Sein und Habitus und der hiermit verbundenen Leistungsbereitschaft (der Macher)
wird dementsprechend als ein *Ausbeutungsverhältnis erlebt.* Ohne hierzu eine reflexive (Rollen-)Distanz zu finden, kann er nur mit Spott und Zynismus gegenüber
der eigenen Zunft („weil wir zu blöd sind") und dem Arbeitgeber („weil der [Name
Krankenhauskonzern]-Verein behäbig, dumm und faul ist") reagieren.
  Schauen wir auf eine weitere, letzte Sequenz, die dieses Dilemma dramatisiert:

Interviewer: Sehen Sie, warum das nicht passiert? Also hat das/ ist das einfach eine
Verwaltungsproblematik, die, müssten da Systeme, EDV umgestellt werden oder ist
das eine Interessenproblematik? Also können Sie das irgendwie ein bisschen versuchen
einzuschätzen, damit man versteht, wie dieser Entscheidungsprozess/ warum der an
dem Punkt da noch stockt? Also es gibt ja scheinbar eine formale Verabredung, dass
es so gemacht werden soll, aber es passiert nicht.
Herr Kneip: Das ist, das ist eben die Konzentration auf das Wesentliche auch für
den geschäftsführenden Direktor, der sich um alles Mögliche gerne kümmert. Also
um, weiß ich, die Frage, wie viel Leute jetzt streiken oder nicht streiken und die
Bezeichnung, ob ich auf einem Parkplatz stehe, der mir zusteht oder nicht. Und also
man kann sich ja total verzetteln und hat seine ganze Crew, die da irgendwelche komischen Berechnungen macht, die alle hinten und vorne nicht hin/ oder man sagt,
wir lassen uns mal die wesentlichen Dinge machen, die/ das eine ist, dass wir da in
der Abrechnung gut dastehen, weil das würde ja unserem Standort ja nutzen. Soweit
ich verstanden habe, ist das eigentlich auch mit der Geschäftsführung konzertiert
und wenn nicht, dann würde ich es gerne wissen und selber den Kampf aufnehmen.
Ja, so ist immer so eine Hinhaltegeschichte. Und ich bin ja als Chefarzt und wir sind

als Chefärzte ja freier als der geschäftsführende Direktor. Der ist ja sofort/ der ist ja direkt der Geschäftsführung mit all seinen zusätzlichen Verdiensten, die er kriegt oder nicht kriegt, ja unterworfen. Wir nicht, ja. Also ob ich da meine Variable bekomme oder nicht, weiß ich gar nicht, ob das mir wichtig ist, ja. Und an der Stelle haben die natürlich auch Sorgen vor uns, dass wir da blöd werden und mit allen möglichen Leuten sprechen. Nur wir kennen ja auch andere Menschen, nicht nur in der Geschäftsführung, und alle haben irgendwie Sorge, dass wir da irgendwie in dem Bienenschwarm plötzlich ausschwärmen und mit allen möglichen Leuten reden und sagen: „So und so wollen wir nicht." Das ist so, ja, (3) manchmal wünscht man sich da mehr Entschlossenheit so.

Die Trivialisierung der Praxis des geschäftsführenden Direktors sowie sarkastische Äußerungen zu seiner „Crew", die „komische" Berechnungen anstellt, spiegelt erneut Herrn Kneips Verdruss in Hinblick auf die Chance einer fairen Zusammenarbeit auf Augenhöhe in der Krankenhausleitung wider.[85] Die ihm habituell auferlegte und positiv konnotierte Pflicht, auch triviale Prozessschritte selbst durchzuführen (s. das Beispiel seiner eigenhändig durchgeführten Blutentnahme), legt er dem geschäftsführenden Direktor umgekehrt als sinnloses und frei erwähltes Abdriften von wesentlichen Aufgaben aus. All dies geht Hand in Hand mit der bereits angesprochenen Latenzerfahrung, der Prozessverschleppung und Verzögerung („Hinhaltegeschichte"), obwohl doch seinem Eindruck nach sogar eine Konzertierung mit der „Geschäftsführung" vorliegt, womit diesmal die *Konzern*leitung gemeint sein dürfte (denn de facto arbeiten die Häuser bereits zusammen). Die „Konzentration auf das Wesentliche", die er hier anmahnt und als gemeinsame Rechenpraxis innerhalb des regionalen Verbundes identifiziert („*wir* da in der Abrechnung gut dastehen, weil das würde ja *unserem* Standort ja nutzen"), verquickt geradezu naturwüchsig Belange des Regionalverbundes mit denen des Standortes, also mit Belangen der Abteilungen, denen Herr Kneip als Chefarzt ebenfalls zugehörig ist.

Komplementäre Chefarztperspektive

Herr Hoffman: „Also, da stellen wir zumindest fest bei unserem Klinikstandort, dass im Vergleich zu anderen Klinikstandorten innerhalb des Unternehmens wir einfach nicht so die Priorität genießen. Das klingt jetzt so ein bisschen wie die beleidigte

---

85   In dieser Sache erfährt Herr Kneip ein ähnliches Bedürfnis wie Herr Hoffman (CA Chirurgie), der im Gespräch mit der Leitung den „Dialog auf Augenhöhe" vermisst, den er noch bei seiner Einstellung wahrnahm. Hier teilen die beiden Chefärzte also einen Erfahrungsraum. Allerdings sollte Herr Kneip im Gegensatz zum Chefarzt der Chirurgie die Auseinandersetzung auf ebenbürtiger Ebene qua Position als ärztlicher Direktor erwarten können.

> Leberwurst, aber ist wahrscheinlich auch das strategische Ziel eines Unternehmens und wahrscheinlich auch gerechtfertigt aus deren Sicht, dass man zuerst mal die Standorte stärkt, bei denen die größten Synergiemöglichkeiten existieren. Das sind halt die großen Standorte, ja, mit großen Zentral-OPs und so weiter."

Aus der soeben skizzierten Verletzung und Ohnmacht heraus, dem Führen ohne Macht und Voraussicht, fällt Herr Kneip wieder in seine wohl chefärztlich habitualisierte Praxis des Konkurrenz*kampfes* zwischen den Häusern zurück, nach dem Motto: Was den Inneren Abteilungen (inklusive meiner) gut zu Gesicht steht, ist auch gut für das Gesamtkrankenhaus respektive den regionalen Standort, und dafür lohnt es sich auch zu kämpfen! Denn – und hier kommt seine abschließende Pointe – vor dem Hintergrund ökonomischer Anreize in Form variabler Gehaltsanteile plausibilisiert Herr Kneip seine Freiheitsgrade in Abgrenzung von der relativen Unfreiheit des geschäftsführenden Direktors. Diesem unterstellt er ob der simplifizierenden Feststellung, er sei mit all seinen zusätzlichen Verdiensten „ja sofort" „direkt" der Konzernzentrale „unterworfen", eine ausschließliche Marionettenhaftigkeit. Sich selbst und sein ärztliches Kollegium wähnt er im Gegensatz dazu frei(er) von derartigen Top-Down-Verhältnissen und ökonomischen Anreizsystemen.

Komplementäre Chefarztperspektive

Entgegen der Einschätzung des ärztlichen Direktors empfindet Herr Hoffman (CA Chirurgie) sehr wohl die sich von „Generation zu Generation" vollziehende Veränderung hin zu Top-Down-Verhältnissen („so ein Top-Down-System entwickelt und auch gelebt wird") und kritisiert den damit zusammenhängenden Freiheitsverlust und den Verlust des Mitspracherechts („Dialog auf Augenhöhe"). Den ärztlichen Direktor sieht Herr Hoffman eher auf Seiten des Managements, im Rahmen der Metapher also on top, und damit im Hierarchiesystem und seinen Implikationen verfangen: „[…] ich selbst hätte mir eigentlich mehr gewünscht, dass ein – nicht nur ich, auch viele andere ärztlich/ oder ärztliche Direktoren, Klinikdirektoren oder Chefärzte, dass der ärzt/ dass die Funktion oder die Position des ärztlichen Direktors auch tatsächlich das Sprachrohr, die Stimme der Interessen für die Chefärzte ist, das ist aber zumindest zunehmend nicht der Fall, also unser Eindruck ist, mehrheitlich unser Eindruck ist, dass diese nicht einfache Position auch zumindest tendenziell mehr im Sinne der Geschäftsführung wahrgenommen wird, ich will es mal so ausdrücken."

Vom ökonomischen Anreizsystem sieht sich Herr Hoffman in Übereinstimmung mit Herrn Kneip tatsächlich freier als wohl so manch anderen. Er räumt ein, dass die Kritik an der „ethische[n] Vereinbarkeit von diesen DRGs" berechtigt sei, nimmt aber sogleich wieder Abstand, indem er sich als nur am Rande betroffen darstellt. Angesichts von Herrn Hoffmans Ausführungen ist davon auszugehen, dass er das ökonomische Anreizsystem nicht generell ablehnt, sondern eher wie es in seinem und vermutlich auch in anderen Häusern angewandt wird: „Ja, es ist natürlich in der Berufsgesellschaft und unter uns Ärzten wird natürlich auch schon zu Recht, denke ich, über die ethische Vereinbarkeit von diesen DRGs an der ein oder anderen Stelle heftig diskutiert. Ich gehöre noch zum Glück zu denjenigen, die einen Vertrag haben, der im Wesentlichen aus einem Basisgehalt besteht und zu einem kleineren Teil aus einer Variablen, bei der auch das wirtschaftliche Ergebnis der Klinik mit eingeht. Ich achte auch drauf, dass das wirtschaftliche Ergebnis erreicht wird. Das ist schon richtig, wobei aber natürlich das Unternehmen den Fehler macht meiner Meinung nach, und wahrscheinlich nicht nur unseres, aber unseres auf jeden Fall, dass sie zumindest in meiner Abteilung jedes Jahr so Steigerungsraten von 30 bis 40 Prozent vorgibt, was natürlich vollkommen utopisch ist. Warum das so gemacht wird, ob das gemacht wird, politisch gemacht wird, um einmal jemanden extrem zu motivieren oder auch um den Aufsichtsrat zu besänftigen mit außergewöhnlichen Prognosen, ist mir bis zum heutigen Tage ein Rätsel geblieben."

Ohne es explizit zu benennen, reklamiert Herr Kneip professionelle Werte, denen sich das hier konstruierte Chefarzt-Wir verpflichtet fühlt und die es den Ärzten erlauben würden, sich in einer ökonomischen Indifferenzzone zu bewegen, ergo das so dringend benötigte ethisch-medizinische Korrektiv im Rahmen des Managements zu sein. Dem solchermaßen in sich selbst fundierten ärztlichen Ethos spricht er hier gar eine besondere Macht zu, die sich den betriebswirtschaftlichen Akteuren entgegenstellen könnte, insofern sie sich zu einer Gruppe, einem Bienenschwarm, vereinigt. Herrn Kneips emphatische Rede kulminiert in der Ausrufung eines chefärztlichen „Wir", das sich um das ökonomische Ergebnis der Organisation nicht oder nur unwesentlich kümmern muss und diese Haltung nur pflegen kann, weil die eigene Interessenlage nicht von variablen (Bonus-)Vergütungen abhängt, sondern getragen wird von der Überzeugung, die Arbeit aus nichtmonetären, gemeinhin ethisch-professionellen Werten zu verfolgen. Das Orientierungsmuster eines ethisch-medizinischen Korrektivs, das Ärzte mit Mut voranschreiten und für das Richtige kämpfen lässt, um die demoralisierenden Zustände zu *verändern*, kann vor dem abschließenden Appell an die eigene Zunft als durchaus ambivalente Beschwörungsformel verstanden werden. Mehr „Entschlossenheit" zeugt von einer Unsicherheit, die die innerärztliche Solidarität betrifft: Es in die Tat umzusetzen und so den Patienten wieder in den Mittelpunkt aller (nicht nur der ärztlichen) Betrachtungen im Krankenhaus zu rücken, würde bedeuten, sich einerseits vom eigenen Partikularinteresse lossagen zu können und zu müssen und andererseits betriebswirtschaftliche Erwägungen als legitim anzuerkennen (z. B. die weniger inklusiven, differenzierenden Abrechnungspraktiken).

Die von Herrn Kneip zur Schau gestellte Kampfeslust stellt die vom Chefarztkollegium geforderte Entschlossenheit nur vordergründig in einen Kontrast zur Eingangspassage, wo noch von einem „ökonomischen Faktor" die Rede war, der

„bis zu 100 Prozent das Gehalt des [chefärztlichen] Kollegen dann bestimmt". Um bei der Schwarmmetapher zu bleiben: Der Bienenschwarm mag zwar seiner subtilen Macht der Vielheit gewahr werden (Schwarmtrieb), ausströmen und durch Teilung neue Königreiche gründen, doch jede neue Königin wird stets versuchen, ihre Kontrahentinnen auszuschalten, bevor sie zur Gefahr für ihr Königreich werden. Insofern lässt sich Herrn Kneips Orientierungsrahmen als ein geteiltes Wissen um die verbindende Kraft einer leidenschaftlichen (chef)ärztlichen Praxis der *Durchsetzung* („Mut", „Selbermachen", „Kampf") identifizieren, wobei ihm bewusst ist, dass eine *gemeinsame,* alle chefärztlichen Fachabteilungen übergreifende Praxis *gelebter Eigeninteressenlosigkeit* einer bloß praxisfernen, idealistischen Überformung entspricht. Demgegenüber dokumentiert sich hier de facto einerseits die Haltung eines chefärztlichen Solitärs, der als Macher nicht unbedingt zum Schwarm neigt, sowie andererseits weiterhin der Fortbestand von Abteilungsegoismen (Schrappe 2007 spricht hier von Spartenkannibalismus), die nicht ohne weiteres aufzubrechen sind. Die nahezu politisch anmutende Rede läuft damit gewissermaßen ins Leere, kann die Macht- und Hilflosigkeit des ärztlichen Direktors nur ideell überbrücken.

Fazit: Mit Taten vorangehen – und dann?

Wie brachte es Herr Kneip in seiner Funktion als Leiter der Chefarztkonferenz nach einem flammenden Plädoyer für mehr gemeinsame chefärztliche Geschlossenheit gegenüber der Krankenhausleitung mit Ludwig XIV. halb scherzhaft auf den Punkt: „L'état c'est moi" (Der Staat bin ich). Seine habitualisierten Erfahrungen, sein ärztliches Wissen sind dementsprechend auch handlungsleitend für seine Rolle im Management (wenngleich ein äußerer Beobachter dies als Leiden am eigenen Habitus und die sich hieraus entfaltenden Initiativen nicht unbedingt als von Erfolg gekrönt einschätzen mag). Die Beschwörung der Einheit eines gemeinsamen Management-Wir wechselt sich mit teils zynischen, spöttischen und dann wiederum resignativen Äußerungen ab. Eine solche Ambivalenz zeugt von einem Wissen um die Schwierigkeit der Verzahnung konzertierter Strategien und Visionen (die „großartige Organisationsvorstellung") und der Mühsal, diese individuell autonom und doch gemeinsam, konzertiert und nachhaltig umzusetzen. Seine mehrfach beklagte „Überforderungssituation" ist nicht nur auf die Ressourcenengpässe zurückzuführen, sondern resultiert auch aus einer habituellen Praxis, der Delegation und Entscheidungslatenzen widerstreben und diese folglich nur unzureichend als Teil einer funktionierenden Organisationswirklichkeit annehmen kann. Auf den Punkt gebracht lässt sich Herrn Kneips triadisches Dilemma wie folgt zusammenfassen: Er ist weder gleichberechtigter Managementakteur noch machtvoller ärztlicher Direktor und auch zunehmend kein von ökonomischen Erwägungen unbehelligt agierender Chefarzt mehr.

Typ 2: Management aus Distanz

In Bezug auf das Verhältnis von ärztlicher Direktion und Managementzugehörigkeit sind jedoch auch andere Lösungen möglich, wie am nun folgenden Fall deutlich wird. Herr Bremer ist seit sieben Jahren ärztlicher Direktor in einem städtischen konfessionellen Krankenhaus. Als ausgebildeter Internist praktizierte er über zehn Jahre lang, ist aber seit seinem Wechsel in das Qualitätsmanagement eines städtischen Krankenhauskonzerns nicht mehr am Patienten tätig, auch nicht in seiner jetzigen Rolle als ärztlicher Direktor.

Verhältnis zum Management: „Mitgeschäftsführer"

Zu Beginn des Gesprächs wird Herr Bremer nach seiner Rolle in der Klinikleitung gefragt. Seine Antwort verweist auf zwei unterschiedliche Konstrukte: Er ist formal betrachtet ärztlicher Direktor und Geschäftsführer zugleich, versteht sich aber in erster Linie als ärztlicher Direktor. Er reflektiert diese Doppelfunktion vor dem Hintergrund der ursprünglichen Intention des Gesellschafterkreises, die Rolle des ärztlichen Direktors gegenüber den „Kaufleuten" zu stärken.

Doch diese Doppelfunktion scheint – aus zunächst unbekannten Gründen – nicht praktiziert zu werden. Bremers „Hauptaufgabe" sei es, ärztlicher Direktor zu sein, nicht Kaufmann.

Komplementäre Chefarztperspektive

In Herrn Parkers (CA Innere) Augen ist der Personalunion beider genannter Positionen ein Konflikt inhärent, der nicht gelöst werden kann. Denn die Positionen stehen vor Logiken, die „per se" oder „natürlich" „entgegengesetzt [zu] laufen" scheinen. In der Praxis des eigenen Hauses zeichnet sich in seinen Augen jedoch eine erfolgreiche Zähmung des „Konfliktpotenzials" ab, die er nicht näher ausführt:

Interviewer: „Und Sie haben gerade ein Konfliktpotenzial angesprochen, wo Sie/"

Herr Parker: „Naja, wenn ich ärztlicher Direktor bin, habe ich ja manchmal vielleicht Ansichten, die der Geschäftsführung – so will ich es mal ausdrücken – natürlich kontrovers laufen, gegengesetzt laufen. So. Und das ist natürlich in der Rolle eines Geschäftsführers oder ärztlichen Direktors vielleicht etwas schwierig manchmal. (…) Geht hier im Haus aber auch ganz gut. Aber eigentlich das ist per se in sich ein gewisser Konflikt, den man hat. (…) Die Position, ne. (…) Weil, ich würde als ärztlicher Direktor vielleicht sagen: ‚Das ist medizinisch sinnvoll', aber aus Sicht eines Geschäftsführers sage ich: ‚Aber wirtschaftlich gesehen, macht diese Entscheidung keinen – für unser Haus – keinen großen Sinn', wobei aber, medizinisch gesehen, es vielleicht Sinn macht, ne."

Worin sieht Herr Bremer die Differenzierung zwischen beiden Positionen begründet? Er führt weiter aus:

> *Herr Bremer:* Also jetzt vielleicht zur prinzipiellen Kommunikationsstruktur/ ist es so, als ich ins (Name Krankenhaus) kam, gab es keine institutionalisierte Kommunikation zwischen Chefärzten und Krankenhausleitung. Also es gab natürlich Gespräche, die anlassbezogen waren, aber es gab jetzt keinen gearteten Regeltermin. Die Chefärzte untereinander aßen einmal die Woche gemeinsam Mittag. Und haben sich dort unterhalten. Und eben der Geschäftsführer, also mein Mitgeschäftsführer, oder ich bin sein Mitgeschäftsführer, der schon insgesamt 25 Jahre hier ist, der hat natürlich mit den Einzelnen immer Gespräche geführt, aber die waren dann eben wenn es notwendig war, wenn es um wirtschaftliche Dinge geht, um Investitionen in den Bereichen, sind die natürlich besprochen worden. Aber wir haben eben seit 7 Jahren gut/ eben praktisch/ eben ein Mittagessen in eine Chefarztkonferenz umgewandelt.

Herr Bremer reflektiert hier die Veränderung von einer gelebten informellen Kommunikationsstruktur zwischen Chefärzten und dem „Geschäftsführer" hin zur institutionalisierten Form der Chefarztkonferenz. Dabei wird deutlich, dass „der Geschäftsführer" bei Herrn Bremer eine Verlegenheit in der Beschreibung des beidseitigen Verhältnisses auslöst. Dass der Geschäftsführer *sein* „Mitgeschäftsführer" sei, korrigiert Herr Bremer umgehend in das umgekehrte Verhältnis, dass er sich also eher als „Mitgeschäftsführer" des Geschäftsführers versteht, und zwar mit dem Verweis auf dessen mehr als 20-jähriges Wirken in dieser Position im Krankenhaus. Die Absicht des Gesellschafterkreises, die Position des ärztlichen Direktors *als* Geschäftsführer aufzuwerten, prallt hier auf die historisch gewachsene Position des Geschäftsführers, der schon seit mehr als zwei Dekaden die Geschicke des Hauses lenkt und insofern bei Herrn Bremer als *primus inter pares* zu gelten scheint. Das Management-Wir firmiert hier also trotz formaler Gleichstellung und gemeinsamer Projekte („wir haben eben seit 7 Jahren [...] ein Mittagessen in eine Chefarztkonferenz umgewandelt") als eines, das in der Praxis durch historisch bedingte hierarchische Unterschiede gekennzeichnet ist.

Komplementäre Chefarztperspektive

Diesem Eindruck steht die Erfahrung von Herrn Parker (CA Innere) entgegen, der von dem „ungewöhnlich" „engen Kontakt" zur Geschäftsführung berichtet. Er differenziert in der Schilderung seines Erlebens nicht zwischen dem Geschäftsführer und dem ärztlichen Direktor, sondern tut dies nur zu Erläuterungszwecken der Strukturen. Bei all dem stellt er mehrfach die Außergewöhnlichkeit des Hauses heraus, etwa im Kontrast zu den „viele[n] Unikliniken", die er kennengelernt habe. Außerdem beschreibt er den Kommunikationsmodus zwischen Chefärzten und der Klinikleitung und betont den Umstand, dass dieses Haus einen hauptamtlichen ärztlichen Direktor beschäftigt. An anderer Stelle führt Herr Parker aus, weshalb ein verantwortungsbewusster Arzt aus Ressourcengründen nur entweder ärztlicher Direktor oder Chefarzt sein könne. Die Verantwortung bezieht sich dabei nicht nur auf die Qualität des ärztlichen Handelns, sondern auch auf die Außenwirkung des Hauses (Ärzte, die dank ihrer Fertigkeiten für Renommee sorgen, sollten weiterhin ärztlich tätig sein.)

> *Herr Parker:* „Das ist recht ungewöhnlich hier für dieses Haus. Ich glaube, dass wir/ Ich habe auch viele Unikliniken kennengelernt. Es gibt, glaube ich, wenige Kliniken in Deutschland, die so einen engen Kontakt haben mit der Geschäftsführung. Wir haben auf der einen Seite die Geschäftsführer, also Herrn (Name des Geschäftsführers) und Herrn Bremer als ärztlichen Direktor, dem hauptberuflichen ärztlichen Direktor bei uns. Ich bin der Chefarztvertreter für die Chefärzte in diesem Haus. Und es ist so, dass wir – als Beispiel – regelmäßige Konferenzen haben, zweimal die Woche, mit der Krankenhausleitung. Davon abgekoppelt haben wir ein Chefarztessen, wo die Chefärzte zusammen mit dem ärztlichen Direktor einmal die Woche Mittagessen, also alle 14 Tage im Wechsel. Wir haben einmal jährlich ein Rehearsal, wo wir uns zwei Tage zurückziehen, meist außerhalb von (Name Standort), irgendwo an einem See, und strategische Sachen durchsprechen, Kommunikationssachen durchsprechen, strategische Entscheidungen fällen und so weiter, wirtschaftliche Sachen besprechen. Dann haben wir einmal im Jahr, dass wir – als Beispiel – eine Skifreizeit machen, am Rande. Das ist aber rein privat und mit den Geschäftsführern, den Chefärzten. Das ist ungewöhnlich. Das, glaube ich, haben wenige Häuser, wenn man ehrlich ist. Und wir haben aber hier untereinander doch ein <u>sehr</u> enges Verhältnis. Das heißt jetzt nicht, dass man sagt: okay, dass man vielleicht andere Meinungen vertritt. Aber zumindest ist das Verhältnis sehr, sehr eng. Ne, da wird versucht, gemeinsam Sachen zu bewegen, irgendwo, ne."

Auch Frau Watzlawik (CA Chirurgie) spricht von einem „sehr kurze[n] Draht" zwischen den Ärzten und der Klinikleitung und von kurzen Entscheidungswegen, was als enges Verhältnis interpretiert werden kann. Außerdem zählt auch sie – wie Herr Parker – die diversen regelmäßigen Arbeitstreffen auf und schildert noch ausführlicher die dazugehörigen Inhalte und Bedingungen. Die genauen und gehäuften Zeitangaben („alle 14 Tage", „im 14-tägigen Wechsel", „einmal jährlich", „regelmäßig […] im Vierteljahr") sowie die inhaltlich präzise Schilderung der Chirurgin eröffnen eine weitere Deutungsvariante des engen Verhältnisses: Möglicherweise beschreibt die Wortwahl das engmaschige Geflecht, in dem den Chefärzten u. a. „Leistungserwartungen" mitgeteilt und mit ihnen „Einzelentwicklungsfragen" geklärt werden. Doch dieser Deutung kann Frau Watzlawik nur widersprechen, denn sie erfährt dieses kommunikative Geflecht in positiver Weise und beschreibt es als „letztendlich ein sehr angenehmes und komplikationsfreies Zusammenarbeiten […], also kein Gegeneinander-Arbeiten, sondern ein Miteinander-Arbeiten". Wie oben bereits gesehen, teilt Herr Parker das Empfinden eines Miteinanders („da wird versucht, gemeinsam Sachen zu bewegen"). Somit scheint das hierarchische Unwohlsein, das in Herrn Bremers Schilderungen (und seinem Lapsus) deutlich wird, sich nicht auf Chefarztebene niederzuschlagen.

Eine derartige Leitungskontinuität und institutionelle Rolleneinbettung unterscheidet Herrn Bremer in formaler Hinsicht deutlich vom Setting, in dem sich Herr Kneip bewegt. Hier wird kein Widerspruch zwischen der formalen Rollenzuschreibung innerhalb der Geschäftsführung und den faktischen Machtressourcen formuliert, wie bei Herrn Kneip geschehen. Vielmehr wird die starke Rolle des ärztlichen Direktors gesehen und als Bestreben gerahmt, diesen „aufzuwerten und auch den Kaufleuten ähnlich zu machen".

Verhältnis zur Organisation: „Sozialisationsachsen" arrangieren

Eine weitere Beschreibung seitens Herrn Bremers untermauert dies und schildert ferner seinen Umgang mit den Chefärzten:

Interviewer: Ja, und was würden Sie sagen jetzt in Ihrer Funktion als ärztlicher Direktor hier, was sind dann auch zum Beispiel die Themenpunkte, die Sie auch vielleicht gegenüber der Pflegedirektion oder auch dem kaufmännischen Bereich/ was sind da die, für die Sie sich stark machen oder was sind da die Themen auch, über die/

Herr Bremer: Das sind natürlich prinzipiell Themen der Kommunikation und des Verstehens dabei, weil ich glaube in den spezifischen Verhältnissen auch zwischen Arzt und Pflege, das sind zwei Berufsgruppen, die jeweils in ihren eigenen Sozialisationsachsen leben und auch spezifische Konfliktpunkte haben, die eigentlich immer wieder auch zutage kommen, was man auch so im alltäglichen Leben sehen kann. [...] Das ist so ein klassischer Organisations/ lassen sich die Ärzte/ inwieweit lassen sich die Ärzte zum Beispiel im Stationsalltag auch mit organisieren, inwieweit lässt man das zu, wie weit erkennt man diese Qualität auch von Pflege an, gute organisatorische Rahmenbedingungen zu schaffen, und da sind oft Konfliktfelder, die es auch zu vermitteln gilt, und da auch, ich denke, auch für beide Seiten eigentlich Werbung zu machen dabei. [...] Dazu kommt eben als wichtigster ökonomischer Aspekt/ ist eigentlich die Verantwortung für das Medizincontrolling, und da sind all die Dinge jetzt erst mal umfasst, die in Richtung gehen Dokumentation und Abrechnung von Fallpauschalen dabei, wo dann viel Verteidigung all dieser Dinge gegenüber dem MDK/ letztendlich auch zu schauen, wie verhalten sich die Liegezeiten im Rahmen dessen, was kalkuliert ist und uns auch an Ressourcen zur Verfügung gestellt wird über die Fallpauschalen/ also das sind so Themen, die ich innerhalb der Krankenhausleitung und auch gegenüber den Chefärzten vertrete und mich da auch positioniere. Ansonsten ist das so, dass wir natürlich innerhalb der Krankenhausleitung eine gemeinsame Zielplanung für das Haus machen und die dann Stück für Stück auch versuchen durchzudeklinieren einerseits von unserer Position aus in die Abteilung, aber natürlich auch da versuchen, das abzuholen, was aus den Abteilungen kommt an Vorschlägen, an Konzepten, an Projekten, um dann praktisch eine jährliche gemeinsame Zielplanung zu bekommen. Und ja, dann auch für die Umsetzung zu sorgen.

Hier wird deutlich, in welcher Form sich Herr Bremer mit seinen Managementaufgaben identifiziert: Er erscheint einerseits für kommunikative Aspekte und Fragen des professionstypischen „Verstehens" zuständig, wirkt also vermittelnd in die professionellen Sphären der Ärzteschaft und der Pflege hinein, behält aber stets seinen Abstand dazu bei. Andererseits verantwortet er innerhalb des Medizincontrollings die medizinische Leistungskalkulation und entwickelt in der Krankenhausleitung die „gemeinsame Zielplanung für das Haus". Er vertritt diese Themen „innerhalb" der Krankenhausleitung und „gegenüber" den Chefärzten. Diese Positionierung zeigt an, dass er die Chefärzte nicht zum engeren Kreis seines Management-Wir zählt. Auch wenn er die medizinische Sozialisation selbst durchlaufen hat, so spricht er eher distanziert von ihnen.

Komplementäre Chefarztperspektive

Trotz der Nähe und engen Verbundenheit zwischen Chefärzten und Leitungsebene, die Herr Parker (CA Innere) spürt und beschreibt, markiert er formal die Differenz der beiden Ebenen:

> *Herr Parker:* „Wir haben auf der einen Seite die Geschäftsführer, also Herrn (Name Geschäftsführer) und Herrn Bremer als ärztlichen Direktor, den hauptberuflichen ärztlichen Direktor bei uns. Ich bin der Chefarztvertreter für die Chefärzte in diesem Haus [...]."

Herr Parker assoziiert die „eine Seite" konkret mit dem Geschäftsführer und dem hauptamtlichen ärztlichen Direktor, expliziert dahingegen die zweite Seite nicht. Mit seiner sogleich folgenden Bemerkung, dass er „Chefarztvertreter für die Chefärzte in diesem Haus" sei, impliziert er, dass er sich in seiner Rolle als „Chefarztvertreter" – im klassischen Sinne eigentlich Aufgabe des ärztlichen Direktors – auf der anderen Seite sieht. Aufgrund der vagen Formulierung ist zu hinterfragen, ob dies eher einer Praxis oder einem Gefühl entspricht als einer formalen Gegebenheit. Es bleibt ferner offen, ob das im Anschluss formulierte „Wir" eine Synthese aus den beiden Seiten ist oder ob es sich um ein Wir der Chefärzte handelt. Insofern scheint an dieser Stelle auch unklar zu sein, wo sich Herr Parker aufgrund seiner Vertreterrolle verortet. Auf der Entscheiderebene der Klinikleitung gewissermaßen oberhalb seiner Chefarztkollegen? Oder formiert er sich mit seinen Chefarztkollegen gegenüber der Klinikleitung, wie im vorherigen Kapitel bei den Chefärzten gesehen? Oder fügt sich Herrn Parkers Chefarzt- und Vertreterrolle in die Klinikorganisation so ein, dass er sich als hinreichend handlungsfähig erlebt?

Es macht den Anschein, als habe Herr Bremer seine professionelle Identität als Arzt abgelegt, rekurriere aber noch insofern auf sie, als er die ärztliche Logik für das Management zielführend und dialogisch auf- und erschließt. Wie es allerdings um seinen Orientierungsrahmen, seinen beruflichen Habitus bestellt ist, kann erst in den nachfolgenden Sequenzen analysiert werden. Es lässt sich zunächst festhalten, dass Herr Bremer eine Managementorientierung vertritt, wobei er – ganz entgegen den Schilderungen Herrn Kneips –, ohne selbst in der direkten Patientenbehandlung tätig zu sein, von wohl definierten arbeitsteiligen Aufgabenbereichen innerhalb der Krankenhausleitung ausgeht, diese in steuerungsorientierte, vom Controlling gestützte „Zielplanungen" überführt und deren Umsetzung auf Chefarztebene forciert. Wie sieht dieser Umsetzungsprozess aus?

> *Herr Bremer:* Also von daher ist, wenn man so einen Ablauf nimmt/ wir machen eine Wirtschaftsplanung mit einem groben Raster, wie sich die Kostenentwicklung im nächsten Jahr zeigt, wie sich da entsprechend die Leistungsentwicklungen zeigen, gehen dann praktisch in die konkreten Zielplanungsgespräche, nehmen dann auf, schätzen die Leistungsfähigkeit ein der Kliniken, auch was von denen angeboten wird in der Richtung, machen diese Zielplanung. Die wird dann regelhaft kommuniziert in den Chefarztkonferenzen und wenn dann bestimmte Maßnahmen zusätzlich notwendig sind, dann wird das individuell nochmal gesteuert.

Der Vermittlungsaspekt rückt in dieser Passage zugunsten einer ökonomischen *Zielsteuerung* in den Hintergrund. Aus Herrn Bremers Sicht dient die medizinische Logik zuvorderst als ökonomischer Outputfaktor, auf dessen Entwicklung es *als Geschäftsführung* „regelhaft" – notfalls individuell – und steuernd hinzuarbeiten gilt.

Aber weshalb scheint dies für Herrn Bremer in Kontrast zu Herrn Kneip keine professionellen Widersprüche zu erzeugen? Immerhin hat er doch eine primäre Berufssozialisation als Arzt durchlaufen. Die naheliegende Antwort lautet: weil Herr Bremer im Rahmen seiner Tätigkeit als ärztlicher Direktor nicht mehr als Arzt am Patienten tätig ist, diesbezügliche Versorgungsaufgaben also nur noch „zufällig" oder im Verwandtenkreis wahrnimmt.

Komplementäre Chefarztperspektive

Herrn Bremers distanziertes Management stützt sich wesentlich auf Zahlen, er spricht im obigen Interviewausschnitt von Zielvereinbarungen und Nachsteuerung, sofern Erstere nicht eingehalten werden. Frau Watzlawik (CA Chirurgie) beurteilt die vorgelegten Zahlen hingegen nicht als eindeutig und sieht in ihnen gar Diskussionsbedarf. Sie betont ihren Abbildungscharakter, wodurch sie als Zeichen an Kraft verlieren, und markiert ihre Distanz zur Wirklichkeit. Im übertragenen Sinne würde sie Herrn Bremers auf Zahlen basierendes Handeln demzufolge in Teilen als wirklichkeitsfern bewerten.

Vom Interviewer gefragt, ob sie die Rückspiegelung von Zahlen in ihrer Arbeit für sinnvoll hält, antwortet Frau Watzlawik folgendermaßen: „Zum Teil sind das Zahlen, mit denen wir was anfangen können. Es ist halt die Sicht des Controllings auf bestimmte Leistungsparameter. Sie sind korrekt, aber differieren etwas von der Wirklichkeit, weil wir natürlich verabredungsgemäß also einen gewissen Definitionsbereich haben, wie Leistung, erbrachte Leistung, welchen Kliniken, wie das zugeordnet wird, und da davon ja auch abhängig sind Zuweisung von Personal und Ressourcen, muss man da immer ein bisschen in der Diskussion bleiben."

Frau Watzlawik spricht den Zahlen zwar ihren eindeutigen Charakter ab, erweist sich aber durch die Reflexion des Zustandekommens von Zahlen – und der gelegentlich unklaren Indexikalität (Leistungen werden nicht immer dort angerechnet, wo sie stattfinden, etwa bei Verlegungen) – als kompetente Organisatorin, eben als praxiserfahrene Chefärztin. Kurz darauf geht sie nochmals explizit auf das unterschiedliche Verständnis von Zahlen ein, wobei sie ihren Willen kundtut, Zahlen trotz ihrer nicht immer eindeutigen Aussage als Anhaltspunkt für Handeln zu akzeptieren: „Man hat ja/ wir machen ja einen Jahresplan für die Gesamtklinik und den sollten wir möglichst erreichen. Und da gibt es natürlich Abbildungsauffassungen, die etwas unterschiedlich sind von Seiten des Controllings und von Seiten der einzelnen Klinikchefs, aber da sind wir im Gespräch, sodass klar ist, wie Leistungsentwick/ oder wie Leistung erbracht wird und wo das auch untergebracht wird, damit da keine Fehleindrücke entstehen."

Verhältnis zur Profession: „Dinge unter die Lupe nehmen"

Interviewer: Ja, das wäre jetzt auch meine Frage. Wie da Ihr Führungsverständnis auch aussieht?

Herr Bremer: Ja, mein Führungsverständnis ist da eigentlich so, dass ich glaube, das sind sehr komplexe Gebilde, solche Kliniken. Da muss ich zum Gutteil darauf vertrauen, dass die Chefärzte und auch pflegerischen Leitungen da in der Lage sind, so eine Organisation zu führen und auch im Detail die richtigen Entscheidungen zu treffen. Also da muss man schon ein bisschen Grundvertrauen haben in die Sache. Ich kann ja nur anhand von den Dingen, die jetzt, sagen wir mal, erst mal überhaupt bis zu mir hinkommen, dort steuern, und das sind natürlich die allgemeinen Zahlen der Leistungsentwicklung, allgemeine Äußerungen von Patienten, Beschwerden, die ich lese, Patientenbefragungen. […] Also praktisch das Ganze, im Prinzip ist das ja eine/ also das, was man in einer Managementfunktion auch sehen kann, und ich kann natürlich auch, und da kommt man dann da manchmal natürlich auch zurück, dass man sagt: „Muss ich da nicht nochmal?", dieser klassische Begriff des „management by walking around". Muss man sich einfach die Dinge näher unter die Lupe nehmen. Aber das ist/ das fällt auch alltäglich schwer.

Vom Interviewer zu seinem Führungsverständnis befragt, gibt Herr Bremer zunächst die Einschätzung ab, dass es sich bei Krankenhäusern um „komplexe Gebilde" handelt. Aus seiner Geschäftsführungsposition heraus müsse er auf die Selbststeuerungsfähigkeiten des mittleren Managements, also der Chefärzte und Pflegeleitungen, *vertrauen*. Dieses „Grundvertrauen" entspringt der vorgetragenen Logik komplexer Organisationen, die nicht en détail „von oben" gesteuert werden können und daher viel eher darauf basieren müssen, dass die unteren Einheiten selbst imstande sind, die „richtigen Entscheidungen" zu treffen. Seine Perspektive nimmt sich daher als Topmanagementposition recht distanziert aus, doch Herr Bremer weiß um die Beschränktheit seiner Informationsbasis. Diese Beschränkung kontrastiert er mit einem „management by walking around", welches er offensichtlich für eine gute ergänzende Maßnahme hält, aber in der Alltagspraxis als nur schwer umsetzbar erlebt. Es zeigt sich hier an Herrn Bremer eine erste, für höhere Manager typische habituelle Verortung, nämlich zu akzeptieren, dass es offenkundig schwerfällt, im Berufsalltag den Dingen im Detail buchstäblich nachzu*gehen*, und stattdessen aus der Distanz zu steuern. Für die Prozesse, die ihn interessieren, vor Ort, auf Station Sorge zu tragen, gegebenenfalls dort *unmittelbare* Eindrücke zu sammeln und diese in Managementwissen zu überführen, erscheint nur noch begrenzt möglich. Anders als bei Herrn Kneip wird dies auch gar nicht mehr versucht. Nur Dinge aufgreifen zu können, die bis zu ihm nach oben durchdringen („bis zu mir hinkommen"), zeigt den Abstand an, den Herr Bremer zu den Abläufen auf den Stationen, den ‚Niederungen' organisationaler Praxis, hat. Dies bringt es mit sich, dass die Belastungen und Konflikte auf Stationsebene, wenn überhaupt, nur *mittelbar* erfahren werden.

Komplementäre Chefarztperspektive

Wie oben bereits erwähnt, ist Herr Parker der Meinung, dass sich die Aufgaben der ärztlichen Direktoren derart differenziert haben, dass letztere nicht gleichzeitig in vollem Maße den Aufgaben eines Chefarztes nachkommen können. Das „einzige Zukunftsmodell" sei daher ein hauptamtlicher ärztlicher Direktor, der sich ganz seinen spezifischen Aufgaben widmen kann. Dies impliziert, dass in Herrn Parkers Orientierung die Distanz eines ärztlichen Direktors zum Geschehen auf Station bereits in der Position angelegt ist.

Umgekehrt spricht sich Herr Parker an späterer Stelle die Kompetenz zu, mit den distanzierten Werkzeugen der Krankenhausleitung umzugehen, um daran mitzuarbeiten, potenziell bedrohliche Situationen für das gesamte Krankenhaus abzuwenden:

Interviewer: „Sie kriegen ja monatlich die Zahlen zurückgespiegelt. Jetzt wäre für mich erstmal interessant: Wie ist es Ihrer Einschätzung nach, wie, sage ich mal, sinnvoll sehen Sie auch diese Zahl an, für Ihre tägliche Arbeit?"

Herr Parker: „Massiv. Ohne Controlling können Sie heute nicht überleben, als Krankenhaus. (…) Und da würde ich mir sogar fast wünschen, dass man die noch häufiger kriegt, die Zahlen. Also wirklich praktisch ganz kurz zeitversetzt, dass man innerhalb von einer Woche alle Zahlen des Krankenhauses hat. (…) Weil: Sie können heute/ Ohne Controlling sind Sie/ haben Sie keine Chancen als Krankenhaus."

Interviewer: „Und dann tatsächlich auch alle Zahlen des Krankenhauses? Oder jetzt hauptsächlich auf Ihre Klinik?"

Herr Parker: Des Krankenhauses, der eigenen Klinik, aber gut, als meine Funktion eben auch des Krankenhauses, um eben rechtzeitig auch gegenzusteuern, wenn zum Beispiel irgendwo Einbrüche sind, um zu gucken: Woran liegt das eben?

Beinahe wie ein Mantra wiederholt Herr Parker seine Einschätzung, dass Krankenhäuser ohne Controlling „heute nicht überleben" können, und stellt damit heraus, dass er die Veränderung der Krankenhausumwelt und des Krankenhauses selbst wahrnimmt.

Ferner fühlt er sich aufgrund seiner „Funktion" für die Geschicke des gesamten Krankenhauses verantwortlich. Um in der Lage zu sein, kritischen Situationen „rechtzeitig
auch gegenzusteuern", brauche er die Zahlen „praktisch ganz kurz zeitversetzt". Herr
Parker scheint sich als Teil der Krankenhausleitung zu fühlen – vermutlich aufgrund
seiner Rolle als „Chefarztvertreter", die er zu Beginn des Interviews ohne Erläuterung
der formalen Gegebenheiten erwähnt hat. Bei all dem kommt die Frage auf, worin sich
in Herrn Parkers Orientierung die Rolle des ärztlichen Direktors und seine eigene Rolle
unterscheiden. Seinen Ausführungen zufolge scheinen beide eine krankenhausweite
Verantwortung zu tragen, der sie mithilfe von Zahlen und ggf. daraus folgender Gegensteuerung nachzukommen versuchen.

Herr Bremer hat also offenbar einen Managementhabitus entwickelt, der Steuerung
und Kontrolle aus der sicheren Entfernung des Büros und mit Hilfe von IT-gestützten
Kennzahlensystemen gegenüber direkter Beobachtung und Interaktion auf Stationsebene den Vorrang gibt. Wie funktioniert also die Kontrolle auf Distanz hier?

> *Herr Bremer:* Und da sind auch Punkte, wo man einerseits/ also da sehe ich eigentlich
> zwei Erfordernisse. Das eine ist, sich besser/ ein besseres Kennzahlensystem noch zu
> entwickeln, die nicht nur ökonomisch ausgerichtet sind. […] Wir wissen nur ganz am
> Ende, wie der Kontostand ist. Und aber wenn wir sagen, wir wissen auch, wie viel,
> und wir wissen auch, wie viele offene Fälle wir haben, aber wenn man jetzt schon in
> der Detailanalyse ist, warum haben/ steigen die offenen Fälle jetzt an? Dann weiß
> ich zum Beispiel nicht sicher zu sagen, ist einer von den Dokumentationsassistenten
> krank, bunkern die irgendwo die Akten, ist keiner da, der die nachlaufenden Befunde
> einsortiert? Und ich glaube, dass man heute in so komplexen Unternehmungen gut
> bedient ist, wenn man noch so ein, zwei Messfühler irgendwo auf der Strecke hat,
> wenn man sagen kann: „Aha, gut, die Akten kommen zwar an da bei den Codie-
> rern, aber die codieren die nicht weg." Da kann ich da hingehen und gucken, ob die
> Ressource ausreicht.

Hier zeigt sich eine Haltung mit technokratischen Zügen: Herrn Bremer geht es
darum, das Kennzahlensystem zu verbessern, es vor allem um *medizinische* Aspekte zu erweitern. Die Implementation von Prozessaspekten in das IT-gestützte
Kennzahlensystem, die Erweiterung um „ein, zwei Messfühler" auf der *virtuellen*
Wegstrecke (man könnte sagen: ein „management by *clicking* around") in Richtung Zielplanung erscheint als vielversprechendes Führungsmittel – und nicht
das tatsächliche Herumlaufen „auf Station". Die Entkopplung oder Entfernung
von der Station und den dort praktizierenden Ärzten und Pflegekräften durch das
Management entspringt nicht zuletzt der Notwendigkeit, die Herr Bremer so *vital*
beschreibt: „Da kann ich da hingehen und gucken, ob die Ressource ausreicht." Die
interessierenden Abläufe sollen Teil einer Ressourcenkalkulation, einer quantitativen

Erfassung werden (vgl. die häufige Wiederholung des „wie viel?" im Zitat). Zumal sein „Grundvertrauen" in die Leitungskompetenz des mittleren Managements zuvor artikuliert wurde, erscheint es wenig opportun, über die Gänge der Station zu laufen. Stichprobenartige Kontrollen leiden zudem unter dem Problem, dass sich Fragen der Zurechnung von Verantwortung und Kausalität nicht so einfach beantworten lassen. Dies ist ein weiterer Grund, aus dem ihm die Steuerung durch abstrakte Kennzahlen attraktiver erscheint. Einmal mehr zeigt sich hier ein Habitus, der bei betriebswirtschaftlich ausgebildeten Managementakteuren nicht unüblich ist.

Komplementäre Chefarztperspektive

Frau Watzlawik weist exemplarisch am Fall der Chirurgie darauf hin, dass der „Shift von Patienten" innerhalb des Hauses für eine Differenz zwischen Zahlen und tatsächlich behandelten Patienten sorge. Die Kliniken seien davon in unterschiedlichem Ausmaß betroffen. Patienten der HNO-Klinik würden beispielsweise zum überwiegenden Teil ausschließlich dort behandelt, wohingegen es große Zirkulation in den Abteilungen Innere, Chirurgie und Geriatrie gebe. Ein Großteil der Arbeit, die in der Chirurgie geleistet wird, „taucht nicht auf" (Frau Watzlawik) auf dem „Leistungskonto" (Interviewer). Anstatt sich ob der offensichtlichen systeminternen Probleme im Kampf gegen Windmühlen oder um Ressourcen zu fühlen, sieht Frau Watzlawik Bedarf, die Zahlen mit Evidenz – wiederum in Form von Zahlen – zu ergänzen und so zu korrigieren: „Aber da muss man Realist sein. Das geht ja da letztendlich nur um die Teilbesprechung, um die Man-Power-Ausstattung einer Klinik, damit man die Leistung erbringen kann. Da muss halt gegengestellt werden beispielsweise der OP-Katalog des Quartals, wenn man über Quartalsleistungen spricht, dass man auch sieht. Was nicht reinfällt in die Leistungsbilanz sind die ganzen ambulanten Operationen, die auch viel Arbeit machen, die aber anderweitig verbucht werden. [...], und das muss man natürlich berechnen oder im Kopf haben, wenn man über die Ausstattung, personelle und apparative Ausstattung einer Klinik spricht. Daran muss sich das orientieren. Wenn ich mich nur konzentrieren würde auf die zugewiesenen Relativgewichte, ist zu kurz gesprungen, dann wird man der Leistungserbringung nicht gerecht."

Welche Besonderheiten zeigen sich aber nun in Herrn Bremers Sicht auf das Verhältnis von Medizin und Management, das er als ärztlicher Direktor in Personalunion verkörpert (qua Berufsrolle bleibt er auch Arzt)?

Interviewer: Aber das würde mich interessieren, weil Sie sind jetzt ja eben zum einen ganz stark ja auch in diesem ökonomischen Bereich sozusagen mit drin, aber kommen aus der ärztlichen Richtung. Würden Sie sagen, es ist ein schwieriges Verhältnis oder ist es, muss man damit klarkommen, oder, also wie ist auch Ihr persönlicher Blick da drauf, auf diese Entwicklung, die dort im Gange ist?

Herr Bremer: Also ich bin/ das ist aber/ vielleicht ist das gar nicht bei so wenig Ärzten, wenn man das mal auf sich selbst [bezieht]. Da hat man ja manchmal auch eine gewisse

Skepsis gegenüber auch der Leistungsfähigkeit der Medizin als solcher oder ob es da immer nur der eine Weg ist, jetzt jemanden zu operieren, oder ob nicht auch andere Alternativen des Zuwartens, der konservativen Therapie. Der Blick ist natürlich so, dass ich sagen würde, gut, ich möchte eigentlich nur, dass aus der ärztlichen Perspektive auch nur indizierte Therapie hier im Haus durchgeführt wird. Also wir wollen nicht auf einer Ebene agieren, wo wir sagen, jetzt, also so, wo sind die nächsten 50 Hüften und ganz gleich, auch wenn es schon ein bisschen weh tut, sollen wir die mal alle operieren? Und das finde ich, ist nicht die richtige Strategie, aber die Situation ist natürlich komplexer. Also ich stelle ja die Indikation nicht, die Indikation stellen die Chirurgen. Aber die Chirurgen sind ja auch in einem Gesamtkontext eingebunden, auch die leitenden Ärzte, der natürlich die wirtschaftliche Situation mit reflektiert. Also man kann meiner Meinung nach ein Krankenhaus nicht führen, indem man nicht die verantwortlichen Ärzte in diesen Diskurs mit reinnimmt. Und in dem Sinne ist das natürlich so, dass man im Zweifel, wenn man jetzt natürlich sagen muss, wo ist im Ermessen mal eine Situation, wo jemand denkt, ah, es wäre ganz gut, ich hätte noch drei Fälle jetzt. Gut, das kann ich auch nicht ergründen dabei. Das ist so. Also ich denke, wie ob Indikation eng/ oder das hat ja damit zu tun, ob Indikationen eng oder weit gestellt werden, und das ist auch nicht nur ein ökonomisches Problem, sondern das ist natürlich insgesamt ein Problem, wo die Innovation und das Neue einen sehr starken Sog hat in der Medizin, auch unabhängig davon, dass man sagen kann, gibt es eigentlich gute Evidenz für die Dinge, die wir machen überhaupt.

Vom Interviewer gefragt, ob für ihn persönlich ein „schwieriges Verhältnis" zwischen dem „ökonomischen Bereich" und seinem beruflichen Hintergrund als Arzt existiere, holt Herr Bremer zu einer bemerkenswerten Narration aus. Er beginnt mit dem zunächst *selbstkritischen* Bekenntnis – das er „nicht bei so wenig Ärzten" erwarten würde und dadurch kollektiviert – seiner professionellen Kritik, seinem gelegentlichen, aber doch umfassenden Zweifel an der „Leistungsfähigkeit der Medizin als solcher". Seiner selbstkritischen Haltung, die schon eine habituelle Loslösung von der Profession vermuten lässt, fügt er eine Objektivierung hinzu: Die Medizin als solche könne in der Praxis nicht halten, was sie im Common-Sense-Verständnis als idealistisches, ethisch-professionelles Projekt gemeinhin verspricht. Insbesondere die ärztliche Entscheidungsautonomie in Hinblick auf eine adäquate Indikationsstellung (operative/konservative medizinische Behandlung) versieht Herr Bremer mit einem großen Fragezeichen. Er leitet sodann seine als „weich" (vgl. „soft bureaucracy", Courpasson 2000) zu bezeichnende Steuerungsperspektive mit einem frommen Wunsch ein: Aus ärztlicher Sicht „möchte" er „natürlich", dass nur ausschließlich medizinisch indizierte Eingriffe vorgenommen werden. Fallzahlensteigerungen aufgrund ökonomischer Vorgaben der Geschäftsführung tut Herr Bremer dementsprechend als falsche Strategie ab, gleichzeitig könne dies *situativ* nicht ausgeschlossen werden („im Ermessen mal eine Situation [...], das kann ich auch nicht ergründen").

Dieses Wissen speist sich aus zweierlei habituellen Lagerungen. Er weiß aufgrund seiner beruflichen Sozialisation als Arzt darum, dass die ärztliche Praxis sehr wohl korrumpierbar ist und dass ökonomische Anreiz- und Kontrollinstrumente die Behandlungsqualität und Notwendigkeit medizinischer Eingriffe (Indikationsstellung) beeinflussen können, was – wie er indirekt preisgibt – *de facto* auch geschieht. Umgekehrt bedeutet dies aber nicht – das sagt ihm seine habituelle Verortung als Manager –, dass eine an quantitativen und insofern überprüfbaren Effizienz- und Outputfaktoren orientierte medizinische Praxis zwangsläufig zu einer minderen Behandlungsqualität führen muss, ganz im Gegenteil! Er zeichnet demgemäß ein komplexes Bild von den Kräften, die auf die medizinische Praxis einwirken: Der Chefarzt erscheint als Akteur, der eingebettet ist in eine komplexe Gesamtsituation, in der „natürlich" die „wirtschaftliche Situation mit reflektiert" werde, es für die Führung eines Krankenhauses als unerlässlich angenommen wird, die „verantwortlichen Ärzte in diesen Diskurs" einzuführen. Doch diese damit angesprochene eigene Managementpraxis – die Herr Bremer nun aus der Position des (Mit-)Geschäftsführers formuliert – wird durch eine erstaunliche Feststellung relativiert, die die Besonderheit dieses Falles ausmacht. Es handelt sich für Herrn Bremer nicht nur um ein „ökonomisches Problem", sondern „insgesamt" um ein *medizinimmanentes* Problem. Die Medizin wird als innovationsgetriebene Praxis gerahmt, die den Verheißungen *neuer* Methoden, Medizinapparaturen und Eingriffsmöglichkeiten nachjagt, ohne nach dem evidenzbasierten und insofern wissenschaftlich ex ante zu bestimmenden *Nutzen* (ob nun für die Patienten oder im betriebs-/volkswirtschaftlichen Sinne, bleibt offen) zu fragen („[...] gibt es eigentlich eine gute Evidenz für die Dinge, die wir machen überhaupt").

Komplementäre Chefarztperspektive

Frau Watzlawik (CA Chirurgie) deutet kein medizinimmanentes Problem an, sondern findet in der Reflexion ihres Alltags zwei Sinnsysteme vor, die wesenhaft in Konflikt stehen. In der Praxis sieht sie jedoch die Möglichkeit eines Brückenschlags zwischen Ökonomie und Medizin – in Form von Kommunikation: „[...] wenn jetzt sehr viel Druck gemacht würde ‚Ihr müsst mehr Punkte machen', dann würde die, da ist der Reflex naheliegend, wenn man lang genug weichgekocht wird, dass man sagt ‚Okay, wir lassen den hier, entlassen den, warten drei Wochen, schicken ihn dann in die Chirurgie'. So als Fallsplitting. Vollkommener Unsinn, wird in einigen Kliniken so betrieben, sorgt im Niedergelassenenbereich für vollkommenes Unverständnis, aber wenn das die Rettung für einzelne Abteilungen ist, dann ist das nachvollziehbar. Das ist zwar Schwachsinn, aber deshalb ist es halt wichtig, dass man mit der Krankenhausleitung im Gespräch bleibt, dass wir letztendlich nicht aus den Augen verlieren, wir behandeln Kranke und generieren nicht Punkte. Wir sind keine Punktegenerationsmaschine, sondern wir müssen Kranke behandeln. Das ist langfristig das, was uns hier eine hohe Akzeptanz erhält."

In ihren Ausführungen macht Frau Watzlawik ihre ärztlich-professionelle Orientierung deutlich. Demnach ist nur ein Handeln, das den zu behandelnden Patienten als oberste Priorität anerkennt, ein sinnvolles Handeln. Vertreter dieser Orientierung scheinen in ihren Augen vor allem die Niedergelassenen zu sein, die das Entlassen und kurzfristige Wiederaufnehmen von Patienten nur als sinnlose Tätigkeit rahmen und es nicht verstehen können ("vollkommenes Unverständnis"). Wenn sich der Blick allerdings auf die Klinik richtet, sieht das Bild anders, differenzierter aus. Hier ist das Aufnahme-Entlassungs-Spiel in Frau Watzlawiks Augen dann akzeptabel, wenn es das Überleben der Station sichert. Jedoch macht die Akzeptanz ein solches Handeln noch nicht zu einem sinnvollen Handeln, es bleibt in der Orientierung der Chirurgin nach wie vor "Schwachsinn". Dass dieser "Schwachsinn" gleichermaßen nötig und akzeptabel ist, scheint durch das kraftvolle Element der Kommunikation ermöglicht zu werden. Über den kommunikativ erzeugten Druck, dass "mehr Punkte [gemacht]" werden müssen, werden die Mitarbeiter "weichgekocht", also zum "[vollkommenen] Unsinn" bewegt. Gleichzeitig geht Frau Watzlawik davon aus, dass die Klinikleitung via Kommunikation an den prioritären Auftrag der Krankenbehandlung erinnert werden kann, der wiederum das Überleben des Hauses sichert ("hohe Akzeptanz").

Die Kraft und Wichtigkeit von Kommunikation drückt Frau Watzlawik später noch explizit aus. Sie scheint den vorher skizzierten Konflikt zwischen ärztlicher Pflicht und ökonomischem Kalkül in der Praxis geradezu wegzuwischen:

> Interviewer: „Okay, ja. Das heißt, von Ihrer Seite ist/ gibt es da jetzt kein Spannungsverhältnis zwischen Ökonomie und ärztlichem Handeln hier in Ihrer täglichen Praxis, also dass Sie sagen, das behindert Sie irgendwie an einer Stelle?"
>
> Frau Watzlawik: „Nein." (Telefonklingeln)
>
> Interviewer: „Okay, ja."
>
> Frau Watzlawik: „Kommunikation funktioniert, also über Kommunikation."

Unter einer kritischen Perspektive könnte der Beobachter unterstellen, dass es sich beim regelmäßigen Bezug auf das Werkzeug Kommunikation um eine Art Mantra, eine Bewältigungsstrategie handelt. Denn der Sinnkonflikt, den Frau Watzlawik beschreibt, kann nicht behoben werden. Die Arbeit in der Klinik geschieht immer im Spannungsfeld von Ökonomie und Medizin.

Herrn Bremers implizites Wissen über die ärztliche Praxis fließt in bemerkenswerter Art und Weise in die Perspektive seiner Tätigkeit als ärztlicher Direktor ein: In Hinblick auf den vom Interviewer angesprochenen Widerspruch spielt er gleichsam über Bande.[86] Denn indem er die Gründe für seine Skepsis gegenüber

---

86 Auffällig ist sein Gebrauch unterschiedlicher Personalpronomina: mal scheinbar aus „seiner" ärztlichen Perspektive, mal aus einer allgemeinen Common Sense-Perspektive

der ärztlichen Profession in das sich in der *Umwelt* der Organisation befindliche medizinische Feld verlegt und dort vor allem eine fehlende *Evidenzbasierung* als Ursache ausmacht, kann er davon absehen, dieses – nun zu große – Thema als Ausgangspunkt eines strengen hausinternen Steuerungsregimes zu nehmen. Für generelle Systemdefizite kann er nicht die Verantwortung übernehmen. Hier wäre mehr „Evidenz" einzufordern, die im Sinne einer *evidence based medicine*[87] auf Basis harter Zahlen Entscheidungen begründet. Auch hier steht eine technokratische Steuerungslogik Pate. Die innerhalb der Medizin aus seiner Perspektive noch ungenügend etablierte methodisch gestützte quantitative Überprüfbarkeit im Sinne wissenschaftlicher Messungen entspringt damit der gleichen Logik, die auch in seinem Managementverständnis zum Ausdruck kommt (DRG-System, Medizincontrolling, Qualitätsmanagement usf. erscheinen ihm als primäre Referenzen).

Ohne also das weiter oben zum Ausdruck gebrachte „Vertrauen" in die Medizin und die sie praktizierenden Ärzte in Gänze verloren zu haben, kristallisiert sich bei Herrn Bremer ein Orientierungsrahmen heraus, der aus *externen* Einflüssen eine *interne* Steuerungsmasse formt. Über diesen Weg gewinnt er ein transformiertes, weitaus distanzierteres, aber doch *optimistischeres* Verhältnis zu seiner beruflichen Primärsozialisation. Er agiert zwar nicht professionsimmanent im Sinne einer vertraulichen Arzt-Patient-Beziehung, sitzt also nicht der ärztlichen „illusio" (Bourdieu 1997, S. 122f.) auf, den individuellen Nutzen einer medizinischen Behandlung *genau* bestimmen zu können. Vielmehr beobachtet und kontrolliert er dieses Verhältnis aus der Warte eines Medizincontrollers, der einer technokratischen Steuerungslogik vertraut und diese als „medical manager" (Llewellyn 2001) proaktiv im Rahmen des Managements entfaltet.

Fazit: Vertrauen in Evidenz und Kontextsteuerung

Herr Bremer überführt, vor dem Hintergrund seiner recht starken formalen Position im Management, seine skeptische Haltung gegenüber der Medizin „als solcher" in eine technokratische Zuversicht mittlerer Reichweite. Er ist bestrebt, die Erfassung medizinischer Abläufe und Verwaltungsangelegenheiten weiter voranzutreiben, ohne dabei jedoch der *illusio* eines Managers im Sinne eines „management by numbers" (Messner et al. 2007, S. 88) zu verfallen, der glaubt, dass Zahlenwerke allein ausreichen, um sämtliche Sachverhalte eindeutig erfassen und lenken zu

---

(„man"), mal aus seiner ökonomischen Perspektive als Mitgeschäftsführer, mal aus einer Hausperspektive.

87 Siehe Timmermans und Berg (2003) sowie Vogd (2006) zur evidenzbasierten Medizin, zu ihrer Bedeutung für die ärztliche Praxis sowie mit Blick auf ihre epistemische Problematik in gesellschaftstheoretischer und interaktionstheoretischer Reflexion.

können. Für ihn stellen Organisationen und Professionen komplexe Gebilde dar, die nicht ohne weiteres zu steuern sind. Man könne sie höchstens begleiten, gegenseitig vermitteln und – wie er weiter oben anmerkt – für ihre innere Vernunft und Historizität („Sozialisationsachsen") „werben".

Im Sinne einer spezifischen Variante der „dezentralen Kontextsteuerung" (Wilke 2001) versucht Herr Bremer die ihm bekannten prozeduralen Mehrdeutigkeiten und logischen Widersprüche im Management als auch auf Station folgendermaßen zu bearbeiten: Auf *kommunikativer* Ebene, in seiner rollenförmigen Selbstbeschreibung, begegnet er den Akteuren mit Vertrauen und Dialogbereitschaft, mit einer gewissen persönlichen Adressierbarkeit und Nähe. Er behandelt sie dem Common Sense nach als eigenverantwortliche und vertrauenswürdige Akteure, zwischen denen er lediglich als ärztlicher Direktor *vermittelt*. Aus seiner habituellen Lagerung heraus zeigt sich aber, dass er eher in Richtung eines distanzierten technokratischen Modus tendiert. Bei individuellen Verfehlungen von Ärzten abstrahiert er und bettet sie in einen komplexen „Gesamtkontext" ein, der sie von einer moralischen Verantwortung für falsche Diagnosen oder zu weite Indikationsstellungen entlastet und Kontextfaktoren hierfür anführt (der „sehr starke" „Sog" des „Neuen" in der Medizin).

Aus seinem skeptischen technokratischen Managementhabitus heraus ist Herr Bremer daraufhin disponiert, einer evidenzbasierten, berechenbareren Medizin den Vorzug zu geben, nicht zuletzt weil er am eigenen Leib gespürt haben dürfte, wie stark damals der Sog auf ihn als Mediziner gewirkt hat. Es kommt demgemäß zwar zur Tilgung seines ärztlichen Habitus, gleichwohl scheinen vergangene habituelle Dispositionen nach wie vor präsent zu sein. Er möchte aus diesen steuerungswerten Informationen für seine Managementtätigkeit schöpfen, perspektivisch wohl auch hin zu einer proaktiven, evidenzbasierten *Absicherung* medizinischer Diagnostik und Behandlungsqualität. Andererseits baut Herr Bremer auch, wie bereits erwähnt, eine gewisse Skepsis gegenüber der Zuverlässigkeit seiner quantitativen Messinstrumente auf, denen er trotz allem nicht abschwören kann, da ein „management by walking around" auf Station habituell betrachtet noch schwieriger erscheint. Seine Praxis des „management by clicking around" abstrahiert auch hier von den widersprüchlichen Zumutungen und Unwägbarkeiten auf Station. Mit einigen neuen „Messfühlern" hofft er *by the way* zu einer besseren Datenlage zu gelangen. Sie können jedoch wiederum nur eine weitere *Evidenz* im Sinne eines Haltepunkts dafür anbieten, wie aus der pragmatischen Sicht einer Kontextsteuerung als nächstes zu verfahren ist.

In diesem Sinne fügen sich Technokratie und Zutrauen in eine Orientierung zu einer Praxis, die sich mit Blick auf die eingangs entwickelte Basistypik wie folgt charakterisieren lässt: Im Management steht Herr Bremer für Institutionalisierungsprozesse und insofern für Verlässlichkeit und Überblick in zweiter Reihe, denn ihm gilt der kaufmännische Geschäftsführer als *primus inter pares*. Im Verhältnis zur Organisation nimmt er eine technokratische Position ein. Er steht zwar auch als Vermittler für die unterschiedlichen „Sozialisationsachsen" zur Verfügung, tendiert aber letztlich in Richtung einer Verteidigung der betriebswirtschaftlichen Kalkulationen und Zielplanungen *gegenüber* den Chefärzten. Im Verhältnis zur ärztlichen Profession zeigt sich eine stark nuancierte Situation: Ausgehend von einer skeptischen, distanzierten Grundorientierung wird offenbar, dass Herr Bremer seinen ärztlichen Habitus zugunsten eines technokratischen Modus aufgegeben hat und daher von allzu konkreten medizinisch-professionellen Problemlagen in der Organisation abstrahiert, obwohl seine Position formal doch erst durch die ärztliche Herkunft legitimiert wird.

Typ 3: Vermittlung

Im Folgenden möchten wir mit Herrn Untermeier einen dritten Modus aufzeigen, in dem die mit der Position des ärztlichen Direktors verbundenen Bezugsprobleme bearbeitet werden können. Herr Untermeier ist seit gut viereinhalb Jahren ärztlicher Direktor und Chefarzt für Chirurgie in einem städtischen, privat getragenen Krankenhaus eines größeren Krankenhauskonzerns.

Verhältnis zum Management: „Viele Pflichten, aber keine Rechte"

Zu Beginn des Interviews wird Herr Untermeier gebeten, seine „beiden Rollen" als Chefarzt und ärztlicher Direktor zu erläutern und zu den mutmaßlich „unterschiedlichen Funktionen" Stellung zu beziehen.

> *Herr Untermeier:* Also die Rolle des Chefarztes ist ja eigentlich klar. Führung einer Abteilung mit verschiedenen Oberärzten, teilweise auch leitende Oberärzte für bestimmte Untergruppierungen dann, da geht es ja letztendlich sehr schwer um mäßige und medizinische Entscheidungen, aber natürlich auch personelle Entscheidungen auf der Ebene der Abteilung. Und der ärztliche Direktor umfasst ja das Gesamtkrankenhaus. Letztendlich sitze ich ja mit in der Geschäftsführung und werde da auch zu den ärztlichen beziehungsweise medizinischen Belangen gefragt.

In Abgrenzung von seiner Chefarztrolle, die sich für Herrn Untermeier vor allem in der *Führung* einer Abteilung vollzieht, nicht ganz triviale „medizinische Entscheidungen" und Personalfragen fokussiert und wenig strittig zu sein scheint („ist ja eigentlich klar"), definiert er die Rolle des ärztlichen Direktors umfassender. Es geht für ihn dabei um das „Gesamtkrankenhaus". Diese Verantwortung für das Ganze verknüpft er mit seiner Zugehörigkeit zur Geschäftsführung, in der er „letztendlich [...] mit" sitze und zu „ärztlichen beziehungsweise medizinischen Belangen gefragt" werde. Mit Bezug auf seine Positionierung als ärztlicher Direktor rechnet sich Herr Untermeier zwar eindeutig der Geschäftsführung zu, legt seine Rolle aber eher beratend und vermittelnd aus denn als exekutierend oder führend.

Insofern scheint Herr Untermeier zwischen einer *Geschäftsführung* und einem *Geschäftsführer* zu differenzieren. In dieser Unterscheidung ließe sich ein erster Anhaltspunkt finden, warum er sich in seiner Beschreibung als zu befragendes passives Mitglied versteht, welches zu medizinischen Aspekten Auskunft gibt und weniger proaktiv die medizinischen Belange in eine konfrontative Stellung bringt, einfordert oder offensiv vertritt, wie dies etwa bei Herrn Kneip gezeigt werden konnte. Eine weitere Stelle belegt dies:

> *Interviewer:* Ja, wie arbeiten Sie mit der Pflege zusammen? Also ist das als ärztlicher Direktor oder als/ machen Sie das als Chefarzt?
>
> *Herr Untermeier:* Die Zusammenarbeit/ es ist ja so, die Geschäftsführung besteht letztendlich aus dem Geschäftsführer, aus der Pflegedienstleitung und dem ärztlichen Direktor. Und wir haben ja regelmäßig Geschäftsleitungssitzungen auch, wir drei, wo wir uns zusammensetzen. Und die Wege sind ja hier kurz. Also wenn es da Ärzte und Pflegeprobleme oder Spannungen gibt oder aber auch positive Vorschläge, dann ist es immer ein kurzer Weg meistens dann.

Herr Untermeier betont, dass man sich einerseits regelmäßig zusammensetze (formal im Rahmen der „Geschäftsleitungssitzungen") als auch informell über kurze Wege miteinander kommuniziere. Die betont nüchterne und formale Beschreibung suggeriert eine konstruktive Zusammenarbeit, die keiner weiteren Ausführungen bedarf.

Nimmt man das erste Zitat oben hinzu, entsteht der Eindruck eines eingespielten Arrangements: Die Wege sind kurz, die Geschäftsleitungssitzungen finden regelmäßig statt, die Aufgaben sind klar verteilt. Wenn er gefragt wird, äußert sich Herr Untermeier zu ärztlichen bzw. medizinischen Aspekten des Hauses. Wichtig ist an dieser Stelle festzuhalten, dass sich Herr Untermeier als Teil der Geschäftsführung versteht, in deren Rahmen er sich also *gemeinsam* mit dem Geschäftsführer – und ihm doch *nachgeordnet* – sowie der Pflegedienstleitung als ärztlicher Direktor einbringt und sich als solcher mit dem Management in *affirmativer* Art und Weise identifiziert.[88]

---

88 An anderer Stelle zeigt sich die skizzierte Rangordnung und eher passive Haltung in Form einer „Meinungsäußerung" erneut, wenn Herr Untermeier gefragt wird, ob er Personalentscheidungen mitverantworte, und darauf antwortet: „Oder wenn man merkt, da fehlt es zum Beispiel an Personal, dass ich dann schon da, sagen wir mal,

Komplementäre Chefarztperspektive

Herr Kempfer, Chefarzt der Inneren Medizin, bestätigt die untergeordnete Rolle des ärztlichen Direktors im hier betrachteten Haus. Die Trias existiere zwar formal, sei aber im Sinne des Konzerns entmachtet worden. Von dieser Beschreibung des eigenen Hauses hebt Herr Kempfer ab zu einer Ausführung über die vermutlichen Kriterien, nach denen der Konzern sein Personal auswählt. Demnach würden eher konfrontationsscheue Personen für die Rolle des ärztlichen Direktors ausgewählt:

Interviewer: „Also, ist ja eigentlich diese Trias. Die dann ja auch in solchen Chefarztkonferenzen sitzt. Oder nicht?"

Herr Kempfer: „Bei (Name Konzern) gibt es das nicht. […] Jedes Haus ist als Einzelnes aufgeführt und aufgezogen und der dort eingetragene Geschäftsführer ist Geschäftsführer. Insofern hat es der Konzern ja relativ geschickt umschifft/ diese Trias so ein bisschen zu umgehen."

Interviewer: „Trotzdem gibt es/ Also, dann gibt es die nicht? Jetzt formal nicht wirklich, aber die sind ja trotzdem, es gibt ja trotzdem diese/"

Herr Kempfer: „Die sind da. Aber letztendlich haben sie natürlich nicht die Bedeutung, als wenn sie wirklich gleichberechtigter Partner wären. Was in dem Hause mal nicht Fall ist. In den letzten Häusern gab es ja wirklich die Trias. Spielt trotzdem keine Rolle, weil da kommt wieder der vorauseilende Gehorsam. Dies ist oft so. Ich will jetzt nicht sagen generell so, aber oft ist es so, dass gerade ärztliche Direktoren auch spezielle Charaktereigenschaften haben, nämlich auch Leute, die möglicherweise/ Weil ich auch selber das Problem hatte/ dann Ausgleich und sich selbst als ärztlicher Direktor bewerbe. Gerne die Funktion annehmen und ich habe selten erlebt, dass ein ärztlicher Direktor auf Konfrontationskurs gegangen ist zur Geschäftsführung. Da spielt die Vorauswahl ein bisschen eine Rolle."

Aufbauend auf seiner Erfahrung hat Herr Kempfer also wenig Hoffnung, dass der ärztliche Direktor in einer gleichberechtigten Trias dem Geschäftsführer entgegentreten würde. In einer späteren Ausführung deutet sich jedoch an, dass dies im derzeitigen Hausarrangement nicht dringend nötig ist. Denn die neue Geschäftsführerin scheint die Belange der Chefärzte besser zu verstehen als ihr Vorgänger. Auf die Frage des Interviewers, ob sich mit dem Wechsel in der Geschäftsführung etwas verändert habe, antwortet Herr Kempfer folgendermaßen:

Herr Kempfer: „Ja. Schon. Ja, doch, hat sich sehr viel verändert. Der Kommunikationsstil ist schon anders. Der vorherige Geschäftsführer war sehr penetrant in seinen Kontakten oder in der Durchsetzung seiner Wünsche und die jetzige Geschäftsführerin ist da deutlich angenehmer. Ich glaube, die hat mehr das Auge für das, was wirklich notwendig ist und was nicht. Und kann das, glaube ich, wesentlich besser dosieren."

Wenn es doch einmal Anlass für einen „Konfrontationskurs" gebe, dann sei es der Chefarzt selbst, der diesen fahre. Herr Kempfer formuliert vorsichtig: „Es sollte normalerweise

---

meine Meinung zu sage, die dann vielleicht auch dazu führt, dass dann was angestellt wird oder was verändert wird."

immer der Chefarzt einer Abteilung sein, wenn er zumindest für sein Personal/ wenn er sich halt auch dafür zuständig sieht, sich auch schützend vor die zu stellen."

Verhältnis zur Organisation: Zwischen „wirtschaftlich überzogen und medizinisch notwendig"

Wenn wir von der Management- auf die Organisationsebene wechseln, bestätigt sich die im vorherigen Kapitel dargestellte Situation um Herrn Untermeier im Großen und Ganzen und erhält eine weitere Konturierung:

> *Herr Untermeier:* Und ich versuche natürlich in der Geschäftsführung auch immer den Weg zwischen wirtschaftlich überzogen und medizinisch notwendig zu finden, ne. Und da werde ich natürlich häufig gefragt, muss oft vermitteln zwischen Chefärzten und Geschäftsführung, aber teilweise auch Pflege und Geschäftsführung. Und bin natürlich auch immer wieder gefragt, gerade bei Problemen auch mit Angehörigen aus anderen Abteilungen, die dann an die Presse gehen, oder Presseanfragen überhaupt mit Beschwerdemanagement und Changemanagement, ja. [...] Chefarztrunde ist natürlich auch meine Aufgabe als ärztlicher Direktor, die zu organisieren, einzuladen, Protokoll zu schreiben und überhaupt die Agenda zu entwerfen und so weiter, mhm.
>
> *Interviewer:* Was kommt da auf die Agenda?
>
> *Herr Untermeier:* Bei der Chefarztrunde, dann sind einmal/ also als festgesetzte Punkte sind das immer die Monatszahlen vom Monat davor, die dann ausgewertet wurden, also die Leistungszahlen der einzelnen Abteilungen.
>
> *Interviewer:* Ja, die werden angeguckt?
>
> *Herr Untermeier:* Die werden angeschaut und diskutiert und dann bittet ja auch der Geschäftsführer immer wieder die Chefärzte, dazu Stellung zu nehmen dann.

Das passive Muster des „Gefragtwerdens" findet sich zwar auch hier wieder, doch insgesamt scheint es die Problemlage zwischen Management und Chefärzten sowie Pflege als auch zwischen Ärzten und Patienten sowie deren Angehörigen erforderlich zu machen, dass Herr Untermeier als *Vermittler* auftritt. Interne Spannungslagen zwischen unterschiedlichen Funktionen, medizinischen Abteilungen und Berufskulturen sowie externe Spannungen in Form von Beschwerden beschreibt er gleichsam in Managementbegrifflichkeiten: Entweder handelt es sich um ein nach innen zu vollziehendes „Changemanagement" oder aber ein auf die Außenwirkung bezogenes „Beschwerdemanagement".

Trotz der positiven Identifizierung mit der Rolle des ärztlichen Direktors als Teil der Krankenhausleitung scheint für Herrn Untermeier auf organisationaler Ebene diesbezüglich eine unmittelbare Spannung zu bestehen, die er als Bewegung in einem Korridor von ökonomischen und medizinischen Erwägungen, zwischen

„wirtschaftlich überzogen und medizinisch notwendig" beschreibt. Dass es sich dabei um einen „Weg" handelt, impliziert einen dynamischen und immer wieder neu zu beschreitenden Aushandlungsprozess, in dem die beiden Pole „wirtschaftlich überzogen" und „medizinisch notwendig" ein aufschlussreiches Gegensatzpaar abgeben. Gedankenexperimentell wäre alternativ auch „wirtschaftlich notwendig" und „medizinisch notwendig" denkbar oder umgekehrt der Bezug auf medizinisch nicht indizierte Eingriffe, um Spannungen zwischen konventionellen Behandlungsmethoden und einer hoch technologisierten Apparatemedizin anzuzeigen. Doch das gewählte Gegensatzpaar könnte, so die an dieser Stelle lediglich thesenhafte Vermutung, aus Herrn Untermeiers Management- und ärztlicher Erfahrung gespeist sein. Demnach gilt es medizinisch, das Notwendige abzusichern, während ein ökonomischer Steigerungsimperativ besagt, *mehr* zu verlangen und damit tendenziell die Erwartungen an eine ökonomische Gesichtspunkte berücksichtigende Medizin zu übertreiben.

Komplementäre Chefarztperspektive

Als Herr Kempfer (CA Innere) im Interview auf Qualitätsindikatoren zu sprechen kommt, wird deutlich, dass er eine klare Haltung zu medizinischen Notwendigkeiten und wirtschaftlichem Überziehen hat. Der obigen These folgend, dass in Herrn Untermeiers ärztlichem Direktorenhandeln seine Chefarzterfahrungen durchscheinen, drückt Herr Kempfer die beiden Pole, zwischen denen Chefärzte zu arbeiten haben, noch existenzieller aus:

Interviewer: „Und wo gibt es tatsächlich dann Konflikte?"

Herr Kempfer: „Konflikte gibt es zum Beispiel dann, wenn es darum geht/"

Interviewer: „Gerne auch ganz konkrete Beispiele."

Herr Kempfer: „Konkrete Beispiele. Geht es zum Beispiel darum, wenn es darum/ was letztendlich/ oder dass der Konzern/ nicht speziell (Name Konzern). Ist ja bei (Name Konzern) auch so, bei der Kirche genauso. Geschäftsstelle, katholische Kirche oder exakt der Vatikan. Wenn es darum geht, dass eine Abteilung nur danach bewertet wird, wie denn gerade der Case Mixing ist. Also der Fallschweregrad. Von dem ja letztendlich halt die Erlöse abhängen. Oder wie die durchschnittliche Verweildauer ist. Von dem ja letztendlich auch die Erlöse oder die Kosten abhängen. So kann man keine Medizin betreiben. Wenn der Mensch gesund ist, schicken wir sie nach Hause. Wenn er nicht gesund ist, schicken wir sie nicht nach Hause. Wenn so eine ältere Dame halt drei Tage länger braucht, über der durchschnittlichen Verweildauer, dann braucht sie die halt. Ich kann ja die Natur nicht ändern, nur weil mir Zahlen vorgegeben werden."

Herr Kempfer sieht die natürliche Priorität seines Handelns als (Chef-)Arzt in der Medizin. Das bedeutet, dass der Patient erst entlassen wird, wenn er gesund ist. Die Abwägung von Kosten und Erlös spielt dabei keine wesentliche Rolle, weil diese Faktoren in der Rechnung der Natur, die über gesund und krank entscheide, anscheinend in keiner Weise auftauchen.

Allerdings stellt sich die Realität dieser Sache anders dar. Sogar in kirchlichen Häusern werde die „Abteilung nur danach bewertet [...], wie denn gerade der Case Mixing ist". Dieser Orientierungsrahmen lässt darauf schließen, dass ein großer Vermittlungsbedarf zwischen Chefärzten und Leitungsebene besteht, dem Herr Untermeier nachzukommen hat. Der ärztliche Direktor des Hauses bleibt allerdings im Interview des CA Innere diesbezüglich unerwähnt.

Es ist jedoch zu ergänzen, dass Herr Kempfer in seinen alltäglichen Entscheidungen sehr wohl ökonomische und medizinische Ansprüche abwägt und sogar für sich nutzt. Dies scheint für ihn akzeptabel, solange er die Entscheidungshoheit behält: „[...] ich habe persönlich, also als Privatmann/ habe ich einen Kassenarztsitz erworben von einem Kollegen, der jetzt in Rente gegangen ist. Das heißt, dieser Sitz gehört mir persönlich. Hat nichts mit (Name Konzern), mit dem Krankenhaus nichts zu tun. Deswegen ist er auch in getrennten Räumen, auch wenn das hier ein Anbau des Krankenhauses ist. Sie sind jetzt quasi auf dem Hoheitsgebiet von/ nicht von irgendetwas, sondern hier von so einem Mietvertrag. Aber, wo das Hausrecht. Da hat (Name Konzern) wirklich nichts zu sagen, nichts zu tun. Das ist halt eine – wir nennen das Zwitterposition. Dass ich auf der einen Seite die Abteilung leite und aber trotzdem einen eigenen Kassenarztsitz besitze."

Interessant ist hier die Bewegung des Chefarztes, durch den Kassensitz eine Handlungs-sphäre zu gewinnen, in welche die geschäftsführenden Vertreter des Klinikkonzerns nicht eingreifen können. Die hierdurch gewonnene wirtschaftliche Autonomie erscheint damit zugleich für ihn als ärztliche Autonomie.

Die weiteren Ausführungen Herrn Untermeiers geben zwei interessante Hinweise darauf, wie er seine Rolle im Management ausfüllt. Einerseits scheint eine starke Aufgabenteilung in Einklang mit der Formalstruktur zu bestehen: Als ärztlicher Direktor organisiert er die Chefarztrunden selbstständig und führt sogar selbst Protokoll. Andererseits scheint die Agenda auch teilweise fixiert zu sein, etwa im Sinne einer turnusmäßigen Besprechung der „Leistungszahlen" auf Abteilungsebene. Interessanterweise wechselt hier die Rollenzuteilung in einer nüchternen Darstel-lungsform: Es ist „der Geschäftsführer", der das Führungszepter in der Hand hält und die Chefärzte „immer wieder" auffordert, „dazu Stellung zu nehmen". Hier scheint Herr Untermeier in seiner Rolle als Chefarzt adressiert zu sein, der selbst Stellung beziehen muss. Insofern dürfte sich seine ärztliche Direktionsfunktion im Rahmen der Chefarztrunden wohl eher auf formale Verwaltungstätigkeiten beschränken. Dies leitet zu der Frage über, wie Herr Untermeier die immanente Spannung, die hier unter dem Deckmantel der formalhierarchischen Aufgabentei-lung gärt, sprich seine Doppelrolle erfährt und in der Praxis ausführt.

Verhältnis zur Profession: „Zwischen den Stühlen sitzen"

Herr Untermeier erlebt und beschreibt seine Rolle als ärztlicher Direktor vor dem Hintergrund seiner skizzierten aktiv vermittelnden Managementaufgaben folgendermaßen:

> *Interviewer:* Mhm. Also vielleicht auch nochmal zu Ihrer Position als ärztlicher Direktor?
>
> *Herr Untermeier:* Ja. Es ist ja schon eine interessante Position, insofern, weil Sie als ärztlicher Direktor haben viele Pflichten, aber keine Rechte. So ein bisschen ist das, ja.
>
> *Interviewer:* In dem Geschäftsführergremium würden Sie sagen?
>
> *Herr Untermeier:* Nee, generell. […] Also es gibt bei (Name Krankenhauskonzern) zum Beispiel einen mehrseitigen Entwurf, was man alles für Pflichten hat als ärztlicher Direktor, und die Rechte beschränken sich auf eine halbe Seite.

Vom Interviewer ganz allgemein nach seinem ärztlichen Direktionsposten gefragt, gibt Herr Untermeier eine ironische Antwort: Es sei eine interessante Position, die sich aus dem Missverhältnis von vielen Pflichten und keinen Rechten speise. Auf Nachfrage des Interviewers fügt er hinzu, dass sie sich jedoch nicht auf die Rolle in der Krankenhausleitung beschränke, sondern genereller Natur sei. Bemerkenswert ist hierbei zunächst, dass dieses Missverhältnis für Herrn Untermeier *nicht* dem konkreten Management dieses Hauses zuzurechnen ist, sondern aus den konzernweiten Vorgaben folgt, die die Rolle des ärztlichen Direktors offensichtlich in hohem Maße mit Regeln und Verhaltenserwartungen überformen. Herr Untermeier fährt folgendermaßen fort:

> *Herr Untermeier:* Also sagen wir mal, Sie müssten als ärztlicher Direktor/ es ist ja früher so gewesen, der ärztliche Direktor wurde früher schon mal gewählt von den Ärzten. Da hat man den ärztlichen Direktor verstanden als Sprachrohr der Ärzte. […] Das ist aber ja gar nicht so gedacht heute mehr. Sondern, zumindest hier im Konzern ist es so, der ärztliche Direktor ist Leit/ ist Teil der Geschäftsführung und der soll schon die Belange der Ärzte aufs Trapez bringen, aber er muss auch die Geschicke des Hauses im/ in den Augen haben. […] Und da ist es eben manchmal nicht leicht, wenn man so zwischen den Stühlen sitzt. Aber das bringt diese Position mit sich und wie gesagt, da muss man, glaube ich, als ärztlicher Direktor eine Entscheidung treffen. Für mich sind/ Für mich persönlich sind jetzt meine Kollegen an erster Stelle, ja. Aber es gibt natürlich auch so Situationen, wo das Haus, wo Sie Schaden vom Haus abwenden müssen. Also es ist dann manchmal nicht einfach, da zu entscheiden.
>
> *Interviewer:* Ja. Abwägungsgeschichte.
>
> *Herr Untermeier:* Genau.

Herr Untermeier kontrastiert die vorherrschende Situation mit einer vergangenen Konstellation, ohne jedoch einen positiven Gegenhorizont daraus zu konstruieren. Er beschreibt die damalige Position des ärztlichen Direktors als Ergebnis eines Aktes ärztlicher Selbstbestimmung. Der ärztliche Direktor wurde mithilfe eines Wahlverfahrens (vermutlich ausschließlich innerhalb der Ärzteschaft[89]) ernannt und galt folglich als „Sprachrohr der Ärzte". Er erschien daher gewissermaßen als ein Entsandter, als Cheflobbyist der ärztlichen Berufsgruppe im Rahmen der Krankenhausleitung, der sich ausschließlich für die von ihm gebündelten ärztlichen Berufsinteressen vor Ort einsetzt und diese vertritt.

Dies habe sich grundlegend geändert, zumindest in dem Krankenhauskonzern, für den Herr Untermeier arbeitet. Zwei Metaphern sind für seine Perspektive in dieser Sache leitend: Er muss nach wie vor die „Belange der Ärzte aufs Trapez bringen" (alte Konstellation) und *gleichzeitig* auch „die Geschicke des Hauses" im Blick haben (neue Konstellation). Das Bild des Trapezes als Schaukel im Kontext von Hochseilakrobatik lässt erahnen, dass es hier um prekäre Balanceakte geht. Es zeigt, dass Herr Untermeier sich in einer Situation befindet, die trotz aller Ähnlichkeit etwa von Herrn Bremer (Typ 2) nicht entfernt so deutlich vorgetragen wurde. Er hat den Eindruck, „zwischen den Stühlen" zu sitzen, und beschreibt dies als „manchmal nicht leicht", als „nicht einfach, da zu entscheiden". Im Vergleich zu Herrn Kneip (Typ 1) weisen die hier vorliegenden Verhältnisse Parallelen auf: Es scheint, dass die Organisation Herrn Untermeier – infolge der konzernweiten Vorgaben – vor eine prinzipielle Unentscheidbarkeit stellt und ihn zu einem *Balanceakt* nötigt, auf den er unweigerlich mit Ausgleichsbewegungen im Sinne einer temporalisierten Praxis reagieren muss. Dabei kommt zunächst eine *ungebrochene* Solidarität zur eigenen Profession zum Vorschein, denn er formuliert eine klare *persönliche* Präferenz („Für mich sind, für mich persönlich sind jetzt meine Kollegen an erster Stelle, ja"). Diese muss jedoch *situativ*, von Entscheidung zu Entscheidung, in Bezug auf das Wohl des Gesamtkrankenhauses entsprechend der Rollendefinition durch den Konzern und der Positionierung als Teil der Geschäftsführung in Frage gestellt werden.

Komplementäre Chefarztperspektive

Herr Kempfer (CA Innere) hat oben seine starke und exklusive professionelle Orientierung zum Ausdruck gebracht: Ärzte haben dafür zu sorgen, dass der natürliche Verlauf des Behandlungsprozesses darüber entscheidet, wann ein Patient ausreichend versorgt ist und schließlich entlassen werden kann. Im Folgenden erwähnt er, dass es auch zu seinen Aufgaben gehöre, Stellungnahmen zu Patientenbeschwerden zu verfassen. In diesem Zuge

---

89   Siehe hierzu die einleitenden Sätze des Kapitels zu den ärztlichen Direktoren.

stellt er eine andere Facette des Verhältnisses zwischen Arzt und Patient dar, wobei der Patient als fordernder Auftraggeber erscheint, der die gewünschte Leistung im Zweifelsfall einklagt:

Interviewer: „Da müssen Sie Stellungnahmen schreiben? Bei wem beschweren sich die Patienten? Bei der Geschäftsführung?"

Herr Kempfer: „Bei den Kassen, der Geschäftsführerin. Bei der Ärztekammer. Jedes Arschloch kann sich beschweren. Arzt kam nicht rechtzeitig. Der Arzt hat mich verweigert oder sonst irgendetwas. Dann bin ich zur Stellungnahme aufgefordert. So. Und wenn der Arzt das System oder wenn der Patient das ausnutzt, dann antwortet ‚Ich will aber einen Hunderterpack Voltaren' und dann antworte ich, ‚Nein, nein, du brauchst nicht hundert Tabletten davon'. Weil sie ganz genau wissen, dass wir sie irgendwohin schicken. Sie sind verpflichtet zur wirtschaftlichen Verordnung. Also, in Einzelpaketen zu zwanzig Tabletten. Der weiß nicht, wie viel hundert Tabletten ist. Er beschwert sich bei der Kammer, er hat nicht das gekriegt, was er will, und ich soll die Stellungnahme dafür schreiben. So ist das System."

Es wird wiederum deutlich, dass Herr Kempfer sich in seinem professionellen Auftrag behindert sieht. Nicht nur verschieben Fallpauschalen Entscheidungskompetenzen auf eine Ebene, die mit Krankenversorgung im eigentlichen Sinne nichts zu tun hat, sondern das „System" fordert außerdem Herrn Kempfers Arbeitskraft im Rahmen einer seiner Ansicht nach offensichtlich überflüssigen Stellungnahme.

Etwas später im Interview zeichnet Herr Kempfer ein Bild, in dem alle beteiligten Parteien Forderungen an den Arzt stellen, seine Handlungsautonomie einschränken, die eigenen ärztlichen Kompetenzen in Frage stellen und somit eine auf medizinischen Maßgaben beruhende Patientenbehandlung zunehmend erschweren oder schließlich gar unmöglich machen.

Herr Kempfer: „Man wird unter Druck gesetzt von allen Seiten, von Seiten der Kassen, von Seiten der Geschäftsführung oder der Konzernleitung oder wer es auch immer ist und von Seiten der Patienten. Der Patient, der im Prinzip unter Druck setzt, ich will eine bestimmte Leistung haben. Die Kassen, die sie unter Druck setzen und sagen, du darfst eine bestimmte Leistung verordnen, aber nur die, die wir dir vorschreiben. Auch von der Geschäftsführung, der Konzernleitung. Du darfst aber nur die Patienten am besten aufnehmen und behandeln in der Zeit, wo es für uns noch wirtschaftlich ist. So drei Seiten setzen Sie unter Druck."

In Herrn Kempfers professioneller Orientierung sind fast alle Akteure, die mit dem ärztlichen Tun in Verbindung stehen, negativ konnotiert. Folglich erscheint es nur konsequent, den als intensiv empfundenen Druck durch den Erwerb eines KV-Sitzes (s.o.) zu mindern, sodass wieder Handlungsspielräume zurückgewonnen werden. Er scheint keine Hoffnung auf Besserung der bestehenden Strukturen auf Station zu haben – etwa mithilfe des ärztlichen Direktors.

Die vormals schon angesprochene Spannung, die Aufgabe, den „Weg zwischen wirtschaftlich überzogen und medizinisch notwendig zu finden", impliziert auch, dass es angesichts all der kodifizierten Regeln und Pflichten, die offenbar für die

Position des ärztlichen Direktors existieren, in formaler Hinsicht ein Über-, in praktischer Hinsicht jedoch ein Unterbestimmungsverhältnis gibt. Herr Untermeier muss seine Rolle daher *prozessual* enaktieren und immer wieder situativ neu bestimmen und ggf. anpassen. Dabei ist das professions*interne* Austarieren divergierender Chefarztinteressen offenbar prioritär, erscheint also als der primäre Rahmen seines Handelns. Die externe Abgleichung mit Erfordernissen des Gesamtkrankenhauses fordert jedoch im Sinne einer sekundären Rahmung ihr eigenes Primat ein. Das eingangs bereits aufgegriffene Paar („wirtschaftlich überzogen und medizinisch notwendig") wird nun mit Blick auf seine handlungsleitenden Orientierungen verständlich. Herr Untermeier fühlt sich der Medizin zugehörig, kommt aber nicht umhin, die Ansprüche der Wirtschaft ernst zu nehmen und zu vermitteln. Damit ist für ihn gleichzeitig klar, wo er steht und hingehört. Anders als Herr Kneip leidet er entsprechend kaum an seiner Rolle. Er muss sich gar nicht erst als Manager beweisen (um dann an dieser Aufgabe zu scheitern), sondern er braucht nur Vermittler zu sein.

An anderer Stelle verortet sich Herr Untermeier im Rahmen der Schilderung eines Vorfalls mit einer unfallchirurgischen Patientin noch etwas umfassender im Sinne seiner professionellen Position:

Interviewer: Können/ Haben Sie da Beispiele? Also was war jetzt zum Beispiel in diesen, den letzten Monaten da mal Thema war?

Herr Untermeier: Also zum Beispiel, jetzt beim ärztlichen Direktor, meinen Sie?

Interviewer: Ja, in diesem, genau, in dieser Funktion.

Herr Untermeier: Also da ist zum Beispiel jetzt ganz aktuell gewesen, da war ich im Urlaub und da ist eine unfallchirurgische Patientin operiert worden, die hat hier eine Knieprothese bekommen, das war eine türkische Patientin, und da hängt die ganze Sippe dran, die sprechen kaum Deutsch. Und dann ging es der Patientin massiv schlecht nach dem Eingriff. Erst gut und dann hat sie eine Lungenembolie, da kam eine Komplikation zur anderen und hinterher war die Patientin tot. Und das Problem war einfach, dass man versäumt hatte, ausführlich mal mit den Angehörigen in einer konzertierten Aktion zu sprechen. Das Problem war zum Beispiel, da gibt es/ gab es immer so 20 Leute, die hingen dann vor der Intensivstation rum und fragten jeden Arzt, der rauskam, was hat sie denn, was ist jetzt. Sprachen teilweise auch gar kein Deutsch. Und dann war die Verwirrung komplett. Jeder erzählte ein bisschen was anderes von den Ärzten, wie das halt immer so ist im Krankenhaus, aus seiner Sicht, und die Angehörigen haben überhaupt nichts mehr verstanden, und das führte dann zu einer massiven Aggression dem Pflegepersonal gegenüber, aber auch den Ärzten, dass teilweise die Leute schon bedroht wurden, wenn sie abends zu den Autos wollten und so weiter. Und wie ich dann wiederkam, dann habe ich letztendlich zum Gespräch eingeladen und habe dieses Problem dann auch gelöst, auch mit den behandelnden Ärzten dann. Also sowas [...] kommt sicher häufiger vor. [...] Vermittelnde Rolle, wobei, man muss natürlich auch sagen, das hätte schon eigentlich von dem Chefarzt selber auch gelöst werden müssen, der Unfallchirurgie, aber die haben das irgendwie nicht bedacht. Also schon, ja, genau, eine vermittelnde Rolle und auch eine deeskalierende Rolle letztendlich, ne, um auch Schaden vom/ also an erster Stelle steht für mich, auch als ärztlicher Direktor, immer der Patient und seine Angehörigen. Und dann kommt auch das Haus natürlich, man muss auch Schaden vom Haus abwenden dann.

Herr Untermeier deutet die Vermittlungsfunktion im Rahmen der Fallschilderung noch weiter als „deeskalierende Rolle" aus. Die mangelnden Absprachen zwischen den involvierten Abteilungen und Fachärzten werden entsprechend den Kriterien ärztlicher Professionalität mit Blick auf die Kommunikation mit den Angehörigen der Patientin als problematisch dargestellt, nicht etwa als Fall, der die Reputation des Hauses in der Öffentlichkeit betrifft (Beschwerdemanagement) oder Fragen der Behandlungsqualität (Qualitätsmanagement) berührt. Vor allem aber wird der dahinterliegende medizinische Fall – der Tod einer Patientin infolge mehrerer Komplikationen – nicht weiter beurteilt, noch wird nach weiteren organisationalen Gründen gesucht, die erklären, weshalb der Chefarzt die heikle Situation angesichts einer äußerst aufgebrachten Menge Angehöriger und mögliche Lösungsansätze „irgendwie nicht bedacht" hat. Das Problem erscheint Herrn Untermeier deshalb nicht – wie Herrn Kneip – als eine Managementaufgabe, die einen Übergriff in die organisationalen Abläufe der Abteilung rechtfertigen oder gar notwendig erscheinen lassen würde.

Die Lösung des Problems liegt für Herrn Untermeier letztlich darin, ein gemeinsames Gespräch mit den beteiligten Akteuren anberaumt zu haben. Bei der nun erweiterten Rollenbeschreibung stehen der Patient und dessen Angehörige „an erster Stelle [...]. Und dann kommt auch das Haus natürlich." Die Sequenz zeigt erneut, wie Herr Untermeier zwar zunächst eine eindeutige professionslogische Positionierung zu artikulieren weiß, woraufhin aber unmittelbar „Korrekturmaßnahmen" im Gefüge der Erlebnisschichtung folgen, die übergreifenden, globalen Interessenlagen geschuldet sind. Zwar scheinen das ärztliche Kollegium und der Patient (sowie dessen Angehörige) als habituelle Disposition seines Arztseins hier zusammenzufallen, doch der Verweis auf die Hausorientierung folgt unmittelbar und wird mit dem Leitsatz versehen, wie schon in der Eingangspassage weiter oben, dass man jeden Schaden vom Haus abwenden müsse. Insofern drückt sich hier erneut eine Ambivalenz zwischen zwei Wertsphären aus, wobei Herr Untermeier die Hausperspektive vor allem dann einnimmt, wenn *negative* Konsequenzen zu erwarten sind.

Die Vermittlungsarbeit des ärztlichen Direktors erscheint damit als eine subtile Arbeit an Spannungen und Konflikten, die zugleich unterschiedliche Wertsphären und habituelle Lagerungen berühren. Es verwundert deshalb auch nicht, dass er

als primären Modus der Konfliktbearbeitung das informelle Gespräch sieht, wie
die folgende Sequenz verdeutlicht:

Interviewer: Empfinden Sie das als zwei unterschiedliche Logiken, die da aufeinanderprallen, oder ist das relativ durchlässig, dass Sie sagen/
Herr Untermeier: Nee.
Interviewer: Nee, die Ärzte wissen eigentlich auch Bescheid?
Herr Untermeier: Nee, also sagen wir mal, es ist ja so, da geht es ja immer um die
wirtschaftliche Frage und die ethisch-medizinischen Fragen oft. Und es ist ja aber
so, dass die meisten Kollegen mittlerweile so vorgebildet sind, dass sie auch wissen,
dass ohne die wirtschaftliche Seite eine Hochleistungsmedizin gar nicht durchgeführt
werden kann. Aber man darf es natürlich nicht überziehen. Also wir sehen ja nicht
primär den Profit an erster Stelle, sondern wir sehen schon die Genesung des Patienten oder sagen wir mal, dass es dem gut geht. Natürlich muss es auch finanzierbar
bleiben. Mhm. Da ist natürlich dann die Toleranzgrenze auch immer unterschiedlich
bei jedem einzelnen der Kollegen. Und das wird im Einzelgespräch dann teilweise
mühsam erarbeitet, mhm.
Interviewer: Ja. Und wie kommunizieren Sie mit den anderen Chefärzten? Vor allem
dann in den Chefarztrunden oder ist das auch (unklar)?
Herr Untermeier: Also Chefarztrunde ist ja offiziell, und da ist die wenigste Kommunikation. Also die wichtigste Kommunikation läuft ja jeden Tag, wenn man sich
auf dem Flur trifft, oder wir sitzen ja hier alle nebeneinander, die ganzen Chefärzte,
und es ist fast jeden Tag eigentlich, dass ich jeden Chefarzt sehe und wir auch mal
einen Kaffee zusammen trinken und uns austauschen. Also das ist die dauerhafte,
ständige Kommunikation quasi mit dem anderen.

Vom Interviewer befragt, ob es sich bei ökonomischen Erwägungen und medizinischen Belangen um „unterschiedliche Logiken, die aufeinanderprallen", handele,
verneint Herr Untermeier zunächst. Es geht aus seiner Warte vielmehr um ein
Abhängigkeitsverhältnis, das sich darin zeigt, dass eine „Hochleistungsmedizin"
nur mit einer „wirtschaftlichen Seite" realisiert werden kann. Diese Sicht sei in
Form einer „Vorbildung" mittlerweile bei den meisten Kollegen anzutreffen. Er
versieht dies mit einer Mahnung, die an seine eingangs zitierte Spannung zwischen
„wirtschaftlich überzogen" und „medizinisch notwendig" anknüpft: Auch mit
hochleistungsmedizinischen Prozeduren dürfe man es nicht übertreiben („überziehen"). Hier sind zwei Lesarten denkbar: a) Hochleistungsmedizinische Prozeduren
sind medizinisch nicht notwendig, aber wirtschaftlich sinnvoll oder b) die hiermit
verbundenen Kosten sind für das Haus nicht tragbar. In diesem Fall hätten sich die
Ärzte also aus wirtschaftlichen Gründen zu bescheiden und könnten nicht alles
diagnostisch oder therapeutisch Machbare tun.

Es ist zu vermuten, dass mit Blick auf die oben genannte Ambivalenz beide Alternativen mitschwingen. Zugleich wird aber im Interview auch diejenige Transgression deutlich markiert, die es unbedingt zu vermeiden gilt: eine Überschreitung medizinisch notwendiger Eingriffe im Lichte von Hightech-Therapien, an deren Ende sich die „wirtschaftliche Seite" heftet und aus ihnen Investitionsobjekte präpariert, die *mit vermehrten Eingriffen refinanziert* werden müssen. Insofern ist die darauffolgende Explikation „Also wir sehen ja nicht primär den Profit an erster Stelle, sondern wir sehen schon die Genesung des Patienten" als fortgesetzte Mahnung zu betrachten. Denn, so wird im Folgenden klar: Die Rolle des ärztlichen Direktors als einstiges „Sprachrohr der Ärzte" im Sinne eines Bollwerks der Vertretung ärztlicher Interessen im Krankenhaus hat sich gewandelt. Er ist nun ein Moderator, der einen ambivalenten, schwindelerregenden Trapezakt zu leisten hat. Dieser besteht darin, als ärztlicher Direktor in „Einzelgesprächen" „Toleranzgrenzen" ausloten zu müssen, welche – insofern man danebengreift – die ärztliche Identität zerstören (also mit Fehlbarkeit, metaphorisch mit Absturzgefahr verbunden sind). Die Aussage, dass dieser Prozess „mühsam" sei, kann vor dem Hintergrund von Herrn Untermeiers sachlichen und etwas distanzierten Schilderungen als Umschreibung *eindeutiger* Konfliktlagen interpretiert werden.

Seine prekäre Rolle zeigt sich weiterhin daran, dass sich Kommunikation als Konfliktbearbeitung in informellen Begegnungen vollzieht. Die „wenigste Kommunikation" ereigne sich innerhalb der *offiziellen* Chefarztrunden. Eine erstaunliche Rahmung von Kommunikation! Sie findet vornehmlich dort statt, wo sie informell zustande kommt: auf dem Flur, während der Kaffeepause etc. Es offenbart sich eine Konstellation im Management, die sich stark entlang formaler Zuständigkeiten organisiert, aber gleichzeitig auf die Kraft der Informalität abstellt. Der Geschäftsführer führt die offiziellen Gespräche des Managements, während Herr Untermeier dort eher als Zuarbeiter und Organisator fungiert.

Komplementäre Chefarztperspektive

Auf die Frage des Interviewers, wann Herr Kempfer Kontakt mit dem ärztlichen Direktor habe, stellt er die Anforderungen an den ärztlichen Direktor recht nüchtern dar:

Interviewer: „Und? Der ärztliche Direktor, was hat der für Aufgaben? Oder was für Kontakte? In welchen Fällen haben Sie denn den Kontakt?"

Herr Kempfer: „Überwiegend organisatorisch. Zum einen mal, wenn es beispielsweise um Informationen oder Umsetzung von Konzernregelungen geht. Richtlinien geht oder konzerneigenen, spezifischen Geschichten wie zum Beispiel Prüfverfahren, wie so ein Reviewverfahren, die immer mal wieder anstehen, wenn bestimmte Parameter im täglichen Alltag nicht erreicht werden. Das sind also alles Konzernziele oder strategische Konzernziele halt auch, die zu initiieren, zu überprüfen, dass das läuft. Das ist eine wesentliche Aufgabe des ärztlichen Direktors."

Interviewer: „Also konzerninterne Prüfungen sozusagen?"

Herr Kempfer: „Zum Beispiel. Also im Prinzip, sage ich mal so, ist der das Bindeglied zwischen den Chefärzten und dem Konzern."

Herr Kempf konzentriert sich in seiner Antwort auf die organisatorische Ebene („Bindeglied zwischen den Chefärzten und dem Konzern"). Er erwähnt weder ein Gefühl der Verbundenheit aufgrund der geteilten Erfahrung des Arztseins noch reflektiert er die geteilten Ansprüche, denen sich der ärztliche Direktor gegenübersieht. Herrn Untermeiers Versuch der informellen, vielleicht vertraulichen Kommunikation scheint keinen bleibenden Eindruck bei Herrn Kempfer zu hinterlassen.

Die von Herrn Untermeier selbst so beschriebene Praxis des „Zwischen-den-Stühlen-Sitzens" als ärztlicher Direktor besteht vor allem darin, im Hintergrund Gespräche zu führen, Vertraulichkeit aufzubauen und im Sinne einer „soft bureaucracy" (Courpasson 2000) zentrale Steuerung *und* individuelle Gefolgschaft durch das Ausloten von Grenzen aufzubauen. Mit Blick auf seine Verortung innerhalb der ärztlichen Profession ist anzunehmen, dass Herr Untermeier dadurch Schlimmeres zu verhindern versucht, etwa dass die wirtschaftliche Seite in einer Weise überzieht, die das ärztliche Ethos grundlegend gefährdet.

Fazit: Pragmatisches Entkoppeln

Entgegen einer proaktiven, Szenarien entwerfenden und insofern strategischen Unternehmungsführung, welche üblicherweise das Topmanagement auszeichnet, verortet sich Herr Untermeier hier in nahezu klassischer Form im mittleren Management, das im Sinne der Sandwichposition vor allem eine Vermittlungsfunktion auszufüllen hat. Fernab unternehmerischer Führungsansprüche bearbeitet er konkrete Problemlagen, die sich aus dem Zusammenspiel von Management, Organisation und Profession ergeben. Bei Konflikten fungiert er in der Regel als deeskalierender Akteur, der die unterschiedlichen Perspektiven der Konfliktparteien aus seiner ärztlichen Praxis kennt (Arzt-Patient-Interaktion, Chefarzt-Management-Interaktion, Chefarzt-Arzt-Interaktion, Chefarzt-Pflege-Interaktion etc.) und insofern zwischen ihnen im Sinne einer übergreifenden Managementperspektive („Gesamtkrankenhaus") als ärztlicher Direktor zu vermitteln weiß. Dabei stellt sich seine formale Rolle im Rahmen der konzernweiten Bestimmungen als hochgradig determiniert dar, wofür er die nüchterne Formel „viele Pflichten, aber keine Rechte" findet. Dieses von ihm als „interessant" bezeichnete Verhältnis führt allerdings weniger zu einer zwischen Zynismus und Sarkasmus oszillierenden

Haltung gegenüber den eigenen Rollenanforderungen und/oder der Organisation als vielmehr zu einer nüchtern-pragmatischen Orientierung durch eine gelingende Entkopplungspraxis, die ihren Ausgang im *Management* nimmt.

Diese Praxis lässt – so die hier vorgelegte Rekonstruktion – genug Freiheitsgrade für die Bearbeitung der im Management konstruierten Probleme auf *Organisationsebene* und das Arztsein von Herrn Untermeier, weil sie eine feine Trennlinie zwischen „offiziellen" Verhandlungsrunden und informellen Gesprächen zieht. Während Herr Untermeier in ersteren Runden, etwa der Chefarztkonferenz, verwaltende Tätigkeiten ausübt (Agenda aufsetzen, Personen einladen, Tagesordnungspunkte moderieren, Protokoll schreiben etc.) und die womöglich konflikthafte Kommunikation über Zahlen dem Geschäftsführer überlässt, ist es seine manageriale Aufgabe, „hinter den Kulissen" Konflikte auf kurzem, d. h. *kollegialem* Wege zu lösen und *auch* im Sinne der Gesamtperspektive „Krankenhaus" zu bearbeiten. Weiterhin stellt er sich dem Management als Berater in medizinischen Belangen zur Verfügung, der von weiteren Entscheidungslasten befreit zu sein scheint.

Auf *Organisationsebene* ist es wiederum an ihm, bereits vom Geschäftsführer eingeführte Probleme als solche zu thematisieren und Lösungswege im Sinne einer auf Ausgleich abzielenden Vermittlungsinstanz zu erörtern. Davon zeugt auch sein Verständnis von Kommunikation, die aus seiner Sicht bei offiziellen Runden am wenigsten entsteht, sondern vielmehr bei gemeinsamen Kaffeepausen und spontanen Begegnungen im Organisationsalltag. Dieses Verständnis entspringt einer face-to-face-basierten ärztlichen Praxis, die sich von allzu starren formalstrukturellen Vorgaben nur allzu gerne entbindet, die Nähe zu den Akteuren sucht und *eigene* Wege findet. Auf *Professionsebene* wird dies dadurch untermauert, dass Herr Untermeier die habituellen Spannungen, die mit seiner als durchaus schwierig und ambivalent empfundenen Rolle des ärztlichen Direktors („zwischen den Stühlen sitzen") einhergehen, als *Entscheidungssituationen* rahmt, die gemäß einer grundsätzlich festen professionellen Präferenzordnung bearbeitet werden. Dies schließt jedoch ein, übergreifende Problemlagen als *solche* zu erkennen und die hiermit verbundenen Störungen der ärztlichen Sphäre *relativ und nicht absolut oder dogmatisch* handhaben zu können. Entsprechend erschüttern sie seine Seinslagerung als Arzt nicht grundlegend, sondern nur temporär, graduell und von Fall zu Fall alternierend. Die als mühsam empfundenen Verhandlungen mit dem Kollegium *als* Teil des Managements verleugnen also weder die habituelle Verortung in der Ärzteschaft noch die hieraus erwachsenen Spannungen, lassen jedoch eine gelingende Entkopplungspraxis erahnen, die nicht zuletzt auf dem impliziten Wissen basiert, dass es sowohl wirtschaftlich wie medizinisch gilt, es nicht zu „überziehen" (s. vertiefend die Rekonstruktion des Managementarrangements im Westgroup Klinikum Mitte, Kapitel V.4).

Zusammenfassung

Im Zuge der einleitend dargestellten Bezugsprobleme des gegenwärtigen Krankenhauses wurde bereits die Hypothese formuliert, dass es angesichts sich überlappender,
teils widersprüchlicher und parallel verlaufender Transformationsprozesse im Ge-
sundheits- und Krankenhaussektor zu einer Konstellation kommt, die insbesondere
für die ärztliche Direktion den Umgang mit Mehrdeutigkeiten, Wertkonflikten
und erhöhter Unsicherheit zu einer ihrer Kernaufgaben werden lässt. Anhand der
vorgestellten Rekonstruktionen zeigen sich drei unterschiedliche Bearbeitungsmodi
(Typ 1-3). Als Basistypik erscheint dabei die Spannung zwischen dem Primat der
Wirtschaft, d. h. den wie auch immer im Detail gearteten Ansprüchen auf Effizienz
und (betriebswirtschaftliche) Rationalität des Managements auf der einen Seite
und den professionellen Eigendynamiken der ärztlichen Arbeit auf der anderen
Seite. Empirisch zeigen sich dabei drei Formen, typologische Ausprägungen, wie
die hiermit verbundenen Bezugsprobleme bearbeitet oder gelöst werden können
(selbstredend sind dabei auch Mischformen zwischen diesen Typen empirisch
vorzufinden).

Eine Variante besteht darin, dass der ärztliche Direktor eine Position der Ferne
zur ärztlichen Praxis einnimmt, um auf diese Weise ein Management auf Distanz
realisieren zu können, das im Detail nicht so genau hinzuschauen braucht (und
kann), was auf den Stationen geschieht. Auf diese Weise werden Konflikte abgeblendet und deren Lösung der ärztlichen Praxis an der Basis überantwortet. Für
diese manageriale Haltung steht in unserem Sample Herr Bremer: technologische
Steuerung mit gesichertem Abstand als „rational control at a distance" (Monahan
2008) und postprofessioneller Identität, zugleich ein Loslassen im Sinne einer dezentralen Kontextsteuerung, die letztlich darum weiß, dass man in der Führung von
Wissensarbeitern kaum anders kann, als auf Selbstorganisation der entsprechenden
Leistungsträger zu vertrauen. Psychisch ist die hiermit eingenommene Position gut
aushaltbar. Ethische Spannungen, etwa die Wertkonflikte zwischen Ökonomie und
Medizin, werden auf die unteren chefärztlichen Ebenen verschoben.

Eine zweite Variante besteht darin, zugleich Arzt zu sein als auch intervenierend
als Managementakteur tätig zu werden. Die Spannungen und Inkommensurabilitäten zwischen den beiden Praxisformen werden damit unmittelbar erfahren.
Entsprechend sind Praxen, die beides zu verbinden versuchen, leicht vom Scheitern
bedroht. Pars pro Toto steht hierfür das Beispiel von Herrn Kneip: Hier finden
wir die Spannungen zwischen formalem Mandat und dem Anspruch, aktiv in das
Organisationsgeschehen einzugreifen, dabei weiterhin die habitualisierten (chef)
ärztlichen Orientierungen aufrechtzuerhalten und zugleich ohne Macht und Res-
sourcenausstattung führen zu müssen. Es verwundert entsprechend nicht, dass

dieses Modell im Rahmen unseres Samplings mit der höchsten Frustrationsintensität einhergeht und auf psychischer Ebene von negativen Emotionen und einer zynischen Haltung begleitet wird.

Als dritte Variante sieht sich der ärztliche Direktor primär der Ärzteschaft verpflichtet, um dann aber moderierend und vermittelnd (Wert-)Konflikte aufzugreifen, um dabei vor allem dafür zu sorgen, dass die Medizin und das ärztliche Ethos nicht allzu sehr durch fachfremde Referenzen korrumpiert werden, im Bewusstsein, dass jeweils pragmatisch (also nicht fundamentalistisch) eine Balance zu finden ist. Hierfür steht in unseren Ausführungen der Fall von Herrn Untermeier. Er spürt die Spannung und hat entsprechend aktiv daran zu arbeiten, aus ärztlicher Sicht halbwegs befriedigende Lösungen zu finden. Dies erscheint im Einzelfall als ein prekärer Balanceakt, wobei auf der einen Seite die ökonomische Überlebensfähigkeit des Krankenhauses bedroht ist, auf der anderen Seite die Integrität der Ärzteschaft. Entsprechend dem notwendigen *boundary work* (Gieryn 1983) ist hier vor allem ein hohes Maß an Kommunikation notwendig. Insbesondere mittels informeller Kanäle gelingt dabei das pragmatische Entkoppeln von Ansprüchen und Lösungen, die in der jeweiligen Situation noch als angemessen vermittelbar sind.

Im Sinne einer funktionalen Analyse (vgl. Kapitel III.1) stellen die hier vorgestellten Varianten Lösungen dar, wie die Position der ärztlichen Direktion mit den damit einhergehenden Bezugsproblemen ausgefüllt werden kann. Sie verweisen jeweils auf das Grundproblem, nämlich pragmatisch auf einen Wertkonflikt eine Antwort zu geben. Dieses Grundproblem erscheint entsprechend als die Basistypik, die alle zuvor dargestellten und in unserem Sample vorfindlichen Fälle verbindet.

Es zeigt sich dabei auch, dass noch keine allgemeingültige Lösung in Hinblick auf die Frage in Sicht ist, wie denn nun ein idealer ärztlicher Direktor aussehen könnte, mit welchen Befugnissen er auszustatten sei und welche Qualifikationen er hierfür mitzubringen habe. Die Umformung der Position des ärztlichen Direktors innerhalb der Krankenhausleitung, seine Managerialisierung, ist demzufolge ein fortlaufender Prozess, die ärztliche Direktion ein Managementakteur in Statu Nascendi. Wie gezeigt werden sollte, vollzieht sich dieser Findungsprozess auf drei Ebenen: in der Krankenhausleitung als Teil des Managements, als Teil einer stark ausdifferenzierten Organisation (Stationen, Funktionsbereiche etc.) und als Teil einer spezifischen Berufsgruppe, der ärztlichen Profession.

Die rekonstruierten Bearbeitungsmodi der medizinisch-wirtschaftlichen Spannung in diesem dreigliedrigen Setting (Basistypik) gewähren einen Einblick in die hoch voraussetzungsreiche Praxis ärztlicher Direktoren. Dabei sollte, wie zuvor schon angedeutet, offenbar geworden sein, dass nicht von einem Königsweg der Bearbeitung dieser Spannungslage ausgegangen werden kann: zu unterschiedlich die jeweiligen organisationsspezifischen historisch-örtlichen Tradierungen, zu zahlreich die Unwägbarkeiten infolge wechselnder interner wie externer Fluktuationen und personenabhängiger Idiosynkrasien. In jedem Fall lässt sich aber zeigen, welche spezifischen Anforderungen an ärztliche Direktionen heutzutage gelten, welche Spannungen daraus erwachsen, welche Dispositionen im Umgang mit ihnen zum Vorschein kommen und wie sie ggf. transformiert werden (könnten).

Die rekonstruierten Modi lassen sich als Versuch lesen, ein Kontinuum der Spannungsbearbeitung aufzuzeigen, welches sich zwischen den beiden Enden „Organisationsrationalität" und „professionelle Selbstbestimmung" bewegt. Überraschend scheint zunächst der Befund zu sein, dass alle drei vorgestellten Direktoren – Herr Kneip, Herr Bremer und Herr Untermeier – trotz unterschiedlicher formaler Ausgestaltungen ihrer Position dieselbe nicht (mehr) im Sinne einer reinen Interessenvertretung (chef)ärztlicher Positionen in der Krankenhausleitung ausdeuten. Vielmehr finden sich bei allen dreien konkrete, praxisfundierte, nicht bloß metaphorische/offiziöse Bezugnahmen auf manageriales Handeln im Sinne einer übergreifenden Perspektive auf das Gesamtkrankenhaus. Insofern lässt sich bei keinem der drei Modi, für welche die Direktoren jeweils stellvertretend stehen, eine Fundamentalopposition zum Projekt des Managements eines Krankenhauses erkennen.

Jedoch zeigen sich bei aller Zugewandtheit zu Managementthemen und -praktiken unterschiedliche Frustrationsschwellen ärztlicher Direktoren, die in Zusammenhang mit verlautbarten Ansprüchen und den tatsächlich erzielten Wirkungen stehen. Eine allgemeine habituelle Disposition ärztlicher Direktoren muss offenbar die eingelebte Selbstwirksamkeit, Agilität und Souveränität des Chefarztseins in irgendeiner Form in die Managementrolle überführen. Subordination und Gefolgschaft auf der einen, Mehrdeutigkeit und Unsicherheit auf der anderen Seite scheinen im Rahmen der Managementidentität nur aushaltbar zu sein, wenn diese analog zur ärztlichen Entscheidungsfindung in einem als konstruktiv erlebten Rahmen sukzessive in eine Praxis überführt und demgemäß bearbeitbar werden. Als wesentlich dafür kann die prinzipielle Verschiebbarkeit des Aufeinander-Bezugnehmens angeführt werden: Die Frustrationsschwellen variieren mit der jeweils ausgehandelten und eingespielten Verhältnismäßigkeit zwischen den Ebenen des Managements, der Organisation und der Profession sowie der hiermit einhergehenden Wahrnehmung der eigenen Selbstwirksamkeit.

So scheint Herrn Kneips Frustrationstoleranz infolge seines Verhältnisses zum Management grundsätzlich relativ niedrig zu liegen. Seine Führungsansprüche gelangen nur rudimentär und meist in Form einer Führung durch Initiation zum Erfolg, wobei sich dieser vermeintliche Erfolg als ein sehr zweischneidiges Schwert erweist: Zwar erscheint Herrn Kneips Agilität nach außen hin als durchsetzungsstark, mittel- bis langfristig stellt sich seine Situation letztlich aber doch

als Ausbeutungsverhältnis dar. Entweder wird sie als Fremdausbeutung durch
den Konzern respektive das sodann als marionettenhaft folgende Hausmanage-
ment erlebt, woraus sich zynische Haltungen entwickeln; oder aber sie wird als
Selbstausbeutung verstanden, woraufhin sarkastische Bemerkungen zum eigenen
professionellen Unvermögen überwiegen. Gerade mit Blick auf die Anforderung,
dass die Akteure ja auch psychisch mitspielen müssen, sich also nicht zu sehr in
Konflikt mit der von ihnen eingenommenen Rolle erfahren dürfen, wirkt die hier
entfaltete Variante als die wohl am ehesten prekär erscheinende unter den drei Lösungsformen. Weniger intensiv erscheinen die stellenbezogenen Frustrationen bei
Herrn Bremer und dementsprechend höher dürfte auch seine Frustrationstoleranz
liegen. Besonders hervorzuheben ist hierbei aber Herr Untermeier als Stellvertreter
eines Typus, der auf mittlerer Managementebene als Vermittler in Erscheinung tritt.
Während Herr Bremer infolge seiner klar bezogenen Nähe zum Management auf
eine technokratische Steuerungsperspektive rekurriert und dafür mit der weitgehenden Preisgabe seiner professionellen Identität als Arzt „bezahlen" muss, scheint
Herr Untermeier seine professionelle Identität und die Kunst des Managens von
Spannungen am ehesten balancieren zu können. Es liegt zwar ein ausgeprägtes Maß
an Frustration (Management: „viele Pflichten, keine Rechte"; Profession: „zwischen
den Stühlen sitzen") vor, jedoch scheint gerade in der pragmatischen, jeweils situativ
vollzogenen Bezugnahme auf organisationsbezogene Probleme der Schlüssel für ein
professionell integriertes und insoweit gelingendes Management von Spannungen,
das Frustrationen nicht bloß erträgt, zu liegen. Die genannten ethisch-professionellen Zumutungen werden zwar auch bei Herrn Bremer (und erst recht bei Herrn
Kneip) mitvollzogen, doch in der Praxis nur aus einiger Entfernung „unter die Lupe"
genommen. Mit Hilfe evidenzbasierter Informationen wächst so eine geläuterte
Skepsis in Hinblick auf die Problemlösungskapazitäten einer durch professionelle
Werte geleiteten Organisation heran, der sich Herr Bremer als kontextsteuernder
„medical manager" (Llewellyn 2011) annimmt. Doch er bewegt sich dabei nicht
fortlaufend im Korridor von „wirtschaftlich überzogen und medizinisch notwendig". Diese für Herrn Untermeier charakteristische Positionierung zeigt mit einiger
Plausibilität im Sinne einer funktionalen Analyse, die Kausalität weder unterstellen
kann noch will, dass das gemeinsame Bezugsproblem von ihm am ehesten in einen
gelingenden Praxisvollzug überführt wird. Auf Ebene des mittleren Managements
gelingt es ihm, den Vermittlungsaspekt in den Vordergrund zu stellen und so –
einerseits von stärker machtgebundenen unternehmerischen Aspekten (Führung
ohne Macht: Herr Kneip) und allzu abstrakten Rechen- und Evaluationspraktiken
(Management aus Distanz: Herr Bremer) andererseits entlastet – Spannungslagen
situativ entkoppeln und dadurch Frustrationen besser begegnen zu können. Dabei
ist die normative Bewertung und Frustrationsschwelle der Akteure selbst zu un-

terscheiden von der hier vorgelegten funktionalen Analyse, die nicht auf Personen zurechnet, sondern die vorgestellten Gelingensbedingungen als Mischverhältnisse zwischen psychischen oder persönlichen und organisationalen Faktoren begreift.

Komplementäre Perspektiven der Chefärzte – Zusammenfassende Betrachtung

Es zeigt sich, dass die ergänzend angeführten chefärztlichen Perspektiven in zweifacher Weise in komplementärem Verhältnis zu den ärztlichen Direktoren stehen. Zum einen spiegeln sie das generelle Spannungsverhältnis zwischen den ärztlichen Primaten und globalen ökonomischen Steuerungsparametern, denen die Krankenhäuser unterstehen, wider. Zum anderen drückt sich in den Perspektiven die Dynamik eines spezifischen Führungsstils aus, welcher den ärztlichen Direktor des jeweiligen Hauses in Verbindung mit der Geschäftsführung kennzeichnet. Insgesamt zeigt sich, dass ärztliche Direktoren, die in einem besonders gebrochenen Verhältnis zu ihrer eigenen Position stehen, kaum mehr von den Chefärzten als ihre Vertreter wahrgenommen werden. Teilweise werden ihnen gar unlautere Motive (wie z. B. eigene Vorteile zu suchen) unterstellt. Umgekehrt erscheint in Häusern, in denen auch die Ärzte der Geschäftsführung eine gewisse Integrität bescheinigen und eine gute Kommunikationskultur empfinden, auch der ärztliche Direktor eher als ein Partner. Unabhängig davon zeigt sich allerdings, dass die gegenwärtigen Konflikte des Krankenhauses spätestens auf der Ebene der Chefärzte bearbeitet und ausgetragen werden müssen, also hier nicht mehr ohne weiteres auf Distanz gehalten werden können. Dementsprechend bilden Beteiligte hier Überlebensstrategien heraus wie einerseits Zynismus oder das Oszillieren zwischen herrschaftlichen Metaphern (denn die Chefärzte empfinden sich weiterhin als Teil einer Leistungselite mit Führungsanspruch) und einem ohnmächtigen Den-Verhältnissen-ausgeliefert-Sein. Außerdem treten Chefärzte vor diesem Hintergrund ihrerseits als eigenständige Player in Erscheinung, die versuchen – gleichsam unternehmerisch –, strategisch wirtschaftliche Belange zu bearbeiten. Dies erlaubt ihnen, in Hinblick auf die Bearbeitung der Spannung zwischen dem Medizinischen und Ökonomischen eine gewisse Selbstwirksamkeit zu entfalten, nämlich indem sie sich ihrerseits eigenständig um ihre Abteilung aus einer unternehmerischen Perspektive kümmern. Hierdurch stehen jedoch auch sie selbst wiederum vor dem Problem, aus ärztlicher Sicht faule Kompromisse eingehen zu müssen, die nach ihrem professionellen Selbstverständnis nicht geschehen dürften. In vielen der von uns mit den Chefärzten geführten Interviews zeigen sich an diesen Stellen Reflexionssperren, welche zwar erlauben, die Zwänge des Abrechnungssystems auf einer abstrakten Ebene zu verurteilen, aber nicht gestatten, die Korrumpierbarkeit der eigenen Arbeit zu thematisieren. Eine teilweise Ausnahme besteht in einem Fall, in dem der Kauf eines kassenärztlichen Sitzes als Bollwerk gegen die Fremdbestimmung von außen wahrgenommen wird (freilich wiederum unter Ausblendung der ökonomischen Zwänge, die in dieses Arrangement eingelagert sind).

Kurzum: Sowohl Chefärzte wie auch ärztliche Direktoren sind und bleiben von ihrem Habitus her „Macher", was dazu führt, dass die Spannungen zwischen Krankenhausführung und Stations- und Klinikleitung bzw. zwischen Ökonomischem und Ärztlich-Medizinischem hier besonders markant zum Ausdruck kommen.

2   Pflegedienstleitung in Organisationsverantwortung: Überforderung und Entfremdung von der Basis?

Einleitung

Wie in der Einleitung des Buches beschrieben, ist die deutsche Krankenhausland-schaft von starken Umbrüchen betroffen. Eine der leidtragenden Gruppen dieses Prozesses ist die Gruppe der Pflegenden, deren Arbeitssituation aufgrund von Personalmangel und zunehmender Personalreduktion oftmals kritisch ist (Isfort und Weidner 2001, S. 81). Im Zeitraum zwischen 1995 und 2006 ist ein Rückgang von 45.839 (14,2%) Vollzeitkräften zu verzeichnen, der in den Jahren 2003 und 2004 (d. h. kurz nach der DRG-Einführung) einen Höhepunkt erreicht hatte (vgl. Simon 2013). Zwar hat sich die Situation seit 2007 beruhigt (11.000 neue Stellen im Zeitraum 2007-2014), doch die Arbeitssituation im Pflegebereich ist nach wie vor angespannt. Gründe dafür sind neben der Personalknappheit die Fallzahlsteige-rung, die Reduktion durchschnittlicher Verweildauern (und damit ein Anstieg der arbeitsintensiven Patientenaufnahmen und -entlassungen) und die demographische Entwicklung, die eine Zunahme älterer (multimorbider und dementer) Patienten zur Folge hat. Die Personalzahlen spiegeln sich – so die Ergebnisse einer Untersuchung von Braun (2014) – auch in der beruflichen Selbstwahrnehmung der Pflegekräfte wider. Demnach bestehen Diskrepanzen zwischen den Erwartungen an gute Pflege und der tatsächlichen Praxis im Krankenhaus. Dies betreffe insbesondere die Pati-entenzuwendung: Während 2006 beispielsweise 70% der Befragten angaben, dass grundsätzlich und uneingeschränkt soziale und emotionale Zuwendung gegeben werde, fällt dieser Wert im Jahr 2008 auf 16%. Daneben geben Pflegekräfte an, dass Angehörige von Patienten immer häufiger soziale und emotionale Unterstützung leisten (a. a. O., S. 103f.).

Nicht nur die knappen Personalressourcen für die Stationsarbeit lassen die Stellung der Pflege problematisch erscheinen. Auch die Bilanz des Professiona-lisierungsprojektes der Pflege ist für die Bundesrepublik als durchwachsen zu beschreiben: Zwar haben Universitäten pflegewissenschaftliche Lehrstühle einge-richtet und es können (überwiegend an Fachhochschulen) pflegerische Studiengänge absolviert werden. Allerdings ist weder eine übergreifende Behörde zur Regelung der Mitsprache etabliert (wobei an der Einrichtung einer Pflegekammer gearbeitet wird), noch die universitäre Anbindung institutionalisiert worden. Die dreijährige Krankenpflegeausbildung in Deutschland kann nach wie vor im Anschluss an eine zehnjährige Schulausbildung erfolgen. Während in Deutschland die Gruppe der akademisierten Pflegekräfte in Krankenhäusern 2013 statistisch nicht von Relevanz war, ist diese Quote in Spanien oder Norwegen mittlerweile bei 100% angelangt (vgl. Heinen et al. 2013).

Studien zur Rolle und zum Einfluss der Pflege im Krankenhausmanagement gibt es nur wenige und das Bild, das durch sie entsteht, ist bislang zu eindimensional. Die wenigen bisherigen Arbeiten zu dieser Gruppe verweisen einerseits auf deren problematische Stellung im Management, andererseits werden Pflegedienstleitungen[90] als Akteure beschrieben, die aufgeschlossen gegenüber institutionellen Neuerungen sind.[91]

Im deutschsprachigen Raum ist insbesondere die Studie von Küpper (1996) relevant. Hier wurden die Karriereverläufe und Arbeitserfahrungen von Pflegedienstleitungen in Nordrhein-Westfahlen mit Hilfe qualitativer Interviews untersucht. Als zentrales Ergebnis stellt die Autorin heraus, dass die meisten Befragten bezüglich ihrer Mitbestimmung im Krankenhausmanagement desillusioniert waren. Die Hoffnung „mit Menschen zu arbeiten, Prozesse einzuleiten, etwas zu bewegen" (a.a.O., S.219-220) wurde enttäuscht. Die Probleme im Alltag (wenig Entscheidungskompetenzen, mikropolitische Spiele, unstrukturierter Alltag) werden mit genderspezifischen Unterschieden erklärt. Weibliche Pflegedienstleitungen, die aus einem „klassisch weiblichen Beruf" kommen, seien auch im Management erheblichen Zwängen und Beschränkungen unterworfen.

Ein anderes Bild zeichnet eine Befragung (Fragebogen und qualitative Interviews) von britischen Pflegenden in Führungspositionen[92] (Bolton 2005). Aufbauend auf Goffmans Rollenkonzept wird die ambivalente Stellung zu den Managementerwartungen analysiert. „Some parts of the managerial role they appear to embrace in that they find innovative ways of introducing new policies [...]. At other times they remain distant from the role" (a.a.O., S.19). Trotz der partiellen Übernahme von Managementaufgaben positioniert sich ein Großteil der Befragten primär im

---

90 Im Folgenden werden die Begriffe für die Funktionsbeschreibung der Pflegedienstleitung und der Pflegedirektion synonym verwendet.

91 Vermutlich ist die in der Literatur beschriebene Aufgeschlossenheit gegenüber Neuerungen eine Reaktion auf das „Außenseiterdasein" und die damit geblockten Aufstiegsmöglichkeiten. So schreibt bereits Freidson (Freidson 1988, S.66), dass durch die Aufgabe von „particularistic skills of nursing and moving into administration positions the nurse may move up the hierarchy and attain equality with, if not super-ordination to those in the medical hierarchy."

92 Die Autoren sind sich bewusst, dass länderspezifische Unterschiede (kulturelle, aber auch Unterschiede in der Krankenhausstruktur) die Position von Pflegedienstleitungen mitprägen. Beispielsweise sind in Großbritannien „third-party"-Manager, die nicht aus Krankenhäusern stammen, relativ stark institutionalisiert (vgl. Ackroyd et al. 2007).

Pflegebereich (und nicht im Management) und nimmt, abnehmend mit höherer Hierarchiestufe, Konflikte zwischen der Pflege- und der Managementrolle wahr.

Die Aufgeschlossenheit von Pflegedienstleitungen gegenüber Neuentwicklungen wird in zwei internationalen Studien aufgezeigt, die sich unter anderem mit der Pflege im Management beschäftigt haben. So zeigt Lowe (Lowe 2001), dass die Einführung des DRG-Systems in einem Krankenhaus in Neuseeland nur mit Hilfe der Pflegeakteure umgesetzt werden konnte. Während die Ärzte zunächst sehr zurückhaltend agierten, warben die Pflegedienstleitungen dahingegen aktiv für das neue Verrechnungssystem und nahmen diesbezüglich eine zentrale Stellung in der Organisation ein. Ähnliche Ergebnisse zeigen sich auch in der Studie von Allen (2014). Management und Pflege fanden in einem britischen Krankenhaus durch ein Werkzeug zum Qualitätsmanagement zusammen, während das Steuerungsinstrument seitens der Ärzte ablehnend beurteilt wurde.

Zusammenfassend lässt sich also sagen, dass nicht nur die Situation der Stationspflege prekär erscheint und es kaum Möglichkeiten zur substanziellen Änderung dieses Umstands gibt, sondern dass auch die Stellung der Pflegedirektoren im Management ambivalent oder zumindest nicht eindeutig ist. Einerseits scheint es an Durchgriffsmöglichkeiten zu mangeln, eigene Ideen und Interessen durchzusetzen, andererseits scheinen Konflikte und Spannungen zwischen dem Pflege- und Managementbereich auch institutionell bedingt zu sein – etwa in Hinblick auf die Spannung zu den statushöheren Ärzten. Gleichzeitig legen die oben genannten Studien aber auch nahe, dass die Akteure aus der Pflege einen entscheidenden Unterschied machen können, etwa wenn es darum geht, neue Managementwerkzeuge in den Organisationsalltag einzuführen.

Vor dem Hintergrund des empirischen Materials unserer Fallstudie und des aktuellen Stands der Forschung formulieren wir zwei gemeinsame Bezugsprobleme der Pflege im Management. Das erste besteht darin, als Pflegedirektor mit Blick auf die anderen Managementakteure (kaufmännische Leitung, ärztlicher Direktor, Geschäftsführung, etc.) eine eigene Position in der Organisation zu finden. Das zweite Problem besteht darin, unter Bedingungen starker Ressourcenknappheit zu gewährleisten, dass die Stationsarbeit in einer gegenüber Personal und Patienten noch zu verantwortenden Weise geschieht. Etwas anders formuliert versuchen alle Pflegedirektoren, die Spannung zwischen der betriebswirtschaftlichen Rationalisierung und der Verantwortung für die gesundheitliche Situation der Patienten und Arbeitssituation der Pflegemitarbeiter zu bearbeiten. In unserer Untersuchung zeigen sich unterschiedliche Weisen, wie diese Probleme bewältigt werden. Bedeutsam für den jeweiligen Modus Operandi erscheinen dabei insbesondere das Verhältnis zur eigenen Berufsgruppe, das Verhältnis zum Management und das Verhältnis zur Ärzteschaft.

Gemäß den eben formulierten Bezugsproblemen bezieht sich die im Folgenden ausgearbeitete Typologie auf zwei Dimensionen: In der ersten Dimension verorten wir einen Typ kurz gesagt dahingehend, ob er habituell eher im Management oder eher auf Station verankert ist, ob er also das Krankenhaus als Gesamtorganisation in den Blick nimmt, oder seinen Fokus auf die Interessen der eigenen Berufsgruppe und Probleme auf Station legt.

In der zweiten Dimension der Typologie erörtern wir, inwiefern die jeweiligen Typen einen Unterschied im Management machen. Hierbei geht es ganz im Sinne eines polykontexturalen Managements (s. zur Theorie Kapitel I) darum, inwiefern die befragte Pflegedienstleitung eine eigenständige, konturierte Position neben der kaufmännischen und der ärztlichen Position einnimmt bzw. herausbilden kann. Hierfür beziehen wir die Interviews mit anderen Berufsgruppen aus den jeweiligen Krankenhäusern in die Analyse ein. Wie sich zeigen wird, braucht diese Positionierung nicht notwendigerweise in einer einfachen Vertretung der Interessen der pflegerischen Berufsgruppe (mehr Personal, etc.) aufzugehen, sondern kann auch darin bestehen, pflegerische Ansprüche (den Menschen als Ganzes zu sehen, den gesamten Behandlungs*prozess* zu begleiten) auf der Management-Ebene auf die Organisation als Ganzes zu übertragen (Pflege der *Organisation*, die Organisation als Ganzes im Blick zu haben[93]).

Daraus soll jedoch nicht unmittelbar gefolgert werden, dass die Pflege auf einer Station „schlecht dasteht", nur weil der entsprechende Pflegedirektor innerhalb der Klinikleitung keine unterscheidbare Perspektive einbringt. Die Position der Pflegedienstleitung im jeweiligen Haus ist vielmehr eine Frage des Arrangements – denn in einer Klinikleitung, in der auch von ärztlicher und kaufmännischer Seite der Wert der Pflege Anerkennung und Berücksichtigung findet, mag es weniger notwendig sein, sich für dezidiert pflegerische Interessen einzusetzen.

Im Folgenden soll mit Fragen der Bewertung sparsam umgegangen werden, da es nicht Ziel der Untersuchung ist, den „besten" Typ zu küren. Die verschiedenen Typen sollen eher als aus der Empirie rekonstruierte Positionen in einem graduellen Feld verstanden werden. So gibt es zu jedem Typ einen oder mehrere idealtypisch erscheinende Fälle, einige der Pflegedirektoren sind aber – im Sinne einer sehr vielschichtigen Praxis – eher zwischen zwei Typen zu verorten, ohne dass man sie sofort als gänzlich anderen und eigenständigen Typ bezeichnen sollte.

Allen Pflegedienstleitungen in unserem Sample ist die Vorstellung gemein, dass die Pflege von ihrem Habitus und ihrer Denkweise her eine besondere Prozessorientierung und eine besondere Organisationskompetenz aufweist. Dies wird (dort wo es explizit gemacht wird) von der Funktion der Pflege in Bezug auf den Patienten

---

93   Vgl. hierzu bereits: Wolf und Ostermann (2016).

abgeleitet: Die Kompetenz, die Prozesse rund um den Patienten zu koordinieren, und das Wissen darum, wie die organisationalen Strukturen den Patienten betreffen – so das Argument –, führe auch zu Prozesskompetenz auf Managementebene.

Typ 1: Betriebswirtschaftliche Assimilierung

Charakteristisch für diesen Typ ist, dass die wesentlichen Differenzen nicht innerhalb des Managements, also gegenüber dem kaufmännischen Leiter und dem ärztlichen Direktor auftreten, sondern gegenüber dem Personal auf Station, sowohl gegenüber den Ärzten als auch den Pflegekräften. Probleme und Spannungen ergeben sich eher selten in der Kommunikation mit der kaufmännischen Leitung, deren Perspektive und Rationalität man sich weitestgehend zu eigen macht. Entsprechend erscheinen die betriebswirtschaftlichen Anforderungen als übergeordnete Notwendigkeit, vor deren Hintergrund die Probleme auf Station an Legitimität verlieren. Idealtypisch für den ersten Typ kann Frau Teuschel, die Pflegedirektorin des Westgroup-Klinikums (vgl. Kapitel V.2), gesehen werden. Da dieser Fall jedoch ausführlich in den Arrangements behandelt wird, wird Typ 1 hier anhand von Herrn Wirth (Pflegedirektor im Krankenhaus Antonius-Stift) illustriert, der diesem Typ ebenfalls zuzurechnen ist.

Verhältnis zur Pflege: Gefühlte Überlastung wegargumentieren

> *Herr Wirth:* Na ja, also ich sage mal so, es ist natürlich schon so, dass gefühlt natürlich – es ist ja auch so, dass wir deutlich mehr Patienten durchschleusen in kürzerer Zeit, dass die Patienten älter werden, multimobiler werden, das ist so, das merkt man auch tagtäglich; also Demenzerkrankten auf Normalstationen nimmt zu. Also das ist ein höherer Anspruch, aber nichtsdestotrotz hat sich ja die Zahl der Mitarbeiterschaft ja nicht viel verbessert, sondern es ist eher knapper geworden. Und das heißt, gefühlt hat jeder einzelne natürlich auch das Gefühl, dass er mehr machen muss oder mehr Verantwortung tragen muss für dieses. Und da ist natürlich klar, wer sich darüber nicht Gedanken macht, wo soll es denn herkommen, der sagt natürlich: Ich brauche mehr Personal oder ich fühle mich jetzt hier überlastet, mache dann entsprechende Anzeigen oder, oder, oder, nicht? Also solche Dinge gibt es dann. Oder aber es macht sich dann bemerkbar, in einer zunehmenden Krankenstatistik, also das kann man ja schon sagen.

Zunächst schildert Herr Wirth die gestiegenen Anforderungen an das Pflegepersonal, die in dieser Form von allen uns befragten Akteuren geteilt werden: pflegetechnisch anspruchsvollere Patienten müssen in weniger Zeit von weniger Personal versorgt werden. Dieser von ihm festgestellte *de facto*-Anstieg der Anforderungen wird jedoch wieder relativiert, indem die Belegschaft (lediglich) „gefühlt" mehr

Verantwortung und eine höhere Arbeitsbelastung zu bewältigen habe. Es wird deutlich, wie die Perspektive des überlasteten Personals nicht ernst genommen wird. Deren Perspektive erscheint sinnlogisch als eine defizitäre vor dem Hintergrund der mangelnden Kenntnis der Rahmenbedingungen („wer sich darüber nicht Gedanken macht, wo soll es denn herkommen"). Führt man die Argumentationsweise an dieser Stelle weiter, so müsste Herr Wirth umgekehrt formulieren: Wenn das Personal auf Station wüsste, warum die Anforderungen so hoch sind, würden sie sich nicht überlastet fühlen. Herr Wirth argumentiert hier, als würde die Forderung nach mehr Personal („Ich brauche mehr Personal") nicht berechtigterweise in der von ihm selbst zuvor beschriebenen starken Arbeitsverdichtung gründen, sondern lediglich in einem Informationsdefizit in Bezug auf die übergeordneten Zusammenhänge. Selbst zunehmende Krankmeldungen und Überlastungsanzeigen lassen ihn den Ernst der Lage verkennen und erscheinen folglich als mangelnde Einsicht in die Gesamtzusammenhänge. Herrn Wirth scheint aber letztlich nicht das Gefühl der Überlastung problematisch, sondern die daraus folgenden Belastungsanzeigen und Stellenforderungen, also die formalen Konsequenzen, die ihm vor dem ökonomischen Hintergrund nicht angemessen erscheinen.

Die Forderung „ich brauche mehr Personal" orientiert sich aber nicht an betriebswirtschaftlichen Plausibilitäten, sondern an der tagtäglichen real erfahrenen Arbeitsverdichtung, die Herr Wirth zuvor beschreibt. Er selbst sieht zwar die Probleme, „fühlt" sie jedoch nicht, es findet kein emotionaler Mitvollzug der hohen Anforderungen des Stationspersonals statt. Vielmehr wird es zu einer Frage der ökonomischen Aufklärung, ob aus einem Überlastungsempfinden heraus Forderungen gestellt werden (können) oder nicht.

Die Kommunikation mit dem Geschäftsführer ist dementsprechend weniger spannungsreich, da die betriebswirtschaftlichen Notwendigkeiten Herrn Wirth unmittelbar logisch zugänglich sind und ihm zudem als eine unhintergehbare Wirklichkeit erscheinen. Spannungsvoll bleibt hingegen die Kommunikation und die Plausibilisierung der vor diesem Hintergrund getroffenen operativen Entscheidungen gegenüber dem Pflege- bzw. Stationspersonal:

> *Interviewer:* Wie haben Sie das empfunden, als Sie den Stellenabbau der derzeit konkret passiert ist, verkünden mussten oder/
>
> *Herr Wirth:* Na ja, es ist ja immer eine Frage wie man es verkündet, nicht? Also ich versuche nun wirklich viel zu kommunizieren und das auch viel zu erläutern, also ich meine, mir ist das plausibel, ich habe mich ja jetzt nicht mit der Geschäftsführung darüber gestritten, weil das für mich klar war, das das ist ein notwendiger Prozess. Wenn wir hier rote Zahlen schreiben, können wir alle etwas dafür tun und habe das nachvollziehen können und entsprechend natürlich auch mit den Stationsleitungen gesprochen, weil das ist dann ja sozusagen für mich dann – sind das die Multiplikatoren.

Und da wo es dann natürlich hakt, wo es dann möglicherweise Probleme gibt, da gehe ich dann natürlich auch jeweils in die Teamsitzung rein und dann besprechen wir das. Also jetzt nächste Woche beispielsweise bin ich noch auf einer Station, weil das da halt nicht so empfunden oder als nicht als richtig empfunden wird, dann erläutere ich das halt noch mal; aber es bleibt trotzdem natürlich, es gibt ja keine Alternative. Ich kann natürlich auch bessere Dinge vorstellen, das ist mir klar und würde auch mehr rein geben wollen, aber es ist nun mal wie es ist, ja?

Herrn Wirths Orientierung liegt hier deutlich bei der Geschäftsführung und der betriebswirtschaftlichen Notwendigkeit, den Bereich der „roten Zahlen" zu verlassen. Der Stellenabbau in der Pflege ist für ihn unstrittig, ja notwendig. Diese starke betriebswirtschaftliche Orientierung schließt aus, beim Geschäftsführer für erträgliche Arbeitsbedingungen auf Station zu kämpfen (womit er die Frage nach den „roten Zahlen" weitestgehend ihm und seiner Verantwortung überlassen würde). Seine Aufgabe scheint stattdessen allein in der Plausibilisierung der Entscheidung des Stellenabbaus auf Station und der Umsetzung der getroffenen Entscheidung zu liegen, wobei er zur „Multiplikation" auf die Hierarchie zurückgreift (die untergeordneten Stationsleitungen). Der unmittelbare Kontakt zu den Betroffenen auf Station wird lediglich dann gesucht, wenn dies eingefordert wird und die seiner Sicht nach richtigen Entscheidungen (die entsprechend nicht mehr zur Diskussion stehen) falsch empfunden werden. Es ist dieses falsche Empfinden, das er durch seine Erläuterungen zu bearbeiten versucht – wobei der Ausgang dieser Bemühungen letztlich irrelevant ist, da die Entscheidung per se als gesetzt und als alternativlos gesehen wird:

Interviewer: Ja, ja. Ein Einzelner hat überhaupt nicht den strategischen Überblick.
Herr Wirth: Eben. Ganz genau und deswegen kann ich das auch verstehen, dass sie das so nachher empfinden und deswegen nehme ich mir ja auch viel Zeit dafür.

Im diesem kurzen Absatz wird noch einmal deutlich, dass die Gefühle der auf der Station arbeitenden Pflegekräfte zwar als legitim und nachvollziehbar angesehen werden, aber nicht als zu berücksichtigende Perspektive. Der bereits angesprochene Stress auf Station aufgrund extremer Arbeitsverdichtung ist letztlich einem mangelnden „strategischen Überblick" zuzuschreiben und nicht einer realen Überlastung. Dadurch wird deutlich, dass Herr Wirth hier gar nicht erst einbezieht, dass es andere legitime Orientierungen als die seine geben könnte. Demnach müsste also jeder, der den Überblick hat, zu den gleichen Schlüssen kommen wie er.

Zusammengefasst zeichnet sich der Pflegemanager des Typs 1 dadurch aus, dass er Notwendigkeiten und Zwänge mit den Augen des Geschäftsführers/kaufmännischen Leiters als solche bewertet und die Sachlage nicht – z. B. aus pflegespezifischer

Sicht – (etwas) anders beurteilt. Dementsprechend kommt er nicht auf die Idee, die betriebswirtschaftlichen Primate aus einer genuin pflegerischen Perspektive zu bearbeiten oder zumindest neu zu formatieren. Er betreibt lediglich die Umsetzung dessen, was aus Perspektive der kaufmännischen Akteure opportun erscheint. Es konturiert sich hier keine eigenständige Position, die wirtschaftlichen Anforderungen werden undifferenziert als primäre Rahmung übernommen. Die Bedürfnisse auf Station werden dabei theoretisch reflektiert und können in dieser *theoretischen* Form zwar prinzipiell nachvollzogen, aber nicht emotional mitvollzogen werden. Sie führen nicht zur Differenzierung oder Informierung der Managementpraxis. Homolog hierzu verläuft der Kontakt zur Station im Wesentlichen vermittelt über die Hierarchie (die untergeordneten Führungskräfte werden primär als „Multiplikatoren" angesprochen).

Verhältnis zur Ärzteschaft: Machtlos im „Königreich" der Ärzte

In Abgrenzung zu den Ärzten führt Herr Wirth an dieser wie an anderen Stellen das „Prozessdenken" als originäre Kompetenz der Pflege an. Dies wurde bereits eingangs als typenübergreifende Gemeinsamkeit der Pflege angeführt:

> *Herr Wirth:* Das ist häufig so, dass im Bereich der Pflege dann eher so ein bisschen mehr Prozessdenken vorhanden ist, wogegen dann halt eben doch die Ärzte sehr, sehr klar in ihrem Fachbereich dann bleiben und sozusagen ihr Königreich da verteidigen.

Darüber hinaus deutet Herr Wirth mit der Formulierung „Königreich [...] verteidigen" sein Verhältnis zur Ärzteschaft an, welches er trotz des „gegenseitigen Respekts", den er an anderer Stelle erwähnt, mit der Brille eines mikropolitischen Machtspiels sieht, das der betriebswirtschaftlichen Rationalität zuwiderläuft, die er für vernünftig erachtet. In der folgenden Interviewsequenz klagt er zudem, dass Ärzte aufgestellte Regeln unterlaufen können, ohne dass der Pflegedirektion qua Hierarchie Sanktionsmittel zur Verfügung stünden. Am Beispiel der Neustrukturierung des Belegungsmanagements – eine Aufgabe, die aufgrund der pflegerischen Organisationskompetenzen bei ihm als Pflegedirektor liegt – reflektiert Herr Wirth die Position der Ärzte in folgender Weise:

> *Herr Wirth:* Aber es ist noch nicht so, dass alle Kompetenzen und alle Entscheidungs-
> . befugnisse in dieses neue Belegungsmanagement hinein gesetzt wurden, sondern es gibt immer noch die Möglichkeit, dass ein Arzt weiterhin aufnehmen kann und dann kann natürlich jede Planung durcheinander geraten. Also dann bringt das ja nichts. Also wenn man das nicht komplett in einen Bereich hinein setzt, dann ist das ja nichts. Aber das ist halt nicht so einfach in einem Krankenhaus, weil das Krankenhaus hat ja nun viele/ Also in einen normalen Wirtschaftsunternehmen hätte man schon längst

das so entschieden: Das wird so gemacht und dann gibt das eben eine Anweisung, so ticken aber nun mal Mediziner nicht. Das ist ganz schwierig.

Interviewer: Okay. Das heißt, die werden dann an dieser speziellen, zentralen Aufnahmestelle, werden die dann vorbei geschleust und dann irgendwie/

Herr Wirth: Ja, die kriegen nachrichtlich dann die Informationen: Sie haben jetzt noch den und den Patienten sozusagen mit einbestellt und der muss dann unbedingt operiert werden. Oder es wird dann aus dem/ Wo man irgendwie das einfach mal so auch als zwar medizinisch Bewanderter ganz klar sagt: Wo ist denn da der Notfall? Dann wird da aber daraus ein Notfall definiert. Das ist alles möglich. Also man kann solche Systeme immer unterminieren, indem man dann einfach seine eigenen Regeln aufstellt. Und das ist einfach sehr, sehr schwierig.

Herr Wirth beschreibt die Ärzteschaft hier als schwer organisierbar. Es wird auch deutlich, dass Herr Wirth die Spannungen gegenüber den Ärzten nicht *antizipiert*, um sie durch geschickte Umgangsformen zu managen, sondern er scheint sich vielmehr darüber zu ärgern, dass die Ärzte eben nicht „so viel Vernunft aufbringen, sich auf den Kreis der [...] [ihnen] zugemessenen Entscheidungsbefugnisse und Anordnungsberechtigungen zu beschränken" (Rohde 1974, S. 258) – genau die Einstellung, die Rohde als organisationale Naivität beschreibt. Herr Wirth kann nicht nachvollziehen, dass er es hier nicht nur mit mikropolitisch starken Playern zu tun hat, sondern dass diese auch aus einer anderen Logik heraus handeln. So deutet er die flexible Anwendung des Kriteriums ‚medizinischer Notfall' als mikropolitisches Spiel und nicht etwa als der ärztlichen Logik folgerichtig oder sogar einem polykontexturalen Arrangement geschuldet, in dem auch Ärzte Kompromisse – z.B. zwischen ökonomischen und medizinischen Zielen – eingehen (müssen), was nur dann gelingen kann, wenn bestimmte Anforderungen im Modus des Als-ob bearbeitet werden. Er referiert hier auf die Utopie einer postprofessionellen Organisation, in der etwaige andere Orientierungen durch Anweisung und Autorität der unternehmerischen Logik untergeordnet werden können. Genau dies ist aber in einem Krankenhaus nicht möglich, und so verfügt er zu seinem Bedauern nicht über die Macht, die Ärzte im Sinne seiner Organisationsvorstellungen zur „Vernunft" zu bringen (und der Geschäftsführer in diesem Haus ebenfalls nicht, der sich genau aus diesem Grund implizit danach sehnt, Waschmaschinen zu bauen, anstatt Patienten zu behandeln: s. Herr Wohlfahrt, Kapitel IV.3). Im eigenen Verantwortungsbereich ist ihm dies hingegen möglich, wie wir bereits gesehen haben. Diesbezüglich dokumentiert sich ein weiteres Mal auf interessante Weise Herrn Wirths Orientierung als betriebswirtschaftlich assimilierter Bürokrat: In einem „normalen Wirtschaftsunternehmen" wäre seine Art und Weise, die Rolle des Pflegedirektors auszufüllen, scheinbar unproblematisch. Als hochgradig wissensbasierte Institution mit einem Versorgungsauftrag ist das Krankenhaus jedoch kein normaler Wirtschaftsbetrieb, weshalb die Kompetenzen der Pflege und der Ärzte auch jenseits der wirtschaftlichen Optimierung durchaus relevant für das Management sein dürften.

Spezifische Managementorientierung: Pflege als Change- und Prozessmanagement stärken

Wenn wir nun fragen, welchen Unterschied Herr Wirth als Vertreter des Typ 1 im Management seines Krankenhauses macht, so muss genau unterschieden werden: Natürlich macht Herr Wirth seine Position als Vertreter der Pflege stark. Hier sieht er, wie bereits erwähnt, das Potenzial der Pflege, die originär über ein Prozessdenken verfüge und somit prädestiniert sei für das Anstoßen und Umsetzen von Neustrukturierungen. Die traditionelle Aufteilung von Verantwortlichkeiten und Aufgabengebieten zwischen Ärzteschaft und Pflege sei zu überdenken und in einer sinnvollen Weise neu zu ordnen. Solche Bestrebungen finden wir auch bei anderen Typen, insbesondere Typ 2. Für Herrn Wirth ist jedoch charakteristisch, dass es ihm hierbei nicht darum zu gehen scheint, die Situation der Patienten oder die Arbeitsbedingungen der überlasteten Pflege zu verbessern, sondern primär darum, die Prozesse des Unternehmens zu optimieren (wobei man hier bereits „an der Kante" dessen sei, „was noch geht"). Die Erfordernisse des *Unternehmens* – das hauptsächlich als wirtschaftlich unter Druck stehend erscheint – definieren seine Problemsicht, wobei er in der eigenen Abteilung (Pflegedienst) im Gegensatz zum ärztlichen Bereich über die notwendigen hierarchischen Durchsetzungsmöglichkeiten verfügt, diese Sicht zum unwidersprochenen Primat der Führung werden zu lassen. Er macht eben in dem Sinne *keinen* Unterschied im Management, als dass seine Orientierung gegenüber dem Geschäftsführer keinen Unterschied macht. Herrn Wirths Orientierung entspricht der betriebswirtschaftlichen Orientierung des Geschäftsführers und ist für ihn die einzig gültige Rationalität. Alle anderen (professionellen) Orientierungen erscheinen demgegenüber als dem Wohl des Unternehmens abträglich.

Wie bereits zu Beginn der Ausführungen zu diesem Typ erwähnt, kann auch die Pflegedirektorin des Westgroup-Klinikums, Frau Teuschel, diesem Typus zugeordnet werden. In der Rekonstruktion des entsprechenden Arrangements (vgl. Kapitel V.2) wird in besonderer Weise die Subordinierung unter den Geschäftsführer und die Übernahme seiner betriebswirtschaftlichen Denkweise deutlich. Während Herr Wirth zwar dieselben Notwendigkeiten wie der Geschäftsführer sieht, verlässt er sich doch auf seine eigene Perspektive – er selbst hat den Überblick und erkennt die ökonomischen Notwendigkeiten, reklamiert also eine Beurteilungskompetenz für sich und könnte daher auch potenziell dem Geschäftsführer wiedersprechen. Frau Teuschel zeigt sich dagegen selbst in Hinblick auf die Frage der Problemwahrnehmung und -deutung vom Geschäftsführer abhängig. Ihr erschließt sich dessen Perspektive noch nicht einmal unmittelbar, sondern sie bedarf seiner Erläuterung und Richtigstellung, damit Frau Teuschel ihr folgen kann. Eine abweichende Haltung ihrerseits erscheint damit nur durch ihr Nichtwissen begründet. Wir haben es in beiden Fällen also mit der gleichen Orientierung zu tun, die sich nur hinsichtlich der Art und Weise der Subordination unter eine ökonomische Perspektive unterscheidet.

Typ 2: Eigenständigkeit und ‚Blick aufs Ganze'

Einen weiteren Typ, den wir aus dem Material rekonstruieren konnten, bezeichnen wir hier zusammenfassend als „eigenständigen Managementakteur". Diesem Typ ist aus unserem Sample auch Frau Semper aus dem St.-Joseph-Krankenhaus zuzurechnen (vgl. hierzu Kapitel V.4). Er weist einige Gemeinsamkeiten mit Typ 1, aber auch mit Typ 3 auf. Auf letzteren werden wir im nachfolgenden Abschnitt eingehen. Die Nähe zu Typ 1 liegt maßgeblich in der Distanz zum Stationsgeschehen. Sei es aufgrund der Größe des Hauses, der Menge der zusätzlichen Verantwortungsbereiche oder eine Frage des persönlichen Führungsstils – es liegt außerhalb der Vorstellung dieses Typs, bei möglichen Engpässen auf Station einzuspringen, wohingegen dies für die Typen 3-5 denkbar ist bzw. von ihnen real praktiziert wird. Diese nehmen das Stationsgeschehen in abstrakter Form wahr, vermittelt durch Berichte über eine oder zumeist auch mehrere Hierarchiestufen hinweg. Das bedeutet allerdings nicht, dass sich beispielsweise Frau Semper aus dem St.-Joseph-Krankenhaus nicht dennoch gut informiert und bestens im Bilde fühlt. Der maßgebliche Unterschied zu Typ 1 ist, dass Typ 2 sich nicht primär an einer betriebswirtschaftlichen Logik orientiert und dadurch weder nah an den Geschäftsführer noch in Konflikt mit den Ärzten gerät. Vielmehr gelingt es, eine eigenständige und starke Position im Management einzunehmen, die sich signifikant von einer betriebswirtschaftlichen oder ärztlichen Position unterscheidet, sich aber auch nicht auf die Vertretung der berufsgruppenspezifischen Interessen der Pflege beschränkt.

Verhältnis zur Pflege: Überlastung mit „Reorganisationsmaßnahmen" begegnen

Die eigenständige Positionierung von Typ 2 ist auf einen starken pflegerischen Habitus zurückzuführen, der die Handlungsorientierungen, die bei der Stationsarbeit angeeignet wurden, in produktiver Weise auf der Managementebene wiedereinführt. Anders formuliert: dieser Typ schafft es, den Anspruch der Pflege („Pflege kann aber gut organisieren" [Frau Semper] bzw. „die haben eine ganz, ganz hohe Organisationskompetenz" [Frau Gruber]) nicht nur als mikropolitisches Argument *anzuführen*, sondern diesen Anspruch darüber hinaus selbst zu verkörpern, indem er sich auf Managementebene als Akteur behauptet, der tagtäglich beweist, dass er gut organisiert – indem er eben mehrere Standpunkte, Logiken und Positionen anerkennen und einbeziehen kann.

Wir illustrieren dies anhand einiger Aussagen von Frau Gruber, einer erfahrenen Pflegedirektorin, die innerhalb eines Krankenhausverbundes in öffentlicher Trägerschaft in vielerlei Funktionen tätig war. Sie hatte unter anderem die Funktion der Verwaltungsleitung inne, in der sie eines der Häuser mit „aus der Misere" (Frau Gruber) geführt hat. Seit einem Jahr ist sie wieder in einem Haus tätig, in dem sie bereits früher einige Jahre gearbeitet hatte:

> *Frau Gruber:* Und da bin ich jetzt bei, sozusagen die Umstände für die Pflege hier im Kreiskrankenhaus, ja, zu verbessern, sagen wir einfach zu verbessern, ja, die Dinge zu regeln, die für die Pflege von großer Bedeutung sind, so dass diese Berufsgruppe auch, ja, unter guten Rahmenbedingungen ihre Arbeit machen kann. Und da haben wir erheblichen Handlungsbedarf.

Anstatt wie Herr Wirth lediglich die alternativlosen, sich aus betriebswirtschaftlichen Notwendigkeiten ergebenden Anweisungen nach unten zu kommunizieren, sieht Frau Gruber eine ihrer wesentlichen Aufgaben darin, für gute Rahmenbedingungen der Pflege einzutreten. Der „erheblich[e] Handlungsbedarf" wird nicht durch den, auch in diesem Haus bestehenden, ökonomischen Druck relativiert. Vielmehr führt Frau Gruber federführend nach und nach auf jeder Station Reorganisationsmaßnahmen durch, die nicht nur darauf abzielen, durch Personalverknappung weitere Mittel zu sparen (s. Typ 1):

> *Frau Gruber:* Wir haben auf der anderen Seite in den, in einigen Pflegebereichen eine Unterbesetzung mit Pflegepersonal. Wir brauchen dringend zweite Nachtdienste in den internen Pflegestationen und wir wollen durch die Reorganisationsmaßnahme so viele Mitarbeiter freisetzen, dass wir sie umsetzen können in die Bereiche, wo eben halt viel Arbeit anfällt, ja. Wir wollen nicht sparen, aber wir wollen es anders organisieren und damit, ich sage mal, positive Effekte erzielen. Naja, und ich sage mal, das sind Dinge, die haben mit Verwaltung zu tun, die haben mit dem ärztlichen Dienst zu tun und die haben mit der Pflege selbst zu tun, ja, mit dem, ich sage mal, Mitbestimmungsrecht des Betriebsrates und so weiter.

Um trotz Personalknappheit die notwendigen Dienste (wieder) zu ermöglichen („zwei Nachtdienste"), muss stations-, aber auch professionsübergreifend gedacht werden. Wie sich an anderen Stellen zeigt, geht es bei den Reorganisationsmaßnahmen beispielsweise darum, dass bestimmte Stationen nur noch werktags betrieben, die Abläufe der Chirurgie im OP reorganisiert und Teile der Aufnahmestation geschlossen werden. „Anders organisieren" geht demnach über den eigenen, pflegerischen Bereich von Frau Gruber hinaus und betrifft vielmehr grundlegende und übergreifende Veränderungen der Organisation. Die „positive[n] Effekte", die dabei für die Pflege erzielt werden können, erscheinen dabei nur als ein Aspekt unter vielen – denn ein Chefchirurg wird schwerlich zu einer Reorganisation des OPs bereit sein, nur damit die Pflege Mitarbeiter für die Nachtdienste „freisetzen" kann. Es deutet sich hier also bereits eine Perspektive an, die für Typ 2 charakteristisch ist: Der Blick von Frau Gruber ist auf die Organisation als Ganzes gerichtet, wobei – und damit unterscheidet sie sich von Typ 1 – die pflegerischen Interessen explizit berücksichtigt und vertreten werden. Sie führt federführend tiefgreifende Reorganisationsmaßnahmen durch und um dabei erfolgreich sein zu können, hat sie neben der Pflege die Perspektiven aller beteiligten Akteure mit einzubeziehen. Dies ist in dem Maße nur möglich, weil Frau Grubers Handlungsorientierung sie mit unterschiedlichen Perspektiven und Logiken rechnen lässt – etwas, was Herrn Wirth nicht möglich ist:

> *Interviewer:* Welches von diesen Projekten, die da laufen, würden Sie jetzt da als bisher am zähesten, am schwierigsten oder am kontroversesten beschreiben, also da, wo es doch/
>
> *Frau Gruber: Alle.*
>
> *Interviewer: Alle?*
>
> *Frau Gruber:* Alle, alle schwierig. Weil Sie haben ja immer Widerstände, immer.

Kontroversen und Schwierigkeiten haften allen Projekten an. „Widerstände" und Spannungen sind sozusagen natürliche Merkmale des Organisierens – sie treten *immer* auf. Es wird deutlich, wie Frau Gruber mit Spannungen *rechnet* und diese als Herausforderung begreift, was sich auch im weiteren Interviewverlauf zeigt. Das Managen dieser Spannungen betrachtet sie also als Kern ihrer Arbeitsaufgabe, was im Gegensatz zu Herrn Wirth steht, der die auftretenden Spannungen als Störung seiner eigentlichen Arbeit auffasst.

Verhältnis zur Ärzteschaft: Widerstände als strukturelle Probleme rahmen

Im Folgenden betrachten wir, wie sich Frau Gruber zum ärztlichen Bereich verhält. Dass ein ärztlicher Direktor üblicherweise „den ärztlichen Bereich nie so führen kann, wie ich das mit der Pflege kann" (Frau Gruber), sieht sie im Allgemeinen als nachteilig für die Entwicklung von Krankenhäusern an und nicht etwa als strategischen Vorteil, um sich gegen die Ärzteschaft zu behaupten. Im Fall des beschriebenen Hauses werde dies jedoch dadurch kompensiert, dass die übergeordnete Geschäftsführerin als ausgebildete Ärztin die ärztliche Gesamtentwicklung im Blick behalten könne:

> *Frau Gruber:* Und die [ärztlichen Direktoren; Anm. A.O.] können sich ja nicht jetzt, sagen wir mal, mit der strategischen Entwicklung eines großen Hauses so intensiv auseinandersetzen, wenn sie selber fachlich so eingebunden sind in ihren Sprechstundenbetrieb, die haben ihre Visiten, die operieren und das ist ein Nachteil für die Entwicklung der Krankenhäuser. Das halte ich für einen Nachteil, weil – das bleibt ja nun alles dem Zufall überlassen, ja. Also wenn da jetzt nicht ein Geschäftsführer wäre, der sagt „das behalte ich im Auge". Unser lieber Chefarzt, ich meine, was machen die denn? Die vertreten oft auch nur so eine, wie sagt man, Partikularinteressen, also wer dann gerade ärztlicher Direktor ist, der, dessen Abteilung hat natürlich dann auch immer einen gewissen Vorteil. Ja, klar, die bringt er ja auch stärker zum Ausdruck in diesen Gremien, ja. Das, auch will nicht unterstellen, dass das vorsätzlich geschieht, aber das ist klar.

Da ein ärztlicher Direktor im Regelfall (es gibt Ausnahmen, s. Herr Bremer, Kapitel IV.1) in hohem Maße in den eigenen operativen Betrieb eingebunden ist, fehlt diesem aus Frau Grubers Sicht die Zeit, sich überhaupt in die „strategisch[e] Entwicklung eines großen Hauses" hinreichend einzuarbeiten. Dies laufe darauf hinaus, dass der ärztliche Direktor die Interessen vertritt, die ihm am nächsten liegen: die Partikularinteressen des eigenen Fachbereichs. Sie unterstellt ärztlichen Direktoren keine Böswilligkeit, sondern führt diesen Umstand auf deren starke Einbindung in ihren eigenen Abteilungen zurück sowie auf mangelnde Kapazitäten, diese Perspektive zugunsten einer übergeordneten zu verlassen. Uns ist an dieser Stelle weniger wichtig, ob die so beschriebene strukturelle Situation *de facto* so ist (obschon sich einige Befragte im Rahmen unserer Studie in diese Richtung geäußert haben), sondern vielmehr, dass Frau Gruber dies so *sieht*. Sie sieht die Ärzte nicht etwa als ‚Könige', die mit den Mitteln der (Mikro-)Politik nur die Stärkung ihres ‚Reiches' im Blick haben. Stattdessen verortet sie die Verfolgung von Eigeninteressen zumindest in weiten Teilen als strukturelles Problem, das sich dadurch ergibt, eine Doppelrolle ausüben zu müssen. Dementsprechend ergeben sich die für die Entwicklung der Krankenhäuser nachteiligen Verzerrungen dadurch, dass es letztlich dem Zufall überlassen ist (wer ist gerade ärztlicher Direktor), welche Partikularinteressen durchgesetzt werden.

Frau Grubers Vorstellung von Führungskräften und ihr Anspruch an diese – auch an sich selbst – besteht demgegenüber darin, die Gesamtstrategie des Hauses mit zu entwickeln und sich *hierfür* einzusetzen, jedoch ohne dabei die Perspektiven der unterschiedlichen Gruppen wie auch den Menschen aus dem Blick zu verlieren:

Frau Gruber: Ja, ich meine, man muss ja die Strategie des Hauses kennen, sonst haben sie nur, sonst machen Sie als Pflegeleitung nur den Dienstplan für die Schwestern. Das geht natürlich nicht, ja. Das ist schon Führungskraft, also, ja. Und muss wissen, wohin sozusagen die Reise gehen soll und man muss auch wissen, was sagen denn auch die Ärzte von ihren Problemen. Die haben ja auch, ich sage mal, viele Problemstellungen, die auch bearbeitet werden müssen, wo man auch wissen muss, dass man darauf zu achten hat, berücksichtigen muss. Und letztendlich muss man sagen, sind es auch alles Menschen (lachen beide).

Es dokumentiert sich ein weiteres Mal der Kontrast zu Herrn Wirth. Die Ärzte erscheinen hier nicht unvernünftig, sondern als Akteursgruppe, deren spezifische Probleme Frau Gruber nicht aus ihrer eigenen Handlungsorientierung ableiten kann, weshalb diese Gruppe gehört und berücksichtigt werden muss. Es geht hierbei jedoch weniger um Harmonie – denn Widerstände und Spannungen gibt es aus Sicht von Frau Gruber immer (s. o.) –, es geht vielmehr um den Einbezug unterschiedlicher Sicht- und Denkweisen, was nicht impliziert, dass diesen immer vollends Rechnung getragen werden kann. Dies gilt, wie wir später noch abschließend feststellen werden, auch für die Interessen der Pflege. Durch die Formulierung „letztlich muss man sagen, sind es auch alles Menschen" findet darüber hinaus eine Gleichstellung der Organisationsmitglieder statt, die die Unterscheidung der verschiedenen Professionsgruppen aufhebt.

An dieser Stelle könnte vermutet werden, dass hier eine gewisse pädagogische Überlegenheit zum Ausdruck kommt, die besonders dann naheliegt, wenn man vorgibt, sich den Problemen der anderen auf Augenhöhe anzunehmen, um aber faktisch den anderen zu vereinnahmen. Bei Frau Gruber finden wir eine etwas andere Lagerung. So sieht sie die ‚eigenständige' Pflege eben nicht in ihrer Unabhängigkeit von der Ärzteschaft, sondern betont die *wechselseitige* Abhängigkeit. Damit umschifft sie (zumindest für sich) klassische professionspolitische Kampfstellungen (Wer ist wichtiger?):

Frau Gruber: Also Pflege ist ja eine Profession, die, naja, man sagt immer so mit ihrer Eigenständigkeit, aber ein Krankenhaus nur mit Pflege würde nicht gehen, (lacht) sie arbeitet arztabhängig und, ich sage mal, nichts anderes als das. Hat natürlich, ich sage mal, eine tragende Rolle, ist klar, ja. Aber sie arbeitet auf jeden Fall arztabhängig, das muss man so sagen, ja. Und so sehe ich das und so führe ich auch meine Führungspositionen aus, ja. Weil alles andere, dieses Auseinanderdividieren von Berufsgruppen, ja, und auf Eigenständigkeit pochen bringt das Unternehmen nicht wirklich weiter. Also und Leidtragender solcher Bestrebungen ist oft eben halt auch der Patient, weil Sie haben dann eine Situation, dass Ärzte und Pflegekräfte nicht mehr gemeinsam beim Patienten erscheinen zur Visite.

In dieser Sequenz kommen einige wichtige und grundlegende Referenzen und deren Zusammenspiel zum Ausdruck. Frau Gruber setzt sich in ihren „Führungspositionen" nicht für Partikularinteressen der Pflege ein. Primärreferenz ist für sie immer das Ganze: das Unternehmen und der Patient. Dies ist ein weiterer Hinweis darauf, dass sie sich eher als Managerin denn als Vertretung der Pflege sieht. Ihre Aufgabe qua Position (*Pflege*direktorin) ist es zwar, diese *im Blick* zu haben und einzubringen – aber ihre Aufgabe besteht ebenfalls qua Position (Pflege*direktorin*) darin, auch die Organisation im Blick zu haben. Berufsgruppenspezifische Probleme sind, wie oben ausgeführt, wichtig und zu berücksichtigen, dürfen aber nicht zum mikropolitischen Selbstzweck werden.[94] Diese Perspektive ist auf die Organisation als Ganzes und somit auf das *Zusammenspiel* der verschiedenen Bereiche und Gruppen gerichtet.

Mit Blick auf die konkrete Alltagspraxis bedeutet dies, eine moderierende Haltung einzunehmen, die balanciert, aber auch enaktiert:

> *Frau Gruber:* (…) und ich muss dann wieder Einfluss nehmen und muss sagen „lieber Chefarzt, schauen Sie die Pflege nicht so böse an". (lachen beide) Einmal hatten wir mal so eine Situation, da war der Eindruck, die Pflege sagt jetzt nichts, weil – der hat einmal wieder geschaut in die Runde und da hat auch niemand mehr irgendwo ein Problem gehabt, wissen Sie? Und da hätte man das scheitern lassen können, aber dann mussten wir uns da nochmal kümmern, also der Pflege nochmal Mut machen. Das ist die einmalige Chance, ihre Probleme jetzt mal auf den Tisch zu legen.

Frau Gruber weiß um die Machtverhältnisse auf Station, in denen die Pflegemitarbeiter den Ärzten unterlegen sind, und bearbeitet diese im vorliegenden Beispiel durch moderierendes Eingreifen. Sie stellt sich nicht schützend vor ihre Mitarbeiter und formuliert stellvertretend deren Interessen, sondern weist den Chefarzt auf seine Machtmittel hin („lieber Chefarzt, schauen Sie die Pflege nicht so böse an"). Umgekehrt macht sie der Pflege Mut, sich nicht von diesen traditionellen Machtverhältnissen einschüchtern zu lassen, sondern ihre Probleme zu artikulieren. So ermöglicht sie einen Dialog zwischen Chefarzt und Pflegenden, der weniger von

---

94 Auch Herr Wirth betont wie bereits erwähnt, dass das Festhalten an der klassischen Arbeitsteilung zwischen Ärzten und Pflege grundlegend zu überdenken wäre. Inhaltlich finden sich hier sicher Übereinstimmungen mit Frau Gruber, die auf sinnvolle Reorganisationsmaßnahmen abzielt und bei einigen Aufgaben, die auch die Pflege erledigen kann, den Einsatz von Ärzten u. a. für zu kostspielig hält. Dennoch würden wir aus unseren Interpretationen folgern, dass Frau Gruber die besseren Karten dafür hat, dies auch in die Tat umzusetzen, da Herr Wirth selbst dem mikropolitischen Denken verhaftet zu sein scheint und daher zusätzliche Aufgaben tendenziell immer auch als Machtgewinn beobachtet.

Macht als von Inhalten geprägt ist. So, wie sie zuvor die Probleme der Ärzteschaft als legitim anerkennt, arbeitet sie hier daran, dass sich auch die Pflegenden bestmöglich Gehör verschaffen können, und arbeitet somit auch auf der Ebene der Problem-bearbeitung für bessere Arbeits-/Rahmenbedingungen der Pflege. Hierarchische Spannungen werden so zu inhaltlichen Spannungen – bzw. es kann sich, wenn die hierarchischen Spannungen überwunden sind, die Chance ergeben, inhaltliche Spannungen auf eine produktive Weise zu bearbeiten. In diesem Sinne erscheint Frau Gruber hier als Managementakteur, der Spannungen moderieren kann und um die Kontingenz der eigenen Handlungsmöglichkeiten weiß, denn „da hätte man das scheitern lassen können". Die Option, die Situation auch scheitern lassen zu können, deutet darauf hin, dass sie zwar die Pflege im Blick hat, sich aber nicht vollständig mit ihr identifiziert. Es besteht offensichtlich immer die Möglichkeit, dass sie sich situativ nicht für deren Interessen stark macht, sollte dies aus ihrer Perspektive nicht im Sinne der Gesamtorganisation oder des Patienten sein.

Spezifische Managementorientierung: Aus unterschiedlichen Perspektiven Nutzen ziehen

Abschließend betrachten wir Frau Grubers Verhältnis zum Controlling bzw. zur kaufmännischen Perspektive. Sie selbst zieht im Laufe des Interviews an unter-schiedlichen Stellen wie selbstverständlich verschiedene Statistiken und interne Datensätze als Bewertungsgrundlage heran („Auslastungsstatistiken", „Kurzlie-ger-Statistiken", „Bettenkapazitäten", „Budget-Vereinbarungen", die sich am „Case Mix" messen lassen müssen, etc.). Auch betreibt sie ihrerseits ein „Belegungsma-nagement", das sich an den Daten des Controllings orientiert. Gleichzeitig vertritt sie jedoch die Auffassung, dass Entscheidungen, die sich allein an den Daten bzw. der Logik des Controllings orientieren, Gefahr laufen, kurzsichtig und nicht im Sinne der Organisation zu sein:

Frau Gruber: Und (Name Mitarbeiter) entscheidet anhand von Zahlen und weniger – sagen wir mal – längerfristige Strategie. Wenn ich meine – sag ich mal – Strategie umsetzen will, muss ich doch den Menschen erreichen. Ich muss ihm sagen, was ich für Daten habe und dass wir jetzt sozusagen was tun müssen, um diese Datenlagen zu verändern, zu verbessern, sie zu halten. Also die Datenlage alleine hilft mir wenig. Ich brauche dazu die Strategie, wie ich sie verändere. Nämlich welche Maßnahme muss ich ableiten, mit wem muss ich sprechen, was muss ich mit dem besprechen, um langfristig mein gutes Ergebnis auch sicherstellen zu können. Oder korrigierend eingreifen zu können. Und das ist bei Controllern – also, sagen wir mal, bei manchen sehr, sehr stark ausgeprägt, dass sie nicht mehr über dieses Vermögen verfügen, sondern nur kurzfristig (unklar). (…) Was macht das aber mit dem Menschen? Wer jetzt da betroffen ist? Fehlt ihm vielleicht komplett die Motivation? Ja?

> [...] Das hatten wir damals mit dem alten Arbeitgeber auch. Da war dann immer
> noch ein Professor, der Mediziner an der Seite des Kaufmanns, der gesagt hat: Mein
> Lieber, wenn wir jetzt soundso entscheiden, aufgrund dieser Datenlagen, dann hat das
> nächstes Jahr diese Auswirkung und im übernächsten diese, dann werden Ihre Daten
> schlechter. Sie müssen die Menschen auch erreichen. Sie müssen die Menschen mit-
> nehmen. Sie können keine Entscheidung rein nur auf Grund von Datenlagen machen.

Frau Gruber spricht hier keineswegs der „Datenlage" ihren Wert ab. Es sei explizites Ziel, „die Datenlag[e] zu verändern, zu verbessern". Um dies in sinnvoller
und nachhaltiger Weise tun zu können, dürfe man für die Entscheidungsfindung
jedoch nicht nur in der Logik des Controllings verbleiben und anhand von Zahlen
entscheiden, sondern man müsse auch weitere Eigenlogiken wie beispielsweise die
Mitarbeitermotivation mit einbeziehen. Auch „die Menschen" müssen berücksichtigt
werden. Die Logik des Controllings mag zwar bestimmte Entscheidungen nahelegen, zu denen viele Controller entsprechend tendieren würden – hier werde aber zu
kurzfristig gedacht und langfristige Implikationen würden nicht berücksichtigt,
da wesentliche Aspekte, die für die Entscheidungsfindung relevant sind, nicht in
der Datenlage erfasst sind. Damit zeigt sich erneut Frau Grubers Managementorientierung, vor deren Hintergrund sie die Organisation als Ganzes, inklusive
der hier aufscheinenden multiplen Perspektiven im Blick hat. Auch mit Bezug auf
ihren „alten Arbeitgeber" negiert sie keineswegs die Wichtigkeit der Datenlage. Die
Datenlage *ist* jedoch auch in diesem Fall nicht die Organisation. Um die Datenlage
verbessern oder verändern zu können (was als Ziel nicht in Frage gestellt wird!),
muss die Organisation allerdings im weiteren Sinne in den Blick genommen werden.
Die Aufgabe, ein Gegengewicht zu potenziellen Entscheidungen von Controllern
bzw. Kaufleuten „rein auf Grund von Datenlagen" zu bilden, braucht dabei nicht
notwendigerweise der Pflege zuzukommen.

Abschließend fassen wir noch einmal die Orientierung von Frau Gruber zusammen, zunächst in ihren eigenen und dann in unseren Worten:

> *Frau Gruber:* Wir alle ja irgendwo, ich sage mal, wenn man dann so lange in so einer
> Leitungsposition ist, ob man nun in der Verwaltung ist oder in der Pflege ist, geht es
> ja, ich sage mal, immer um komplexe Dinge, die wir betrachten, und man entwickelt
> nachher auch, das würde ich auch mal für mich so in Anspruch nehmen, einen Blick
> auf das Ganze. Ich sehe dann ja auch nicht nur den Ausschnitt der Pflege, ja, sondern
> sehe dann auch das ganze Haus und so müssen wir das ja auch betrachten, ja.

Sie erhebt nicht nur sich selbst gegenüber, sondern auch allen anderen Personen in
einer „Leitungsposition" gegenüber den Anspruch, „einen Blick auf das Ganze" zu
entwickeln und einzunehmen. Durch Moderation und das Bilden von Gegenge-
wichten wird entsprechend darauf hingearbeitet, dass möglichst alle Perspektiven in

Entscheidungsfindungen einfließen, die so wenig wie möglich durch der Organisation abträgliche mikropolitische Spiele (beispielsweise Eigenständigkeitsbestrebungen einzelner Berufsgruppen etc.) geprägt werden. So ist es eine wesentliche Stärke von Frau Gruber, dass sie mit einem nicht-trivialen Zusammenspiel von Ärzten, Pflege und Verwaltung rechnen und umgehen kann, in das jeweils unterschiedliche Logiken und Handlungsorientierungen eingebracht werden. Ärzte müssen beispielsweise Einfluss auf die Strategien des Hauses nehmen und ein Gegengewicht zu Controllern bilden. Deren Datenlage ist dennoch unerlässlich für die strategische Planung. Die Pflege darf sich nicht in Eigenständigkeitsbestrebungen verlieren, weil damit dem Patienten nicht geholfen wäre. Vielmehr muss die Pflege ihre Organisationskompetenz in die Organisation einbringen und Maßnahmen zur Reorganisation von Prozessen initiieren und umsetzen. Denn eine diesbezügliche Kompetenz ist von den leitenden Ärzten aufgrund ihrer medizinischen Perspektive, der strukturellen Eingebundenheit in die Stationsarbeit, karrierebedingter häufiger Wechsel der Arbeitgeber sowie hoher Personalkosten nicht zu erwarten. Frau Gruber demgegenüber scheitert nicht an dieser komplexen Aufgabe – vielmehr erweist sie sich als kompetenter Managementakteur, der im Sinne unserer Definition genau dies tut: managen, d. h. Spannungen moderieren (s. Kapitel I.2). Im Sinne dieses Blickes „auf das Ganze" ist es zu verstehen, wenn Wolf und Ostermann (2016) von der Entwicklung der „Organisation der Pflege" hin zur „Pflege der Organisation" sprechen.

Gerade weil sie mit unterschiedlichen Perspektiven rechnet, muss Frau Gruber nicht an ihnen verzweifeln oder sich über die Unvernunft oder Widerständigkeit der Ärzte ärgern, sondern sie sieht es als eine ihrer Aufgaben an, diese Spannungen zu moderieren. Im Vergleich hierzu bleibt Herr Wirth (Typ 1) in einer einseitigen, von ihm für ‚vernünftig' gehaltenen Orientierung stecken, geht dabei weitgehend konform mit dem Geschäftsführer und hat auch innerhalb der Berufsgruppe der Pflege aufgrund der Distanzierung qua Hierarchie keine größeren Spannungen auszuhalten. Insbesondere die Perspektive der Ärzte ist für ihn entsprechend problematisch, will er doch nicht anerkennen, dass diese legitim anders denken, und fragt sich, warum sie nicht so vernünftig seien wie er selbst. So bleibt ihm letztlich nur übrig, die fehlende Durchgriffsmacht gegenüber der ärztlichen Profession zu beklagen, worin sich seine Hilflosigkeit als Managementakteur ausdrückt. Ein produktives Spannungsmanagement von inkongruenten Logiken, wie Frau Gruber es betreibt, ist ihm aus dieser Perspektive heraus nicht möglich.

Demgegenüber tritt Typ 2 als starker Managementakteur auf, der weiß, wie er sich produktiv in der Organisation positionieren kann. Er nimmt im Gegensatz zu Typ 1 eine *eigenständige Position* ein, die sich von den anderen Positionen (ärztlicher Direktor, Geschäftsführer) signifikant unterscheidet. Diese besteht darin, die „Organisation als Ganzes" im Blick zu haben, also die unterschiedlichen Kontexturen des Krankenhauses und ihre Relationen und Balancen zu betrachten und zu berücksichtigen. Dezidiert *pflegerische* Interessen müssen hierfür bisweilen in den Hintergrund treten, was in diesem Fall jedoch nicht heißt, dass die Bedürfnisse der Pflege ignoriert werden.

Typ 3: Spannungsmanagement durch persönlichen Einsatz

Wir kommen nun zu einem weiteren Typus, bei dem die Bearbeitung der Spannung zwischen betriebswirtschaftlicher Rationalisierung und der Verantwortung gegenüber der gesundheitlichen Situation der Patienten sowie der Arbeitssituation der Pflegemitarbeiter wesentlich unmittelbarer in Erscheinung tritt als bei den vorangegangenen Typen. Wo wir zuvor die jeweiligen Pflegedienstleitungen klar als der Managementebene zugehörig gesehen haben und die Stationsarbeit im Wesentlichen vermittelt über Hierarchie und Controlling wahrgenommen wird, ist Typ 3 näher am unmittelbaren Geschehen auf Station bzw. gar daran beteiligt. In der Folge kann er sich nur schwer von den dort auftretenden Problemen distanzieren. Auf der anderen Seite macht dieser Typ von seinem Mitspracherecht in der Klinikleitung aktiven Gebrauch, obschon die Hauptentscheidungen bei der Geschäftsführung liegen. Von dieser wird er gehört, geschätzt und anerkannt, es herrscht eine konstruktive Zusammenarbeit.

Dieser Typ – der, wie unser Sample nahelegt, bevorzugt in kleineren bis mittelgroßen Häusern der Regelversorgung anzutreffen ist – steht durch die doppelte Nähe zur eigenen Berufsgruppe einerseits und zum Management andererseits viel unmittelbarer *als Person* in diesem Spannungsfeld. Aufgrund seiner Nähe zur Station hat er gar nicht erst die Möglichkeit, den enormen Druck, unter dem das Pflegepersonal dort arbeitet, allein auf Basis abstrakter Konzepte oder der durch das Controlling gesetzten Parameter zu rationalisieren. Vielmehr *sieht* er die unter Druck stehenden *Menschen* unmittelbar und kann und muss somit deren Probleme emotional mitvollziehen. Gleichzeitig weiß dieser Typ aber auch um die organisationalen bzw. betriebswirtschaftlichen Erfordernisse und sieht sich entsprechend auch hier in der (Mit-)Verantwortung. Die Sorge um die Organisation und die Sorgen um die Berufsgruppe wie auch die Patienten sind kopräsent und die daraus entstehende Spannungslage wird unter hohem *persönlichen* Einsatz bewältigt und in Managementinitiativen überführt.

Verhältnis zur Pflege: Niemanden „hängen lassen"

Diesem Typ ist beispielsweise Frau Özgen von der Katharinenstift GmbH zuzurechnen (s. Kapitel V.3). Im Kontext der Ausführungen zum Arrangement des Hauses wird dies in zweierlei Hinsicht besonders deutlich: Als mehrere Pflegekräfte trotz Erkrankung zur Arbeit erscheinen, um die anfallenden Aufgaben des Stationsbetriebes zu bewältigen, schickt sie diese nach Hause, sagt alle Bürotermine ab und springt selbst ein. Darüber hinaus dokumentiert sich ihr *persönlicher* Einsatz darin, dass sie es als ihre Aufgabe ansieht, vor den Mitarbeitern immer so aufzutreten, als ob alles in Ordnung und im (noch) handhabbaren Bereich sei. Sie möchte die Pflegemitarbeiter motivieren und als gutes Vorbild vorangehen. Sie macht die Spannungslage in weiten Teilen mit sich selbst aus und setzt sich *als Person* als Puffer zwischen die organisationalen und betriebswirtschaftlichen Anforderungen einerseits und die prekäre Lage auf Station andersseits. Sie hält die Spannung aus und gibt sie nicht einfach hierarchisch nach unten weiter, wie dies beispielsweise bei Herrn Wirth (Typ 1) der Fall ist.

Am Beispiel von Herrn Fuchs vom Westgroup-Klinikum Seelfeld (ca. 200 Betten, ländliche Lage, privater Träger) betrachten wir diesen Typ genauer: Herr Fuchs bezeichnet sich selbst als „Urgestein hier im Haus", da er mittlerweile seit etwa 30 Jahren in diesem tätig ist, davon nunmehr 17 Jahre als Pflegedienstleiter. Er habe „eine ganze Reihe an Wechseln in der Geschäftsführung erlebt" – so auch die Übernahme des finanziell angeschlagenen Hauses in freigemeinnütziger Trägerschaft durch einen privaten Konzern vor etwa einem Jahr.

Ganz klar sieht er Möglichkeiten zur Mitgestaltung des Hauses. Dabei reklamiert er für sich – wie auch schon Frau Gruber (Typ 2) –, nicht „irgendwelche Partikularinteressen" zu vertreten, sondern die Sache immer mit Blick auf die „Überlebensmöglichkeiten" des „gesamte[n] Haus[es] zu betrachten". Eine solche Perspektive impliziert, dass er sich nicht einfach auf den Pflegebereich zurückziehen und die Verantwortung für die Organisation als Ganzes an andere abtreten kann. Herr Fuchs *fühlt* sich für die Organisation und das Haus genauso verantwortlich wie – dies wird sich noch zeigen – für die Pflegenden auf Station. Aber auch die Pflegenden auf den Stationen sind aus seiner Sicht bereit, Opfer für das Überleben des Hauses zu bringen:

> *Herr Fuchs:* So wir haben schwere Zeiten hinter uns, die Mitarbeiter haben unter dem alten Träger freiwillig auch auf Weihnachtsgeld verzichtet, um überhaupt überleben zu können und das sind so Dinge, die auch zusammengeschweißt haben.

Der gemeinsame Verzicht auf finanzielle Entlohnung sowie das gemeinsame Durchleben schwerer Zeiten werden hier von Herrn Fuchs als Zusammengehörigkeitsgefühl positiv gerahmt. Das ändert jedoch nichts an dem grundlegenden Spannungsfeld, das schon vor der Übernahme durch den privaten Konzern bestand und sich nun noch weiter verschärft hat:

Herr Fuchs: Es gibt ein erhebliches Spannungsverhältnis zwischen wirtschaftlichem Anspruch und Überleben und dem fachlichen Anspruch in der Pflege. Das ist das, was wir all die Jahre versucht haben unseren Mitarbeitern deutlich zu machen, wie wichtig eben die Patientennähe ist, die Patientenbeziehung ist, auch eine gute fachliche Pflege an den Tag zu legen und jetzt kommen wir so ein klein wenig in den Druck, dass Wirtschaftlichkeit und Patientenorientiertheit etwas (...) gegenläufig (lacht) sich entwickelt.

Der ökonomische Druck – und das ist wichtig anzumerken – tritt hier nicht primär vermittelt durch eine ‚böse' Geschäftsführung auf, sondern ergibt sich aus der Orientierung am Überleben des Hauses. In der folgenden, längeren Sequenz wird darüber hinaus deutlich, inwiefern Herr Fuchs dieses „Spannungsverhältnis" gerade auch durch das enge Verhältnis zur Belegschaft und seine langjährige Tätigkeit im Haus als problematisch erlebt:

Herr Fuchs: [...] und da ich in diesem Haus groß geworden bin, habe ich zu den Mitarbeitern auch einen relativ engen persönlichen Kontakt, was manchmal die Situation noch ein bisschen erschwert, weil man eben auch mitbekommt, wie der eine oder der andere eben dementsprechend auch leidet. Manchmal wäre es ganz schön mehr Distanz zu haben, um zu sagen (lacht) „das geht mich gar nichts an, aber das geht nicht". Und die Mitarbeiter wissen, dass sie sich auf die Pflegedienstleitung und auch auf meine beiden Abteilungsleitungen verlassen können, dass wir hier keinen hängen lassen, also wenn es irgendwo geht, dass es Engpässe gibt, wird auch sofort reagiert und wird dann innerhalb des Hauses auch Personal hin- und hergeschoben, um dann diese Situation eigentlich auch zu entlasten. Also das ist glaube ich ein ganz gutes Gefühl zu wissen, ich werde hier nicht hängen gelassen.

An dieser Sequenz dokumentiert sich der markante Unterschied zu den ersten beiden Typen. Herr Fuchs *hat* keine Distanz (im Gegenteil „relativ engen persönlichen Kontakt"), sondern *wünscht* sich diese bisweilen („manchmal wäre es ganz schön"). Allerdings ist dies keine tatsächliche Option für ihn. Es markiert vielmehr den Kern seiner Problematik, denn für ihn ist es selbstverständlich, dass ihn das Leid der Mitarbeiter etwas „angeht". Und eben weil er unmittelbar „mitbekommt", wie der „ein oder andere [...] leidet", würde er nicht, wie etwa Herr Wirth (Typ1), betriebswirtschaftliche Notwendigkeiten (Stellenkürzungen) mit Verweis auf deren Alternativlosigkeit an die Stationspflege kommunizieren und die daraus resultierenden Probleme weitestgehend in die Hände der Stationen geben. Für Herrn Fuchs sind die Probleme auf Station auch seine Probleme und ihm ist es wichtig, seine Mitarbeiter nicht „hängen [zu] lassen", sich in möglichem Maße um sie zu kümmern und durch persönlichen Einsatz so viel wirtschaftlichen Druck wie möglich zu dämpfen, indem er signalisiert, dass er für sie da ist, damit sie für den Patienten da sein können:

Herr Fuchs: So, das ist 24 Stunden, sieben Tage die Woche, kümmern wir uns darum, dass die Stationen sich um (..) Nachbesetzungen im Krankheitsfall nicht kümmern müssen, das heißt sie können sich weiter um den Patienten kümmern.

Allerdings weiß er auch, dass er sich dadurch genauso wie seine Mitarbeiter an die Belastungsgrenze bringt. Seine Sorge um einen „vernünftigen Rahmen" der Mitarbeiter lässt ihn die eigenen Grenzen des Mach- und Ertragbaren spüren, wodurch auch er leidet und somit ein *gemeinsames* Leiden an der Situation entsteht. Die hierdurch generierten Gemeinsamkeiten legen auch eine gemeinsame Bewältigung der prekären Situation nahe. Hier müssen nicht andere ausbaden, was er nicht ändern kann oder will, sondern er badet mit aus:

Herr Fuchs: Also da muss man ganz gut aufpassen, dass man die Menschen auch nicht an ihre persönliche Belastungsgrenze bringt. Das heißt, dass man sie auch nicht verheizt. Also da fühle ich mich auch in der Verantwortung dafür Sorge zu tragen, dass das Ganze noch in einem vernünftigen Rahmen geht. Und das ist das, wo man auch als Pflegedienstleiter schauen muss, wie lange kann ich das selbst eigentlich aushalten, wie lange kann ich im Grunde genommen diesen/ einmal diesen Anspruch an die pflegerische Qualität und die wirtschaftlichen Kriterien unter einen Hut bringen. Also das ist etwas, wo man aufpassen muss, dass man da selbst nicht (..) an seine Grenzen kommt, weil es/ weil sich dieses/ die Schere nicht schließen lässt beziehungsweise dieses Dilemma nicht lösen lässt.

Aus Herrn Fuchs Perspektive erscheint das grundlegende „Dilemma" zwischen wirtschaftlichem und pflegerisch fachlichem Anspruch nur *bearbeitbar,* aber nicht lösbar. Im Rahmen seiner eigenen Belastbarkeit ist es ihm möglich, sich dafür einzusetzen, dass sich die Bedingungen für die Mitarbeiter noch diesseits der „Belastungsgrenze" bewegen. Allerdings weist dies deutlich darauf hin, dass Überlastung eine ständige Gefahr ist – sowohl für ihn als auch für seine Mitarbeiter. Es ist ersichtlich, dass das Spannungsverhältnis für Herrn Fuchs nicht größer werden darf, damit es noch mit den von ihm gesehenen und praktizierten Möglichkeiten bearbeitet werden kann. Andernfalls würden „Menschen […] verheizt" – er oder seine Mitarbeiter. Als Alternative erscheint lediglich die bereits angesprochene Option, auf Distanz zu den Mitarbeitern auf Station zu gehen und diesen das Problem zu überlassen – eine Möglichkeit, die er von Kollegen kennt:

Herr Fuchs: Oder man geht hin, wie das bei einigen Leuten auch der Fall ist zu sagen okay, wenn dann jemand ausfällt, dann ist das so. (…) Da muss eben der Rest, der übrig bleibt, die Patienten eben versorgen und das ist das, wo man glaube ich aufpassen muss, dass man die Menschen da nicht verheizt.

Doch auch in dieser Variante, die Rolle der Pflegedienstleitung auszufüllen, wird das
grundlegende Spannungsverhältnis nicht gelöst, sondern zu den eigenen Gunsten
bearbeitet mit der Gefahr, dass die Mitarbeiter dann, wenn man sich nicht mehr
für sie aufzehrt, noch schneller „verheizt" werden. Zudem erscheint dies Herrn
Fuchs aufgrund seiner emotionalen wie habituellen Bindung an das Krankenhaus
nur als ein hypothetischer Horizont, also nicht als eine reale Option[95] (er *kümmert*
sich um die Mitarbeiter, damit diese sich „weiter um den Patienten *kümmern*"
[Hervorhebung A.O.] können).

Verhältnis zur Ärzteschaft: „Ärztliche Kunst zum Blühen bringen"

Betrachten wir nun Herrn Fuchs Sicht auf das Verhältnis von Pflege und Ärzteschaft.
Letztlich vertritt er diesbezüglich eine sehr ähnliche Ansicht wie Frau Gruber (Typ
2). Er beharrt nicht auf der Eigenständigkeit der Pflege:

> *Herr Fuchs:* Pflege sollte eigentlich der Boden sein, um gute/ gutes ärztliches (…)/
> ärztliche Kunst zum Blühen bringen. Also wenn man die (lacht) Philosophie hat, dann
> geht vieles im Grunde genommen einfacher. Es geht nicht darum, dass man einfach
> permanent sich gegen Ärzte durchsetzen muss, sondern zu sagen, wir gestalten den
> Boden dafür, dass du vernünftig arbeiten kannst und überlasse uns die Organisation.
> Das habe ich eben damit beschrieben, was ich seit '92, dass wir einfach hier zum
> Beispiel Patientenverteilung, all diese ganzen Sachen, über Pflege geregelt haben. Zu
> sagen hier, kümmere du dich um Medizin, wir sorgen dafür, dass die Organisation so
> ist, dass das auch vernünftig zum Tragen kommt. Aber das ist in anderen Kliniken
> manchmal anders, das ist auch bei Westgroup zum großen Teil anders, wo es darum
> geht der Mediziner will bis in das Detail, das sind meine Schwestern und weiß Gott
> was alles. Da hat man auch die Diskussion, was ist denn jetzt/ welche Funktion hat
> denn jetzt eine Pflegedienstleitung, ist das irgendwie eine Oberschwester, die so (..)
> die Oberobhut (lacht) hat über gewisse Dinge oder geht es darum, dass ich das ganze
> Prozessgeschehen gestalten kann. Zu sagen „Bitteschön, du bist Mediziner, du bist
> Chirurg, sieh zu, dass du gut operierst und (..) zu den Fällen gerufen wirst, wo es
> kritisch ist und wo es schwierig ist, aber alles andere, wie wir das organisieren, das
> machen wir dann." So, das ist das, wo wir glaube ich in der Pflege hin müssen.

Herrn Fuchs Bild, dass die Pflege der „Boden" ist, der die „ärztliche Kunst zum
Blühen" bringt, verdeutlicht auf metaphorische Weise die bereits von Frau Gruber
(Typ 2) angeführte Denkweise, dass weder Ärzte noch Pflege ohne den jeweils
anderen arbeiten können und somit das zu starke Pochen auf „Eigenständigkeit"
(Frau Gruber) kontraproduktiv ist. Gelichzeitig wird die Pflege als unverzichtbarer

---

95   Man könnte das Bild des „Verheizens" hier pointiert ausmalen: Herr Fuchs wirft sich
     selbst als zusätzlichen Scheit ins Feuer, sodass seine Mitarbeiter nicht so schnell her-
     unterbrennen. Das Feuer brennt dadurch ein wenig länger.

Akteur dargestellt, der den medizinischen Behandlungsprozess erst sinnvoll strukturieren lässt. Wobei die Organisation dieser Behandlungsprozesse wiederum auf die Expertise anderer angewiesen ist. Hier wird eine Mischung aus unterordnender Anerkennung (Wir bringen Eure Kunst zum Blühen) bei gleichzeitigem selbstbewussten Einfordern von Kompetenzbereichen offenbar (Wir sind der Boden! Wir garantieren den sinnvollen Prozess). Es scheint aber auch durch, dass dies bislang eine Idealvorstellung ist, ein Ziel bleibt („sollte eigentlich" und „wo wir [...] hin müssen"), und dass man sich erst durchsetzen müsse, da die Ärzteschaft teilweise noch anders aufgestellt sei. Die sich hieraus ergebenden Problemlagen erscheinen dabei aber nicht als grundlegende Eigenschaft von Ärzten, sondern werden in enger Verbindung zur jeweiligen Organisation gesehen („andere Kliniken", „bei Westgroup zum großen Teil"). Im eigenen Haus sei man diesbezüglich (z. B. hinsichtlich der Patientenverteilung) schon besser aufgestellt.

Spezifische Managementorientierung: Spannungen durch persönlichen Einsatz mildern

Es sollte nun deutlicher geworden sein, was bereits zu Beginn der Ausführungen zu diesem Typ gesagt wurde: Bei Typ 3 handelt es sich um einen Akteur, der sich *als Person* in die Spannung zwischen patientenorientierter Pflege und ökonomischem Druck stellt. War für Typ 1 die Wirtschaftlichkeit des Hauses das Bezugsproblem, so ist es für Typ 3, ähnlich wie für Typ 2, die Vermittlung von professionsbezogenen und wirtschaftlichen Notwendigkeiten. Anders als die ersten beiden Typen ist Typ 3 eindeutig auf Stationsebene habitualisiert, was jedoch nicht heißt, dass er die Organisation nicht auch aus Managementperspektive im Blick hat. Eine Gemeinsamkeit zu Typ 2 besteht darin, dass die Ärzte nicht per se als Gegenspieler, sondern als strukturell anders aufgestellte Akteure gesehen werden, deren Perspektiven es zu berücksichtigen gilt. Durch den persönlichen Einsatz werden dabei Probleme der Organisation bearbeitet, beispielsweise interprofessionelle Konflikte abgemildert und personelle Engpässe in der Pflege aufgefangen. Gelichzeitig besteht die Gefahr des Ausbrennens, die häufig vor allem für das Stationspersonal gegeben ist, hier aber auch für den Pflegedienstleiter in ganz anderem Maße als in anderen Häusern.[96]

---

96   Die Organisation scheint in einer permanenten Krise zu stecken. Mit Meyer (1989) könnte man auch von einer permanently failing organization sprechen (s. hierzu auch die Einleitung (Kapitel I)). Probleme sind zwar bearbeitbar, deren Ursachen jedoch nicht lösbar.

Variation: *Spagat statt Spannung*

Wie bereits eingangs erwähnt, stellen wir hier markante Typen der Verortung in einem Raum vor, der durch das Verhältnis zur eigenen Berufsgruppe, zur Ärzteschaft und zum Management aufgespannt wird. Die besprochenen Typen können metaphorisch auch als Gravitationszentren in diesem dreidimensionalen Raum verstanden werden, wobei nochmals zu betonen ist, dass die Gründe für die jeweiligen Gravitationskräfte unterschiedlicher Natur sein können (Arrangement in der Klinikleitung, Hausgröße, Persönlichkeit, etc.). Uns geht es in unserer Darstellung nicht darum, eine Detailtiefe zu erlangen, die es uns erlaubt, das Ursachengeflecht nachzuzeichnen, das zu einer bestimmten Konstellation führt. Es geht uns hier vielmehr um die Konturierung bestimmter Bereiche, um darauf aufbauend die besondere Systemik charakterisieren zu können, die die Rolle der Pflegedienstleitung auszeichnet. Entsprechend kann es nicht unser Ziel sein, jede Pflegedienstleitung *eindeutig* einem Typ zuzuordnen. So wird im Folgenden am Beispiel von Frau Seifert deutlich, wie sie zwischen den Typen 1 und 3 und dem noch folgenden Typ 4 zu verorten ist, ohne dabei einen eigenständigen Typ auszubilden. Frau Seifert ist Pflegedirektorin einer privaten, großstädtischen Klinik und bereits seit vielen Jahren dort beschäftigt, was ihr hilft, Gehör zu finden. In gewisser Hinsicht stellt sie eine Mischung aus Typ 1 und Typ 3 dar. Mit Typ 3 teilt sie die persönlich empfundene Spannung zwischen Wirtschaftlichkeit und pflegerischer Qualität:

> *Frau Seifert:* (…) er [der Geschäftsführer; Anm. A.O.] hat Erwartungen an mich, was ja auch legitim ist, ist ja ganz klar, sehe ich auch als meine Aufgabe an, aber meine unterstellten Mitarbeiter, die haben auch Erwartungen an mich und sagen: „Wenn Sie die Qualität fordern wollen"/ dann bin ich dazwischen und da ist dann/ diesen Spagat auch jeden Tag hinzubekommen […].

Was bei Herrn Fuchs als Spannung interpretiert wird, taucht bei Frau Seifert in Form des „Spagat[s]" auf. Sie verortet sich, wie es charakteristisch für Typ 3 ist, weder vorrangig auf der Seite ihrer Berufsgruppe noch auf der des Managements (wie Typ 1 und Typ 3), sondern sieht sich dazwischen. In Hinblick auf die handlungsleitende Orientierung unterscheidet sich dieses Dazwischen jedoch maßgeblich von Herrn Fuchs.

Frau Seifert setzt sich nicht *für* zwei tendenziell gegenläufige *Bedürfnisse* ein (das Überleben des Hauses und die Arbeitsbedingungen der Mitarbeiter), denen sie in positiver Wiese verbunden ist und für die sie sich verantwortlich fühlt. Sie sieht sich vielmehr zweierlei *Anspruchshaltungen* ausgesetzt. Dementsprechend ist es auch nicht das „Überleben der Organisation" oder die „Organisation als Ganzes", die den einen Pol des Spagats markiert, sondern der Geschäftsführer, der die Berücksichtigung der betriebswirtschaftlichen Erfordernisse von ihr einfordert.

Somit ist weder das Verhältnis zum Management durch eine übereinstimmende (betriebswirtschaftliche/unternehmerische) Logik wie bei Herrn Wirth (Typ 1) gekennzeichnet, noch besteht eine emotionale Verbindung zur Berufsgruppe und zur Organisation wie bei Herrn Fuchs (Typ 3). Vielmehr befindet sich Frau Seifert in Distanz zur Arbeit auf Station. Die „zusätzliche Leitungsebene" zwischen ihr und den Stationsschwestern habe „eine gewisse Filterfunktion" und die „Schwestern auf Station" würden sagen: „Mensch Frau Seifert, wäre schöner, wenn Sie öfter mal kommen würden". Frau Seifert greift zur Argumentation und Steuerung ‚nach unten' und zur Rechtfertigung ‚nach oben' auf Controlling-generierte Daten zurück, die ihr als „Argumentationshilfen in *beide* Richtungen" (Hervorhebung A.O.) dienen.

Unserer Interpretation nach teilt sie mit Herrn Wirth (Typ 1) die Distanz zur Station, auf der sie wenig persönlich anzutreffen ist, und die sie anhand von Daten und Zahlen zu steuern versucht. Anders als Typ 1 weist sie die gleiche Distanz aber auch zum Geschäftsführer auf. Während Typ 3 durch Verbundenheit in beide Richtungen in Spannung versetzt wird, muss Frau Seifert durch die Distanz in beide Richtungen den besagten Spagat leisten.

Darüber hinaus unterscheidet sie sich in einem weiteren Aspekt von den bisher angeführten Typen, nämlich in Hinblick auf die Partizipation an Entscheidungsprozessen, und bildet damit einen Übergang zu Typ 4. Deutlich wird dies etwa am Beispiel der Antwort auf die Bitte des Interviewers, die „Idee" zur vermeintlichen „Ausweitung der Kompetenzen" der Pflege im Zuge einer bereits mehrere Jahre zurückliegenden Umstrukturierung ein wenig auszuführen:

> *Frau Seifert:* Ja. Sicher müsste man dann vielleicht auch den (Name Geschäftsführer) noch mal fragen, was ihn bewegt hat. Aber ich glaube, traditionell hat die Pflege sich ja permanent entwickelt.

Obschon Frau Seifert zur Zeit der angesprochenen Umstrukturierung bereits seit längerem stellvertretende Pflegedirektorin war, scheint sie auf die Ausdehnung der Aufgaben, die von der Pflege geleistet werden dürfen (und müssen), keinerlei Einfluss ausgeübt zu haben – zumindest nicht wissentlich. Es wird deutlich, dass der Geschäftsführer hier wesentlich die Fäden in der Hand hält. Als alternative Antwort wäre demgegenüber denkbar, etwa in folgender Weise zu argumentieren: „Wir von der Pflege haben hier Druck gemacht" oder „Er hat endlich erkannt, was wir können". Frau Seiferts Argumentation lautet aber stattdessen: *Er* hat das so entschieden und *ich* weiß eigentlich noch nicht einmal genau warum. Hier deutet sich an, dass die Pflege dieses Hauses aufgrund ihrer Stellung zumindest an den größeren Managemententscheidungen nicht wesentlich beteiligt ist. Damit unterscheidet sich Frau Seifert ganz maßgeblich von Typ 2, aber diesbezüglich auch von Typ 3, der sich sehr aktiv für die Pflege und deren Interessen stark macht und gerade deshalb Gehör findet, weil er sich als kompetenter Managementakteur *im Sinne der Organisation* präsentieren kann.

Typ 4: Machtlosigkeit und Resignation

Typ 4 unterscheidet sich wesentlich in zweierlei Hinsicht von den zuvor geschilderten Fällen, denn die Pflegedienstleiter sind in den entsprechenden Fällen lediglich formal im Management vertreten. Bezugspunkt ihrer Orientierung sind und bleiben die „peers" der Stationspflege und die Stationsarbeit. Sie gelten zwar als Sprachrohr der Berufsgruppe und vertreten formal deren Interessen, sind jedoch innerhalb des Managements kaum durchsetzungsfähig. Dies der Person anzulasten, die diese Stelle besetzt, würde allerdings zu kurz greifen. Vielmehr spielt das Arrangement der Klinikleitung und deren Historie eine mindestens ebenso große Rolle. Dieser Typ ist kein ernsthaftes Gegenüber für die anderen Managementakteure. Sein Einfluss auf die Entscheidungsprozesse beschränkt sich darauf, hier und da die Perspektive der Pflege einzubringen. An der Gestaltung des Hauses ist eine Pflegedienstleitung dieses Typs aber genauso wenig beteiligt, wie sie es in der Hand hat, die Interessen der eigenen Berufsgruppe durchzusetzen.

Dieser Typ weiß um seinen begrenzten Einfluss. Damit steht er im Gegensatz zu Typ 1, der letztlich auch keine eigenständige Position vertritt, *obwohl* er sich der Orientierung der kaufmännischen Managementakteure zugehörig fühlt.[97]

In unserem Sample hat sich lediglich eine Pflegedienstleitung dieses Typs gezeigt. Nichtsdestotrotz bildet sie einen markanten Kontrast zu den anderen Pflegedienstleitungen.

Verhältnis zur Ärzteschaft: „wir versuchen zu folgen"[98]

Im folgenden Interviewabschnitt charakterisiert Frau Amland die aus ihrer Perspektive untergeordnete Rolle der Pflege im Krankenhausmanagement:

---

97 Was ihm genau deshalb widerstandslos möglich ist, weil er keine eigenständige, konfliktträchtige Position vertritt.

98 Abweichend zur in diesem Kapitel gewählten Systematik beginnen wir aufgrund der besseren Darstellbarkeit bei Typ 4 mit dessen Verhältnis zur Ärzteschaft und kommen erst anschließend zum Verhältnis zur Pflege.

Frau Amland: Also in vielen Häusern gibt es ja so das klassische Dreigestirn gar nicht mehr wirklich. Sind ja die Medizin und Verwaltung und die Pflege ist so ein hintenran oder wie auch immer oder ist untergeordnet und ähnlich ist es hier auch. Also wir haben zwar ein Budget, aber so die letztendlichen großen Entscheidungen werden im Prinzip von der Geschäftsführung getroffen. Auch mit dem medizinischen Bereich, weil ich sage mal, uns nützt es nichts, wenn ich eine Idee habe ich mache eine Kardiologie auf, wenn wir keinen Doktor dafür haben. Also da passiert gar nichts. Da können die Schwestern noch so kardiologisch ausgerichtet sein, wenn die Chefärzte, also wenn die Fachlichkeiten dafür nicht da sind. Und dadurch entstehen natürlich die strategischen Vorentscheidungen ganz klassisch in der Geschäftsführung und wir versuchen das in der Pflege dann im Nachhinein zu erfüllen.

Interviewer: Ja, das ist für uns nämlich auch so interessanter Punkt, wie jetzt die Pflege da wirklich auch aktiv dann mit einbezogen wird und, ja.

Frau Amland: Also das kann man jetzt nicht, also kann man nicht sagen, dass wir da strategisch voll mit involviert sind. Das nicht. Also da ist eher der Visionär und wir versuchen zu folgen (lacht).

Die Interviewte beginnt ihre Beschreibung mit einer allgemeinen Bestandsaufnahme der Krankenhausführung: Medizin und Verwaltung würden die wichtigen Entscheidungen treffen, die Pflege wäre „hintenran" bzw. „untergeordnet". Dies ist aus ihrer Sicht kein Spezifikum ihres Hauses, vielmehr verhalte es sich in vielen Häusern so. Mit dieser Einschätzung einhergehend zeigt sich ein weiterer Kontrast zu den anderen Pflegedirektoren: Nicht die Selbstermächtigung durch den Glauben an die Organisationskompetenz bzw. die Organisation ist handlungsleitend, sondern die Unterordnung unter die anderen Bereiche wird als unausweichlich hingenommen. Dies geht so weit, dass es ihr nutzlos erscheint, *„eine Idee zu haben"*. Auch wenn Frau Amland ihre *Idee* hier auf ein fiktives Beispiel bezieht, steht dies doch für die Polarisierung ihrer Ohnmacht gegenüber dem „Visionär", der die Ideen hat und sie umsetzen kann. An dieser Stelle spiegelt sich ihre resignative Haltung wider: Sie schreibt sich so wenig Handlungsfähigkeit zu, dass selbst das Nachdenken darüber überflüssig erscheint. Es bleibt allein der Versuch, „dem Visionär" zu folgen bzw. die „Vorentscheidungen [...] im Nachhinein zu erfüllen". Allerdings zeigt sich in dem Umstand, dass nicht vorbehaltlos gefolgt wird, sondern dies im Modus des Versuchs bleibt, dass keine allzu starke Identifizierung mit den Vorgaben besteht. In diesem Sinne kann auch Frau Amlands Lachen am Ende des Satzes und ihre Stilisierung des Gegenübers als „Visionär" als Ironisierung der Situation bzw. gar als Kommentar mit sarkastischem Anklang interpretiert werden.

Verhältnis zur Pflege: Detailliertes Wissen um strukturelle Probleme

Ähnlich wie Frau Amland die strategischen Entscheidungen des Hauses als externe Vorgaben interpretiert, mit denen sie sich ideell nicht identifiziert, erscheinen ihr das

DRG-System wie auch die Dokumentation zur Abrechnung von hochaufwendigen
pflegerischen Fällen (PKMS) allein als externe Instrumente, deren Umsetzung sie
zu verwalten hat. Sie thematisiert eigene Handlungsspielräume innerhalb dieser
Vorgaben genauso wenig wie sie einen möglichen Protest gegen die Beschneidung
der Interessen ihrer Profession artikuliert. Der Modus, in dem Frau Amland in
diesem Kontext spricht, ist ein klagender, der keine positive Veränderung mehr
annimmt oder anstrebt. Exemplarisch kann dies an folgendem Interviewausschnitt
nachvollzogen werden, in dem sie sich ausführlich zum Pflegekomplexmaßnah-
men-Score (PKMS) äußert:

> *Frau Amland:* Ist von der Sache her, finde ich, ist das Instrument auch nicht schlecht,
> <u>aber</u> es ist einfach zu aufwändig. Also man muss dafür eine extra Dokumentation
> anlegen. Das ist noch nicht mal das Schlimme, aber man muss an jede einzelne
> Unterschrift denken. Da müssen Sie, also der Pflegekomplexcode ist auch wirklich
> <u>nur</u> für die Pflege, das heißt, sobald irgendein anderer Akteur mit dran ist, meinet-
> wegen Logopäde oder weiß ich, die Physiotherapeuten, kann man das schon nicht
> mehr für den Tag zum Beispiel irgendeine Mobilisation abrechnen. Also das ist
> schon aufwändig, zusätzlich aufwändig. [...] Man muss das, also man muss ja eine
> bestimmte Anzahl von Punkte erreichen und es sollen ausschließlich, einschließlich
> sage ich nur Patien/ also nur die Berufsgruppe Pflege damit zu tun haben, das muss
> nicht immer eine Examinierte sein, aber möglichst anleitend examiniert mit dran
> sein. Aber sobald sich eine andere Berufsgruppe mit ein/ ich sage jetzt mal, da gibt
> es einen Punkt Kommunikation, 2 Mal täglich, 15 Minuten. Dafür würde man einen
> Punkt bekommen. Aber wenn der Psychologe das schon macht oder die Logopädin
> das macht, kann man es schon nicht mehr abrechnen. Und so ist das natürlich immer
> schwieriger, die Punkte zu sammeln und das andere ist, das ist das im DRG-System,
> man ist natürlich bestrebt, die Patienten möglichst in der wirtschaftlichen Zeit der
> DRG hier zu behandeln. Und wenn die nur 3 Tage oder 4 Tage oder 5 Tage hier sind
> oder sind meinetwegen auch länger da, aber man ja nicht jeden Tag die volle Punktzahl,
> dann ist das auch schwierig, überhaupt die Anzahl der Punkte zusammenzubekom-
> men, weil die Liegedauer nicht mal so lang ist.

An dem ausgeführten Beispiel dokumentiert sich, dass die Interviewte über ein
recht umfangreiches Wissen über die Stationspraxis wie auch über organisatorische
Probleme verfügt. Sie thematisiert beispielsweise die Interferenzen mit anderen
Berufsgruppen anhand eines Interessenkonflikts in Hinblick auf die Ausführung
von Anwendungen, die für die PKMS von Relevanz sind. Denn die Pflege hat
hierbei keine Hoheit und kann die Anwendungen nur abrechnen, wenn ihr keine
„andere[n] Akteur[e]" zuvorkommen. Ebenso erscheinen die kürzeren Liegedauern
problematisch, die mit dem DRG-System zum Regelfall geworden sind.

Insgesamt drückt sich hier ein differenziertes Verständnis für Probleme aus,
die in der alltäglichen Arbeit und durch die Implementierung eines neuen Ab-

rechnungssystems in die Stationspraxis entstehen. Frau Amland zeigt darüber hinaus, dass sie die Perspektive der Pflegemitarbeiter einnimmt („man muss an jede Unterschrift denken"). Die Bewertung dieses Aufwandes als „schlimm" macht deutlich, wie sehr sie sich mit den Nöten der Pflegenden identifiziert. Dass Frau Amland das PKMS-System „von der Sache her [...] auch nicht schlecht" findet, zeigt außerdem, dass sie sehr wohl eine Vorstellung davon hat, wie man die Stellung der pflegerischen Profession in der Organisation Krankenhaus verbessern könnte und dass sie grundsätzlich ein gut konzipiertes Instrument zur formalen Abbildung der Leistungen der Pflege unterstützen würde. Derzeit steht für sie jedoch der Vorteil, den das PKMS-System „in der Sache" hat, um den pflegerischen Bereich in seiner Bedeutung zu steigern, in keinem Verhältnis zum zusätzlichen Arbeitsaufwand.

Schließlich dokumentiert sich schon in diesem wie auch in anderen Interview-auszügen, dass Frau Amland zwar in dezidierter Weise Probleme benennen kann, aber nicht zu einer Form gelangt, diese zu bearbeiten oder gar zu lösen (bzw. das Lamentieren stellt die einzige Form der Bearbeitung dar). Im Unterschied zu den anderen Typen versucht Frau Amland weder, das Problem mit organisatorischen Mitteln (z. B. neuen Regeln) oder Appellen an Mitarbeiter in den Griff zu bekommen, noch deutet sie die Situation so, dass sie sich als Managerin von den konkreten Problemen (Aufwand) auf Station in einer Weise distanzieren kann, die es ihr erlaubt, die Instrumente und die mit ihnen einhergehenden Dokumentationsvorgaben als für die Organisation sinnvoll anzusehen.

Im gesamten Interview zeigt sich immer wieder ein hohes Verständnis der Zu-sammenhänge im Krankenhaus, jedoch wird an keiner Stelle von Lösungsversuchen berichtet. Zusammenfassend kann gesagt werden, dass dieser Typ zwar einerseits von einem hohen Detailwissen und Reflexivität in Bezug auf die Stationsprozesse geprägt ist und darüber hinaus mit der Stationspflege eng verbunden ist. Ande-rerseits werden die hiermit einhergehenden Spannungslagen nicht aufgegriffen und produktiv gewendet. Am Ende bleibt nur der Versuch, die Erwartungen der Geschäftsführung und der Medizin zu erfüllen ohne vollständig davon über-zeugt zu sein. Die Pflegedirektorin sieht, wie die Abrechnungssysteme (DRG, PKMS) die Stationsarbeit kolonisieren. Im Gegensatz zu anderen Fällen gelingt es ihr allerdings nicht, die hiermit verbundenen Prozesse als eigene Rationalität wahrzunehmen oder in der Umsetzung der hiermit verbundenen Prozesse eigene Gestaltungsräume zu sehen.

Spezifische Managementorientierung: Resignation und Kündigung

Am Ende des Interviews berichtet Frau Amland, dass sie wenige Tage vor dem Interview ihre Kündigung eingereicht habe. Dieser performative Akt stellt den folgerichtigen Schlusspunkt ihrer Handlungsorientierung dar. Sie weiß zwar darum, dass sie formal eine Managementposition ausführt, erlebt sich praktisch aber angesichts der Verhältnisse vollkommen machtlos und kann – da sie sich dennoch der Pflege verpflichtet fühlt – nur noch resignieren. Hiermit bestätigt sich die im Interview zum Ausdruck kommende Haltung noch einmal in zugespitzter Form: Da es weder Ansätze einer Identifizierung mit den Zielen der Geschäftsführung gibt, noch eine Chance gesehen wird, eigene Ideen einzubringen, kann die eigene Handlungsfähigkeit nur dadurch bewiesen werden, zu gehen.

In Bezug auf die Frage, wie dieser Typus die Spannungen des Krankenhauses als Managementakteur bearbeitet, kann der hier zum Ausdruck kommende resignative Typus somit als funktional äquivalent zu Typus 1 gesehen werden, dem Extremfall des gänzlichen Aufgehens in der kaufmännischen Managementrationalität. Wenngleich die Selbstwahrnehmung beider Typen deutlich voneinander abweicht, entziehen sich beide der Spannungsbearbeitung. Typ 1 tritt dabei in der illusionären Überzeugung auf, als Vollstrecker von Verwaltungsvorgaben Managementaufgaben zu übernehmen, ohne aber einen tatsächlichen Unterschied im Management zu machen (sprich an der Konfiguration der unterschiedlichen Perspektiven und Spannungsverhältnisse beteiligt zu sein). Die resignierte Pflegedirektorin ist faktisch in einer ähnlichen Position, doch sie sieht ihre Ohnmacht und täuscht sich nicht über die eigene Wirkungslosigkeit in der Gestaltung der Verhältnisse im Krankenhaus. Mit Blick auf die Situation des Gesundheitssystems ließe sich dies auch als Verweigerung interpretieren, unter den derzeitigen Umständen zu ‚funktionieren‘. Wo z. B. Typ 3 sich mit vollem Einsatz darum bemüht, ein desolates System trotz allem möglichst gut und dabei durchaus orientiert am Patienten und an den Bedürfnissen der Pflege am Laufen zu halten und entsprechend gestaltend zu intervenieren, sehen wir in Typ 4 einen Akteur, der für sich als einzige aktive Handlungsoption nur noch den Exit sieht, wobei die innere Kündigung vermutlich schon lange vorher geschehen ist

Typ 5: Management durch Understatement

Eine bislang noch nicht ausgearbeitete Variante der habituellen Verbundenheit zur Berufsgruppe der Pflegenden finden wir in Typ 5. Die sich hier entfaltende Handlungsorientierung geht jedoch weder wie in Typ 4 in Resignation auf noch wie in Typ 3 in einem selbstaufopfernden Engagement. Vielmehr zeigt sich hier eine ungewöhnliche „Zwitterposition" (Frau Kofler, s. u.).

Wir veranschaulichen diesen Typ am Beispiel von Frau Kofler. Sie bearbeitet die Frage nach der sinnvollen Vereinbarkeit von Qualität in der Pflege und wirtschaftlichen Ansprüchen anhand ihres Verhältnisses zur bzw. ihrer Abgrenzung von der

Geschäftsführung. Frau Kofler hat die Pflegedirektion zunächst kommissarisch übernommen. Dabei betont sie uns gegenüber im Interview, dass sie das Wort „kommissarisch" bis auf weiteres auch weiterhin in ihrem Titel führen möchte, auch wenn sich die Geschäftsführung sowie die Mitarbeiter sicher sind, dass sie Pflegedirektorin bleiben wird. Durch diese Selbstbeschreibung ihrer formalen Rolle drückt sich eine Distanzierung aus bzw. eine graduelle Zurückweisung ihrer Zugehörigkeit zum Management.

Verhältnis zur Pflege: „Ich weiß ja, was die da durchmachen"

Frau Kofler: Ich bin natürlich in so einer Zwittersituation. Da sage ich natürlich, ich bin vom Herzen her Pflegekraft, ne, wie gesagt, ich habe bis vorletztes Jahr selbst am Bett gestanden, war im Rahmen der Pflegebereichsleitung halt eben auch nochmal ganz nah dran am Patienten, Pflegequalitätskontrollen, ne, Matratze mit aussuchen und, und, und. Und bin jetzt natürlich in der höheren Position halt eben eher im Sinne, von wegen einhalten. Obwohl ich der Letzte bin, der sagt, einhalten um jeden Preis. Ich weiß ja, was die da durchmachen, und, ja. Schulung, ja, Lob, Belohnung, aber auch Verständnis dafür, wenn es halt eben mal nicht hinhaut.

Frau Kofler beschreibt sich in einer „Zwittersituation". Zunächst verweist sie auf ihre habituelle Bindung zur Stationspflege („vom Herzen her Pflegekraft") und elaboriert dies an einzelnen Beispielen. Selbst in der Rolle der Bereichsleitung bestehe ein starker Pflegebezug. Ein möglicher Bruch und somit der Übergang in die „Zwittersituation" vollzieht sich erst mit der „höheren Position" der Pflegedirektorin, wodurch für sie nun Fragen der Führung und des Umgangs mit Regelabweichungen virulent werden. Während sie die Sorge um Normeneinhaltung durchaus als Teil der neuen Position versteht, nennt sie „einhalten um jeden Preis" hingegen als negativen Gegenhorizont. Durch ihre Nähe zur Stationspraxis weiß Frau Kofler, was die Pflegemitarbeiter „durchmachen" und kann daher Verständnis dafür aufbringen, dass in der Praxis Normen nicht immer eingehalten werden (können). Damit legt sie erstens die Regelabweichung nicht als Fehler der Mitarbeiter aus und zweitens flexibilisiert sie den Umgang mit den Regeln: Manche Regeln sollen eingehalten werden, andere Regeln können zurückgewiesen werden, weil der Preis für die Mitarbeiter zu hoch wäre.

Interviewer: Und das müssen Sie dann in der, also der Geschäftsführung gegenüber/
Frau Kofler: Das ist aber wiederum die andere Sache, zu sagen, nach dem Motto, von wegen, was wollen Sie denn, im Sinne von wegen, wollen Sie gut versorgte Patienten, ne, die keine Komplikationen erleiden, oder die vielleicht nicht bezahlt werden, die trotzdem gut und lebendig hier raus gehen, übertrieben.

In der Frage des Interviewers wird die Proposition „der Geschäftsführung gegenüber" eingeführt, also ein Gegenhorizont benannt, dem man ggf. im Wortsinn *gegenüber*steht. Frau Kofler greift den hiermit implizierten Sinngehalt widerspruchslos auf, wodurch sich eine Spannung zwischen der Perspektive der Geschäftsführung und der der Stationspflege ausdrückt. Während sich Frau Kofler mit letzterer nach wie vor stark identifizieren kann, wird die Geschäftsführung in Form einer rhetorischen Frage adressiert, in der diese mit einer unangemessenen wirtschaftlichen Perspektive gleichgesetzt wird (nur Bezahlung), der der gut versorgte Patient gegenübergestellt wird („keine Komplikationen"). Damit distanziert sich die Pflegedirektorin von der monetären Perspektive der Geschäftsführung und führt im Gegenzug einen moralisch aufgeladenen Wertbezug in das Krankenhausmanagement ein.

Ähnlich wie Frau Amland (Typ 4) geht Frau Kofler hier in Distanz zu den Handlungsorientierungen der Geschäftsführung. Die Rückbindung an die Pflege gelingt hier jedoch über die Einklammerung der eigenen Managementrolle als „kommissarisch", womit Frau Kofler sich eine ganz eigene Rollenidentität, nämlich die „Zwittersituation" erschafft, die nicht notgedrungen ausgehalten werden muss, sondern von ihr bewusst angenommen und eingesetzt werden kann. So zeigt sich etwa am Beispiel des Dokumentierens der Pflegeleistungen, dass Frau Kofler versucht, verschiedene Referenzen, nämlich Pflege, Patient und die Organisation sowohl einzubeziehen als auch zu balancieren, indem sie sich die Frage stellt, was wo und wie sinnvoll zu dokumentieren ist. Den Ausgangspunkt bildet die Beobachtung, dass die Pflegenden insbesondere für die abrechnungsrelevante Dokumentation von pflegeintensiven Patienten viel Zeit aufbringen müssen, die folglich in der eigentlichen Pflege fehlt. Frau Kofler hat konkrete Vorstellungen zur Anpassung des Dokumentationsstils, die sie im folgenden Interviewausschnitt umreißt:

> *Frau Kofler:* Also hier haben wir mal so ein schönes Beispiel, Kurzliegerpatienten auf der Chirurgie, Leistenbruch der halt drei Tage dableibt, weil er nicht ambulant operiert werden will. Wenn da die Pfleger am ersten Post-OP-Tag, „Patient ist mobil, ist im Park", ja, sagt die Prüfung „Wiedersehen". So, und ihr müsst bitte schreiben, „Patient unternimmt Mobilisationsversuche auf dem Stationsflur". Ist das Gleiche in grün, aber es hört sich anders an, ne. Wenn ich sage „der Patient ist schmerzfrei, es geht es gut", dann, ihr müsst bitte schreiben, „Patient ist unter gegebener Medikation schmerzarm".
>
> [...] ist ja auch wieder eine Denkstilgeschichte dahinter, von wegen Pflege dokumentiert ja gerne und verständlicherweise Erfolge. Patient geht es gut, ist mobil, kann alleine aufstehen, benötigt keine Hilfe mehr im Badezimmer. Gut gepflegt.

Frau Kofler führt hier aus, dass die pflegerische Dokumentation nicht nur auf das unmittelbare Geschehen zu referieren hat (Pflege bzw. Patient), sondern auch einer ökonomischen Prüfung unterzogen werden kann, die gegebenenfalls den weiteren Verbleib im Krankenhaus in Frage stellen lässt. Dabei weiß sie, dass die jeweilige Formulierung der Inhalte einen großen Unterschied machen kann („das Gleiche in grün"). In den angeführten Beispielen wird der Genesungsfortschritt der Patienten nicht negiert, sondern eingeklammert: Der Patient ist nicht mobil, sondern er „unternimmt Mobilisierungsversuche" und der Patient ist eben „unter gegebener Medikation schmerzarm", was im gegebenen Fall intern, möglicherweise aber auch gegenüber den Krankenkassen weiteren Behandlungsaufwand legitimiert.

Frau Kofler sieht allerdings auch, dass diese Form der Dokumentation für die Mitarbeiter kontraintuitiv ist: Der Denkstil der Pflege sei daran gewöhnt, „Erfolge" zu dokumentieren. Ihre Form des Managements beinhaltet demgegenüber eine subtile Balance zwischen internen und externen Anforderungen, um dadurch Freiheitsgrade aufzutun, in deren Rahmen Patienten auch mal länger behandelt werden können, wenn dies pflegerisch angebracht erscheint.

Die Befragte zeigt ein hohes Detailwissen über die Abläufe auf Station, weiß aber auch um die Schnittstellenproblematiken innerhalb und außerhalb der Organisation. Ihr Primärbezug bleibt die Pflege, die sie nun auch mit Blick auf all die Parameter, welche die betriebswirtschaftliche Steuerung der Organisation betreffen, vertreten kann. Aufgrund ihrer Nähe zur Stationspflege kann sie deren konkrete Probleme erkennen und mitempfinden, was sie auf Distanz zur Geschäftsführung hält. Einerseits glaubt sie an die Organisation in dem Sinne, als dass gute Pflege organisiert sein muss und z. B. Dokumentationssysteme notwendige und sinnvolle Instrumente sind, mit denen man etwas erreichen kann, wie sie an anderer Stelle im Detail schildert. Andererseits bleibt ihre Primärorientierung ganz deutlich, dass es nämlich um die Qualität in der Pflege geht, für die sie sich im Wortsinne „leidenschaftlich" einsetzt. Das Wissen um alltägliche Probleme auf den Stationen einerseits und das Wissen um organisationale Zusammenhänge andererseits führt hier dazu, dass konkrete Lösungen erstens gesehen und zweitens in der geschickten Anwendung ihres Wissens, z. B. in Hinsicht auf die Feinheiten der Dokumentation auch erarbeitet werden. Hiermit dokumentiert sich das Vertrauen in die eigene Wirkmächtigkeit und darauf, als Managementakteur etwas gestalten zu können.

Spezifische Managementorientierung: Starke Pflegevertretung im Management

Frau Kofler weiß, wie Typ 4, dass sie innerhalb der Krankenhausleitung keine strategische Macht bzw. keine relevanten Entscheidungsbefugnisse hat, geht aber nicht in Resignation über, sondern gewinnt gerade aus diesem Umstand ihre Handlungsspielräume. Sie erhält sich nämlich auf der einen Seite ihren kommissarischen Status, um auf der anderen Seite das Wissen, was sie hat, für die Pflege zu nutzen zu versuchen. So fühlt sie sich nicht für das wirtschaftliche Überleben des Hauses (mit) verantwortlich (wie etwa Typ 2 und 3), sondern kann gegenüber dem Geschäftsführer in eine Gegenposition treten. Es gelingt ihr, die Patientenorientierung der Pflege als ein moralisches Anliegen zu formulieren, das auch den Geschäftsführer nicht unberührt lassen kann („was wollen Sie denn, im Sinne von wegen, wollen Sie gut versorgte Patienten, ne, die keine Komplikationen erleiden […]"). Dies kann für ein Managementarrangement unter Umständen wertvoller sein als konfliktfreies Einverständnis zwischen den Managementakteuren. Zumindest wird auf diesem Wege überhaupt erst eine Spannung sichtbar und damit reflexiv bearbeitbar.

Typ 5 zeichnet sich weiter dadurch aus, dass er sich für die Belange der Berufsgruppe stark macht, nicht nur durch das Einfordern, sondern auch durch das Anbieten intelligenter Ideen und Lösungen. Mikropolitisch gesehen versteht dieser Typ das Spiel aus der formal unterlegenen Position zu spielen. In einer schwachen Management-Position zu sein, ist in diesem Fall nicht gleichbedeutend mit fehlenden Einflussmöglichkeiten. Letztere sind jedoch eher auf ‚Projektebene' denn auf Ebene des operativen oder gar strategischen Managements angesiedelt. Bei hoher Identifikation mit der Pflege ist dennoch ein dezidiertes Verständnis organisationaler Prozesse vorhanden. Und, ähnlich wie bei Typ 2 und 3, können fremde Handlungslogiken, z. B. die von Ärzten oder externen Instanzen wie dem MDK, als in sich schlüssig nachvollzogen werden, wodurch mit ihnen in der Alltagspraxis kreativ (und wohl auch produktiv) umgegangen werden kann.

Das Beispiel von Frau Kofler weist zudem darauf hin, dass die rekonstruierten Typen in ihren jeweiligen organisationalen Arrangements möglicherweise nur temporär bestehen bzw. aufrechterhalten werden können. Bezüglich Frau Kofler drängt sich etwa die Frage auf, ob sie auch nach langjähriger Tätigkeit in der Position der Pflegedirektorin ihre Distanz zur Geschäftsführung bewahren und die daraus hervorgehenden Freiheitsgrade im selben Maße nutzen können wird. Es ist denkbar, dass sie die Selbstbezeichnung als (nur) „kommissarische Pflegedirektorin" nicht lange beibehalten kann. Andererseits wissen wir aus anderen Beispielen, dass man sich sehr wohl jahrelang und erfolgreich in Provisorien einrichten kann. Außerdem sprechen sowohl das bereits zum Zeitpunkt des Interviews kontrafaktische Postulieren des Titels als auch die Tatsache der starken habituellen Bindung an die Pflege dafür, dass Frau Kofler ihre Distanz zum Management nicht so leicht aufgeben wird. Damit ist jedoch nicht gesagt, dass sich ihre Handlungspraxis im Laufe der Zeit nicht ändern wird oder andere Verschiebungen im Arrangement auftreten werden (beispielsweise könnten themenbezogene Allianzen eingegangen oder die Pflegedirektion formal anders in der Organisationsstruktur verortet werden). Mit anderen Worten: Es ist anzunehmen, dass sich Frau Koflers *handlungsleitende Orientierung* (nämlich an Qualität und Organisierbarkeit der Pflege) wenig verändern wird, während die konkreten Vollzüge der Praxis angesichts von Lernprozessen (auf individueller wie organisationaler Ebene) einem Veränderungsdruck ausgesetzt sein können.[99]

Zusammenfassung

Aus den von uns mit den Pflegedirektoren geführten Interviews haben wir ein gemeinsames Bezugsproblem rekonstruiert. Es resultiert aus dem Spannungsverhältnis zwischen den Anforderungen der Stationspflege und den Zumutungen betriebswirtschaftlicher Optimierung. Auf der einen Seite stehen die Erfordernisse der konkreten Pflegetätigkeit: Patientenbedürfnisse, Qualitätsansprüche an die eigene Berufsgruppe. Auf der anderen Seite stehen Personalknappheit, wirtschaftliche Primate, die dem pflegerischen Ideal einer guten Patientenbetreuung zuwiderlaufen, sowie abstrakte Instrumente der Dokumentation und Abrechnung, die nur bedingt mit den eigentlichen pflegerischen Abläufen in Verbindung stehen.

Die Pflegedirektoren müssen nolens volens einen Weg finden, mit den Widersprüchen dieser beiden Anforderungsbereiche umzugehen, wobei sich unterschiedliche Formen der Problembearbeitung beobachten lassen. Diese unterscheiden sich insbesondere hinsichtlich der jeweiligen Rolle im Arrangement des Krankenhausmanagements sowie in Hinblick auf die Managementpraxis, wobei hier nochmals zwischen Nähe und Distanz zur Stationspflege und in Bezug auf die Selbstwirksamkeit als Managementakteur zu differenzieren ist.

Der erste Typus, den wir in unserem Sample am häufigsten finden, bearbeitet dieses Bezugsproblem, indem er sich einseitig der betriebswirtschaftlichen Rationalität der Führung anschmiegt, während das Verhältnis zum Pflegebereich distanziert ist. Vor diesem Hintergrund wird die Pflege als ein zu steuernder Bereich der Organisation neben anderen wahrgenommen. Bei Problemen auf der Station mag unter Umständen kurz interveniert werden, aber das grundsätzliche Primat des möglichst reibungslosen Funktionierens der Organisation wird dabei nicht in Frage gestellt. So werden zum Beispiel anstehende Personaleinsparungen den Pflegemitarbeitern zwar mehrfach *erklärt*, jedoch kein gegenseitiges *Verständnis* erwartet. Somit wird paradoxerweise die Kommunikation mit der Basis zu einem Instrument der Entkopplung von deren konkreten Problemen als auch von den Managementprozessen. Die Positionierung im Management kommt damit ei-

---

99   Eben diese relative Konstanz ist auf methodologischer Ebene das Kriterium zur Identifikation eines Orientierungsrahmens (Bohnsack 2014b), also des handlungsleitenden Wissens, das nicht kausal die Handlungspraxis bestimmt, aber das Spektrum der Handlungsmöglichkeiten definiert.

ner *Flucht nach oben* gleich: Die eigene Berufsgruppe, in der der Pflegedirektor sozialisiert wurde, wird nicht im Management vertreten und der *Pflegeblick*, der den Bedürfnissen des Patienten gilt, weicht einem *Organisationsblick*, der auf ein möglichst störungsfreies Funktionieren fokussiert.

Aus einer machttheoretischen Perspektive[100] heraus ist diese Orientierung und Positionierung durchaus nachvollziehbar. Sich als Teil des *Managements* zu begreifen und wahrgenommen zu werden, bedeutet eine symbolische Aufwertung. Die Identifizierung mit den Pflegekräften, die im Verhältnis zu den Ärzten einen niedrigeren Status haben, lässt demgegenüber kaum Distinktionsgewinne erwarten. Demgegenüber lässt sich in Allianz mit den Geschäftsführern und im Namen der *vernünftigen Organisation* den Ärzten selbstbewusst entgegen treten, denen man als Pflegekraft noch unterlegen war. Allerdings kann aus einer managementsoziologisch informierten Perspektive gefragt werden, welche Differenz eine solche Orientierung im Krankenhausmanagement hervorbringt. Wenn die eigene Praxis letztlich nur darin besteht, der Bearbeitung der zum Teil immensen Spannungen (z. B. aufgrund der Überlastung des Pflegepersonals durch die Einsparung von Personalmitteln) auszuweichen und im Extremfall die eigene professionelle Verortung vollkommen unter ein überindividuelles Management-Wir zu subsummieren, kann nicht einmal ansatzweise von der Entsprechung einer Führungsrolle und einer starken personalen und habituellen Identität ausgegangen werden. Die Selbstwahrnehmung bricht sich hier am Modus Operandi in dem Sinne, dass die sich selbst zugesprochene Rolle des Entscheiders als unproblematisch empfunden wird, was in diesem Kontext jedoch nicht als Tugend gesehen werden kann, sondern angesichts der realen Probleme des Krankenhauses darauf verweist, dass in der Praxis nur nach externen Vorgaben verwaltet, nicht aber tatsächlich Verantwortung für die Verhältnisse übernommen wird. Dass die Pflegedirektoren dieses Typs keine Spannung *fühlen*, kann dahingehend interpretiert werden, dass sie nicht in der Lage sind, die z. T. unvereinbaren Logiken, mit denen es die Organisation zu tun hat, zu reflektieren bzw. sich diesen auszusetzen. Mit Baecker gesprochen: „Wer nicht in einer Krise steckt, hat ein Problem, denn er hat den Kontakt mit der differenten Wirklichkeit verloren und verwechselt seine eigene selektive Wahrnehmung mit der Welt, in der er sich bewegt." (Baecker 2009, S. 59f.)

Bei der Durchsetzung der eigenen Projekte scheitert dieser Typ schließlich an den Ärzten, die ihren professionellen Habitus (noch) mitführen. Mit dem Aufstieg ins Management in der soeben beschriebenen Weise geht die professionelle Orientierung der Pflegedirektoren verloren und folgelogisch wird die Orientierung der

---

100 An dieser Stelle könnten beispielsweise die Überlegungen zu Feldern bei Bourdieu (Bourdieu 1985) angewendet werden. Siehe auch Wallenczus (1998).

Ärzte am Wert der professionellen Autonomie im selben Zuge suspekt. Pflegedirektoren, die in solcher Weise die Perspektive der kaufmännischen Geschäftsführer assimiliert haben, bereichern das Management also nur in geringem Maß durch eigene Impulse und es muss angenommen werden, dass sie entsprechend wenig am Professionalisierungsprojekt der Pflege interessiert sind.

An dieser Stelle sei allerdings darauf hingewiesen, dass bei der Bewertung der von uns rekonstruierten Typen die Berücksichtigung des Kontextes eine wichtige Rolle spielt. So kann Typ 1 dahingehend kritisiert werden, dass er die Interessen der Profession zugunsten des eigenen Aufstiegs vernachlässigt. In einem Krankenhaus, das gerade aus einer existenzgefährdenden Krise geführt wird, kann ein solcher Akteur jedoch zuträglich für die dringend notwendige Stabilisierung der Organisation sein, indem er bestimmte Spannungslagen eher abblendet als thematisiert.

In Abgrenzung zu diesem Typus haben wir weitere Typen rekonstruiert, für die das Bezugsproblem nicht durch die Identifizierung mit der Managementperspektive zu lösen ist, weil weiterhin eine habituelle Bindung an die Pflege besteht und im Sinne einer produktiven Spannung nutzbar wird (Typ 2, 3 und 5). Wir haben oben am Beispiel von Herrn Fuchs (Typ 3, „persönlicher Einsatz") gezeigt, wie Empathie und Verantwortungsgefühl gegenüber den Mitarbeitern handlungsleitend für das Managementhandeln bleiben kann. Die Pflegedirektoren dieses Typs stellen sich selbst in das Spannungsverhältnis zwischen ökonomischem Druck und Stationspflege hinein, leiden dabei unter dem Aufeinanderprallen kaum oder nur schwer zu vereinbarender Ansprüche, setzen sich aber auch für Lösungssuche ein. Die persönliche Betroffenheit durch die Spannungslage kann einerseits, wie bei Typ 5, Antrieb der eigenen Managementpraxis sein, andererseits besteht die Gefahr, selbst auszubrennen und an den Gegebenheiten zugrunde zu gehen.

Eine mögliche Konsequenz sehen wir in der Resignation des Typs 4. Auch hier sei jedoch auf das Gesamtarrangement des Hauses verwiesen: Frau Amland sieht sich in der Krankenhausleitung einem patriarchalen ärztlichen Direktor und Geschäftsführer gegenüber. Dementsprechend erscheint die Exit-Option womöglich als einziger Weg, diesen Führungsstil zu kritisieren, wobei die Organisation mit ihr einen Mitarbeiter mit enormem Detailwissen verliert.

Die „Zwittersituation" Frau Koflers (Typ 5) führt demgegenüber nicht zur Resignation hinsichtlich der Wirksamkeit des eigenen Managementhandelns oder zu einer Distanzierung von den Problemen der Pflege und damit zu einer Ausblendung dieser. Vielmehr befähigt die starke habituelle Bindung zur Stationspflege Frau Kofler dazu, sowohl Spannungen in der Organisation wahrzunehmen als auch welche aufzubauen. Dadurch können konkrete Probleme der Alltagspraxis gesehen und berücksichtigt werden. Gleichzeitig hat sie Vertrauen in ihre Wirkmächtigkeit auf Managementebene, wodurch sie eine reflexive Perspektive einnehmen und Lösungen erarbeiten kann.

Während Typ 1 eine virtuelle Identität über das Management bezieht, sehen wir vor allem bei den Typen 3 und 5, wie ein kongruentes *role-making* (im Gegensatz zum role-taking bei Typ 1) stattfindet: Die Selbstbeschreibung Frau Koflers als kommissarische Pflegedienstleiterin etwa zeigt, dass sie die „Zwittersituation" bewusst für sich wählt, also eine Managementidentität *herstellt*, die sich auch in der Organisationspraxis widerspiegelt. Die Typen 3 und 5 sind im Sinne eines Spannungsmanagements diejenigen, die im Management wahrscheinlich die meisten Spannungen erzeugen und damit auch produktiv zur Lösung der spezifischen Probleme der Krankenhäuser beitragen können. Dagegen ist zu vermuten, dass Typ 1 und Typ 2 zwar durchaus die Krankenhausführung stabilisieren können, indem sie das Management vor Überforderung schützen. Langfristig zieht ein solches Abblenden von Komplexität allerdings wahrscheinlich andere Schwierigkeiten nach sich, etwa abnehmende Qualität der Pflege, überlastete Mitarbeiter und eine Deprofessionalisierung der Gesundheitsversorgung.

3   Kaufmännische Direktoren unter Zugzwang – bürokratische Kontrolle und unternehmerische Freiheit in einem Quasimarkt

Einleitung

Wie bereits an verschiedenen Stellen dieses Buches ausführlich dargelegt, entwickelt sich das Krankenhauswesen in Richtung eines Quasimarktes (Le Grand und Bartlett 1993). Welche Dynamiken sich daraus für die kaufmännische Direktion bzw. Geschäftsführung eines Krankenhauses ergeben, soll Thema dieser Einleitung sein und wird in seinen feineren Schattierungen im Verlauf dieses Kapitels ausgearbeitet werden.

Geschäftsführungen operieren heutzutage in aller Regel als Vorsitzende einer GmbH-Struktur und damit als letztverantwortliche Singularinstanz aller Unternehmensbelange, der die übliche Ebene der Krankenhausleitung formal nachgeordnet wird.[101] Grundsätzlich bewegen sie sich dabei aufgrund der bereits

---

101 Die klassische Form der Krankenhausleitung bestand aus einer Verwaltungs-, ärztlichen und pflegerischen Leitung, die gemeinsam in einem Gremium (für gewöhnlich „Krankenhausleitung" genannt) das Haus leiteten. Durch die formalrechtliche Einsetzung

geschilderten Mischung aus marktwirtschaftlichen Anreizen, korporatistischer Selbstverwaltung und politischer Regulierung ökonomisch gesprochen *zwischen einer erwerbs- und einer bedarfswirtschaftlichen Ausrichtung*. Dies dürfte steigende Unsicherheit und Komplexität für die Leitung von Krankenhäusern implizieren, deren Einhegung und Kontrolle nicht zuletzt auch vertiefte betriebswirtschaftliche Kenntnisse erfordern: Markt- und Wettbewerbsanalysen, (Medizin-)Controlling, Qualitätsmanagement und strategische Unternehmensführung gehören seit einiger Zeit zum festen Repertoire kaufmännischer Arbeit. Allerdings ist die Anwendung solcher *tools* keiner Bedienungsanleitung zu entnehmen, sondern Teil des praktischen Wissens der Akteure. Dabei können und müssen kaufmännische Leitungen vermehrte Anstrengungen für die Verarbeitung von Informationen aufbringen, die sowohl bürokratische als auch betriebliche Vorgänge betreffen. Im Fokus steht dabei die Kontrolle laufender Prozesse und Tätigkeiten aus Gründen der *Rechenschaft* und *Leistungsoptimierung* als auch die Bearbeitung von Szenarien und Möglichkeiten zur Gestaltung der *Unternehmensentwicklung*. Wie Siegfried Eichhorn (Eichhorn et al. 1986) seinerzeit bemerkte, begann sich die Verwendung „zahlenmäßig erfaßbarer betrieblicher Vorgänge" durch das Rechnungswesen im Krankenhaus langsam zu verändern. Ehemals schien es nur von Interesse zu sein, Zahlungsströme nachzuzeichnen und insofern überwachen zu können. Erst seit den späten 70er bis frühen 80er Jahren werden die Zahlenwerke zunehmend auch als Entscheidungsgrundlage aufgefasst und dementsprechend genutzt. Kaufmännische Akteure können *und* müssen ihre Arbeit – entgegen des wohlfahrtsstaatlich tradierten Schwerpunktes auf Verwaltungstätigkeiten – in bislang unbekanntem Ausmaß auf eine unbekannte, zu gestaltende Zukunft hin ausrichten und für unterschiedliche Richtungen konfigurieren und dabei unternehmerische Risiken und gesetzliche Bestimmungen in besonderem Maße aufeinander beziehen. Aufgrund ihrer Position sind Akteure der Geschäftsführung als „Grenzstellen" (Luhmann 1964) zu betrachten, da sie in besonderem Maße für die *Konditionierung* externer Bezüge in der Organisation verantwortlich sind. Insbesondere dürfte es im modernen Krankenhaus darum gehen, externen Rechenschaftspflichten (z. B. Abrechnungen, Arztbriefe, Qualitätsnachweise, Zertifizierungen) und Ressourcenzugänge für die interne Verarbeitung zu *filtern*, d. h. insbesondere den Wirtschaftlichkeitsdruck im Gesundheitssystem nach innen durch bürokratische Kontrolle zu *organisieren*

---

einer darüber angesiedelten Geschäftsführungsebene verändert sich auch die Zusammensetzung der Leitungsebene. Je nach Größe und Trägerstruktur kann darunter etwa eine Betriebsleitung existieren, in der eine Verwaltungs- oder kaufmännische Leitung im Sinne der Geschäftsführung das Tagesgeschäft bestreitet, die Geschäftsführung eher übergeordnete Funktionen und/oder nur sporadische oder spezifische Aufgaben vor Ort übernimmt.

und dabei zugleich die eigenen Freiheitsgrade als Geschäftsführung aufzubauen
wie auch die professionellen Interessen für die Organisation zu balancieren.[102]

Zusammenfassend können wir als gemeinsames Bezugsproblem der leitenden
kaufmännischen Funktion festhalten, die drei benannten Entwicklungsfelder
(Informationsgewinnung und -nutzung; Grenzstellenmanagement; Unternehmensentwicklung) bearbeiten und in ein produktives Verhältnis setzen zu müssen. Es
könnte aus Sicht der Geschäftsführung darauf ankommen, die Organisation als
eigene Quelle der Rationalität dergestalt zu installieren, dass sie der komplexen
Realität des Gesundheitssystems und der an ihm teilhabenden Akteure (Politik,
Selbstverwaltung, professionelle Berufsgruppen und nicht zuletzt der Patienten!)
in wirtschaftlicher, rechtlicher, politischer und medizinischer Hinsicht standhält
und darüber hinaus auch in der Lage ist, diese herauszufordern bzw. im Sinne
eines erweiterten Führungs- und Managementanspruchs zu beeinflussen. Zur
besseren Einordnung wollen wir das gemeinsame Bezugsproblem der Kaufleute
auf eine von Dirk Baecker eingeführte Heuristik über „drei Formen oder Typen
des Managements" (Baecker 2014, S. 90ff.) beziehen. Demnach unterteilt sich das
Management in Organisationen in ein *operational*, *general* und *corporate management*. Bei ersterem geht es um das Auffinden „aussichtsreicher Ziele und der
Wahl dazu passender Mittel" (a. a. O., S. 116), um die zweckrationale Erreichung
wirtschaftlicher Effizienz, gewissermaßen um den Kern betriebswirtschaftlicher
Wertschöpfung. Dies geschieht auf betrieblicher Ebene vor allem über eine Ziel-
kontrolle und ggf. -korrektur anhand der Beobachtung von selbstständig in die
Organisation eingeführten Soll/Ist-Unterschieden. Beim *general management*
hingegen steht die *verfahrensgemäße* „Zündung und Beilegung spannungsreicher
Konflikte" (ebd.) im Vordergrund. Zu diesem Zweck werden Risiken betrachtet,
abgewogen und nach Möglichkeit zum Wohle der Organisation minimiert, deren
Rationalität über Konzepte, Prozeduren und Verfahren sowie Informations- und
Reportsysteme sichergestellt werden soll. Als dritte Form führt Baecker das *corporate
management* an, das auf Grundlage des Gebrauchs von „Willkür im Medium der
Macht" (a. a. O.) und Führung die Einheit der Organisation verkörpert und darüber
auf Problemlagen in der Gesellschaft Bezug nimmt. Auf dieses Ordnungsschema
werden wir in der Zusammenfassung des Kapitels erneut zurückkommen. Wir
notieren das Ganze in nachfolgender Tabelle:

---

102 Beispielsweise muss die Abwicklung schlecht wirtschaftender Abteilungen durch
    Outsourcing-Aktivitäten gegen eine Schließung dieser Einheiten abgewogen; Skalenef-
    fekte durch Einkauf- und Zuliefervertragsgestaltung gegen professionelle Interessen
    gehalten; öffentlichkeitswirksame Aktionen gegen geltende Werbeverbote organisiert;
    Vernetzung und Kooperation nach außen mit ‚Markteffekten' und internen Aspirationen
    der Belegschaft verrechnet und abgewogen werden.

Tab. 2 eigene Darstellung nach Baecker 2014, S. 90ff.

Management-form	Operational Management	General Management	Corporate Management
Aufgabe	Wirtschaftlichkeit sichern	Konflikte provozieren und beilegen, Eigendynamik stärken	Einheit der Organisation repräsentieren
Medium	Berechnung und Wahl von Zwecken und Mitteln (Effizienz)	Risikoorientierung und Verfahrensgestaltung (Rationalität)	Gebrauch von Macht und Führung in Hinblick auf gesellschaftliche Kontexte (Einheit der Organisation)
Kontext	Betrieb/Wirtschaft	Organisation/ Wirtschaft	Organisation/ Gesellschaft

Durch das soeben dargestellte gemeinsame Bezugsproblem instruiert, wollen wir nun im Folgenden drei Fälle der Bearbeitung dieses Komplexes rekonstruieren. Die Fälle werden im Sinne der Dokumentarischen Methode einer komparativen Analyse unterzogen, die Auskunft darüber gibt, in welchem Zusammenhang die Fälle zueinanderstehen und so ein aufschlussreiches Gesamtbild entstehen lässt.

Typ 1: Klassisches Unternehmertum

Im ersten nun folgenden Fall wird der Geschäftsführer Herr Plessner beschrieben. Er ist seit mehr als einer Dekade Leiter eines privat getragenen, städtischen Klinikverbundes, der aus zwei Kliniken mit einer GmbH-Struktur sowie weiteren medizinischen Einrichtungen und einer rein privaten Fachklinik besteht. Das Haus, in dem das Interview gemeinsam mit dem Chef-Controller des Hauses (Herrn Wolter) stattfand, befand sich zuvor in öffentlicher Trägerschaft und umfasst etwa 300 Betten. Das zweite Haus des Verbundes, auf das an der einen oder anderen Stelle Bezug genommen wird, umfasst ähnlich viele Betten und ist institutionell wie administrativ eng mit dem hier untersuchten Haus verwoben.

Formale Verortung: Im Rahmen „gewisser Spielregeln völlig frei gestalten"

Zu Beginn des Gesprächs wird Herr Plessner gebeten seine Tätigkeit zu beschreiben. Er denke, es handele sich um eine „übliche Geschäftsführertätigkeit wie Sie in anderen Unternehmen das auch finden". Er führe im „Rahmen gewisser Vorstellungen, gewisser Möglichkeiten" die Geschicke der beiden Häuser. Die in den Satzungen formulierten „Spielregeln" erlauben es ihm „völlig frei gestalten, bewegen, führen" zu können. Er halte dabei das „gesamte strategische und aber auch operative Geschäft" in seinen Händen. Er benennt daraufhin Beispiele, die von der Verfügung über Chefarztposten, über das „betriebsbedingte Outsourcen" bis hin zur Ausgründung neuer medizinischer Schwerpunkte reichen: „das können wir alles hier entscheiden". Er führt erstmals ein „wir" ein, das signalisiert, dass diese weitreichenden Entscheidungen zwar alle vor Ort und in großer Unabhängigkeit getroffen werden, aber Herr Plessner einen Stab um sich versammelt, mit denen er diese Dinge diskutiert und entscheidet. Es relativiert sich somit zunächst der Eindruck, dass Herr Plessner der solitäre Akteur ist – mit allen Befugnissen ausgestattet – der die Dinge im Alleingang im Rahmen gewisser institutioneller Vorgaben entscheidet.

Herr Plessners Team erscheint vielmehr als multiprofessionelle Gruppe bestehend aus der „Unternehmensführung" (Herr Plessner selbst), dem Controller Herrn Wolter, der „im Prinzip bei fast jeder Entscheidung mit am Tisch sitzt", der „Klinikmanagerin"[103] sowie Juristen und Ärzten. Im Rahmen der „Finanzrunde", dem „wesentlichen Führungsinstrument", wird monatlich über die Geschicke des Hauses diskutiert und entschieden. Erst eine Ebene tiefer („darunter") erscheinen die klassischen anderen Leitungspositionen (ärztliche und pflegerische Direktion) auf. Es zeichnet sich ab, dass Herr Plessner formal betrachtet eine sehr starke Rolle einzunehmen scheint, die sich nicht zuletzt darin zeigt, dass mit der „Finanzrunde" eine eigene Gremienstruktur geschaffen wurde. Ein weiterer Schritt dieser *Autonomisierung* ergibt sich daraus, dass im Rahmen der Finanzrunde, entgegen einer möglichen Common-Sense Annahme („man glaubt es kaum"), nicht bloß Zahlen diskutiert werden, sondern „zunehmend" auch die Frage, ob „wir mit den Abteilungen auf Kurs sind", sowie generelle Fragen der „Organisation". Es kommt hier eine erste Orientierung zum Vorschein, wonach für Herrn Plessner die „Finanzrunde" letztlich die *Organisation selbst* in ihrer Rationalität repräsentiert. Demzufolge wird im Rahmen eines Finanzgremiums darüber entschieden, welcher Kurs für die medizinischen Abteilungen maßgebend ist. Dies zeigt sich auch daran, dass die ärztliche Expertise des neu etablierten Klinikmanagements nicht nur als Ersatz für die einstige ärztliche Geschäftsführung fungiert, sondern es darüber hinaus auch erlaubt, die tradierte Leitungsstruktur mit ärztlicher und pflegerischer Direktion eine Ebene tiefer anzusiedeln. An späterer Stelle vermerkt Herr Plessner weiter:

Herr Plessner: Nicht zu vergessen, wir haben ja durch die Leitung Klinikmanagement haben wir ja zwei Positionen in den Kliniken, die in diesen Gedankenwelten, wenn

---

103 Die Klinikmanagerin ist, wie erst später offenbar wird, ausgebildete Ärztin und repräsentiert insofern das ärztliche Wissen im Rahmen der Finanzrunde.

wir sie denn bearbeiten, die Ideen mit Fundament untermauern, sind die ja dabei. Ja? Dann sind die dabei und geben ihren Input schon immer mit rein, ja?

Hier zeigt sich nicht nur, dass das Klinikmanagement im Rahmen der Klinikleitung die ärztliche Direktion tendenziell ersetzt, sondern auch, dass der Medizin eine eigene Rationalität zugesprochen wird, die als ‚Gedankenwelt‘ *separat* aufgegriffen wird, wenn die Finanzrunde „sie denn bearbeiten" *will*.[104]

Insgesamt offenbart sich hier eine herausgehobene Führungsstruktur, die eine starke kaufmännisch-wirtschaftliche Handschrift trägt und eine klassisch pyramidale Führungsstruktur mit einer Spitze, dem Geschäftsführer, und seinen ihm zuarbeitenden Organen, aufweist. Insofern ist bereits hier festzuhalten, dass die eingeleiteten Strukturreformen innerhalb der Klinikleitung dem Muster dessen folgen, was in der Einleitung skizziert wurde: der Aufstieg der kaufmännischen Funktion als Singularinstanz der Krankenhausleitung.

Mit Blick auf die Trägerkonstruktion der beiden Häuser reflektiert Herr Plessner anschließend, dass die Gesellschafterversammlung als höchstes Organ „familiär geprägt" sei. Sie fungiere frei von institutionellen Anlegerbeziehungen, die als negativer Gegenhorizont eingeführt werden. Zur Zusammenarbeit mit den Trägerorganen sagt er daraufhin Folgendes:

> *Herr Plessner:* Wobei, ich muss schon sagen, dass die Geschäftsführung mit dem gesamten Team, wie ich das eben schon beschrieben habe, dass dort schon die Weichen gestellt werden. Also wir haben das spezielle Know-how. Ja? Wir sind ja die Spezialisten vor Ort. Wir wissen wie das Gesundheitswesen sich entwickelt. Wir haben unsere Vorstellungen, welchen Beitrag wir da leisten können und wir gehen natürlich mit diesem Input dort rein. [...] Aber ich sage einmal die grundsätzlichen Pfeiler, also wenn wir nicht davon überzeugt sind, ja? Dann läuft das gar nicht. [...] wir müssen das schon so sattelfest machen ja? Und ich bin da sehr konservativ, sehr konservativ, also wir versuchen auch schon die Risiken, die durch eine bestimmte unternehmerische Entscheidung entstehen, die versuchen wir hier schon im Vorfeld kalkulierbar zu machen. Ja? Also wir würden da nicht eine Entscheidung treffen, die womöglich die Klinik in schwieriges Fahrwasser bringt. Ja? Naja eine unternehmerische Entscheidung kann ja auch einmal fehlschlagen. [...] Da muss das Schiff trotzdem fahren.

Die Gesellschafterversammlung sowie die beiden genannten Zwischenorgane (Beirat und Verwaltungsrat) erscheinen als vertrauensvolle Akteure zur gemeinsamen Reflexion komplexer Entscheidungen, die auf die Geschäftsführung nicht in besonderem Maße handlungsbeschränkend einwirken. Dies untermauert Herr

---

104 Siehe zu einer weitergehenden Analyse auch Feißt und Molzberger (2016).

Plessner durch die Ausführungen zur eigenen Führungskompetenz: man habe das „spezielle Know-How" um die „Weichen" zu stellen, die Entwicklung des Gesundheitswesens zu prognostizieren und den eigenen „Beitrag" einschätzen zu können. Die Taktgebung erfolgt also weitestgehend in Eigenregie in Zusammenarbeit mit den formal höher gestellten Institutionen, die als strategische „Rückversicherer" erscheinen. Die eigene Haltung fällt, wie Herr Plessner betont, „sehr konservativ, sehr konservativ" aus.

Es deuten sich damit weitere wesentliche Elemente eines Orientierungsrahmens dieses Managementakteurs an: einerseits wird eine Selbstdarstellung als weitgehend frei agierender Macher und Entscheider vorgetragen, dessen Organisation sich im eigens bestellten Finanzgremium konstituiert, und der grundsätzlich nur dann agiert, wenn er selbst (und das ihm zuarbeitende Team des Finanzgremiums) vollends überzeugt ist. Andererseits zeigt sich eine nach Opportunitäten suchende Praxis, die Risiken kalkuliert, sich immer wieder abstimmt und rückversichert und so ein vorsichtiges Agieren erkennen lässt.

Innenspannung

„Das Ganze zusammenhalten"

> *Herr Plessner:* Wir hier oben, wir müssen das Ganze zusammenhalten. Wir müssen das Ganze zusammenhalten und wir denken aus einer übergeordneten Perspektive heraus. Also jede einzelne Fachabteilung muss einen Beitrag zum Ganzen in irgendeiner Form leisten.

Mit Bezug auf die zu stellenden „Weichen" und der Sicherstellung, dass das „Schiff" trotz unternehmerischer Risiken fahren muss, erscheint es für Herrn Plessner ferner als wesentliche Aufgabe „das Ganze zusammenhalten" zu müssen. Es wird demnach aus einer „übergeordneten Perspektive" heraus auf das Geschehen im Krankenhaus geblickt. Gleichzeitig offenbart sich, dass das Ganze *ohne* die Mitwirkung der medizinischen Abteilungen von den Akteuren „hier oben" gar nicht zusammengehalten werden könne.

Die Zusammenarbeit mit den Chefärzten und deren Fachabteilungen beschreibt Herr Plessner nachfolgend anhand des fiktiven Beispiels eines Internisten, um zu illustrieren, wo seiner Erfahrung nach ein grundlegendes Problem zu verorten ist: Ärzte würden zunächst die eigene Abteilung nicht kritisieren wollen und daraufhin zu Maßnahmen neigen, die aus strategischer Perspektive bestenfalls ein Stückwerk darstellen. Die Einbindung des (chef-)ärztlichen Personals in strategische Grundsatzentscheidungen lehnt Herr Plessner aus seiner Erfahrung heraus entsprechend ab, da (Chef-)Ärzte aufgrund ihrer primären Eigenschaft als *mikropolitische Spieler* und Vertreter von Abteilungsegoismen hierfür nicht in Frage kommen. Die Ärzte fungieren aus Sicht der Geschäftsführung also ausschließlich als *Informanten*, während die übergreifende Perspektive durch die Finanzrunde zu formulieren ist. Als Datenlieferanten eines medizinischen Wissens kontextualisieren („unterfüttern") die Ärzte die hier zu treffenden Entscheidungen, in die *richtige* Perspektive gesetzt werden diese Informationen allerdings ohne sie. Erst in einem „zweiten Schritt" kommt es dazu, dass das „ärztliche Potenzial" im Rahmen des Entscheidungsprozesses befragt wird, da die einzelnen Fachabteilungen ja ohnehin bereits Teil eines Plans darstellen, der bereits „hier oben" entwickelt worden ist. Die Rede vom „ärztlichen Potenzial" deutet darauf hin, dass Ärzte aus Herrn Plessners wirtschaftlicher Perspektive einer Umwelt gleichkommen, von der man sich mit Blick auf Ressourcen und bei Gelegenheit auch qualitative „Anregung" abholen kann. Wie aber wird diese Umwelt bearbeitet, wenn über sie nicht ohne weiteres verfügt werden und sie auch nicht als reine Informationssphäre behandelt werden kann? Denn in einer vorangegangenen, hier nur kurz zitierten, Passage stellt Herr Plessner fest, dass Ärzte

> „die Schlüsselgrößen im Unternehmen [sind]. […] Das sind starke Player. Und gerade im Gesundheitswesen hängt das ja sehr stark von den Persönlichkeiten auch ab. Ja? Ob eine Fachabteilung erfolgreich ist oder nicht erfolgreich ist, das hängt in der Tat vom Kopf ab, ja? Das ist ganz klar."

Mit „Persönlichkeit" rechnen

Herr Plessner: Ja? Also insofern, da entsteht Druck und da muss man mit den Chefärzten natürlich auch zusammen kommen und muss den Leuten auch sagen, pass auf, wir müssen hier bestimmte Spielregeln einfach beachten. Es ist nicht unser Ziel, jetzt Gewinne zu erwirtschaften und auch nicht jetzt horrende Renditen oder was. Wir sind nicht bei der Deutschen Bank. Aber wir müssen schon zusehen, dass wir hier schwarze Zahlen schreiben, dass wir Überschüsse erwirtschaften, um auch eben notwendige Investitionen vorzunehmen. Sei es um einfach Zinsen, Kredite zu bedienen oder was auch immer. Und dieses Denken muss bei den Chefärzten da sein. Das funktioniert gar nicht anders.

Der unternehmerische Erfolg des Krankenhauses, der wie zuvor gesehen von „Persönlichkeiten" abzuhängen scheint, führt zu einer zunächst nicht näher beschriebenen „Druck"-Situation, in der man „mit den Chefärzten natürlich auch zusammen kommen" muss und diese für den Druck zu sensibilisieren hat. Doch diese Sensibilisierung ist hier nicht im Sinne des dialogischen Prinzips als Gegenseitigkeit zu verstehen. Vielmehr wird hier einseitig von den Chefärzten erwartet, dass sie die ökonomischen Erwartungen an ihre Arbeit als Mediziner zur Kenntnis nehmen *müssen*. Ja es wird geradezu an die *Einsichtsfähigkeit* und *-bereitschaft* gegenüber der Perspektive der Geschäftsführung appelliert. Dies wird mit einem erneuten Verweis auf „Spielregeln" vollzogen, die jetzt allerdings in einem gänzlich anderen Licht erscheinen: während Herr Plessner weiter oben konstatierte, im Rahmen gewisser „Spielregeln [...] völlig frei gestalten, bewegen, führen" zu dürfen, fungieren die Regeln nun als Beschränkungen. Wir können hier beobachten, wie Herr Plessner im Rahmen seiner Managementpraxis die Beachtung der Spielregeln als eine notwendige Bedingung setzt, die es ihm erlaubt, die Chefärzte für *seine Sache* in die Verantwortung zu nehmen. Nach Baecker bildet die Herbeiführung einer Notwendigkeit als „weltgegebenes Faktum" (Baecker 2014, S. 301f.) eine der wesentlichen Ressourcen von Organisationen, mit der sie sich selbst über das Management in die Lage versetzen, eine überkomplexe Umwelt in eine weniger komplexe, bearbeitbare Form zu überführen. Herr Plessner suggeriert mit dem Verweis auf unhintergehbare und unveränderbare Spielregeln, dass man unter den gleichen Bedingungen arbeite und legt ein verbindendes Interesse am Spiel und dessen Regeln nahe. Die Legitimation dessen erfolgt über einen negativen Gegenhorizont: im Gegensatz zu renditeorientierten Wirtschaftskonzernen wolle man keine „Gewinne", sondern ausschließlich „Überschüsse" erzielen, die man brauche, um beispielsweise Kreditverbindlichkeiten bedienen zu können.

> *Herr Plessner:* Da gibt es aber auch wieder solche und solche. Ja? Und da ist wieder unsere Kompetenz als Management, dieses zu führen, weil derjenige, der sich da weniger dafür interessiert, kann ja trotzdem ein super Arzt sein. [...] Und da kommt Herr Wolter wieder mit seinem internen Controlling, mit seinen Budgetmaßnahmen, mit seinen Gesprächen, kontinuierlichen Gesprächen auch wieder ins Gespräch, in dem er natürlich vor Ort direkt mit dem Chefarzt in Kontakt bei bestimmten Leistungen und so weiter, die Diskussion eröffnet, ja? Und das ist halt so das An-die-Hand-Nehmen. Dieses Führen, an die Hand nehmen und den Chefarzt begleiten, hin zum Erfolg, jetzt in unserem Sinne eben dem ökonomischen halt.

Allerdings weiß Herr Plessner, dass die geforderte Einsicht in die logische Plausibilität und Notwendigkeit seiner Geschäftsführertätigkeit manchen Chefärzten müheloser gelingt als anderen. Gleichwohl (oder gerade deshalb?) gesteht er einem Chefarzt ohne Interesse an einer derartigen Perspektivübernahme zu, dass er „trotzdem ein super Arzt sein" kann, also außerhalb der betriebswirtschaftlichen Rationalität etwas verkörpert, das unabhängig davon gilt und für die Geschäftsführung als wertvoll und legitim erscheint. Allerdings scheint es kein in der eigenen Managementpraxis und Orientierung verankertes *Interesse* an derselben zu geben. Die Beschreibung des „An-die-Hand-Nehmens" offenbart, dass die Chefärzte neben der Einforderung und Einübung der eigenen Einsichtsfähigkeit auch und gerade durch Zahlen und anhand von Gesprächen über Zahlen begleitet werden sollen. Und zwar vor allem hin zum „Erfolg, jetzt in unserem Sinne eben dem ökonomischen halt". Letzteres wird nicht zuletzt auch durch den Delegierten des Geschäftsführers, den Controller

Herrn Wolter, in „kontinuierlichen Gesprächen" ausgelotet und Schritt für Schritt mit „Budgetmaßnahmen" bei „bestimmten Leistungen" begleitet. Es entsteht das Bild einer kontinuierlichen *Prüfung*: Die medizinische Rationalität wird immer und immer wieder betriebswirtschaftlich abgeklopft und so durch die Geschäftsführung im eigenen Sinne *erschlossen*.

Welche Rolle spielt Herr Plessner als Geschäftsführer nun dabei? Am Beispiel eines neu zu etablierenden Geschäftsmodells („bildgebende Diagnostik") in der Verbundklinik thematisiert Herr Plessner seinen Führungsstil:

> *Herr Plessner:* Die Situation stellt sich nicht/ also als Führungskraft wollen Sie das ja nicht darauf ankommen lassen. Also Sie müssen die Überzeugung schon bringen und müssen die strategische Neuausrichtung versuchen auf anderem Wege konziliant klarzumachen, ja? Also überzeugen, das muss man schon machen. Aber das hängt natürlich auch wieder ja, von den Persönlichkeiten ab. Da sind wir wieder bei den Persönlichkeiten. Und wenn wir über Führung reden, insbesondere über Führungsstile reden. Naja die vierundsechzig Tasten muss man alle beherrschen. Sie müssen oben spielen können, müssen aber eine Oktave tiefer spielen können. Klar und das kann autoritär sein, das kann partizipativ sein, per Anweisung arbeiten oder eben auch bei Überzeugung, das hängt wirklich auch von den Persönlichkeiten ab. Also ich halte nichts von den Diskussionen über Führungsstile und jeder, der kooperativ und partizipativ ist, ist nun der beste Manager. Das ist Quatsch. Das halte ich alles für Quatsch.

Unternehmensführung trifft hier auf Mitarbeiterführung: bestimmt und geradlinig in der Sache, „konziliant" in der kommunikativen Vermittlung und Umsetzung. Obwohl Herr Plessner sogleich klar macht, dass er in der Lage sein muss alle Mittel der Mitarbeiterführung einzusetzen („Naja, die vierundsechzig Tasten muss man alle beherrschen"), dies aber je nach Persönlichkeitsausprägung und situativen Erfordernissen variabel hält. Diese Passage zeugt von einem Management- und Führungsstil, der an der Zurechnung von Persönlichkeit nicht verzweifelt, sondern gerade mit Widerspruch rechnet, diesen antizipiert und darauf mit einer Methodenbreite reagiert, die das Aushalten schwieriger Entscheidungen nicht in einer „Voice"/„Exit"-Dramatik enden lässt, sondern durch ein Entgegenkommen an anderer Stelle versucht Loyalität und Zustimmung zu erzeugen (vgl. Hirschman 1970).[105] Als „Schlüsselgröße im Unternehmen" ist das ärztliche Personal zu wichtig, als dass man von Fragen der Subjektivität („Persönlichkeit") hier absehen könnte.

---

105 Meinungsverschiedenheiten werden im Management also nicht soweit zugespitzt, dass darüber die Mitgliedschaft der involvierten Akteure – insbesondere der Ärzte – in Frage gestellt („Exit") oder aber eine Entscheidung blockiert („Voice") würde. In heiklen Situationen scheint das Management daher zur Konzilianz bereit und erkauft sich Loyalität in der Sache über Zugeständnisse bei anderen Fragen.

Trotzdem, könnte man mit Luhmann (2000b) festhalten, muss die Organisation einen Weg finden, Entscheidungen weiter prozessieren zu können. Dies gelingt, gerade weil im Management ein Modus gefunden wird, der eine allzu *bürokratische* Mitarbeiterführung vermeidet und Möglichkeiten zur Überraschung und personalisierten Ansprache offenhält, damit sich wiederum die Chance erhöht, Kommunikation sowohl zur rechten Zeit konziliant zum Schweigen bringen zu können als auch einer Eskalationsspirale – etwa im Sinne einer Blockadehaltung oder des demotivierten Dienstes nach Vorschrift – zuvor zu kommen. Letztlich wird zwar mit Widerspruch in der Kommunikation gerechnet, aber kein Widerspruch im Ergebnis geduldet. Der beste und richtige Führungsstil ist derjenige, der zum gewünschten Ergebnis führt. Kooperative und partizipative Führung ist nur dann der beste Stil, wenn sich die eigenen Vorstellungen damit umsetzen lassen – sonst wird auf Autorität, Anweisung oder Überzeugung umgestellt.

Der folgende Abschnitt offenbart einen weiteren kritischen Erfolgsfaktor der Managementpraxis, nämlich der Verteilung der Kontrollpraxis auf unterschiedliche Kreise, sodass einerseits Informationen aus den Peer-Diskussionen der Ärzte gewonnen werden können, die dann anderseits wiederum in den übergreifenden Planungsprozess einfließen können:

> *Interviewer:* Wie kann man sich das vorstellen, also haben Sie da einen regelmäßigen Austausch mit den Chefärzten zu dem Controlling, zum Ist-Stand, zum Soll-Abgleich?
>
> *Herr Wolter:* Also was Sie in dem Zusammenhang noch nicht erwähnt haben ist ja, dass wir auch ein Gremium haben, das nennt sich Krankenhauskonferenz, wo dann diese Krankenhauskonferenz, die setzt sich primär zusammen aus den Chefärzten, aus der Geschäftsführung und ich nehme auch daran teil, Pflegedirektion und da gibt es einen festen Punkt, der dann immer quasi einen Blick auf die Leistungszahlen darstellt. Diese Leistungszahlen werden mit den Chefärzten im Rahmen der Wirtschaftsplanung für das Folgejahr besprochen. Da gibt es einen Dialog, da ist so das Klinikmanagement dabei, die Geschäftsführung ist da erst einmal außen vor, weil man natürlich auch will, dass der Chefarzt ein bisschen offener redet und sich nicht direkt der Geschäftsführung dort in so einem Gespräch, ich sage mal ausgesetzt fühlt. Und nach diesem Planungsprozess wird dann ganz einfach eine Wirtschaftsplanung gemacht und wir kontrollieren monatlich anhand der Leistungszahlen, die es ja ermöglichen, aufgrund unseres DRG-Systems direkt Rückschlüsse dann auch auf die Erlöse zu zielen. [...] Und wenn es dort Abweichungen gibt in eine Richtung, die uns nicht gefällt, wir sind ja ein Haus mit kleinen Wegen, kann man dort direkt einschreiten.

Im Rahmen der „Krankenhauskonferenz" werden regelmäßig die „Leistungszahlen" als Teil einer jährlichen „Wirtschaftsplanung" besprochen. Interessanterweise ist hierbei die Geschäftsführung (Herr Plessner) nicht präsent, stellvertretend sind aber das Klinikmanagement (die Vertretung der Ärzte, jedoch nicht der ärztliche Direktor), Herr Wolter (Controlling) und die Pflegedirektion anwesend. Die Abwesenheit von Herrn Plessner bei der Besprechung und Festlegung der jährlichen Leitungsziele, die einen „Dialog" über selbige erst zu ermöglichen scheint, führt vor Augen, dass man sehr gut um die Brisanz der zuvor eingeforderten Perspektivübernahme seitens der Ärzte weiß, zumal sich diese einer asymmetrischen Machtbeziehung verdankt. Dieses Missverhältnis soll durch *hierarchische Delegation* symmetrisiert bzw. kompensiert werden: Herr Plessner hält sich von diesen Verhandlungen fern, damit die Chefärzte bei der Wirtschaftsplanung mit seinen Entsandten offen sprechen können. Die hier festgelegten Ziele können dann jedoch, auch von Herrn Plessner, *ständig* und *regelmäßig* kontrolliert und eingefordert werden. Die Freiheitsgrade des Managements steigen, so kann man an diesem Beispiel ablesen, mit einer selektiven Bezugnahme auf Hierarchie und Autorität. Einerseits kann Herr Plessner die Führungsstrukturen formal einsetzen und nicht zuletzt dadurch „das Ganze" des Krankenhauses hierarchisch repräsentieren, zugleich wird andererseits (insbesondere auch in Delegation an Herrn Wolter, den Controller) die Verantwortung in die Praxis der Gremienarbeit im Rahmen der Krankenhauskonferenz mit den Chefärzten verschoben. Hier können dann Übereinkünfte gerade deshalb erzielt werden, weil in diesem Rahmen die Gesichtswahrung der jeweiligen Chefärzte, die „geglaubte Inszenierung" ihrer „Persönlichkeit" (Pohlmann 2002, S. 238) gelingen kann. Erst dadurch wird die Möglichkeit erarbeitet, eine *wirtschaftliche* Übereinkunft mit den Chefärzten zu erzielen. Andererseits zeigt sich aber auch, dass die Möglichkeit zur Übereinkunft verlangt, eine anders geartete Spannung (die der *Führung durch Zahlen*) unmittelbar präsent zu halten, um die selbst auferlegten Ziele erreichen zu können bzw. die geführten Chefärzte so an die Hand zu nehmen, dass sie den ökonomischen Druck ständig spüren. Wir gelangen hier zu weiteren Erkenntnissen über den diese Praxis anleitenden Orientierungsrahmen. Neben der Erarbeitung von Wirtschaftsplänen, deren Kontrolle durch Instrumente des Controllings im Rahmen der Finanzrunde erfolgt, sowie der Weiterreichung derselben an die Krankenhauskonferenz, zeigt sich ein modus operandi, der die eigene wirtschaftliche Zielerreichung als ein *Problem der Machtverhältnisse* im Blick behält und die eigenen Machtmittel dabei möglichst subtil und indirekt einzusetzen weiß.

Außenspannung

„In der Zwickmühle" – Patientenwohl contra „poststationäre Klugscheißerei"

Betrachten wir nun einige relevante Außenspannungen, die die Geschäftsführung zu bearbeiten hat. Gefragt nach der Bedeutung des Fallpauschalensystems (DRG) und ob dieses für eine Sensibilisierung der Ärzteschaft für „ökonomisches Denken, für Betriebswirtschaft oder auch für strategisches Vorgehen" sorge, kommt Herr

Plessner genauer auf den bereits erwähnten „Druck" zu sprechen. Zwar habe die DRG-Systematik ihren Teil hierzu beigetragen, „ausschlaggebend" seien jedoch insbesondere zwei Faktoren: Zum einen der „Wirtschaftlichkeitsdruck", der durch die mit medizinischem Know-How und IT-basierten Überwachungssystemen „aufgerüsteten" Krankenkassen aufgebaut werde, zum anderen der „Investitionsdruck", der dadurch entsteht, dass die „Länder" ihren Investitionsverpflichtungen nicht nachkämen.[106]

Schauen wir nun, wie dieser Druck in Zusammenarbeit von Geschäftsführung und Ärzteschaft bearbeitet wird. Greifen wir hierzu auf Beispiele zurück, die Herr Wolter im Interview benennt:

> *Herr Wolter:* Also, es kommt ja schon doch einmal vor, dass aufgrund von Stress auf Station, Zeitmangel, der Arzt vielleicht nicht dazu kommt, eine ausführliche Dokumentation bis zum 15. Behandlungstag mal vorzunehmen und wenn der MDK dann kommt und sieht da eine leere Seite, dann sagt der ja, der hätte nach Hause gehen können, ja? Auch wird das Risiko der Pflegeüberleitung in Altenheimen oder so wird komplett der Klinik zu Lasten gelegt. Also sprich, Patient Meyer soll am 13. in ein Altenheim, aber die Klinik hat bis dahin noch nicht die Möglichkeit, eins zu finden. Dann ruft der Chefarzt an und sagt, Herr Wolter, ich müsste den Patienten eigentlich entlassen. Kann den aber auch nicht nach Hause schicken, wenn er überhaupt eins hat. Was macht man dann als Controller? Also theoretisch müsste ich den dann noch einmal für 1, 2 Tage irgendwo in eine Kurzzeitpflege verlegen diesen Patienten, weil ich genau weiß, die Tage werden mir hinten raus gestrichen. Also, da sitzt man dann auch schon einmal in der Zwickmühle und solche Dinge sind dem MDK total egal. Also solche Aspekte akzeptiert der überhaupt nicht. Das ist dann unser Problem.

Der *externe Druck* stellt sich aus Sicht der Geschäftsführung bzw. von Herrn Wolter erstaunlicher Weise als eine Aufgabe der internen Koordination und der hiermit einhergehenden Kooperation mit den Partnern im Versorgungsnetzwerk dar. Typische Begleiterscheinungen ärztlicher Praxis wie Stress und Zeitmangel werden plötzlich im Rahmen der Auseinandersetzung mit DRG- und MDK-Bestimmungen als ernstzunehmende Managementproblematik gerahmt. Hierzu führt Herr Wolter ein Beispiel an, in der ein Chefarzt, ihn, den Controller, anruft und sich über die rechtzeitige Entlassung eines Patienten austauschen möchte. Interessanterweise scheint es damit nun *auch* der Verantwortung des Controllers zu obliegen, die den Patienten betreffende Entscheidung zu fällen. Hiermit dokumentiert sich zunächst, dass die von Herrn Plessner eingeforderte Perspektivübernahme bei

---

106 Vor dem Hintergrund des Druckszenarios bemerkt Herr Plessner dann auch stolz: „Wir haben in der [Name Verbundklinik] glaube ich, haben wir in den letzten 10 Jahren [Zahl], [Zahl] Millionen investiert ja? Nicht ein Cent ist vom Land, nicht ein Cent!"

den Ärzten zu funktionieren scheint und keine Ausnahme darstellt. Dass Herr Wolter diese Situation als „Zwickmühle" beschreibt, führt allerdings ein tieferes praktisches Wissen mit sich: Sich umgekehrt auch als Controller in die Situation des Arztes versetzen zu müssen, der zu delegieren bereit oder genötigt ist, bedeutet anerkennen zu müssen, dass die zu treffende Entscheidung mit den eigenen Mitteln nicht zufriedenstellend gelöst werden kann („Was macht man dann als Controller?").[107] Während Herr Plessner hier zunächst keine Rolle zu spielen scheint, wird die komplexe Entscheidungssituation so auf den Rücken seines Chef-Controllers abgewälzt, der sich die Verantwortung aber immerhin mit dem ihn anrufenden Chefarzt teilen kann. Ob Geld, Zeit oder Patientenwohl der Vorzug gegeben wird, ist nicht ausgemacht und wird hier auch nicht pauschal beantwortet. Man wird hier vermutlich zu pragmatischen Lösungen gelangen.

Herr Wolter und Herr Plessner präzisieren an anderer Stelle ihre Kritik an den MDK-Praktiken:

> *Herr Wolter:* Da wird streng nach medizinischen Kriterien und geprüft und quasi der, ich sage einmal, der soziale Aspekt wird da komplett ausgeblendet.
>
> *Herr Plessner:* Obwohl der Bestandteil ist. Sicherlich nicht für den Mediziner so ausschlaggebend, aber vielleicht für das einzelne Individuum, in der Situation vielleicht doch ein ganz wichtiger Aspekt. Das fällt manchmal dann eben dabei runter.
>
> *Herr Wolter:* Und was natürlich auch komplett wegfällt bei dieser ganzen Geschichte ist, dass der MDK hat es natürlich das Ganze retrospektiv betrachtet also der Patient ist entlassen. Der MDK-Arzt ist in keinster Verantwortung für diesen Patienten und im Nachhinein, da kommt dann immer so eine, ich sage mal, poststationäre Klugscheißerei. Ja? Also wieso habt ihr das denn nicht so gemacht ja? Wieso habt ihr ihn nicht schon entlassen ja? Und man muss dann natürlich auch bedenken, dass man natürlich auch oft junge Mediziner da hat. Die sind sich dann auch nicht so sicher und denken, ich lasse den lieber noch einmal einen Tag liegen, bevor ich den nach Hause entlasse und es passiert doch etwas. Ja? Solche Dinge werden auch Null berücksichtigt.

Solche Prozesse und Spannungslagen zu managen, ist insbesondere auch deshalb äußerst schwierig, da die Prüfungen des MDK immer nur retrospektiv am Schreibtisch erfolgen, während die Verantwortung für den Patienten vom Management und den (jungen) Ärzten immer in der Gegenwart getragen werden muss. Der empfundene *Handlungsdruck im Hier und Jetzt* verkörpert die verschachtelte Praxis eines Klinikmanagements, in der unterschiedliche Perspektiven stets aufeinander bezogen werden und insofern nur als etwas In-Relation-Gesetztes überhaupt erst ihren *Sinn* als handlungsleitende und handlungspraktische Orientierung bekommen. Beide Sprecher offenbaren hier jedoch etwas unterschiedliche Handlungs-

---

107 Hier wird die Polykontexturalität des organisationalen Geschehens deutlich!

orientierungen und damit eine etwas andere praktische Verortung. Herr Plessner deutet als Geschäftsführer die Probleme aus einer übergeordneten, abstrakteren Perspektive heraus. Für ihn überwiegt die Aufgabe, gegen das Druckszenario im Sinne des gesamten Krankenhauses Verantwortung zu übernehmen, auch unter Zuhilfenahme eines medizinischen Wissens, das relativ losgelöst von seiner berufsethischen Komponente thematisiert wird: „Na klar, die haben den MDK, da stellen sie Ärzte ein, um unsere Rechnungen zu überprüfen. Wir stellen Ärzte ein, um gegenzuhalten". Herr Wolter hingegen offenbart aus seiner berufspraktischen Erfahrung heraus eine wesentlich größere Nähe zu den tagtäglichen Problemen, die sich aus der als „Dialog" aufgefassten Zusammenarbeit mit den Chefärzten in Hinblick auf die benannten Probleme ergeben und die ihn immer wieder vor Entscheidungsdilemmata („in der Zwickmühle") stellen. Er lässt gar aufscheinen, dass diese Situationen mitunter in der Praxis zur Entfremdung vom eigenen Berufsideal führen („Was macht man dann als Controller?"). Das verbindende Glied dieser beiden unterschiedlichen Handlungsorientierungen bildet die Übernahme *sozialer* Verantwortung für den Patienten, die in den abstrakten, technokratischen Systemen der DRGs und der wettbewerbsgetriebenen Krankenkassen vernachlässigt und in der *Praxis* überhaupt nur durch das *Management* adressierbar erscheint (denn die *soziale* Verantwortung sei „sicherlich" auch „für den Mediziner nicht so ausschlaggebend"). Soziale Verantwortung wird hier über die situative, bewusst vollzogene Einklammerung des wirtschaftlichen Drucks realisierbar, womit dann ganz im Sinne einer autonom agierenden Geschäftsführung Freiräume gegenüber einer allzu technokratischen Zurichtung erhalten und wohl auch genutzt werden. Doch wie solch einzelne Praxen (bzw. zumindest diesbezügliche Selbstpositionierungen) verstehen, wenn doch vor allem das „Ganze" zusammengehalten werden und aus einer „übergeordneten Perspektive" geführt werden soll? Wäre es nicht besonders einfach, im Einzelfall die individuelle Verantwortung und ethische Integrität zu betonen, während die üblichen Alltagsroutinen des Managements und des Controllings genau jenem System folgen, das soeben kritisiert wurde?

„Grauzonen" erschließen als Geschäftsstrategie

In der darauffolgenden Sequenz wird offenbar, welchen Weg diese Geschäftsführung zu gehen geneigt ist: Zur Durchsetzung und Bearbeitung der Zwickmühle entscheidet es sich für den Weg des unternehmerischen Risikos wie auch der gerichtlichen Auseinandersetzung gegenüber den Krankenkassen. Beides wird geradezu als eine moralische Verpflichtung gegenüber den Patienten (wie auch den Ärzten) gerahmt:

> *Herr Plessner:* Weil wir auch sagen, pass auf, der Patient will von dem Arzt behandelt werden. Er will zu uns, er schenkt uns das Vertrauen, da kann es nicht sein, dass wir

jetzt hier aufgrund eines Interpretationsspielraumes im Versorgungsauftrag mit der Krankenkasse jetzt die Diskussion führen, ob die Kosten übernehmen werden oder nicht ja? Dann nehmen wir auch bewusst das Risiko manchmal in Kauf. […] Das sind dann auch Klagefälle. Ist auch Druck. […] wir haben unseren Fahrplan, der ist schon gut durchgeplant. Ja? Das ist schon gut durchgeplant und da ist die Kommunikation mit den Chefärzten, mit den verantwortlichen Chefärzten sehr eng. Sehr eng, sehr kommunikativ, Herr Plessner hat das Stichwort gesagt; kurze Wege, extrem kurze Wege. […] das ist das tagtägliche sich-zurecht-machen, wie wir immer so gerne sagen […] und wenn dann bestimmte Dinge kritisch sind, […] wir nicht wissen, Mensch, wie sehen denn das die Kassen? Ist das in unserem Versorgungsauftrag drin? […] Ist da so eine Grauzone, über die man diskutieren kann? Dann sind die Mechanismen schon so, dass unsere Chefärzte genau wissen, okay, das ist mein Schwerpunkt. Den wollen wir aufbauen. […] in der Regel meistens ist es dann so, wo wir dann wieder den Chefarzt anrufen und sagen, zieh das Ding durch. Mach den Patienten, behandle den Patienten. Oft ist es auch so, dass wir bewusst auch in Kauf nehmen und sagen, komm, bei dem Fall, dann streiten wir uns halt. Dann streiten wir uns mit der Krankenkasse, also streiten heißt dann aber auch klagen.

Die bisher als bedachtsam abwägend und umsichtig rekonstruierte Handlungsorientierung von Herrn Plessner stellt sich auch bei der Frage ein, was Chefärzte jeweils tun können und dürfen und was aus Sicht der Geschäftsführung aus strategischen Gründen zu unterbinden ist. Obwohl (oder gerade weil) man sich moralisch gegenüber anderen Akteuren des Gesundheitssystems im Vorteil wähnt, muss man imstande sein, Patientenbehandlungen abzulehnen oder Chefärzte in ihren professionellen Aspirationen zurückzuweisen, wenn es unternehmerisch geboten scheint. Wir haben es hier also mit einem unternehmerischen Pragmatismus zu tun, der sich sowohl in Sachen Führung („Es gibt aber auch Chefärzte, die sind so und so") als auch in Sachen Management durch Nähe auszeichnet und in der Lage zu sein scheint, die Dinge situativ zu bewerten und auf dieser Grundlage das Unternehmen Krankenhaus *im Alltag* zu führen („das tagtägliche sich-zurecht-machen"). Hier wird also nicht per se bürokratisch noch technokratisch entschieden und gemanagt, sondern mit Blick für die jeweils präsenten Möglichkeiten analysiert und einer strategischen Ausrichtung gemäß geführt. Absprachen über die professionelle Arbeitsexpertise der Ärzteschaft sowie die darauf bezogene unternehmerische Verantwortung, so scheint es, konstituieren aus Sicht des Managements ein wechselseitiges Verhältnis, das nur über ein drittes Element – die kontinuierliche Kontrolle aus direkter Nähe – ausbalanciert werden kann. Die in der vorangegangenen Sequenz als konziliant aufscheinende Handlungsorientierung von Herrn Plessner erweist sich in dieser Situation tatsächlich als Gatekeeper ärztlicher Behandlungsentscheidungen. Er übernimmt hier gemeinsam mit Herrn Wolter *Verantwortung* für die Entscheidung, Behandlungen außerhalb des formalrechtlichen Versorgungsauftrages vorzunehmen und damit einen Rechtsstreit zu provozieren. Es zeigt sich hier eine unternehmerische Handlungsorientierung, die im Sinne der eigenen Organisation und den hiermit verbundenen gesellschaftlichen Zweckaufträgen ein Risiko einzugehen bereit ist, ohne aber dabei die wirtschaftliche Situation aus den Augen zu verlieren. Die Geschäftsführung reproduziert sich hier als aktiv führend und autonom handelnd.

Führung und Management: „wir bestimmen, wir wollen das Zepter in der Hand haben"

Die zuvor herausgearbeiteten Anteile der unternehmerischen Handlungsorientierung werden durch eine interessante und komplementäre Haltung in Hinblick auf die Frage erweitert, wie Kooperationen mit Akteuren aus dem medizinischen Feld betrachtet und behandelt werden, die nicht der eigenen Organisation angehören.

> *Herr Plessner:* Letztens hatte ich hier Partner gehabt, die saßen hier und haben gesagt, Mensch, lass uns doch ein ambulantes Zentrum bauen. […] Das könnten wir doch eine riesen Kompetenz aufbauen mit den Krankenkassen Verträge machen und so weiter. Dann holen wir uns noch Niedergelassene Ärzte, die kommen alle in dieses Modell mit rein. Nein, machen wir nicht. Die Investitionen sind zu hoch. Wir müssen viel Geld in bauliche Maßnahmen reinstecken und was noch viel schlimmer ist, wir werden ja von externen abhängig, die bei uns dann operieren kommen ja? Also, das passt überhaupt nicht in unsere Philosophie. Und dann, dann müssten wir mit denen noch eine Betreibergesellschaft gründen, wo man dann irgendwie noch prozentuale Verhältnisse austauschen muss. Ich meine, schon daran scheitert es, denn unsere Philosophie ist, wir bestimmen, wir wollen das Zepter in der Hand haben. Finden Sie mal einen Partner, der da mitmacht? […] Das wird nicht funktionieren (lacht). Und 50/50 machen wir nicht. Kommt gar nicht in Frage. […] Ja? Entweder wir können das selbst. Dann machen wir es, dann fragen wir nicht und warten nicht auf irgendwen. Sicherlich holen wir uns Anstöße manchmal, Ideen sind gute dabei, aber wir müssen es können.

Nicht mit fremden Geschäftspartnern in einer „Betreibergesellschaft" zusammenarbeiten zu wollen, bringt einen klassischen Unternehmerhabitus zum Vorschein, entsprechend dem man die Dinge selbst ‚im Griff' haben möchte. Andererseits kommt hiermit zum Ausdruck, dass man umsichtig und kontrolliert handelt und nicht leichtgläubig Trends und theoretischen Konstrukten hinterherläuft, die einen praktischen Sinn für das tatsächliche Geschäft vermissen lassen. Auch wenn die Verzahnung des stationären mit dem ambulanten Sektor über integrierte Versorgungsformen und den Aufbau medizinischer Versorgungszentren (MVZ) in aller Munde ist, aus Perspektive der rekonstruierten Managementorientierung würde eine formalisierte Kooperation mit ambulanten Ärzten damit einhergehen, die Kontrolle über die hiermit gestalteten Prozesse abgeben zu müssen.

Der unternehmerische Habitus geht jedoch mit einem Autonomiebedürfnis einher, das der eigenen Trägerkonstruktion und dem eigenen Spürsinn weitaus mehr Vertrauen schenkt als Kooperationsmodellen und Markttrends, die schwer kalkulierbare Risiken in sich bergen und vor allem in Hinblick auf wichtige Detailfragen nicht mehr im Sinne einer pragmatischen Führung steuerbar sind.

Fazit: „Das Ganze zusammenhalten" und die Sorge um das Detail

Es zeigt sich eine Führungs- und Managementpraxis, die in einem klassischen Sinne unternehmerisch agiert: in der täglichen Sorge um kleine wie größere Zusammenhänge; mit Vorsicht bedacht, um das Erreichte in finanzieller wie wettbewerblicher Hinsicht nicht zu gefährden; aus dieser Sicherheit heraus eine Unternehmensführung mit starkem Fokus auf Controlling anstrebend, die möglichst unabhängig, „von oben" mit hierarchischen, aber auch kommunikativ-partizipativen Mitteln agiert und nur bei Bedarf auf Kooperationen zurückgreift, hier jedoch keine allzu sehr bindenden Verpflichtungen eingeht.

Die Erfahrung im Umgang mit chefärztlichen Persönlichkeiten lehrt Herrn Plessner, dass es eine gute Managementpraxis darstellt, zunächst ohne Einbeziehung der Chefärzte eine Vorentscheidung zu treffen, um anschließend Informationen (Beratung) einzuholen und *gleichzeitig* kurze Wege zu gehen (Intervention und kontinuierliche Diskussion bei Planabweichungen bzw. Entscheidungssituationen unter erhöhter Unsicherheit). Ärzte werden in diesem Orientierungsrahmen praktisch als „ärztliches Potenzial" verstanden, das mit Controlling-Kennziffern disponibel gemacht und situativ aktiviert werden kann, ohne jedoch zu vergessen, dass es sich um „Persönlichkeiten" handelt, für deren Verhaltensantizipation es aus Sicht des Managements bzw. der Organisation keine „Richtigkeitsgarantieren" (Luhmann 2000b, S. 288) geben kann. Das Fehlen dieser Garantie wird dann im Umkehrschluss darüber kompensiert, dass man sehr nah an den jeweiligen Persönlichkeiten dran ist, sich variabler Verhaltens- und Führungsmodi bedient und sich dabei nicht zu schade ist, sich auch um Einzelfallentscheidungen zu kümmern. Diese wiederum basieren auf einer Verkörperung *sachbezogener* Expertise (die dann selbstredend auch durch die Kennzahlen des Controllings informiert ist) und unternehmerischer Risikoneigung, die Herr Plessner als Führungspersönlichkeit in langjähriger Praxis erlernt hat. Diese erfahrungsgesättigte Haltung ist dann auch maßgebend für die Aushandlungs- und Diskussionsprozesse mit ebenjenen Persönlichkeiten zu *spezifischen* Fragen.

Die Bearbeitung der Außenspannungen erfolgt aus einem Nukleus heraus – der Finanzrunde, die das „wesentliche Führungsinstrument" des Unternehmens darstellt. Dort kommt das Krankenhaus als Organisation zu sich – es trennt sich hierarchisch wie prozessual ab und erarbeitet im Rahmen „gewisser Spielregeln" bei weitgehenden

unternehmerischen Freiheitsgraden einen unternehmerischen Kompass, der andere
Meinungen zwar anhört und auch prinzipiell Bereitschaft zu Kurskorrekturen zeigt,
sich individuellen „Persönlichkeiten" anschmiegt, sie für sich gewinnen will und
wenn es opportun erscheint, sich strategisch im Hintergrund hält. Doch in letzter
Instanz wird den eigenen Analysen und dem Spürsinn für Entwicklungen mehr
Zutrauen geschenkt und so kommt auch hier im Konzert mit einer als „familiär"
erlebten Trägerkonstruktion der *selbstwirksame* unternehmerische Habitus zum
Ausdruck. Inwiefern das Duo Plessner/Wolter auch in den Augen anderer signifi-
kanter Akteure, etwa den chefärztlichen Entscheidungsträgern derart treffsichere
Entscheidungen fällt, kann und soll hier nicht Thema der Rekonstruktion sein.[108]
Wichtig hervorzuheben ist in diesem Zusammenhang nochmals der ausgeprägte
Sinn für unternehmerische Gelegenheiten, der praktische Sinn für die Arten und
Weisen, wie man eine unternehmerische Idee auch umsetzen kann. Dies zeigt
sich unter anderem an der gewählten Strategie der Grauzonenbearbeitung zur
Entwicklung medizinischer Behandlungsperspektiven in Auseinandersetzung mit
gesundheitspolitischen Vorgaben. Auch wenn dies bedeutet, das als zynisch und
von Missbräuchen gekennzeichnete Spiel mit den „bösen" Mächten (politischer
Rahmensetzer, Krankenkassen, MDK) mitzuspielen und eigene rechtliche Verstöße
situativ ausblenden bzw. im Gegenzug auf die systemische Verantwortungslosig-
keit verweisen zu können, um dann im Einzelfall sich auch mal explizit für die
Interessen der Schutzbefohlenen (Patienten, Ärzte) zu entscheiden, auch wenn dies
wirtschaftlich zunächst nicht opportun erscheinen mag.

Die Essenz dieses unternehmerischen Habitus drückt sich bereits im Eingangs-
zitat zum Unterkapitel *Innenspannungen* aus: „Das Ganze zusammenhalten" und
„aus einer übergeordneten Perspektive heraus zu denken" – stellt sich daher als
praktischer Sinn dar, der die Unsicherheiten in den hier rekonstruierten Innen- wie
Außenspannungen verkörpert und die relevanten hiermit verbundenen Reflexionsperspektiven wahrnehmen lässt (allen voran die betriebswirtschaftlichen Primate,
aber nicht zuletzt auch die persönlichen Eigenarten der Chefärzte), um diese dann
über unterschiedliche Hebel des Führens und Managens in ein Arrangement zu

---

108 Es sei hier angemerkt, dass der modus operandi der von Herrn Plessner repräsentierten
Geschäftsführung in den Interviews mit anderen Akteuren des Hauses durchaus kritisch
bewertet wurde. Doch die Kritiken bezogen entweder ironische Positionen oder verwiesen
auf spezifische Fragen bei Einzelfallentscheidungen. In diesem Zusammenhang scheint
es also nicht zu Blockadehaltungen zu kommen. Kein interviewter Akteur negierte die
Perspektive der Geschäftsführung vollends. Vielmehr zeigten insbesondere ärztliche
Gesprächspartner ein reges Interesse für Fragen der Geschäftsführung, vollzogen in
diesem Sinne also die geschäftsführende Perspektive mit und nahmen an dieser teil.
Es konnte keine direkte Fronstellung rekonstruiert werden.

bringen. Denn das subtile Arrangement eines von außen unter Druck stehenden Krankenhauses droht auseinanderzufallen, wenn nicht aus einer übergreifenden Perspektive geführt wird. Hiermit legitimiert sich die Führung selbst, denn wer sonst könnte dies leisten, als ein Akteur, der um all die Spannungen und hiermit einhergehenden Risiken weiß und im Angesicht dessen mit seinen Entscheidungen vorangeht.

Typ 2: Notstandsverwaltung auf Zeit

Gehen wir nun zu Herrn Wohlfahrt über. Seines Zeichens Jurist mit betriebswirtschaftlicher Zusatzqualifikation leitet er sein Krankenhaus seit gut vier Jahren in der jetzigen Führungskonstellation. Herr Wohlfahrt war bereits zuvor in leitender Position in einem der Häuser tätig, die nun durch die Übernahme zu einem Klinikkonzern in freigemeinnützig-konfessioneller Trägerschaft fusioniert wurden. Das städtische Haus in seiner derzeitigen Form wurde vor einigen Jahren baulich komplett neu errichtet und verfügt über ca. 350 Betten.

Formale Verortung: „Alleingeschäftsführer"

Herr Wohlfahrt schildert dem Interviewer zu Beginn des Gesprächs den Ablauf eines langjährigen Übernahme- und Fusionsprozesses, an dessen Ende er, wie er mehrmals betont, als „Alleingeschäftsführer" seinem Haus vorsteht. Die Übergangsphase wird als teils schwieriges Unterfangen geschildert, insbesondere die Zusammenarbeit in einem Leitungsgremium mit zwischenzeitlich bis zu acht Geschäftsführern wird aufgrund mangelnder Absprachen und nicht gelingender Kooperation als „grausam" beschrieben. Herr Wohlfahrt habe die Fusionsgespräche „relativ zentral mit begleitet" und sich „das Ganze auch ein Stück weit ausgedacht". Nach diversen Konstellationen und einer Doppelgeschäftsführung (bestehend aus ihm und dem „Konzernchef") leitet Herr Wohlfahrt das neu errichtete Krankenhaus nun in einem Direktorium, dem er gemeinsam mit seiner Stellvertreterin, die über die Prokura verfügt, vorsteht. Seine mehrmalige Betonung, er sei der „Alleingeschäftsführer", soll hier zu Beginn als Untermauerung seiner starken Position innerhalb des Konzerngefüges sowie der stark verschlankten Leitungsstrukturen gedeutet werden. Wichtig scheint zudem zu sein, dass man „ein fusioniertes Haus" sei. Wir haben es bei Typ 2 im Gegensatz zu Typ 1 also nicht mit einer eingespielten Leitungsgruppe und einem bereits konsolidierten Haus zu tun. Doch welche Konflikte ergaben sich im Anschluss der Fusion der Häuser vor dem Hintergrund der soeben dargestellten Leitungsstruktur und mit Bezug auf ihn, den „Alleingeschäftsführer" und wie wurden sie zunächst bearbeitet?

Herr Wohlfahrt: [...] Und der Druck war so hoch, waren so viele Dinge damals, [Jahr/ Jahr]. Und dann haben wir halt hier, es ist so unbemerkt gewesen, haben wir viele Dinge hier selbst entschieden. [...] Das kam gar nicht gut an, weil natürlich dann keiner dahinterstand. Und die Chefärzte haben dann sich zurückgelehnt und haben gesagt: Pff, aber das haben die da oben entschieden, aber also ich finde das noch nicht gut. [...] Da sind wir so reingerutscht, ja, [...] Da haben wir selber hinterher gemerkt: Das war nicht gut. Na ja, da hätten wir viel mehr natürlich das Direktorium einschalten müssen und sagen: Komm jetzt, das entscheiden wir als Direktorium. Und *dann* sind sie mit drin. Dann ist der Arzt mit drin, dann ist die Pflege mit drin. Und dann haben das alle entschieden. Und dann müssen sie natürlich zu ihren Leuten gehen und sagen: wir haben entschieden, so machen wir es.

Es zeigt sich, dass Herr Wohlfahrt und seine Stellvertreterin (mutmaßlich zu Beginn des Fusionsprozesses) viele Entscheidungen im Alleingang gefällt und dabei das satzungsmäßig mit Entscheidungsbefugnissen ausgestattete, aber aus seiner Sicht schlecht arbeitende Krankenhausdirektorium übergangen haben. Auch wenn reflektiert wird, dass man mit dieser Strategie heute „schlecht beraten" wäre, das Organ „absolut eine gute Rolle" habe, blitzt mit Bezug auf die Möglichkeit „jederzeit alles anders entscheiden" zu können die starke Referenz der Alleingeschäftsführung erneut auf. Die interessante Bemerkung, die Praxis des Entscheidens im Alleingang sei „so unbemerkt gewesen", suggeriert, die Managementpraxis mit Verweis auf die enormen externen Probleme und Aufgaben des Fusionsprozesses zu lesen, so dass gar keine andere Wahl mehr blieb, als alles über die Köpfe der anderen Mitglieder hinweg zu entscheiden. Es wird zwar diesbezüglich Selbstkritik geübt, doch tatsächlich offenbart sich hier ein erster Aspekt eines Orientierungsrahmens, der nicht darauf zielt, die Entscheidung *inhaltlich* für das Direktorium zu öffnen, dem es vielmehr darum geht, die Umsetzung der im Voraus durch die Alleingeschäftsführung herbeigeführten Beschlusslage zu ermöglichen bzw. zu verbessern. Die Sache „als Direktorium" entscheiden zu können würde im Gegenteil zunächst einmal verlangen, die professionellen Handlungsorientierungen der ärztlichen wie pflegerischen Direktion zur Kenntnis zu nehmen und in einen konstruktiven Dialog zu gelangen. Die betroffenen Personen scheinen aber nicht nur nicht in die Einzelentscheidung involviert gewesen zu sein, sondern üben bezüglich der zu treffenden Entscheidungen offenbar keine *inhaltliche* Funktion aus, sie sollen die Entscheidung bloß *mittragen*. Formale Mitgliedschaft und der bloße Appell, zu einer gemeinsamen Entscheidung zu kommen, werden in dieser Orientierung bereits als Garanten für einvernehmliche Entscheidungen eines Management-Wir gerahmt („Komm jetzt, das entscheiden wir als Direktorium. Und *dann* sind sie mit drin").

Herr Wohlfahrt: [...] Und, ja. Haben wir umgestellt. Haben das Direktorium auch nochmal erweitert. Halt ganz absichtlich. Haben über die Geschäftsordnung hinaus haben wir jetzt auch den stellvertretenden ärztlichen Direktor mit reingepackt. Und auch die stellvertretende Pflegedirektorin. [...] Genau, wir versuchen jetzt halt alle diese Dinge, es kostet ein bisschen Selbstdisziplin, nicht einfach zu sagen: Pfft, so machen wir es jetzt, Entscheidung treffen. So, sondern das da reinzubringen, und das auch zu diskutieren. Und letztlich natürlich auch zu horchen, was so die Praktiker dazu sagen.

Auch wenn das Direktorium mittlerweile „absichtlich" vergrößert wurde, offenbart sich in der retrospektiven Fallerörterung von Herr Wohlfahrt eine Orientierung, der, anders als Typ 1, für eine *gemeinsame* Entscheidungsfindung in einem multiprofessionellen Team der *praktische Sinn* zu fehlen scheint. Hierfür einige „Selbstdisziplin" aufbringen zu müssen, kündet von einer Entscheidungspraxis, in der Herr Wohlfahrt sämtliche Management- und Führungsangelegenheiten nach Möglichkeit im Alleingang entscheidet. Er weiß offensichtlich, dass er nicht ohne weiteres auf kritische Erörterungen der medizinischen Praxis, verteilte Aufgabenwahrnehmung und gemeinsame Beschlüsse in einem Leitungsteam setzen *kann*. Ihm ist im Umkehrschluss klar, dass ein Alleingeschäftsführer zwar alles allein entscheiden kann, dann aber damit zu rechnen hat, dass ihm *allgemein* die Gefolgschaft verweigert wird. Während sich bei Herrn Plessner zur Entscheidungsfindung bereits ein „wesentliches Führungsinstrument" (die „Finanzrunde") ausdifferenziert hat und über dieses die weitere Verzahnung mit der pflegerischen wie ärztlichen Direktion vollzogen wird, befindet sich der Alleingeschäftsführer Herr Wohlfahrt hier noch auf dem Weg der Suche nach einer praktikablen wie auch überzeugenden Form des Managements („wir versuchen jetzt halt alle diese Dinge"), wobei deutlich wird, dass noch keine selbstverständliche, sich selbst gewisse Praxis gefunden worden ist, nichtsdestotrotz aber geführt werden muss. Der Fusionsprozess verlangt auch, eine neue Führungskultur zu entwickeln, was mit Blick auf die Bearbeitung der Innenspannungen besonders deutlich wird.

Innenspannung

Eine „völlig neuartige Kultur" entstehen lassen

Gefragt nach dem „ganzen Fusionsprozess" und inwieweit dieser abgeschlossen ist, stellt Herr Wohlfahrt fest, dass er in zweierlei Hinsicht noch nicht beendet ist. Die Fusion zu meistern, bedeutet für ihn zunächst einmal, den finanziellen „Turnaround" in Folge von selbst getragenen Investitionen und Verlusten im laufenden Betrieb zu schaffen. Andererseits gehe es darum eine „kulturelle Fusion" im Haus herbeizuführen, die mehr umfasst als die bloße Tatsache, dass man hier – wie es vermeintlich bereits der Fall ist – „vernünftig miteinander" umgeht. Ersteres soll dieses Jahr, nach viel „Druck und Arbeit", zum ersten Mal erreicht werden, letz-

teres stellt aus seiner Sicht eine längerfristig angelegte Angelegenheit dar, die als
Folgeproblem des radikalen Umbaus des Krankenhauses erscheint:

> *Herr Wohlfahrt:* […] Aber da kann man nicht erwarten, dass das innerhalb von zwei
> oder drei Jahren eine eigenständige neue, völlig neuartige Kultur entsteht. Denn wir
> haben so gut wie alles ja zerschlagen müssen durch die Fusion. Da ist ja *nichts* mehr
> so, wie es vorher war.

Die Fusion erscheint hier erstmals als ein radikaler Strukturwandel, nachdem,
auch mit Blick auf den Neubau, im wahrsten Sinne des Wortes kein Stein mehr
auf dem anderen stand. Das Haus bildet als *finanzielle wie kulturelle Konkursmasse*
eine zweifache Herausforderung für die Geschäftsführung, wobei eben die künftige Wertschöpfung nur durch die Verbindung der beiden Aspekte für garantiert
erscheint. Die „kulturelle Fusion" wird wenig später auch als personeller Aderlass
beschrieben (über 50% der Belegschaft habe man „verloren"). Ferner sei so ein Projekt
auch von „viel Durcheinander in den ersten Monaten begleitet", was „sicherlich
etliche" zur Kündigung bewegt habe. Allerdings wird dies von Herrn Wohlfahrt
als bewusst antizipierte Entwicklung geschildert (darauf hätten „Fachleute" bereits
vorher hingewiesen). Die Entwicklung wird dennoch insgesamt als „gut" bezeichnet, da sich hieraus „unglaublich viele Chancen" ergeben hätten, insbesondere
wenn es darum geht, die Geschwindigkeit der Arbeitsprozesse zu erhöhen und die
Mitarbeiter zu einem reflektierten Umgang gegenüber der eigenen Arbeitspraxis
herauszufordern. Neue Organisationsmitglieder bringen frischen Wind mit, so
das Kalkül, sie vertreiben den alten „flow" des Hauses, der geprägt gewesen sei von
Behäbigkeit und „Gemecker":

> *Herr Wohlfahrt:* Das rückt dann auch bei etlichen Mitarbeitern, die halt auch über
> Jahrzehnte nichts anderes kennen als die alten Häuser, auch so manches zurecht. Und
> das ist gut so. So, mal ein bisschen Erdung, so. […] Also es ist jetzt fast kein, irgendwie
> so diese Genöhle so. Dass man unzufrieden ist mal mit bestimmten Dingen. Das ist
> völlig normal. Auch hier natürlich. Und unter Druck sowieso. Aber wenn ich Ihnen
> sage, früher verging kein Monat, wo nicht irgendwie Krisenmeldungen aus dem OP
> kamen. Das ist im Krankenhaus ein klassischer Ort, wo schön gemeckert wird und
> so. Und seit zwei Jahren höre ich aus dem OP *nichts* mehr. Überhaupt nichts mehr.
> Kein Gemecker, gar nichts. Die haben schwer zu tun. Und sie sagen auch: Och, wir
> haben aber richtig viel zu tun. Und, ja, das ist alles in Ordnung. Sie können auch
> sagen, wenn sie an Grenzen stoßen. Aber so dieses, dieses Genöhle, das ist halt weg.

Für Herrn Wohlfahrt dienen die Erfahrungen der neuen Mitglieder aus anderen
Häusern dazu, einen längst überfälligen Epochenwechsel in Form einer willkom-
menen Realitätsüberprüfung bei den altgedienten Mitgliedern, insofern einen

Generationswechsel einzuleiten („mal ein bisschen Erdung"). Es deutet sich hier ein weiterer Aspekt der Orientierung von Herrn Wohlfahrt an, die auf einer Praxis beruht, welche die Fusion als einen kompromisslosen Wandel und Optimierungszusammenhang zu realisieren sucht. Die hiermit postulierte Notwendigkeit und Alternativlosigkeit generiert und rechtfertigt eine Grobschlächtigkeit, die zugleich dabei hilft, der enormen Komplexität des Fusionsprozesses beizukommen: Mitarbeiterbeschwerden können nun von oben und mit Bezug auf die angepassteren Haltungen der neuen Mitarbeiter als dem Prozess nicht zuträgliches „Gemecker" abgewertet und insofern trivialisiert werden. Bei Renitenz werden Entlassungen und Kündigungen „langgedienter Mitarbeiter", wenn nicht forciert, so doch willkommen geheißen und als notwendig erachtet. Das neu ankommende Personal wird sogleich als kulturelles „role model" verstanden, um gemeinsam mit der Führung und Teilen des alten Personalstamms eine ‚Koalition der Anpassungswilligen' aufzubauen. Neben dem Ziel einer Prozessoptimierung im Sinne ökonomischer Effizienz, die auf einen hinreichenden finanziellen „flow" abzielt, geht es hier also vor allem um eine adäquate Selektion und Konditionierung von Personal, die es der Organisation ermöglichen sollen, sich *nicht im permanenten Krisenmodus* bewegen zu müssen (das Ausbleiben täglicher „Krisenmeldungen" aus dem OP).

Aus Perspektive der hiermit formulierten Handlungsorientierung erscheint die Fusion für Herrn Wohlfahrt als schwieriges, aber dennoch *vernünftiges* Unterfangen, um im Sinne einer „Erdung" die Belegschaft zur Räson bringen zu können. Die radikalen Einschnitte werden entsprechend als alternativlos gesehen und die damit einhergehenden Verunsicherungen wie auch die Mehrdeutigkeiten, die in jeden Entscheidungsprozess einfließen, tendenziell nur als eine *formale Aufgabe*, die dann möglichst rauscharm in einem pragmatischen „flow" umzusetzen ist. Man braucht sich entsprechend nicht damit auseinanderzusetzen, ob hinter dem „Gemecker" eine berechtigte Kritik steht und man in Personalentscheidungen einzelnen Persönlichkeiten möglicherweise nicht gerecht geworden ist.

Dabei wird aber auch klar, dass wir es nach wie vor in dieser Führungspraxis mit dem modus operandi des Alleingeschäftsführers zu tun haben. Aus Perspektive dieser Orientierung wird verständlich, dass Herr Wohlfahrts Beitrag zum organisationskulturellen Wandel der Geschäftsführung vor allem darin liegt, über eigenmächtig gefällte Personalentscheidungen den schwierigen *Prozess* maßgeblich zu steuern. Während bei „so kleinen Entscheidungen" über die Mehrbelastung der Belegschaft im Alleingang entschieden wird und entsprechende Maßnahmen hierarchisch angeordnet werden, vollzieht sich die vermeintliche kulturelle Fusion unter Ausblendung persönlicher, wohlmöglich leidvoller Erfahrungen. Es bleibt allein der Verweis auf die „Chancen", die mit „neuen Menschen" in die Organisation Einzug halten. Es ist an diesem Punkt noch nicht zu erkennen, *wie* die Kulturfusion gelingen kann. Bislang zeigt sich bei Herrn Wohlfahrt einzig die Zuversicht, dass die entstehenden informalen Kräfte innerhalb der neu durchmischten Belegschaft die *Initiative* zur Veränderung und Einübung von neuen Routinen *selbst* mitbringen werden („weil natürlich auch mit neuen Menschen neue kulturelle Anstöße kommen"). Jedenfalls lässt Herr Wohlfahrt nicht erkennen, dass das Entwickeln neuer Arbeitsroutinen und Koordinationsmechanismen bislang im Zentrum seiner Arbeit stand, auch wenn das „Feintuning der Prozesse" als wesentliche Aufgabe des Fusionsprozesses von ihm in einer nachfolgenden Interviewpassage benannt wird.

Auf der Suche nach einer Belegschaft, die sich „den Affen auf die Schulter packt"

Schauen wir uns nun an, wie sich das Zusammenspiel von Herrn Wohlfahrt mit den Mitgliedern des Direktoriums sowie den (Chef-)Ärzten in Hinblick auf die kulturelle Fusion gestaltet und wie der neue „flow" Einzug in die Praxis halten soll. Insbesondere stellt sich nun die Frage, wie die Selbstorganisation der Entscheidungsprozesse des Managements konditioniert wird. Schauen wir auf eine diesbezüglich aufschlussreiche Interviewsequenz:

> *Herr Wohlfahrt:* Ja, auch das ist eine Kulturänderung. Früher ist es in der Tat so gewesen, auch hier in den ersten zwei Jahren, dass alles, was irgendwie nicht klappt, oder was unangenehm ist, mit den anderen zu besprechen, das haben sie vor meiner Tür abgekippt. Und ich bin von meiner Persönlichkeitsstruktur jemand, der sich auch gerne kümmert. Oder auch sich dann sozusagen den Affen auf die Schulter packt. Das wissen natürlich viele. Und da ist es natürlich auch einfach: Sag mal, Geschäftsführer, da klappt was nicht, (klopft auf den Tisch), kümmere Dich mal drum, so, ja. Nett formuliert alles, klar. Aber letztlich sitze ich dann da und überlege: Wie kriege ich das Problem aus der Welt. [...] Das musste ich dann nach unseren ersten anderthalb Fusionsjahren, wo wir wirklich riesige Listen hatten mit Problemen, dann auch mal umstellen. Habe ich auch gemacht. Und inzwischen werfe ich die Leute raus und sage: Klärt das erst einmal alleine. [...] Ich habe ja auch eine Rolle, und die muss ich dann auch spielen. Letztlich zu Schlichten zum Beispiel zwischen Chefärzten und so weiter. Aber sie sollen mir nicht mehr ankommen – das wissen inzwischen alle – sollen mir nicht mehr ankommen und meine Frage nicht beantworten können, wenn ich frage: Und was ist denn dabei herausgekommen, als ihr euch selbst einmal darüber unterhalten habt?

Daraufhin gelangt Herr Wohlfahrt zu einer Selbstcharakterisierung, die sich komplementär zum gezeichneten Bild des zu etablierenden „flow" verhält: gemäß seiner „Persönlichkeitsstruktur" sei er ein agiler Kümmerer, jemand der sich „den Affen auf die Schulter packt". Zunächst scheinen sich die Anforderungen an das (chef-)ärztliche Personal also um das Thema *Selbstführung* zu drehen. Als wesentliche Herausforderung der Fusionsjahre für Herrn Wohlfahrt offenbart sich dabei – um in dem von ihm bemühten Bild zu bleiben –, den Sprung des Affen zu unterbinden, sich das Problem des Angestellten also nicht gleich zu eigen zu machen, sondern auf eigenverantwortliche Problemlösungskompetenz zu setzen und eine Organisation zu formen, in der die Angestellten *selbst* etwas unternehmen. Entgegen der Orientierung von Herrn Plessner (und Herrn Wolter), für den eine diesbezügliche Einsichtsfähigkeit der Chefärzte selbstverständlich ist, der aber bei Bedarf die Chefärzte an die Hand nimmt und diese durch eigenes Zupacken situativ leitet, macht es den Anschein, als würde Herr Wohlfahrt das Problem der Lenkung größtenteils hierarchisch lösen wollen, wie es sich in jener Beschreibung ausdrückt: „Und inzwischen werfe ich die Leute raus und sage: klärt das erst einmal alleine". Er offenbart dabei ein Dilemma, um das er *als Alleingeschäftsführer* am besten weiß. Seine „Persönlichkeitsstruktur", welche ihm die harten Maßnahmen der Umstrukturierung durchzuführen ermöglicht hat, steht ihm nun bei den aktuellen Aufgaben im Wege. Er selbst muss im Zuge des anstehenden Kulturwandels lernen, dass er sich nicht allen Problemen annehmen *kann*, auch wenn er es *will*. Offenbar liegt seine Schwierigkeit darin, Aufgaben an Leitungspersonen zu delegieren, über die er *eigentlich* lieber selbst befindet. Darin unterscheidet er sich typologisch von Herrn Plessner, der ein in seinem Sinne handelndes System der Delegation aufgebaut hat und sich so jederzeit informieren und ggf. einschreiten kann. Für Herrn Plessner scheint keine grundsätzliche Diskrepanz zwischen seinem Habitus und dem von ihm zu steuernden sozialen Feld (im Sinne von Bourdieu 2001b) vorzuliegen. Herr Wohlfahrt hat es demgegenüber mit einer *Negativdefinition* seiner eigenen Rolle als Alleingeschäftsführer zu tun, entsprechend der er auf der einen Seite immer zu nachlässig auf das Problem organisationaler *Trägheit* zu reagieren scheint, andererseits aber durch seine Praxis der Alleingänge das Problem auch nicht lösen, sondern nur *weiter befeuern* kann. Er hat es gewissermaßen mit der Paradoxie zu tun, autoritär anordnen zu müssen, dass die Leute sich um sich selbst sowie die Probleme der Organisation kümmern sollen. Wir finden hier also eine Spannung zwischen seiner *Rolle* als Geschäftsführer und seinem *Habitus* des Alleingeschäftsführers vor. Diese Diskrepanz erklärt es auch, weshalb er an dieser Stelle die praktische Einsicht in die Konsequenzen des eigenen Tuns vermissen lässt: wenn er einerseits kompromisslos und ohne Rücksicht auf Verständigung und professionelle Befindlichkeiten innerhalb des fusionierten Hauses entscheidet und steuert, ist umgekehrt zu erwarten, dass daraufhin die Chefärzte die auftretenden *organisationalen* Probleme nicht als ihre eigenen betrachten und entsprechend an Herrn Wohlfahrt zurückspielen, bei ihm sozusagen die Probleme „abkippen". Zu dieser gebrochenen Handlungsorientierung passt auch seine fehlende Identifikation mit der Aufgabe, Konflikte zwischen den Chefärzten zu moderieren. Doch welchem praktischen Sinn, welchem Wissen folgt diese Orientierung, die wir hier kontrastierend zu Typ 1 beobachten können? Lenken wir den Blick auf die für das Krankenhaus relevanten Außenspannungen, um hier weitere Aufschlüsse zu gewinnen.

Außenspannung: „Gefangene des Systems"

Im Gespräch wird Herr Wohlfahrt vom Interviewer mit der Aussage konfrontiert, dass es „politisch auch gewollt" sei, Krankenhäuser zu schließen. Hieraufhin entfaltet Herr Wohlfahrt eine in ihrer Deutlichkeit bemerkenswerte Kritik am derzeitigen Gesundheitssystem:

> *Herr Wohlfahrt:* [...] Es ist (glaube ich) ein Ammenmärchen, zu glauben, man kann das alles durch tolle Prozessänderungen hinkriegen. Man kann sicherlich den Gesamtprozess durch gute Prozessänderungen verlangsamen und ein Stück weit (...) na, aufhalten nicht, aber man kann ihn verzögern/ [...] Und damit kann man seine Hoffnung nähren, dass man halt nicht zu den 30% gehört, die aus dem Markt verschwinden müssen. [...] Politisch gesehen finde ich das schon ein ziemliches Armutszeugnis. Und wäre man ein Waschmaschinenhersteller, würde ich das jetzt auch nicht schlimm finden, ehrlich gesagt. [...] Und genau diesen Wettbewerb zu übertragen aufs Gesundheitswesen heißt: man kann die Schraube nicht schneller eindrehen. Und man müsste es aber. Ja. So würde jeder Waschmaschinenhersteller würde sagen: Kannst du nicht irgendwie durch einen Schlagschrauber oder durch irgendetwas versuchen, die schneller einzudrehen? Und das in der Medizin zu machen, wo ein Teil der Qualität der Medizin damit zusammenhängt, auch Zeit zu haben. [...] Und den beurteilen zu können, in Ruhe zu operieren, sorgfältig zu sein. Und einen Menschen dabei nicht zu schädigen. [...] Aber das, was jetzt abläuft, [...] das ist ein Teil menschenverachtend. [...] Also wenn ich hier so eine geriatrische Station (...) Und da ist nachts eine Kraft, anderthalb für 30 Patienten und so. Und dann sind das schon schwierig Fälle teilweise und so. Also, das ist nicht wirklich witzig. [...] Na, und wenn die Leute morgens mit Tränen in den Augen nach Hause gehen, dann finde ich das persönlich dramatisch, na. Aber letztendlich sind wir natürlich alle Gefangene des Systems [...].

Die eigene Arbeit wird im Lichte eines von der Politik verbreiteten „Ammenmärchens" verortet: die Erreichung gesundheits- bzw. strukturpolitischer Ziele (Überkapazitäten im Krankenhaussektor abzubauen) allein durch organisationale „Prozessänderungen" zu bewerkstelligen wird als Akt politischer Feigheit denunziert. Die geschilderten Optimierungen erscheinen entsprechend unter dem Lichte einer Sisyphusarbeit, die nolens volens an den an sie gestellten Anforderungen scheitern *muss*. Dabei stellt Herr Wohlfahrt eine Analogie zu Industriebetrieben in einem freien Markt her: als Waschmaschinenhersteller sei diese Form der Wettbewerbsverschärfung aus seiner Sicht unproblematisch, da man versuchen könne die mechanisch ablaufenden Prozesse zu beschleunigen (die Schraube „schneller einzudrehen"). In der Medizin hingegen ginge es jedoch in besonderem Maße um die Qualität. Diese wiederum beruhe eben gerade darauf „Zeit zu haben", also umsichtig und sorgevoll die Behandlungen durchzuführen. Das das Krankenhauswesen konditionierende System wird daraufhin als in Teilen „menschenverachtend" bewertet, nicht zuletzt in Hinblick auf die Belastungen, die sich aus den Einsparungen für das eigene Personal ergeben. Herr Wohlfahrt lässt an dieser Stelle sehr viel Empathie für die Nöte seiner Belegschaft erkennen, gleichzeitig reflektiert er die Verwerfungen nicht aus der eigenen Managementpraxis heraus, wie dies etwa Herr Wolter und Herr Plessner zumindest im Rahmen von Einzelfallentscheidungen zeigen, sondern betont in dem herangezogenen Beispiel lediglich das *typische* Schicksal einer geriatrischen Kraft im Nachtdienst und wertet dies *persönlich* als „dramatisch". Der Orientierungsrahmen offenbart hier eine Person, welche diese Dinge beobachtet und für moralisch verwerflich hält, aber als Geschäftsführer keine eigene Aktionspraxis erkennen lässt, die Abhilfe bzw. zumindest eine mildernde Moderation leisten könnte.[109] Während er im Vollzug der Sachzwänge zwar als Macher auftritt, zeigt sich mit Blick auf die Nebenfolgen der hiermit einhergehenden Systemrationalität *Mittellosigkeit*. All dies wird nicht zuletzt über die Metapher der eigenen Gefangenschaft im Gesundheitssystem transportiert: ihm fehlt als Geschäftsführer gewissermaßen der Schlüssel, um sich selbstständig aus dem Gefängnis zu entlassen.

Im gleichen Maße empfindet sich Herr Wohlfahrt in Hinblick auf strategische Optionen der Krankenhausplanung gebunden und durch äußere Zwänge determiniert:

> *Herr Wohlfahrt:* Und es gibt natürlich auch einige, die von ihrem Portfolio so ein günstiges Portfolio haben, dass sie räumlich noch Geld verdienen. […] Mit dem Leistungsportfolio letztlich. Aber da sind Sie ja im Krankenhausplan gefangen. Sie können ja nicht einfach irgendetwas machen. Sondern Sie kriegen das ja vorgegeben. […] Also das ist ja auch ein Scherz in diesem ganzen System, ja, man sagt: Wettbewerb/ […] Und in Wahrheit geht das gar nicht. Also, ich könnte keine Herzchirurgie aufmachen. Dürfte ich gar nicht. […] Und sie werden sich damit einhandeln, dass es nur noch einige wenige große Krankenhausketten gibt, in der Regel privatwirtschaftlich. […] Da will keiner mehr im Gesundheitswesen arbeiten. […] Die Chance ist viel zu groß, dass sie irgendwie zu den Privaten müssen. Und wahrscheinlich müssen die Anderen, wie zum Beispiel die Guten, die Konfessionellen, die werden sich wahrscheinlich gar nicht anders verhalten können.

Der Krankenhausplan, in dem man „gefangen" sei, wird in sarkastisch-ironischem Anklang als ein weiterer Beleg für den verlogenen und destruktiven Charakter der deutschen Gesundheitspolitik bemüht. Herr Wohlfahrt sieht hier keinen ehrlichen

---

109 Siehe dazu auch den Fall der Katharinenstift GmbH, Kapitel V.3.

Wettbewerb am Werke, denn er könne z. B. „keine Herzchirurgie aufmachen": „Dürfte ich gar nicht". Hier wird mit Blick auf Typ 1 eine völlig andere Orientierung offenbar, die zwar auf ähnliche Weise das System anklagt, aber nicht einmal ansatzweise eine unternehmerische Perspektive erahnen lässt, entsprechend der man Risiken eingeht und nach Möglichkeiten *sucht*, wie das eigene „Leistungsportfolio" erweitert werden könnte. Typ 1 nimmt demgegenüber die Grauzonen des Versorgungsauftrages als unternehmerische Opportunitäten wahr und versucht mit juristischer Hilfe eine Ausweitung des medizinischen Leistungsspektrums zu erwirken und somit *de facto* neue Geschäftsfelder zu erschließen. Herr Plessner kann sich entsprechend auch hier – gegenüber dem System – als wirkmächtig Handelnder konstituieren.

Bei Herrn Wohlfahrt hingegen kommt eine fatalistische Orientierung zum Ausdruck, entsprechend der davon ausgegangen wird, dass es in Zukunft nur noch „wenige große Krankenhausketten" geben wird, die „in der Regel privatwirtschaftlich" geführt werden. Dieser Komplex aus bevormundender Gesundheitspolitik und Privatisierungsdruck steht allerdings dann nicht im Widerspruch dazu, dass das eigene Krankenhaus in die Kategorie der „Guten", der „Konfessionellen" eingeordnet wird, wenngleich die eigene Managementpraxis an anderer Stelle als alternativlos dargestellt und legitimiert wird.[110]

Führung und Management: „Führungskultur in einer Waschmaschinenfabrik?"

Schauen wir nun zuletzt, welche Orientierung sich beim Thema Führung und Management zeigt. Schauen wir hierzu zunächst auf eine Stelle, die auf den ersten Blick wiederum ein gewisses Verständnis für die Probleme und Autonomiebedürfnisse der anvertrauten Mitarbeiter zeigt:

Herr Wohlfahrt: Es ist schon wirklich wichtig, dass (…) Teil der Führung ist es halt, dass die Leute wissen, sie müssen sich kümmern. […] Und der Chef guckt auch manchmal, ob man sich dann auch kümmert. […] Ja. Geht ja im Tagesgeschäft auch viel verloren. Da muss man dann manchmal ein bisschen/ […] Nochmal dran erinnern, ja. […] Man braucht die Leute. Man will sie ja mitnehmen. Man/ […] Man arbeitet ja zusammen. Man hat überhaupt nichts davon, das glaube ich, geht auch gar nicht,

---

110 Bezeichnenderweise beobachtet Herr Plessner in Hinblick auf die Außenspannungen der Krankenhäuser genau dies: „Und man sieht es bei den Zentrumszuschlägen. […] da gibt es Gesetze, wo die Krankenkasse einfach sagt, nein, das zahlen wir nicht. Das sehen wir gar nicht ein. Da muss der schon in die Schiedsstelle gehen und da dann doch die Hürde bei vielen Häusern denke ich mal, sehr hoch ist, auch vielleicht bei den ganzen christlich geführten Häusern oder vielleicht auch staatlich geführten Häusern, wenn die weniger angriffslustig sind, dann geht denen das Geld verloren […]."

Krankenhaus, dass man jetzt hier lauter Vorgaben ständig nur gibt, ja. [...] Ja, das (...) Die wissen schon, wie sie ihr Geschäft machen. Brauchen hier oder da schon ein bisschen Hilfestellung. So, und dann muss man gucken, wo man die herkriegt. Aber (...) die Medizin können die nur alleine. Das kann ich gar nicht. [...] Und insofern sollte man das auch mal, ja, auf Augenhöhe gemeinsam irgendwie machen. [...] Und dann muss denen immer klar sein, wo ich hinwill. Oder wo wir hinwollen. Und wenn ich daran mal Zweifel habe, oder es gibt mal Diskrepanzen, dann muss man da halt ran. Und das besprechen. (...). Ja.

Herr Wohlfahrt verweist in dieser Passage auf die Abhängigkeit des Führenden von den Geführten, doch wirken seine Ausführungen durch die häufige Verwendung der „man"-Form eigentümlich distanziert und unpersönlich. Der Bezug auf die Autonomiesphäre der Medizin und die erneute Betonung der eigenen Grenze („Das kann ich gar nicht")[111] stellen ihn als einen Geschäftsführer dar, der nur „ein bisschen Hilfestellung" leistet und sich damit doch deutlich von Typ 1 unterscheidet, der gemeinsame Strategien mit Chefärzten gegen Krankenkassen und Versorgungspläne entwickelt. Gleichwohl ringt Herr Wohlfahrt mit den Worten, um hier eine gewisse Teamorientierung zum Ausdruck zu bringen, die dann aber nicht natürlich wirkt, sondern als ein Desiderat, dem man genügen „sollte", die sich also eher als Verlegenheitsübung denn als gelebte Praxis ausnimmt („Und dann muss denen immer klar sein, wo ich hinwill. Oder wo wir hinwollen"). Er hat zwar einerseits erkannt, dass es wenig bringt, „hier lauter Vorgaben ständig" zu geben, andererseits dokumentiert sich hier die gemeinsame Zusammenarbeit als etwas, das ihm *fern* liegt. An anderer Stelle zeigt sich diese Fremdheit gegenüber dem Krankenhaus als einem wissensbasierten Betrieb, der von Akteuren mit einer hohen professionellen Autonomie abhängig ist, noch deutlicher:

Herr Wohlfahrt: Ich frage mich manchmal: Wie wäre meine Führungskultur in einer Waschmaschinenfabrik? Würde ich wahrscheinlich vom Typ her auch nicht viel anders führen. Aber man kann natürlich dann halt vorgehen. So und so viel Schrauben musst du da jetzt einbringen. [...] Hol ich einen Berater, der checkt jetzt, ob das geht. Und dann sagt man das an. [...] Das geht im Prinzip geschäftlich. [...] Da komme ich auch nicht heran an den Medizinkram. Ich kann nicht genau sagen: wie viel braucht man wirklich? Wie lange braucht man wirklich für eine OP? [...] Oder wie viel verlorene OP-Zeit durch Stillstand ist eigentlich richtig? Denn auf null wird man sie nicht kriegen. Das ist mal sicher. Das wäre unrealistisch. Aber wie viel jetzt

---

111 An anderer Stelle lässt er passend dazu wissen: „Also die einzige Grenze, die ich habe als Geschäftsführer, ist, Medizin. Also, ich dürfte jetzt nicht vorschreiben: Das Skalpell ist bitteschön statt links rechtsherum zu drehen oder so. [...] Das sind richtige medizinische Prozesse, wo ich a) keine Ahnung davon habe, und b) mir nicht erlauben würde, darüber etwas zu entscheiden."

wirklich? [...] Was ist im Medizingeschäft? Was gibt es da so an Situationen, wo einfach
Zeit liegenbleibt? [...] Das weiß ich nicht. Dann muss ich mir einen Berater holen.

Der erneute Verweis auf den klassischen Industriebetrieb deutet auf den grundsätzlichen Konflikt von Herrn Wohlfahrt hin: auch wenn er ein Industrieunternehmen
nicht grundsätzlich „viel anders führen" würde als ein Krankenhaus, weiß er doch
zu genau, dass ein Krankenhaus „doch etwas anderes" ist. Die Diskrepanz verläuft
hier zwischen „geschäftlich" und dem „Medizinkram". Während er Optimierungs-
potenziale im Rahmen eines Industriebetriebes an einen „Berater" geschäftlich
(also per Auftrag) delegieren würde, diese also von einem wirtschaftlichen oder
technischen Experten berechnen und demgemäß eine Prozessverbesserung veranlassen würde, kommt er „an den Medizinkram" nicht so leicht heran. Dieser
Bereich entzieht sich Herrn Wohlfahrts direktem Managementeinfluss, weil er
einer qualitativ anderen Sphäre angehört. Das wiederholte Fragen nach einem
realistischen Bezug der medizinischen Praxis zu quantitativen, statistischen Re-
chengrößen offenbart eine Unsicherheit, die für die hier zum Ausdruck kommende
Managementidentität als konstitutiv angesehen werden kann. Die Spannung bei
Herrn Wohlfahrt speist sich vor allem aus dem Wissen um die eigene medizinische
Unwissenheit und der Abwesenheit rechnerisch-analytischer Mittel, die diese Leerstelle mit unternehmerischem Vermögen zu füllen erlaubten. Daher die resignative
Einsicht, dass man sich als Geschäftsführung im Krankenhaus nicht mal „einen
Berater holen" kann, der die passenden Mess- und Recheninstrumente bereithält.
Die Bearbeitung der eigenen Unsicherheit erfolgt ferner auch nicht in Form einer
gemeinsamen Arbeit der Klinikleitung, über die dann die unscharfen Domänen
medizinischer und pflegerischer Arbeit durch multiprofessionelle Kooperation in
den Griff zu bekommen wären. Der Idealtypus des Industriebetriebs fungiert hier
als idealisierter positiver Gegenhorizont, der die Probleme, denen er sich ausgesetzt
fühlt, umso stärker herausstellt.

Fazit: Systemzwänge verwalten

Wenn wir nun versuchen den Orientierungsrahmen von Herrn Wohlfahrt zusammenfassend zu rekonstruieren, fällt folgendes zuerst ins Auge: Eine klare habituelle Positionierung, die im Einklang mit den sie umgebenden und formenden
Elementen des zu steuernden sozialen Feldes stünde, lässt sich im Gegensatz zu Typ
1 nur schwer ausmachen. Herr Wohlfahrt zeigt sich hier eher als jemand, dessen
Handwerk große Schwierigkeiten im Umgang mit den professionellen Identitäten
und ordnungspolitischen Umwelten des Krankenhauses hat, die im Management
aufzugreifen, zu arrangieren und vor allem aber auch zu gestalten sind. Wenngleich sich Suchbewegungen in Richtung einer veränderten Führungspraxis finden

lassen, ist sein praktisches Wissen vor allem in *planerischen* Aspekten rechtlicher wie betriebswirtschaftlicher Natur zu finden. Es fehlt jedoch ein durch Erfahrung gesättigter *praktischer Sinn* dafür, was es heißt, ein Krankenhaus unternehmerisch zu führen.

Was in der Phase der Restrukturierung des Krankenhauses noch äußerst funktional erschien – nämlich aus dem Tunnelblick heraus Entscheidungen im Alleingang zu fällen und dabei personelle Konsequenzen wie Kooperationsprobleme (mangelnde Gefolgschaft) billigend in Kauf zu nehmen bzw. außer Acht zu lassen –, wird jedoch im Dauerbetrieb des Krankenhauses zum Problem.

Zwischen wirtschaftlichen und „kulturellen" Anforderungen hin und her oszillierend, ohne dabei jedoch eine Vermittlung zu finden, bleibt am Ende nur noch die resignative Klage über das Fehlen funktionierender Zweck-Mittel-Verhältnisse. Doch der „Medizinkram" lässt sich nicht mit betriebswirtschaftlichen Werkzeugen und hierarchischen Mitteln aufschlüsseln. Die in idealisierender Analogie zum Sehnsuchtsort avancierte „Waschmaschinenfabrik" lässt nochmals deutlich werden, dass das Management eines Krankenhauses anders funktioniert und sich insbesondere die Ärzte nicht dauerhaft in dieser technokratischen Manier führen lassen.

Ebenso zeigt sich in Bezug auf das Gesundheitssystem eine Diskrepanz zwischen theoretischer Reflexion und praktischem Sinn. Während man das zynische Spiel der Gesundheitspolitik zu kennen glaubt und auf kommunikativer Ebene verachtet, gelingt es nicht oder nur in Ansätzen, sich aus der Wahrnehmung einer ‚Gefangenschaft im System' heraus als lediglich ‚ausführendes Organ' den Verhältnissen praktisch zu entziehen, aus diesen auszubrechen. Wo Herr Plessner (Typ 1) bei gleicher Problemanalyse eine unternehmerische Praxis entfaltet, die darauf fußt, Risiken in Kauf zu nehmen, um unternehmerische Freiheitsgrade zu gewinnen, erlebt Herr Wohlfahrt hingegen überwiegend eine alternativlose Anpassung an technokratische Steuerungsimpulse eines zumindest in Teilen „menschenverachtenden" Systems. Die hiermit einhergehenden Systemrationalitäten hat er jetzt als „Alleingeschäftsführer" zu vollziehen (oder vielleicht besser: zu vollstrecken).

Wir haben es hier mit einem Typ zu tun, der um das Dilemma seiner Position – durchaus mitfühlend gegenüber den von seinen Weisungen und Entscheidungen Betroffenen – weiß, aber noch keinen praktischen Sinn dafür entwickelt hat, wie der Widerspruch aus mitarbeiterorientierter Führung und Konsolidierungsmanagement, bzw. die *verwaltende Distanz* zu Management und Führung zum Wohle der Organisation, besser austariert werden kann. Die Spannungen zwischen Stelle und Person bzw. Rollen-Identität und Habitus zeigen sich neben dem resignierten Umgang mit den Außenspannungen insbesondere in der scharfen Grenzziehung zwischen der eigenen Praxis als Geschäftsführer und derjenigen der Ärzteschaft.

Auch mit Blick auf die Steuerung der Binnenverhältnisse bleibt für ihn das, was im Krankenhaus geschieht fremd bzw. es entzieht sich für ihn der Sphäre unternehmerischen Gestaltens. Es fehlt auch hier an unternehmerischer Selbstwirksamkeit, es bleibt bloß übrig Verwalter zu sein. Dabei lässt Herr Wohlfahrt eine prinzipielle Kritikfähigkeit gegenüber der eigenen Arbeit erkennen, wobei hier aber deutlich wird, dass diese *Einsicht* noch keine gelingende Transformation des tendenziell gespaltenen Habitus impliziert. Herr Wohlfahrt weiß aus den internen Rückmeldungen und spürt zudem selbst, dass seine Praxis des „Alleingeschäftsführers" für die Organisation nur ein Zwischenspiel bleiben darf, dass nur der *Krisenmanager* in Bezug auf diese Handlungsorientierung eine hinreichende Akzeptanz findet. Sollte der angestrebte graduelle Wandel des Habitus nicht gelingen, ist die Annahme gar nicht so abwegig, dass dieser Typ tatsächlich die Branche wechseln könnte, etwa um zukünftig einer Waschmaschinenfabrik vorzustehen.

Typ 3: Vertrauensmanagement im Verbund des Konzernnetzwerks

Verfolgen wir nun als dritten und letzten Typ stellvertretend Herrn Schweitzer, einen studierten Wirtschaftswissenschaftler. Zum Interviewzeitpunkt ist er erst seit einem Jahr in der Geschäftsführung des Krankenhauses aktiv, welches zur gleichen Zeit von einem privaten Klinikkonzern, für den Herr Schweitzer zuvor schon in unterschiedlichen geschäftsführenden Tätigkeiten gearbeitet hat, übernommen worden war. Das Haus befindet sich demnach noch mitten in der Restrukturierungsphase und den Anpassungen, die aus der erfolgten Übernahme resultieren. Es verfügt über etwa 200 Betten und liegt in der Peripherie.

Formale Verortung: Als Unternehmen die „Sachen im größtmöglichen Konsens regeln"

Zu Beginn des Gesprächs wird Herr Schweitzer gebeten sein Aufgabengebiet sowie seine „Funktion" im Krankenhaus zu beschreiben. Er präsentiert sich als Geschäftsführer mit unmittelbarem Bezug zum Klinikkonzern, der seine Häuser als eigenständige GmbH führen lässt und über eine darüber liegende GmbH-Struktur als Mutterkonzern „konsolidiert". Sein weitreichendes Aufgabengebiet („bin [...] hier für alles verantwortlich, endverantwortlich, von der Ausrichtung des medizinischen Konzeptes, die Prozessverantwortung, Budgetverantwortung, Kosten- und Erlösverantwortung") trägt er in das Gremium der „Klinik-Leitungsrunde", wo man „die Sachen dann im größtmöglichen Konsens zu regeln" versucht. Diese Runde setzt sich aus der ärztlichen Direktion, der Pflegedienstleitung und Herrn

Schweitzer zusammen. Die benannte Positionierung in der Krankenhausleitung ist im Vergleich bzw. im Gegensatz zu Typ 1 und 2 vor allem deshalb interessant, da sich hier unmittelbar auf die Art und Weise der Zusammenarbeit mit den anderen professionellen Leitungspersönlichkeiten des Hauses bezogen wird. Größtmöglichen Konsens bei den Unternehmensangelegenheiten zu erreichen erscheint damit als eminentes Ziel der geschäftsführenden Tätigkeit von Herrn Schweitzer. Darüber hinaus ist die Runde im Gegensatz zu den Häusern, denen Typ 1 und 2 vorstehen, auffällig klein und repräsentiert in seiner Zusammensetzung die triadische Leitungsstruktur des „alten" Krankenhauses. Versuchen wir nun zu rekonstruieren, welche Dinge sich im Rahmen der Übernahme vor einem Jahr aus Sicht von Herrn Schweitzer ereignet haben und wie sich dies zur Maßgabe der Entscheidungsfindung im „größtmöglichen Konsens" verhält:

> *Interviewer:* […] Wenn Sie vielleicht so ein bisschen rekonstruieren, was sind denn so wichtige Punkte gewesen, die umgestellt worden sind? Und wenn Sie vielleicht auch sagen, wie diese Punkte aufgekommen sind, und wie dann der weitere Prozess verlaufen ist.
>
> *Herr Schweitzer:* Also einige Punkte hängen ganz klar bei uns an unserer Unternehmensstruktur. […] Wir haben eine sehr, sehr kleine Zentrale in [Stadt]. Und sind sehr stark lokal in den Häusern organisiert, was auch die Endverantwortung angeht. Haben aber bestimmte Bereiche gebündelt in der Region. Wir sind hier in der Region [Himmelsrichtung], […] dort hängen relativ viele Overhead-Funktionen. Dort haben wir zum Beispiel die Finanzbuchhaltung. In der Regel haben wir keinerlei Finanzbuchhaltung mehr am Standort, sondern konzentrieren diese Prozesse. Dort haben wir den zentralen Einkauf, auch mit dem Zentrallager. Das sind die Bereiche, die wir sehr, sehr schnell umgestellt haben. […] Wir haben ein sehr klares Berichtswesen, was unsere Monatsabschlüsse angeht […]. Haben damit auch das Buchhaltungssystem umgestellt. […] Dann haben wir natürlich sehr schnell auch einen Wirtschaftsplan fliegend für das letzte Jahr gemacht. Weil am Ende natürlich das Ergebnis der Finanzbuchhaltung, des Monatsberichtes, kongruent zum Wirtschaftsplan laufen muss. Das ist natürlich in so einem Integrations-Jahr Eins wirklich ein bisschen Blindflug. […] Nur wir haben halt sehr klare Buchungsregeln, damit das auch einheitlich im Unternehmen ist, im Konzern ist.

Es kristallisiert sich hier ein erster fundamentaler Aspekt seines Orientierungsrahmens heraus. Anhand der Übernahmesituation zeigt sich eine außerordentlich starke *Strukturwirksamkeit* des Konzerns: viele Geschäftsbereiche (Finanzbuchhaltung, Einkauf, Berichtswesen, IT, und andere) sind in Regionalgesellschaften zentralisiert („relativ viele Overhead Funktionen"), Prozesse und Regeln werden demgemäß konzernweit vorgeschrieben und standardisiert. All dies wurde binnen weniger Monate umgestellt, selbst die Wirtschaftsplanung wurde rückwirkend durchgeführt, obwohl dies „ein bisschen Blindflug" gewesen sei. Wie kann ein dermaßen komplexes Unterfangen in so kurzer Zeit gelingen, noch dazu im Konsens? Welche unternehmerische Praxis verbirgt sich dahinter und wie zeigen sich Unterschiede in Hinblick auf die Schilderungen der Übernahme bei Herrn Wohlfahrt? Der Interviewer stellt wenig später die Frage, wie Herr Schweitzer sich angesichts seiner neuen Führungsaufgabe in dem neuen Haus „eingelebt", welche „Rolle" er hier eingenommen habe.

Herr Schweitzer: Ja, also im Grunde genommen muss man sagen, haben wir ja ein bisschen Übung da drin, in neue Situationen rein zu kommen. Jeder macht es auf seine Art. Es gibt vielleicht auch mal ein klares Richtig und ein klares Falsch. Aber am Ende hat es ja was mit der eigenen Erfahrung, der eigenen Persönlichkeit zu tun, wie Sie das ganze machen. Ich bin jemand, der gern präsent im Haus ist. Der viel versucht auch entsprechend dort bei den Leuten zu sein, und nicht nur mich in meinem Büro abzuschließen.

Herrn Schweitzers Orientierung konkretisiert sich weiter über den geteilten Erfahrungsraum des Mutterkonzerns, entsprechend dem man schon „ein bisschen Übung" habe in „neue Situationen rein zu kommen". Er rekurriert hier auf ein Wissen, welches der Konzern auf Basis bereits vergangener Übernahme- und Fusionsprozesse ausgebildet hat. Trotz allem bricht er im nachfolgenden Satz mit dieser Perspektive, denn „Jeder macht es auf seine Art". Zwar gäbe es „vielleicht auch mal ein klares Richtig und ein klares Falsch", was dann erneut die Konzernreferenz einfängt, aber vielmehr stehen Persönlichkeit und Erfahrung im Vordergrund, die für die *tatsächliche Durchführung* („wie Sie das ganze machen") von besonderer Bedeutung seien. Dabei eröffnet er einen ersten Blick auf seine unternehmerische Praxis, die darin besteht, „gern präsent im Haus", bei „den Leuten zu sein" und nicht nur vom Schreibtisch aus die Geschicke des Hauses zu leiten:

Herr Schweitzer: Wir haben sehr viele Mitarbeiterversammlungen am Anfang gemacht. Wir haben sehr viel versucht, Informationen rauszugeben. Wir haben ein Integrationsbüro besetzt, wo so ein Integrationsteam bezogen auf die regionalen, also auf Regionalleiter Medizintechnik, Regionalleiter Einkauf, IT, Unternehmenskommunikation und was auch immer war. Wo man versucht hat, da möglichst viele Zeiten auch abzudecken, damit die Mitarbeiter auch Fragen stellen konnten, so grad in den ersten Wochen. Da gab es auch Gummibärchen, da gab es aber auch Unternehmensbroschüren, und so weiter. Und dann haben wir in der zweiten Stufe, hatte ich dann überlegt, na ja, wir machen Mitarbeitereinführungsveranstaltungen, regional organisiert für neue Mitarbeiter. Um einfach was zu erklären, wofür steht das Unternehmen, was sind unsere Ziele, wie gehen wir vor, sich zu vernetzen. [...] haben dann vier Mal einen halben Tag für die Mitarbeiter sogenannte Einführungstage gemacht, [Name des Konzerns]-Integrationstage. Wo wir was zu unseren Zielen gesagt haben, wo wir was zu dem Intranet erklärt haben, zur Fort- und Weiterbildungsplanung gesagt haben, aber auch ganz klar was dazu erläutert haben, warum wir hier als Unternehmen, vom Krankenhaus insgesamt auch wirtschaftlich arbeiten müssen. Ist das ethisch oder unethisch, im Krankenhaus Gewinn zu machen. Ich halte das für unsere einzige ethische Verpflichtung, die wir haben, Gewinne zu machen, weil wir das am Ende auch den Patienten auch da drüber zurückgeben. Wo soll sonst das Geld für Investitionen in Medizintechnik und Gebäude auch herkommen? Fällt ja nicht vom Himmel. Unsere Fallpauschalen zahlen das nicht. Also von daher haben wir diese vier Tage gemacht, die sind sehr gut besucht worden.

In der Frühphase nach der Übernahme wurden besondere Anstrengungen zur Integration unternommen, die ein strukturiertes Mergers & Acquisitions-Verfahren erkennen lassen. Die professionelle Übernahmestrategie gestaltet sich vor allem in Hinblick auf Nahbarkeit, unmittelbare Verfügbarkeit und face-to-face Kommunikation. Unter anderem wurden „Integrationstage" für alle Angestellten durchgeführt, die neben praktischen Fragen zur Unternehmensstruktur auch um Fragen der Legitimation der neuen Unternehmensstrategie kreisen (welche Ziele das Unternehmen habe und warum „wir hier als Unternehmen [...] wirtschaftlich arbeiten müssen"). Kontrastiert man dieses Vorgehen nun mit den Schilderungen zur Übernahme bei Herrn Wohlfahrt, zeigt sich ein planmäßig-konzeptionell ausgearbeitetes strukturiertes Übernahme- und Integrationsverfahren seitens des Konzerns. Es zeigt sich also im Gegensatz zur Praxis von Herrn Wohlfahrt,[112] dass die unternehmerische Praxis von Herrn Schweitzer, im Haus „präsent zu sein", nicht zuletzt maßgeblich durch eine durch den Konzern unterstützte Fusionsstrategie flankiert wurde, entsprechend der explizit darauf gesetzt wird, sich nach innen „zu vernetzen".

Die Fusion aus einer starken Konzern-Struktur heraus zu betreiben, lässt sich ferner mit der oben bereits erwähnten aktiven Proklamation des Gewinnprimats in Beziehung setzen: Gewinne zu erwirtschaften sei nicht „unethisch", sondern die einzige „ethische Verpflichtung", die man habe, bemerkt Herr Schweitzer. Der Gang dieser Rechtfertigung erinnert an Herrn Plessners „Spielregeln", fällt allerdings in der genauen Wortwahl anders aus. Während Herr Plessner von „Überschüssen" spricht, die man erzielen müsse, um finanzielle Verbindlichkeiten zu bedienen

---

112 Vor allem das zwischenzeitlich sechsköpfige Geschäftsführergremium und mehrere Personal- und Konzeptwechsel sowie ein hohes Maß an individueller Beteiligung und Einflussnahme sind hier zu nennen. Herr Wohlfahrt formuliert seinerseits: „Habe dann die Fusionsgespräche relativ zentral mit begleitet. Habe mir das Ganze auch ein Stück weit ausgedacht." Insbesondere auch die Ansprache und Information der Mitarbeiter scheint dabei keine systematische Berücksichtigung gefunden zu haben: „Und dann ist natürlich so ein Fusionsprojekt, wie wir es hier haben, auch mit viel Durcheinander in den ersten Monaten begleitet. Und auch das hat sicherlich etliche dann dazu getrieben, zu sagen: Ach, ich gucke mal, wie es woanders ist."

(Kreditrefinanzierung) und explizit Gewinne und „horrende Renditen" wie bei der Deutschen Bank dabei ausklammert, spricht Herr Schweitzer von der „einzig ethischen Verpflichtung" Gewinne zu erzielen. Die weitere Argumentation mit Bezug auf die DRG-Fallpauschalen, die derartige Investitionen nicht beinhalten würden, lässt die tatsächliche rechtliche Situation außen vor.[113] Dies Zerrbild der formalrechtlichen Verhältnisse im Gesundheitswesen könnte einen weiteren Hinweis auf den Orientierungsrahmen von Herrn Schweitzer liefern, der entgegen der hier gewählten Darstellung vermutlich bestens über die Finanzierungssystematik informiert sein dürfte.

Schauen wir nun ausführlicher auf die Art und Weise, wie Herr Schweitzer sein Haus als Geschäftsführer gestaltet.

Innenspannung

Change-Management – keine „Kampfstellung" erzeugen

Die zwischenmenschlichen Formen des Umgangs in Folge der Übernahme schildert Herr Schweitzer anhand der Beziehung zum Betriebsrat (genauer des Betriebsrats-vorsitzenden), mit dem ein enger und häufiger Kontakt bestehe. Diese würden sich nicht auf Grundlage formeller Regelungen wie dem „Betriebsverfassungsgesetz" gestalten, sondern durch ein Miteinander auf „Augenhöhe". Diese neue „Kultur" des Umgangs reklamiert er ferner ebenso für den Umgang mit den anderen Mitarbeitern und schildert dies anhand der von ihm gepflegten ‚open door policy', die im Haus vor der Übernahme keinen Bestand hatte:

> *Herr Schweitzer:* Also ich hab ganz viele Mitarbeiter gehabt, denen ich gesagt hab, kommen Sie mal zu mir rüber ins Büro, können wir das und das besprechen? Sie sagen, wo sitzen Sie denn? Wo ist denn das Gebäude, das heißt, dafür gab es noch keine Kultur hier. Dass hier Türen aufstehen, gab es auch nicht. Türen wurden auch immer konsequent bei jeder Gelegenheit abgeschlossen. Ich bin in den ersten Wochen ständig vor die verschlossene Türen gerannt. Weil ich mal wieder den Schlüssel vergessen hatte einzustecken. Weil ich das überhaupt nicht gewohnt war. Also von daher haben wir Sachen verändert. [...] Was ich grundsätzlich auch mache, meine Mitarbeiter, gerade meinen engsten Kreis über alles zu informieren, auch über Dinge, wo ich noch keine finale Entscheidung getroffen hab. [...] Und was ich wichtig finde, ist auch, wenn wir mal was entschieden haben, was nicht gut war, dass auch zu revidieren, und das auch klar zu benennen.

---

113 In der aktuellen Finanzierungssystematik der Dualen Finanzierung sind es die Bundesländer, die Investitionsmittel bereitstellen müssen, und nicht die Fallpauschalen, die die laufenden Betriebskosten der Krankenhäuser finanzieren sollen.

Es ist nicht bloß metaphorisch zu verstehen, wenn Herr Schweitzer eine Praxis entfaltet, die Türen und Zugänge öffnet und in dem Sinne eine offene Kommunikationskultur verkörpert. Allein die Tatsache, dass Entscheidungen in ihrem engsten Kreis getroffen werden und nicht im Alleingang – er treffe „selten einsame Entscheidungen" – markiert bereits einen Kontrast zur skizzierten Praxis von Herrn Wohlfahrt. Das Fällen der Entscheidung bleibt zwar ein *solitärer* Akt, der dann aber über die Transparenz des Entscheidungsfindungsprozesses (das Mitteilen von Teilschritten, Gedankengängen und problematischen Wegmarken) wieder kollektiviert wird. Mit dem Fällen *gemeinsamer* Entscheidungen scheint sich darüber hinaus eine kollektive *Kritikfähigkeit* zu entwickeln, die es dem Management ermöglicht, bereits getroffene Entscheidungen als prinzipiell reversibel bzw. als diskutierbar zu markieren. Doch woran hält sich diese Politik der offenen Türen selbst fest? Wie kann sie in Übernahmezeiten gelingen? Können das Vorleben einer entsprechenden Führungskultur und ein paar Informationsveranstaltungen ausreichen, um die Managemententscheidungen hinreichend zu stabilisieren?

> *Interviewer:* Haben Sie da eigentlich Personen hier, mit denen Sie sich häufig absprechen?
>
> *Herr Schweitzer:* Klar. Das können Sie gar nicht häufig an den Funktionen, sondern wirklich an Personen und Funktionen festmachen. Das ist hier im Haus zum Beispiel die leitende Medizincontrollerin, das ist der Pflegedienstleiter, das ist jetzt mein Controller, der auch das Controlling in meinem vorhergehenden Haus macht. Also da ist eine extrem starke Vertrauensbindung da. Wie hier dann die personellen Strukturen so aufbrachen, dass diejenigen vorgesehen haben, der gesagt hat, nee, das möchte er nicht, und damit kommt er überhaupt nicht klar, mit dieser Unternehmenskultur, und auch mit der Frage des persönlichen Einsatzes, also wenn er sieht, wie viel Sie arbeiten, das ist nicht meine Welt. Und sich dann umentscheidet, also da war ich sehr dankbar, dass mein Controller sagte, och, mach ich das Haus halt mit, und strukturieren wir um, und gestalten einfach Prozesse dort neu. Gucken mal, wer was wie übernehmen kann. Das hilft natürlich, also weil Sie kennen sich, Sie wissen natürlich, wie das Unternehmen funktioniert, Sie wissen, welche Routinen ablaufen, und so weiter, wer welche Daten bis wann hat. […] Und Sie können ja viel irgendwie per Mail, Telefonat und so weiter machen. Aber da weiß ich natürlich, der weiß genau, wie ich ticke, ich weiß genau, wie er tickt. Und das ist natürlich exzellent.

Es wird klar, dass Herrn Schweitzers Führungs- und Managementpraxis auf zwei Säulen steht: dem eigenen Erfahrungshorizont im Konzern und einer „Vertrauensbindung", die nicht zuletzt auf der Einsozialisation in die Unternehmenskultur des Mutterkonzerns und dem Rückgriff auf die hier aufgebauten Beziehungen beruht. Angesichts der Herausforderung eine neue „Unternehmenskultur" zu implementieren, die wie bei Herrn Wohlfahrt aus Sicht der Arbeitnehmer als gesteigerte Arbeitsbelastung und eine Frage des „persönlichen Einsatzes" beschrieben wird, scheint Herr

Schweitzer insbesondere von der Beziehung zu einem Controller, den er aus seinem vorherigen Haus kennt, zu profitieren. Neben der persönlichen Kontinuität wird durch diesen auch eine funktionale Kontinuität sichtbar: vertraute Personen können organisationsübergreifend zur Restrukturierung des Hauses zusammenarbeiten. Es gibt also ein eingespieltes, vertrauensvolles Miteinander in einem Team, das auf wohlbekannte Verfahren und Strukturen im Konzern zurückgreift. Der kleine Kreis der eingangs erwähnten „Klinik-Leitungsrunde" ist informal weiter zu fassen und ähnlich wie bei Typ 1 übernimmt hier ein Controller eine wesentliche koordinierende Funktion, in der nicht nur Daten sondern auch persönliche Beziehungen in Geschäftsführungsprozessen miteinander verknüpft werden.

Im Gegensatz zu Typ 2 vollzieht Herr Schweitzer den Übernahmeprozess aus einer bereits etablierten Praxis. Er profitiert in hohem Maße von Strukturierungsvorleistungen durch den Konzern und der Tatsache, dass er seine eigene Geschäftsführungstätigkeit in genau diesen Strukturen erlernt und verstetigt hat. Diese Konfiguration ähnelt wie bereits erwähnt in Teilen jener von Herrn Plessner, der ebenfalls sehr eng mit seinem Controller und einem auserwählten Team zusammenarbeitet und aus einer klassischen Unternehmerorientierung heraus einen Modus enger Kontaktpflege und intensiver Kommunikation aufgebaut hat. Allerdings steht bei Herrn Plessner strukturell betrachtet kein Konzern im Hintergrund, sondern eine als „familiär" wahrgenommene Gesellschafterversammlung, von der wenig bis gar keine standardisierten Strukturierungsvorleistungen ausgehen, und vor allem eine mehr als 10-jährige Berufspraxis in dem zu verantwortenden Haus. Insofern bleibt hier zunächst nur festzuhalten, dass Herrn Schweitzers Orientierung sich in Sachen Entscheidungsfindung derjenigen von Herrn Plessner ähnelt, wenn auch eine Konzernstruktur als Rückgrat des Fusionsprozesses eine andere Formatierung der persönlichen wie prozessualen Möglichkeiten impliziert.

Der Anspruch „alles im größtmöglichen Konsens" regeln zu wollen, ist bis hierher zunächst als *Managementideal* zu beschreiben, das nach Passung mit einer Praxis sucht. Schauen wir uns nun an, inwiefern Herr Schweitzer diese Beschreibungen aufrechterhält oder modifiziert, wenn es um die Beschreibung von konkreten Umsetzungsprozessen geht:

> *Herr Schweitzer:* Ja, gut, das ist natürlich für die auch jetzt erst mal ein anderes Tempo, was wir gehen. Was ungewohnt ist, wie schnell Entscheidungen getroffen werden. Dass permanent Entscheidungen getroffen werden, dass aber auch die Erwartung ist, dass die Entscheidungen dann auch schnell umgesetzt werden. Das ist schon nicht immer ganz einfach für die Mitarbeiter. [...] Die jetzt irgendwie nicht diese Integration als Bedrohung sehen. Aber [...] für sich da mit einer gewissen Unsicherheit hinschaut. Grundsätzlich haben wir ne gute Stimmung. Wir haben ja keine Kampfstimmung, ich hab hier nicht ständig Verdi, und ich hab hier keine Streiks, [...]. Hat was damit

zu tun, wie wir nach innen kommunizieren. Dass der Mitarbeiter sich da ernst genommen fühlt. [...]

Interviewer: Haben Sie, das hört sich jetzt sehr nett an, haben Sie den Eindruck, dass es noch Spannungsverhältnisse gibt, und könnten Sie da vielleicht noch ein paar Beispiele nennen?

Herr Schweitzer: Na klar gibt es Spannungsverhältnisse. [...] Aber wenn Sie dem Pflegedienstleiter sagen, dass er noch mal 10 Mitarbeiter aus der Pflege raus müssen, natürlich haben Sie da ein Spannungsverhältnis. [...] Und das ist auch schon ein Ringen, die Frage ist, haben Sie so viel Vertrauen vorher gewonnen, dass Sie das auch gut hinbekommen? Und damit auf der Sachebene bleiben können? Oder geht es, gleitet es ins Persönliche ab. Und Sie haben jemanden, der nur noch per se nein sagt. [...] Und wenn Sie ihm das Gefühl geben, dass er natürlich auch, nicht nur das Gefühl geben, wenn er die Möglichkeit hat, sich den gesetzten Rahmen dann auch selber zu gestalten. Und er die Fähigkeit auch hat, zu gestalten. Sicher, dann funktioniert das ganz gut.

Herr Schweitzer macht vor dem Hintergrund der Übernahmesituation klar, dass eine handlungsschnelle Hausleitung Hand in Hand mit einer umsetzungsorientierten Prozessoptimierung geht. Als besonders wichtig für heikle Entscheidungen erscheint der Begriff des Vertrauens, der es der Klinikleitung ermöglichen soll, auf der „Sachebene" miteinander zu bleiben. Sachliche Probleme sollen hier also über Vertrauen gestützt werden, um nicht „ins Persönliche" abzudriften. Vertrauen erscheint hier paradoxerweise als abstraktes Zutrauen in eine Tatsachenebene, die trotz allem aber auch davon abhängt, dass man einander persönlich über den Weg traut. Die Entscheidung (hier zu Ungunsten des Pflegedienstleiters) darf also nicht zu persönlichen Spannungen führen, gleichzeitig bildet die Spannung den Ausgangspunkt, um bei kritischen Fragen in einen Dialog zu treten, der wiederum die Bedingung der Möglichkeit des Vertrauensaufbaus darstellt (s. vorangegangene Sequenz). Damit scheinen Kontraste auf: entgegen der Schilderungen von Herrn Wohlfahrt zeichnet sich der Führungsstil von Herrn Schweitzer von vornherein dadurch aus, die Kommunikation in einer Weise zu gestalten, dass sich alle „ernst genommen" fühlen und die vorhandene „Unsicherheit" (und wohl auch der Unmut über bestimmte Entscheidungen) nicht in eine „Kampfstellung" umschlägt. Der Stellenabbau im Pflegebereich erscheint als typische Spannungslage, die aus Herrn Schweitzers Sicht jedoch balanciert werden kann, indem das Management betroffenen Akteuren Wege bietet „den gesetzten Rahmen dann auch selber zu gestalten". Die Mitarbeiter sollen nicht das „Gefühl" haben, dem Veränderungsprozess ausgeliefert zu sein, sondern daran mitwirken zu können. Schauen wir auf ein anderes Beispiel, indem weitere Kriterien deutlich werden, die für Herrn Schweitzer im Management eine Rolle spielen:

Herr Schweitzer: Also wir haben nicht so wenig Mitarbeiter, ich kann Ihnen das jetzt gar nicht genau sagen, also mit diesem ganzen Outsourcing dann auch noch. Wahr-

scheinlich haben wir über 40 Mitarbeiter, das sind über 10 Prozent der Mitarbeiter
letztes Jahr hier abgebaut. Nicht ein Arbeitsgerichtsprozess gehabt, und so weiter,
aber das geht nur, indem Sie kontinuierlich dran bleiben. Und sich auch um jeden
einzelnen Fall kümmern. Auch mal gucken, wo gibt es eine Anschlussperspektive,
wo kann man jemandem auch ein Angebot machen, vielleicht im anderen Haus und,
und, und. Das macht halt Mühe. Aber zu sagen, das ist jeden Tag nur alles schön,
oder wenn dort Ärzte stehen und sagen, ich kann meine Dienste nicht besetzen, ich
hab zu wenig Leute. Und Sie sagen, Sie sehen das aber anders. Also so, das machen
Sie hier nicht nur im Konsens am Ende des Tages.

Das Ziel, den „größtmöglichen Konsens" im Leitungsteam zu erreichen, erfährt beim
Thema Personalausstattung ein jähes Ende. Gleichwohl erscheint der massive Stellenabbau aus verschiedenen Gründen als eine Aufgabe, an der man „kontinuierlich
dran bleiben" muss. Es wird jedoch klar, dass Herr Schweitzer den praktischen Sinn
von Entlassungen auf einer tieferen Ebene erfasst hat, wenn er betont, dass man sich
um „jeden einzelnen Fall" kümmern müsse. Denn einerseits bleibt das Management
bzw. die Geschäftsführung für die Belegschaft und den professionellen Vertreter *nahbar*
und entsprechend *verantwortlich*, da man sich buchstäblich um jedes Einzelschicksal
kümmert. Andererseits erhalten so auch der Pflegedienstleiter (als Vertreter einer
Berufsgruppe) oder die Mitglieder des Betriebsrats (als Gesamtvertreter der Arbeit-
nehmerinteressen) die Chance ihr Gesicht zu wahren und wenigstens alles daran zu
setzen, Anschlussperspektiven für die zu entlassenden Personen zu erarbeiten und
sich so konstruktiv in den Entlassungsprozess einzubringen. Für Herrn Schweitzer
stellt sich diese Praxis trotz der mühevollen Arbeit als wichtige Aufgabe dar, die auf
Leitungsebene und in der Belegschaft positive Zeichen setzt, und zudem dem Konzern
Arbeit und Folgekosten ersparen dürfte („nicht ein Arbeitsgerichtsprozess gehabt").
Auch wenn Entscheidungen zum Abbau von Personal sicher nicht im Konsens mit
allen beteiligten Akteuren gefällt wurden, zeugt die Praxis des kommunikativen
Einbeziehens selbst bei schwierigen Entscheidungen von einer Orientierung, die nicht
bloß daraufhin ausgerichtet ist, dass unliebsame Entscheidungen im Leitungsgremium
mitgetragen werden, um die *Durchsetzung*schance zu erhöhen (Typ 2), sondern in der
Art der Umsetzung selbst eine Quelle von managerialer Selbstwirksamkeit erkennen
lässt. Man kann Beziehungen gestalten und auf diese Weise aktiv zur Balance von
Spannungen und Konflikten beitragen.

„Wir gucken uns die Output-Qualität an" – Aktivitätsdruck durch ein konzern-weites Qualitätsmanagement

Nach der Funktionsweise des Qualitätsmanagements gefragt, offenbart Herr Schweitzer den spezifisch konzerneigenen Managementzugang zu medizinischen Fragen.
Aus abrechnungsrelevanten „Routinedaten" wird ein konzernweites Vergleichssys-

tem präpariert, das einheitliche Qualitätsmanagementziele mit Krankheitsbildern verkoppelt (etwa die angestrebte „Todesrate" bei Herzinfarkten in einem bestimmten „Risikocluster" im Vergleich zu Referenzdaten des Statistischen Bundesamtes). Von den davon abgeleiteten 28 Zielen habe man letztes Jahr 24 erreicht, was schon „sehr gut" gewesen sei. Diese Daten werden gemeinsam mit anderen öffentlichkeitswirksamen Informationen (Mitarbeiter- und Patientenbefragungen, Infektionsraten im Haus, etc.) zu Transparenzzwecken auf der konzerneigenen Homepage veröffentlicht. Die Managementpraxis ist somit eine unmittelbar an Ergebnisparametern orientierte Zielsteuerung („wir gucken uns die Output-Qualität an"). Hieraus entwickelt sich inmitten eines konzernweiten Netzwerks kursierender Daten ein eigenes Referenzsystem in Form eines hauseigenen Benchmarks. Wie werden aber jetzt die Qualitätsdaten in eine Managementpraxis überführt?

> *Herr Schweitzer:* Und das wird monatlich intern reportet. Und wir setzen es einmal im Jahr in der entsprechenden etwas lesbareren Form auf die Homepage. […] Weil wir der festen Überzeugung sind, nur das schafft die notwendige Einsicht, dass man gegebenenfalls Dinge nach innen verändern muss. Also wir schreiben nicht jeden Prozess auf, und wenn die Abteilung das für sich für richtig befindet, dann kann sie das gerne tun. Kann auch sinnvoll sein, und notwendig. Aber wir messen unsere Qualität nicht daran, dass wir sagen, wir haben alles schön aufgeschrieben. Ja, wir gucken uns die Output-Qualität an.

Der praktische Sinn der erhobenen Daten liegt für Herr Schweitzer also vor allem in der Hebung der Einsichtsfähigkeit in die Notwendigkeit organisationalen Wandels („nur das schafft die notwendige Einsicht, dass man gegebenenfalls Dinge nach innen verändern muss"). Entgegen Typ 1, der zwar auch mit quantitativen Methoden (Controlling) führt bzw. führen lässt, zugleich aber dann auf die intrinsische Motivation der (Chef-)Ärzte setzt, um auf diese Weise implizite Standards in Form von kollektiv geteilten Spielregeln zu etablieren, verläuft hier die Steuerung primär über den Prozess des *Benchmarkings.* Die „Einsicht" in die Notwendigkeit von Strukturanpassungen und Prozessreformen erfolgt somit nicht bloß als Ergebnis enger Führung und situativer Aufschlüsselung entlang einzelner Leistungsparameter (Chefärzte an die Hand nehmen durch kontinuierliche Debatte einzelner Daten durch den Controller) bzw. in Folge interner strategischer Allianzen (beide Typ 1) oder durch „Nachfragen" und „ein bisschen Hilfestellung" (Typ2). Es wird gleich ein ganzes Vergleichssystem von Qualitätsindikatoren konstruiert, das statistisch signifikante Zusammenhänge zwischen einer medizinischen Praxis und den wirtschaftlichen Zielen des Hauses stiftet. Der daraus resultierende konzernweite Aktivitätsdruck, dem sich Herr Schweitzer in seiner Konzern-Orientierung voller Überzeugung anpasst, suggeriert mehr zu sein als eine bloße Schreibübung. Die in dieses Konzernsystem eingeschriebenen Ziele lassen es vielmehr möglich *und* erstrebenswert erscheinen, wirtschaftliche Ziele mit medizinischer Evidenz über ausgefeilte Informationssysteme miteinander zu vereinen.[114]

Außenspannung: Politische Rahmenbedingungen – „sie müssen es nehmen wie es kommt"

Auf die Frage des Interviewers, ob „rechtliche, politische Anforderungen" in „letzter Zeit" an Herrn Schweitzers Adresse gestellt wurden, reagiert er auffällig indifferent: „Sie müssen es nehmen wie es kommt". Es tue sich „halt immer wieder was" in der Gesetzgebung, mal gebe es Wahl-„Geschenke", mal nicht. Es spricht hier ein gewisser Pragmatismus aus seiner Orientierung, der politische Entwicklungen – im Gegensatz zu den beiden anderen Typen – gelassen bis uninteressiert zur Kenntnis nimmt, mit diesen in der täglichen Arbeit keine großen Berührungspunkte zu haben scheint und sich daher an diesen auch nicht reibt. Wie gestalten sich aber nun für ihn die Beziehungen im Regionalbereich des Krankenhauses?

> *Interviewer:* Und wie funktioniert das, die Zusammenarbeit mit den Krankenkassen?
>
> *Herr Schweitzer:* Ich hab hier die Situation, dass ich ein sehr persönliches und ein gutes Miteinander auch zum Beispiel mit der AOK, mit dem Regionalgeschäftsführer habe. Das funktioniert sehr gut. [...] Und die Krankenkassen sind de facto für ihr Tun und Handeln in einem Krankenhaus so bedeutsam dann nicht, dass ist der Unterschied zu anderen Bereichen. Also wenn wir von einer Reha-Klinik ausgehen, da haben Sie fast ausschließlich Einzelkontrakte, da hat das noch mal ne andere Bedeutsamkeit. Hier geht es da drum, wie schaffen Sie es, die Niedergelassenen an sich zu binden. Dass Sie Patienten bekommen, und die Patienten direkt an sich zu binden. Und wie gesagt, die politischen Bedingungen, die sind wie sie sind, und die verändern sich auch regelmäßig, aber da muss man gucken, dass man nichts übersieht. Ist mir zu anstrengend, um meine Kraft da drin zu lassen, das zu bewerten.

Offensichtlich speist sich Herrn Schweitzers Orientierung einerseits aus dem Umstand, dass er einen sehr direkten Zugang zu den Entscheidungsträgern systemrelevanter Akteure im Krankenhausumfeld besitzt: So etwa besteht ein „sehr persönliches und ein gutes Miteinander" mit dem Regionalgeschäftsführer der AOK. Auseinandersetzungen können so tendenziell persönlich und müssen nicht konfrontativ über den Umweg des Rechts geklärt werden. Andererseits bringt er die Ansicht ein, dass Krankenkassen für den Krankenhausbetrieb „so bedeutsam dann nicht" sind, da im Gegensatz zur Vertragsgestaltung mit Reha-Kliniken hierüber wenig „Einzelkontrakte" geschlossen würden. Wichtiger erscheint erneut der

---

114 Zu den Problemen eines derart verstandenen Qualitätsmanagements s. die abschließende Diskussion (Kapitel VI.2).

direkte Zugang zu den Adressaten seiner Arbeit, hier den niedergelassenen Ärzten und Patienten. Dort allein sieht Herr Schweitzer den praktischen Sinn einer Bearbeitung der organisationalen Umwelt. Anstelle von aufwendigen, risikobehafteten Rechtsstreitigkeiten (Typ 1) oder resignativen Bewertungen über das „System" (Typ 2) wendet er seine „Kraft" lieber darauf, sich mit Einweisern zu vernetzen und hierüber Patientenbindungen herzustellen.[115] Doch wie wird der durch Evidenz und Transparenz begleitete modus operandi von Herr Schweitzer nun in ein Führungsverhalten übertragen, angesichts der bislang auf Berechenbarkeit abzielenden symmetrischen Kommunikation und Nahbarkeit?

Führung und Management: „Unverrückbare Regeln"

Mit Blick auf die Frage nach den aktuellen „Herausforderungen für das Haus" und ob es ferner neben „allgemeinen Zielen" auch spezifische Ziele für die jeweiligen Kliniken gebe, gewährt Herr Schweitzer einen Einblick in die eng verzahnte Zahlenwelt seiner Praxis: nach der Festlegung jährlicher Ziele, die den „Wirtschaftsplan" erfüllen sollen, würden „faktisch" die wesentlichen „Maßnahmen" definiert. Um dorthin zu kommen reiche es aber nicht aus, „sich das ja schön aufs Papier zu schreiben". Vielmehr mache er sich bereits im Mai des Jahres Gedanken über seinen „Personalmix" und „Leistungsmix", denn seitens des Konzerns wird nach Jahresabschluss nicht nur eine ausgeglichene Bilanz, sondern auch Gewinn erwartet:

> *Herr Schweitzer:* [...] Weil klar ist, was wird erwartet, ein positiver Deckungsbeitrag. Also ein, lukratives Ergebnis. Im ersten Jahr nach Übernahme [Zahl] Prozent, im nächsten Jahr [Zahl], [Zahl], [Zahl], bis wir bei [Zahl] Prozent sind.

Die vom Konzern vorgegebene Parametersteuerung und die hiermit einhergehende festgeschriebene Erwartung an Gewinnsteigerung lässt die Grenzen zwischen Führung und Management verschwimmen. Es kommt hier zu einem „management by numbers" (Messner, Scheytt and Becker 2007, S. 88), das medizinischen Leistungen Evidenzen aus Qualitätsmanagementsystemen (der oben beschriebenen „Output-Qualität") gegenüberstellt, damit Leistungsziele (Anzahl „Schenkelhalsfrakturen", Sepsen oder zu vergleichende Beatmungszeiten) definiert und diese unmittelbar in einen „Wirtschaftsplan" überführt. Herr Schweitzer macht im

---

115 Damit soll nicht gesagt sein, dass dies im Rahmen von Typ 1 und 2 keine Rolle spielt. Die Notwendigkeit Einweiser und Patienten zu umwerben wird auch dort gesehen, allerdings wird den Maßnahmen, die zur Erreichung der „Zielgruppen" zur Verfügung stehen, seitens der beiden befragten Akteure keine besonders hohe Effektivität zugebilligt, nicht zuletzt auch deshalb, weil dieses Feld mittlerweile von allen Krankenhäusern gesehen und bearbeitet werde.

Anschluss klar, dass es im zweiten Jahr nach der Übernahme vor allem darum geht das „medizinische Konzept zum Stehen [zu] bekommen". Damit ist vor allem zweierlei gemeint: „Fallzahlausweitung, Schweregradanhebung". Dies sei das „Entscheidende". Mit Bezug auf die vom Konzern vorgegebenen Steigerungsraten wird offenbar, wie sehr die Herausforderungen und Ziele der von Herrn Schweitzer als Geschäftsführer zu verantwortenden *Organisationsentwicklung* durch den Konzern vorgezeichnet sind:

> *Interviewer:* Und ist das vom Träger eigentlich festgesetzt, sozusagen, wie die weitere Entwicklung?
>
> *Herr Schweitzer:* Das ist ja das, was ich vorhin sagte, [Zahl], [Zahl], [Zahl], [Zahl], [Zahl] Prozent.
>
> *Interviewer:* Genau, und das ist sozusagen eine quasi unverrückbare Regel.
>
> *Herr Schweitzer:* Genau.
>
> *Interviewer:* Die macht man, da muss man sich dran halten.
>
> *Herr Schweitzer:* Genau. Ja, sollte man. Gelingt sicherlich auch nicht überall immer gleich gut. Manchen gelingt es auch besser. Aber selbst wenn Sie es nicht schaffen, müssen Sie halt irgendwie selber irgendwann hinkommen, ne.

Die Proposition des Interviewers, dass es sich bei den Vorgaben zur Profitabilität um eine „quasi unverrückbare Regel" handelt, wird entsprechend bestätigt („Genau"). Zwar lässt Herr Schweitzer durchblicken, dass das Erreichen der Zahlen unterschiedlich gut gelingt. Ebenso wird der Weg dorthin offen gelassen. Die Zielvorgaben selbst scheinen jedoch nicht verhandelbar zu sein. Die Alternativen zur Erreichung der vorgegebenen wirtschaftlichen Ziele erscheinen aus seiner Sicht dann konsequenterweise durch eine betriebswirtschaftliche Logik determiniert: entweder man spart Kosten ein oder erhöht die Umsätze. Zwischen wirtschaftlicher Rationalisierung (Fallausweitung und Schweregradhebung) und medizinischer Qualität wird zwar durchaus ein Widerspruch gesehen („Dass wir *trotzdem* ne sehr, sehr gute Medizin machen können", Hervorhebung K.M.). Dieser wird jedoch in Folge der betriebswirtschaftlichen Arithmetik[116] und des evidenzbasierten Qua-

---

116 Das sog. Case Mix Accounting als Instrument des Krankenhauscontrollings soll auf der Datengrundlage vergangener Geschäftsjahre die Berechnung des Ressourcenaufwandes für das kommende Geschäftsjahr ermöglichen. Im Mittelpunkt steht hierbei die Verrechnung unterschiedlicher Kosten- und Erlöskategorien, wie das auch bei Herrn Schweitzer bei der Analyse des „Personalmix" und des „Leistungsmix" anklang. Wichtiges Maß ist u. a. der Case-Mix-Index, der Fallschwere-Index. Er gibt die durchschnittlichen Schweregrade der Patientenfälle gemessen am gesamten Ressourcenaufwand eines Krankenhauses an und wird u. a. zur Berechnung des optimalen Verhältnisses von Fallschwere und Verweildauer im Sinne einer *Erlösorientierung* herangezogen.

litätsmanagementssystems als Erlöszusammenhang eingeebnet, indem dann auf formaler Ebene der Widerspruch verschwindet (den Zahlen nach verlaufen die im Krankenhaus durchgeführten Behandlungen ja erfolgreich. In Hinblick auf die Frage, ob dies nur durch auf Basis medizinisch gerechtfertigter Indikationsstellungen bzw. ohne die Abweisung bedürftiger Risikopatienten erreicht wurde, erscheinen die Zahlen indifferent).

Letztlich dokumentiert sich hier eine ebenso kohärente wie stabile Orientierung. Die Praxis der Errechnung *quantitativer Evidenz* steht entsprechend auch im Einklang mit der Aussage, dass es die „einzige ethische Verpflichtung" des Krankenhauses sei, Gewinne zu erwirtschaften. Es zeigen sich weder Anzeichen eines gebrochenen Habitus, noch Zweifel in Hinblick auf die Erfüllung des gesellschaftlichen Zweckauftrags des Krankenhauses.

Schauen wir noch auf eine letzte Interviewsequenz, in der Herr Schweitzer auf die Frage antwortet, welche persönlichen Ziele er in seiner Geschäftsführung verfolge:

Herr Schweitzer: Mein persönliches Anliegen ist, das was hier wirklich gut läuft, gut zu erhalten. Und auch diese Mitarbeiter, die hier wirklich eine extrem enge Bindung hier zu dem Haus haben, dass wir die nicht unterwegs verlieren. Dass die einfach irgendwann auch wirklich stolz sind auf das, was wir inhaltlich, gerade vor dem Hintergrund des medizinischen Spektrums erreichen. Dass sie sagen, super, [Name Konzern] da würd ich auch privat hingehen. Und nicht nur für den eingewachsenen Zehennagel.

Interviewer: Sondern auch für die größeren/

Herr Schweitzer: Genau. Also nicht nur Blinddarm, Galle, Hernie/ … Beinbruch (unklar).

Die letzte Antwort vertieft den Eindruck, dass Herr Schweitzer eine persönliche Kontinuität zur Konzernperspektive aufgebaut hat und diese im Sinne von Bourdieus illusio (Bourdieu 2001b, 196f.) auch glaubt. Persönliche Wertvorstellungen und Wünsche konvergieren bei Herrn Schweitzer mit den Zielen des Unternehmens, und das möge bei den Angestellten auch so sein bzw. bei denjenigen, wo es schon so ist, so bleiben. Der starke Orientierungsrahmen des Konzerns wird hier ganz offenbar auch zu einem persönlichen Identitätsangebot ausgebaut, dass sich aus einer Praxis speist, die um die persönlichen Zumutungen des Fusionsprozesses in Folge der Konzernübernahme weiß, aber darauf setzt, das das Paar aus ökonomischer Profitabilität und medizinischer Leistungsfähigkeit zu einem *gefühlten* Gleichklang werden kann, wenn die vertrauensbasierte Führungs- und Managementphilosophie mit seinen „offenen Türen" gelingt und die gemessenen Evidenzen zu einer Einsicht und daraus resultierenden Aktivierung der Belegschaft führen, die Selbstwirksamkeitspotenziale zu realisieren helfen.

Fazit: Vertrauen und Kooperation als Fundamente einer starken corporate citizenship

Im Sinne der vorangehenden Rekonstruktion lässt sich der von Herrn Schweitzer verkörperte Management- und Führungsstil recht gut mit den von Kühl eingeführten Begriffen „laterale Koordination" bzw. „laterale Führung" zusammenfassen (s. z. B. Kühl und Schnelle 2009). Infolge weitestgehend standardisierter Kennziffernsysteme (deren Evidenzen unhinterfragt bleiben) und zentralisierter konzernübergreifender Strukturvorgaben und Handlungsblaupausen leitet dieser Typ die Geschicke des Hauses aus dem Wissen heraus, dass es unter diesen Bedingungen vor allem auf die Herstellung, Bearbeitung und Konditionierung informaler Beziehungen ankommt. Die Geschäftsführung ist zwar formal gegenüber allen im Haus verorteten Stellen weisungsbefugt, doch die hierarchische Option stellt in dieser Orientierung eine Option dar, die nach Möglichkeit latent bleiben soll. Hierarchische Anweisungen „von oben" werden beim „Führen zur Seite" (Kühl und Schnelle 2009, S. 51) durch das ständige Auf- und Abgreifen interner Kommunikationsflüsse sowie den Rückgriff auf Wissen aus Expertenzirkeln oder -systemen und Netzwerkpartnern ersetzt. Als Delegierter des Konzerns (und Integrationshelfer in Sachen Fusionsprozess) fungiert dieser Typus – nicht zuletzt durch die eigene Identifikation mit dem Träger, die in einer langjährigen Sozialisationsgeschichte in selbigem begründet liegt – als *authentisches Bindeglied* zwischen Mutterkonzern und Tochtergesellschaft. Dieser Typ steht daher nicht, wie Typ 1, für die unzweifelhafte Spitzenposition der Geschäftsführungen im modernen Krankenhausmanagement, sondern vielmehr für die noch jüngere Erscheinung einer *networking personality* innerhalb eines durchschlagskräftigen interorganisationalen Konzernnetzwerkes. Laterales Führen ist „Führen ohne Führung" (Kühl et al. 2004), welche durch eine genuine Verknüpfung informaler Anteile in Verständigungs-, Macht- und Vertrauensprozessen zustande kommt. Dafür spricht – dies wird insbesondere in Kontrast zu Typ 1 deutlich –, dass eine konfrontative Ausrichtung oder gar eine Konfliktorientierung nicht zum Kern dieses Typs gehört („keine Kampfstellung erzeugen"). Die Orientierung entspringt einem impliziten Wissen um die Macht der Kommunikation: Verständigung wird durch das Erfragen fremder und Erörtern eigener Positionen erzielt, sowie durch das Teilhaben-lassen an Entscheidungsfindungsprozessen und der Betonung einer Möglichkeit zur gemeinsamen Diskussion und Korrektur erreichter Verständigung. Vertrauen ist hier vor allem „Personenvertrauen" (ebd., S. 55) bzw. Vertrauen in die übergreifende Kompetenz des Mutterkonzerns. Letzteres kann nicht formalisiert werden, sondern wird über die Praxis der „offenen Türen" sowie persönliche Bindungen zu Konzernvertrauten in der Praxis erworben und ist stetig zu aktualisieren. Zur fehlenden Konfliktorientierung passt ferner, dass die gesundheitspolitischen Geschehnisse, dort wo es nötig ist, ganz im Gegensatz zu den beiden anderen Typen, pragmatisch aber ohne jeden Eifer beobachtet werden, ansonsten aber keinerlei Reibung zu produzieren scheinen. Handlungsorientierend ist vielmehr auch hier der *persönliche Zugang* zu politischen Akteuren.

Es erscheint angesichts dieser durch Kommunikation und Vertrauen geprägten Handlungsorientierung geradezu widersprüchlich, wenn nun die quantitativen Steigerungsraten des Konzerns als „unverrückbare Regeln" gelten, gerade so als befänden sich die Organisationsmitglieder noch immer im „stahlharten Gehäuse der Hörigkeit", wie es Max Weber einst in mahnender Absicht für das westliche Rationalisierungsprojekt postulierte. Doch genau besehen muss dies keinen Widerspruch mit sich führen, wenn man in Betracht zieht, dass die Hörigkeit in einem wachsweichen, flexibleren Gewand daherkommen könnte. Die Kooperationskultur der „offenen Türen" ficht die „unverrückbaren Regeln" einer profitorientierten Wachstumslogik prinzipiell nicht an, sie verleiht dieser bloß ein persönlicheres Antlitz und einen persönlichen Auftrag. Zur zweckrationalen Zielorientierung in Form rigider Steigerungsraten gesellt sich eine auffällige Leerstelle: der Bürokratismus ist einer flexiblen Management- und Führungspraxis auf Augenhöhe gewichen, die jede/n auffordert, sich *persönlich* einzubringen, selbst *gestalterisch tätig* zu werden, Verantwortung für das Haus zu übernehmen und eigene Wege zu finden, um die externen Vorgaben zu erreichen.[117] Die imperative *soft power,* die verlangt ein „Unternehmer seiner selbst" zu sein oder es zu werden (Bröckling 2007), zeigt sich in der persönlichen Sphäre der Akteure dieses Managementtypus selbst. Von dort aus fließt sie hinüber zu den Chefärzten und pflegerischen Stationsleitungen, macht dort aber nicht halt sondern tritt tendenziell allen Organisationsmitgliedern zur Seite. Führung und Management eines solchen Zuschnitts können wohlmöglich dort noch Selbstwirksamkeitspotenziale heben, wo Resignation oder Konflikt häufig den Ton angeben, sind aber zugleich stets und wesentlich von den *Orientierungshilfen* (fast ist man geneigt zu sagen: Ideologien) eines omnipräsenten Konzerns abhängig.

Wenn die „unvermeidbare Willkür" (Baecker 2009), die der Führung inhärent ist, unter den Bedingungen einer konzernweiten „quasi unverrückbaren Regel" und eines ausgereiften QM- und Benchmarking-Systems sowie lateraler Koordinationsmechanismen zum Tragen kommt, stellt sich die Frage, wie dort Persönlichkeit und unternehmerische Selbstwirksamkeit praktisch zusammenpassen. Herrn Schweitzers betriebswirtschaftliche Orientierung scheint makellos eingebettet zu sein in einen durch langjährige Mitgliedschaft erwachsenen, starken Orientierungsrahmen der Konzernbindung. Doch was für seine sozialisations- und berufskulturelle Prägung

---

117 Kühl und Schnelle (2004, S. 1, Hervorhebung K.M.) formulieren dies so: „Es geht darum, die eigenen Ziele nicht einfach preiszugeben, sondern die Kooperationspartner in Richtung der eigenen Absichten zu *bewegen".*

gilt, kann sich bei allen anderen Organisationsmitgliedern anders darstellen. Daher ist es auch entscheidend für das Erfahrungswissen dieses Typs, implizit mitzuvollziehen, dass man sich mit einer *corporate citizenship* (verstanden als bürgerschaftliches und soziales Engagement eines privatwirtschaftlichen Unternehmens) als sozialem Identitätsangebot auf sehr dünnem Eis bewegt. Die *illusio* des hiermit einhergehenden Ethos (und die hiermit einhergehende Plausibilität der „ethischen Verpflichtung" Gewinn zu machen) kann leicht brechen, wenn die Werte von Transparenz, Sicht-, Berechen- und Nahbarkeit in Verdacht geraten, reine Geschäftstaktiken einer Konzernführung und ihres Filialmanagements zu sein. Aus einem nicht-hierarchischen Dreiklang (Macht-Verständigung-Vertrauen) würde dann ein schwer zu vermittelnder Top-Down-Zusammenhang aus Informationskontrolle, technokratischem „management by numbers" (Messner, Scheytt and Becker 2007, S. 88) und der Bevorteilung durch persönliche Seilschaften entstehen.

Zusammenfassung

Kommen wir nun für unser Resümee zurück zu den eingangs skizzierten Rahmenbedingungen. Hier stellt sich also nochmals in allgemeinerer Form die Frage, wie eine kaufmännische Direktion die Herausforderungen bearbeiten kann, die sich aus dem ordnungspolitischen Wandel des Krankenhauswesens hin zu einem Quasimarkt ergeben. Kaufmännische Direktionen bzw. Geschäftsführungen agieren unter den Bedingungen sozialer Komplexität, haben den Spagat zwischen bürokratischer Kontrolle und unternehmerischer Freiheit zu bewältigen und stehen angesichts des fortbestehenden ökonomischen Drucks unter Zugzwang, die wirtschaftliche Leistungsfähigkeit zu erhöhen.

Dabei ist mit Dirk Baecker (2014) davon auszugehen, dass das Handwerk der Kaufleute mit dem Begriff der *Steuerung* heutzutage nicht mehr angemessen beschrieben werden kann. Allein schon mit Blick auf die komplexen Eigendynamiken von wissensbasierten Organisationen, deren Leistungsvollzüge von professionellen Akteuren abhängen, ist die Aufgabe des Managements anders zu beschreiben: Es geht jetzt vielmehr darum, *Störungen* in die Organisation zu leiten, die wiederum Selbstorganisationskräfte stimulieren und so die Komplexität an vielen Stellen, in wechselnden Situationen und Konstellationen *kontrollierbar* machen. Kontrollversuche gehen hier aus Perspektive der kaufmännischen Direktion also nolens volens mit der Erkundung einer paradoxen Lage einher:[118] Ihre Tätigkeit produziert fortlaufend Unterschiede *in* der Organisation und über die Organisation, die „wohl gesetzt sein [müssen], um den Konflikt vermeiden zu können, den sie provozieren muss" (Baecker 2014, S. 85). Mit anderen Worten ist es also die Aufgabe der Ge-

---

118 Siehe hierzu auch den Aufsatz „Kontrolle der Intransparenz" von Luhmann (1997).

schäftsführer, Eigendynamiken in der Organisation aufzuspüren und diese so zu stören, dass sie sich im Sinne einer Organisationsrationalität kanalisieren lassen: „Störungen sollen lenken, das ist ihr tieferer Sinn" (a. a. O., S. 92).

Wie dies geschieht, also in welcher Weise die Innenspannungen (soziale Komplexität der Organisation) und die Außenspannungen (gesellschaftliche Komplexität) aufgegriffen, thematisiert und in die Organisation rückgespiegelt werden, verläuft in den drei rekonstruierten Managementtypen unterschiedlich.

Fassen wir die Handlungsorientierungen der drei Typen zunächst tabellarisch zusammen, um deren Spezifika anschließend nochmals vergleichend zu diskutieren:

Tab. 3   eigene Darstellung

Elemente der Handlungs- orientierung / Typ	Konstruktion von Notwendig- keit / Bedingung der Möglichkeit	Verhältnis von Ökonomie – Medizin	Konflikt- orientie- rung	Selbst- wirk- samkeit	Habitus
Unter- nehmer	„Spielregeln" beachten / Auto- nomie bewahren	Profession der Ärzte bildet eigene Wertsphäre ab, Medizin folgt jedoch Ökonomie	nach außen stark, nach innen stark	unter- nehme- risch	Über- legenheit
Notstands- verwalter	Konsolidierung / Organisationstyp (Industrie- betrieb vs. Krankenhaus)	keine Einmischung in professionelle Belange, bloß Hil- festellung leisten; Kulturwandel als habitueller Wandel der Professionen	nach innen mittel, nach außen schwach	bürokra- tisch	Fatalis- mus / Resigna- tion
Bindeglied	Integration erfolgreich gestalten / Zugang zu Vertrauen und personaler Identität	Medizin folgt ein- zig der ethischen Verantwortung des Konzerns, (Erwirtschaftung von Gewinn)	nach innen schwach, nach außen schwach (keine „Kampf- stellung")	betriebs- wirt- schaftlich	Unter- nehmens- habitus, Konzern- Wir (cor- porate citizen)

Bei Typ 1 zeigt sich in Anlehnung an Schumpeter (Schumpeter 1987 [1934]) allen voran eine als klassisch zu bezeichnende unternehmerische Orientierung. Dieser Typ zeigt sich fähig aus neuen Ideen oder Möglichkeiten *etwas zu machen*, er erzielt etwas mit den Dingen, die „auf den Tisch kommen", ist ein Macher. Visionäre Kraft oder Erfindungsreichtum sind weniger sein Metier, vielmehr ist sein besonderer

Verdienst die „Durchsetzung neuer Kombinationen" (a. a. O., S. 111) bei denen er „das aktive Element" (ebd.) bzw. die „treibende Kraft" (a. a. O., S. 123) darstellt. Er scheut bei der Umsetzung seiner unternehmerischen Interessen keine Konflikte und Risiken, versucht diese aber überschaubar zu halten und hierfür andere Akteure einzuspannen („Ärzte an die Hand nehmen"). Seine Orientierung baut in starkem Maße auf eine ausgeklügelte Kontrollarchitektur durch Zahlen, über die medizinische Parameter aufgeschlüsselt, Chefärzte geführt und unternehmerische Strategien instruiert werden (operational management). Trotz einer starken Orientierung an diesen Instrumenten zeigt sich zugleich eine gewisse Nähe zu den Prozessen und ethischen Dilemmata der „Persönlichkeiten", die an diesen teilhaben und entsprechende Entscheidungen umzusetzen haben.[119] Ihm ist jenseits einer eindimensionalen Fixierung auf Effizienzsteigerung daran gelegen das Unternehmen in Hinblick auf die Positionierung im quasimarktlichen Umfeld aus einer „familiären" Gesellschafterstruktur heraus als eine *autonome Einheit* zu erhalten und zu führen (corporate management). Dazu passt die Skepsis gegenüber vermeintlichen Steuerungsimpulsen durch das DRG-System, den Kostenträgern oder profitablen Geschäftspartnerschaften. Die Autonomie entsteht nicht durch die Anbahnung lukrativer Deals oder das Erkennen von kurzfristigen Abschöpfungspotenzialen, sie beruht eher auf einer mittel- bis langfristigen Perspektive, die abwägend und kalkulierend nach Nischen und Geschäftsfeldern sucht, die am besten imstande sind die Unabhängigkeit des Hauses langfristig sicherzustellen. Aus dieser Orientierung entfaltet sich ein interessantes Führungsspiel (general management). Externe „Spielregeln" werden als notwendige Handlungsbeschränkungen konstruiert und hierarchisch abgesichert. Andererseits wird durch die Verkörperung einer Handlungsorientierung, die in Abstand zu Systemzwängen gehen kann (eben „gewisser Spielregeln", in denen man „völlig frei gestalten, bewegen, führen" kann) eine spezifische habituelle Dimension dieses Typs sichtbar. Der eigene Führungsanspruch („wir wollen das Zepter in der Hand haben") verbindet sich mit einem Habitus der Überlegenheit, da die eigene Verkörperung von Exzellenz und Expertise mit den Ambitionen und Möglichkeiten der Organisation selbstverständlich als Einheit zu verschmelzen scheinen. Gerade damit wird in Bezug auf eine übergreifende Organisationsrationalität ein praktischer Sinn für den eigenen dosierten Machtgebrauch und die situative Erprobung seiner Ausweitung, etwa in neuen Projekten, offenbar.

---

119 So werden die professionellen Bedenken und Unwägbarkeiten auf Seiten der Ärzte etwa – individuell, personen- und situationsbezogen mit Blick für Detail und Risiken – selbstsicher als „Informationen" aufgegriffen und zugleich einer autonomen Sphäre zugerechnet, die ihre eigene Legitimität besitzt („kann ja trotzdem ein super Arzt sein"). Besonders bezeichnend ist dabei ferner die hervorstechende „Vereinigung von Schärfe und Enge des Gesichtskreises und der Fähigkeit zum Alleingehen" (ebd., S. 130).

Typ 2 bildet hierzu einen interessanten Kontrast. Als „captain of the ship" einer Notstandsverwaltung geht es ihm in erster Linie um Fragen der Effizienzsteigerung, die mit hierarchischen Mitteln, ohne große Einbindung der davon betroffenen Personen über deren Köpfe hinweg und doch durch sie selbst vollzogen werden soll (operational management). Das Verhältnis von Orientierungsrahmen, Rolle und Habitus erscheint jedoch gebrochen, denn es gelingt diesem Typ mehr schlecht als recht, unter dem Deckmantel des überfürsorglichen Paternalisten („den Affen auf die Schulter packen"), seinen an eine Kommandozentrale erinnernden Führungsanspruch zu kaschieren, während gleichzeitig sein praktisches Wissen um die Mittel einer unternehmerischen und personalorientierten Führung begrenzt ist. Die hiermit einhergehende stets prekäre, krisenhafte Kopplung zwischen Entscheidungs- und Umsetzungspraxis lässt keine übergreifende Rationalität entstehen, sondern führt vielmehr zu nicht-intendierten Nebenfolgen einer steilen Hierarchie. Auf Basis der hiermit einhergehenden tendenziell zynisch-distanzierten Grundhaltung kann insbesondere die wichtige Delegation von Entscheidungen und Verantwortung in die horizontale Koordination der Chefärzte auf diese Weise nicht gelingen (general management). Auch in Hinblick auf die Selbstbeschreibung der eigenen Tätigkeit wird hier eher eine Affinität zum Management eines Betriebs aus der Fertigungsindustrie gesehen, denn eine Neigung, sich mit der Führung komplexer und nur schwer durchschaubarer Domänen, wie sie im Krankenhaus vorkommen, beschäftigen zu wollen (Analogie zur Waschmaschinenfabrik). Es bleibt allein der Auftrag alternativlos erscheinende Reformen „von oben" durchsetzen zu müssen. Anstatt nach Wegen zu suchen, die eigene Selbstwirksamkeit in Richtung des Ausbaus und der Gestaltung von Spielräumen zu nutzen, die an der Schnittstelle von Gesellschaft, Organisation und Personal entstehen (corporate management), zeigt sich hier ein rigides Festhalten an den (vermeintlichen) Zwängen, die als von der Gesundheitspolitik auferlegt empfunden werden. Die moralische Empörung sowie harsche Systemkritik am politisch erzeugten „Druck", die durchaus auch von Typ 1 geteilt wird (dort aber nicht im Widerspruch zur unternehmerischen Selbstermächtigung auf Basis eigener „Spielregeln" erlebt wird), führt hier zu einer fatalistischen Grundhaltung, die dann mit einer fehlenden Selbstwirksamkeit einhergeht, die Dinge durch die eigene Arbeit überhaupt zum Besseren wenden zu können („Aber letztendlich sind wir natürlich alle Gefangene des Systems").

Bei Typ 3 stellen sich ähnliche Herausforderungen an das Management (nämlich den Turnaround der Klinik in wirtschaftliche Gefilde hinzubekommen) und doch zeigt sich entgegen der rekonstruierten Handlungsorientierung bei Typ 2 eine gänzlich andere Praxis. Die Orientierung dieses Typs manifestiert sich als eine stark vernetzte Praxis – und zwar sowohl in Hinblick auf die Konzernstrukturen als auch in Bezug auf die kritischen Akteure des zu leitenden Krankenhauses (insbesondere den Chefärzten, der Pflegedienstleitung und dem Betriebsrat). Einerseits zeigt sich in der *konzernweiten Integration* ein dicht verzweigtes Netz vorstrukturierter Leistungen. Krankenhäuser werden von diesem Typ insofern als Filialen eines Mutterkonzerns geführt. Der Blick folgt dabei einem klaren ökonomischen Kalkül durch den Konzern. Gewünscht wird „ein positiver Deckungsbeitrag", der auf Konzernebene als „unverrückbare Regel" gesetzt und über die standardisierten Mess- und Evaluationsinstrumente fortlaufend überprüft und hausspezifisch eingepasst wird (operational management). Gegen gesundheitspolitische Problemlagen wird nicht agitiert, sie werden bloß zur Kenntnis genommen und auf dem Wege persönlicher, vertrauensbasierter Vernetzung zu bearbeiten gesucht. Andererseits zeigt sich jedoch nach innen ein *lateraler, kommunikations-* und *konsensorientierter* Führungsstil. Durch eine Politik der „offenen Türen" wird Nahbarkeit und Transparenz erzeugt, die den Aufbau eines vertrauensvollen Miteinanders fördert. Für diesen Typus sind hierarchische Weisungen nur die letzte Option, wenn verständigungs- und vertrauensorientierte Kommunikation nicht die gewünschten Effekte zeitigt (general management). Die Konsensorientierung ist dennoch kein Selbstzweck und darf ebenso wenig als betriebsrätlicher Schulterschluss mit der Belegschaft missverstanden werden. Sie bettet sich vielmehr in die übergreifende Losung des Konzerns ein, gute Gewinne erzielen zu können, also Erfolgs- und Qualitätsorientierung nicht nur als unproblematisch, sondern auch als eine notwendige Einheit zu sehen (corporate management). Insofern verkörpert dieser Typ einen besonderen Unternehmenshabitus, der sich im Einklang mit den gelebten Verhältnissen empfinden kann und entsprechend nicht wie Typ 2 unter der Diskrepanz von anvertrauter Aufgabe und mangelnder Selbstwirksamkeit im Angesicht der als problematisch erlebten Systemzwänge zu leiden hat. Dieser *Unternehmens*habitus ist jedoch nicht einem *Unternehmer*habitus zu verwechseln, wie er in Typ 1 zum Ausdruck kommt. Denn die Handlungsorientierungen zielen nicht auf eine *autonome* Entwicklung des Unternehmens und der kreativen Bahnung, sondern auf die Einpassung in die bereits schon vorgegebenen Strukturen des Konzernnetzwerkes, in welche die Führungskräfte jedoch schon längst einsozialisiert sind. Der Habitus dieses Typus zeichnet sich entsprechend durch einen starken praktischen Sinn für die *fragile Verbindung* von Mitarbeitermotivation und Konzernerfolg aus. Denn dass die Mitarbeiter eines Krankenhauses die Ziele und die Sinnhaftigkeit der seitens des Konzerns aufoktroyierten Kennzahlensysteme teilen, ist keineswegs selbstverständlich. Um hier Konsens zu erzielen und aufrechtzuerhalten Bedarf es kontinuierlicher Kommunikation.

Zur Übersicht werden die drei Typen nachfolgend tabellarisch differenziert nach den von Dirk Baecker identifizierten Formen des Managements zusammen-

fassend dargestellt und jeweils bemessen, wie stark und in welcher Weise diese
ausgeprägt sind:

Tab. 4 eigene Darstellung

Typ / Form des Managements	Unternehmer	Notstandsverwalter	Bindeglied
Operational Management (Ökonomie)	Überblick und Detailversessenheit: enge Kopplung zwischen Betrieb und Unternehmen; Zielsetzung im Stab; hohe individuelle Kontrolldichte im Modus des „an-die-Hand-nehmen"	„Alleingeschäftsführer": lose Kopplung von Betrieb und Bürokratie; Singuläre Zielsetzung; schwache bis mittlere Kontrolldichte durch Distanz zu Eigenmitteln; Kontrolle eher im Nachfragemodus	Enge Kopplung zwischen Betrieb und Konzern, standardisierte Ziele („unverrückbare Regeln") und konzernweite Vergleichs- und Kontrollarchitektur, Bearbeitung im Führungsstab
General Management (Organisation)	Variable Führung: „Spielregeln" beachten; geringe bis mittlere Risikoneigung; hohe individuelle Koordination bei Problemen; differenzierter Machtgebrauch durch Führungsstab und projektbezogene Allianzen mit Ärzten	Hierarchische Führung: „Affen auf die Schulter packen" – den Wandel vorwegnehmen; geringe Risikoneigung; geringe Koordination und Neigung zu Alleingängen und Appellen an Eigenverantwortlichkeit; Spannung zwischen Machtgebrauch und Konsolidierung als organisationskulturelles Phänomen	Laterale Führung: „keine Kampfstellung erzeugen", sondern Integration; geringe bis mittlere Risikoneigung; intensive persönliche Kooperation bei Problemen; Machtgebrauch vor allem vertrauens- und verständigungsorientiert; Konsolidierung als „Einsicht" in geschäftliche Notwendigkeiten durch konzernweites Controlling und Benchmarking
Corporate Management (Gesellschaft)	Autonomes Krankenhaus mit moderater Wachstumsabsicht	Systemische Gefangenschaft und alternativlose Konsolidierung	Filiale eines Konzernnetzwerks mit „ethischer" Pflicht zu Profitorientierung

Wieso nun finden wir diese unterschiedlichen kaufmännischen Typen vor? Mit
Bourdieu (1997) lässt sich abermals nach der „illusio", dem Glauben der Akteure,
der ja bekanntlich Berge versetzt, an das Spiel, fragen. Sie alle geben eine mehr
oder weniger gelungene Antwort auf virulente Innen- und Außenspannungen, mit
denen Krankenhäuser und insbesondere die kaufmännische Leitungsfunktion als
„Grenzstelle" (Luhmann 1964, 2006) derselben konfrontiert ist. Die Bearbeitung

des Zugzwangs, zwischen bürokratischer Kontrolle und unternehmerischer Freiheit oszillieren zu müssen, wird wesentlich durch die strukturelle Einbettung in eine Träger- bzw. Unternehmensform *und* die jeweilige berufliche Sozialisation beeinflusst. Die Ausprägungen können jedoch nicht in kausalen Ursache-Wirkungszusammenhängen gefasst werden, sondern beharren im Sinne einer Praxeologie auf einem dritten Moment, nämlich ihrem *Einsatz im Spiel*, in dem sie sich erst beweisen müssen. Typ 1 verkörpert ein starkes Mandat, das sich aus einem konstruktiven und eingespielten Trägerszenario („sehr familiäre" Gesellschafterstruktur), einem nach seinen Vorstellungen zusammengestellten Stab und einer Haltung ableitet, die „das Ganze zusammenhalten" will. Probleme können so im Rahmen eines eng verzahnten Leitungsteams eigenständig identifiziert und Lösungen angebahnt werden, erst danach wird ein gemeinsamer Modus des Abarbeitens von „Ungelöstem" (Wimmer 2016, S. 21) mit den (Chef-)Ärzten erwirkt, im Sinne eines Krankenhauses, das nach wie vor aber immerhin unternehmerisch selbstwirksam auf der Suche nach der ihm angemessenen Form ist. Wirtschaftlicher Erfolg im Sinne moderater Wachstumsziele und Überlegenheitshabitus bilden hier ein sich selbst verstärkendes jedoch stets prekäres Paar ab. Denn die tendenzielle Überformung der medizinischen durch die ökonomische Logik, die bei diesem Typ einerseits stets mitschwingt, ist andererseits ein Garant dafür, dass – trotz aller Widrigkeiten – der Glaube, das Spiel zu seinen Gunsten entscheiden zu können, aufrechterhalten wird.

Typ 2 hingegen resigniert aus der ihm imprägnierten Erfahrung eines verwaltenden Alleingeschäftsführers beim Versuch, die einstige „professionelle Bürokratie" (Mintzberg 1983a) des Krankenhauses im Sinne eines ökonomischen Primats in seiner Leitkodierung von Medizin auf Ökonomie umzustellen. Fehlendes betriebswirtschaftliches Rüstzeug und ein Konzern, der eher zusätzliche Be- statt Entlastung mit sich bringt, evozieren keine Praxis, die riskante Störungen sorgsam in die Organisation einleiten und eigenverantwortliches Handeln im Sinne einer Organisationsrationalität zutage fördern lässt. Eher befeuert dieser Typ bei den professionellen Mitarbeitern einen „Dienst nach Vorschrift". Die Abwesenheit einer *gemeinsamen* und akzentuierten (im Sinne von Typ 1 „konzilianten") Problembearbeitung, versinnbildlicht durch das „Abkippen" von Problemen bei der Geschäftsführung, weist auf einen fehlenden Sinn für das *Maß* an Eigenverantwortung hin: weder den Mitarbeitern noch der Geschäftsführung ist klar, welche Präferenzen (Kooperation oder Eigenverantwortung? Qualität oder Effizienz?) jeweils situativ zu gelten haben. Bei ihm selbst wiederum wird ein Fatalismus manifest, der den Glauben ans zukunftsoffene Spiel unternehmerischer Entscheidungen untergräbt und im Gegenteil die Akzeptanz der Inkommensurabilität von Medizin und Wirtschaft weiter zementiert. Die *ephemere* Erscheinung, die Typ 2 repräsentiert, ist mithin ein zweifacher Hinweis für die Umbrüche und regulativen Herausforderungen im

Krankenhaussektor. Erstens, weil er seine Einzigartigkeit daraus bezieht, eine *befristete* Aufgabe im Sinne der Notstandsverwaltung anzunehmen, die letztlich auf seine eigene *Transformation* (oder das Verschwinden zumutbarer Arbeitsbedingungen) in Richtung Typ 1 oder Typ 3 hinausläuft. Zweitens aber ist diese befristete Aufgabe angesichts der aktuellen politischen Agenda, die eine Betten- und Häuserreduktion erreichen möchte und dabei auch eine Situation chronischer Unterfinanzierung[120] in Kauf nimmt, in gewisser Weise *auf Dauer gestellt*. Die Entwicklungslinie aus Konkurs, Übernahme und prekärer Konsolidierung dürfte jedenfalls noch einige Zeit weiter fortbestehen, und mit ihr der hier rekonstruierte Managementtypus.

Typ 3 hingegen steht für den Fall, dass in einem Konzerngefüge weniger ein „Unternehmer" gefragt ist, als jemand der Führungsverantwortung als betriebswirtschaftliche Filialleitung im Sinne einer Vernetzung innerhalb der Konzernstrukturen samt standardisierter Tools und global formulierter Ziele übernimmt. Unternehmerische Perspektiven und strategische Durchsetzungskraft können dann in der Konzernzentrale konzentriert und von dort aus an regionale Geschäftseinheiten delegiert werden, wobei davon auszugehen ist, dass sich derartige Dispositionen bei den kaufmännischen Leitungen vor Ort nicht zwangsläufig einschreiben. Die Verkörperung eines Konzern-Wir, das sich im Sinne einer *corporate citizenship* den Meriten personaler Identität anheftet[121] und lateral über Verständigung und Vertrauen führt, stellt jedoch eine Orientierung her, die in dieser Konstellation nicht nur Erfolg verspricht, sondern auch im Sinne persönlicher Integrität einigermaßen authentisch führen lässt, denn man teilt die illusio der Selbstwirksamkeit eines in seinem Streben an sich ‚guten' Konzerns. Dass die darin zum Ausdruck kommende *corporate citizenship*, die eine eigenartige Verschmelzung von Nähe und Distanz, von Privat und Öffentlich praktiziert, auf tönernen Füßen steht, ist der hier rekonstruierten Orientierung implizit eingeschrieben und hängt wie ein Damoklesschwert über ihr. Gesundheitspolitik und Gesundheitswirtschaft erscheinen nicht mehr als Antagonismen, sondern natürliche Einheit im Rahmen eines Konzernnetzwerkes. Die weitgehend an den Konzern delegierte unternehmerische

---

120 2014 befanden sich etwa 32% aller Krankenhäuser ökonomisch in der Verlustzone, sind also alleine wirtschaftlich nicht überlebensfähig, so die Erhebung im Krankenhausbarometer (Blum et al. 2015, S. 84). Gleichzeitig lagen die KHG-Fördermittel 2014 in etwa auf dem Niveau zwischen 2003 und 2013, im Vergleich zur durchschnittlichen Fördermenge zwischen 1991 und 2013 allerdings niedriger (vgl. Deutsche Krankenhausgesellschaft 2015, S. 67).

121 Werte wie Glaubwürdigkeit und Verantwortung werden durch ein konzernweites Management von Nahbarkeit, Transparenz, Offenheit, etc. ausgeflaggt und müssen doch als persönliche Werte annektiert und ausagiert werden, damit sie in der Praxis existieren können.

Selbstwirksamkeit des Typs wird nach unten delegiert: Vertrauen und Verständigung wird aufgebaut, um Gefolgschaft (aus der Einsicht in die transparenten „Fakten" der Evaluationssysteme) *und* persönliche Identifikation als „unternehmerisches Selbst" (Bröckling 2007) zum Wohle des Konzerns zu ermöglichen. Die dahinterliegende Orientierung könnte mit den Worten Milton Friedmans programmatisch nicht besser zusammengefasst werden: „The social responsibility of business is to increase its profit." (Friedman 1970) Weitergehende Diskussionen um die soziale Verantwortung von Unternehmen und den hiermit einhergehenden Fragen ihrer Konstitution oder strategischen Ausrichtungen seien entsprechend sinnlos, denn: „Only people can have responsibilities" (ebd.). Genau diese Haltung kommt dann in der hier beschriebenen *lateralen Führung* zum Ausdruck, die auf informalen Wegen Macht, Verständigung und Vertrauen nutzt, um *personale Identität* als Humanressource zur Durchsetzung geschäftlicher Ziele zu heben und abzuschöpfen. Was ist aber, wenn der Konsens nicht mehr überzeugt oder wenn sich die Globalstruktur des Konzerns zum Nachteil der jeweiligen lokalen Geschäftsführung zu deutlich als willkürbesetzte Singularinstanz erscheint? Was ist, wenn die professionellen Akteure – insbesondere auch der mittleren und höheren Leitungsebene –, welche alltäglich unter hohem persönlichen Einsatz ihre komplexen Dienstleistungen erbringen, zu dem Schluss kommen, dass es nicht mehr ihr Krankenhaus ist, in dem sie arbeiten, die Kommunikation, welche seitens der Führung gepflegt wird, also weder die *illusio* einer *corporate citizenship* einzahlen, an der man gerne partizipiert, noch einen irgendwie noch teilbaren Werthorizont nähren? Die tragende illusio, die zugleich auf das professionelle Ethos wie auch auf die intrinsische Motivation der Mitarbeiter einzahlt, würde sich dann als Illusion erweisen, als Täuschung entpuppen.

Hiermit landen wir abschließend nochmals bei dem Bezugsproblem der kaufmännischen Geschäftsführer im Management, nämlich Organisationsrationalität zu konstruieren und Wirtschaftlichkeit mit Ansprüchen an Führung und Management zu vereinen. Die drei vorgestellten Typen geben auf ihre Weise jeweils zu erkennen, dass dieser Prozess keineswegs selbstverständlich verläuft, sozusagen immer auf Kippe steht, immer ein Balanceakt darstellt. Starke Zwänge, wie etwa der Turnaround nach einem drohenden Konkurs, legitimieren zunächst nahezu alle Mittel (Typ 2), jedoch nicht auf Dauer. Auch hier sind dann die Mitarbeiter mit ins Boot zu holen, wobei dann all die Spannungen zwischen den professionellen Werthaltungen, betriebswirtschaftlichen Primaten und nicht zuletzt der Machtfrage wieder auftauchen und ihrerseits in ein Arrangement zu bringen sind, das zumindest mittelfristig trägt. Ausgehend von dieser Basistypik, ergeben sich Typen unterschiedlicher Bewältigungsformen. Als Extrem – wohl nahe am Scheitern und vermutlich auch dauerhaft für das Krankenhaus nicht tragbar – erscheint der Typus

2, bei dem sich Härte und technisches Steuerungsverständnis mit Hilflosigkeit und Resignation paaren. Eine zweite Variante repräsentiert Typus 1, in dem sich in der unternehmerischen Haltung die verschiedenen Pole der Verantwortung (für den betriebswirtschaftlichen Erfolg, für das medizinische Ethos und für den lokalen Standort des eigenen Unternehmens) in der Persönlichkeit des Geschäftsführers finden, er die hiermit verbundenen Spannungen also selbst in sich repräsentiert und dabei aus einer konservativen Haltung heraus ins Risiko gehen kann. Der dritte Typus gewinnt Sicherheit über die übergeordnete Konzernstruktur, um dann die Freiräume der Interaktion zu nutzen und vor Ort Spannungen auszutarieren. Das Bezugsproblem bleibt, es zeigen sich aber unterschiedliche Lösungen.

Welche Bedeutung und Prägung die hier rekonstruierten Typen kaufmännischer Leitung nun aber erhalten, wenn diese mit anderen Perspektiven (ärztlichen, pflegerischen, rechtlichen, ethischen) verknüpft werden, davon handeln die folgenden Kapitel. Im Folgenden werden vier unterschiedliche Management-Arrangements von Krankenhäusern vorgestellt.

Arrangements: Außen- und Innenspannungen ins Verhältnis setzen

1   Einleitung

In Kapitel IV sind wir ausführlich auf die handlungsleitenden Orientierungen der Kaufleute, Ärzteschaft und Pflegekräfte eingegangen. Sowohl die jeweiligen Bezugsprobleme (Basistypik im Sinne der Dokumentarischen Methode) als auch deren unterschiedliche Formen der Bearbeitung wurden rekonstruiert und ausführlich dargestellt. In diesem zweiten großen Abschnitt der vorliegenden Studie wenden wir uns der Rekonstruktion der Managements*arrangements* unterschiedlicher Krankenhäuser zu. Hierfür nehmen wir jeweils alle Interviews *einer* Krankenhausleitung in den Blick, um Aufschlüsse über deren spezifische Praxis des Umgangs mit den mannigfaltigen Anforderungen zu erhalten, die in der Einleitung dieses Buches ausführlich beschrieben wurden. Wir gehen somit davon aus, dass sich nicht nur den einzelnen Akteuren eines Krankenhausmanagements bestimmte zu bearbeitende Bezugsprobleme stellen, sondern dass sich allen Krankenhäusern ein geteiltes Bezugsproblem stellt: die Spannung zwischen Selbsterhalt und öffentlicher Daseinsvorsorge. Dabei kann bereits die Einsetzung eines Managements aus Sicht der Organisation ein Beitrag zur Lösung oder Bearbeitung dieses Bezugsproblems darstellen.

Von *Arrangements* sprechen wir deshalb, weil – wie in den dargelegten Fällen anschaulich wird – es nicht der kognitiven Fähigkeit und dem heroischen Handeln eines einzelnen Akteurs zuzurechnen ist, was letztlich als gelingende oder misslingende Praxis identifiziert werden kann. Vielmehr kommt es zur emergenten Herausbildung von Entscheidungsstrukturen bzw. zur „strukturellen Einschränkung der Entscheidungszusammenhänge" (Luhmann 1992 [1988], S. 174), an denen Personen (ebenfalls im Sinne Luhmanns) natürlich erheblichen Anteil haben, aber eben nicht darauf reduziert werden können. Vielmehr entwickeln sich über die Zeit hinweg personenunabhängige Entscheidungsprogramme (oftmals auch in Form technischer Lösungen wie beispielsweise die Ampelsysteme im Westgroup-Klinikum), die eine bestimmte Relationierung verschiedener Werthorizonte auf Dauer stellen. Ziel der Arrangementrekonstruktion ist es dementsprechend, Rückschlüsse darüber zu ermöglichen, „wie vorher entschieden worden ist und wie weiter entschieden wird" (ebd.). Denn im Falle von Krankenhäusern und deren Management haben wir es – wie bei allen Organisationen – mit Strukturen zu tun, die zwar kontingent sind (also verändert und in anderer Weise realisiert werden können), aber weder in diesem Augenblick aus dem Nichts entstanden sind noch im nächsten Moment in beliebiger Weise anders sein können. Eben darum sprechen wir von Strukturen.

Konkret bedeutet dies, dass wir im Folgenden maßgeblich rekonstruieren werden, wie es in einem Management gelingt, die unterschiedlichen Positionierungen und Werthorizonte (Medizin, Wirtschaft, Recht etc.) – die wir auch Logiken oder Kon-texturen nennen – so zueinander in Beziehung zu setzen, dass vor dem Hintergrund der in der Einleitung geschilderten prekären Rahmenbedingungen die Kernaufgabe des Krankenhauses (Patientenversorgung) möglich ist bzw. gewährleistet bleibt. Eine *der* zentralen Fragen in Hinblick auf das Arrangement wird es demzufolge sein, wie sich die unterschiedlichen Logiken wechselseitig konditionieren. Besonders vor dem Hintergrund der wirtschaftlichen Druck erzeugenden Rahmenbedingungen ist zu fragen, *wie* und *in welchem Ausmaß* den anderen Logiken (Medizin, Werte etc.) entsprechende Spielräume eingeräumt werden bzw. eingeräumt werden können. So ist es zunächst nicht problematisch, *dass* ein Geschäftsführer oder kaufmännischer Leiter betriebswirtschaftlich denkt – denn genau das ist seine Aufgabe im Unternehmen Krankenhaus. Problematisch (in einem normativen Sinne) kann es dann werden, wenn er nicht auch anders denken kann oder darf bzw. nicht anerkennt, dass es ebenfalls legitim ist, anders zu denken.[122] Letztlich ist jedoch entscheidend, dass sich in einem Management*arrangement* auch andere Logiken durchsetzen können – sei es durch eine hinreichende Komplexität der betriebswirtschaftlichen Leitungspersonen oder auch auf mikropolitischem Wege. Die ökonomische Zurichtung des Krankenhauses heißt aus dieser Perspektive zunächst die Überformung aller anderen Logiken durch die betriebswirtschaftli-che Logik. Die Frage lautet demnach, inwiefern sich (dennoch) ein Arrangement einstellen kann, das allen beteiligten Logiken hinreichend Spielräume belässt. Dies kann freilich unterschiedliche Intensitäten annehmen. Wie in der Einleitung zu diesem Buch bereits kritisch angeführt, lenken die gesundheitspolitischen Rah-menbedingungen (im Sinne eines System-Designs, vgl. Bühl 1998) nicht mehr nur die Aufmerksamkeit darauf, dass medizinische Behandlung auch in einem

---

122 Dies als Verweis auf die unterschiedlichen Formen der Rejektionen in der Kontex-turanalyse. Vgl. Jansen et al. (2015).

vertretbaren finanziellen Rahmen bleiben muss, sondern forcieren die Überformung der medizinischen Logik durch die betriebswirtschaftliche Logik. Dies sind dann nolens volens strukturelle Einschränkungen des Handlungsspielraums eines jeden Krankenhausmanagements, unabhängig davon, ob man hier willens ist, den einzelnen Logiken weiterhin entsprechende Spielräume zu schaffen.

In der folgenden Darstellung werden vier Krankenhausarrangements ausführlich dargestellt. Die Auswahl der Fälle liegt inhaltlich in aufschlussreichen Kontrasten begründet und orientiert sich nicht primär an den formalen Kategorien des Samples (Trägerschaft, Lage etc.). Das liegt darin begründet, dass entsprechend den Ergebnissen unserer Studie die Trägerschaft einen weitaus geringeren Einfluss auf die Bearbeitung des zentralen Bezugsproblems hat, als wir zu Beginn vermutet hatten. Natürlich sehen sich Krankenhäuser bestimmter Trägerschaften bestimmten Rahmenbedingungen ausgesetzt, denen sich andere nicht ausgesetzt sehen. So können freigemeinnützige Kliniken mit konfessionellem Bezug an die Tarifbindungen einer bestimmten Dachorganisationen gebunden sein, Krankenhäuser in öffentlicher Trägerschaft sind in anderer Weise den kommunalen Verwaltungen rechenschaftspflichtig als ein privatisiertes Klinikum (was sich dann auch in den institutionalisierten Organen ausdrückt) usw. Letztlich hat sich aber gezeigt, dass die Trägerschaft zwar mit unterschiedlichen Rahmenbedingungen einhergehen mag, die Unterschiede zwischen Häusern innerhalb der gleichen Trägerschaften aber mitunter größer sein können als zu anderen Trägerschaften. So schließen sich sowohl private, freigemeinnützige als auch öffentliche Kliniken zu Verbünden zusammen, um betriebswirtschaftliche Skaleneffekte zu nutzen (Einkauf etc.). Es finden sich hier sowohl kleinere private Verbünde, überregionale freigemeinnützige Zusammenschlüsse sowie private Großkonzerne. Die für das Haus dadurch entstehenden Handlungsmöglichkeiten und Einschränkungen stehen unseren Erkenntnissen zufolge nicht in einem generalisierbaren Zusammenhang zur Form der Trägerschaft.

Auch korrespondiert die Trägerschaft nicht mit signifikanten Unterschieden in der Rechtsform. Diese kann (mit nur wenigen Einschränkungen) frei gewählt werden (vgl. Busse et al. 2010, S. 50). Sämtliche von uns untersuchten Krankenhäuser sind in einer privatrechtlichen Rechtsform geführt (GmbH oder gGmbH, wobei sich in unserem Sample Krankenhäuser aller drei Trägerschaften finden, die als GmbH geführt werden[123]) und somit als eigene Rechtspersönlichkeit rechtlich,

---

123 Nach Busse et al. (2010, S. 51f.) wurden im Jahr 2007 56% aller öffentlichen Krankenhäuser privatrechtlich (Stiftung des privaten Rechts, GmbH/gGmbH, Aktiengesellschaft) und 20% aller öffentlichen Krankenhäuser *selbstständig* öffentlich-rechtlich (vollrechtsfähige Anstalt des öffentlichen Rechts, Körperschaften und Stiftung des öffentlichen Rechts)

wirtschaftlich und organisatorisch selbstständig (vgl. a. a. O., S. 52). Natürlich ergeben sich für das Management eines öffentlichen Trägers mitunter andere Ansprechpartner, denen man rechenschaftspflichtig ist, als in einem privatisierten Großkonzern. Dadurch ergibt sich aber unserer Studie zufolge nicht automatisch eine trägerschaftstypische Art und Weise der Bearbeitung der gemeinsamen Bezugsprobleme, denen alle Krankenhäuser ausgesetzt sind. Betrachtet man mit dem Hintergrund unserer trägerschaftsübergreifenden Erhebung die Untersuchungen von Habersam (2009) zum „Management öffentlicher Krankenhäuser", so liest sich seine aus der Empirie gewonnene Beschreibung der „Spezifika der Organisation öffentliches Krankenhaus" (S. 89ff.) weitestgehend wie eine Beschreibung der ‚Spezifika der Organisation Krankenhaus' im Allgemeinen. Auch wird von sehr vielen der von uns befragten Chefärzte, Pflegedienstleitungen und ärztlichen Direktoren, von denen viele Arbeitserfahrungen in Kliniken unterschiedlicher Trägerschaft gemacht haben, angeführt, dass die Arbeitsbedingungen letztlich weniger von der Trägerschaft als von den jeweiligen lokalen Bedingungen und den konkreten Arrangements der Klinikleitung vor Ort zusammenhängt.

Kurzum: Es lassen sich in den unterschiedlichen Krankenhäusern spezifische Rahmenbedingungen der Trägerschaft zurechnen, die grundlegenden und ausschlaggebenden Anforderungen an die jeweiligen Häuser (Konkurrenzsituation, strategische Ausrichtung etc.) sind aber gleich und die jeweiligen Managementpraxen von zu vielen anderen Faktoren abhängig (konkrete Personen, Historie des Hauses, wirtschaftliche Situation etc.), als dass diese sich eindeutig anhand bzw. mit Bezug zur Trägerschaft typologisieren lassen könnten.

Geben wir hier einen kurzen formalen Überblick über die vier im Folgenden ausführlich dargelegten Fälle:

Fall 1: *Westgroup-Klinikum Mitte („Typ 1: Unternehmerischer Erfolg"):* Das Haus befindet sich in Trägerschaft eines bundesweit agierenden privaten Klinikkonzerns am Ende der Sanierungsphase nach der Übernahme. Es befindet sich in einem Ballungsgebiet mit intensiver Konkurrenz unter den Krankenhäusern und verfügt über rund 250 Betten.

Fall 2: *Katharinenstift GmbH („Typ 2: Leistungswillen und Autonomie der Mitarbeiter"):* Das Haus befindet sich ebenfalls in privater Trägerschaft eines bundesweit agierenden Trägers, der jedoch weitaus kleiner ist als Westgroup aus Fall 1. Es wurde etwa zwei Jahre zuvor von dem privaten Träger

---

geführt. Damit waren in Bezug auf die Rechtsstellung über drei Viertel der öffentlichen Krankenhäuser wirtschaftlich und organisatorisch selbstständig.

übernommen. Das Haus liegt in kleinstädtischer Lage und verfügt ebenfalls über rund 250 Betten.

Fall 3: *St.-Joseph-Krankenhaus ("Typ 3: Verantwortung für das Ganze"):* Das Haus in freigemeinnütziger Trägerschaft gehört zu einer kleineren Klinikgruppe, die sich aus dem konkreten Krankenhaus heraus entwickelt hat. Es handelt sich um ein katholisches Traditionshaus in einem großstädtischen Ballungsgebiet, das gerade sein 100-jähriges Bestehen gefeiert hat. Mit rund 500 Betten ist es das größte von uns untersuchte Haus.

Fall 4: *Klinikum Bergstadt: ("Typ 4: Experiment Heterarchie"):* Das Haus in freigemeinnütziger Trägerschaft verfügt über rund 300 Betten und befindet sich in einem städtischen Ballungsgebiet. Die Besonderheit dieses Hauses ist zum einen eine bewusste (nichtchristliche) Wertorientierung sowie der Versuch, sich eine gänzlich andere Organisationsstruktur zu geben. Das Haus vernetzt sich zwar mit ähnlich ausgerichteten Häusern, gehört aber als einziges Haus in unserem Sample keinem Verbund mit mehreren Krankenhäusern an.

Die Ausführlichkeit der Darstellung dieser Fälle soll der Komplexität der Anforderungen an das Krankenhausmanagement und der hiermit einhergehenden Praxen Rechnung tragen – obschon natürlich auch in dieser Darstellung sehr viele Aspekte ausgespart werden müssen. Bei der Fallauswahl wurde Wert auf sinnvolle Kontrastierungen gelegt, die jeweils als Vor- oder Rückgriff in den einzelnen Falldarstellungen mitgeführt und am Ende in einer übergreifenden Diskussion noch einmal aufgegriffen werden. Dort werden dann – zumindest implizit – nochmals Vergleiche zu anderen von uns untersuchten, jedoch in diesem Rahmen nicht ausführlich dargestellten Häusern gezogen.

Die Darstellung bzw. Aufarbeitung der Fälle erfolgt jeweils auf gleiche Weise: Ausgehend von der Beschreibung der formalen *Stellen* ("Formalstruktur des Hauses"), werden wir uns jeweils zunächst den *Selbstbeschreibungen* des Managements zuwenden. Wir gehen davon aus, dass wir durch die Perspektive der *Personen* des Managements auf sich selbst erste Aufschlüsse über das Praxisarrangement erhalten. In den darauffolgenden Abschnitten werden dann, jeweils kategorisiert nach „Außenspannungen" und „Innenspannungen", einige Bezugsprobleme des jeweiligen Managements sowie deren Bearbeitung rekonstruiert. Die heuristische Unterscheidung zwischen Innen- und Außenspannungen orientiert sich dabei an Rohde (1974). Spannungen entstehen immer dort, wo unterschiedliche Logiken miteinander in Beziehung gesetzt werden (müssen). Dies ist zunächst weder gut noch schlecht, sondern per se ein konstitutives Moment von Organisationen. Hier gilt Ähnliches wie für den Umgang mit Komplexität: Es mag nachvollziehbar sein, dass Organisationsmitglieder dazu neigen, Spannungen oder Ungewissheitslagen gänzlich beseitigen zu wollen, dies ist mit Jürgen Rohde gesprochen allerdings Ausdruck eines „naive(n) Bewusstsein(s)" und der „Sehnsucht nach dem (wie und wann immer) ‚verlorenen Paradies' und der (unbewußte) Versuch, die normative Kraft des Verlorenen aufrechtzuerhalten" (a. a. O., S. 359). Gemeint ist hiermit jedoch nicht, dass jede Spannung als unabwendbare Notwendigkeit betrachtet werden soll (und man deshalb gar nicht erst anfangen sollte, sie zu bearbeiten), gleichwohl aber auch nicht sämtliche Spannungsverhältnisse restlos beseitigt werden könnten oder sollten.[124]

Mit *Außen*spannungen bezeichnen wir diejenigen Spannungen, die durch externe Anforderungen an das Krankenhaus hervorgerufen werden, beispielsweise Nachbarkrankenhäuser, Stellenmarkt, Krankenkassen, Gesundheitspolitik etc. Diese Kategorien verwenden wir wiederum als heuristische Unterscheidungen, um die vielfältigen Spannungslagen eines Krankenhauses zu ordnen. Als *Innen*spannungen bezeichnen wir maßgeblich vertikale Spannungen (innerhalb der Hierarchie) und horizontale Spannungen (zwischen den Berufsgruppen).

Die Typenbildung der Arrangements orientiert sich hierbei an der Art und Weise, wie die jeweiligen Spannungen bearbeitet werden und inwiefern bzw. in welcher Weise den jeweiligen Logiken (Medizin, Recht, Wirtschaft etc.) entsprechende Spielräume zugestanden werden oder nicht. Dabei unterscheiden sich die verschiedenen Fälle auch dahingehend, wie die Innen- und Außenspannungen in ein Verhältnis zueinander gesetzt werden – beispielsweise ob wirtschaftlicher Druck im Management abgemildert werden kann oder weitestgehend ungedämpft auf die unteren Ebenen der Hierarchie weitergeleitet wird.

Die ausführlichen Falldarstellungen werden immer wieder durch Zwischenresümees und jeweils einer abschließenden Zusammenfassung komprimiert dargestellt. Wer sich lediglich einen schnellen Überblick verschaffen will, kann gezielt die jeweiligen Resümees lesen. Der Reichtum der Reflexionsperspektiven in Verbindung mit der Rekonstruktion ihres Zusammenhangs über verschiedene Reflexionsorte entfaltet sich jedoch maßgeblich in den Darstellungen selbst.

---

124 Weder die Gesellschaft noch Organisationen sind Orte der Harmonie und werden es erst recht nicht, wenn versucht wird, auf diesen Zustand hinzuarbeiten (vgl. ebd.). Das klingt wiederum nur aus der Perspektive pessimistisch, die Rohde als „naives Bewusstsein" bezeichnet.

2   Westgroup-Klinikum Mitte: Unternehmerischer Erfolg

Hintergrund und Formalstruktur des Hauses

Das in diesem Kapitel ausführlicher dargestellte Haus befindet sich inmitten eines Ballungsgebietes. Es handelt sich um einen Regelversorger mit etwa 200 Betten. Die Übernahme durch den jetzigen Träger, einen bundesweit agierenden medizinischen Konzern, lag zum Zeitpunkt der Erhebung sieben Jahre zurück.

Im Laufe der Erhebung hatte die Geschäftsführung gewechselt. Grund hierfür war der Abschluss der erfolgreichen Sanierungsphase durch den bisherigen Geschäftsführer. Insgesamt werden folgende Personen in die Rekonstruktion des Arrangements einbezogen: der bisherige Geschäftsführer (GF), die neue Geschäftsführerin (GF neu), der ärztliche Direktor (ÄD), die Pflegedienstleitung (PDL) und der Chefarzt für Innere Medizin (CA Innere).[125] Lediglich das Interview mit dem Chefarzt für Innere Medizin wurde unter der Leitung der neuen Geschäftsführerin geführt. Wir werden im Folgenden hauptsächlich den bisherigen Geschäftsführer als Grundlage für die Rekonstruktion des Managements nehmen, da dieser maßgeblich die Entwicklung des Hauses beeinflusst hat, und zudem die Interviews mit dem ärztlichen Direktor und der Pflegedienstleitung zum Zeitpunkt dieser Konstellation stattgefunden haben. Die Position der Verwaltungsleitung befindet sich formalhierarchisch auf der gleichen Ebene wie der ärztliche Direktor und die Pflegedienstleitung. Verwaltungsleitung und Klinikgeschäftsführung sind von der gleichen Person besetzt. Der Klinikgeschäftsführer ist in dieser Funktion allen anderen Positionen vorgeordnet.

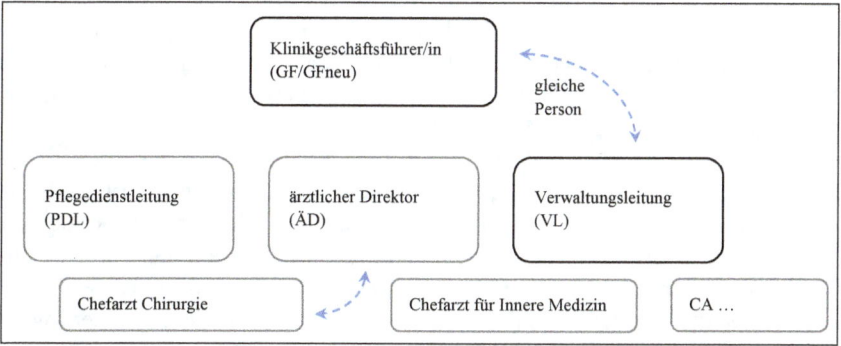

Abb. 1   Managementstruktur Westgroup-Klinikum Mitte, eigene Darstellung

---

125 Im Folgenden werden mitunter lediglich die entsprechenden Kürzel verwendet.

Selbstverständnis des Managements

Zunächst soll vor dem Hintergrund der formalen Führungsstruktur des Hauses betrachtet werden, wie sich das Management in der Praxis selbst sieht; genauer: wie die jeweiligen Mitglieder des Managements – in diesem Fall der (ehemalige) Klinikgeschäftsführer, die Pflegedienstleitung und der ärztliche Direktor – ihre Position und die der jeweils anderen beschreiben und reflektieren. Dies ist insofern interessant und relevant, da sich in der Praxis Strukturen herausbilden, die zwar nicht unabhängig sind von der Formalstruktur des Hauses, aber keineswegs als deckungsgleich anzusehen sind. Die folgenden Ausführungen beziehen sich ausschließlich auf den früheren Geschäftsführer.

Pflegedienstleitung (Subordination)

Dass die in der Praxis anfallenden Aufgaben auf die zur Verfügung stehenden Personen verteilt werden müssen und dass sich bei diesen Zuordnungen nicht unbedingt an formal-strukturelle Positionsbezeichnungen gehalten wird, zeigt sich in unserem Fall am deutlichsten an der Pflegedienstleitung, die gleichzeitig offizieller Teil der Geschäftsführung ist. Zu ihrem Aufgabenspektrum zählt sie etwa Personalentwicklung, Personalmanagement und „QM" (Qualitätsmanagement), darüber hinaus aber auch die Logistik externer Anbieter, Menüerfassung und Patientenessen, Hol- und Bring-Dienste, und erst nach der Aufzählung all dieser Aufgabenbereiche nennt sie dezidiert die Pflege („ich hoffe immer 60% und der Rest ist dann alles Projektarbeit und Logistik"). Zusätzlich ist sie nach eigener Aussage zuständig für Müllentsorgung, Bettentransportdienst, IT-Technik sowie Hygiene. Wir sehen, dass die Bezeichnung „Pflegedienstleitung" hier vielmehr der klassischen und formalen Unterscheidung der Berufsgruppen folgt (Ärzte, Pflege, Kaufmann) und weniger dem tatsächlichen Aufgabenspektrum Rechnung trägt.[126] Vor diesem Hintergrund stellt sich u. a. die Frage, ob dieser Umstand Auswirkungen auf die Stellung der PDL im Management hat.

Obschon der Geschäftsführer formal den anderen Managementpositionen übergeordnet ist, macht die Pflegedienstleitung dies nie explizit. Der Geschäftsführer tritt in ihren Ausführungen nicht etwa als jemand auf, gegenüber dem in kritischer Distanz die eigene Position stark gemacht werden müsste. Die PDL nimmt sich vielmehr trotz der (formalen wie praktischen) Asymmetrie als Teil *einer* Geschäftsführung wahr, wobei dies maßgeblich durch die Assimilierung an

---

126 Eine solche Ausweitung des Aufgabenspektrums der Pflegedienstleitung ist kein Spezifikum des vorliegenden Hauses und findet sich in unterschiedlichem Ausmaß in den meisten von uns untersuchten Krankenhäusern.

die Geschäftsführung zulasten einer eigenen Positionierung geschieht. Betrachten wir dies genauer anhand dreier Interviewsequenzen, die *pars pro toto* für das Gesamtinterview stehen.

Interviewer: Und sind Sie in dieser Funktion Teil des Managements des Hauses?

Pflegedienstleitung: Ja, ich bin Teil der Geschäftsführung, genau.

I: Genau, das, in dieser Trias ne?

PDL: Genau. Genau. Da ist der ärztliche Direktor dabei, der Doktor (Name ÄD), den hatten Sie bereits interviewt, der Doktor (Name GF), unser Geschäftsführer, und ich, ja

I: Genau, und Sie. Und können Sie da kurz zu nochmal sagen, wie Sie da, also wie Sie da organisiert sind?

PDL: Ja.

I: Was für Strukturen es da gibt, Kommunikationsstrukturen/

PDL: Ja, wir haben regelmäßige Treffen, die Dreier-GL-Runde, da trifft sich der Doktor (Name ÄD), der Doktor (Name GF) und ich, und dann besprechen wir, wie das weitere Prozedere ist im Haus, was wir vorhaben, wo es Schnittstellen gibt, wo es Probleme gibt, der Rahmen ist komplett offen, und da wird dann halt besprochen, wie wir nach außen hin vorgehen, wie wir weiter, weitere Maßnahmen ergreifen, und wir können auch abstimmen. Natürlich ist man nicht immer einer Meinung, das ist ganz klar, das wird in dem Rahmen so besprochen, dass wir dann nach außen hin einen Weg fahren. […] Dass wir immer als eins wahrgenommen werden, das ist ganz wichtig, ne, mhm.

In der Beschreibung der „Geschäftsführung" durch die PDL – eine Bezeichnung, die sie selbst einführt – haben wir es mit einer symmetrischen Dreier-Konstellation zu tun, wobei *dem* Geschäftsführer in *der* Geschäftsführ*ung* lediglich semantisch eine Vorrangstellung zukommt, die nicht explizit gemacht wird. Diese „Dreier-GL-Runde" (GL steht für Geschäfts*leitung*) erscheint der PDL als ein sie einschließendes Wir. In ihrer Schilderung dokumentiert sich eine gefühlte gemeinsame Lenkung und Leitung des Hauses. Es bespricht sich nicht etwa ‚der GF mit uns' oder ‚ich mich mit den anderen', sondern „wir besprechen". Auch wird nicht besprochen, was ‚jeder von uns vorhat', sondern „was wir vorhaben" und weiter „wie wir […] vorgehen" und „weitere Maßnahmen ergreifen".

Diese Einheit im Wir bleibt auch bei Meinungsverschiedenheiten unangetastet. Es konturieren sich auch Einzelpositionen, die nicht immer vereinbar sein müssen, jedoch verselbständigen sich diese nicht, sondern werden durch Abstimmung und Besprechen dem Wir wieder einverleibt. So nimmt die PDL immerhin noch wahr, dass unterschiedliche Positionen vertreten sind, allerdings – und das zeigt sich im Verlauf des gesamten Interviews – tritt sie zu keinem Zeitpunkt in kritische Distanz zum Geschäftsführer. „Dass wir immer als eins wahrgenommen werden", bildet hier die primäre Orientierung der Pflegedienstleitung und konstituiert sich in Differenz zu einem „außen", welches die Geschäftsführung wahrnimmt. Diese Primärreferenz des *Wir* ist jedoch nur auf Kosten des *Ich* aufrechtzuerhalten. Obwohl die Stellung der Pflege im Haus nach Einschätzung des Chefarztes für Innere Medizin prekär ist, wird dies von der Pflegedienstleitung in keiner Weise problematisiert. Müsste sich nicht gerade in einer solchen Situation die Rolle der PDL gegenüber dem (wie wir noch sehen werden sehr betriebswirtschaftlich/unternehmerisch geprägten) Geschäftsführer eher spannungsreich gestalten?

Ein Grund für die weitgehend konsensuelle Haltung der PDL ist mit Sicherheit ihre eigene, betriebswirtschaftsnahe Orientierung, die immer wieder – und so auch in der nächsten Sequenz – durchscheint. Zweierlei wird hier deutlich: zum einen ihre Orientierung an wirtschaftlichen Themen und zum anderen erneut ihr Gefühl der aktiven Teilhabe an der Leitung des Hauses.

Interviewer: Was sind dann jetzt in der Geschäftsführung, in Ihren Besprechungen, was sind da Themen, die da auf den Tisch kommen? Also was, oder was sind zum Beispiel auch einfach aktuelle Sachen, die gerade anstehen?

PDL: Personalwechsel, das sind ganz dringende Themen, Umbauarbeiten sind wichtige Themen, wirtschaftlich, wo stehen wir, wie hoch sind unsere Umsätze, was erwarten wir, wo ist Potenzial, wo müssen wir aufpassen. Weil danach richtet sich ja auch alles Weitere, weiter Maßnahmen, weitere Einstellungen, daran rechnet sich unser Budget und alle Neuerungen. Also wir besprechen alles. Von – bis.

Als zentrale Orientierung dieser Besprechungen tritt der wirtschaftliche Aspekt auf, wozu die PDL (auch an anderen Stellen des Interviews) keinerlei kritische Distanz einnimmt. Sie sieht sich darüber hinaus offensichtlich nicht in der Position, hier mit anderen Inhalten ein Gegengewicht zu bilden bzw. diese Orientierung ausgleichen zu müssen (wie zum Beispiel der ÄD im Anschluss). „Alles Weitere" richtet sich nach dem wirtschaftlichen status quo („wirtschaftlich, wo stehen wir"), der dann weiter ausdifferenziert werden kann.

Hochinteressant ist die Formulierung, dass „alles" besprochen wird. Denn obschon die PDL weiß, dass natürlich nicht „alles" besprochen wird (wie wir noch sehen werden, ist sie der Auffassung, dass der GF nicht unbedingt wissen muss, wenn jemandem das Essen nicht geschmeckt hat), wird laut ihrer Aussage eben doch „alles" besprochen. Sie ist demnach gefühlt Teil *aller* wichtigen Gespräche und Entscheidungen, da sie genau an jenem Ort sitzt, an dem „wir alles besprechen".

Im Umkehrschluss bedeutet dies, dass sie sich nicht in Themen übergangen fühlt, die für sie wichtig sind. Zudem kommt ihre *gefühlt* aktive Teilhabe an der Leitung des Hauses zum Ausdruck. Dies führt aber selbst unter diesen Umständen zu keinem Rollenkonflikt zwischen Managementanforderung und Vertretung der

Interessen der Pflege, was letztlich damit zusammenhängt, dass sie sich sehr stark an die betriebswirtschaftliche Orientierung des Geschäftsführers angleicht und sich diesem unterordnet.[127] Sie nimmt in Bezug auf die Grundorientierung keine eigenständige Position ein und trägt damit ihren Teil zur betriebswirtschaftlichen Orientierung des Managements bei.

An vielen Stellen des Interviews wird deutlich, dass der Geschäftsführer maßgeblich die Entscheidungen trifft, wiederum ohne, dass die PDL darauf verweist, dass dies seiner hierarchischen Vorrangstellung geschuldet ist. Vielmehr erscheint der GF als natürlicher *primus inter pares*, der – wie die PDL an einer anderen Stelle sehr schön formuliert – ihr die Dinge „ganz in Ordnung erläutert", wenn sie „etwas nicht nachvollziehen kann". Obwohl sie sich an allen wichtigen Stellen, an denen gelenkt und geleitet wird, mit einbezogen fühlt, weißt alles darauf hin, dass sie abgesehen von kleineren eigenen Projekten nicht diejenige ist, die maßgeblichen Einfluss auf die Geschicke des Hauses ausübt.

Die PDL bleibt bei der zugrundeliegenden Konstruktion des „wir als eins", obwohl der GF immer wieder in den Vordergrund rückt als derjenige, an dem sie sich stark orientiert und der wichtige Entscheidungen trifft, initiiert oder absegnet, was sich auch in der folgenden und vorerst letzten Sequenz verdeutlicht.

Interviewer: Und da sind Sie dann in der, in dieser Geschäftsführerrunde auch für das Pati/ also für diese Beschwerdemanagement zu/

PDL: Ja. Ich bin die Beauftragte für die Patientenfragen, bin ich die Projektbeauftragte. Für das Beschwerdemanagement ist unser Ansprechpartner Herr Doktor (Name GF), der Geschäftsführer persönlich, das heißt, jede Beschwerde wird mit ihm besprochen. Das ist aber auch wichtig, er muss das ja wissen.

I: Jeder einzelne Fall? Jede einzelne Beschwerde?

PDL: Ja.

I: Mhm, ja.

PDL: Ja. (lacht)

I: (lacht) Vielleicht sind es ja auch nie so viele.

PDL: Nee, nee, ja, ich wollte grad sagen, also/

I: Ist ja auch ein Anreiz/

PDL: Genau. Also wir haben jetzt nicht so viele Beschwerden, ja, aber wenn wir welche haben, besprechen wir die natürlich. Weil, müssen wir ja. Und sonst, manchmal

---

127 Damit ist sie bezüglich der Typenbildung aus Kapitel IV.2 dem Typ 1 zuzurechnen. Wie bereits angeführt, weist der Chefarzt für Innere Medizin auf die prekäre Lage der Pflege im Haus hin. So gesehen ist ein Konfliktpotenzial zwischen Pflege und Management vorhanden, wird aber nicht durch die PDL ausgetragen – die Frage wäre dann, wo in der Organisation diese Spannung bearbeitet wird.

reicht es ja auch, wenn ich jetzt, er muss jetzt nicht wissen, dass ein Patienten mit dem Essen unzufrieden war. Natürlich nicht, ja. Also man muss da schon ein bisschen gewichten. Aber wenn ein Patient mit dem Essen unzufrieden war, war der trotzdem unzufrieden. Das heißt, da gehen wir auch rein.

Die Formulierung „der Geschäftsführer *persönlich*" ist vor dem Hintergrund des bisher Ausgeführten ein weiterer deutlicher Hinweis auf die starke Orientierung der PDL am GF und seiner übergeordneten Stellung. Obwohl die PDL die Projektbeauftragte für Patientenfragen ist, ist das Beschwerdemanagement – man möchte fast sagen – eine hoheitliche Aufgabe, wobei differenziert wird, dass „er" nicht jede Kleinigkeit wissen müsse. Hier wird das Gefälle zwischen PDL und GF am deutlichsten: „manchmal reicht es ja auch", wenn *sie* sich der Sache annimmt. Sie tritt damit als jemand auf, der dem GF den Rücken frei hält bzw. ihn vor Un(ge)wichtigem in Schutz nimmt. Dies geschieht, indem sie die Notwendigkeit der Beschwerde-Bearbeitung („müssen wir ja") in Fälle aufteilt („ein bisschen gewichten"); die einen, die der GF überspitzt formuliert ‚höchstpersönlich' übernimmt, und die anderen, bei denen sie ‚reicht'.

Zusammengefasst stellt sich die Selbstverortung der Pflegedienstleitung im Management wie folgt dar: Sie versteht sich als Teil *einer* Geschäftsführung, deren drei Mitglieder zusammenarbeiten. Sie treffen gemeinsame Entscheidungen, die trotz unterschiedlicher Ansichten in einzelnen Fällen nach außen immer als gemeinsame Entscheidung vertreten werden. Diese Einheit tritt als starke Orientierung hervor, das Wir verdeckt dabei die Hierarchie, die formal wie informal vorhanden ist, aber nicht explizit als solche empfunden wird.

Es wurde deutlich, dass sich die PDL sehr stark an *dem* Geschäftsführer orientiert, dem Kaufmann in der Trias. Er tritt nicht als Gegenspieler auf den Plan, gegen den eigene Interessen vertreten werden müssten, sondern vielmehr als der Wichtige, zu dem sie fast schon aufschaut. Durch das bereitwillige Aufschauen bleibt die hierarchische Unterordnung unproblematisch. Grundsätzliche Konflikte oder Differenzen werden an keiner Stelle des Interviews erwähnt, vielmehr stimmt sie in eine wirtschaftliche Orientierung ein. *Aus Sicht der PDL* haben wir es hier mit einer mehr oder weniger gleichberechtigten Management-Trias zu tun, wobei der GF aus dieser Perspektive der *primus inter pares* ist. Es kommt weder zu einem *Inter*rollenkonflikt (zwischen PDL und GF) noch zu einem *Intra*rollenkonflikt (vgl. Rohde 1974, S. 327), da hier überhaupt keine unterschiedlichen Handlungslogiken (Wirtschaft/Pflege) virulent werden oder gar kollidieren.[128] Mit der starken

---

128 Dies kann auch an Interviewstellen verdeutlicht werden, an denen sie sich einer sehr ähnlichen Rhetorik wie der des GF bedient, vor allem, wenn es um das Thema Wirtschaftlichkeit geht. Nur ein Beispiel: „Aber wir errechnen uns insgesamt, und das hat

Orientierung am Geschäftsführer wird dessen wirtschaftliche Prägung gleich mit übernommen. Die Orientierung des „immer wir als eins" verbindet das Gefühl der gleichberechtigten Beteiligung mit der Unterordnung unter den Geschäftsführer. Entsprechend dieser starken Fokussierung auf den GF erscheint der ärztliche Direktor an keiner Stelle des Interviews als signifikanter Anderer.

Ärztlicher Direktor (Vermittlung)

Bei der Pflegedienstleitung konnten wir eine unproblematische Subordination unter den Geschäftsführer und dessen wirtschaftliche Orientierung (s. u.) ausmachen. Durch diese *Unterordnung durch Anerkennung* wird einem potenziellen Rollenkonflikt die Grundlage genommen. Im Falle des ärztlichen Direktors des Hauses stellt sich dies nicht ganz so unproblematisch dar. Während die Aufgaben in seiner Funktion als Chefarzt klar sind und (relativ) unproblematisch zu sein scheinen, tritt in seiner Rolle als ärztlicher Direktor das charakteristische Spannungsfeld zwischen Medizin und Wirtschaft auf (s. bereits Rohde 1974, S. 323, speziell für ärztliche Direktoren Jansen und Poranzke 2015).

> *Interviewer:* Mhm, und diese beiden Rollen, können Sie kurz was dazu sagen, also als ärztlicher Direktor und als Chefarzt, da gibt es ja dann sicherlich unterschiedliche Funktionen?
>
> *ÄD:* Also die Rolle des Chefarztes ist ja eigentlich klar. Führung einer Abteilung mit verschiedenen Oberärzten, teilweise auch leitende Oberärzte für bestimmte Untergruppierungen dann, da geht es ja letztendlich sehr schwer um medizinische Entscheidungen, aber natürlich auch personelle Entscheidungen auf der Ebene der Abteilung. Und der ärztliche Direktor umfasst ja das Gesamtkrankenhaus. Letztendlich sitze ich ja mit in der Geschäftsführung und werde da auch zu den ärztlichen, beziehungsweise medizinischen Belangen gefragt. [...] Und ich versuche natürlich in der Geschäftsführung auch immer den Weg zwischen wirtschaftlich überzogen und medizinisch notwendig zu finden, ne. Und da werde ich natürlich häufig gefragt, muss oft vermitteln zwischen Chefärzten und Geschäftsführung, aber teilweise auch Pflege und Geschäftsführung.

Als ärztlicher Direktor erweitert sich die Perspektive des Chefarztes von der Abteilung hin zum gesamten Krankenhaus. Er rechnet sich – gleich der Pflegedienstleitung – der Geschäftsführung zu, wobei der Modus seiner Teilhabe interessant

---

Herr (Name GF) bestimmt auch schon gesagt, anhand der wirtschaftlichen BWRs, an der Fallzahl und so weiter, was wir für Umsätze machen. Daran können wir ja nur planen. [...] Weil alles andere wäre ja wirtschaftlich Quatsch." Auch hier dokumentiert sich nicht nur die Übernahme der wirtschaftlichen Orientierung, sondern auch die Orientierung am Geschäftsführer. Allein die Formulierung „hat der Herr (Name GF) bestimmt auch schon gesagt" bringt letzteres auf vielschichtige Weise zum Ausdruck.

ist: Die Formulierung „letztendlich sitze ich ja" dort lässt an dieser und vor dem Hintergrund anderer Stellen weder auf ein passioniertes Engagement noch auf eine besonders aktive Teilhabe schließen. Auch formuliert er nicht, dass er die medizinischen Themen aktiv einbringt, sondern er wird hierzu befragt. Wir können also die Vermutung anstellen, dass seine Rolle in der Geschäftsführung nicht maßgeblich diejenige der *Führung* ist. Vielmehr tritt er als Vermittler auf den Plan – wobei er auch hier auf (häufige) *Anfrage* tätig wird. Der Weg, der dabei immer wieder neu gefunden werden muss, ist die Gratwanderung zwischen Medizin und Wirtschaft.[129] Der Konflikt, in den der ÄD vermittelnd eintreten muss, entspinnt sich zumeist zwischen den Chefärzten und der Geschäftsführung, also zwischen zwei Sphären, denen er jeweils angehört. Für uns ist hierbei insbesondere von Interesse, welche Auswirkung diese Konstellation auf seine Funktion als ärztlicher Direktor hat.

An dieser Stelle soll nochmals darauf hingewiesen werden, dass der ÄD hier nicht etwa dem gleichen Konflikt unterliegt wie ein behandelnder Arzt, denn als ÄD ist er kein Chefarzt! Wir dürfen also nicht voreilig unterstellen, dass der ÄD *eigentlich* Arzt ist und einer entsprechenden Logik folgt. Die ärztliche Tätigkeit des ÄD bleibt ein Rückzugsgebiet, um sich zumindest teilweise aus der formalen Hierarchie der Organisation zurückzuziehen – eine Möglichkeit, die Pflegedienstleitungen im Allgemeinen nicht mehr zur Verfügung steht, da diese in aller Regel nicht mehr auf Station tätig sind. Die folgenden Sequenzen sollen Aufschluss darüber geben, wie der ÄD seine Rolle erlebt.

In der Art und Weise, wie der ÄD über seine eigene Funktion spricht, verdeutlicht sich, dass diese Position für ihn nicht mit einem hohen Maß an Selbstwirksamkeit und Gestaltungsspielraum verbunden ist. Die Zahl der Aufgaben wächst, nicht jedoch der Einfluss.

ÄD: Ja. Es ist ja schon eine interessante Position, insofern, weil Sie als ärztlicher Direktor haben Sie viele Pflichten, aber keine Rechte. So ein bisschen ist das, ja.

I: In dem Geschäftsführergremium würden Sie sagen?

ÄD: Nee, generell.

I: Generell, okay.

ÄD: Also es gibt bei Westgroup zum Beispiel ein mehrfache/ seitiges Entwurf, was man alles für Pflichten hat als ärztlicher Direktor, und die Rechte beschränken sich auf eine halbe Seite.

I: (lacht) Ja.

---

129 Dabei stellt sich nicht die Frage, wie dieses Verhältnis *gelöst* wird (was im Sinne Rohdes einer naiven Sehnsucht nach einem „Behelfs-Paradies" (1974, S. 360ff.) entspräche), sondern vielmehr, *wo es bearbeitet* wird bzw. „die Frage der *Manifestation* im Sozialgefüge des Krankenhauses" (ebd., S. 324). Sie hierzu bereits Kapitel I.

Viele Pflichten und wenige Rechte verweisen auf eine schlechte Position, zu der sich der ÄD ironisch distanziert („interessant"), was die Frage aufwirft, warum er diese Aufgabe überhaupt wahrnimmt. Das Missverhältnis findet sein vergegenständlichtes Äquivalent in einem verschriftlichten „Entwurf" des Konzerns. Die Verwirklichung bestimmter Vorstellungen und Ideale oder ein bestimmtes Anliegen scheinen nicht im Vordergrund zu stehen. Der Interviewte verharrt in seiner passiven Position, er wird gefragt, er vermittelt und – das zeigt sich an anderen Stellen im Interview – steuert auch bei medizinisch-strategischen Entscheidungen nur dann seine Meinung bei, wenn diese explizit erfragt wird. Aktiven strategischen Einfluss übt er höchstens bei der Ausrichtung der eigenen Abteilung aus.

Am Gegenhorizont eines „Früher" treten im Folgenden die heutigen Verhältnisse klarer hervor, in denen die Funktion des ÄD nicht mehr nur im Einsatz für die ärztlichen Belange besteht.

> *ÄD:* Also sagen wir mal, Sie müssten als ärztlicher Direktor, es ist ja früher so gewesen, der ärztliche Direktor wurde früher schon mal gewählt von den Ärzten. Da hat man den ärztlichen Direktor verstanden als Sprachrohr der Ärzte.
>
> *I:* Sprachrohr, genau.
>
> *ÄD:* Das ist aber ja gar nicht so gedacht heute mehr. Sondern, zumindest hier im Konzern ist es so, der ärztliche Direktor ist Leit/ ist Teil der Geschäftsführung und der soll schon die Belange der Ärzte aufs Trapez bringen, aber er muss auch die Geschicke des Hauses im, in den Augen haben.

Während der ÄD zuvor in seinen Ausführungen den Weg zwischen Wirtschaft und Medizin finden musste, treten hier nun die Belange der Ärzte und die Geschicke des Hauses als Pole auf, die nicht selbstverständlich übereinstimmen. All das „aufs Trapez bringen" zu sollen, lässt vermuten, dass hier eine Form von Akrobatik im Spiel ist, in der Gleichgewicht gefragt ist. Als Gegenhorizont dient ein Früher, als die Verhältnisse noch einfacher gewesen seien – der Arzt war Arzt und der ärztliche Direktor das Sprachrohr, wodurch er zwar (mikro-)politisch tätig wurde im Sinne einer Interessenvertretung, sich aber auf die *Vertretung* der Interessen beschränken konnte, ohne diese balancieren zu müssen. Wichtig ist hier wiederum nicht, ob dies nun wirklich so ist oder so war – interessant ist für uns vielmehr die Tatsache, dass der ärztliche Direktor mithilfe eines Vergleichshorizontes verdeutlicht, dass seine Aufgabe nicht mehr nur darin besteht, die ärztliche Logik stark zu machen und präsent zu halten. Es wird darüber hinaus von ihm erwartet, dass er die unterschiedlichen Bezugsprobleme, die sich aus den Belangen der Ärzte und den Geschicken des Hauses ergeben, *bearbeitet*.[130] Und genau das macht ihn zu einem *Manager*, da er ständig an Differenzen arbeitet und arbeiten muss, ohne diese wirklich auflösen zu können.[131] Sei es zwischen „wirtschaftlich überzogen" und „medizinisch notwendig" oder zwischen den Geschicken des Hauses und den Belangen der Ärzte – stets gilt es einen Weg zu finden, der immer wieder aufs Neue gefunden werden muss.[132]

> *ÄD:* Und da ist es eben manchmal nicht leicht, wenn man so zwischen den Stühlen sitzt. Aber das bringt diese Position mit sich und wie gesagt, da muss man, glaube ich, als ärztlicher Direktor eine Entscheidung treffen. Für mich sind, für mich persönlich sind jetzt meine Kollegen an erster Stelle, ja. Aber es gibt natürlich auch so Situationen, wo das Haus, wo Sie Schaden vom Haus abwenden müssen. Also es ist dann manchmal nicht einfach, da zu entscheiden.

Da unterschiedliche Interessen im Konflikt miteinander stehen können, verlangt die Position des ÄD in seinen Augen eine Positionierung. Allerdings lassen sich durch eine einmalige Grundsatzentscheidung (für die Kollegen oder für das Haus) nicht alle Probleme auf einmal und dauerhaft lösen. Es muss weiterhin von Fall zu Fall *entschieden* werden,[133] denn trotz der persönlichen Priorisierung der eigenen Kollegen kann der ÄD das „Haus" nicht einfach unbeachtet lassen. Der kompromisslose Standpunkt ist nicht praktikabel. Als *Manager,* der er gerade dadurch wird, dass er zwischen zwei Stühlen sitzen muss, besteht seine Aufgabe darin, aus dieser ständigen und unauflösbaren Differenz Informationen zu ziehen und immer wieder neu zu entscheiden, wohl wissend, dass diese Entscheidung im nächsten Moment wieder zugunsten der anderen Seite ausfallen kann. Eine grundsätzliche Positionierung auf Seiten der ärztlichen Kollegen ist zwar möglich, aber auf einer anderen Ebene angesiedelt.[134]

---

130 Er sieht hier auch nicht die Möglichkeit, dies anders zu gestalten, denn die Position ist bereits in ihrer *Anlage* („gar nicht mehr so *gedacht*") anders konzipiert als früher.

131 Siehe zu dieser Auffassung von Management bereits Kapitel I.

132 „Wichtig ist, dass die Organisation nie zur Ruhe kommt. Management ist der Inbegriff der Unmöglichkeit anzunehmen, dass alles in Ordnung ist." (Baecker 2011b, S. 107)

133 Ganz im Sinne Heinz v. Foersters (1993, S. 73): „Nur *die* Fragen, die im Prinzip unentscheidbar sind, können *wir* entscheiden".

134 Und kann möglicherweise als persönliche *Strategie* im folgenden Sinne gesehen werden: „[…] es kommt auf einen Strategieprozess an, der in dem Sinne rekursiv verstanden wird, als es grundsätzlich nur zu *Entscheidungen unter Korrekturvorbehalt* kommen darf. Strategien dürfen nicht dazu dienen, sich aus der Bindung an Situationen und Kontexte zu befreien, sondern sie müssen dazu dienen, sich in diese Situationen und Kontexte auf eine sie bestätigende und zugleich variierende Weise hineinzuarbeiten.

Auf diese Weise zwischen zwei Positionen eingespannt (Haus/Kollegen bzw. Wirtschaft/Medizin) negiert er die Frage, ob es sich hierbei um zwei unterschiedliche „Logiken" handelt, nur um dann erneut zwei Pole aufzuspannen:

Interviewer: Und wie, also wie vermitteln Sie Ihren Kollegen quasi die Belange der Geschäftsführung?

ÄD: Durch Gespräch. Durch direkte Gespräche meistens.

I: Empfinden Sie das als zwei unterschiedliche Logiken, die da aufeinander prallen, oder ist das relativ durchlässig, dass Sie sagen, ...

ÄD: Nee.

I: ...nee, die Ärzte wissen eigentlich auch Bescheid?

ÄD: Nee, also sagen wir mal, es ist ja so, da geht es ja immer um die wirtschaftliche Frage und die ethisch, medizinischen Fragen oft. Und es ist ja aber so, dass die meisten Kollegen mittlerweile so vorgebildet sind, dass sie auch wissen, dass ohne die wirtschaftliche Seite eine Hochleistungsmedizin gar nicht durchgeführt werden kann. Aber man darf es natürlich nicht überziehen. Also wir sehen ja nicht primär den Profit an erster Stelle, sondern wir sehen schon die Genesung des Patienten, oder sagen wir mal, dass es dem gut geht. Natürlich muss es auch finanzierbar bleiben. Mhm. Da ist natürlich dann die Toleranzgrenze auch immer unterschiedlich bei jedem einzelnen der Kollegen. Und das wird im Einzelgespräch dann teilweise mühsam erarbeitet, mhm.

Nehmen wir den ÄD wörtlich und folgen seinen Ausführungen, dann sind sehr wohl zwei unterschiedliche Logiken im Sinne einer wirtschaftlichen und einer medizinischen anzutreffen. Jedoch – und auf diesen Punkt ist explizit hinzuweisen – dokumentiert sich hier, dass diese aus Sicht des ÄD nicht *personifiziert* vorzufinden sind, also dass wirtschaftliche und medizinische Rationalität nicht eins zu eins durch den GF einerseits und die Ärzte andererseits repräsentiert werden. Dies soll nicht als Beleg dafür genommen werden, dass sich der Arzt einem Klischee-Bild folgend „früher" ohne Rücksicht auf Organisation und Verwaltung „rein" auf die bestmögliche Behandlung des Patienten konzentriert hat und diese Reinheit nun durch wirtschaftliche Diskurse verloren hat.[135] Dennoch müssen auch hier wieder

---

Die Entscheidung informiert über die Situation und den Kontext. Und die Verknüpfung der Entscheidungen ist das einzige Instrument, das das Management hat, um diese Information strukturell reich werden zu lassen. Also muß es über ein Verknüpfungsinstrument verfügen, und dies ist die Strategie." (Baecker 2003b, S. 248)

135 Siehe hierzu Rohde (1974, S. 111) mit dem Hinweis, dass Chirurgen primär gerne operieren und nicht unbedingt der Mensch im Mittelpunkt steht – obschon letzteres mittlerweile ein Allgemeinplatz in der Außendarstellung von Krankenhäusern ist. Zu überlegen wäre, ob es für den zu behandelnden Menschen nicht förderlicher ist, wenn er nicht zu jedem Zeitpunkt der Behandlung im Mittelpunkt steht. Es ist davon

Wirtschaft und Ethik/Medizin abgewogen werden, wobei das Spannungsverhältnis via „Vorbildung" in die Ärzte selbst verlegt wird. Der ÄD muss also nicht als derjenige auftreten, der den reinen Ärzten erklären muss, dass es auch eine wirtschaftliche Seite gibt, die ebenfalls wichtig ist. Er muss vielmehr – sowohl Haus als auch Kollegen im Blick habend – bei den Kollegen (die um das Bezugsproblem der Finanzierbarkeit wissen!) um die wirtschaftliche Toleranz werben, die im Sinne des Hauses notwendig ist.

Aber auch an dieser Stelle sorgt die Priorisierung „wir sehen ja nicht primär den Profit an erster Stelle, sondern wir sehen schon die Genesung des Patienten"[136] bestenfalls für die Beruhigung einer nicht zum Stillstand kommenden Zirkularität: nicht Profit steht im Vordergrund, sondern dem Patienten muss es gut gehen, aber es muss finanzierbar sein, medizinische Notwendigkeit steht jedoch im Vordergrund, aber es darf nicht überzogen werden, etc. Legitimation bezieht diese Zirkularität aus der Formel: keine Hochleistungsmedizin ohne Wirtschaft. Darüber seien auch die Ärzte im Bilde, wobei der ÄD das Interesse an Hochleistungsmedizin bei den Kollegen als Common Sense voraussetzt.[137]

Interessant ist nun, wie der ÄD seine eigene Priorisierung (Kollegen sind wichtiger als das Haus) unterläuft, indem er als derjenige auftritt, der *Toleranzbereiche* bearbeitet. In dieser aufschlussreichen Formulierung ist angelegt, dass in der Medizin Abstriche zugunsten der Wirtschaft gemacht werden müssen, dass sich „gute Medizin" also nicht „immer lohnt" – wie ein Arzt aus einem anderen Krankenhaus festgestellt hat –, sondern dass man es hier immer mit einen gewissen *trade-off* zu tun hat, um den die Ärzte wissen. Wie groß dieser auf Seiten der Medizin sein darf, liegt dabei in einer Grauzone, die unterschiedlich bespielt werden kann – wofür der ÄD höchstes Verständnis haben müsste, da er ebenfalls auf der ständigen Suche

---

auszugehen, dass die idealtypische Vorstellungen des „reinen" Arztes möglicherweise – zumindest nach der „Geburt der Klinik" (Foucault 1988) – immer schon mehr eine Fiktion dargestellt hat, denn ein Modell, das der strukturellen Realität der modernen Krankenbehandlung Rechnung trägt.

136 Die Relativierung der „Genesung" durch das „oder sagen wir mal, dass es dem gut geht" lädt dazu ein, diesen Abstrich im Anspruch mit dem Einzug der wirtschaftlichen Rationalität zu erklären. Mit Blick auf die Äußerungen des CA Innere des gleichen Hauses scheint dies hier jedoch nicht zutreffend zu sein. Denn dieser macht zumindest auf kommunikativer Ebene keinerlei Abstriche, relativiert übertriebene Ansprüche auf „Heilung" dahingehend, dass er dafür sorge, dass es den Patienten besser geht, mit dem Verweis, dass er nicht „Äskulap" sei. Plausibel scheint hier also eher die Deutung, dass es um eine realistische Einschätzung der eigenen Praxis geht, in Abgrenzung zum Common Sense-Verständnis, dass der Arzt „gesund" macht.

137 Dabei bleibt offen, ob Hochleistungsmedizin immer im Sinne des Patienten ist oder eher im Sinne des Arztes.

nach dem richtigen Weg ‚dazwischen' ist. Hier kommt dem ärztlichen Direktor – um in diesem Bild zu bleiben – die Rolle des ‚Pfadfinders' zu, der in Einzelgesprächen „mühsam erarbeitet", dass auch Ärzte mit niedrigem Toleranzbereich im Sinne des Hauses, d. h. zugunsten der Wirtschaft, behandeln und damit den Weg gehen, den er selbst für sich gefunden hat (bzw. finden musste).

Zusammenfassend ist festzuhalten, dass der ÄD in der vorherrschenden Konstellation *Teil* der Geschäftsführung ist – nicht mehr und nicht weniger. Auch wenn dies hier nur kurz umrissen wurde, so wurde im Material deutlich, dass ihm keine maßgebliche *Führungs*funktion zukommt. Er ist im besten Sinne *Manager*, indem er auf den unterschiedlichsten Ebenen Differenzen bearbeitet, ohne sie auflösen zu können. Er bewegt sich gewissermaßen in dem unauflösbaren Grenzbereich des immer neu zu definierenden Weges zwischen unterschiedlichen Interessen (CA/ÄD, Kollegen/Haus, Wirtschaft/Medizin, Profit/Genesung). Er reflektiert die wirtschaftliche Seite des Weges nicht als ein Bezugsproblem, das der GF an ihn heranträgt und das er nun ‚ausbaden' muss. Der Geschäftsführer tritt in den Ausführungen des ÄD gar nicht als explizite Person auf, zu der er sich klar positionieren will oder muss, wobei unklar bleibt, inwiefern sein eigener Toleranzbereich wiederum von diesem bearbeitet wird. Wie schon bei der PDL bleibt der Konflikt unter den Akteuren an der Spitze aus. Während bei ersterer potenziellen Rollenkonflikten durch Subordination die Grundlage entzogen wird, oszilliert der ÄD zwischen den bereits genannten Polen, er kopiert den Konflikt in sich hinein. Die dadurch entstehenden Spannungen sind ihm als solche bewusst und präsent, sie sind für ihn jedoch nicht in dem Sinne prekär, als dass er in ernsthafte Gewissensnöte kommen würde. Er kann sie zwar nicht lösen, hat aber Wege gefunden, durch die er sie aushalten kann, indem er klare Priorisierungen formuliert, die er aber in der Praxis unterläuft. Dadurch, dass er die Differenzen aufrechterhält, kann er vielmehr immer wieder neu und von Fall zu Fall entscheiden, auf welche Seite er sich schlägt. Im Sinne einer professionstheoretischen Perspektive, welche die ärztliche Autonomie pointiert,[138] kann er sich immer wieder als ein Subjekt hervorbringen, das den entscheidenden Unterschied macht und entsprechend auch im Sinne des Patienten verantwortungsbewusst zu agieren scheint. Interessanterweise findet die PDL keine bedeutende Erwähnung in den Ausführungen des ÄD, wie es sich auch umgekehrt schon gezeigt hat.

---

138 Siehe zu einer professionstheoretischen Fundierung, die für die gesellschaftlichen Rahmenbedingungen sensibel ist, Vogd (2017).

Geschäftsführer (Leitdifferenz)

Durch die Ausführungen der PDL sowie des ÄD hat sich das Bild ergeben, dass *der* Geschäftsführer als Teil der Geschäftsführ*ung* maßgeblich die Geschicke des Hauses leitet. Zum einen, da die PDL trotz kleinerer Initiativen in ihrem Kompetenzbereich dessen betriebswirtschaftliche Orientierung teilt und eher als erweiterte Assistentin des GF auftritt denn als Vertreterin der Interessen der Pflege. Der ÄD hingegen changiert bzw. mäandert zwischen unterschiedlichen Positionen und Ansprüchen und setzt sich in kein eindeutiges Verhältnis zum Geschäftsführer.

Betrachten wir nun als drittes und letztes die Selbst- und Fremdbeschreibungen des Geschäftsführers. Nachdem er maßgeblich an der Übernahme des Hauses durch den Konzern beteiligt war, wurde das Haus einem ersten „Westgroup-Geschäftsführer" übergeben. Aufgrund eines schwierigen Starts des „Sanierungsfalles" wurde er letztlich von seinem „Chef", dem Bezirksgeschäftsführer, gebeten „das Ruder hier zu übernehmen". Er verfügt über reichlich Erfahrung in Geschäftsführer- und Stellvertreter-Positionen innerhalb des Konzerns, der einen starken Bezugspunkt seiner Tätigkeit bildet. Im Gegensatz zu manch anderen Geschäftsführern, die sich *hausintern* aufgrund langer Dienstjahre an die Spitze eines Hauses vorgearbeitet haben (vgl. den Vorsitzenden der Geschäftsführer im Fall des St.-Joseph-Krankenhaus, Kapitel V.4), hat seine Sozialisation vielmehr im Konzern stattgefunden. Er wechselte mehrmals zwischen unterschiedlichen Führungspositionen, auch zwischen unterschiedlichen Häusern, kommt originär also von ‚oben' und nicht von ‚unten' oder vielleicht treffender von ‚außen' und nicht von ‚innen', wenn man das Haus in den Fokus der Beobachtung stellt.

> *Interviewer:* Ja. Okay, schön. Und als Geschäftsführer, wie arbeiten Sie da einerseits mit Westgroup, andererseits hier im Haus? In was für Gremien?
>
> *GF:* Ja, also es gibt, wir Klinikgeschäftsführer sind eingebunden oder mein Vorgesetzter ist ein Bezirksgeschäftsführer, da, ist der Herr (Name BGF), des Bezirks (Name Bezirk). [...] Und wir treffen uns einmal im Monat, wir Klinikgeschäftsführer, und tauschen uns über unsere Zahlen, Fallzahlen und über wesentliche Aspekte aus und dort, das ist eigentlich auch das Gremium, in dem Herr (Name BGF) uns aus der erweiterten Geschäftsführung heraus, er hat auch einmal im Monat mit der erweiterten Geschäftsführung einen Termin, da sind die Hauptgeschäftsführer, das findet immer in Stuttgart statt. Dort gibt es wesentliche Themen, die dann auch gespiegelt werden in den Bezirk und in diesem Gremium, in dieser Bezirkskonferenz, da kriegen wir mit, was sozusagen der Hauptgeschäftsführung in Stuttgart wichtig ist.
>
> *I:* Da kommt dann ein Vertreter aus diesem Stuttgarter/
>
> *GF:* Nein, das ist der Herr (Name BGF) selber. Der ist auch Teil dieser erweiterten Geschäftsführung als Bezirksgeschäftsführer und hat sowohl das Gremium dann in Stuttgart erlebt und kann dann uns im O-Ton berichten, was in Stuttgart wichtig ist für uns.

Die organisationale Peergroup des GF bilden die Klinikgeschäftsführer der anderen Häuser des Konzerns („wir Klinikgeschäftsführer"). Der Bezug zum eigenen Haus ist an dieser Stelle kaum vorhanden, er ist nicht etwa als Klinikgeschäftsführer *seines Hauses* übergeordnet eingebunden, sondern bewegt sich ganz selbstverständlich auf einer Ebene zwischen Haus und Konzernspitze. Hierarchie und Struktur setzen sich oberhalb des Hauses nahtlos fort, noch nicht einmal der Modus der monatlichen Treffen ändert sich. Obwohl es uns an dieser Stelle um das Management des Hauses geht, ist für dessen Zusammenarbeit in der Praxis die Orientierung des Geschäftsführers von großer Bedeutung. Es zeigt sich, dass die dem Haus übergeordneten Strukturen nicht nur formal existieren und an der einen oder anderen Stelle aufscheinen, sondern maßgeblich den Orientierungsrahmen des Geschäftsführers prägen. Er fühlt sich auf einer gemeinsamen Ebene mit den Klinikgeschäftsführern seines Bezirks („wir Geschäftsführer" und „mein Vorgesetzter") und bewegt sich als einer von ihnen. Auf der einen Seite tritt für ihn der Sitz der Konzernspitze als „O-Ton" vermittelt durch seinen Vorgesetzten auf – wie das Haus auf der anderen Seite auftritt und wie er sich selbst darin verortet, sehen wir in der Fortführung der Interview-Sequenz. Hier werden unterschiedliche Strukturebenen („Bezirksstruktur" vs. „Hausstruktur") voneinander abgegrenzt. Indem der GF die eigene Hausstruktur vor dem Horizont anderer Häuser des Konzerns erläutert, reproduziert sich diese Orientierung.

Interviewer: Ja, okay, und dann sind Sie/ treffen Sie sich hier in diesen 5 oder 6 Kliniken.

GF: Genau, wir treffen uns in der Bezirksstruktur, genau, und ich kann wiederum das, was ich in den Bezirkstreffen erfahren habe, dann hier in meine Hausstruktur übertragen. Und da gibt es eine Geschäftsleitung, die setzt sich zusammen aus dem Doktor (Name ÄD) als ärztlicher Direktor, der Frau (Name PDL), Pflegedienstleitung, und meiner Person, weil ich ja letztes Endes in Funktion/ Doppelfunktion Geschäftsführer als auch Verwaltungsleiter tätig bin. Also es gibt manche größeren Häuser, da könnte es theoretisch sein, dass man da noch einen kaufmännischen Leiter hat oder einen Verwaltungsleiter und dann eben noch einen allein verantwortlichen Geschäftsführer oben drüber. In größeren Häusern, ich habe ja diese Geschäftsleitungssitzung auch in (Stadt 1) durchgeführt, aber auch in (Stadt 2), aber (Stadt 1) ist ja größer, da kann es dann sein, dass dort mehrere Teilnehmer noch dabei sind. Da war dann das Controlling häufig dabei, die Personalabteilung oder auch mehr als nur ein Arzt, also zum Beispiel der ärztliche Direktor und sein Stellvertreter und so weiter, um einfach eine größere Gruppe an den Tisch zu kriegen. Hier machen wir das nur zu dritt und in der Regel tagen wir in dieser Dreierkonstellation einmal im Monat, müssen das aber letztes Endes gar nicht so stringent und starr durchziehen, weil wir hier in (Name Klinikstandort) sehr, sehr kurze Wege haben und relevante Dinge eigentlich sofort besprechen. Also wir machen/

I: Ja, ich sehe schon, die Büros sind/

> *GF:* ich würde mal sagen, ja, so alle, sagen wir mal, offiziell treffen wir uns vielleicht alle zwei, drei Monate mal. Aber wir treffen, wir unterhalten uns ständig.

Der Modus des monatlichen Treffens bildet sich auch auf der Haus-Ebene ab, wobei dies eher ein Artefakt der Konzernstruktur zu sein scheint, auf das aber dennoch von allen Mitgliedern der GL Bezug genommen wird. In der Praxis läuft es auf unregelmäßige „offizielle" Treffen hinaus und eine ansonsten „ständige" Kommunikation mit „sehr kurzen Wegen", die mit dem monatlichen Turnus eigentlich gar nichts mehr zu tun hat. Dennoch zeigt sich, wie der Konzern in seinen Strukturvorgaben selbst dort präsent ist – wenn auch verhältnismäßig schwach („treffen wir uns vielleicht alle zwei, drei Monate mal") –, wo die Praxis bereits eine ganz andere ist. Der GF markiert allerdings seinen Handlungsspielraum, indem er die Konzernvorgaben als „starr" verwirft und sein Haus als eines mit besonders guter, schneller und unkomplizierter Kommunikation rahmt.

Die Verbindung der beiden Strukturebenen wird ebenfalls deutlich: Was der GF auf Ebene der Bezirksstruktur erfährt, kann in die Hausstruktur übertragen werden – und (erst) hier kommt die „Geschäftsleitung" ins Spiel. Diese besteht, wie bereits aus den anderen Interviews hervorgegangen ist, aus dem ÄD, der PDL und ihm selbst. Interessant ist hierbei, dass die Geschäftsleitung in den Ausführungen des GF eher zufällig eine Trias ist, weil er zum einen in „Doppelfunktion" sowohl Geschäftsführer als auch Verwaltungsleiter ist und zum anderen aufgrund der kleinen Größe des Hauses. Überdies aktualisiert sich der Orientierungsrahmen des GF, indem er bei der Beschreibung der Ebene der Hausstruktur argumentativ nicht innerhalb des eigenen Hauses bleibt (wie es zunächst durch die Schilderung seiner Doppelfunktion der Fall ist), sondern sofort den Vergleich mit anderen Hausstrukturen, mit denen er selbst auch Erfahrung hat, anstellt.

Die nachfolgende Sequenz gibt noch einmal Aufschluss über die Doppelfunktion als Geschäftsführer und als Verwaltungsleiter.

> *Interviewer:* Können Sie nochmal, also wenn Sie jetzt hier diese Doppelfunktion als Geschäftsführer und als Verwaltungsleiter haben, können Sie nochmal diese beiden Rollen beschreiben oder ist das/ also wie handhaben Sie das? Ist ja in einigen Häusern strikt getrennt, in anderen vielleicht gar nicht.
>
> *GF:* Ja, also hier geht das eine direkt ins andere über. Also ich würde mich jetzt, bin sehr selten fühle ich mich jetzt in dieser Funktion als nur als Verwaltungsleiter aufzutreten, eigentlich nur dann, wenn ich eine Abteilungssitzung durchführe mit meinen Verwaltungskollegen aus der IT, aus der Technik, aus dem Personalbereich und so weiter. Da bin ich eigentlich der einzige, das einzige Mal im Monat nur Verwaltungsleiter. Sonst bin ich als Geschäftsführer Chef des Hauses und vertrete alle nach außen. Also da gibt es eigentlich auch keinen Zielkonflikt innerlich.

Während der ärztliche Direktor klar zwischen dieser Rolle und seiner Rolle als Chefarzt unterscheiden kann, geht bei dem Geschäftsführer „das eine direkt ins andere über". Da er ja beides *ist*, stellt sich die Frage nach Rollenzuweisung und Rollenübernahme, also wann er welche Rolle einnimmt oder zugewiesen bekommt. Letzteres kann von Seiten der PDL und des ÄD beantwortet werden: Er wird an keiner Stelle der Interviews als Verwaltungsleiter wahrgenommen. Dies deckt sich mit seiner Selbstwahrnehmung. Er *ist* fast immer (als Gegenstück zu: „sehr selten") Geschäftsführer und damit „Chef des Hauses". Einzige Ausnahme ist die Abteilungssitzung mit den „Verwaltungskollegen". Hier tritt er „nur" als Verwaltungsleiter auf, was jedoch mit der Funktion des Abteilungschefs zusammenfällt, womit er letztlich *wieder* als Chef fungiert.

Bei all dem handelt es sich nicht bloß um *formale* Rollenspiele, sondern um *gefühlte* Rollen (er *fühlt* sich als Verwaltungsleiter), zwischen denen es bei ihm *innerlich* zu keinem „Zielkonflikt" komme. Er ist sich also bewusst, dass unterschiedliche Rollen zu innerlichen Konflikten führen können. Da dies bei ihm aber nicht der Fall ist, wird deutlich, welche Logik seine Arbeit als „Chef des Hauses" bestimmt. Denkbar wäre hier etwa, dass er sich als Geschäftsführer nur schwerlich auf eine rein wirtschaftliche Rationalität zurückziehen kann (was als Verwaltungsleiter möglicherweise einfacher ist), da ebenfalls medizinische Belange mit einbezogen werden müssen. Aber dies erscheint unproblematisch, denn *als* Geschäftsführer (die Funktion sieht dies auch so vor) ist er „Chef des Hauses", wodurch sein Verhältnis zum ÄD und zur PDL geklärt ist. Er bildet die alleinige Spitze und vertritt „alle nach außen". Dies deckt sich wiederum mit den Ausführungen der PDL, in denen sie betont, wie wichtig es ist, dass sie nach außen alle „als eins" wahrgenommen werden.

Wenn der GF nun aber derjenige ist, der für diese Außendarstellung zuständig ist, und primär wirtschaftlich orientiert ist, die PDL diese Orientierung kritiklos teilt und auch der ÄD nicht auf Konfrontation geht, dann lässt dies darauf schließen, dass der GF als Chef des Hauses nicht mehr nur *managt*, sondern auch *führt*, sprich Leitdifferenzen *setzt*.[139] Er ist nicht mehr der *primus inter pares*, wie es sich aus Sicht der PDL darstellte, er ist der *primus*.

---

139 „Es [das Management] muss Durchschaubarkeit herstellen, damit es mit den Karten spielen kann, die es selbst offengelegt hat. Und es benötigt Intransparenz, um die Kontrolle darüber zu behalten, wie es seine Kontrolle ausübt: Es darf nicht zeigen, welche Karten es noch in der Hand hat." (Baecker 2011b, S. 302) Diesem Bild folgend wäre der GF ein Kartenspieler (Skat) mit ziemlich gutem Blatt, der die anderen zwar mitspielen lässt (insbesondere die PDL), letztlich aber in den meisten Runden vorgibt, welche Farbe bedient werden muss und am Ende auch die meisten Stiche einfährt. Zugute kommt ihm dabei sicherlich, dass der Konzern in seinem Sinne den Trumpf bestimmt.

Zusammenfassung

Die Pflegedienstleitung, der ärztliche Direktor und der Geschäftsführer/Verwaltungsleiter finden zu einem spannungsarmen Arrangement. Der Geschäftsführer ist Chef des Hauses und verfolgt einen Kurs, der ihn in keinerlei Konflikt mit seiner Rolle als Verwaltungsleiter bringt. Er orientiert sich ohnehin an den Vorgaben des Konzerns, die *peers* sind die Geschäftsführer der anderen Häuser.

Die Doppelrolle des ärztlichen Direktors (ÄD/CA) hingegen birgt Spannungen, die, wie wir gesehen haben, nicht auf triviale Weise zu ‚lösen' sind. Während der GF einfach GF sein und sich ab und zu als VL sehen kann, ohne dabei ‚innerlich' eine Form von Konflikthaftigkeit zu fühlen, spürt der ÄD, dass er „zwischen den Stühlen sitzt" und immer wieder zwischen Haus und Kollegen, zwischen Wirtschaft und Medizin entscheiden und damit diese Differenz *managen* muss. Hier kann nicht eine *einmalige* Lösung gefunden werden – vielmehr aktualisiert sich das Spannungsverhältnis immer wieder neu und kann höchstens beruhigt, nicht aber gelöst werden.

Im Kontrast dazu sieht sich die PDL gar nicht erst in einer Doppelfunktion. Obschon sie neben der Arbeit als PDL („ich hoffe immer 60%") weitere diverse Bereiche zu verantworten hat (vom Müll bis zum Essen), stellt sie dies eher vor einen *Zeit*konflikt als einen *Ziel*konflikt. Auch scheinen die Interessen der Pflege nicht im Konflikt mit denen des GF zu stehen – wenngleich es nach Aussage des Chefarztes für Innere Medizin durchaus Anlässe hierfür gäbe. Im äußersten Fall ist man „nicht immer einer Meinung", wobei die Meinungsunterschiede nicht so groß sind, dass man sich nicht doch auf eine gemeinsame Position einigen kann, die nach außen vertreten wird – denn oberstes Ziel ist es, „immer als eins" wahrgenommen zu werden.[140]

Der bisherige Blick auf das Arrangement dieser Trias lässt sich in aller Kürze folgendermaßen zusammenfassen: Der Geschäftsführer *führt* als alleiniger Chef des Hauses und setzt eine wirtschaftliche Orientierung als Leitdifferenz. Für die Pflegedienstleitung birgt das keine (Rollen-)Konflikte, da sie sich durch Subordination nicht nur fügt, sondern die Orientierung teilt. Gegenwind ist hier nicht zu

---

140 Hier spielt mit Sicherheit auch der Rekrutierungsmodus eine Rolle. Pflegedienstleitungen können innerhalb des Konzerns durch „Talent-Scouting" jung und früh identifiziert und dann entsprechend eingespurt werden. Ärztliche Direktoren hingegen weisen andere Karrieren auf. In aller Regel sind sie nicht nur in *einem* Haus sozialisiert. Der Chefarzt für Innere Medizin in diesem Hause berichtet allerdings, dass seiner Erfahrung nach auch bei den ärztlichen Direktoren „die Vorauswahl eine Rolle spielt" und sie deswegen – selbst wenn sie auf Augenhöhe mit der Geschäftsführung wären – aufgrund „spezieller Charaktereigenschaften" und eines „vorauseilenden Gehorsam[s]" nicht auf Konfrontation mit dem Geschäftsführer gehen.

erwarten. Auch der ärztliche Direktor vermeidet die Konfrontation, obwohl er Rollenkonflikte spürt und immer wieder zwischen Haus und Kollegen vermitteln muss. Er bearbeitet als *Manager* die Vorgaben, die vom Geschäftsführer gesetzt werden.[141]

Außenspannungen

Nachdem wir ein erstes Bild der Dreier-Konstellation aus ÄD, PDL und GF im vorliegenden Fall erhalten haben, werden wir im Folgenden anhand konkreter Themen den Blick auf die spezifische Praxis der Krankenhaus*leitung* richten, die sich aus dem *Zusammenspiel* der ärztlichen und kaufmännischen Leitung sowie der Pflegedirektion (und ggf. weiteren relevanten Managementakteuren) ergibt. Von Bedeutung ist hierbei sowohl, welche Themen überhaupt aufgegriffen werden (besonders im Vergleich zu anderen Krankenhausleitungen) und auf welche Art und Weise diese bearbeitet werden. Mit der Kontexturanalyse gesprochen gilt es im Folgenden (weitergehend) zu rekonstruieren, welche Kontexturen relevant werden, welche Wertigkeiten gelten gelassen werden, welche wiederum vollständig zurückgewiesen werden und welche man sich zu Nutze zu machen weiß. Wir gehen davon aus, dass jedes Krankenhausmanagement sich diesbezüglich unterscheidet, obschon nur eine begrenzte Anzahl unterschiedlicher Typen in der Praxis vorzufinden sind.

Im Folgenden soll dies zunächst anhand der Außenspannungen des Hauses expliziert werden. Mit *Außen*spannungen bezeichnen wird diejenigen Spannungen, bei denen Bezug auf externe Anforderungen an das Krankenhaus genommen wird (beispielsweise Nachbarkrankenhäuser, Stellenmarkt, Krankenkassen, Gesundheitspolitik). Dies ist als heuristische Ordnung zu verstehen,[142] um die vielfältigen Spannungslagen eines Krankenhauses zu ordnen. Dass eine klare Grenze schwer zu bestimmen ist, zeigt sich beispielsweise, wenn ein Chefarzt einen Kassenarztsitz übernimmt, der in den Räumlichkeiten seiner Klinik angesiedelt ist (s.u.), wenn Chefärzte von Einweisern darüber informiert werden, was der Geschäftsführer erfragt hat (s. nachfolgend den Fall der Katharinenstift GmbH), oder wenn (wie im hier vorliegenden Fallbeispiel) die Selbstwahrnehmung als Teil eines *Konzerns* die *Haus*perspektive stellenweise transzendiert.

Drei wichtige Aspekte werden hierbei exemplarisch herausgegriffen. Zunächst wird im Abschnitt „Markt & Konkurrenz" die Reflexion der eigenen Rolle und

---

141 Und führt, mit Baecker (2003b, S. 284) gesprochen, die Differenz wieder in die Organisation ein.

142 Die sich an Rhode (1974) orientiert, wie bereits in der Einleitung (Kapitel I) beschrieben.

Position in der sogenannten Versorgungslandschaft thematisiert. Daran anschließend und in enger Verbindung dazu wird es im Abschnitt „Patienten & Einweiser" um die Perspektive auf die niedergelassenen Ärzte und die potenziellen Patienten gehen. Im dritten Abschnitt gehen wir auf die besonders in Ballungsgebieten unhintergehbare Anforderung einer bewussten strategischen Ausrichtung ein. Besonders bezüglich der Maßnahmen einer strategischen Ausrichtung des Hauses dokumentiert sich nicht nur die spezifische Reflexion der Umwelt (die entsprechende Maßnahmen nahelegt), sondern auch, inwiefern es dem Management möglich ist, hier konkrete Maßnahmen in die Praxis umzusetzen. Gerade in der Umsetzung kommt jenseits der theoretischen Reflexion der Akteure ggf. die Fähigkeit zum Ausdruck, die unterschiedlichsten Interessen der Stakeholder in Beziehung zu setzen und einzubeziehen.

Bevor wir zu den „Innenspannungen" übergehen, werden die Befunde der „Außenspannungen" und deren Relevanz für die Entscheidungsfindung im Krankenhausmanagement kurz zusammengefasst.

Markt & Konkurrenz

Die Wahl betriebswirtschaftlicher Begrifflichkeiten wie *Markt* und *Konkurrenz* mögen auf den einen oder anderen Leser im Kontext des Krankenhauses befremdlich wirken oder als Indiz ökonomischer Überformung des Gesundheitssektors gesehen werden.[143] Empirisch feststellbar ist, dass diese Begrifflichkeiten im Management der von uns untersuchten Krankenhäuser längst zum allgemeinen Sprachgebrauch gehören. Wie auch immer dies zu deuten ist, handelt es sich hierbei letztlich um eine spezifische Perspektive darauf, was üblicherweise und metaphorisch als *Versorgungslandschaft* bezeichnet wird und je nach Krankenhaus sehr unterschiedlich gerahmt wird.[144]

Im Vorfeld der folgenden Sequenz führt der Geschäftsführer aus, welche Kontakt- und Berührungspunkte mit der Stadt und der Kommunalpolitik bestehen. Hier gilt es zum einen, im Rahmen der auf Stadt-Ebene durchgeführten Gesundheitskonferenzen „in geeigneter Form ein bisschen Lobbyarbeit" zu leisten. Zum anderen spricht er mit der Stadt über Kooperationsverträge, „wie wir deren Angestellten schnell und gut medizinisch versorgen können" und Kooperationen mit Sportverei-

---

143 Zu einer kritischen Diskussion der Ökonomisierungsthese s. Vogd (2016).

144 So zeigte sich beispielsweise in unseren Interviews, dass die Geschäftsführer zweier Häuser, die sich im selben Ballungsraum befinden, beide eine „Konkurrenzsituation" erleben, diese aber im einen Fall als „knallhart, knallhart" (Geschäftsführung der Klinik Antonius-Stift) und im anderen Fall als „hervorragende Konkurrenz" (Vorsitzender der Geschäftsführung St.-Joseph-Krankenhaus) betrachten.

nen bzw. Mannschaften, um sich hier als „medizinischer Partner" anzubieten. Die nun folgende Sequenz illustriert nicht nur die Reflexion der „Marktsituation", es wird auch deutlich, dass sich die bereits im vorangegangenen Abschnitt („Selbstverständnis des Managements") rekonstruierte Orientierung des Geschäftsführers am Konzern hier sehr prägnant reproduziert. Auf die Frage nach der Lage in der Stadt antwortet er mithilfe eines Vergleichs mit anderen Häusern des Konzerns in anderen Städten, bevor er schließlich auf die lokalen Besonderheiten eingeht.

Interviewer: Und ist die Marktsituation, jetzt haben Sie gesagt, in manchen Situa/ also in manchen Bereichen scheint das irgendwie scheint sehr gut positioniert zu sein hier?

GF: Mhm (zustimmend)

I: Empfinden Sie das als eng hier in (Name eigener Standort)?

GF: Ja. Also im Verhältnis zu anderen Westgroup-Kliniken sind wir, glaube ich, also wir sind, also ich würde es mal sagen, wir sind am/ das hier, die Situation hier bei uns ist die wettbewerbsintensivste im Vergleich zu allen anderen Westgroup-Kliniken. Also andere Westgroup-Kliniken sind entweder sowieso die größten am Platz, wie zum Beispiel (Stadt 4) oder (Stadt 5). Da gibt es dann Wettbewerber, die sind aber alle kleiner, oder sie sind, wie zum Beispiel in (Stadt 6) oder so, das einzige Haus weit und breit. Das heißt, im Radius von 20 Kilometern gibt es keinen. Ich habe mir mal den Spaß gemacht, ein 10-Kilometerradius um unser Haus zu ziehen und da sind 18 Krankenhäusern. Und alleine im 5-Kilometer-Radius habe ich schon fünf Wettbewerber und wir sind davon das kleinste Haus. Und wenn wir dann trotz dieses hohen Wettbewerbs, dieser Wettbewerbsintensität, einen dermaßen hohen Fallzahlzuwachs haben, dann bedeutet das schon wirklich was. Also die Leute, die Patienten, die bei uns kommen, die müssen bei anderen weggegangen sein. Und deshalb ist natürlich diese Planungsrunde, die da auf uns zukommt, auch so eine Art, ja, auch beobachte ich natürlich auch mit Interesse, weil ich gerne hören würde, wenn die Gerüchte da sagen, im Nachbarkrankenhaus da werden einige Stationen nicht besetzt oder genutzt, was da sozusagen Wahres dran ist. Also bei uns ist es Gott sei Dank genau andersrum.

Der GF rahmt andere Krankenhäuser allgemein als „Wettbewerber", wobei er über den Vergleich mit anderen Häusern des Konzerns die Kernvariablen des Wettbewerbs herausstellt: die Anzahl anderer Krankenhäuser in einem bestimmten Radius um das eigene Haus und die Größe der umliegenden Krankenhäuser im Verhältnis zur eigenen Größe. Daran gemessen erscheint die Ausgangslage seines Hauses besonders ungünstig und maximal wettbewerbsintensiv, da es das *kleinste* Haus unter *vielen* Wettbewerbern ist. Indem der GF dies nun wiederum in Beziehung zum „dermaßen hohen Fallzahlenzuwachs"[145] setzt, wird ein Superlativ der eigenen Leistung

---

145 Dieser wurde bereits zuvor im Interview angesprochen und durch bestimmte strategische Ausrichtungen des Hauses erreicht. Hierzu später mehr.

erzeugt, der auf die folgende Formel zu bringen ist: hohe Wettbewerbsintensität x enormer Fallzahlenzuwachs = Leistung, die „wirklich was bedeutet".

Der Begriff Fallzahlenzuwachs passt dabei in die betriebswirtschaftliche Semantik des Wettbewerbs. Der Patient ist in dieser Logik ein Fall, der gezählt wird und zu bedeutungsvollen, wachsenden Fallzahlen aggregiert werden kann.[146] Besonders deutlich wird daran anschließend die Logik des Wettbewerbs: „Also die Leute, die Patienten, die bei uns kommen, die müssen bei anderen weggegangen sein". Da Krankheit in der Regel nicht erst durch das Krankenhaus erzeugt wird[147] und die Patienten, die aktuell behandelt werden, auch woanders hätten behandelt werden können, erscheint es logisch, dass diese nun in anderen Häusern fehlen. Der ärztliche Direktor, der gleichzeitig Chefarzt für Chirurgie ist, stellt dies in gleicher Weise für seine Abteilung fest, wenn er davon spricht, dass „einfach ein gewisser Verteilungskampf im Gange [ist], der im Moment doch ziemlich heftig ist".

Unter den Bedingungen eines Quasimarkts wird es für den GF sinnvoll und notwendig, die Entwicklungen der anderen Häuser genauestens zu beobachten und zu verfolgen – nicht nur im Nachhinein im Sinne eines informiert Seins über die Versorgungslandschaft, sondern bereits im Gerüchtestadium in Form eines unternehmerischen Antizipierens von „Wachstumsfeldern" (siehe dazu auch den nachfolgenden Abschnitt „Strategische Ausrichtung"). Sollte ein Gerücht verifiziert werden („was da Wahres dran ist"), dass beispielsweise Stationen anderer Kliniken nicht „genutzt" oder „besetzt" werden, kann gehofft werden, weitere Patienten zu übernehmen. Der GF weist hier eine hohe Umwelt-Sensitivität auf (die er mögli-

---

146 Dass Patienten als Fälle gesehen werden, soll hier – auch wenn diese Perspektive u. U. naheliegen mag – nicht prinzipiell als verwerflich angesehen werden. Auch wenn der Chefarzt für Innere Medizin dies als „pervers" bezeichnet, finden sich je nach Berufsgruppe unterschiedliche Formen der Abstraktion des ‚Menschen', von denen die Krankenhäuser gerne angeben, dass sie besonders bei ihnen im Mittelpunkt stünden: Patienten, Fälle, Hüften, Nieren, Menschen,... Die sprachliche Reduktion eines Patienten auf den Teil des Körpers, der den Anlass zur Behandlung gibt (Knie, Hüfte, Niere,...), ist unter Ärzten durchaus üblich.

147 Die Realität zeigt jedoch, dass es auch zu Fehlbehandlung zum Zwecke der Steigerung der Fallzahlen kommt und sich das Angebot somit die eigene Nachfrage schafft. Die Diskussion, ob in Deutschland zu viel operiert wird, ist Teil dieser Problematik. So auch der CA Innere: „Es wird halt in Deutschland viel zu viel operiert, was stimmt. Definitiv ist auch so. Ist auch so. Ist reine Profitgier. Von zwanzig Hüftgelenken, die eingebaut werden in deutschen Krankenhäusern, wahrscheinlich fünfzehn zu viel". Für Hinweise darauf, dass bei steigender Vergütung bestimmte Diagnosen und damit auch die Einrichtung entsprechender Abteilungen ansteigen, vgl. derselbe am Ende des Abschnitts „strategische Ausrichtung". Des Weiteren berichtete uns ein neuer Chefarzt, dass er sich weigerte, eine in dieser Abteilung bisher gängige Praxis der Fehlkodierung/ Fehleinschätzung weiter zu betreiben.

cherweise sogar aufweisen *muss*, um erfolgreich zu sein), indem er die Entwicklung des *Marktes* bereits im Gerüchtestadium berücksichtigt, um umgehend in die noch nicht bestehende Lücke einspringen zu können, sobald sich diese auftut.

Um sich im „Verteilungskampf" möglichst große Anteile zu sichern, können – wie bereits im Vorspann der Sequenz angeführt – Kooperationsverträge mit der Stadt geschlossen und Angebote für die medizinische Betreuung von Sportvereinen ausgesprochen werden. Mit diesen Mitteln soll erwirkt werden, dass sich möglichst viele Patienten für das eigene und nicht für andere Krankenhäuser entscheiden, sie stellen konkrete Handlungsmöglichkeiten dar, die durch die Orientierung an der Versorgungslandschaft *als* Markt eröffnet werden.[148] Im vorliegenden Fall kommt (erschwerend) hinzu, dass der Wettbewerb nicht nur vor Ort ausgetragen werden muss, sondern dass der Konzern darüber hinaus einen internen und damit überregionalen Wettbewerb anregt (z. B. durch Ampelsysteme, die das Erreichen sogenannter ‚medizinischer Ziele' zueinander in Beziehung setzen).

Die Situation des Hauses in einem Umfeld mit hoher Krankenhausdichte wird ebenfalls vom Chefarzt für Innere Medizin (nachfolgend CA genannt) nicht nur wahrgenommen, sondern als *die* Herausforderung angeführt, vor der das Haus derzeit steht. Obschon er im gesamten Interview immer wieder sehr vehement seiner Ablehnung gegenüber der wirtschaftlichen Überformung des Krankenhauses Ausdruck verleiht, teilt er in der folgenden Sequenz die versorgungspolitische Position, dass es zu viele Krankenhäuser gibt. Hier zeigt sich aber auch der Unterschied zum Geschäftsführer. Beide identifizieren zwar prinzipiell die gleichen Variablen im „Wettbewerb" – die Größe des Hauses und die Dichte der Häuser –, der CA rahmt dies aber im Gegensatz zum GF nicht als Wettbewerb (einschließlich der weiteren betriebswirtschaftlichen Semantik, die sich daran anschließt), sondern im Sinne der Versorgung im Verhältnis zur Bevölkerung. Während die Prämisse beim GF lautet, dass alle Patienten versorgt werden, und die Herausforderung darin besteht, dies möglichst im eigenen Haus zu tun, geht der CA von einer Überversorgung der Bevölkerung aus, die zu Recht Schließungen von Krankenhäusern nach sich zieht, wobei die Herausforderung darin besteht, das eigene Haus zu bewahren.

Interviewer: Okay. Was würden Sie denn sagen, sind so die Herausforderungen, vor denen dieses Haus hier steht? Aktuell?

CA Innere: Sich zu behaupten, als ein kleines Haus mit wenig Betten. Wir sind ja/ Wir haben definitiv zu viele Krankenhäuser. Viel zu viele Krankenhäuser. Das auf

---

148 Dies ist nur ein Beispiel unter vielen, die veranschaulichen, inwiefern die Entscheidungsfindung nicht allein von *Personen* abhängt, sondern durch Entscheidungsprogramme (vgl. Luhmann 2000b, S. 256ff.) kanalisiert wird – und wie diese durch ein Management eingeführt und demnach als Managemententscheidungen betrachtet werden können.

jeden Fall. [...] Eine Stadt mit zweihunderttausend Einwohnern braucht nicht fünf Krankenhäuser. Schwachsinn. Sind zwei zu viel. Mindestens zwei zu viel, aber zwei sind es definitiv zu viel. So und da ist natürlich die Frage, welche Krankenhäuser sind natürlich bedroht. Naturgemäß sind es ja immer die kleineren, die man immer zu macht. Als ein großes Haus. Ist häufig auch sinnvoll. Ist gar keine Frage. Ich denke mal, sich weiter zu behaupten ist natürlich schon nicht so einfach. Das Haus läuft gut, wir liegen nicht ungünstig halt. Zwischen (Stadt 1) und (Stadt 2). Die nächsten Krankenhäuser, (Stadt 2-)Zentrum, sind weit weg. Sind genau an der Stadtgrenze. Wir liegen regional nicht schlecht. Haben auch eine ganz gute Auslastung, sodass ich schon glaube, dass es eine Lücke reißen würde, wenn wir jetzt zumachen würde.

Interessant ist an dieser Sequenz die Konstellation aus Affirmation der Spielregeln, Anerkennung einer prinzipiell schwierigen Ausgangsposition in Bezug auf diese Spielregeln bei gleichzeitig prekärem Optimismus. Zunächst sei es aus *versorgungspolitischen* Gründen „Schwachsinn", so viele Krankenhäuser zu betreiben. Einige davon könnten geschlossen werden, ohne dass die Versorgung der Bevölkerung darunter leiden würde. Wichtig ist hierbei, dass es sich nicht um eine ökonomische Argumentation handelt. Die geringe Größe des eigenen Hauses spreche jedoch nicht *für* das eigene Haus – eine Regel („naturgemäß"), die der CA im Großen und Ganzen für sinnvoll erachtet. Auf der anderen Seite befindet sich das Haus in einer günstigen geographischen Lage, „läuft gut" und hat eine „hohe Auslastung". Dieser Antagonismus hält den prekären Status des Hauses aufrecht, bei dem weder klar ist, dass es aufgrund der Größe früher oder später schließen muss, noch gesichert ist, dass es aufgrund der Lage und der „guten Auslastung" auf jeden Fall bestehen bleibt. Auch wenn der CA „glaubt", dass die Schließung des eigenen Hauses Nachteile in der Versorgung der Bevölkerung bedeuten würde („Lücke reißen"), ist dies keine Überlebensgarantie. Eine aktive Bearbeitung der Situation ist aus dieser Perspektive sehr schwer, was nicht zuletzt der Situation geschuldet ist, dass er als CA diese Aufgabe der Geschäftsleitung überlassen kann bzw. muss. Während eine Marktperspektive klare strategische Positionierungen und Maßnahmen nahelegt (beispielsweise Kooperationsverträge und Partnerschaften) und die maximale Wettbewerbsintensität den eigenen Erfolg noch bedeutungsvoller werden lässt, bleibt aus der Perspektive des CA nicht viel mehr, als sich unspezifisch zu „behaupten" bei gleichzeitigem Glauben „glücklich davon zu kommen".

Lediglich die Pflegedienstleitung schätzt die „Lage des Hauses am Markt" problemlos als „sehr gut" ein. Ihre Subordination unter die Logik des GF dokumentiert sich auch hier, indem sie sich an der Fallzahl erfreut, die „steigt, steigt, steigt". Sie bringt den Anstieg allerdings nicht in Zusammenhang mit den aktiven Anstrengungen des GF (s. u.), sondern sieht ihn in einer Angebot/Nachfrage-Logik als bloßen Ausdruck der Qualität und der Harmonie des Hauses.

Interviewer: Wovon hängt das ab, oder was stellt das Haus so gut?

PDL: Die Qualität natürlich, unsere Ärzte, ganz klar, wir haben sehr gute Spezialisten und sehr gute Ärzte, aber auch, ich stehe für die Pflege, ich würde ja jetzt, ja, also für mich ist die Pflege auch ganz wichtig. Wir haben eine sehr schöne kommunikative Art und ein sehr schönes Zusammenspiel von allem. Also die Ärzte, Pflege, alles, es harmonisiert einfach. Und wir werden ja nur bestätigt. Unsere Fallzahl steigt, steigt, steigt, also von daher, man merkt es dann auch.

Bemerkenswert ist an dieser Stelle, dass es für die PDL keinerlei Spannungen zu geben scheint! Weder erzeugt die starke Konkurrenz Spannungen noch das versorgungspolitische Ziel, weitere Häuser zu schließen. Auch die immerzu steigenden Fallzahlen gehen aus ihrer Perspektive nicht zulasten der Mitarbeiter auf Station („es harmonisiert einfach" alles), noch sieht sie die unternehmerischen und riskanten Anstrengungen, die damit verbunden sind (s. u.). Nicht zuletzt der Chefarzt für Innere Medizin würde dieser Perspektive des schönen Zusammenspiels und der Harmonie widersprechen.[149] Die Einschätzung der PDL, die sich vereinfacht mit ‚es ist einfach alles gut' zusammenfassen lässt, kennt keine Spannungen und dementsprechend auch keinen diesbezüglichen Handlungsbedarf. Überspitzt könnte dies so übersetzt werden: Sie freut sich, dass der GF seine unternehmerische Arbeit so gut macht – was aufgrund der Tatsache, dass sie nicht nur in der Kommunikation, sondern auch in ihren Ansichten mit ihm harmoniert, als Erfolg eines schönen Zusammenspiels verbucht werden kann und die Situation auf Station ausblendet.

Patienten & Einweiser

Wir haben zuvor Einblicke gewinnen können, wie sich die *Versorgungslandschaft* aus Perspektive des konkreten Hauses darstellt. Der Vergleich mit anderen Häusern zeigt, dass diese Wahrnehmung variieren kann, oder dass bei gleicher Wahrnehmung ganz unterschiedliche Handlungsoptionen in Erwägung gezogen werden.

Der GF sieht sich und sein Haus in einem intensiven Wettbewerb auf einem Markt um Patienten. In dieser Sichtweise kann – im Gegensatz zum Bild der diffusen Bedrohungssituation des CA Innere – ganz konkret nach Mitteln und Wegen gesucht werden, um möglichst viele Patienten ins eigene Haus zu holen. Auch der ärztliche Direktor sieht einen „Verteilungskampf" um Patienten und teilt die Einschätzung des GF, dass eine wenig beeinflussbare *Anzahl* bestehender Patienten

---

149 So formuliert der Chefarzt im Interview etwa: „Der vorherige Geschäftsführer [derjenige, an dem sich die PDL orientiert] war teilweise sehr penetrant in seinen Kontakten oder in der Durchsetzung seiner Wünsche [...]. Mit der kleinsten Kleinigkeit wurden Sie in einer Art und Weise genervt. Bis zur Aggression." – Zur Einschätzung des CA Innere der prekären Situation der Pflege auf Station vgl. Fußnote 190.

auf (zu) viele Krankenhäuser verteilt werden muss. Die Handlungsmöglichkeiten, die sich aus solch einer Perspektive für den ÄD ergeben, sind:

> *ÄD:* [...] neben der Aufgabe, die primär wichtig ist, dass man sich um den Patienten und sein Wohlbefinden kümmert, ja, Patientenveranstaltungen machen, Kollegen besuchen, Niedergelassene besuchen, um dann auch sich bekannt zu machen letztendlich.

Diese konkreten Maßnahmen können als typische Bearbeitungsmöglichkeit für den ärztlichen Bereich gesehen werden (siehe hierzu genauer Kapitel IV.1).[150] Neben der Sicherung der Qualität der Behandlung werden die Patienten in Form von Infoveranstaltungen adressiert und die Kollegen bzw. Niedergelassenen in Form von Praxis-Besuchen. Hier gilt es sich bekannt zu machen, um die „Patientenströme", wie sie der GF an anderer Stelle nennt, möglichst in das eigene Haus zu leiten. Die Niedergelassenen, auch *Zu-* bzw. *Einweiser* genannt, stellen dabei *den* maßgeblichen Passagepunkt dar, der entsprechend und folgelogisch in den Fokus der Bearbeitungsbemühungen rückt.[151] Denn „Nichtsdestotrotz ist es halt so, dass man die Niedergelassenen braucht, weil sie sind die Geldgeber, sie sind diejenigen, die die Patienten reingeben", so der Geschäftsführer. Welche Komplexität entsprechende Maßnahmen in Einzelfällen annehmen können, zeigt das folgende Beispiel.[152]

In diesem Beispiel geht es um die geplante Übernahme eines Kassenarztsitzes durch den Chefarzt für Innere Medizin, was der Geschäftsführer als „Coup" bezeichnet. Dies ist besonders in zweierlei Hinsicht interessant: Zum einen mit Blick auf die Schnittstelle zu den Einweisern und als strategische, aber riskante Möglichkeit, im Sinne der Bearbeitung der Umwelt „Patientenströme" und „attraktive Patienten" auf sich „zu vereinigen". Denn „obwohl wir hier eine super Pneumologie haben, [...] die Einweiser schicken uns die [Patienten] halt nicht". Dies verdeutlicht, inwiefern das Haus von den Einweisern und deren Wohlwollen

---

150 Nicht selten veranlassen Geschäftsführer die Ärzte ihrer Häuser gar mit Nachdruck dazu, genau diese Maßnahmen zu ergreifen, bis hin zu konkreten Zielvereinbarungen. Siehe hierzu den Abschnitt „Innenspannungen".

151 Folglich ist das Zu- bzw. Einweisermanagement ein gängiger Begriff im Krankenhausmanagement. Die bereits erwähnten Kooperationsverträge mit der Stadt oder mit Sportvereinen greifen im Vergleich dazu auf einer anderen Ebene. Hier werden potenzielle Kranke über ihre Rolle als Mitglied einer bestimmten Organisation aufgrund von Verträgen auf Organisationsebene gebunden. Ein weiterer Ansatzpunkt, der von einigen Krankenhäusern erkannt wurde, sind die Rettungsdienste, denen mitunter „ein Würstl spendiert wird" (vgl. ärztlicher Direktor des Klinikums Nord).

152 Siehe für ein gänzlich verschiedenes, aber nicht weniger komplexes Beispiel aus Sicht eines Chefarztes für Innere Medizin den Fall Katharinenstift GmbH (Kapitel V.3).

abhängig ist und weshalb gute Qualität und Harmonie innerhalb der Klinik, wie die PDL oben anführt, nicht ausreichen.

Zum anderen ist interessant, inwiefern „der Coup" Medizin und Wirtschaft gleichermaßen positiv zu bedienen vermag – als Indikator dafür, dass wirtschaftliche Interessen durchaus mit medizinischen Interessen vereinbar sein *können*. Diese Annahme gewinnt besonders vor dem Hintergrund an Evidenz, dass der CA auf besonders hemmungslose Weise auf die wirtschaftliche Überformung der Medizin schimpft, aber „den Coup" – ohne ihn freilich so zu nennen – aus eigenem ärztlichen Interesse mitvollzieht.

Betrachten wir zunächst in den Ausführungen des GF, was den *Coup* zum *Coup* macht. Als eine von zwei Seiten scheint die genaue Kenntnis der Zuweiser-Struktur entscheidend zu sein.

> GF: […] und das ist ein riesen Coup für unser Haus, weil dieser Arzt übernimmt einen von 3 fachärztlichen Sitzen, in denen es eine pneumo/ pneumologische Patienten sind. Und keiner der heutigen 3 Sitzinhaber schickt auch nur einen einzigen Patienten in unsere Klinik, weil – der eine Teil sitzt nämlich sehr stark im Süden, da wäre der Weg viel zu weit. Und einer ist zwar ganz hier um die Ecke, ist aber ein alter Katholik und gehört zu den katholischen Kliniken und weist als ehemaliger katholischer Oberarzt, seit 30, 40 Jahren nur in diese (…) in diese Klinik ein. Das heißt, mit dieser Übernahme wird es uns gelingen, dass wir wahrscheinlich mit einem Marktanteil von 20 Prozent aller pneumologischen Patienten hier Fuß fassen können und das ist natürlich äußerst interessant.

Die Betrachtung der Situation als Markt kehrt die Perspektive der Versorgungslandschaft geradewegs um. Im Mittelpunkt steht nun die Versorgung des Krankenhauses mit Patienten, wobei der Kassenarztsitz fachbereichsspezifisch Anteile am Markt sichert. Dadurch ist das Haus nicht länger dem Umstand ausgeliefert, dass die relevanten Arztsitze regional ungünstig liegen, noch muss man nach Mitteln und Wegen suchen, konfessionell geprägte Gewohnheiten zu bearbeiten. In dieser Argumentation plausibilisiert sich auch die Metapher der *Patientenströme*, die in diesem Kontext gebraucht wird, denn ein Teil der betreffenden Patientengruppe kann aufgrund der Übernahme des Kassenarztsitzes durch den CA ganz bequem wie ein Strom ins eigene Haus weitergeleitet werden.

Die zweite Seite, die den *Coup* erst zum *Coup* werden lässt, ist das Risiko der Unternehmung, das sorgsam erkannt und bearbeitet werden will. Denn aus der Erfahrung mit (geplanten) Übernahmen medizinischer Versorgungszentren (MVZ) durch den Konzern weiß der GF, zu welchen Dynamiken dies unter den Einweisern, also den niedergelassenen Ärzten, führen kann. Er weiß, dass es in anderen Kliniken schon zu jahrelangen systematischen Einweisungsboykotten gekommen ist – selbst durch Fachgruppen, die davon gar nicht betroffen sind. Ohne die Interessen der niedergelassenen Ärzte ergründen zu wollen, stellen sich diese als heikle und mit Bedacht zu behandelnde Umwelt dar.

> *GF:* Ja, das Risiko könnte halt sein, wenn die Leute das in den falschen Hals kriegen, dass es heißt, Westgroup übernimmt hier Sitze. Und dann könnten die anderen sagen „ja, wie? Also dann weisen wir hier gar keinen mehr ein." Die könnten uns praktisch den Garaus machen.

Deutlich tritt hier die Rahmung der niedergelassenen Ärzte als existenziell bedeutsam für das Haus hervor. Der GF sieht sich nicht in der Position, in diesem Kontext aus einer überlegenen Machtposition heraus zu handeln. Er muss vielmehr mit der Gefahr rechnen, dass durch die geplante Übernahmeaktion nicht nur pneumologische Patienten ausbleiben, sondern auch, dass Zuweiser dies als Eingriff in ihr Hoheitsgebiet interpretieren – was innerhalb der Marktorientierung des GF ein Ende der Patientenversorgung für das Haus und damit den „Garaus" bedeuten könnte.

Vor diesem Hintergrund wird nun verständlich, warum es sich um einen *Coup* handelt: Er besteht darin, Patientenströme zu sichern, ohne dabei diese Intention zu offenbaren. Die Beteiligten werden vor die Herausforderung gestellt, die Kommunikation nicht dem Zufall zu überlassen, sprich die Gefahren zu antizipieren und sie so zu bearbeiten, dass die Niedergelassenen und die Bevölkerung die Übernahme in den *richtigen* „Hals" bekommen. Strategisch werde dabei auf eine frühzeitige Kommunikation durch den betreffenden Arzt gesetzt, wobei immer wieder betont wird, dass dieser den Sitz *privat* übernimmt, und klargestellt wird, dass der Arzt seine Praxis in den Räumlichkeiten der Klinik eröffnet und nicht die Klinik eine Praxis eröffnet. „Und da, so könnte, hoffe ich, klappt es (lacht). Wir werden es sehen". Der GF weiß, dass die skizzierte Situation ein bearbeitbares, aber keineswegs vollständig kontrollierbares Risiko darstellt. Dennoch geht er es ein. Hierin dokumentiert sich ein Charakteristikum des GF und im Kontext des Management-Arrangements auch etwas Haustypisches: durch risikoreiche Strategien, die erfolgreich umgesetzt werden, wird das Haus erfolgreich geführt. Bevor wir dies an einem weiteren Beispiel nachvollziehen (siehe nachfolgend „strategische Ausrichtung"), werden wir uns in dieser Sache noch mit der Perspektive des betreffenden Chefarztes auseinandersetzen.

Wie bereits erwähnt, ist dieser im Allgemeinen sehr kritisch gegenüber Geschäftsführern und dem Geschäftsführer, unter dem der Coup durchgeführt worden ist, im Besonderen.[153] Zum Zeitpunkt des Interviews hat der CA den Kassenarztsitz

---

153 CA Innere: „Jetzt momentan haben wir eine Geschäftsführerin [Anm.: Interview entstand *nach* dem Personalwechsel in der GF], die ich sehr schätze, muss ich sagen, die aus dem Personalwesen kommt, die halt nicht aus der BWL-Riege kommt, sondern aus

bereits erfolgreich übernommen. Wirtschaftliche und medizinische Interessen stehen hier nicht im Gegensatz zueinander, weshalb ein und dieselbe Maßnahme sowohl aus Perspektive des Geschäftsführers als auch aus Perspektive des Chefarztes unabhängig voneinander positiv bewertet werden kann.[154]

Nachdem der CA im Interview kurz die Unterschiede zur „Ermächtigung zur Teilnahme an der vertragsärztlichen Versorgung" skizziert, innerhalb derer bestimmte Chefärzte oder leitende Ärzte bei Sonderbedarf auf Antrag ambulante Untersuchungen durchführen können, erläutert er die formale Einbindung ins Krankenhaus sowie das Verhältnis zu ihm. Dass er hierbei auf die Weise kommuniziert wie vom GF angedacht, darf nicht dahingehend missverstanden werden, dass er als Handlanger des GF genau dessen Kommunikationsplan ausführt. Aus dem Gesamtinterview kann auf eine allgemein Konzern-kritische Grundhaltung geschlossen werden. Eine Distanzierung im Sinne der folgenden Sequenz kann somit vielmehr als Möglichkeit gesehen werden, wie diese im vorliegenden Fall sowohl dem CA als auch dem Konzern respektive dem Haus zugutekommt. Dennoch erscheint sie vor dem Hintergrund der sehr engen Verquickung von Kassenarztsitz und Krankenhaus interessant.

CA Innere: [...] aber ich habe persönlich, also als Privatmann/ Habe ich einen Kassenarztsitz erworben von einem Kollegen, der jetzt in Rente gegangen ist. Das heißt dieser Sitz gehört mir persönlich. Hat nichts mit Westgroup, mit dem Krankenhaus nichts zu tun. Deswegen ist er auch in getrennten Räumen, auch wenn das hier ein Anbau des Krankenhauses ist.

Die Aussage, dass der Kassenarztsitz mit dem Träger nichts „zu tun" hat, mag etwas überspitzt anmuten – vor allem vor dem Hintergrund, dass der GF seiner Aussage nach zwei Millionen Euro in den Umbau investiert hat. Hinzu kommt, dass sich die Räumlichkeiten des Sitzes im Anbau des Krankenhauses befinden. Wenn wir dieses Hintergrundwissen aber ausblenden und rein der Aussage des CA folgen,

---

dem Personalwesen. Die Personaler, mein persönlicher Eindruck, der letzten zwanzig Jahre sind meistens etwas angenehmer, als die die aus dem Controlling kommen. Die reinen Zahlenspieler sind unerträglich. Unerträglich. Die aus dem Personalwesen kommen sind meistens ein bisschen humaner und ein bisschen menschlicher. Komme ich sehr gut damit klar. Die jetzige Geschäftsführerin, die kommt aus dem Personalwesen. Merkt man ihr auch an." Dies darf auch als Fußnote zur von der PDL bereits erwähnten „Harmonie" gelesen werden.

154 Es sei noch einmal darauf verwiesen, dass die medizinische Logik nicht mit der ärztlichen Logik (als Verbundkontextur) gleichzusetzen ist! Gleiches gilt für die die wirtschaftliche Logik und die Logik des Geschäftsführers. Hierzu findet sich auch eine Bemerkung in der Zusammenfassung der Arrangements (Kapitel V.6)

müssen wir vielmehr annehmen, das sich der CA *trotz* der engen Verbindung zwischen Krankenhaus und Kassenarztsitz zumindest in Teilen gänzlich unabhängig vom Konzern machen kann, wobei er in ein geschäftliches Verhältnis zu diesem tritt und gegen Entgelt die Infrastruktur des Hauses nutzt. Er erhält somit ein Hoheitsgebiet, auf dem er nicht mehr der Leitung des seiner Ansicht nach zu betriebswirtschaftlich geführten Krankenhauses untersteht. Dies hat für ihn auch sehr konkrete medizinische Vorteile.

> *CA Innere:* Versetzt mich halt in zwei sehr angenehme Situationen. Zum einen kann ich mein Fach ambulant/ Pneumologie ist überwiegend ambulant, es gibt kaum Gründe, warum ein pneumologischer Patient stationär liegen sollte, außer bei schwersten Erkrankungen. […] Und das könnte ich sonst nicht ausüben. […] Und, davon abgesehen, mache ich es auch gern. Und, verschafft mir halt die komfortable Situation, dass ich halt ein Fachgebiet für mich eigenständig ausüben kann. Kann trotzdem Patienten, wenn sie schwerer erkranken, stationäre Behandlung bedürfen, kann ich sie weiter betreuen. Also in meiner eigenen Abteilung. Für die Patienten auch nicht unangenehm. Umgekehrt hinterher auch. Können von mir weiterbetreut werden. Das ist letztendlich/ Klar ich profitiere sicherlich davon, von der Situation, dass ich ein Teil des Krankenhauses nutzen kann. Klar gegen Entgelt. Ich zahle dafür. […] Und andererseits profitiert das Krankenhaus sicherlich auch davon. Denn halt meine Patienten, wenn sie halt stationär betreut werden oder müssten, die Wahrscheinlichkeit ja unheimlich hoch ist, dass natürlich auch jemand hier machen würde. Dass ich jetzt ins Kreis-Krankenhaus gehe. Da hat ein Krankenhaus einen Vorteil stationäre Patienten sicherlich mehr zu bekommen. Und ich habe halt den Vorteil, dass ich eine gewisse Unabhängigkeit schaffe.

Der Chefarzt präsentiert sich hier als Professioneller, der die Ausführung der medizinischen Behandlung als höchsten Wert begreift und zusätzlich Autonomie anstrebt. Damit erhält der Kassenarztsitz eine grundlegend andere Bedeutung als in den Ausführungen des Geschäftsführers. Während letzterer die Steigerung von Leistungszahlen ansteuert und dabei die Umwelt des Krankenhauses in den Blick nimmt, fokussiert der CA das Krankenhaus respektive die eingenommene Krankenhausarztrolle, die als Beschränkung wahrgenommen wird. Das zu bearbeitende Problem liegt für den Geschäftsführer in der Logik der Niedergelassenen (Krankenhausumwelt). Für den Chefarzt für Innere Medizin besteht das Problem in der krankenhausinternen Tätigkeit. Durch die Doppelfunktion Chefarzt/ niedergelassener Arzt sollen zusätzliche Behandlungsformen ermöglicht und Autonomie gegenüber dem Krankenhaus bzw. Träger durch partielle Entkoppelung erreicht werden.

Obwohl die Orientierungen des Geschäftsführers aus der Sicht des Chefarztes prinzipiell einen negativen Gegenhorizont darstellen, entsteht über den Kassenarztsitz ein funktionierendes Arrangement zwischen Geschäftsführer und Chefarzt.

Sowohl die Erzählung des Geschäftsführers als wirtschaftlicher Unternehmer, der einen „Coup" durchführt, als auch die Geschichte des Chefarztes, der neue Freiheiten gewinnt, können in Bezug auf den Kassenarztsitz sinnhaft gebildet werden. Die beiden Perspektiven treten dabei in kein Spannungsverhältnis zueinander, da der Chefarzt die vom Geschäftsführer gewünschte Differenz zwischen Kassenarztsitz und Träger/Krankenhaus reproduziert. Allerdings nicht, um eine „Außendarstellung" zu konstruieren, die mögliche Sanktionen verhindern soll, sondern weil er der expliziten Trennung zwischen Krankenhaus und Kassenarztsitz aus eigenem ärztlichen/professionellen Interesse einen positiven Wert zuschreibt.[155]

Strategische Ausrichtung

Wir haben bisher gesehen, wie in diesem Fall beispielhaft verschiedene Umwelten unterschiedlich wahrgenommen werden und wie sich hieraus entsprechende *spezifische* Handlungs- und Bearbeitungsmöglichkeiten ergeben, die in einem anderen Haus möglicherweise oder besser: höchstwahrscheinlich anders darstellen würden. Wir haben auch gesehen, dass unterschiedliche Handlungslogiken nicht zwangsweise im Widerspruch zueinander stehen müssen. Auch wenn gerade Wirtschaft und Medizin die für das Krankenhaus charakteristische Konfliktlinie bilden, die von einem Management bearbeitet werden muss, so bedeutet das nicht automatisch, dass es nicht auch zu Arrangements kommen kann, in denen sich oftmals konkurrierende Sichtweisen auf eine gemeinsame Richtung einstellen.[156]

In diesem Abschnitt werden einige Themen, die bisher aus Gründen der Anschaulichkeit separat verhandelt wurden, in mehrerlei Hinsicht zusammengeführt. Am Beispiel des Aufbaus eines Linksherzkathetermessplatzes (LHKM) verdeutlicht sich anhand der komplexen Verschachtelung unterschiedlicher Referenzen und Handlungslogiken (mit der wir in der Praxis immer zu rechnen haben), was unter Entscheidungsfindung im Krankenhausmanagement zu verstehen ist. Es handelt sich im systemtheoretischen Sinne – wie in der Einleitung dieses Buches beschrieben – nicht um einen solitären Akt des einmaligen Entscheidens, der selbstlaufende Prozesse nach sich zieht. Vielmehr geht es um das Treffen von Unterscheidungen,

---

155 Beide, sowohl der Geschäftsführer als auch der Chefarzt bezeichnen eine solche engere Verzahnung von ambulantem und stationärem Sektor als „die Zukunft", die auch vom Gesetzgeber so angedacht sei. So bewerten beide auch Honorar- und Belegärzte als positiv. Siehe als Vergleich hierzu den Fall des St.-Joseph-Krankenhauses (V.4): hier ist man bereits weiter fortgeschritten in der strategischen Verfolgung des Ziels der engeren Verzahnung der Sektoren und es werden ebenfalls wirtschaftliche wie medizinische Gründe für diese Verzahnung angeführt.

156 In der Kontexturanalyse formuliert hieße das, dass einem Ereignis in zwei Kontexturen *jeweils* ein positiver Wert zugewiesen werden kann.

das Setzen von Differenzen, was wiederum Anschlussentscheidungen notwendig macht. So zeigt sich auch im folgenden Beispiel, dass die Entscheidung des Aufbaus eines LHKM *als strategische Entscheidung eines Geschäftsführers* bereits eine Fülle wiederum selbst voraussetzungsreicher Vorentscheidungen und etablierter Unterscheidungen verlangt – beispielsweise das spezifische Arrangement in der „Trias", das dem GF erlaubt, bestimmte Setzungen vorzunehmen, ohne mit Gegenwind vom ÄD oder der PDL rechnen zu müssen. Zudem wird deutlich, dass diese strategische Entscheidung als *strategische* Entscheidung nur unter einer bestimmten Reflexionsperspektive auf das Haus und die Umwelt getroffen werden kann, und dass sie, wenn einmal erfolgreich (d. h. anschlussfähig) getroffen, eine Fülle von Anschlussentscheidungen notwendig macht. So schließt die Entscheidung für den Aufbau eines LHKM zwar andere Optionen aus, baut im Wesentlichen aber diese reduzierte Komplexität an anderer Stelle wieder auf, da nun neue Entscheidungen in Hinblick auf den Konzern (der das Geld für die Unternehmung vorschießt), die Krankenhausärzte (die hierfür gewonnen werden müssen), die Krankenkassen (die das sehr kritisch beäugen) und die Niedergelassenen (die die Patienten einweisen) notwendig werden. Das nun folgende Beispiel kann als typischer Fall für das besagte Krankenhaus und die Orientierung des GF gesehen werden. Der Aufbau eines anderen Fachbereichs im gleichen Haus weist in vielen Punkten eine sehr ähnliche Struktur auf und hätte in gleicher Weise als Beispiel dienen können. Die Interpretationen sollen zugunsten längerer Interviewauszüge kurz gehalten werden und sich lediglich auf die Rekonstruktion der Reflexionsverhältnisse beschränken, die die hier spezifischen Entscheidungen plausibel werden lassen.

> *GF*: […] also wir, dieses Haus wächst deutlich über Branchendurchschnitt. Dieses Haus, also hier Klinikum Mitte ist das Haus, was in der gesamten Westgroup-Klinikengruppe im letzten Jahr am stärksten gewachsen ist mit 13 Prozent Fallzahlen. Der Durchschnitt wächst vielleicht 2 oder 3 Prozent per anno und da sind wir weit, weit, weit bester im, was die Wachstumszahlen angeht.
>
> *I*: War das so vorauszusehen und oder womit hängt das zusammen?
>
> *GF*: Das hängt damit zusammen, dass ich zum Beispiel strategisch die Entscheidung getroffen habe vor etwa drei Jahren oder vor zwei Jahren, einen Linksherzkatheter-Messplatz aufzubauen und habe dort mit externen kardiologischen Partnern hier Verträge geschlossen, die zu diesem Fallzahlwachstum geführt haben, aber auch in der Gynäkologie haben wir uns von einem Chefarzt getrennt und den durch einen neuen ersetzt und der neue zieht unheimlich Patienten.
>
> *I*: Aha, das heißt, Sie haben, also Patientenzuwachs eben durch diese beiden/
>
> *GF*: Durch Austausch, genau, hauptsächlich durch diese Maßnahmen, ja. Weil das ist eine Entscheidung, die hier, die der Geschäftsführer trifft, theoretisch auch im Beisein mit seinen Chefärzten und dann tauschen wir uns aus, wo sind zum Beispiel Wachstumsfelder und wo lohnt es sich, zu investieren.

Zunächst erfolgt wieder die Einordnung in den Träger-Kontext, wobei die Wachstumszahlen der Häuser im trägerinternen Vergleich betrachtet werden. In diesem *internen* Wettbewerb (im Verhältnis zum oben beschriebenen *externen* Wettbewerb) kann sich der GF mit seinem Haus überdurchschnittlicher Leistungen erfreuen („weit, weit, weit bester"). *Wachstum* als Vergleichsdimension für Krankenhäuser heranzuziehen, erscheint in Bezug auf einen wirtschaftlich orientierten Träger-Konzern sinnvoll, was den GF nicht stört, da er diese Orientierung teilt und daran gemessen äußerst erfolgreich ist. Der Erfolg wird im Folgenden dem eigenen Handeln zugerechnet. Der GF bezeichnet die Entscheidung zum LHKM einerseits als *strategische* Entscheidung mit dem Ziel „Fallzahlwachstum". Andererseits zieht er sie nur als *ein* „Beispiel" für Maßnahmen zum Wachstum heran. Das Fallzahlenwachstum kann also als betriebswirtschaftliche Gesamtstrategie verstanden werden, unter die sich viele strategische Entscheidungen subsumieren lassen – so auch das „Ersetzen" des gynäkologischen Chefarztes, der nun „unheimlich Patienten zieht".[157] Der Modus der Entscheidungsfindung deckt sich nun auch mit dem, was wir eingangs rekonstruiert haben. Der GF trifft die Entscheidungen – *theoretisch* auch im Beisein *seiner* Chefärzte. Er setzt die betriebswirtschaftliche Leitdifferenz des Wachstums, wobei die Chefärzte dahingehend beraten, *wo* am besten investiert werden soll und wo „Wachstumsfelder" identifiziert werden können.

Wie die Investition in ein solches Wachstumsfeld und die Bearbeitung dessen konkret aussehen, wird am Beispiel des LHKM deutlich. Die folgenden Interviewsequenzen folgen aufeinander und geben einen Einblick in das strategische Geschick des Geschäftsführers.

> *GF:* Ähnliche Situation war die Entwicklung des Linksherzkatheter-Messplatzes. Auch hier unternehmerisches Risiko, diese Investition hat etwa so anderthalb Millionen Euro gekostet. Habe ich gesagt, okay, auf der einen, also die Idee ist geboren, weil wir festgestellt haben, die Innere Medizin speist sich eigentlich dem Grunde nach aus drei Säulen bei uns im Haus. Einmal die Gastroenterologie, die Pneumologie und die Kardiologie. Da könnte man natürlich auch noch weitere internistische Subdisziplinen erwähnen, aber diese drei sind sozusagen traditionell recht gut besetzt. In der Kardiologie allerdings hatte ich, obwohl hier die Epidemiologie ja sagt, dass die

---

157 Dass das Ersetzen des gynäkologischen Chefarztes einer betriebswirtschaftlichen Gesamtstrategie zugerechnet werden kann, schließt nicht aus, dass dies auch eine medizinisch sinnvolle Entscheidung gewesen ist. Wenn die betriebswirtschaftlich motivierte Entscheidung ebenfalls aus medizinischer Sicht als sinnvoll erachtet werden kann, ist mit weniger nachgelagerten, internen Spannungen zu rechnen, die sonst zu bearbeiten gewesen wären. Wenn der Geschäftsführer darum weiß, kann so möglicherweise die Entscheidung sogar ohne Rekurs auf die betriebswirtschaftliche Logik oder die Autorität der Hierarchie kommuniziert werden.

kardiologischen und insgesamt Herz-Kreislauf-Erkrankungen stark zunehmen werden, war unterentwickelt. Wir hatten hier nur 70, 80 Koronarographien in diesem Haus. Und dann habe ich gehört, dass in (nahegelegene Stadt) ein Linksherzkatheter-Messplatz ausgetauscht wird und der alte, der sechs Jahre alt war, würde ausrangiert werden und der sollte auf den Müll oder irgendwie verkauft werden. Da habe ich gesagt „den nehme ich." Dafür haben ich dann aber eben anderthalb Millionen Euro aufnehmen müssen, letzten Endes investieren müssen, um das umzubauen. Dann haben wir das Gerät hierher geholt und das geht natürlich nur, wenn man in Vorleistung tritt. Meine Vorleistung war/ ein Gerät einer solchen Kategorie ist ausgelastet, wenn man circa 1.000 Patienten im Jahr hat. So, und mit meinen 70, 80 war ich natürlich weit von entfernt. Also bin ich mit Niedergelassenen ins Gespräch gegangen und habe hier die ganzen Kardiologen angerufen in (Standort), (Nachbarstadt 1), (Nachbarstadt 2), (Nachbarstadt 3).

Hier erwähnt der GF, wie er sich medizinische Informationen für die unternehmerische Ausrichtung des Krankenhauses zu Nutze macht. Zunächst sondiert er die Grundausrichtung des Hauses („drei Säulen") und stellt fest, dass gerade die Säule „unterentwickelt" ist, bei der aufgrund epidemiologischer Befunde zukünftig eine starke Nachfrage zu erwarten ist. So identifiziert er ein Wachstumsfeld, in welches er durch „wirtschaftliches Risiko" einsteigen kann. Die Argumentation der Marktlogik grenzt sich hier von einer möglichen Logik der Versorgungslandschaft ab. Nicht eine mögliche Unterversorgung der Patienten wird befürchtet, sondern es wird Witterung in Hinblick auf mögliche Marktanteile aufgenommen.

Das unternehmerische Risiko betrifft hier die Investitionskosten von 1,5 Millionen Euro, die über durchgeführte Behandlungen wieder eingespielt werden müssen. Das angestrebte Wachstum von 80 auf 1.000 Patienten im Jahr beträgt etwa 1.250% – nicht zuletzt deshalb plausibilisiert sich die Rede von einem „Risiko". Diese Soll-/Ist-Diskrepanz, die durch das Management in die Organisation eingeführt wurde, wird vom Geschäftsführer selbst bearbeitet und nicht allein an die Ärzte weitergegeben.

Dass die Motivation sämtliche Kardiologen in der Umgebung anzurufen nicht durch die Angst einer Unterversorgung der Bevölkerung angetrieben ist, wird im weiteren Verlauf der Sequenz deutlich.

Interviewer: Wo gibt es dann die nächsten Katheter/

GF: Der nächste ist hier ein Krankenhaus weiter, 700 Meter weiter. Die haben auch 24 Stunden geöffnet ein LHKM.

I: Wird es denn da eng mit der, also in der Marktsituation sozusagen?

GF: Ja, klar, die, ja, genau, also die waren natürlich stinkesauer, als wir das, als plötzlich das Gerücht aufkam, wir bauen so ein Ding. Weil die, ja, die hatten natürlich Verluste von Patienten schon vor Augen, ist ja klar. So, und dann ist mir gelungen innerhalb von ein, zwei Monaten ausreichend Kardiologen zu finden, die mit uns Spaß hätten, interventionelle Kardiologie zu betreiben, wenn wir das Gerät hinstellen. [...] Und dann habe ich so ein paar Niedergelassene gefunden und die kaufen bei uns praktisch Timeslots ein und kathetern hier ambulante und stationäre Patienten. Und das sind in diesem Jahr sind es etwa, im letzten Jahr sind es dann, also aus den 70 wurden im ersten Jahr dann 350 und im zweiten Jahr sind es dann jetzt knapp 700 geworden und in diesem Jahr werden, denke ich, werden wir über 1.000 kommen und damit ist dann die Amortisation des Gerätes gesichert.

Hier dokumentiert sich nun nicht nur die Perspektive der Versorgungslandschaft als Markt, sondern auch ganz entscheidend die sich daraus folgelogisch ergebenden Handlungsmöglichkeiten. Durch das Eingehen unternehmerischer Risiken wird der Wettbewerb aktiv befeuert, indem Behandlungen, die „700 Meter weiter" ebenfalls angeboten werden, aktiv und aggressiv ins eigene Programm überführt und abgeworben werden. Der GF vollzieht die Verlustängste des anderen Hauses zwar nach – nicht zuletzt, weil er diese selbst kennt –, nimmt jedoch keine Rücksicht darauf. Der Wettbewerb wird vielmehr angeheizt. Das Projekt scheint erfolgreich zu verlaufen, da zumindest in den ersten beiden Jahren der erhoffte Fallzahlenzuwachs eingetreten ist und sich der für die „Amortisation des Gerätes" errechnete Zuwachs aller Voraussicht nach einstellen wird.

Nur kurz soll hier zur umfassenden Darstellung der Außenspannungen auch die Referenz auf die Logik der Krankenkassen einbezogen werden. Letztlich müssen diese die anfallenden Behandlungskosten erstatten und haben deswegen ein sorgsames Auge darauf, welche Behandlung von wem durchgeführt wird. Dabei kommt der am stärksten vertretenen Krankenkasse unter den Versicherten der Vorsitz in der Leistungsverhandlung mit den Krankenhäusern zu.

Interviewer: Jetzt, also ich weiß ja irgendwie, dass viele Häuser einfach auch sagen, das ist einfach abgeschöpft unsere Region. Mehr Patienten geht nicht mehr. Wie ist die Lage da hier?

GF: Das ist die Denke auch der Krankenkassen, die dann gesagt haben „ja, Herr (Name GF) schön, dass Sie einen LHKM gebaut haben. Wir in [...] haben keinen Bedarf, denn das [...] Nachbarkrankenhaus hat ja einen Linksherzkatheter-Messplatz." Und dann habe ich gesagt „naja gut, wir werden ja sehen, ob ich das Ding auslasten kann oder nicht". Und dann mussten sie feststellen, dass, obwohl ja angeblich ganz (Standort) abgedeckt sei, mit im Jahr 2014 circa 800 bis 1.000 Patienten mehr auftauchen und das stinkt natürlich den Krankenkassen, die, wie die (Kasse 1) zum Beispiel, in Regionen organisiert sind. Das heißt, den Patienten, die vorher in (Nachbarstadt) ja auch Katheter bekommen haben, auch die dort bezahlt werden mussten, stört nicht den (Kasse 1)-Chef, der von (Nachbarstadt), sondern den (Kasse 1)-Chef von (Standort). [...] also der (Nachbarstadt) freut sich, dass er 1.000 Patienten weniger hat. Hier der ärgert sich, dass er mehr hat. Für eine (Kasse 2) oder für eine (Kasse 3) oder so, für die ist das völlig Jacke wie Hose. Die haben sowieso eine bundeseinheit/ bundesweite

Organisation. Ob der jetzt nun in (Nachbarstadt) oder in (Standort) die Leistung erfahren hat, ist für die egal.

Die Argumentation des GF lässt hier nicht auf Überbehandlung als Mittel zum Fallzahlzuwachs schließen. Vielmehr führt er das Ressentiment der verhandlungsführenden Krankenkasse auf Interessen zurück, die ihrer eigenen internen Organisation geschuldet sind. Der Geschäftsführer hat, ohne dies explizit so zu benennen, eine Umverteilung der Leistungserbringung erwirkt – oder um es in den bereits oben verwendeten Worten zu formulieren: Er hat dafür gesorgt, dass die Patienten in das *eigene* Haus kommen. Der GF muss aber mit einbeziehen, inwiefern er hierbei auch regionale Vorgaben der verhandlungsführenden Krankenkassen überschreitet und ob somit ein Problem für einen Umweltakteur erzeugt wird, auf das er wiederum reagieren muss. Seine Antwort hierauf erfolgt ganz im Sinne der Marktlogik: stimmt die Nachfrage, stimmt das Angebot.

Hinweise darauf, inwiefern die Krankenkassen bzw. vielmehr das spezifische Abrechnungssystem sehr wohl Einfluss auf solche strategischen Entscheidungen haben, erhalten wir durch den CA Innere. Obschon das Abrechnungssystem beansprucht, durch die möglichst genaue Erfassung der Durchschnittskosten einer Behandlung diese kostendeckend abzubilden, scheint es Behandlungen zu geben, die sich – zumindest in der Organisation der Praxis – mehr lohnen als andere.[158]

CA Innere: Warum soll ich nicht mal ein halbes Jahr auf ein Kniegelenk warten? Da kommt doch nix akut. Wenn ich zehn Jahre Problem habe mit dem Knie, dann kann ich auch mal ein halbes Jahr auf eine Abteilung warten. Warum müssen wir in jeder Ecke eine Abteilung haben, die Kniegelenke implantiert? Weil es viel Geld bringt. Warum müssen wir in jedem kleinen Krankenhaus ein Herzkatheter haben? Weil es viel Geld bringt. Und ich wette mit Ihnen, wenn die Krankenkassen morgen sagen, nein, Kniegelenke zahlen wir nur noch ein Drittel. Herzkatheter auch. Was glauben Sie, wie schnell sie die Abteilung zumachen. Dann auf einmal ist das nicht mehr notwendig? Da gibt es überhaupt keine Indikation für einen Katheter? Dann frage ich mich doch, irgendetwas ist doch schief gelaufen. Oder?

Während der CA Innere an anderer Stelle dafür votiert, auch dort eine Regelversorgung vorzuhalten, wo es sich wirtschaftlich nicht lohnt, ist er hier der Meinung, dass die Einführung der zeitlichen Unterscheidung *akut/nicht akut* als Kriterium in die Entscheidung einfließen sollte, was wo vorgehalten wird. Neben der wirtschaftlichen Strategieplanung des Geschäftsführers deuten sich hier Ansätze einer Steuerung der medizinischen Versorgung an, die sich auf die Versorgungslandschaft als Ganzes

---

158 Vergleiche hierzu auch die Aussage des VGF des St.-Joseph-Krankenhauses (V.4), dass Geburten nicht der „Kracher unter den DRG-Vergütungen" seien.

beziehen und daher eher als Meinung denn als konkret für das Haus umsetzbare Strategie stehen bleiben müssen. Das eigene Haus kann sich demgegenüber nicht dem Primat entziehen, auch auf die lukrativen nicht akuten Fälle zu setzen.

Überversorgung besteht vor diesem Hintergrund nicht darin, dass das Angebot größer ist als die Nachfrage. Vielmehr könnte man im Sinne des Garbage Can Modells (Cohen et al. 1972) formulieren, dass hier ein (Über-)Angebot an Lösungen (Herzkatheter oder Kniegelenke) auf der Suche nach Problemen ist. In diesem Szenario macht es sich die Wirtschaft zu Nutze (oder sieht sich aufgrund einer bestimmten Gesundheitspolitik hierzu gereizt), dass die Medizin ein Feld ist, in dem trotz aller Evidenzbasiertheit maßgeblich im Rahmen des Ermessensspielraums professioneller Akteure gehandelt wird. Die von uns geführten Interviews, wie auch der vorliegende Fall geben jedenfalls ernsthafte Hinweise darauf, dass gewisse organisationale Rahmenbedingungen auch bestimmte Diagnose- und Behandlungstendenzen befördern.

Die zuvor nur implizit geäußerte Kritik des CA am eigenen Haus tritt nun deutlich hervor. Während die strategische Entscheidung des Hauses, einen pneumologischen Kassenarztsitz durch einen eigenen Chefarzt zu besetzen, von diesem selbst in Bezug auf die Patientenversorgung und die Ausübung des Fachbereichs legitimiert werden kann, scheint hier deutliche Kritik in allgemeiner Form am ,System' auf. Dabei macht man sich im vorliegenden Haus die unterschiedlichen Systemrationalitäten besonders durch den gewieften Geschäftsführer *par excellence* zu Nutze. Der Begriff *System* ist hier nicht zuletzt deshalb angemessen, weil nicht nur die Wirtschaft im Zentrum der Kritik steht, sondern der Chefarzt über das Problem der Indikationsstellung auch seine eigene Berufsgruppe mit einbezieht, die hier über Konditionierung von Karrieremöglichkeiten stark an die steilen Hierarchien medizinischer Organisationen gebunden sind.[159] Darüber hinaus attestiert er Ärzten im Allgemeinen an mehreren Stellen des Interviews eine berufsgruppenimmanente Obrigkeitshörigkeit.[160] Auch deshalb würde in der Ärzteschaft nicht ausreichend in Opposition zu den Geschäftsführern getreten, um als Gegenpol eine Balancierung der Logiken zu erwirken.

---

159 Siehe zur Beziehung von Entscheidungen und Karrieren im medizinischen Feld auch Vogd (2004d) sowie Vogd (2004c, S. 207ff.).

160 So etwa: „Ich meine, die Anzahl der devoten Mitarbeiter liegt in der Medizin, glaube ich, unglaublich hoch. Und ich meine der Leute, die kritiklos alles hinnehmen und alles ausführen, liegt in der Medizin auch unglaublich hoch. [...] Mediziner sind ein unkritisches Volk, ist ein mieses Volk, muss man dazu sagen. Aber, naja gut, das ist ein anderes Thema."

Zusammenfassung

Bevor wir uns den „Innenspannungen" zuwenden, fassen wir die Befunde bezüglich der „Außenspannungen" und deren Relevanz für die Entscheidungsfindung im Krankenhausmanagement kurz zusammen.

Die Rede vom Markt und der Konkurrenz der Krankenhäuser gehört in all unseren Interviews zum Common Sense. So auch im vorliegenden Fall. Es herrscht Einstimmigkeit in der Einschätzung der Situation, sich als kleines Haus in sehr starker Konkurrenz behaupten zu müssen. Trotz dieses „Verteilungskampfes" (ÄD) agiert man aber bisher erfolgreich. Während die Herausforderung aus Sicht des GF darin besteht, Anteile an einem umkämpften Patientenmarkt zu sichern, liegt sie aus Sicht des CA Innere darin, aufgrund des für ihn berechtigten Abbaus der Überversorgung der Bevölkerung nicht dasjenige Haus zu sein, das aus versorgungspolitischen Gründen geschlossen wird. Der GF orientiert sich darüber hinaus sehr stark an den anderen Häusern des Konzerns und befindet sich damit in einem doppelten Wettbewerb (konzernintern und hausextern).

Werden Patienten als begehrtes Gut auf einem Markt betrachtet, legt dies *weitere* Entscheidungen nahe, beispielsweise Niedergelassene oder Zuweiser als einen *der* zentralen, ja existenziellen Passagenpunkte in der Beeinflussung der „Patientenströme" (GF) anzusehen. Aus der Perspektive des Krankenhauses kehrt die Betrachtung der Versorgungslandschaft als Markt die Situation geradewegs um. Versorgt wird nicht die Bevölkerung mit medizinischen Leistungen, sondern das Krankenhaus mit (vermeintlich) behandlungsbedürftigen Patienten. Illustriert wurde dies am Beispiel des vom GF auf den Weg gebrachten und erfolgreich durchgeführten „Coups", der Übernahme eines Kassenarztsitzes durch den Chefarzt für Innere Medizin, der damit die Organisation an ihrer Grenze „erweitert", um „attraktive Patienten" zu gewinnen. Sehr gut zu beobachten waren hier die Grenzen von Steuerung und Kontrolle. Durch die Übernahme des Kassenarztsitzes werden die Niedergelassenen ‚aufgestört' (vgl. Baecker 2011b), wobei für den GF bis zum tatsächlichen Erfolg des Coups[161] unklar bleibt, ob die dabei entstehenden Dynamiken eingefangen werden können oder nicht („unternehmerisches Risiko", „ob das klappt, werden wir sehen"). Er kann dies nicht *steuern*, sondern lediglich versuchen, die Eigendynamik der Niedergelassenen frühzeitig so zu *stören*, dass der Coup zum Zeitpunkt der Umsetzung angenommen wird. Dabei wird ein weiterer wichtiger Aspekt deutlich: Medizin, Wirtschaft und Politik müssen nicht zwangsweise im Widerspruch zueinander stehen.

---

161 Von dem Erfolg des Coups erfahren wir durch das zeitlich später stattfindende Interview mit dem CA Innere.

Die Umwelt wird vom GF (und damit prägend für das gesamte Management) folglich nicht zuallererst als etwas gerahmt, dem man ausgeliefert ist.[162] Vielmehr werden aktiv Handlungsmomente entwickelt, um selbst zur Variation der Umwelt (auch zu Lasten der anderen) beizutragen. Dies zeigt sich insbesondere an der strategischen Ausrichtung des Hauses. Beispielsweise erhalten alle niedergelassenen Kardiologen im Umkreis Angebote attraktiver „Slots" für interventionelle Kardiologie.

Es scheint geradezu eines der Merkmale des Managements zu sein, *die Selbstbeobachtung, Umwelt für andere zu sein,* in die Organisation einzuführen. Dabei wird antizipiert, ‚was der Patient will', ‚was der Niedergelassene will', ‚was der Rettungsdienst will', aber auch ‚was sie wollen *könnten*', um dies für die eigenen Interessen nutzbar zu machen und bestimmte Variationen gezielt tätigen zu können.[163] Ob dies erfolgreich war oder ist, lässt sich allerdings immer erst im Nachhinein beobachten.

Innenspannungen

Nachdem wir vor dem Hintergrund der spezifischen Managementkonstellation genauer betrachtet haben, wie bestimmte Anforderungen von „außen" durch das Management aufgegriffen und bearbeitet werden, folgt nun als drittes und letztes die Betrachtung der Innenspannungen des Hauses. Hierunter fallen klassischerweise die Zusammenarbeit der verschiedenen Berufsgruppen und die sich hieraus ergebenden Komplikationen sowie die Auseinandersetzung mit Instrumenten der Verwaltung und Bürokratie (beispielsweise Dokumentation und die Anforderungen und Präsenz des DRG-Systems in der Praxis). Wie im vorangegangenen Abschnitt auch geht es immer darum, in welcher Weise spezifische Spannungen *für das Management* relevant bzw. virulent werden und wie damit umgegangen wird.

---

162 Es mag naheliegen, die „Außeneinflüsse" als etwas zu sehen, das sich der Entscheidungsfindung des Managements entzieht. Sie können aber von einem geschickten Management, wie wir es hier vorfinden, als Störungen der Organisation betrachtet werden, für die das Management in der Organisation nicht mehr selbst sorgen muss. Das Management kann darüber hinaus mitunter auch selbst entscheiden, welche Störung als Störung selegiert und in die Organisation eingeführt wird, und ob dies als „Notwendigkeit" kommuniziert wird. Und es kann Störungen für die eigenen Zwecke nutzbar machen (Baecker 2014, S. 301f.), indem es bereits im Vorfeld die passenden Antworten hat. Mehr hierzu im nachfolgenden Abschnitt.

163 Am Beispiel der Patienten-/Niedergelassenenveranstaltungen zum Zweck der Anwerbung von Patienten(strömen) zeigt sich, dass dieses Mittel der Variation für manche Häuser an Nutzen verliert, weil es von allen anderen Krankenhäusern ebenfalls angewandt wird. Siehe den Fall St.-Joseph-Krankenhaus (V.4).

Im vorliegenden Fall wird die neue, in der Pflege sozialisierte Geschäftsführerin andere Themen aufgreifen, d. h. die Komplexität auf andere Weise reduzieren, als es der kaufmännisch geprägte Geschäftsführer in der Sanierungsphase des Hauses getan hat. Abstrakt gesprochen führt das Management diejenigen Variationen und Aufforderungen zur Variation (in Form von Störungen) in die Organisation ein (deren Teil es selbst ist!), von denen sie annimmt, dass sie mit Bezug auf die externen Umwelten der Organisation (wie sie u. a. oben entsprechend beschrieben wurden) funktional sind.[164] „Was immer das Management tut, es setzt eine Störung und markiert dadurch einen Zustand [...] der offenbar eine Antwort verlangt" (Baecker 2011a, S. 92). Dadurch hält es die Organisation in Bewegung und gibt ihr das Gefühl kontrolliert zu sein.[165]

Wie dies genau geschieht und was das für die Praxis bedeuten kann, soll sich nun im Folgenden verdeutlichen. Zunächst werden wir dabei auf das operative Managementinstrument „Führen mit Zielen" zu sprechen kommen und hierbei einen kurzen Blick auf die „monatlichen Zahlen" sowie die „Boni" werfen. Abschließend werden wir dem Einfluss des Konzerns auf das Haus nachgehen. Dass dies im Abschnitt der Innenspannungen abgehandelt wird, verweist auf die bereits aufgeworfene und nicht zuletzt durch die übergreifende Konzernstruktur entstehende Problematik, diesbezüglich noch klar zwischen Innen und Außen trennen zu können. Am Ende steht die Frage, inwiefern hierdurch auch die Identität des Hauses aufgebrochen wird und dies (wenn überhaupt) vielmehr eine Konzern- als eine Hausnarration ermöglicht.

Führen mit Zielen – Steuern von Zahlen

Wie bereits in der Einleitung beschrieben, stellt die Einführung von Soll-/Ist-Differenzen in Organisationen *die* Strategie eines *operational management* dar.[166] Dies

---

164 Siehe für diese Perspektive, die hier und im weiteren Verlauf eingenommen wird, maßgeblich „Management als Störung im System" (Baecker 2011a).

165 „Management, so unser Ausgangspunkt, stört das System, das andernfalls, so die Annahme, einer Eigendynamik folgt, die, wohin sie auch immer führt, in jedem Fall nicht mit der Vermutung kompatibel ist, dass das System einer bewussten Kontrolle unterliegt. Um das System aus seiner Eigendynamik aufzustören, setzt das Management Maßnahmen, als deren Ergebnis der Eindruck entsteht und ausgenutzt werden kann, dass das System kontrolliert wird." (Baecker 2011a, S. 91)

166 Folgerichtig schlägt Baecker in seinen Überlegungen einer *soziologischen* Management-*lehre,* die über die rein *betriebswirtschaftliche* hinausgeht, vor: „Einer der wichtigsten Impulse der hier in ihren Grundgedanken vorgestellten Managementlehre wird es sein, nach funktionalen Äquivalenten für die Leitdifferenz zwischen Ist- und Sollzuständen zu suchen: Welche Funktion erfüllt die Leitdifferenz zwischen Ist- und Sollzuständen

lässt sich auch am vorliegenden Fall beobachten. Zwei in Krankenhäusern gängige Instrumente werden im Folgenden als Beispiel herangezogen. Dass beide Instrumente mit Zahlen arbeiten, ist kein Zufall, sondern kann vielmehr als Ausdruck der Popularität des Mediums der Zahl als Mittel der Komplexitätsreduktion in Organisationen gesehen werden.[167] Beide Beispiele sind Instrumente des übergeordneten Managementkonzepts „Führen mit Zielen" – die weitaus gängigere Formulierung für die Einführung von Soll-/Ist-Differenzen.

Monatliche Zahlen

In allen von uns untersuchten Krankenhäusern wird ein bestimmtes Instrument eingesetzt, um im o. g. Sinne das Gefühl der Kontrolle der Organisation aufrecht zu erhalten. In monatlich stattfindenden Chefarztrunden werden durch das Medizincontrolling erhobene Zahlen – aufgeschlüsselt nach Abteilungen – im Plenum veröffentlicht und diskutiert. Die Anzahl der Fälle und die Fallschwere gehören hierbei zu den gängigen Zahlen, die dadurch zu Maßstäben werden, indem sie im Verlauf mit früheren Zahlen verglichen werden können oder auch mit denen der Kollegen. Bestimmte Zahlen entsprechen somit einer Leistung, die einer Ad-Hoc-Evaluation unter Kollegen und Vorgesetzten ausgesetzt wird. Hier stellt sich natürlich konkret die Frage nach dem Maßstab und der Interpretation der Evaluation, denn auch gleichbleibende Fallzahlen können entweder als Stagnation oder solide Kontinuität gewertet werden. „Führen mit Zielen" stellt hier den entsprechenden ‚Führungsmaßstab' dar, in dessen Rahmen Soll-Zustände definiert und Differenzen zu Ist-Zuständen ausweisbar gemacht werden – wodurch der betreffende Arbeitsbereich bzw. die Abteilung im oben genannten Sinne gestört wird.

> *GF:* […] also eins der Führungsinstrumente ist natürlich der, oder eins unserer Führungsmaßstäbe heißt, Führen mit Zielen. Und nur wenn man Ziele formuliert und auch diese, und den Kollegen dann auch die Ziele, also Zahlen beispielsweise an die Hand gibt, dann sind die auch in der Lage, geführt zu werden beziehungsweise können sich selber auch steuern, also muss man eine Transparenz über die Zahlen haben. Wir wollen wissen, jeder Chefarzt soll wissen, wie viele Patienten er im Augenblick behandelt und ob er zum Beispiel die medizinischen Ziele, also Letalitätsquoten, Komplikationsraten erfüllt hat oder nicht.

---

und welche anderen Differenzen sind denkbar, die dieselbe Funktion unter Umständen kontextsensibler, gegenwartsfreundlicher und mitarbeiter- und kundenorientierter erfüllen?" (Baecker 2003b, S. 243)

167 Vgl. speziell zu diesem Thema im Krankenhausmanagement Feißt und Molzberger (2016).

Sehen wir zunächst davon ab, dass das Führungsinstrument „Führen mit Zielen" hier als alternativlos betrachtet wird, so zeigt sich an den Zielen selbst, dass durch sie Komplexität *spezifisch* reduziert wird. Diese Führungsinstrumente sind keineswegs alternativlos und können somit als Entscheidung dem Management zugerechnet werden. Reformuliert könnte dies lauten: *Wir* wollen (Management-Entscheidung!), dass jeder Chefarzt weiß, wo er *gemessen* an den *von uns* formulierten Maßstäben (bestimmte Ziele, Quoten, Raten) steht. Die Korrektur des eigenen Satzes „Wir wollen wissen, jeder Chefarzt soll wissen" verdeutlicht die Verschachtelung der Führung. Zunächst will das Management über die Arbeit des Chefarztes informiert sein, kann diese aber nicht nachvollziehen.[168] Deswegen wird von der Praxis des Arztes mithilfe von Zahlen, Quoten und Raten abstrahiert und in eine für das Management nachvollziehbare Form gebracht – diese entspricht aber natürlich nicht mehr der Praxis selbst![169] Da das Management nun mit den Chefärzten über deren Praxis ins Gespräch kommen möchte, das Management aber die Praxis nicht verstehen kann, müssen die Chefärzte die Zahlen verstehen. Deswegen *soll* auch jeder Chefarzt wissen, wie viele Patienten er behandelt und ob er die (vom *Management* gesetzten!) medizinischen Ziele erreicht. Er soll somit wissen, *wie* er vom Management betrachtet wird und welche Kriterien dieses zur Einschätzung seiner Arbeit anlegt, die dem Management immer verborgen bleiben muss. Kurzum: jeder Chefarzt soll wissen, was das Management von ihm wissen will.

Daran anschlussfähig ist ein ganz bestimmter Führungsstil, der sich auch in anderen Häusern gezeigt hat. Dem Selbstverständnis des Managements nach wird keineswegs autoritär für Ordnung gesorgt. Ziele (vornehmlich Zahlen) werden formuliert, den Ärzten „an die Hand gegeben"[170] oder – noch unaufdringlicher formuliert – „transparent gemacht". Jede Führung bedarf zwar der Zustimmung des Geführten,[171] aber hier geht es nicht nur darum, dass die Geführten sich führen lassen, sondern darum, dass sie sich selbst führen und zwar anhand der Ziele und

---

168 Erstens, weil sich die Praxis zu guten Teilen implizit vollzieht, also nicht beobachtbar ist, zweitens, ein Beobachten aus Zeitgründen zudem gar nicht möglich wäre und drittens, kaufmännische Akteure beteiligt sind, die ohnehin nur rudimentäre Kenntnisse *der Praxis* der Krankenbehandlung aus Sicht eines behandelnden Arztes haben.

169 Das klingt hier selbstverständlich, wird aber oft verwechselt. Beispielsweise wird beim Thema Qualitätsmanagement oftmals so getan, als sei die *Dokumentation von* Qualität (und auf nichts anderes hat man einen Zugriff) identisch mit der Qualität der Behandlung, denn „the map is not the territory" (Korzybski). Dies darf auch als kritische Anmerkung zu qualitätsorientierten Vergütungssystemen gelesen werden.

170 In einer anderen Klinik sprach der GF davon, die Ärzte „an die Hand zu nehmen [...] hin zum ökonomischen Erfolg" (Molzberger und Vogd 2016, S. 125).

171 Vgl. auch Baecker (2009).

Vorgaben, die von den Führenden gesetzt werden! Es wird auf die Suggestivkraft der Zahl und des Ziels gesetzt. Diese kommen ganz naturgemäß „als Ordnung der Sache, als Vernunft der Verhältnisse" daher, denn „anderenfalls hätten die Beobachter […] Grund genug dem Widerspruch mit Widerspruch zu begegnen und die Störungen zu stören" (Baecker 2011b, S. 89). Dies unterstreicht die Wirkmächtigkeit von Ist-/ Soll-Differenzen sowie eine Bedingung des Gelingens ihrer Setzung. Wurden die Ziele einmal nachvollziehbar gemacht und als alternativlos anerkannt, reicht es, entsprechende Informationen ‚transparent' zu machen, um somit eine vermeintliche Selbststeuerung der anderen durch die eigens gesetzten Ziele zu erreichen.[172] Gleich einem Wasserstrom, dessen Bewegung lediglich von der Aufrechterhaltung eines Gefälles abhängt, ist alles, was dann noch getan werden muss, die Differenz immer wieder rituell (in monatlichen Chefarztsitzungen) aufrecht zu erhalten. Durch ‚Transparenz'[173] und das verständlich-Machen der Zahlen wird ein „gemeinsames Führen" erreicht, wie der GF es an anderer Stelle nennt.

Ein solches *gemeinsames Führen* klingt ebenfalls unter der neuen Geschäftsführerin der Klinik an. Aus ihrer Perspektive liegt das Interesse an der regelmäßigen Präsentation der Zahlen bei den Ärzten selbst. Diese bekommen monatlich die Zahlen des Medizincontrollings automatisch zugestellt, können aber auch „wenn die sagen, ich weiß nicht, wie viele Knie habe ich eigentlich gemacht", jederzeit eine Auswertung anfordern.

Interviewer: Wie schätzen Sie das ein, das Interesse der Ärzte da informiert zu sein?

GF neu: Groß, man merkt natürlich auch, das ist natürlich auch so ein bisschen Wettbewerb unter den Abteilungen, ne? Also dass die natürlich gut dastehen.

I: Das heißt, es gibt irgendwie einen direkten Vergleich?

GF neu: Ja, wir gehen dann jede Abteilung durch und gucken uns das irgendwie an und sagen, da mmh und das ist dann einfach offener Austausch, ne? Dass auch andere Ärzte sagen, ja aber, weiß ich nicht, wenn wir jetzt irgendwie merken Intensivstation, Beatmungsstunden nach oben, auf einmal nach oben und ja wissen Sie, das war mein Patient, der war langzeitbeatmet und so weiter ja das ist einfach ein Miteinander, aber man merkt einfach, dass die sehr, sehr bemüht sind und dass es doch auch so dass sie mal erklären wollen, wenn wir mehr oder weniger, wie gesagt, es geht immer in

---

172 „Führung heißt, auch das Erleben der Geführten und der Führenden kurzzuschließen und sie deshalb übereinstimmend handeln zu lassen, weil sie auch übereinstimmend erleben. Der Führung geht es also um eine geteilte Wirklichkeitsansicht, weil sie glaubt, so zu gemeinsamen Handeln motivieren zu können" (Baecker 2009, S. 37).

173 Der Begriff Transparenz wird hier in Anführungsstriche gesetzt, da die Zahlen und Ziele die Komplexität der Praxis, die zu steuern ist, ausblenden, ebenso wie die alternativen Möglichkeiten, wie und wonach gesteuert werden kann. Der vermeintlich Durchblick der Transparenz impliziert damit immer zugleich ‚Instransparenz' und ‚Nicht-Wissen'.

beide Richtungen, ne? Dass sie sich auch Gedanken machen, wenn man sagt, waren jetzt nicht so viele Patienten, dass die auch sagen, na ja, warum denn eigentlich also das bin ich positiv überrascht.

Die Geschäftsführerin zeigt sich hier „positiv überrascht" über das „Miteinander" und stellt einen „offenen Austausch" fest. Es stimmt, dass die Ärzte Informationen über ihre Arbeit bekommen, allerdings ist nach dem Grund zu fragen, warum sie an diesen interessiert sind. Denn die Auswertungen des Medizincontrollings sind zunächst kein Wunsch der Ärzte, sondern ein Bedürfnis des Managements und die Möglichkeit einen Wettbewerb in Gang zu setzen. Dass dieser Wettbewerb durch das Management gesetzt wird, bleibt unreflektiert. Dadurch kann im Sinne der *Selbstführung* das Interesse an für den Wettbewerb relevanten Parametern den Ärzten zugeschrieben werden. Das „mehr oder weniger [...] in beide Richtungen" steht dabei für die Ist-/Soll-Differenz, die deswegen so gut funktioniert, weil sie nicht als Management-Entscheidung gesehen wird. Dies ermöglicht, sich als Geschäftsführerin vom Informationsbedarf der Ärzte über betriebswirtschaftlich relevante Parameter positiv überraschen lassen zu können.

Einen deutlichen Kontrast hierzu bildet das Erleben des Chefarztes für Innere Medizin. Er teilt zwar die Auffassung des Wettbewerbs zwischen den Abteilungen. Die monatliche Chefarztrunde und die Erzeugung von Transparenz zur Selbstführung nimmt er hier jedoch keineswegs als positives Miteinander wahr.

> *Interviewer:* Und. Wie muss ich mir das dann vorstellen? Dann/ Dann/ Haben Sie die Zahlen vorher oder kriegen Sie die da?
>
> *CA Innere:* Ich kriege sie häufig ein paar Tage vorher. Kriege ich sie als E-Mail-Datei.
>
> *I:* Und was gibt es denn dann noch daran zu besprechen?
>
> *CA Innere:* Es gibt unter anderem zu besprechen, indem Sie quasi/ Ich glaube mal, dass der ursprüngliche Gedanke einfach ist, eine gewisse Gruppendynamik/ Einen Gruppenzwang auszusetzen, in dem es zum Beispiel jetzt auch vor allen präsentiert werden. Ich weiß zum Beispiel, das weiß ich persönlich, aus persönlichen Gesprächen mit auch mir befreundeten Chefärzten, dass deren größtes Problem ist, dass sie bei der Präsentation der Zahlen sich selbst so unter Druck gesetzt fühlen, weil sie ihre eigene Abteilung gegenüber den anderen Abteilungen rechtfertigen müssen. Nach dem Motto, ich bin aber schlechter, ich bin aber besser. An den niedersten Instinkt des Menschen wird da appelliert.

Dass Abteilungen zuerst über Quantifizierung vergleichbar gemacht werden, um dann monatlich in der Gruppe den Vergleich unter allen Beteiligten zu vollziehen, versteht der CA als intentional eingesetztes Instrument („der ursprüngliche Gedanke"), um „Gruppenzwang" zu erzeugen. Die Operationen, welche die einzelnen Abteilungen anhand von Fallzahlen und Bewertungsrelationen vergleichbar machen, ermöglichen überhaupt erst den Wettbewerb – denn worin sonst könnte eine kinderheilkundliche Abteilung mit der Wirbelsäulenchirurgie konkurrieren? Die Abteilungsleitungen sehen sich dadurch nicht mehr nur als Kollegen, sondern werden zu Konkurrenten, die sich voreinander und vor der Klinikleitung zu rechtfertigen haben. Dabei wird die Gruppensituation gezielt als Instrument eingesetzt (alternativ wäre denkbar, die Ergebnisse im direkten Gespräch mit den Chefärzten in den ohnehin stattfindenden monatlichen *jour fixe*-Terminen zu besprechen). In diesem Rahmen wird aus Sicht des Chefarztes nicht der Arzt in seiner medizinischen Professionalität adressiert, sondern über den sozialen Gruppendruck an den „niedersten Instinkt des Menschen […] appelliert" – es geht darum, besser dazustehen und die Kollegen gegeneinander auszuspielen.

Diese Praxis scheint nicht nur mit Blick auf die anderen von uns untersuchten Krankenhäuser, sondern auch für den Chefarzt keine Besonderheit dieses konkreten Hauses zu sein. An einer späteren Stelle grenzt er das eigene Haus sogar positiv gegenüber früheren Erfahrungen bei einem kirchlichen Träger ab. Dort habe er es oft erlebt, dass Kollegen in den Chefarztrunden „zur Schau gestellt wurden".[174] Hier in diesem Klinikum, so der Chefarzt, scheint ihm eine gewisse Professionalität vorzuherrschen, die dies verbiete. Interessanterweise schiebt er die Schuld nicht allein den Geschäftsführern zu, sondern sieht auch die eigene Profession beteiligt. Aus Sicht des Geführten bedingen sich hier – ganz im Sinne Baeckers – Führung und Geführte wechselseitig.

> *CA Innere:* Und viele der Chefärzte / Mediziner sind ja ein spezielles Volk. Generiert sich ja auch so ein bisschen selber. Viele von denen bekommen ihren Studienplatz auch nur über überdurchschnittliche Abiturleistungen. Sozialkompetenzen spielen da keine große Rolle dabei. Und Sie haben häufig, wie ich schon gesagt habe, ein Völkchen, das einem gewissen vorauseilenden Gehorsam folgt. Das ist bei Medizinern ganz weit verbreitet. Und da erleben Sie es live.

Fassen wir an dieser Stelle kurz und in Bezug auf die Verbindung zwischen Führungsinstrumenten und Entscheidungsfindung im Krankenhausmanagement zusammen: Zunächst ist festzuhalten, dass vom Management bestimmte Soll-/ Ist-Differenzen eingeführt werden (Medizinische Ziele, Quoten, Raten, etc.) und damit einhergehend bestimmte Formen der Arbeit *mit* diesen Differenzen. In diesem

---

174 Im originalen Wortlaut: „Sie erleben Sachen. Sie werden es mir nicht glauben, wahrscheinlich halten Sie mich für einen Spinner. Ich versichere Ihnen, ich gebe eine eidesstattliche Erklärung. Es ist wahr. […] Das geht öffentlich. […] Ein Geschäftsführer bedrängt den chirurgischen Chefarzt […] und er musste Patienten vorher entlassen, weil wegen Überschreiten der Grenze ständig in die MDK-Prüfung kämen. Solche Geschichten."

Rahmen lässt man etwa Rechtfertigungsdruck innerhalb der Gruppe entstehen, anstatt die Besprechung der zu erreichenden Ziele auf (ohnehin und zusätzlich stattfindende) Einzelgespräche zu beschränken. Dabei ist es eine Management-typische Besonderheit, die Differenzen nicht als kontingent, sondern als alternativlos und selbstverständlich auszuweisen, um möglichst wenig *Gegen-Störung* zu evozieren.[175] All dies wiederum lässt bestimmte Anschlusshandlungen logisch erscheinen und schließt andere aus. Komplexität wird reduziert, indem bestimmte Setzungen bestimmte Anschlusshandlungen kanalisieren.[176] *Bestimmte* Parameter werden erhoben und verglichen und legen wiederum bestimmte Optionen nahe, über die wiederum entschieden werden muss. So kann, wie bereits erwähnt, eine gleichbleibende Fallzahl positiv als stabil oder negativ als stagnierend interpretiert werden, was wiederum unterschiedliche weitere Entscheidungen notwendig werden lässt.

Besonders am Beispiel der Einflussnahme auf die *Patienten*zahlen, also die monatlich behandelten Fälle pro Abteilung, lässt sich beobachten, dass die spezifische Sicht des ‚Patientenmarktes' bestimmte Entscheidungen nahe legt bzw. überhaupt erst die Notwendigkeit entstehen lässt, in Bezug auf die Patientenzahlen bestimmte Entscheidungen zu treffen.

Demzufolge stellt sich für das Management die konkrete Frage: Was tun, wenn die Patientenzahlen nicht ‚stimmen'? Anhand der Antworten auf diese Frage wird deutlich, wie schwierig es ist, hierauf Einfluss zu nehmen und das letztlich ein unmittelbarer, operativer Zugriff auf die Anzahl der behandelten Fälle auf Station unmöglich ist. Man kann lediglich versuchen, diese mehr oder weniger erfolgreich zu beeinflussen.

Falls die Zahlen einer Station nicht den zuvor festgelegten Erwartungen entsprechen, tritt der Geschäftsführer mit dem jeweiligen Chefarzt „abteilungsintern" zusammen. Hier werden einerseits Personal- und Sachkosten betrachtet und auf der Erlösseite werden im „Dialog Maßnahmen" entwickelt, wie Einfluss auf die Patientenzahlen genommen werden kann. Als Beispiele hierfür werden „redaktionelle Beiträge oder gute Patientenstorys in der Zeitung" sowie „Patientenveranstaltungen" genannt, um dadurch die „Aufmerksamkeit zu erhöhen". Zudem

---

175 Beispielsweise indem ein Geschäftsführer mit einem Chefarzt darüber verhandelt, *wie* er seine Fallzahlen zu steigern gedenkt und damit die Frage nach der Sinnhaftigkeit der Fallzahlen geflissentlich überspringt. Die Gefahr, dennoch generellen Widerspruch in der Sache zu erhalten, ist dadurch keineswegs ausgeschlossen, die Wahrscheinlichkeit wurde jedoch minimiert.

176 Ganz ähnlich funktionieren nach Lakoff und Johnson (1981) bestimmte Metaphern. Bereits Mintzberg kann hier ähnlich gelesen werden: „The manager is responsible for many initial commitments, which then lock him into a set of ongoing activities; [...]" (Mintzberg 1973, S. 53).

könne der Chefarzt „Klinken putzen gehen bei den niedergelassenen Ärzten". Die gleichen Möglichkeiten zur Einflussnahme auf die Patientenzahlen sieht auch der ärztliche Direktor in seiner Funktion als Chefarzt für Chirurgie, denn man könne ja nicht „mit einem Bus rumfahren und Patienten einladen". Dass die erforderlichen Maßnahmen eher indirekter Natur und in ihrem Einfluss sehr begrenzt sind, wird auch daran deutlich, dass sich das „Patientenaufkommen" in seinem Fachbereich „wellenförmig" verhält und man „gar nicht so richtig sagen [kann], woran das liegt teilweise". Bestimmte Krankheitsbilder seien wiederum jahreszeiten- oder wetterabhängig (so auch die neue Geschäftsführerin), was sich ebenfalls der Einflussnahme entzieht und höchstens berücksichtigt werden kann. Letztlich, so der ärztliche Direktor, „muss man ganz ruhig bleiben (lacht)", wenn die Zahlen mal steigen und mal fallen. Neue Geschäftsführer würden sofort „sehr viel Druck machen", wenn die Zahlen sinken, der jetzige erfahrene Geschäftsführer sei aber schon lange dabei und bleibe ebenfalls „ganz cool".

Die Mittel der Einflussnahme sind also begrenzt, dennoch erzeugen auftretende Soll-/Ist-Diskrepanzen entsprechenden weiterführenden Handlungsbedarf (Patientenveranstaltungen, Klinken putzen). Andernfalls würde das Management Gefahr laufen, die eigenen Störungen ins Leere laufen zu lassen.[177] Allein schon deshalb müssen bestimmte Maßnahmen ersonnen werden, deren direkter Einfluss jedoch nur sehr begrenzt zurechenbar sind. Doch selbst wenn diese Maßnahmen keinerlei Einfluss auf die Patientenzahlen hätten (was hier nicht behauptet werden soll), so geschieht in jedem Fall Folgendes: „Um das System aus seiner Eigendynamik aufzustören, setzt das Management Maßnahmen, als deren Ergebnis der Eindruck entsteht und ausgenutzt werden kann, dass das System kontrolliert wird" (Baecker 2011b, S. 91).

Boni

Ein weiterer Aspekt des Führungskonzepts *Führen mit Zielen* und eine weitere Form des *Störens* der Organisation stellen die sogenannten *Boni* oder auch *variablen Anteile* des Chefarztgehaltes dar. Dabei wird ein bestimmter Anteil des Gehalts von bestimmten Leistungen abhängig gemacht. Bei genauerer Betrachtung handelt es sich hierbei keineswegs um eine triviale Angelegenheit. Denn letztlich bedarf es einer bestimmten Verkettung von Entscheidungen, um diese Art der Vergütung überhaupt erst zu ermöglichen. Kausalitäten müssen *einbezogen* werden. Das heißt, dass bestimmte Zusammenhänge erzeugt werden (weitere Entscheidungen!), bei-

---

177 „Nichts ist riskanter, so entdeckt der Machthaber, als einen Befehl zu äußern, dessen erfolgreiche Ablehnung allen vor Augen führt, dass die unterstellte Macht, seine Befolgung durchzusetzen, nicht vorhanden ist." (Baecker 2009, S. 35)

spielsweise, dass Patientenveranstaltungen Einfluss auf die Patientenzahlen haben, dass „Klinken putzen" die Fallzahlen erhöht, überhaupt, dass der Chefarzt die Anzahl der ins Krankenhaus einzuliefernden Patienten beeinflussen kann, dass es seine Aufgabe ist, dies zu tun, und so weiter.[178]

Diese Kausalitäten, die durchaus auch anders ausfallen könnten und von anderen (Management-)Akteuren abweichend eingeschätzt werden können, müssen auf Dauer gestellt werden, also halbwegs stabil und kontinuierlich gehalten werden, damit Organisation überhaupt möglich ist. Wie bereits angesprochen, kann ein Management (dies gilt jedoch nicht nur für Manager) versuchen, diese Kausalitäten als alternativlos auszuweisen sowie auf Konsens setzen. Im Falle von Bonusverhandlungen zeigt sich nun einerseits, dass eine ganze Reihe von Verkettungen vorausgegangen sein müssen, und andererseits, dass über bestimmte Kausalitäten disponiert werden kann (was als Modus der Entscheidungsfindung wiederum eine Entscheidung voraussetzt) – beispielsweise, dass Fallzahlen nicht mehr bonuswürdig sind, dafür aber die Durchführung von Mitarbeitergesprächen.

Interviewer: Und, also wie wird das generell gehandhabt hier mit Boni?

ÄD: Also Bonusverhandlungen, das ist ja letztendlich so, dass jeder Leitende einen außerordentlichen Vertrag hat, und der hat ein gewisses Grundgehalt und einen gewissen Prozentsatz von Bonus. Und die Boni sind letztendlich ja nicht mehr definiert über Leistungszahlen, sondern das hat sich ja geändert seit den letzten zwei Jahren. Also früher war das an Leistungszahlen gekoppelt, die ganz spezifisch auf den einzelnen Chefarzt zugeschnitten waren. Das ist jetzt verboten, das ist bei Westgroup auch nicht mehr gewünscht, weil es ja in einer offiziellen Diskussion auch war und ist, dass das nicht gut ist, dass Fallzahlen letztendlich bonuswürdig sind. Sondern das wird dann jetzt geregelt, zum Beispiel über Führung von Personalgesprächen, ob man das durchzieht. Das muss man nachweisen, dass man eine Fort- und Weiterbildungsplanung für seine Abteilung hat, dass man die Überstunden reduziert, auf einen gewissen Prozentsatz im Jahr, dass man die Urlaube reduziert hat und so weiter, und so weiter, und so weiter.

---

178 Vgl. zu dieser Perspektive auch Baecker: „Organisierte Komplexität entzieht sich kausalen Erklärungsversuchen, weil man es hier mit Phänomenen zu tun hat, die sowohl zu viele wie auch widersprüchliche Ursachen, sowohl unvorhersehbare wie auch absehbare Wirkungen aufweisen. Der Beobachter, der es dann trotzdem mit der Identifizierung von Ursachen und Wirkungen versucht, sieht sich gezwungen, Unterscheidungen zu treffen, also Einschränkungen vorzunehmen. Wenn sich die Unterscheidungen bewähren, die er trifft, nimmt er teil an der Konstruktion des Phänomens, um das es geht. Aber er wird nicht bereit sein, dies zuzugeben, da er auf Ursachen zurechnen will und nicht auf sich selbst." (Baecker 1999b, S. 37) Bzw. „Kausalität ist die von einem Beobachter vorgenommene Zurechnung eines bestimmten Verhaltens auf eine Ursache dieses Verhaltens. [...] Und wer Kausalität sieht, beobachtet mithilfe einer Unterscheidung" (a. a. O., S. 39)

Wir sehen zunächst, dass als grundlegender Modus das Gehalt mit einer Leistung verknüpft wird – genauer mit Leistungszahlen. Auch letzteres bedarf eben jener vorrausetzungsvollen Erzeugung von Zusammenhängen, die gerade angesprochen wurde. Denn dafür müssen nicht nur bestimmte Leistungen als solche ausgewiesen werden, es muss darüber hinaus ein Weg gefunden werden, diese in Zahlenform zu bringen, damit sie im gleichen Format vorliegen wie ein Gehalt. Des Weiteren müssen im gleichen Format Ziele gesetzt werden (100, 120 oder 150?), um über einen Algorithmus der ebenfalls in Zahlenform zu messenden Erfüllung dieser Ziele (beispielsweise in Prozent) eine Geldsumme zuzuordnen, von der alle Beteiligten das *Gefühl* haben, dass sie zusammen mit dem Grundgehalt ein für einen leitenden Arzt angemessenes Gesamtgehalt darstellt.

Dieser nur kurz angedeutete Komplexitätsaufbau soll einen Hinweis darauf geben, welche Formen der Komplexitätsreduktion und damit bewussten wie unbewussten Entscheidungen unterschiedlichster Form allein die Tatsache eines variablen Gehaltes voraussetzt. Im vorliegenden Fall haben wir die Möglichkeit zu beobachten, was passiert, wenn dies von außen *gestört* wird, indem die Verknüpfung von Leistungszahlen und Gehalt verboten wird. Hier wird am Führungsinstrument (variabler Gehaltsanteil) im Sinne des Führungskonzeptes (Führen mit Zielen) festgehalten, wobei die nun verbotene *Verknüpfung* aufgelöst wird, indem die *Inhalte* ausgetauscht werden. Die *Form* finanzielle Anreize zu setzen scheint sich bewährt zu haben, weswegen es plausibel erscheint, diese beizubehalten und nur die Inhalte auszutauschen. Dadurch eröffnet sich die Möglichkeit, ohnehin zu erledigende Aufgaben (Führen von Personalgesprächen, Reduktion von Überstunden, etc.) explizit als Inhalte in die Form einzuspeisen. Neben der Entscheidung, welche konkreten Inhalte hierfür ausgewählt werden, zieht dies auch die Entscheidung nach sich, wie dies quantifiziert wird.[179]

In welcher Form für die alten Inhalte (Leistungszahlen) eine neue Form gefunden wird, kann hier nicht beurteilt werden. Durch den Chefarzt für Innere Medizin erhalten wir Hinweise darauf, dass der Fakt, dass die Kopplung an das Gehalt vom Konzern zwar „nicht mehr gewollt" ist (ÄD, s. o.), dennoch nicht den Verzicht auf die Arbeit mit Soll-Fallzahlen bedeuten muss.

---

179 Am Beispiel der Mitarbeitergespräche wird die Kontingenz in der Sache besonders deutlich. Zählt hier die Anzahl der Gespräche pro Jahr? Oder der Quotient aus geführten Gesprächen und Personal der Station insgesamt? Ab welcher Länge zählt ein Gespräch als Gespräch? Und wer dokumentiert dies? Und was wird letztlich kontrolliert? Aber selbst Parameter wie die Zahl der Überstunden erscheinen ambivalent: Sind nur die *bezahlten* Überstunden relevant (was den Chefarzt dazu veranlassen könnte, Assistenzärzten bestimmte Zeiten nicht mehr zu bestätigen) oder auch unbezahlte?

CA Innere: Wenn im Krankenhaus ausgemacht wurde, so, im nächsten Jahr wollen wir einhundertfünfzig Hüften implantieren. Wollen Sie der einhundertneunundvierzigste Patient sein?

I: Also, es gibt diese Zielvereinbarung?

CA Innere: Ja, die gibt es. Die werden jetzt mittlerweile durch /Westgroup war ja auch Vorreiter, das alles zu umschiffen und auch klar zu machen, das wollen wir alles nicht. Offiziell ist es auch so.

Die offizielle Praxis sei zwar eingestellt worden, inoffiziell gehe die Arbeit mit dieser Form der Zielvereinbarung aber weiter. Dies ist letztlich nicht verwunderlich, denn bereits im Kontext der strategischen Ausrichtung haben wir gesehen, inwiefern auch der Geschäftsführer mit selbstauferlegten Soll-Fallzahlen arbeitet. Er war es selbst, der sich das ehrgeizige Ziel gesteckt hat, die Zahl der Herzkatheter von achtzig auf tausend Katheter pro Jahr zu erhöhen. Dass dies in irgendeiner Form als Ziel an die betreffenden Ärzte weitergegeben wird, erscheint selbstverständlich.

Die vom Chefarzt aufgeworfene Suggestivfrage zielt auf eine bestimmte Verbindung zwischen medizinischer, professioneller und organisationaler Rationalität. Damit macht er deutlich, dass die Behandlung des Patienten keineswegs unabhängig von den organisationalen Rahmenbedingungen sein kann.[180] Und letztlich zeigt dies, dass *Führen mit Zielen* als Maßnahme bei den Ärzten ankommt und zwar in genau der Form der *Störung*, die wir zuvor angesprochen haben. Der Manager kann dem Arzt nicht sagen, welcher Patient ein Hüftgelenk bekommt. Er kann sich aber dafür entscheiden, die Entscheidungsfindung des Arztes zu beeinflussen, sodass sich dieser möglicherweise bei den letzten Patienten vor Erreichung einer Zielvereinbarung im Zweifel (und wir hoffen, wenigstens nur dann) *für* das Hüftgelenkt entscheidet.

Zusammenfassung

Über Maßgaben von Fallzahlen als Zielerreichung wird die Organisation vom Management in Bewegung gehalten. Als Ordnung der Sache und Vernunft der Verhältnisse dient der Konkurrenzdruck, der im gesamten Management und auch vom Chefarzt erkannt und wahrgenommen wird.[181] Im Sinne der Verantwortung für das Ganze, das Überleben des Hauses, werden Fallzahlen als Behandlungsziele

---

180 Die Behandlung des Patienten kann *prinzipiell* nicht unabhängig von organisationalen Rahmenbedingungen stattfinden. Dies war auch historisch nie der Fall. Ein solcher Wunsch nach Unabhängigkeit stellt in den Worten Rohdes vielmehr einen Traum von der Organisation als „Behelfs-Paradies mit Harmonie-Garantie" (1974, S. 360) dar.

181 So auch Baecker, wenn er davon spricht, dass bei Führung auch das *Erleben* kurzgeschlossen wird (vgl. Baecker 2009, S. 37).

zu einer legitimen Form. Diese löst zwar intern Widerspruch aus, der aber nicht ausreicht, um diese Form der Störung wiederum selbst nachhaltig zu stören. Anders verhält es sich, wenn beispielsweise die Kopplung von Fallzahlen an das Gehalt in Verruf gerät und verboten wird. Die Erreichung bestimmter Fallzahlen wird zwar nicht obsolet, in ihrer Kommunikation müssen zukünftig jedoch andere, weniger offizielle Formen gefunden werden. Der Modus der Kopplung des variablen Gehalts an Ziele wird dennoch beibehalten, die Form jedoch mit anderen Inhalten gefüllt. Man will das Instrument nicht aus der Hand geben, eignet es sich doch so gut dafür, das System (die Organisation respektive die Abteilungen) von einer Eigendynamik abzuhalten. Umgekehrt müssen neue Formen für die Kommunikation der Soll-Fallzahlen gefunden werden, oder man muss sich hier auf die monatlichen Chefarztrunden zur Rückmeldung von Zahlen verlassen, das Instrument des sozialen Drucks, den Appell an den „niedersten Instinkt des Menschen" (CA Innere).

Gleichzeitig wird hier deutlich, inwiefern es im Management nicht um direkte Kontrolle gehen kann. Denn die Patientenzahlen können nicht *kontrolliert* werden, was dem Management zwar bewusst ist, aber zumindest in der Konsequenz implizit bleibt. Stattdessen „setzt [...] [es] Maßnahmen, als deren Ergebnis der Eindruck entsteht und ausgenutzt werden kann, dass das System kontrolliert wird" (Baecker 2011a: 91). Oberhalb des Hauses, auf Konzernebene, geschieht dies strukturidentisch durch die Auslobung von medizinischen Zielen, die zu bestimmten Prozentzahlen erreicht werden können, über Ampelvergleiche mit anderen Konzernkliniken und über festgeschriebene Wachstumszahlen in den Jahren nach der Übernahme. All dies kann wiederum nach innen bestenfalls als unhintergehbare Rahmenbedingungen nutzbar gemacht werden.

Aus Perspektive des Managements ergibt es sehr wohl Sinn, im Anschluss an die Einführung der Vergütung über Fallpauschalen nach Stimulationsmöglichkeiten innerhalb (und außerhalb) der Organisation zu suchen, um die Fallzahlen und BWRs (Bewertungsrelationen oder auch *Fallschwere*) zu verbessern. Unter diesen Verhältnissen mag das Management die Behandlung der Patienten, die immer schon eine *organisierte* Krankenbehandlung war, immer weniger ihrer Eigendynamik überlassen.

Konzern und Selbstbild

Bereits mit der Einführung der Unterscheidung zwischen Innen- und Außenspannungen haben wir darauf hingewiesen, dass diese Unterscheidung keineswegs in jedem Fall eine klare Grenzziehung erlaubt. Sie lenkt die Aufmerksamkeit aber auf einen Sachverhalt, der von Haus zu Haus unterschiedlich ausfallen kann. So kann ein Haus die Verzahnung mit dem ambulanten Sektor bewusst vorantreiben, während sich in anderen Regionen oder für andere Geschäftsführer andere Optionen anbieten. Wie ebenfalls bereits erwähnt, sind fast alle von uns untersuchten Krankenhäuser in eine übergeordnete Trägerstruktur eingebunden, von kleineren Klinikverbünden bis hin zu großen Konzernstrukturen. Dies ist kein Zufall, sondern spiegelt die Situation in Deutschland wider. Der vorliegende Fall steht mit seiner Einbindung in eine übergreifende Konzernstruktur hinsichtlich dieser Dimension für das eine Ende der abgedeckten Bandbreite. In diesem letzten Abschnitt vor der Zusammenfassung werden wir deswegen noch einmal kurz skizzieren, welchen Einfluss dieses eingebunden-Sein auf das Haus, respektive das Management des Hauses hat. Dies geschieht zunächst in Hinblick auf die Kommunikationsstrukturen und dann mit Blick auf die Frage, ob so etwas wie eine *Hausnarration* vorzufinden ist. Einiges ist bereits implizit in den bisherigen Abschnitten angeklungen – was letztlich unsere These bestärkt, dass die Form der Einbindung in eine übergeordnete Trägerstruktur sehr wohl einen Unterschied im Management macht.

Bisher hat sich vor allem die Konzernorientierung des Geschäftsführers verdeutlicht. So hat sich im ersten Abschnitt dieses Kapitels herausgestellt, dass die Organisationsstrukturen nicht etwa bei ihm als Geschäftsführer abbrechen und dass mehr als nur sporadischer Kontakt zu übergeordneten Trägerstellen besteht. Vielmehr setzen sich die Strukturen nahtlos oberhalb des Hauses fort. Die Geschäftsführer anderer Häuser des Konzerns treten hier als *peers* auf, mit denen ein reger Austausch besteht. Auch in den Antworten auf die Frage nach der Marktsituation des Hauses dokumentierte sich diese Konzernorientierung. Als relevante andere Häuser, mit denen man sich vergleicht, treten dabei nicht zuerst diejenigen auf, mit denen man sich in unmittelbarer Konkurrenz um Patienten befindet, sondern die anderen Häuser des Konzerns in derselben Organisationseinheit des sogenannten „Bezirks". Wie wir auch aus anderen Häusern desselben Konzerns wissen, ist dies kein Spezifikum dieses Geschäftsführers. Der Konzern befördert dies durch entsprechende Maßnahmen, wie den Vergleich des Erreichens medizinischer Ziele und die Vorgabe eines Mindestwachstums pro Jahr. Genauso wie das Management des Hauses einen Wettbewerb zwischen den Abteilungen anregt, regt die Konzernleitung einen Wettbewerb zwischen den Häusern an, auch wenn diese in völlig unterschiedlichen Versorgungsgebieten liegen. Das Verhältnis Haus/ Konzern ist in dieser Hinsicht vergleichbar mit dem Verhältnis Abteilung/Haus. Andere Häuser weisen einen viel loseren Kontakt zum übergeordneten Träger auf (siehe hierzu die nachfolgenden Fälle).

Auch der organisationale Alltag des Managements wird durch die starke Präsenz des Konzerns beeinflusst. So werden einige Fachbereiche bzw. Organisationseinheiten nicht auf Hausebene, sondern auf Ebene der Bezirksstruktur vorgehalten und fungieren als unkompliziert erreichbare Ansprechpartner für alle Häuser der

Konzernregion. Beispielsweise erfolgen Musterklagen vor dem Sozialgericht[182] zusammen mit einem *Bezirksjuristen*, der schnell angerufen werden kann, wenn rechtliche Aspekte der Dokumentation komplizierter Fälle geklärt werden müssen.[183] In Bezug auf die technische Ausstattung gibt es einen „Ansprechpartner Medizintechnik" (PDL) auf Bezirksebene. Dieser behält den Überblick in Form von Materiallisten und macht bisweilen sogar Vorschläge zur Anschaffung neuer Gerätschaften bzw. muss Neuanschaffungen mit Bezug auf das für den Bezirk zur Verfügung stehende Budget verantworten. Ohnehin erfolgt die Materialbeschaffung über einen zentralen Einkäufer, der als Verhandlungsvertreter für über hundert Kliniken eine entsprechend gute Verhandlungsposition hat und somit „erhebliche Rabattmöglichkeiten" (GF) nutzen kann. Konkreter Bedarf seitens der einzelnen Kliniken muss dort angemeldet werden. *Welche* Materialien einkauft werden (beispielsweise welches Nahtmaterial, etc.), wird von ärztlicher Seite in konzernweiten Treffen der einzelnen Fachrichtungen diskutiert und in Form von „Fachgruppenbeschlüssen" (GF) kommuniziert.[184]

Auch die Pflegedienstleitung kann sich vor der Einführung eines neuen Pflegekonzeptes niederschwellig von anderen Pflegedienstleitungen des Konzerns, die bereits Erfahrungen mit diesem Konzept gesammelt haben, beraten lassen.

Aber auch die Personalorganisation ist stark von der Konzernstruktur beeinflusst. Wir haben bereits gesehen, dass der „alte" Geschäftsführer schon im Vorfeld Leitungsfunktionen in unterschiedlichen Kliniken des Konzerns inne hatte und somit *Konzern-intern* gewechselt hat. Die „neue" Geschäftsführerin war ebenfalls zuvor in einem Haus des Konzerns als Pflegedienstleiterin und Prokuristin tätig. Nach eigenen Angaben war sie sich unsicher über ihre weitere berufliche Ausrichtung und bekam in einem Gespräch in der Konzernzentrale mehrere Häuser als

---

182 Im konkreten Fall am Beispiel der Einrichtung einer Wirbelsäulenchirurgie. Hier galt es, Kosten im Nachhinein erstattet zu bekommen. Die gleiche Praxis im gleichen Fachbereich zeigt sich im Fall der Katharinenstift GmbH (V.3)

183 Zum Beispiel wird in einem Interview vom Fall einer Patientin der Zeugen Jehovas berichtet, welche zunächst die Bluttransfusion verweigern wollte, was den sicheren Tod bei der OP bedeutet hätte. Hier galt es zu klären, inwiefern im Nachhinein auf unterlassene Hilfeleistung geklagt werden könnte. Die Patientin hat letztendlich doch noch eingewilligt.

184 So der Geschäftsführer: „[…] Westgroup-interne Fachgruppe. Da sind alle Chefärzte für Anästhesie drin, also sagen wir mal 120 Anästhesisten, die zwei Mal sich im Jahr treffen und darüber entscheiden, welches Medikament, Anästhetikum in Zukunft verwendet werden soll." Dabei sei der Preis nach Aussage des Geschäftsführers zweitrangig. So müssen in diesem Beispiel die Anästhesisten zwar nicht mit dem günstigsten Material arbeiten, es bleibt jedoch zu fragen, inwiefern der *demokratisch* organisierte Prozess des zentralen Einkaufs auch die *Autonomie*bedürfnisse der Chefärzte befriedigt.

Auswahlmöglichkeiten, in denen sie die Geschäftsführung übernehmen könnte. Die Durchlässigkeit zwischen den Konzern-Kliniken wird offensichtlich gefördert. So spricht die Pflegedienstleitung, die Personalentwicklung als eine ihrer vorrangigen Aufgaben sieht, von einem sogenannten „Talentpool" und Konzern-internen Projekten, um „eigene Talente zu fördern". Dies hat für sie zwar den Nachteil, dass sie möglicherweise gutes Personal verliert, das diese Weiterbildungen absolviert („wenn ich dort jemanden hinschicke, dass dieser dann natürlich, dem stehen dann alle Türen offen. Derjenige geht dann da hin, wo er was angeboten bekommt, ne"). Auf der anderen Seite kann sie jedoch selbst auf einen *pool* an Leuten zurückgreifen, der mit den Strukturen des Konzerns vertraut ist. In diesem Kontext wird sehr deutlich, inwiefern Innen/Außen als Differenz stark durch den Konzern beeinflusst wird. So können aufgrund der konzernweiten Standardisierung Mitarbeiter aus anderen Häusern des Konzerns sofort in die Strukturen einsteigen. Es mache also aufgrund dieser Standardisierung einen Unterschied, „ob jemand vom Unternehmen kommt oder jemand von extern" (PDL). *Extern* bedeutet hier nicht außerhalb des Hauses, sondern außerhalb des Konzerns.

Anhand dieser wenigen und nur kurz skizzierten Beispiele sollte deutlich geworden sein, inwiefern die Konzernstruktur auch in der Praxis eines Hauses präsent und wirksam ist und nicht nur als abstrakter Überbau. Es bildet sich in der Praxis ein konzernweites Netzwerk aus, in dem die Häuser Knotenpunkte bilden.

An fast keiner Stelle wird der Konzern vom Management negativ gerahmt,[185] etwa als ein autoritäres Gebilde, das sinnvolle Prozesse verhindert, aufgrund der Größe Entscheidungen verlangsamt, etc. Alle Befragten der Trias nehmen fast durchgehend positiv oder neutral Bezug auf den Konzern (nicht jedoch der Chefarzt für Innere Medizin, der hierzu oft in klare Opposition tritt). Der Konzern wird als Struktur wahrgenommen, die vieles ermöglicht.[186] Dabei legt er das unternehmerische Risiko in die Hände der einzelnen Häuser, was im hier betrachteten Krankenhaus positiv aufgenommen wird, da dem unternehmerischen Geschäftsführer so die Möglichkeit gegeben wird, „Coups" durchzuführen und sich etwa über die Verzehnfachung der Herzkatheter-Fallzahlen zu freuen.

Dass all dies in besagtem Haus – abgesehen von einigen der befragten Chefärzte – positiv gesehen wird, scheint zumindest die beiden Geschäftsführer und die Pflegedienstleitung zu einen. Der ärztliche Direktor hält sich hier neutral,

---

185 Ausnahme bildet der ärztliche Direktor in seiner bereits angeführten Schilderung, dass er im Konzern als ärztlicher Direktor mehr Pflichten als Rechte habe.

186 Beispielsweise durch die Gewährung von Investitionssummen für unternehmerische Risiken. Siehe hierzu die oben angeführten Beispiele der Einrichtung des Kassenarztsitzes und des Kaufs des gebrauchten Herzkatether-Messplatzes.

Bezugnahmen auf den Konzern erfolgen sehr sachlich im Sinne von bestimmten Rahmenbedingungen, die zunächst einmal so sind, wie sie sind. Vor dem Hintergrund aller Interviews und im Kontrast zu anderen Häusern lässt sich sagen, dass keine explizite *Haus*narration vorzufinden ist.[187] Besonders der Kontrast mit dem St.-Joseph-Krankenhaus (V.4) verdeutlicht dies. Dort ist die Ausrichtung des Hauses mit der Idee vom „Anfang und Ende des Lebens" verknüpft, die sowohl zu den Schwerpunkten Geburtsklinik und Geriatrie als auch zur christlichen Ausrichtung passt.

Als gemeinsamer Nenner aller Interviewten trägt lediglich die von allen geteilte Einschätzung der Markt- bzw. Konkurrenzsituation[188] und möglicherweise noch, dass im eigenen Haus versucht wird, sich besonders über „Qualität" zu profilieren.[189] Letztlich liegt aber die Vermutung nahe, dass die Rede von Qualität i. S. v. quantifizierten Qualitätsmarkern, die wiederum vor allem von den Geschäftsführern und der Pflegedienstleitung geteilt werden, eine Verlängerung der *Konzern*narration ist. Zusammen mit der zuvor ausgeführten Konzernorientierung des Geschäftsführers, der einer höchstens offiziell existenten Trias (aus PDL, ÄD und VL) vorgeordnet ist (wie eingangs in aller Ausführlichkeit dargelegt), lässt sich folgern, dass es eine

---

187 Was hier unter dem Begriff der *Hausnarration* abgehandelt wird, ist nicht gleichzusetzen mit Firmenphilosophien und Leitbildern einer Organisation, obschon diese einen mehr oder weniger großen Teil dessen ausmachen bzw. hierbei eine zentrale Rolle spielen können. Mit dem Begriff der Hausnarration wollen wir – neben solchen expliziten Formulierungen – mithilfe der Interviews an implizite und inoffizielle Bilder und Geschichten der Organisation herankommen, die im Sinne von Metaphern (s. Lakoff und Johnson 1981; Morgan 2006) bestimmte Handlungen und Strategien nahelegen und andere wiederum ausschließen (s. sehr prägnant die „Puzzle"-Metapher im Fall des St.-Joseph-Krankenhaus, V.4). So kann die Komplexität nicht nur erfolgreich reduziert werden, sondern über Bilder und Erzählungen eine größere Anschlussfähigkeit erzeugt werden. Auch in diesem Aspekt unterscheiden sich die Häuser hinsichtlich Art und Ausprägung.

188 Hier zeigt sich auch, inwiefern der CA Innere dieses Spiel mitspielt: „Ich mache Vorschläge. Überlege mir, in welchem Bereich wir hier möglicherweise halt stark sein können oder wo wir halt so quasi auch auf den (Stadt) (Nachbarstadt) Bereich, weil wir sind sehr stark an (Nachbarstadt)/ 300 Meter weiter ist die Grenze. Die Hälfte unserer Patienten kommt aus (Nachbarstadt). Wo wir gucken können, wo können wir letztendlich vielleicht eine Nische besetzen, die andere Krankenhäuser nicht haben. Dass wir damit quasi ein Alleinstellungsmerkmal kriegen oder zumindest, ich sag mal, ein großes Patientenanzugsmerkmal bekommen. Wo wir sagen können, Mensch hier sind wir verstärkt. Hier kommen die Patienten zu uns und gehen halt nicht ins (Name-) Krankenhaus gegenüber."

189 Das funktioniert nicht zuletzt deshalb, weil alle Beteiligten unter Qualität etwas anderes verstehen können.

Konzernnarration gibt, die besonders vom Geschäftsführer und der Pflegedienstleitung vertreten wird, was für die Integration in den Konzern ausreichend ist. Die Narration muss nicht von jedem einzelnen offensiv vertreten oder explizit geteilt werden (was beim ärztlichen Direktor deutlich wird). Die Begeisterung für den Konzern tritt besonders deutlich beim Geschäftsführer zu Tage.

> GF: Also Westgroup macht halt wirklich tolle Arbeit.

Darin ist das eigene Haus und die eigene Arbeit natürlich auch ein Beitrag. Gleichzeitig weiß der Geschäftsführer aber auch um die Kritik des übermäßigen Gewinnstrebens, die an dem privaten Großkonzern geübt wird. Durch ein ethisches *re-framing* gibt er sich darauf seine eigene Antwort.

> GF: Also Gewinn erwirtschaften ist nicht das Unanständige. Das muss man aber als privater Klinikträger immer wieder neu betonen (lacht), weil uns ja dieser Vorwurf anheimfällt, dass wir sagen, wir hätten ein außergewöhnliches Gewinnstreben. Nein, nicht Gewinnmachen ist das Unanständige, sondern Verluste zu machen oder Verschwenden, das ist eigentlich das, was unanständig ist. Denn wir agieren hier immerhin mit Finanzmitteln, die die Beitragszahler, also jeder einzelne GKV-Versicherte, monatlich einzahlt und damit muss man verantwortungsvoll umgehen.

Das eigene Gewinnstreben wird nicht geleugnet, es erfolgt hingegen eine ‚Umwertung der Werte‘ (vgl. Nietzsche 2009, S. 26ff.). Der eigene Gewinn wird seiner Aussage nach „eins zu eins" in „Bau, Geräte, Personal und Wachstum" reinvestiert – alles *andere* sei unanständig. Dabei wird die Option, *weniger* Gewinn zu erwirtschaften, nicht in Betracht gezogen. Vielmehr grenzt er sich im weiteren Verlauf gegenüber Kliniken ab, die Geld für Statussymbole verwenden, wie „große Paläste" oder Chauffeure für Geschäftsführer. Mögen Reinvestitionen in die Infrastruktur noch dem Patienten und dem Gesundheitssystem zugutekommen, so wird vernachlässigt, dass das Wachstum des Konzerns, also die Reinvestition des Geldes in den Ausbau der eigenen Marktposition nicht notwendigerweise im Interesse des Beitragszahlers ist. Außerdem wird an dieser Stelle ausgeklammert, dass auch andere Faktoren als „Paläste" oder „Chauffeure" dazu führen, dass Krankenhäuser Verluste zu verzeichnen haben.

Sparsamkeit in der Infrastruktur der Verwaltung und Enthaltsamkeit bei Statussymbolen erfüllen nicht nur betriebswirtschaftliche Zwecke, sondern lassen sich ebenfalls in diese Narration integrieren. Selbst auf einen reservierten Sonderparkplatz für den Geschäftsführer verzichte man hier.

> GF: Das gehört zu dem guten Ton von Westgroup, also ein gewisses Maß auch an Bescheidenheit zu zeigen und eben nicht den Obermacker rauszuhängen und das

finde ich sehr gut. Und so sind eigentlich auch die Ärzte hier drauf. Diese Chefärzte sind absolut klasse, typisch Westgroup, sage ich mal, mit Ärmel hochkrempeln und einfach machen.

Hier wird für den Konzern (und somit auch für das Haus) eine *Hands-On-Kultur* proklamiert, die an der Sache orientiert ist. *Macher statt Macker*, so könnte das vom GF gesetzte Motto lauten. Inwiefern dieses Motto auch auf Ebene der Stationen vertreten ist oder inwiefern gerade diese „Bescheidenheit" sich auch in der personellen Ausstattung niederschlägt und zu hoher Arbeitsbelastung führt, lässt sich aufgrund unseres Samples nicht klar beantworten.[190] Jedenfalls stimmt weder der Chefarzt für Innere Medizin noch der ärztliche Direktor und Chefarzt für Chirurgie in diesen Lobgesang auf den Träger ein. Denn obwohl der Geschäftsführer das „Erfolgsgeheimnis" des Hauses darin sieht „dass wir alle irgendwie uns sehr, sehr gut verstehen", die neue Geschäftsführerin sich vom „tollen Miteinander" bei der Fallzahlenpräsentation in der Chefarztrunde überraschen lässt und auch die Pflegedienstleitung davon spricht, dass sie „eine sehr schöne kommunikative Art" im Haus haben und zu dem Schluss kommt, „Ärzte, Pflege, alles, es harmonisiert einfach", stellt dies eine Form von *Konzern*-Gemeinschaftsgefühl dar, von dem sich zwar die Pflegedienstleitung noch anstecken lässt, wovon aber bereits beim ärztlichen Direktor[191] und dem Chefarzt Innere[192] nicht mehr viel vorzufinden ist. Denn diese Philosophie, diese Narration, eint gerade diejenigen, die sich besonders

---

190 Hinweise erhalten wir wieder durch den Chefarzt für Innere Medizin: „Gerade Pflegekräfte werden ja abgebaut. Ist Westgroup auch ganz weit vorne beim Abbau von Pflegekräften. Kann man sich vorstellen, wie eine Station heutzutage aussieht. Haben sie, wenn sie Pech haben, dreißig Leute oder fünfundzwanzig Patienten. Haben auch nachmittags teilweise eine Schwester und eine Schülerin. Nachts haben sie eine Schwester. Was ist, wenn es zwei Personen gleichzeitig schlecht geht? Wenn einer im Sterben liegt und jemand anderes hat Luftnot. Das ist/ Ich sage das mal, was wir hier vorfinden, ist eine Schande, für das, was wir an Geldausgaben zur Verfügung haben. Für dieses Land im Jahr. Einer der Länder auf dieser Erde, mit dem höchsten Etat für Gesundheit mit irrsinnig vielen Milliarden und haben nachts nicht einmal jemanden, der einem das Händchen hält, wenn man stirbt? So viel zur Perversion des Systems. Und dann kommt hier jemand um die Ecke und spricht da von wegen, ja der Case Mix Index ist nur 0,82. Warum haben wir nicht 0,85? Und jetzt sagen Sie mir einen Grund, warum ich da nicht aggressiv werden soll?"
191 Dieser umschreibt die eigene Position im Konzern wie eingangs gesehen u. a. mit „keine Rechte, viele Pflichten".
192 Er geht auf kritische Distanz und äußert seine Abneigung gegenüber der „Gesundheitswirtschaft" als Ganzes: „Damit bin ich der Falsche, auch bei Westgroup. Woanders auch".

für den Konzern begeistern lassen und hiervon profitieren. Deswegen sprechen wir hier von einer *Konzern-* statt von einer *Haus*narration.

Zusammenfassung und Diskussion

Zunächst kann festgehalten werden, dass das Haus in zweifacher Hinsicht unter starker Spannung steht – zum einen hinsichtlich der regionalen Konkurrenzsituation in einem Ballungsgebiet (ein eher kleines Krankenhaus in einem umkämpften und überversorgten Markt), zum anderen mit Blick auf den Konzern, der nicht nur an jedes seiner Häuser gewisse Rendite(steigerungs)erwartungen stellt, sondern darüber hinaus auch den Wettbewerb zwischen den Westgroup-Häusern anregt, indem die Erreichung der gesetzten Sollparameter zwischen den Häusern verglichen wird.[193] Darüber hinaus wurde deutlich, inwiefern das vorliegende Arrangement in besonderer Weise durch den Konzern geprägt ist. So unterscheidet die PDL bei der Personalgewinnung nach internen und externen Bewerbern, wobei als intern diejenigen Bewerber gelten, die bei Westgroup sozialisiert wurden. Da in allen Krankenhäusern des Konzerns ähnliche Strukturen herrschen, können Mitarbeiter, insbesondere Führungskräfte (so auch der befragte Geschäftsführer), zwischen den zugehörigen Häusern wechseln, ohne sich in gänzlich neue Strukturen einarbeiten zu müssen – für beide Seiten ein Vorteil. Im Gegensatz zu einer solchen Konzernorientierung finden wir in den noch folgenden Beispielen der Katharinenstift GmbH (V.3) und des St.-Joseph-Krankenhauses (V.4), die beide ebenfalls in eine übergeordnete Trägerstruktur eingebunden sind, eine viel stärkere Hausorientierung vor. Im vorliegenden Fall erscheint das konkrete Krankenhaus vielmehr als eine unternehmerisch selbstständige Abteilung einer übergreifenden Institution. Die unternehmerische Selbstständigkeit ist dabei ein wichtiger Aspekt. Denn obschon der Geschäftsführer Investitionsmittel in größerem Umfang beim Konzern beantragen kann, weiß er, dass er selbst dafür das „unternehmerische Risiko" zu tragen hat. Besonders deutlich wurde dies am Beispiel des Aufbaus des Linksherzkatheter-Messplatzes.

Wenn nun aber sowohl hohe Erwartungen von Seiten des Konzerns an das Krankenhaus und dessen Management gestellt werden und sich das Haus allen

---

193 Aus einem anderen Haus der Westgroup-Gruppe in unserer Erhebung wissen wir, dass hier unter anderem mit Ampelsystemen gearbeitet wird. „Rot" bedeutet dabei keineswegs, dass man absolut gesehen bei einem bestimmten Parameter schlecht abgeschnitten hat, sondern lediglich schlechter als die anderen. Es geht also nicht darum, gemessen an festen Maßstäben „gut" zu sein, es zählt lediglich, in Relation zu den anderen Westgroup-Häusern „besser" zu sein.

Befragten zufolge einem enormen regionalen Konkurrenzdruck ausgesetzt sieht, bleibt die Frage, wie und wo sich dies innerhalb der Organisation in Form von Spannungen manifestiert. Im vorliegenden Fall zeigen sich diese Spannungen zumindest nicht zwischen den Mitgliedern der obersten Leitungsebene. Einzig für den ärztlichen Direktor der Trias erlangt die Vermittlung zwischen Wirtschaft und Medizin Präsenz – wobei sich dies nicht in einem offenen Rollenkonflikt zwischen ihm und dem Geschäftsführer äußert. Der ÄD sitzt gefühlt „zwischen den Stühlen" und muss immer wieder zwischen Haus und Kollegen, zwischen Wirtschaft und Medizin entscheiden und damit diese Differenz *managen*. Hier gelingt es nicht, eine dauerhafte oder gar eindeutige Lösung zu finden – vielmehr aktualisiert sich das Spannungsverhältnis immer wieder neu und kann höchstens beruhigt, nicht aber gelöst werden. Er sieht es jedoch als seine Aufgabe an, die wirtschaftliche „Toleranzgrenze" seiner „Kollegen" zu bearbeiten, und leitet damit die Spannung zwischen Medizin und Wirtschaft in die Organisation weiter – er löst also die für ihn auftretende Spannung dadurch, dass er sie auch zu einem Problem seiner Kollegen macht.

Für den Geschäftsführer hingegen stellt sich die Vermittlungsproblematik zwischen Medizin und Wirtschaft gar nicht erst. Auch die hohen Anforderungen der Markt- und Konzernkonkurrenz sind für ihn weniger ein ernsthaftes Problem, sondern vielmehr unternehmerischer Anreiz. Für ihn steht nicht die medizinische Versorgung der Patienten im Fokus, sondern allein die Versorgung seines Hauses mit Patienten. Und da ihm weder von Seiten des ÄD noch von Seiten der PDL gegenläufige Interessen (etwa die prekäre Situation der Pflege auf Station) entgegengebracht werden, kann er diese betriebswirtschaftliche/unternehmerische Orientierung als *Leitorientierung* etablieren und erfolgreich unternehmerisch agieren, wie am Beispiel des LHKM und der Übernahme des pneumologischen Kassenarztsitzes deutlich wurde.[194] Besonders die PDL scheint hier noch nicht einmal die Notwendigkeit zu sehen, zumindest ein Korrektiv zu bilden, indem weitere Spannungspole in den Entscheidungsprozess eingebracht werden. Bei ihr finden sich weder Hinweise auf eine immerhin schwierige Situation der Pflege der Station (die vom Chefarzt für Innere Medizin klar benannt wird) noch irgendeine Schilderung von gegenläufigen Interessenlagen, die vereinbart werden müssten. Vielmehr verschmilzt ihre Orientierung mit der des GF und entsprechend kann sie sich mit diesem am unternehmerischen Erfolg erfreuen.

---

194 Gerade das Beispiel der Übernahme des Kassenarztsitzes verdeutlicht jedoch auch, dass unternehmerische Interessen nicht notwendigerweise zu Lasten einer guten medizinischen Versorgung gehen *müssen*.

So zeichnet sich das vorliegende Arrangement der Krankenhausleitung als unternehmerisch äußerst geschickt und sehr erfolgreich sowie, zumindest in der Führungsetage, als sehr konfliktarm aus – konfliktarm deshalb, weil die Spannung zwischen Wirtschaft und Medizin innerhalb der Trias nicht virulent wird. Und genau dies gibt dem Geschäftsführer, wie eben schon erwähnt, die Möglichkeit, das Haus unter der Ägide einer recht eindimensionalen betriebswirtschaftlichen Rationalität zu führen. Als *erfolgreich* ist dieses Management dementsprechend vor allem im *unternehmerischen* Sinne anzusehen. Obschon die Stationsebene nicht in unserer Erhebung erfasst wurde, erhalten wir vom ärztlichen Direktor und dem Chefarzt für Innere Medizin eine Reihe von Hinweisen darauf, dass die Spannung zwischen Medizin und Wirtschaft hierarchisch sehr wohl ‚nach unten‘ abgeleitet wird und weitgehend ungedämpft auf die Ebene der Abteilungen und Stationen durchschlägt. Auch die Institutionalisierung entsprechender personenunabhängiger „Entscheidungsprogramme" (Luhmann 2000b: 256ff.) in Form verschiedener formalisierter Anreize, etwa Zielvereinbarungen, die erreicht werden müssen, an denen sich entweder die Gehälter bemessen oder über die ein sozialer Druck in den Chefarztrunden erzeugt wird, spricht hierfür. Entscheidungsprogramme – zum Beispiel in Form von Ampelsystemen oder Boni – sind für ein Management im oben ausgeführten Sinne gerade deshalb attraktiv, weil hiermit bestimmte Relationierungen von Kontexturen, beispielsweise bestimmte Kausalitäten zwischen Medizin und Wirtschaft, auf Dauer gestellt werden können, ohne dies Personen zuzurechnen. So fällt es leichter, den Anschein naturgegebener Notwendigkeit zu erzeugen, vor allem dann, wenn die hiermit einhergehenden Entscheidungsprämissen nicht hausspezifisch sind, also aus der Geschichte der eigenen Organisation erwachsen sind, sondern es sich um Vorgaben des Trägerkonzerns handelt.

---

3   Katharinenstift GmbH: Leistungswille und Autonomie

Hintergrund und Formalstruktur des Hauses

Das im Folgenden dargestellte Krankenhaus, ein Regelversorger mit etwa 250 Betten, befindet sich in der Peripherie eines Ballungsgebietes. Das Haus stand 2 Jahre vor dem Zeitpunkt der Erhebung vor dem Konkurs, wurde aber von einem bundesweit agierenden privaten Träger übernommen.

Wenige Monate vor der Erhebung wurde eine neue Pflegedienstleitung eingesetzt. Der vorherigen Pflegedienstleitung sowie einem der Chefärzte wurde gekündigt,

da sie aus Perspektive der Geschäftsführung und auch vieler Chefärzte die Arbeitsprozesse bzw. deren Umstrukturierung blockiert hätten.

Insgesamt werden folgende Personen in die Erhebung einbezogen: der kauf-
männische Leiter sowie der ihm untergeordnete Projektleiter, ein Vertreter der
Geschäftsführung, der ärztliche Direktor (und Chefarzt für Chirurgie) sowie die
Chefärzte für Kardiologie und Viszeralchirurgie.

Die Formalstruktur des Hauses wird von dem Geschäftsführer im Interview
folgendermaßen knapp und bündig erläutert:

> *GF:* [Es gab] früher so ein klassisches Dreigestirn, kaufmännischer Leiter oder
> Verwaltungsleiter, Pflegedienstleitung und ärztlicher Direktor und die drei waren
> gleichgestellt. Das ist bei uns nicht so. Bei uns ist Geschäftsführung, da drunter
> kaufmännische Leitung und da drunter sind die Chefärzte inklusive ärztlicher
> Direktor und PDL.

Mit Blick auf die Entscheidungskommunikation ergeben sich hiermit zwei Kreise,
einerseits die Sitzung der Geschäftsführung, in der strategische Entscheidungen für
das Haus getroffen werden und an denen außer dem kaufmännischen Leiter keine
weiteren Akteure des Krankenhauses (etwa Vertreter der Ärzte oder Pflege) beteiligt
sind, zum anderen die Klinikleitungssitzung, an der neben der Pflegedienstleitung
auch alle Chefärzte teilnehmen.

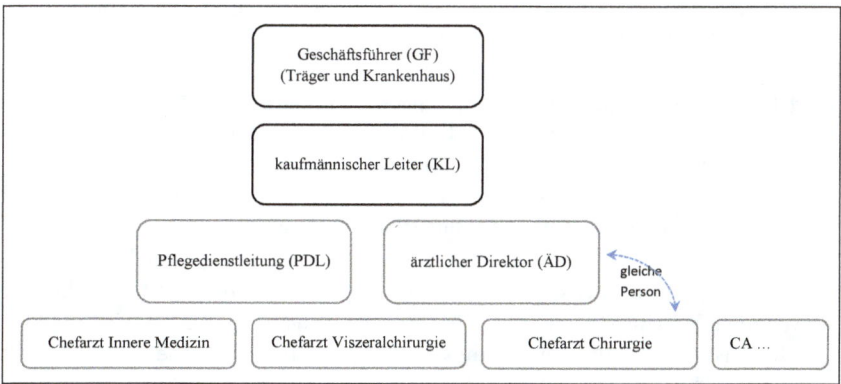

Abb. 2   Managementstruktur Katharinenstift GmbH, eigene Darstellung

Selbstverständnis des Managements

Zunächst soll wiederum vor dem Hintergrund der formalen Führungsstruktur betrachtet werden, wie die befragten Akteure des Managements in Hinblick auf ihre Praxis sich selbst bzw. die anderen verorten. Wir beginnen bei der Pflegedienstleitung, kommen zum ärztlichen Direktor und den formal gleichgestellten Chefärzten, um dann mit dem kaufmännischen Leiter und dem Geschäftsführer die Spitze der Krankenhausführung zu beleuchten.

Pflegedienstleitung (Bindeglied)

Die Pflegedienstleitung[195] sieht sich als „Mitglied" der Klinikleitung. Anders als im Fall des Westgroup-Klinikum Mitte (siehe oben), geht ihre Rolle dabei jedoch nicht im kollektiven Wir auf, das bei näherem Hinsehen nahezu identisch mit der Handlungsrationalität der kaufmännischen Akteure erscheint. Stattdessen entwickelt die hier befragte Akteurin eine eigenständige Verortung. Sie sieht ihre primäre Aufgabe darin, die Schnittstelle zwischen Pflege, Ärzten und Verwaltung zu gestalten:

> *Interviewer:* Sie sind ja wahrscheinlich in der Klinikleitungskonferenz dabei?
>
> *PDL:* Genau, richtig. Ich bin in der Klinikleitung ja auch Mitglied. Da sind Chefärzte dabei, Geschäftsführer ist dabei, kaufmännische Leitung ist dabei und da werden so verschiedene Probleme angesprochen. Schnittstellenprobleme, die wir haben und natürlich auch unter anderem Weiterentwicklung des Hauses. [...] Ich bin ja das Bindeglied sozusagen zwischen Pflege und Ärzte.
>
> *I: Ja.*
>
> *PDL:* Zwischen Pflege und Verwaltung, alles was Zusammenarbeit betrifft, bekomme ich natürlich zu hören. Ob was gut läuft, ob was schlecht läuft, ob wir Prozesse verändern müssen.
>
> *I: Ja.*
>
> *PDL:* Wie machen wir aus diesen Schnittstellen gute Nahtstellen?

Schauen wir zunächst auf die Bedeutungsschattierungen, die sich durch die hier verwendeten Begrifflichkeiten ausdrücken. Als *„Mitglied"* scheint die Interviewte Teil des Diskussionszusammenhangs der Klinikkonferenz zu sein. Der Begriff *„Schnittstelle"* verweist auf unterschiedliche Seiten und Perspektiven in diesem Gremium wie auch im Haus, für das sie arbeitet. Die PDL sieht sich als *„Bindeglied"*,

---

195 Im Nachfolgenden nur noch als „PDL" bezeichnet. Gleiches gilt für den kaufmännischen Leiter (KL), den Geschäftsführer (GF), den ärztlichen Direktor (ÄD), Chefärzte (CA) sowie den Projektleiter (PL).

also in einer Vermittlungsrolle. Im Kontrast zum vorangegangenen Fall bedeutet dies, dass ihre Position nicht allein in der Handlungsrationalität der Geschäftsführung aufgehen kann. Vielmehr geht es hier um „Zusammenarbeit" im Sinne einer Verbindung von Perspektiven an den „Schnittstellen". In einer medizinischen Metaphorik formuliert, erscheinen letztere als problematische (möglicherweise durch Schnittverletzungen entstandene) Übergange, die allerdings durch eine entsprechende Tätigkeit in „*Nahtstellen*" überführt werden können. Mit der Position der Pflegedienstleitung ist damit explizit eine eigenständige wie auch aktive Rolle verbunden.

In Bezug auf die von ihr im Interview genannten Beispiele (etwa die Umgestaltung des Bettenmanagements und den Aufbau von Strukturen, die eine Ausbildung von Pflegern ermöglichen) erlebt sie sich zudem selbstwirksam, da ihre Initiativen aufgegriffen werden. Gerade auch die Beziehung zum kaufmännischen Leiter erfährt sie als produktiv sowie als „unkompliziert". Die Arbeitssituation gestaltet sich in dem Sinne in der Tat als „Zusammenarbeit", als dass die Vorschläge der PDL, insofern sie plausibel und sinnvoll erscheinen, nicht nur Gehör finden, sondern auch auf kurzem Dienstweg finanzielle Unterstützung erhalten:

> PDL: Weil da war, Flexibilität war dann gefordert. Habe ich dann auch mit dem Herrn (Name). Ist der kaufmännische Leiter und dann haben wir das wirklich Station für Station angefangen. […] Jetzt, was solche Dinge angeht, da ist unsere kaufmännische Leitung, unsere Geschäftsführung natürlich, da wird sofort genehmigt, weil die Problematik ist da und wir wollen ja schneller werden und besser werden und dann hinterfragt man nicht, sondern die Dinge, die zwingend notwendig sind, werden dann auch […].

Wenngleich die Personalknappheit in der Pflege präsent bleibt – was in den einzelnen, besonders arbeitsintensiven Bereichen zu Problemen führt –, erscheint die Ausgestaltung und Bewältigung der Probleme in dem Sinne machbar, als dass noch Kompromisse gefunden werden können, wenngleich diese keine Dauerlösung zu sein scheinen:

> PDL: Also, im Moment, das geht noch irgendwie. Da helfen auch andere Stationen so ein bisschen aus. Aber das wird so bis auf weiteres nicht gehen, weil man wirklich dann sieht, Aufwand ist hier viel höher […] Das heißt ich werde aufstocken müssen.

Auch hier zeigt sich eine eigenständige Positionierung gegenüber der Geschäftsführung, was nochmals den Aspekt einer Zusammenarbeit bestätigt, in der zwar hierarchische Verhältnisse bestehen, wobei jedoch die eigene Position und Perspektive aufrechterhalten werden kann.

Mit Blick auf die knappe Personalausstattung der Pflege auf den Stationen bleibt dies allerdings ein prekärer Balanceakt, wie im Abschnitt zu den „Innenspannungen" noch deutlich werden wird.

Ärztlicher Direktor (Balance und medizinische Kompetenz)

Für die Selbstverortung des ärztlichen Direktors ergibt sich zunächst verallgemeinernd im Vergleich mit anderen Häusern folgendes Bild: Es sei nicht so, „dass jetzt sozusagen die Funktion eines ärztlichen Direktors irgendwie eine besondere Relevanz, oder eine besondere Attraktivität hätte", zumal mit dieser Position auch keine zusätzliche Entscheidungskompetenz verbunden sei. Es gäbe zwar die wöchentlich tagende „Klinikleitungssitzung", in der „natürlich schon Vertreter der Abteilung dann dort mit dabei" seien. Aber letztlich würden dort bestenfalls „2% aller strategisch relevanten Entscheidungen" diskutiert und entschieden („alles, was an wirklich relevanten Entscheidungen getroffen wird, passiert nicht da"). Die wesentlichen Entscheidungen würden demgegenüber im engen Kreis der Geschäftsführung getroffen.

Auf den ersten Blick ist hiermit die Stellung des ärztlichen Direktors im Gefüge der Klinikleitung als eine recht machtlose und damit eher unvorteilhafte Rolle definiert. In anderen Interviewausschnitten zeigt sich allerdings eine etwas andere Schattierung in Hinblick auf die Selbstverortung des befragten Chefarztes:

ÄD: Hier ist es zumindest im Moment so, dass der ärztliche Direktor zunächst mal einerseits repräsentative Funktionen hat, und dann natürlich aber auch zumindest zu einer, sagen wir mal zu einer, wie soll man das sagen, soll quasi die Verständigung über die Abteilungsgrenzen hinweg fördern. Also eher sozusagen integrieren, und nicht dafür sorgen, dass sozusagen dieses Bodendenken zu sehr überhandnimmt. Als ärztlicher Direktor ist man da inhaltlich etwas näher an den Kollegen, als man das jetzt als kaufmännische Leitung ist. Insofern fällt da die Kommunikation leichter, weil auch jeder weiß, dass man natürlich die Probleme im klinischen Alltag eben halt gut kennt. Da fällt es auch leichter dann, zu kommunizieren darüber. Das ist der eine Bereich, und der andere Bereich, der für die Geschäftsführung natürlich auch interessant ist, ist natürlich die Tatsache, dass man natürlich von der Geschäftsführungsseite aus natürlich das Haus strategisch ja weiter entwickeln möchte. Und dazu muss man natürlich gewisse medizinische Basisinformationen haben, und auch Informationen über Abläufe im Haus, und auch Überlegungen, wie man quasi Abteilungen voran bringen kann. Ob man jetzt neue Abteilungen eröffnen will, also wir werden auch im nächsten Jahr zum Beispiel eine Schmerztherapie, Schmerztherapieabteilung als eigene Abteilungsstruktur haben. Also Entwicklung des Hauses in strategischer Sicht, das sind eben halt auch Aufgaben, wo bei uns jedenfalls, das ist an anderen Kliniken auch so, dass da die ärztliche Direktion natürlich schon auch maßgeblich beteiligt ist. Das ist ja der Sinn, dass da eben halt sozusagen medizinische Fachkompetenz in einen kaufmännischen Entscheidungsprozess rein kommt. Mit Kommunikation dann eben halt auch mit den beteiligten Leuten aus den klinischen Abteilungen, die da gegebenenfalls irgendwelche Berührungspunkte haben. Das ist wichtig. Also Kommunikation ins Haus rein, sozusagen Stichwort das Ohr an der Grasnarbe haben. Wie da sozusagen die Meinung bei den Kollegen ist. Und dann aber eben auch dafür zu sorgen, dass die eben sagen wir mal medizinische Kompetenz für einen fundierten Entscheidungsvorgang dann eben halt in die Geschäftsführung kommt, ja. Also das ist bei uns sagen wir mal ein ganz vordergründiger Punkt.

Also mit sagen wir mal den ökonomischen Prozessen des Hauses hab ich verhältnismäßig wenig zu tun. Das ist in anderen Häusern anders, wo teilweise die ärztliche Direktion durchaus auch eingebunden ist in sagen wir mal kaufmännische Prozesse.

Wenn wir Macht im Sinne Luhmanns mit dem Code Macht/keine Macht bzw. Regierung/Opposition verbinden (vgl. Luhmann (1986, S. 167ff.), scheint der befragte Akteur hier weder fehlenden Einfluss zu beklagen noch offen oder verdeckt in Opposition zur Geschäftsführung zu gehen. Seine Ausführungen machen hier nicht den Eindruck, dass er als ärztlicher Direktor mit seiner Position unzufrieden ist oder gar gegenüber der Geschäftsführung opponieren würde. Vielmehr findet er seine Rolle einerseits darin, die verschiedenen medizinischen Abteilungen zu integrieren und die jeweiligen Partikularinteressen („das Bodendenken") auszubalancieren, andererseits darin, „medizinische Kompetenz" in die Entscheidungsflüsse einzubringen. Interessant ist hier in unserem Zusammenhang die verwendete Formulierung „medizinische Fachkompetenz in einen kaufmännischen Entscheidungsprozess" hineinzubringen. Hierdurch wird nämlich die Rahmung eben dieses Prozesses markiert – er folgt einer betriebswirtschaftlichen Logik, ohne dabei jedoch die medizinische Seite negieren zu müssen.

Vor diesem Hintergrund wird auch die erwähnte Arbeitsteilung verständlich, entsprechend der der ärztliche Direktor „mit den ökonomischen Prozessen des Hauses verhältnismäßig wenig zu tun hat", was für ihn nicht problematisch ist. Denn es gibt ihm handlungsentlastend Raum, sich im Kernbereich seiner Kompetenzen, nämlich der medizinischen Kompetenz, zu verorten. Im Vergleich zum Arrangement anderer Krankenhausleitungen – entsprechende Vergleichshorizonte werden vom Akteur selbst genannt – wird von ihm nicht verlangt, zugleich als Betriebswirt zu agieren.

Mit Blick auf die sich hier dokumentierenden Handlungsorientierungen erscheint die Position des ÄD also weder durch ökonomische Reflexionsanforderungen überformt. Noch ist sie durch eine Machtdynamik geprägt, die sich wie im zuvor rekonstruierten Arrangement dadurch auszeichnet, dass der ärztliche Direktor die Spannung auszuhalten hat, mal die Gruppenloyalitäten der Ärzteschaft gegenüber der Geschäftsführung zum Ausdruck zu bringen, und mal umgekehrt dazu beizutragen hat, die ökonomischen Interessen der Geschäftsführung gegenüber den (Chef-)Ärzten durchzusetzen. Aus der Perspektive dieser Lesart wird auch verständlich, warum seine Ausführungen im Interview gewissermaßen entspannt und nüchtern anmuten, also nicht konflikthaft aufgeladen sind.

Wenngleich die Entscheidungen der Geschäftsführung streng hierarchisch gefällt werden („wo dann in irgendeiner Form demokratisch eine Entscheidung entsteht. Nein, das ist nicht so"), bewertet sie der ärztliche Direktor nicht als willkürlich, sondern gut informiert, denn er kann – wie auch die anderen chefärztlichen Akteure – seine fachbezogene Perspektive weitgehend unkorrumpiert einspeisen („auf dem Weg zu einer Entscheidung, ist natürlich das allerwichtigste, dass man sagen wir belastbare Informationen erhält"). Dies sieht er durch die „Kommunikation ins Haus" hinein garantiert. Es geht hierbei um Sachlagen, nicht jedoch um Machtfragen, was er auch durch die verwendete Naturmetaphorik umschreibt: Es gilt das „Ohr an der Grasnarbe [zu] haben". Der Begriff Grasnarbe bezeichnet die Decke eines Rasens, einschließlich des Wurzelwerks, und steht damit für die Prozesse an der Basis, die einerseits eine gewisse Stabilität gegenüber Umwelteinflüssen garantieren (also Erosion verhindern), andererseits aber den Gesetzen ihrer eigenen Ökologie folgen. Oder um hier weitergehend zu interpretieren: Die Fortexistenz der medizinischen Eigenlogiken scheint mit Blick auf die kaufmännische Führung in diesem Fall nicht problematisch zu sein – vielmehr gilt es diese Eigenlogiken als solche über den ÄD in den Entscheidungsprozess einfließen zu lassen. Im Sinne der Kontexturanalyse scheinen sie somit als andere bzw. fremde Handlungsorientierung ernst genommen und berücksichtigt bzw. hinsichtlich ihrer Eigenlogik sogar erkannt und akzeptiert zu werden. Aus dieser Perspektive kann auch akzeptiert werden, wenn Entscheidungen gewissermaßen von oben getroffen werden, ohne die Chefärzte dabei demokratisch einzubinden. Der Entscheidungsprozess braucht dementsprechend nicht politisch legitimiert zu werden – etwa durch demokratische Verfahren –, da auf der Sachebene der Eindruck entsteht, dass die Eigenperspektiven der relevanten Akteure (mit)berücksichtigt werden.

In diesem Arrangement kann der ärztliche Direktor in seiner Funktion primär Arzt bleiben, was – vermeintlich kontrafaktisch zur formalen Stellung in der Krankenhaushierarchie – Souveränität garantiert. Dementsprechend kann er sich gemeinsam mit den anderen Chefärzten als relevanten Teil dieses Prozesses empfinden, wenngleich ihnen formal keine Entscheidungsmacht zukommt. Anders als im zuvor geschilderten Fall des Westgroup-Klinikums scheint die mit der Funktion des ärztlichen Direktors eingenommene Rolle nicht problematisch oder gar prekär zu sein (siehe weitergehend zu den ärztlichen Direktoren das Kapitel IV.1). Im Gegenteil: Selbst Personalentscheidungen wie die Kündigung des ehemaligen Chefarztes der Anästhesie oder der Pflegedienstleitung schätzt der ärztliche Direktor sowohl als verständlich als auch legitim ein, da sie eine Antwort auf Organisationsprobleme darstellen, die auch die Chefärzte betreffen, und zudem können sie in ihrer ökonomischen Rationalität nachvollzogen werden.[196]

Chefärzte (autonome Leistungsträger)

Wie schildern die anderen Chefärzte ihr Verhältnis zur Geschäftsführung? Auch sie beschreiben zunächst die steile Hierarchie in Hinblick auf die strategisch relevanten Entscheidungen. Zudem wird teilweise beklagt, dass wichtige Beschlüsse gelegentlich verspätet an die Ärzteschaft kommuniziert werden:

> CA Kardiologie: Wir können zwar unseren Senf dazugeben – aber das letzte Wort das bleibt der Geschäftsführung, ne. Aber im Endeffekt ist es natürlich dann blöde – oder ich sage mal so: nicht ganz suboptimal – ne, wenn man dann schon am besten über die Presse erfährt, ja da kommt ein neuer Wirbelsäulen-Chirurg, man von Mitarbeitern angequatscht wird, ne: „Wie ist denn der?" und so weiter „Da kommt ja einer."

Andererseits bringen die Chefärzte jedoch auch anerkennend zum Ausdruck, dass sie bei für sie wichtigen Anliegen bei der Geschäftsführung Gehör finden. So wird beispielsweise berichtet, wie auf Wünsche in Hinblick auf die architektonische Gestaltung der Klinik eingegangen wird.[197] Schauen wir in einer längeren Interviewsequenz auf die Einschätzung des Chefarztes der Viszeralchirurgie:

---

196 Der ärztliche Direktor zur Entscheidung, dem Chefarzt der Anästhesie zu kündigen: „Die [Entscheidungen] werden letztlich in einem kleinen Gremium getroffen. In dem Fall mussten sie letztlich getroffen werden von der Geschäfts- beziehungsweise Konzernleitung. Und dann muss man eben halt diesen Schritt halt machen. Muss man auch mal relativ, man kann jetzt nicht sagen, dass es eine unpopuläre Entscheidung war, weil nämlich letztlich alle chirurgischen Disziplinen da natürlich voll dahinter standen. Es gibt natürlich immer Leute, die sagen wir mal so, den gewissen Geist des Verhinderns sehr gut finden, weil sie selbst dann auch weniger arbeiten müssen." – Die hiesige Konstellation, in der es eine Geschäftsführung mit Entscheidungsmacht gibt (die aber auch die Ärzte hört), ermöglicht, solche Personalentscheidungen zu treffen, die im Sinne der meisten Ärzte sind, diese aber in Loyalitätskonflikte bringen würden, wenn sie an dieser Entscheidung aufgrund demokratischer Strukturen teilhaben müssten.

197 So berichtet der Chefarzt der Kardiologie in Bezug auf die Neuausrichtung der internistischen Abteilungen: „Ja. Ich meine, es gibt verschiedene Ebenen: einmal gibt es den runden Tisch und dann gibt es natürlich dann Dinge, wo man sich dann auch selber auf informelle Gespräche trifft, ja. Also das heißt zum Beispiel: Ich persönlich habe – das ist alles meine Konzeption: Doktor (Name) ist ja erst ein Jahr nach mir gekommen, und ich habe auch die Trennung der Inneren Medizin so vorangetrieben. Früher gab es nur einen. Es gab gewisse strategische und auch fachliche Dinge, wo ich gesagt habe: Man kann eine Innere nicht mehr als ein Chefarzt führen, weil: Das Wissen hat sich in den letzten 40 Jahren alle zehn Jahre mehr als verdoppelt. [...] Das ist so ein breites Spektrum – das kann keiner mehr abdecken. [...] Deswegen hier Cut – zwei

CA Viszeralchirurgie: Sicherlich hat die Verwaltung das letzte Wort, ist ja unser Träger, die (Name des Trägers), aber unsere Meinung ist da gefragt. Und ich meine, ich würde auch so aus dem Gefühl sagen, dass unsere Meinung auch Gewicht hat bei der letztendlichen Meinungsfindung. Es kann durchaus mal sein, dass dann die obersten Trägerschaften sagen, nein, wir machen das jetzt ganz anders, das gibt es immer wieder, aber in aller Regel läuft es hier sicherlich eher kollegialer zu und wertschätzender zu, als an manch anderer Stelle, das ganz bestimmt. Mhm.

I: Okay. Ich weiß nicht, ob es so ist, aber ich stelle mir jetzt vor, dass da durchaus in den verschiedenen Abteilungen auch unterschiedliche, vielleicht auch in…

CA: Absolut, da kann es auch schon/

I: …sich gegenseitig ausschließende, (lacht) Ansprüche gestellt werden.

CA: Ja, nee, nee, da geht es auch schon mal heiß zu. Ja, das ist richtig.

I: Wird das da auch tatsächlich oder geht sowas/

CA: Ja.

I: wird sowas in kleineren (unklar)

CA: Nee, das wird da offen kund getan, ja. Nö, da hat es auch schon rauchende Köpfe gegeben und auch schon lautere Stimmen gegeben, ne. Aber es ist nie so, dass das irgendwie entgleist. Sondern es wurde immer dann moderiert, und dann hat man sich auch wieder auf einen gemeinsamen Konsens geeinigt.

Hier wird wiederum deutlich, dass die Differenz zwischen den Sphären anerkannt wird, und zwar sowohl in Bezug auf die Machtkonstellation innerhalb der Hierarchie als auch in Hinblick auf die Divergenzen zwischen den Abteilungen. Zugleich wird die Bearbeitung eben dieser Differenzen als „kollegial" und „wertschätzend" erlebt. Die Differenzen werden nicht getilgt, sondern moderiert, was wiederum die Anerkennung unterschiedlicher Wertsphären und Identitäten voraussetzt. Nur auf dieser Basis können der Chefarzt wie auch seine Kollegen zu dem Schluss kommen, dass die Geschäftsführung ernsthaft an einer gemeinsamen Meinungsfindung interessiert ist, was aber wiederum nicht in Widerspruch dazu steht, abweichende Entscheidungen treffen zu können. Letzteres erscheint entsprechend auch aus Perspektive der Chefärzte – zumindest in diesem Fall[198] – nicht als illegitimer Übergriff, sondern als Prozess, der entweder sachlich informiert und entsprechend gerechtfertigt ist oder hierarchisch mit Verweis auf die „obersten Trägerschaften"

Chefärzte. Und mein Konzept sah es auch vor – was auch sehr clever ist – in der Mitte die Chefarzt-Sekretärin, ein Chefarzt-Zimmer hier, ein Chefarzt-Zimmer da. […] Wird genauso gebaut, ne."

198 Es bleibt allerdings die Frage bestehen, ob und wie in diesem Modus auch unpopuläre Personalentscheidungen balanciert werden könnten.

legitimiert wird. Letzteres erscheint deshalb akzeptabel, da es „in aller Regel" besser als in anderen Häusern zugeht.

Als weiteres Spezifikum dieses Hauses im Vergleich zu anderen Trägern ist zu nennen, dass den Ärzten beim Kauf und Gebrauch von Geräten und Materialien einige Spielräume zugestanden werden. Dies erlaubt den Chefärzten eine Selbstverortung, mittels der sie sich im Kernbereich ihres medizinischen Geschäfts als autonom erfahren:

> *CA Viszeralchirurgie:* Nee, also ich bin autark. Die Geschäftsführung redet mir nicht rein, so/[...]
>
> *I:* Und was sagen, also was in, was für Tätigkeiten haben Sie da in diesem Bereich, da geht es ja wahrscheinlich auch um Controlling oder Einkauf, oder so Sachen dann?
>
> *CA:* Gut, ich bin natürlich angehalten, mit möglichst wenig Ressourcen möglichst viel effektiven Gewinn herauszuholen. Wobei der Fokus schon auch ganz klar medizinisch sinnvoll sein muss. Also wir stellen die Medizin vor die Ökonomie, das schon. Aber wenn die Medizin in Ordnung ist und Stand 2014, und gut ist, dann ist die Ökonomie natürlich direkt gefragt. Wir müssen natürlich versuchen, auch Geld zu verdienen. Und da habe ich zum Glück alle Freiheiten, ich darf alles benutzen, was wir haben, teilweise sind das natürlich schrecklich teure Einmalgeräte, Ultraschallmesser oder sonstige Geräte, um Blut und Blutstillung durchzuführen. Da gibt es wunderschöne Sachen, die heute doch einen deutlichen Fortschritt nach vorne bedeuten, hinsichtlich Zeit, hinsichtlich Sicherheit für den Patienten, es wird sicherlich auch noch schlechtere Zeiten geben, wo man das immer mehr einschränkt, wo man sagt, Freunde, das passt alles hier. Aber aktuell ist es so, dass wir da aus den Vollen schöpfen dürfen und dass wir angehalten sind, mit Bedacht das zu machen, aber alle Freiheiten haben und bei uns da nichts reingeredet wird.

Hier verdeutlicht sich noch einmal das Arrangement, welches die Balance zwischen Vertrauen und Kontrolle ermöglicht: Einerseits wird die betriebswirtschaftliche Vorgabe „mit möglichst wenig Ressourcen möglichst viel effektiven Gewinn herauszuholen" nicht zurückgewiesen, sondern als Rahmensetzung akzeptiert (wobei die Medizin die primäre Referenz sei und bleibe). Andererseits erscheint es im Vergleich zu anderen Chefärzten geradezu erstaunlich, welchen Gestaltungsspielraum er hier dennoch für sich sieht.[199] Ihm scheint aus seiner Perspektive nicht das Maximum an Gewinnoptimierung abverlangt zu werden („die GF redet mir nicht rein", „es wird sicherlich auch noch schlechtere Zeiten geben") und nicht jede Behandlung daraufhin beobachtet zu werden, ob man sie nicht auch günstiger hätte durchführen können. Gefühlt hat er „alle Freiheiten" obschon er selbst weiß, dass er diese natürlich gerade nicht hat, da er eben nur „mit Bedacht" aus „den Vollen schöpfen

---

199 Es geht hier nicht darum, ob er „tatsächlich" viel Entscheidungsspielraum hat, wichtig ist, dass er das so sieht und sich dementsprechend als autonomer Akteur *fühlen* kann.

kann". Dennoch scheint er sich in diesem Arrangement als „autark" erfahren zu können, gerade weil er den betriebswirtschaftlichen Rahmen nicht grundsätzlich zurückweist und es somit für die GF zu genügen scheint ihn dazu ,anzuhalten', die Gewinne zu berücksichtigen. Auf unmittelbare Kontrollmittel kann verzichtet werden, was wiederum in positiver Weise dazu beiträgt, dass der CA sich als „autark" erfahren kann.

Aus dieser Perspektive können auch die im oben genannten Sinne und Stil getroffenen Entscheidungen seitens der Geschäftsführung als verständlich wie auch legitim akzeptiert werden:

> *CA Viszeralchirurgie:* Es ist natürlich so, wir haben einen privaten Träger und wer das Geld hat, der bestimmt auch die Musik.

Diese Aussage scheint zunächst in Widerspruch zum vorangegangen Zitat zu stehen. Bei näherer Betrachtung des Kontextes verweisen jedoch beide auf einen gemeinsamen grundsätzlichen Modus. Die Dynamiken, die in Zusammenhang mit den den Chefärzten zugestandenen Ressourcen und Freiheitsräumen entstehen, lassen sich auch hier nicht über eine triviale Machtsemantik im Sinne von „Teile und Herrsche" erklären. Vielmehr erscheint Führung hier zugleich als Anerkennen und zum Ausdruck Bringen von Autonomie. Um im Bild der Musik zu bleiben: Der Träger bestimmt das Genre und bestellt die Künstler, die dieses bedienen. Letztere sind aber frei in ihrer Interpretation und Aufführungspraxis und können sich entsprechend trotz der Abhängigkeit vom Geldgeber als autonom erfahren.[200]

Oder von einer anderen Perspektive formuliert: Erst über die Trennung der Wertsphären und der hiermit verbundenen (professionellen) Identitäten können die Chefärzte die *illusio* (Bourdieu) ihrer Selbstwirksamkeit als *captain of the ship* aufrechterhalten[201] und sich somit auch in Hinblick auf die kritischen Fragen des Managements – nämlich die Frage, wie Ökonomie und Medizin zu vereinen sind – als wirksame Akteure hervorbringen. Durch die Art und Weise, wie die Chefärzte in diesem Fall in ihrer medizinischen Identität gesehen werden und sich wertgeschätzt fühlen, führt dazu, dass sie den wirtschaftlichen Zwang, mehr Fälle

---

200 Das bedeutet allerdings auch, dass man sich auch von Musikern trennt, die nicht das gewünschte Genre bedienen.

201 In der nautischen Metaphorik verbleibend fährt hier der Manager im Flottenverbund, d. h. einzelne Schiffe werden auf Kurs gehalten. Somit sind die Ärzte tatsächlich *captain of the ship*, wobei sie nicht wahllos navigieren können. Im Fall des Westgroup-Klinikums stellt sich das Bild hingegen so dar, dass alle auf dem gleichen, großen Kreuzfahrtschiff fahren und höchstens eigene Decks verwalten. Entsprechend anders sind die Anforderungen an das Management.

machen zu müssen, als eine unhintergehbare Reflexionsperspektive ansehen und damit als *eigene* Handlungsorientierung übernehmen. Schauen wir diesbezüglich auf eine weitere Sequenz aus dem Interview mit dem Chefarzt der Viszeralchirurgie:

> *Interviewer:* Monatlich kriegen Sie das [die Fallzahlen und den Case Mix Index], rückgespiegelt, ja?
>
> *CA Viszeralchirurgie:* Ja, ja, monatlich wird das aufgelistet.
>
> *I:* Und was ist, wenn, also was sind dann so Ihre Ansatzpunkte, wenn es irgendwie nicht läuft, also was, können Sie dann mit Ihren Assistenten sprechen und sagen, macht mal mehr, oder, also wo sind da Ihre Handlungsprobleme?
>
> *CA:* Nee, also da würde ich mich, ja, da würde ich mich selber am Schopfe packen. Da würde ich sagen, ich muss noch mehr wieder bei den Hausärzten aktiv sein, ne.
>
> *I:* Das ist die Stellschraube, ne, für Sie?
>
> *CA:* Genau, das ist die Schnell/ das sind die Zuweiser. Von denen bekomme ich die Patienten zugewiesen, der Hausarzt hat natürlich auch einen großen Einfluss auf den Patienten. Und wenn der Patient, oh, Herr Doktor, ich habe so Bauchschmerzen, ich muss jetzt mal die Galle raus haben, wo soll ich hingehen, der Doktor sag dann, ich rufe mal direkt den (Name) an, ne, der Herr (Name), der so und so, ne.
>
> *I:* Aha, okay, ja.
>
> *CA:* Das ist das ist das A und O.
>
> *I:* Also würden Sie, verstehe ich das richtig, also, das Haus muss irgendwie wachsen, muss in die schwarzen Zahlen kommen und das geht über mehr Patienten, also mehr Patienten [unverständlich] eigentlich?
>
> *CA:* Das geht nur über mehr Patienten, genau.
>
> *I:* Das ist der einzige, ja? Das ist das, was Sie/
>
> *CA:* Das ist der einzige Weg. Da kriege ich nirgendwo was geschenkt
>
> *I:* Also man kann dann nicht irgendwie innerhalb der [unverständlich] mit kodieren oder mit, anders operieren, anders behandeln ansonsten nicht der Faktor.
>
> *CA:* Nee, also diese Kodierung sehe ich nur so, und das sehen wir alle so, Sie müssen optimal die Leistung erfassen. Aber nicht drüber raus schießen. Man kann natürlich tricksen. Ich könnte Ihnen sagen, Sie waren jetzt hier, weil sie akut einen Herzinfarkt hatten und den haben wir behandelt, deswegen sind Sie jetzt gleich wieder gegangen, dann sage ich, geben Sie mal eben die Karte, und dann wird das, das ist natürlich, das ist Kassenbetrug, ne, das kommt auch raus, das geht nicht.

Interessant ist zunächst das Bild des sich *„am eigenen Schopfe"* Packens, denn es verweist hier auf das Motiv einer enaktierenden Selbstreferenzialität, entsprechend der sich auch die Anforderungen aus der Umwelt autonomisierend als Herausforderungen begreifen lassen. Mit dem Habitus des Machers stellt sich der Chefarzt diesen bereitwillig. Da aus dieser Perspektive die Steigerung der Fallzahlen als eigenes Ziel angenommen werden kann, erscheint die Kontaktpflege zu den Hausärzten – Akquise und Marketing, um hier mit betriebswirtschaftlichen Begriffen zu sprechen – nicht als Last, sondern gleichsam als eine weitere natürliche Bewegung, die zur eigenen Arbeit gehört.[202]

Die ökonomische Bewegung der Leistungsausweitung selbst erscheint dabei redlich, da sie mit medizinischer Leistung einhergeht, während die Abrechnung nicht erbrachter Leistungen als unrecht („das ist Kassenbetrug") tituliert wird. Ökonomie, Medizin und Recht arrangieren sich hier als einander bedingende und bestätigende Logiken, die nicht miteinander im Widerspruch stehen. Es bleibt einzig und allein die Frage, ob man sich den Aufgaben stellt, den entsprechenden Leistungswillen zeigt, sich also auf die Seite der Leistungsträger stellt.

Komplementär hierzu stehen die eigentlichen Feinde innerhalb der Organisation fest, nämlich diejenigen, die sich der Leistung verweigern. Diese Bewegung bzw. Selbstverortung ist Chefärzten habituell vertraut.[203] Entsprechend fällt es ihnen leicht, sich in solch ein Arrangement einzuklinken, insofern sie sich dabei als autonome Akteure empfinden können, die ihre Dinge selbst in die Hand nehmen.

Strukturell treffen wir hier auf ein ähnliches Arrangement wie in Bezug auf die neue Pflegedienstleitung des Hauses. Die professionellen Akteure erfahren sich hinreichend wirkmächtig, um auch in Hinblick auf Managementfragen Eigeninitiative zu entwickeln. Umgekehrt lässt sich feststellen: In diesem Sinne ist die Führung dieses Hauses gerade deshalb wirksam, weil es ihr gelingt, Außenspannungen enaktierend (und nicht einfach als Druck) auf die untergeordnete Leitungsebene zu verschieben (s. dazu den Abschnitt zu den „Außenspannungen"). Dies geschieht, indem divergierende Orientierungen und Perspektiven autonomisierend anerkannt werden und Gehör finden, ohne dass dabei auf (teilweise) einschneidende Eingriffe von oben verzichtet wird.

---

202 Eine solche Haltung kann nicht für alle Chefärzte aller Fachrichtungen verallgemeinert werden. Siehe hier das Kapitel IV.1 und den Chefarzt für Innere Medizin im Fall des St.-Joseph-Krankenhaus (V.4).

203 Homolog der ärztliche Direktor zum Problem mit dem ehemaligen Chefarzt der Anästhesie: „Und es war zu einer gewissen Zeit aber so, dass wir mit Anästhesie eben halt auch nicht arbeiten konnten. Und deswegen waren da auch eben halt zunächst mal, um überhaupt irgendwie voran zu kommen, da personelle Veränderungen notwendig. Also das war so ein ganz, ein ganz groteskes Beispiel dafür, dass wenige Personen einen ganzen Betrieb im Prinzip strukturell massivst behindern können […] Aber grundsätzlich, das war ein Problem, wo man sieht, also wenn man ein komplexes Gebilde hat, und ein entscheidendes Stellrad funktioniert nicht, dann funktioniert der ganze Prozess nicht. Und das sind auch keine Sachen, wo Sie jetzt als Verwaltung durch Strukturvorgaben dazu beitragen, dass das irgendwie funktioniert. Sondern das sind immer Personalentscheidungen. Immer. […]"

Zusammenfassend ist festzuhalten, dass der ÄD wie auch die Chefärzte in der hier beschriebenen Konstellation auf der einen Seite formell und in Hinblick auf die wichtigen strategischen Entscheidungen kein *Teil* der Geschäftsführung sind, um dann jedoch auf der anderen Seite in ihrem Einfluss- und Arbeitsbereich als autonome Akteure zu fungieren. Vor diesem Hintergrund kann die Konstellation in der Leitungskonferenz als eine partnerschaftliche des wechselseitigen Gehör Schenkens beschrieben werden. Das Verhältnis zwischen Ökonomie und Medizin stellt sich – anders als im Fall des Westgroup-Klinikums – nicht als Konfliktlinie zwischen den Ärzten und dem Management dar, sondern als eine gleichsam sportliche Herausforderung, der sich besonders der Chefarzt für Viszeralchirurgie – seinerseits Mitglied der Gruppe der Leistungswilligen – gerne stellt.

Wie im vorangegangenen Fall wird die Spannung der verschiedenen Logiken zwar auch in die Personen hineinkopiert. Diese gilt es aber hier nicht im Sinne einer Sandwichposition auszuhalten, d. h. als fremdreferenzielle Zumutungen, die manchmal zu ertragen und weiterzugeben und manchmal zurückzuweisen sind. Vielmehr fungieren sie in dem hier zum Ausdruck kommenden Arrangement als Motor einer intrinsischen Motivation, die sich für die befragten Akteure nicht als Spannung bemerkbar macht, sondern als natürlicher Antrieb, denn sie verstehen sich als die Leistungsträger der Organisation.

Geschäftsführer (Entscheidungsmacht)

Schauen wir nun, wie der Geschäftsführer (ausgebildeter Arzt) die Rollenverteilung innerhalb der Klinikführung versteht. Die Schlüsselrolle in der Führung nimmt die von der Geschäftsführung eingesetzte Klinikleitung ein („Also jetzt hier für (Name Ort) ist das Herr (Name KL). Die sind immer 5 Tage die Woche da und zu 100 Prozent für das Geschäft verantwortlich"). Dem ärztlichen Direktor ordnet die Geschäftsführung demgegenüber nur eine moderierende Funktion innerhalb der Gruppe der Chefärzte zu:

> *Geschäftsführer:* Der hat eigentlich eine mit eine moderierende Funktion, ja, sozusagen dass er mit moderiert und mit, wir ihn auch mal explizit um Rat fragen zu bestimmten Themen. Er ist aber jetzt nicht nominell Vorgesetzter der Chefärzte.

Der Geschäftsführer selbst nimmt alle zwei Wochen an der Leitungssitzung mit den Chefärzten und der Pflegedienstleitung teil. Die das Haus betreffenden strategischen Entscheidungen werden jedoch in einem monatlich stattfindenden Treffen mit anderen Vertretern des Trägers getroffen. Während der Geschäftsführer in der Phase der Übernahme ständig im Haus präsent war, sei er derzeit „noch irgendwie anderthalb Tage die Woche hier", strebe aber an, „nur noch jede zweite Woche einmal" zu kommen. Strategische Entscheidungsprozesse, wie etwa die Etablierung einer Abteilung für Schmerztherapie, laufen dabei in enger Absprache mit der Krankenhausleitung, wie am folgenden Interviewausschnitt deutlich wird:

> *Geschäftsführer:* Wir wollen Patienten, die mit Rückenschmerzen kommen, sozusagen aus einer Hand das ganze, gesamte Behandlungsspektrum bieten und das können wir, da können wir im Moment haben wir sozusagen nur die Hälfte des Werkzeugkastens, nämlich nur den Operateur. Aber wir haben keine Schmerztherapie, die sozusagen multimodal konservativ behandelt, so. Das war jetzt meine Idee, weil ich das an anderer Stelle schon gesehen habe [...] wo das ganz gut funktioniert.
>
> *I:* In (anderen Häusern des Trägers).
>
> *GF:* Ja. Und dann habe ich in die Runde geworfen und habe das erst mal mit Herrn (Name Krankenhausleitung) diskutiert, ob das nicht sinnvoll sein könnte. Dann sagt er ‚ja', dann haben wir das in der monatlichen Durchsprache mal diskutiert, haben noch nicht mal einen richtigen Business Case gemacht, so Back of the Envelope und dann haben wir gesagt ‚machen wir'. Und dann haben wir die Folgewoche eine Anzeige geschaltet und haben dann jetzt in den letzten Wochen hier Chefärzte interviewt und werden uns jetzt, haben jetzt so eine Zwischenentscheidung gefällt, wen wir nehmen wollen, noch nicht ganz final, und werden das jetzt aber in den nächsten Wochen entscheiden. Also das geht sehr schnell.
>
> *I:* Ja, das klingt nach einer schnellen Entscheidung, genau.
>
> *GF:* Sehr schnell. Also wir können eigentlich, Herr (Name KL) und ich können eigentlich hier alles am Tisch entscheiden, wenn wir wollen. Also ich bin auch einzelvertretungsberechtigt. Ich könnte jetzt rein gesellschaftsrechtlich sozusagen alles unterschreiben. Natürlich sprechen wir große Sachen mit unserem Gesellschafter ab.

Zunächst dokumentiert sich in der Selbstbeschreibung eine starke Machtposition des Befragten, die jedoch nicht in der Position des einsamen Entscheiders aufgeht, sondern Kommunikation und Absicherung sucht. Die Referenz liegt dabei nach unten in der Absprache mit der kaufmännischen Leitung, nach oben in der Rücksprache mit den Gesellschaftern im Falle größerer Entscheidungen. Aus dieser Konstellation heraus lässt sich unternehmerisch handeln. Auch ohne umfangreiche Planungsschritte, Analysen und Abstimmungsprozesse können auf Basis einer Überschlagsrechnung (*„back of the envelope"*) strategische Entscheidungen getroffen werden (hier die Einstellung eines Chefarztes mit einem im Krankenhaus bislang noch nicht vertretenen Fachgebiet). Der Ort der Referenz für diese Entscheidung liegt dabei nicht in dem betroffenen Haus selbst, sondern in anderen Häusern des Trägers, die bereits ähnliche Initiativen erfolgreich durchlaufen haben (die Krankenhausleitung mit den Chefärzten wird in dieser Erzählung nicht einmal im Ansatz als Referenzpunkt erwähnt). Die Geschichte des Trägers mit seinem Erfahrungsschatz bietet hier eine der zentralen Reflexionsperspektiven und suggeriert die notwendige Sicherheit in Hinblick auf die ansonsten vermutlich nicht ganz risikofreie Entscheidung.

Dadurch erscheinen die getroffenen Entscheidungen trotz der starken Konzentration und Bündelung von Macht nicht beliebig oder willkürlich, sondern mit Blick auf die zuvor eingegangene Pfadabhängigkeit durchaus rational und dementsprechend auch ins Haus hinein vermittelbar. Die an der Spitze gebündelte strategische und betriebswirtschaftliche Kompetenz präsentiert sich hiermit zugleich als flexibel wie auch entscheidungsfreudig.

Mit Blick auf das hier zum Ausdruck kommende Arrangement ist noch ein anderer, für dieses Haus typischer Modus des arbeitsteiligen Zusammenspiels betriebswirtschaftlicher und medizinisch-fachlicher Verantwortung zu nennen. Die Geschäftsführung hat sich nämlich entschieden, den Chefärzten *nicht* alle Zahlen und Leistungsdaten zur Verfügung zu stellen. Schauen wir diesbezüglich auf einen längeren Interviewausschnitt:

I: Ja. Wie viel wissen die Chefärzte von den Zahlen vom Haus?

GF: […] Also die kennen die Leistungsstatistik, die Personalstatistik und die Patientenzufriedenheit. Die Personalstatistik normalerweise nur für deren Bereich. Aber wenn sie wollen, können sie das auch aus den anderen Bereichen sehen. Was wir nicht mit den Chefärzten teilen, ist die Gewinn- und Verlustrechnung und die Liquidität, weil erstens weil wir familiengeführt sind. Aber das ist weniger das Thema, sondern weil das natürlich viel Angst verursacht, wenn da jetzt minus 600.000 Euro steht. Die können das gar nicht so richtig einschätzen, was das jetzt genau bedeutet. Wiederum wenn da plus eine Million steht, wenn man dazu nicht die Bilanz kennt und weiß, wie viel Schulden da drauf sind und was der Kaufpreis war, dann fehlt da komplett die Relation und deswegen/ und vor allen Dingen fand, wollen wir nicht, dass die untereinander anfangen zu rechnen „naja, meine Abteilung verdient 300.000 und deine macht 400.000 Verlust und weil ich 300.000 verdiene, kriegen wir 5 Ärzte und du musst sparen.

I: Und vergleichen, was irgendwie nicht vergleichbar ist.

GF: Was nicht vergleichbar ist. Wir machen, natürlich gucken wir auch ab und zu schon mal punktuell, ob die Verhältnisse stimmen. Also was nicht geht, dass einer immer sozusagen um 14 Uhr nach Hause geht und einen lauen Lenz macht und die anderen arbeiten bis 22 Uhr und machen sich wund, ja. Und der eine hat 7 Assistenzärzte und nichts zu tun und der nächste hat 3 und ganz viel zu tun. Da achten wir schon drauf, dass die Hygiene stimmt, dass die Personalbesetzung, und das ist ja sozusagen dann, was bei denen gefühlt ankommt, dass das schon im Verhältnis ist zu dem, zu der Arbeitsbelastung. Ob dann wirtschaftlich am Schluss unten was rauskommt in der Abteilung, hängt an zig Faktoren, an der Bewertung im DRG-Katalog, die total springt. Das kann mal sein, dass in einem Jahr was 10 Prozent aufgewertet wird und im nächsten Jahr 10 Prozent abgewertet wird. Da kann der Chefarzt nichts für, also nach oben als auch nach unten, ja. Das ist einfach die InEK-Kalkulation,[204] die springt. Die, für die Lieferantenpreise können die auch nur bedingt was. Also die sind schon, denen ist schon bewusst, auch jetzt hier, dass wir noch Geld verlieren und sparen müssen und wir binden die auch ein in Einkaufskommissionen und wenn wir Sachkosten sparen, aber wir diskutieren nicht mit denen bis auf die letzte Schraube, wie jetzt die Finanzierung aussieht.

Auf den ersten Blick scheint die Entscheidung, den Chefärzten nicht alle Zahlen offen zu legen, strategisch begründet zu sein, etwa in dem Sinne, dass man den Chefärzten kein Wissen zur Verfügung stellt, das sie in Personal- oder Gehaltsforderungen für sich nutzen könnten. Mit einer anderen Lesart könnte der Grund jedoch auch darin liegen, dass man die Ärzte nicht über den Vergleich der Gewinn- und Verlustrechnung in eine Konkurrenzbeziehung zueinander bringen möchte, die sich allein an den virtuellen Parametern einer von außen gesetzten Abrechnungssystematik orientiert. Für letzteres spricht auch, dass die Festlegungen des DRG-Katalogs als einem willkürlichen Prozess unterliegend betrachtet werden, es also nicht unbedingt durch sachliche Aspekte (fachliche bzw. medizinische Leistungen) begründet ist, welche Ärztegruppe die Gewinner und Verlierer dieses Spiels sind. Der Befragte demonstriert hiermit zugleich seine Expertise in Hinblick auf das Bedingungsgeflecht, welches die Kosten und Gewinnoptionen eines Krankenhauses bestimmt, um hieraufhin zu dem Schluss zu kommen, dass die (Chef-)Ärzte die hiermit verbundenen Konsequenzen – etwa die Bedeutung der ausgewiesenen Verluste – nicht richtig verstehen können. Allein die betriebswirtschaftlich gebildete und im Krankenhauswesen erfahrene Geschäftsführung weiß um die Gesetzlichkeiten dieses Spiels. Dass sich die Einkaufspreise oder Erlöspauschalen in unvorhersehbarer Weise ändern können, wissen auch die Krankenhausärzte. Der entscheidende Punkt ist jedoch, dass die Einschätzungsfähigkeit, das habituelle Zahlengefühl, welches eine maßgebliche Kompetenz eines Managements ist, bei den Ärzten nicht vorhanden ist. Nur erfahrene Manager verfügen über den Habitus, mit Zahlen souverän umzugehen, das heißt, auch gefühlsmäßig zu wissen, welche Verluste einen kühl lassen können und an welcher Stelle Aufregung angebracht ist.

In diesem Sinne lässt sich der partielle Ausschluss der Ärzte also weniger als eine mikropolitische Intervention lesen, die auf Machtgewinn durch Wissenskontrolle zielt, denn als eine klare Trennung der Wissenssphären, die unproduktive Turbulenzen durch die Streuung von Halbwissen zu vermeiden sucht. So wie die Chefärzte gut beraten sind, nicht alle Details ihrer ärztlichen Arbeitspraxis zu

---

204 Das Kürzel InEK steht für das Institut für das Entgeltsystem im Krankenhaus. Hier werden die Preise für die einzelnen DRGs aufgrund von Modellberechnungen auf Basis von ausgewählten Modellkrankenhäusern bestimmt.

offenbaren (weil Außenstehende die hiermit verbundenen Sinnzusammenhänge nicht teilen und die Offenbarung bestimmter Praktiken nur Irritation auslösen würde), bleibt auch die ökonomische Komplexität und die Bearbeitung der hiermit verbundenen Risiken streng in der Domäne der Geschäftsführung.

Diese Deutung steht zudem im Einklang mit dem bisher herausgearbeiteten, für dieses Krankenhaus typischen Arrangement, Führungsverantwortung mit Blick auf die den Professionen typische Eigenlogik zu enaktieren, um dadurch wiederum die Differenz in den Verantwortlichkeiten zu pointieren (die betriebswirtschaftliche Verantwortung liegt dementsprechend allein bei der Geschäftsführung). Besonders in Kontrast zum vorangegangenen Fall des Westgroup-Klinikums wird hier also die professionelle Eigenlogik der beteiligten Akteure aus Medizin und Pflege nicht durch eine primär ökonomische Rahmung aus dem Management überformt. Die natürliche Konkurrenzbeziehung der Chefärzte untereinander wird entsprechend durch Leistungen und Anerkennung in Medizin sowie in organisatorischen Leistungen konditioniert, nicht jedoch durch ein Zahlenspiel, durch das die Ärzte gleichsam als Hobbyökonomen enaktiert werden würden, um sich in Folge an Evaluationsparametern auszurichten, die dem eigentlichen Kerngeschäft des Krankenhauses – nämlich medizinische Leistung zu erbringen – äußerlich sind.[205]

Kaufmännischer Leiter (Zentrum der Entscheidungsflüsse)

Schauen wir abschließend auf den kaufmännischen Leiter, der allein schon durch seine kontinuierliche Präsenz im Krankenhaus die unterschiedlichen Akteure des Managements sowie die hiermit verbundenen Reflexionsperspektiven in ein funktionales Arrangement zu bringen hat. Dadurch stellt er die in diesem Haus zum Ausdruck kommende Typik nochmals in besonderer Weise heraus:

---

205 Hier im Vergleich ein Zitat aus dem Interview mit dem Chefarzt der Inneren Medizin des Westgroup-Klinikums, aus dem hervorgeht, dass in einem anderen Management-arrangement die Überformung des ärztlichen Bereichs durch betriebswirtschaftliche Parameter Widerstand hervorruft: „Und als Arzt können Sie eine Menge guter Gefühle bei sich selbst hervorrufen. Natürlich ist das toll, wenn Sie nach Hause gehen und sagen, hey zehn Leute heute gesund geworden. Der eine ist dem Tod von der Schippe gesprungen. Cool. So. Danach strebe ich. Nicht mehr und nicht weniger. Und so simpel sehe ich die Welt. Die Welt ist so simpel. So. Und anstatt dessen gibt es solche BWL-Typen, die sagen, nein, wir müssen noch mal gucken, der Key ist nichts. Und der stimmt nicht. Und hier stimmt der Profit nicht und da auch nicht. Und dann kommen die mit irgendwelchen Messwerten an, die ein großer Haufen Scheiße sind, wenn ich es mal in diesem Begriff nennen darf. Und das kotzt mich an. Es widert mich an. Es ekelt mich an." Vgl. weitergehend und zur Gruppendynamik zwischen den Ärzten auch den Abschnitt „monatliche Zahlen" im Kontext der Innenspannungen des Westgroup-Klinikums (V.2).

Interviewer: Kannst Du mir mal konkret erklären, wie das/ also wie das konkret läuft, die/ also die Behandlungskosten, wie der Soll und Ist verglichen wird?

Kaufmännischer Leiter: (…) (Seufzt) Also wir sind jetzt gar nicht so ein (…), wie soll ich das sagen, also nicht so durchanalytisch, dass wir dann sagen, man guckt sich jetzt jede einzelne Abteilung an. Also wir sind zum Beispiel schon mal gar nicht so ein Verfechter von Kostenstellenrechnungen, also wir gucken uns natürlich/ wir gucken uns monatlich dann die Leistungsmenge an und wir gucken uns die CM-Punkt-Entwicklung an. […] Also die Case Mix-Punkte.

I: Okay, ja.

KL: Also das heißt die Erlöse gucken wir uns an, (…) die Kosten gucken wir uns ab und an an, aber letzten Endes, ja also das fängt/ bei den Allgemeinkosten fängt das schon an, wo man sich dann fragen kann okay, wie schlagen wir die Verwaltung jetzt auf die einzelnen Abteilungen um. Und selbst wenn das so ist, was sagt uns das, wenn eine Innere irgendwie so und so viel Erlöse gebracht hat und ein anderer Bereich bringt so und so viel. Also die müssen das Gefühl haben irgendwie, dass jeder das macht, so gut wie er kann, dass er das Potenzial hier ausschöpft und dann geht das eigentlich für uns in Ordnung. Dann geht das auch in die richtige Richtung. Und ich glaube das ist auch das, was durchaus das Arbeiten hier auch, will nicht unbedingt sagen angenehm, wäre das falsche Wort, aber ich glaube es ist durchaus ein fairer Weg miteinander umzugehen, dass man sagt okay, natürlich wollen wir die Leistung irgendwie oder das Potenzial oder dafür was die Versorgung, für die wir hier nun mal stehen, dass wir da ein optimales Leistungsangebot dann schaffen und uns personell aufstellen und wenn wir das Gefühl haben ja, das macht jemand in dem Rahmen, dann ist das auch erstmal/ grundlegend ist das erstmal okay.

I: Okay, also kommt hier eher Gesamt/ Gesamtlage an, als die einzelnen/ die Leistungen der einzelnen Abteilungen?

KL: Ja wir schauen die uns schon an, klar, aber es gibt/ es geht darum, wenn (…) jemand, wie soll ich sagen, die Leistung steigert oder wenn jemand ein gutes Angebot macht, gute/ die stehen halt für gute Medizin und wenn wir sagen da wird gute Medizin gemacht und das Patientenfeedback das spielt halt auch eine große Rolle. Wenn das Patientenfeedback gut ist, dann sagen wir okay, dann kommt das auch von alleine, als wenn man da irgendwie jetzt nur irgendwelche Berechnungen machen, die ohnehin dann umstritten sind, wie viele Gemeinkosten auf die einzelnen Bereiche. Also der Deckungsbeitrag per se bei den Kosten ist (…) positiv. […]

I: Ja. Und wie/ also ich habe das mal so gesehen, dass da manchmal mit so Cockpits gearbeitet wird, mit so einem Ampelprinzip, macht ihr das auch so?

KL: Also es gibt jetzt in dem Sinne (…) nicht unbedingt so (…) Regelkreise. Also natürlich haben wir unsere Daten, die wir planmäßig dann erheben, aber es ist jetzt nicht so, dass wir uns in Zahlen jetzt irgendwie so ergehen und dann irgendwie erstmal zehn Analysen machen, sondern dass wir sagen okay, der Bereich läuft oder der Bereich läuft nicht. Und wenn er nicht läuft, dann müssen wir halt was tun.

Allein schon vor dem Hintergrund der finanziellen Krise des Krankenhauses vor der Übernahme und der Tatsache, dass das Ziel schwarze Zahlen zu schreiben zum

Zeitpunkt des Interviews noch nicht vollständig erreicht ist, bleibt der ökonomische Druck für alle beteiligten Akteure weiterhin präsent. Die Abblendung der hiermit verbundenen Zwänge ermöglicht es den Ärzten jedoch, sich mit der ärztlichen Seite ihrer Arbeit zu identifizieren („*gute Medizin*" und „*Patientenfeedback*"), um hier außergewöhnliche Leistungsbereitschaft zu zeigen und zudem eigenständig Managementaufgaben zu übernehmen, etwa in Form von Einweiser- und Patientenakquise.

Die Kontexturanalyse lässt hier ein raffiniertes Arrangement identifizieren, das gewissermaßen die von Watzlawick beschriebene Sei-spontan-Paradoxie entfaltet.[206] Der Anspruch, dass autonom Leistungen erbracht werden, darf und kann nämlich nicht allzu explizit eingefordert werden, denn ansonsten droht die Grenze zwischen intrinsischer und extrinsischer Motivation zu verwischen. In diesem Sinne nimmt der kaufmännische Leiter eine Reflexionsperspektive ein, die sehr wohl auf betriebswirtschaftliche Effizienz zielt („ein optimales Leistungsangebot"), dabei aber zugleich um die Dilemmata der sozialen Konstruktion von Parametern des Controllings sowie um die hierin eingelagerte Machtproblematik weiß[207] („Berechnungen machen, die ohnehin dann umstritten sind"). Als Lösung ergibt sich dementsprechend ein Arrangement, das die faktische Fremdbestimmung durch die ökonomischen Zwänge ausblenden lässt, um auf professioneller Ebene so viel Freiraum zu lassen, dass die betreffenden Ärzte selbst entscheiden, wie sie für sich die jeweils prekäre Balance zwischen Medizin, Selbstausbeutung und dem ökonomischen Primat des Überlebens ihres Hauses oder ihrer Abteilung definieren. Aus dieser Perspektive erscheint das Arbeiten zwar nicht „unbedingt angenehm", kann aber – sofern man das Reflexionsangebot aufgreift – als „fair" empfunden werden, wenngleich dies wohl nur zu dem Preis zu haben ist, dass die persönlichen Leistungsziele mit den Organisationszielen verschmelzen. An dieser Stelle ist darauf hinzuweisen, dass der kaufmännische Leiter dieses Arrangement nicht strategisch im Sinne einer besonders raffinierten Steuerungstechnik einbringt, sondern dass er es – durchaus mit authentischem Mitgefühl für die Betroffenen – spontan artikuliert. Im Sinne der Bourdieuschen *illusio* ist er mittels seiner Gefühle selbst Bestandteil des hier gelebten Arrangements bzw. Spiels (Bourdieu 2001a: 360f.).

Alltagspraktisch wird diese autonomisierende Aktivierung nicht vollständig funktionieren können, weshalb sich die kaufmännische Leitung vorbehält, im Problemfall zu intervenieren. Auf diese Weise enaktiert sich die Spitze zugleich als eine potente Führung, die zeigt, dass sie ihre Macht ggf. auch einzusetzen bereit ist. Dies wiederum erinnert die geführten Akteure (insbesondere die Chefärzte) daran, sich auf der richtigen Seite zu verorten – nämlich in der Gruppe der Leistungswilligen.

---

206 Siehe Watzlawick (1991, S. 91ff.).
207 Siehe aus strukturationstheoretischer Sicht zum Controlling Becker (2003).

In diesem Sinne ist es auch konsequent – und in einer Linie mit der Geschäfts-führung –, dass der kaufmännische Leiter der Kostenstellenrechnung nach Case Mix-Punkten nicht soviel Aufmerksamkeit schenkt. Schließlich handelt es sich dabei um ein System, das eigentlich Vergleichbarkeit zumindest in Hinblick auf wirtschaftliche Leistungsfähigkeit ermöglichen soll. Die Situation der einzelnen Abteilungen ist jedoch zu unterschiedlich und die Unterschiede sind wiederum zu verschiedenartig, als dass man sie noch unter einem einheitlichen System vergleichen könnte. An die Stelle der handlungsleitenden Integration formaler Rechnungssysteme tritt somit das „Gefühl", es gut machen zu wollen, das auch den anderen zugestanden wird: Die zu steuernden Abteilungen und deren leitende Akteure werden in diesem Sinne als signifikante Andere wahrgenommen, die es erst einmal zu verstehen gilt. Dies funktioniert jedoch nicht über Kostenstellenrechnungen, sondern wesentlich über Konjunktion: Der kaufmännische Leiter zielt auf Momente der Immersion in dieses andere, die ex post wiederum aus kaufmännischer Perspektive beleuchtet werden können.

Indikator für gute Arbeit ist vor diesem Hintergrund eine Reflexion der jeweiligen Kultur in den Abteilungen unter der Fragestellung, ob diese auf gute Leistung abstellt oder anderes in den Vordergrund tritt – gedankenexperimentell wären hier etwa störende mikropolitische Überlagerungen, innere Kündigung etc. denkbar. Die Zahlen des Controllings sind dahingegen nur noch in Hinblick auf eine grobe Richtung interessant. Das individuelle Gefühl, dass ein Bereich „läuft", ist freilich nur ein begrenzt tauglicher Indikator, um die Qualität der Arbeit durch die kaufmännische Leitung steuernd zu beurteilen. So wird mit den Patienten, denen das Krankenhaus als Leistungserbringer letztlich verpflichtet ist, einen weitere Instanz eingeführt. Dabei handelt es sich jedoch um einen generalisierten Anderen, der hier über einen Rückgriff auf organisationale Strukturen erst konstruiert wird: Das Patienten*feedback* als eine künstlich und absichtlich hergestellte Perspektive (etwa über Frage- und Beschwerdebögen) wird hier relevant und erscheint für den kaufmännischen Leiter als eine bedeutsame Instanz, wenn es um das Verstehen seiner Organisation geht.

Die Bewertung der Arbeit einer Abteilung ist somit per se schon als polykontexturales Reflexionsverhältnis angelegt: Patientenevaluation, Zahlen und Bauchgefühl – aber auch das vermeintliche Gefühl der signifikanten Anderen – werden miteinander verschränkt. Dies kann, wie bereits gesagt, unter Umständen Interventionen nötig machen, wenn die wirtschaftliche Leistung nicht erbracht wird.

Zu betonen ist dabei, dass sich diese Praxis der Verschränkung keineswegs der heroischen kognitiven Leistung eines einzelnen Akteurs verdankt (auch nicht des kaufmännischen Leiters oder eines Geschäftsführers). Vielmehr ist auch sie eine Praxis, die ebenso implizit wie explizit strukturiert ist und von einer Gruppe getragen wird. Sie greift zu einem guten Teil auf inkorporierte Wissensbestände („Gefühl", „Erfahrung") zurück, aber auch auf bewährte Praxen, die als solche weitergegeben werden können.

Hiermit kommt der Träger des Krankenhauses als weitere Reflexionsperspektive ins Spiel. Sie konditioniert die komplexen Entscheidungen und bahnt Lösungen an, die mit Blick auf vergangene Erfahrungen eine hinreichende Plausibilität haben, sodass man sich zutraut, ähnliche Wege einzuschlagen:

> *KL:* Genau, also es gibt in dem Sinne jetzt/ es gibt ja auch keine Patentrezepte. Also mal dies, dann kommt das. (…) Also diese/ natürlich gibt es Erfahrungswerte, wo man sagt irgendwie das hat in der Vergangenheit gut funktioniert an anderen Standorten, probiert das mal. Aus diesem Erfahrungsschatz; meine Gruppe ist ja (…) (Jahreszahl) gegründet worden. Es gibt dann ja auch viele Erfahrungen, welche Bereiche oder wo man Expertise hat, wo man Netzwerk hat, wo man mal nachfragen kann, (…).

Zusammenfassung

Bereits jetzt treten die Kontraste zum zuvor beschriebenen Fall deutlich hervor. Typisch für das Arrangement dieses Hauses ist es, Führungsverantwortung mit Blick auf die den Professionen typische Eigenlogik wahrzunehmen, um dadurch wiederum die Differenz in den Verantwortlichkeiten zu pointieren – die betriebswirtschaftliche Verantwortung liegt dementsprechend allein bei der Geschäftsführung. Besonders in Kontrast zum Westgroup-Klinikum wird hier die professionelle Eigenlogik der beteiligten Akteure aus Medizin und Pflege nicht durch eine primär ökonomische Rahmung aus dem Management überformt.

Die PDL sieht sich als „Bindeglied", also in einer Vermittlungsrolle, so gesehen kann ihre Position gar nicht allein in der Handlungsrationalität der Geschäftsführung aufgehen. Vielmehr geht es hier um „Zusammenarbeit" im Sinne einer Verbindung von Perspektiven an den „Schnittstellen". Es zeigt sich eine eigenständige Positionierung gegenüber der Geschäftsführung, was den Aspekt einer Zusammenarbeit bestätigt, in der zwar hierarchische Verhältnisse bestehen, wobei jedoch die eigene Position und Perspektive aufrechterhalten werden kann.

Ganz ähnlich sind auch der ÄD wie auch die Chefärzte in der hier beschriebenen Konstellation auf der einen Seite formell und in Hinblick auf die wichtigen strategischen Entscheidungen kein *Teil* der Geschäftsführung, um dann jedoch auf der anderen Seite in ihrem Einfluss- und Arbeitsbereich als autonome Akteure zu fungieren. Das Verhältnis zwischen Ökonomie und Medizin stellt sich – anders als im Fall des Westgroup-Klinikums – nicht als Konfliktlinie zwischen den Ärzten und dem Management dar, sondern als eine gleichsam sportliche Herausforderung, Diese muss jedoch auch angenommen werden, wie beispielhaft an der Entlassung des ehemaligen CA Anästhesie deutlich wurde.

Der Anspruch seitens der Geschäftsführungen (GF und KL) an die Chefärzte und die Pflege, dass autonom Leistungen erbracht werden, darf und kann dabei nicht allzu explizit eingefordert werden, denn ansonsten droht die Grenze zwischen intrinsischer und extrinsischer Motivation zu verwischen. In diesem Sinne nimmt der kaufmännische Leiter eine Reflexionsperspektive ein, die sehr wohl auf betriebswirtschaftliche Effizienz zielt („ein optimales Leistungsangebot"), dabei aber zugleich um die Dilemmata der sozialen Konstruktion von Parametern des Controllings sowie um die hierin eingelagerte Machtproblematik weiß („Berechnungen machen, die ohnehin dann umstritten sind"). Das damit entstandene Arrangement schiebt die faktische Fremdbestimmung durch die ökonomischen Zwänge in den Hintergrund, um den betreffenden Ärzten auf professioneller Ebene so viel Freiraum zu lassen, dass sie selbst entscheiden können, wie sie für sich die jeweils prekäre Balance zwischen Medizin, Selbstausbeutung und dem ökonomischen Primat des Überlebens ihres Hauses oder ihrer Abteilung definieren. Aus dieser Perspektive erscheint das Arbeiten zwar nicht „unbedingt angenehm", kann aber – sofern man das Reflexionsangebot aufgreift – als „fair" empfunden werden, wenngleich dies wohl nur zu dem Preis zu haben ist, dass die persönlichen Leistungsziele mit den Organisationszielen verschmelzen.

Wie im vorangegangenen Fall wird die Spannung der verschiedenen Logiken zwar auch in die beteiligten Personen verlagert. Diese gilt es aber hier nicht im Sinne einer Sandwichposition auszuhalten, d. h. als fremdreferenzielle Zumutungen, die manchmal zu ertragen und weiterzugeben und manchmal zurückzuweisen sind. Vielmehr fungieren sie in dem hier zum Ausdruck kommenden Arrangement als Motor einer intrinsischen Motivation, die sich für die befragten Akteure nicht als Spannung bemerkbar macht, sondern als natürlicher Antrieb, denn sie verstehen sich als die Leistungsträger der Organisation.

Zu betonen ist dabei, dass sich diese Praxis der Verschränkung keineswegs der heroischen kognitiven Leistung eines einzelnen Akteurs verdankt (auch nicht des kaufmännischen Leiters oder eines Geschäftsführers). Vielmehr ist auch sie eine Praxis, die ebenso implizit wie explizit strukturiert ist und von einer Gruppe getragen wird. Sie greift zu einem guten Teil auf inkorporierte Wissensbestände („Gefühl", „Erfahrung") zurück, aber auch auf bewährte Praxen, die als solche weitergegeben werden können.

Außenspannungen

Durch die vorangegangenen Ausführungen sollte bereits ein differenziertes Bild hinsichtlich des innerhalb dieses Krankenhauses bestehenden Management-Arrangements entstanden sein. Schauen wir nun am Beispiel ausgewählter Themen darauf, wie die Außenverhältnisse des Krankenhauses thematisiert werden, welche Selektivität diesbezüglich im Krankenhaus zum Ausdruck kommt und in welchem Passungsverhältnis dies mit dem rekonstruierten Arrangement sowie den hiermit einhergehenden handlungsleitenden Orientierungen der befragten Akteure steht.

Mit Blick auf die gesamten Interviews wurde besonders bei der Betrachtung der Ausführungen der Geschäftsführung und Krankenhausleitung deutlich, dass das, was man üblicherweise mit den Begriffen „Markt" bzw. „Marktbeobachtung" bezeichnen würde, in zweierlei Hinsicht eine wichtige Rolle spielt. Auf der einen Seite stehen hier die Preise, die für Sachmittel gezahlt werden müssen, aber auch die Beobachtung des Arbeitsmarktes (etwa in Bezug auf Chancen und Bedingungen kompetente Ärzte binden zu können). Auf der anderen Seite stehen die Erlöse, welche für die angebotenen Krankenhausleistungen über die DRG-Fallpauschalen in Rechnung gestellt werden können, die Patientengruppen, welche potenziell akquiriert werden können, sowie die Beobachtung von anderen Krankenhäusern, die als Konkurrenten in diesem Spiel auftreten.

Wie in den anderen Häusern wird die Steigerung der Patientenzahlen als die zentrale Stellschraube gesehen, wobei in diesem Haus neben der vom Träger zentral organisierten Pressearbeit, die Patientenzufriedenheit und das Einweiser-Management als die Variablen gesehen werden, auf die sich die Aufmerksamkeit der Krankenhausleitung richtet. So landet etwa jede Patientenbeschwerde auf dem Schreibtisch des kaufmännischen Leiters und wird in der Regel auch von diesem persönlich beantwortet.[208] Die Pflege der Kontakte zu den einweisenden Ärzten aus dem ambulanten Bereich obliegt demgegenüber der Verantwortung der Chefärzte.

Wie aber bereits in der Einleitung dieses Buches geschildert, ist die Aushandlung der Preise für Gesundheitsdienstleistungen ebenso wie die Möglichkeit, medizinische Angebote seitens der Leistungsanbieter zu platzieren, hochgradig durch politische Prozesse bzw. durch die Verhandlungen zwischen den mächtigen Körperschaften des Gesundheitssystems bestimmt. Es kann hier also nur von einem „Quasimarkt" (Le Grand und Bartlett 1993) gesprochen werden. Preise sowie Bedingungen für das Angebot von Gesundheitsdienstleistungen werden politisch bzw. rechtlich gesetzt, die Anbieter haben sich hierzu zu verhalten, wobei jedoch die Gewinn- und Verlustdynamik markförmig verläuft (das diesbezügliche Risiko liegt beim Träger).

Auf der Kostenseite kann der Träger hier auf die Logistik des zentralen Einkaufs zurückgreifen sowie versuchen eigene, ggf. effizientere Strukturen aufzubauen (so

---

208 Kaufmännischer Leiter: „Also ich habe es mir zur Aufgabe gemacht, dann mit dem Patienten zu sprechen und auch die Wichtigkeit ihrer, äh dann auszudrücken, dass wir uns der annehmen. Man erfährt viel über das Haus natürlich, wo es gut läuft, wo es nicht gut läuft."

ist derzeit ein Blockheizkraftwerk für die Klinik in Planung). Wie bereits erwähnt hat sich der Träger dieses Hauses jedoch dafür entschieden, der Ärzteschaft in Hinblick auf die Verbrauchsmaterialien gewisse Wahlmöglichkeiten und Freiräume zuzugestehen und hiermit teilweise auf Skalierungsvorteile (Preisnachlässe bei großen Mengen) zu verzichten. Gerade ein Krankenhaus der Peripherie habe guten Ärzten zusätzlich etwas zu bieten, um sie dauerhaft an das Haus binden zu können, so der kaufmännische Leiter. Wie auch in anderen Häusern scheint der Arbeitsmarkt insbesondere in Hinblick auf die Ärzteschaft eine bedeutsame Reflexionsperspektive zu sein. Anerkannte Spezialisten sind das Zugpferd der Patientenakquise, zugleich aber auch eine knappe Ressource und sind deshalb entsprechend bei Laune zu halten. Die Pflege bekommt demgegenüber weniger Aufmerksamkeit in Form von Ressourcenfreiräumen und erscheint – wie auch in den anderen von uns untersuchten Häusern – im Vergleich zu den anderen Akteuren des Krankenhauses deutlich unterfinanziert.[209]

All dies ist unter den gegebenen Verhältnissen nicht untypisch für bundesdeutsche Krankenhäuser. Deshalb schauen wir nun auf einige Beispiele, in denen verschiedene Formen der Bearbeitung von Außen- und Innspannungen zum Ausdruck kommen, wodurch die für das betrachtete Haus typische Selektivität zum Ausdruck kommt.

Deutlich wird diese insbesondere in der Frage des Umgangs mit der landespolitischen Krankenhausplanung, aber auch im Verhältnis zu den Netzwerken im ambulanten Bereich.

Umgang mit der Landeskrankenhausplanung

Die Geschäftsführung markiert Politik als denjenigen Ort, von dem aus der eigentliche Druck auf das Krankenhaus ausgeht. Die Krankenhausplanung erzwinge eine gewisse strategische Ausrichtung, die mitunter in Widerspruch zu den Eigeninteressen des Hauses stehen kann:

> *Kaufmännischer Leiter:* Ja ich habe sehr viel damit zu tun. Wir haben hier in (Name Bundesland), ab 2015 haben wir einen Landeskrankenhausplan, der neu strukturiert wird und da wie gesagt/ entweder Ziel ist es Abteilungen oder ganze Häuser zu schließen, von daher haben wir natürlich mit zu tun, weil (…) als kleineres Haus ist man durchaus von den Bestrebungen natürlich betroffen und (…) es gibt halt gewisse Ziele und die möglicherweise auch nicht im Einklang mit unserer Strategie und unserer Ausrichtung stehen, natürlich müssen wir da informiert sein. Wir haben aber auch/ auf Kreisebene haben wir auch einen Austausch unter den Geschäftsführern und den

---

209 Wie auch in der Stellungnahme des Deutschen Ethikrats aus dem Jahr 2016 moniert wird, befindet sich die Pflege der bundesdeutschen Krankenhäuser in einer prekären Lage (Ethikrat 2016, S. 77ff.).

Leitern der einzelnen Häuser und da bin ich halt auch vertreten und wir stimmen uns da auch durchaus ab. Also das sind zwar Wettbewerber, aber (...) die haben auch/ zum Beispiel im Bereich Geriatrie wird gefordert, es gibt/ wenn es zusätzliche Betten gibt im Bereich Geriatrie und da haben sich jetzt viele angemeldet, dass sie das gerne haben möchten diese Betten und da muss man halt auch ein Versorgungsnetzwerk abbilden.

I: Heißt?

KL: Dass man halt Kooperation mit anderen Häusern darstellen muss. Versichern muss, dass es diese Kooperation gibt.

I: Ja. (...) Also kooperiert ihr alle, um (lacht) (...)/

KL: Ja, das gibt es ja in der Wirtschaft, in anderen Branchen gibt es das ja auch [...]. Klar, also wenn wir alle hochrüsten oder so, dann verlieren wir am Ende genauso.

Bemerkenswert an dieser Stelle ist die Thematisierung der existenziellen Abhängigkeit von einer Politik, die einerseits eine Reduktion der Krankenhauskapazitäten anstrebt, andererseits aber auch strategische Korridore definiert, in denen medizinische Kapazitäten ausgebaut werden können. Hierdurch ergibt sich für die Geschäftsführung eine prekäre Wettbewerbssituation, denn wenn „alle hochrüsten" würden, würde das eigene Haus „am Ende verlieren". In diesem Sinne erscheint es wichtig (wenngleich an dieser Stelle nur angedeutet), die seitens der Politik induzierte Konkurrenz zu unterlaufen, indem man sich mit den Leitern der anderen Häuser abspricht bzw. sich komplementär zu deren strategischen Entscheidungen orientiert. Zudem wird deutlich, dass auf die Vorgaben der Politik allein im Medium der Schriftform geantwortet zu werden braucht, und dass sie allein dadurch bedient werden können, dass man sie formal im Modus des Als-ob „abbilde[t]". Es kommt auf die *Darstellung* des „Versorgungsnetzwerkes" an, nicht jedoch darauf, ob dieses im Sinne einer belastbaren Form als reale medizinische oder pflegerische Kooperation verwirklicht wird.

Um es in den Begriffen der Kontexturanalyse zu reformulieren: Im Modus des Als-ob wird hier die Reflexionsperspektive der Politik aufgegriffen (sie will Marktbereinigung durch Konkurrenz bei Nachweis von medizinischer Kooperation), woraufhin sie jedoch in der Praxis so modifiziert wird, dass die Konkurrenz minimiert und die Kooperation zunächst nur formal dargestellt wird, sodass die eigenen Handlungsoptionen nicht zu sehr eingeschränkt werden. Es kommt hier also zu einer Form der Kooperation, die nicht unbedingt politisch intendiert ist, denn sie würde (etwa im Sinne der Bildung von Ansätzen von Kartellen) einer Marktbereinigung zuwider laufen.[210]

---

210 Im Sinne einer „totalen differenzierten Rejektion" (Jansen et al. 2015, Abs. 27ff.) wird hierbei der Sinn und die Absicht der politischen Vorgabe zwar verstanden und nachvollzogen, dann aber in Hinblick auf die eigene Operationen als nicht-eigener

Eine weitere, in unserem Zusammenhang interessante Verschränkung von Reflexionsperspektiven ist die Verbindung von Recht und strategischer Planung. Die Politik wie auch die Krankenkassen arbeiten daran, medizinische Kapazitäten auf der Angebotsseite zu verknappen. Dies gilt insbesondere für die Vorhaltung der kostenaufwändigen Spezialkapazitäten in der Chirurgie. Vor diesem Hintergrund kann ein Krankenhaus in solch einem Feld ein Alleinstellungsmerkmal gegenüber konkurrierenden Häusern gewinnen. Hiermit ergibt sich ein Spannungsfeld zwischen der Bedarfsplanung der Kassen und der strategischen Aufstellung eines Krankenhauses. Im dargestellten exemplarischen Fall geht das Krankenhausmanagement in der Frage der Einrichtung einer Wirbelsäulenchirurgie in einen offenen Konflikt mit den Krankenkassen, um die Sachlage mit Hilfe des Rechts zugunsten der Klinik entscheiden zu lassen:

Kaufmännischer Leiter: Und da haben die Kassen lange Zeit gesagt ja, aber Wirbelsäulenchirurgie oder so, ihr habt keine Wirbelsäulenchirurgie (…), dann sind Leistungen nicht gezahlt worden. (…) So und dann muss man halt vor das Gericht oder vor die Schiedsstelle gehen, sich das Ganze dann einklagen.

Interviewer: Gibt es da eine Vereinbarung zwischen Kasse und/ (…) also Kostenträger und Haus […]

KL: Nein, es funktioniert, dass man diese Leistung dann einfach (…)/ dass man die Leistung dann anbietet. Weil wir davon ausgehen, dass wir das machen dürfen. Und diese Leistung, diese Ziffer, diese DRG, dann abrechnen dürfen. (…) Und ab und zu passiert es, dass die Kassen dann sagen nein, das ist nicht in eurem Versorgungsauftrag. Es gibt da so gewisse Punkte, so Klassiker. […] Wir haben extra einen Juristen. Wir haben da Spezialisten. Gibt da auf Medizinrecht oder Krankenhausrecht spezialisierte Juristen. […] Ja, das sind natürlich Kontakte, die schon mal genutzt worden sind […]

I: Und welche/ worum ging es da?

KL: Um die Wirbelsäule ging es da.

I: Und/ also die habt ihr aufgezogen und dann/

KL: Sind Rechnungen nicht bezahlt worden.

I: Sind Rechnungen nicht bezahlt worden. (…) Und/ also das/ ich meine wahrscheinlich war das/ wart ihr euch dieses Risikos und aber auch dem Ausgang/ also war das ein Risiko oder war das eigentlich klar, dass das durchkommt oder wie/

KL: Sind Rechnungen nicht bezahlt worden. […] Die Rechtsprechung hatte/ ich sage mal die Rechtsprechung hatte in zehn Fällen schon positiv dafür entschieden, dass es eben keine/ wenn man chirurgische Betten hat, das ist keine Ausdifferenzierung oder dass man keine spezifischen wirbelsäulenchirurgischen (…) Betten hat, das gibt es auch nicht. Das war relativ eindeutig und deswegen haben wir das gemacht.

---

logischer Raum verworfen, wenngleich in ihrer Gesetzlichkeit zugleich begriffen. Die Rationalität des Politischen wird hier gewissermaßen verstanden, nur um sie sodann zu unterlaufen.

Dieses Beispiel ist in Bezug auf die hier verschränkten Kontexturen hoch interessant. Die Reflexionsperspektive bzw. Systemreferenz der Krankenkasse (Kostendämpfung, Reduktion des Angebots) wird vollkommen ausgeblendet bzw. übergangen, ohne auch nur symbolisch als legitime Perspektive aufgegriffen zu werden.[211] Man spielt mit dem Recht gegen die Kassen, um gegenüber anderen Krankenhäusern einen strategischen Vorteil zu gewinnen, den nur diejenigen Akteure nutzen können, die hinreichend in die rechtlichen Verfahrensweisen eingearbeitet sind, um zu wissen, dass hiermit kein Risiko verbunden ist.[212] Man muss nicht theoretisch über die Rechtslage Bescheid wissen, sondern die praktische Anwendung des Rechts kennen, um genügend Sicherheit zu haben, entsprechende Vorinvestitionen zu tätigen (hier der Aufbau einer chirurgischen Abteilung).

An dieser Stelle dokumentiert sich die Raffinesse, mit der all die Referenzen der unterschiedlichen Funktionssysteme zueinander in Beziehung gebracht werden. Zugleich wird aber auch wiederum die Pfadabhängigkeit von den bisherigen Erfahrungen des Trägers deutlich. Dass dieses Vorhaben praktikabel ist bzw. gut funktioniert, ist schon längst im sozialen Gedächtnis der Organisation sedimentiert. Mit Blick auf die zuvor zum Ausdruck gekommenen Handlungsorientierungen kann hier jedoch nicht nur in einem banalen Sinne Gewinnstreben unterstellt werden (etwa in dem Sinne, dass die Wirbelsäulenchirurgie nur des Geldes wegen eingeführt wird). Denn die Pfadabhängigkeit ist auch auf der bisherigen medizinischen Expertise gegründet. Schließlich hat man Erfahrungen mit der Aneignung therapeutischer und diagnostischer Expertise in Bezug auf Rückenprobleme. Profilbildung, fachliche Expertise und Strategie verzahnen sich hier derart, dass das unternehmerische Risiko leicht eingegangen werden kann.

Ärztenetzwerke

Eine weitere Außenspannung, die für alle von uns befragten Krankenhausleitungen von hoher Bedeutung ist, besteht im Verhältnis zu den Zuweisern, dabei insbesondere zu den ambulanten Fachärzten, die ihre Patienten bei Bedarf in ein Krankenhaus einweisen. Die kaufmännische Leitung des hier besprochenen Hauses gibt an, die damit verbundenen Aufgaben den Chefärzten zu überantworten und betont als übergreifende abstrakte Reflexionsfigur, dass gute medizinische Qualität

---

211 In der Sprache der Kontexturanalyse sprechen wir deshalb von einer „totalen undifferenzierten Rejektion" (Jansen et al. 2015, Abs. 27ff.).

212 Der Geschäftsführer des Klinikum Nord (privater Träger), stellt mit Blick auf die Trägerschaft die Hypothese auf, dass gerade Krankenhäuser in konfessioneller Trägerschaft diesbezüglich nicht „aggressiv" genug auftreten und ihnen dadurch möglicherweise Nachteile (auch zu Lasten der Patienten) entstehen.

und Leistung zähle und dass man dies auch den Zuweisern zeigen müsse. Darüber hinaus erklärt der kaufmännische Leiter, dass die Geschäftsführung ihrerseits aktiv Gespräche mit den Zuweisern in Hinblick auf die Qualität der Fachabteilungen führe (KL: „stehen halt für gute Medizin").

Betrachten wir diesbezüglich aus einer komplementären Perspektive den Bericht des Chefarztes der Kardiologie. Dieser erzählt, dass er zunächst erfolglos versucht habe, durch Kontaktpflege zu den ambulanten Fachärzten ihr Verhalten in Bezug auf Einweisungen in das Krankenhaus zu verändern. Der eigentliche Durchbruch habe sich jedoch erst bei einem Gartenfest ergeben, wodurch er in den lokalen „Insiderkreis" aufgestiegen sei. Die vermeintlichen Qualitätsindikatoren (z. B. Arztbriefe) seien demgegenüber ebenso bedeutungslos wie die Routinebefragung des Einweisers. Deutlich werde dies beispielsweise anhand einer Begebenheit, als sich der kaufmännische Leiter bei einem Facharzt hinsichtlich der Leistungen des Interviewten erkundigte. Der „Kumpel" des Chefarztes habe „die [Klinikleitung] eiskalt abtropfen lassen" und ihn zudem abends noch angerufen, um ihn über den Vorfall zu informieren:

> *Chefarzt Kardiologie:* So, und jetzt werde ich mal sagen, was die Geschäftsführung nie erfährt und was auch ich selber bis dahin nicht erfahren habe, und zwar: Ich bin auch zu Niedergelassenen gegangen, nett, freundlich, ne, finden alles toll – und haben trotzdem nicht einen überwiesen, ne. So. Und ich kenne jemanden, der ist hier seit drei Generationen in der ganzen Inzest-Mafia tief verwurzelt. […] Und den kannte ich hervorragend. Ich habe dem Vater zweimal das Leben gerettet und der Mutter, und waren immer nett beieinander. Einmal hat der mich eingeladen. Und komischerweise bei dieser Einladung saß dann der dritte Bürgermeister der Stadt da, zwei Einweiser saßen da, von denen ich jetzt auch regelmäßig auf Gartenfest und so eingeladen werde und auf einmal war ich in dem Insiderkreis drin. Und der Gleiche, der mich nett, freundlich hat abtropfen lassen, ja, beim Praxisbesuch, dass ja alles toll ist, und trotzdem nicht eingewiesen hat, hat mir dann Sachen erzählt, wo ich ja beinahe rückwärts umgefallen bin. Ne, so funktioniert Dorf. […] Aber das fand ich so ganz interessant, was man da wirklich lernen musste. […] und wo ich dachte, so: ja, du klapperst hier eine Praxis nach der anderen ab.
>
> *I:* Sie gehen zu den Praxen?
>
> *CA:* Ja, ja klar. Habe ich schon gemacht, habe ich schon mehrere Praxenrunden gemacht, ja. So, schon mehrere Praxenrunden gemacht, und die erzählen dir eigentlich immer so: „Ja, da war der Arzt mal nicht gut, ja". Also <u>nichtssagende</u> Sachen. […] Worauf die Geschäftsführung zwar anspringt, die nichtssagend ist, ja. Das heißt: Jedes Krankenhaus, ja, macht fünf Prozent Schrottbriefe. Entweder ich sage: 95 Prozent waren gut, oder ich sage: Zeige mal dem Geschäftsführer oder dem (Name des Interviewten), der da hinkommt – hier Schrottbrief. Ja, okay?
>
> *I: Ja.*

CA: So. Aber ansonsten ist alles gut, und ich weise trotzdem nicht ein, oder so. Das Schöne war: Die Geschäftsführung war ja auch mal bei einem Kumpel von mir, ne, und hat sich nach mir erkundigt, [...]. Ja, und der hat die ganz eiskalt abtropfen lassen, (lachend), und denen so ungefähr gesagt, ne: „Der (Name)? Kann ich nicht viel sagen, arbeitet unauffällig", dies, das. (Lacht) Ruft mich dann am Abend an: „Hörma die machen da" (Lacht).

Die angeführte Interviewpassage ist aus verschiedenen Gründen aufschlussreich. Zum einen wird deutlich, dass der Chefarzt – seinerseits als leitender Angestellter mit Managementaufgaben vertraut – aktiv an den für das Krankenhaus wichtigen Netzwerken arbeitet. Entgegen dem abstrakten betriebswirtschaftlichen Schema, nach dem sich Leistung und Qualität rentieren, wenn man sie nur kommuniziert (etwa in routinemäßig durchgeführten Praxisrunden), kommt es hierbei jedoch weniger auf die vermeintlich harten Leistungsindikatoren an, sondern vielmehr darauf, in das Netzwerk der „Inzest-Mafia" aufgenommen zu werden. In Bezug auf das Ergebnis für das Krankenhaus erscheinen beide Perspektiven allerdings komplementär. In der formalen Außendarstellung geht es um Leistung und Qualität, in der konkreten Praxis demgegenüber um eine erfolgreiche Vernetzung, die weitere Anschlüsse in Form von Patienteneinweisungen sichert. Das Einweisermanagement führt hier gerade deshalb zum Erfolg, weil der Chefarzt als autonom agierender Akteur in Differenz zur betriebswirtschaftlichen Orientierung gehen und dadurch zum Erhalt des Hauses beitragen kann.

Die Kontexturanalyse kann darüber hinaus weitere Feinheiten der hiermit verbundenen Dynamiken aufzeigen. Mit Blick auf das Konstitutionsproblem der Kommunikation, dass der Andere immer intransparent bleibt, man lediglich Absichten, Zwecke und Motive zurechnen kann und versuchen kann, dies durch weitere Kommunikation zu kontrollieren, wird hier etwa deutlich, dass:

a. die Geschäftsführung nicht unmittelbar, sondern nur mittelbar auf das Handeln der leitenden Ärzte durchgreifen kann;
b. die Chefärzte in gleicher Weise nicht unmittelbar, sondern nur mittelbar auf das Handeln der Einweiser durchgreifen können und demensprechend das Verhalten der Einweiser nicht bzw. nur bedingt durch kommunikative Manipulation beeinflussbar ist;
c. aus der Beziehung zwischen Krankenhausärzten und ambulanten Ärzten ein Eigenwert entstehen kann, dessen Werthorizonte nicht unbedingt den ursprünglichen Erwartungen des Managements entsprechen (so wird hier das betriebswirtschaftliche Credo, entsprechend dem sich Qualität und Effizienz natürlich aus der Konkurrenzbeziehung ergeben würden, durch die Netzwerkbeziehungen konterkariert).

Aus dem Blickwinkel der Aufgabe das Einweiser-Management zu verbessern, lässt sich hier also feststellen, dass die Überantwortung der Aufgabe an die Chefärzte bei gleichzeitiger Autonomisierung derselben keineswegs eine schlechte Form der Steuerung darstellen muss.[213] Denn vonseiten der Akteure der Geschäftsführung lässt sich hierdurch die betriebswirtschaftliche illusio (Bourdieu) eines guten Krankenhauses aufrechterhalten, in dem es allein um Leistung geht. Parallel hierzu kann sich unter den Ärzten ein Netzwerk ausbilden, dessen Eigenlogik (bzw. praktischer Sinn[214]) der jeweils übergeordneten Stelle intransparent bleiben muss („was die Geschäftsführung nie erfährt"). Allerdings zeigt sich hier auch, dass der Chefarzt diesem Arrangement mit einer gewissen Ambivalenz begegnet, da sich das Unterlaufen von durchaus rational erscheinenden Werthorizonten (Qualität, Leistung, Effizienz) im Sinne einer nützlichen, aber zugleich unlauter erscheinenden Kumpanei („Inzestmafia") nicht kohärent als gut darstellen lässt.[215]

Die Kommunikation von Werten entspricht also nicht per se der Praxis der Werte – Leistungen können vorgetäuscht (also performativ im Modus des Als-ob postuliert) werden. Aus diesem Grunde kann die Bearbeitung diesbezüglicher Unsicherheitslagen durch Interaktionsnetzwerke in gewisser Weise als das kleinere Übel angesehen werden kann. Denn hierdurch entsteht zumindest unter den Ärzten eine Gruppe, die zusammenhält, deren Mitglieder sich über drohende externe Gefahren informieren (und sei es die Nachfragen des Geschäftsführers) und sich im Zweifelsfall helfen, Fehler (die immer passieren können; „Ja, da war der Arzt mal nicht gut, ja. Also nichtssagende Sachen." bzw. „fünf Prozent Schrottbriefe") zu kaschieren. Zudem informieren sie sich gegenseitig – etwa in Form von Tratsch

---

213 Wobei Steuerung hier nicht mit Kontrolle verwechselt werden darf. Das Arrangement zwischen Chefarzt, „Kumpel" und Geschäftsführung funktioniert nur deswegen, weil es eben nicht Folge eines gesteuerten, im Sinne von intendierten Prozesses ist. Man kann es also nicht in einen Management-Rat übersetzen, der so lauten würde: ‚Übertragt euren Chefärzten die Verantwortung für das Einweisermanagement, dann werden sie sich von selbst in den örtlichen Strukturen vernetzen, grillen, Bier trinken und Patienten anziehen, etc.' Es ist beispielsweise nicht planbar und weder dem KL noch dem CA bewusst, dass der Chefarzt beiden Eltern des Akteurs, der diesen dann in den Insiderkreis einführen wird, das Leben rettet.

214 Hier in Referenz auf Bourdieu (1997).

215 Wenn hier nun davon die Rede ist, dass die Zugehörigkeit zur „Inzestmafia" bezüglich der Entscheidung, einen Patienten einzuweisen einen höheren Wert erhält, als medizinische Qualität, dann bedeutet das natürlich nicht, dass, nur weil die Zuweisungen nicht (allein) über Qualität laufen, diese nicht aufgrund anderer Referenzen angestrebt wird (professionelles Selbstverständnis, etc.). Umkehrt muss hier ja auch nicht die wirtschaftswissenschaftliche illusio übernommen werden, die auf Qualität als Ergebnis von Konkurrenz setzt.

–, wem man seine Patienten bei bestimmten Problemen nicht anvertrauen sollte. Auf informaler Ebene etabliert sich hiermit eine Art Qualitätskontrolle, die jedoch allein in den Reflexionsbeziehungen der Peers untereinander verortet bleibt und neben medizinischer Qualität noch andere Qualitäten (z. B. Loyalität) kontrolliert. Nicht zuletzt werden hierdurch auf einer niederschwelligen Ebene kritische und ehrliche Rückmeldungen zu Problemen im eigenen Haus möglich:

> CA: Letzte Woche? – war ich auch mit einem Kollegen mal ein Bierchen trinken, da sagte er auch: „(Name CA), ärztlicherseits ist das wirklich gut geworden, hier. Ja. Aber meine Patienten kommen wieder, und sagen: Scheiß Service, unfreundliche Schwestern, und es ist überall dreckig hier".

An dieser Stelle wird auch verständlich, warum die Eintrittsschwelle für einen solchen *„Insiderkreis"* hoch gehalten werden muss, denn einerseits muss erst das hierfür notwendige Vertrauen gewonnen werden, andererseits liegt es in der Natur der Sache, dass diese Kreise klein gehalten werden müssen, da die für diesen Modus der Sozialität notwendige Kommunikation unter Anwesenden nicht auf beliebig viele Partner ausgedehnt werden kann. Es geht vielmehr darum, verlässliche Knotenpunkte zu gewinnen, die über eine gewisse Dauer hinweg konstant adressiert werden können.

Im Sinne des bereits von Freidson (1975) beschriebenen *doctoring together* gewinnen Ärztenetzwerke eine zentrale Funktion in der Rückbindung abstrakter Konzepte an die Logik der Praxis in ihrer vielfältigen Komplexität. Hierzu ein weiterer Gesprächsausschnitt mit dem gleichen Chefarzt, in dem er die Sinnhaftigkeit des Aufbaus eines weiteren Herzkatheter-Labors thematisiert:

> CA: Nein. Also ich meine: die [Geschäftsführung] ackern wirklich relativ viel, aber ich glaube – jetzt kommt es – ich komme ja aus der Praxis, ne, [...] Aber deswegen packe ich ja die Punkte an und erkenne die auch, was halt nicht in Büchern so steht, [...] Krankenhausmanagement-Bücher – ich habe da auch so eins rumfliegen, ne, aber, glaube ich, noch die nie richtig im Krankenhaus gearbeitet haben oder noch nie mit Niedergelassenen richtig, beim Bierchen mal geredet haben [...] da gibt es inzwischen auch ganz nette Geschichten, ne. Und hier (Name Krankenhausträger) wollte ja auch mal ein Herzkatheter-Labor hierher machen. Dann sagt mein Kumpel zu mir: „Hör mal (Name CA), ob du nun Herzkatheter machst oder nicht, das ist so was von scheißegal", ja. „Wenn ich wirklich eine High-End-Intervention haben will, dann schicke ich den eh nach (Name Nachbarstadt). Die haben vier Herzkatheter-Labore und eine Herzchirurgie" [...] „Ich möchte, dass du Gatekeeper bist, hier in dem Haus, und [...] diese Entscheidung für mich abklärst. Und ich möchte glückliche, zufriedene Patienten haben, und zurückhaben. Punkt. Und dabei ist es mir scheißegal, ob du nun selber den Katheter machst, ob (Name Träger 2) den Katheter macht, oder das (Name Träger 3) den Katheter macht".

An dieser Stelle wird deutlich, welche Vorteile aus dem Vertrauensverhältnis innerhalb eines Netzwerkes resultieren können, und dass dieses nicht mechanisch vorausgesetzt werden kann, sondern erst erarbeitet werden muss. Zudem zeigt sich auch hier, dass die divergierende Perspektive des Chefarztes ein notwendiges Komplement zu den Überlegungen der kaufmännischen Leitung ist, damit das Management zu einer praxistauglichen strategischen Entscheidung gelangen kann. Hiermit wird nochmals herausgestellt, worin mit Blick auf die in der Einleitung genannten Außenspannungen (ökonomischer Druck, kritische Beobachtung der Krankenhäuser durch Medien und Politik) der Vorteil liegt, Chefärzte als autonome Akteure zu adressieren, um sie auf diese Weise in Managementverantwortungen einzubinden. Letzteres ist jedoch nur auf Basis und zum Preis von Selbstorganisation zu haben, also mit der Entstehung einer Sphäre, die sich der Kontrolle von oben entzieht.

Um es wieder aus Perspektive der Kontexturanalyse zu reformulieren: Das Netzwerk bringt eine weitere, eigenständige Reflexionsperspektive hervor, in der der Chefarzt als ärztlicher Akteur zugleich Teil seiner Organisation ist wie auch außerhalb dieser steht. Im Sinne einer komplexen Operation kann die jeweils ausgeschlossene Seite situativ wieder in die Organisation bzw. das Netzwerk eingeführt werden.[216] Es entstehen Freiheitsgrade, die zur Stabilisierung des Gesamtarrangements genutzt werden können, da sowohl das Netzwerk als auch die Organisation die jeweils andere Seite zum Strukturaufbau nutzen kann. Hierdurch kann auch das Krankhaus Freiheitsräume gewinnen, etwa gegenüber dem Marktdruck als auch gegenüber politischen Steuerungsversuchen, wie bereits das vorangegangene Beispiel zur Abbildung eines Versorgungsnetzwerkes im Bereich Geriatrie zeigt.[217]

Innenspannungen

Kommen wir nun zu den Innenspannungen des Krankenhauses, die sich teilweise bereits in den Ausführungen zum „Selbstverständnis des Managements" angedeutet haben. Hierbei unterscheiden wir zwischen vertikalen Innenspannungen (Konflikte zwischen den Berufsgruppen) und horizontalen Innenspannungen (Antagonismus und Agonie der Hierarchie). Erstere werden – wie bereits gesehen – in besagtem Haus mit Blick auf die Plausibilisierung des Primats der Arbeitsteilung und der

---

216 Siehe zu solch hybriden Arrangements auch Teubner (2006).

217 Siehe auch den vielbeachteten Beitrag von Powell (1990) „Neither Market nor Hierarchy. Network Forms of Organization."

Zuerkennung entsprechend autonom agierender professioneller Domänen recht gut abgefedert. Wie aber steht es mit den horizontalen Innenspannungen?

Leistungsausweitung unter Personalknappheit

Wie in allen untersuchten Krankenhäusern zeigt sich auch hier als typische Innenspannung jener Druck, trotz knappem Personal und hoher Arbeitsbelastung die Fallzahlen steigern zu müssen,[218] dabei auf die Patientenzufriedenheit zu achten und zudem den jeweils anderen Professionen durch den eigenen Arbeitseinsatz unterstützend zur Seite zu stehen. Als Gegenpol zu diesem Druck ist hypothetisch jene aus menschlichen (und professionsethischen) Gründen gut nachvollziehbare Bewegung denkbar, sich der weiteren Leistungsausweitung (aus Perspektive dieses Pols würde man wohl von Ausbeutung sprechen) zu widersetzen oder zu entziehen – sei es durch Dienst nach Vorschrift oder einfach dadurch, sich die nötigen Pausen und Auszeiten zu erlauben, nach denen der Leib oder die Psyche verlangt. Diese Spannung zwischen der Erwartung einer andauernd hohen Arbeitsbereitschaft für die Organisation und den (wie auch immer gearteten) Eigeninteressen der Mitarbeiter zu moderieren – das heißt, die Mitarbeiter der Organisation dazu zu bringen, kontinuierlich ihre Leistungsbereitschaft zur Verfügung stellen –, kann vor diesem Hintergrund als eine der zentralen Aufgaben eines jeden Managements bezeichnet werden.

Im ärztlichen Bereich – wie in jedem Feld wissensbasierter Professionen[219] – kann dies insbesondere dadurch gelingen, die Ärzte als Teil einer Leistungselite zu adressieren (denn hier fallen beide Bewegungen zusammen). Praktisch gesehen bedeutet dies, den leitenden Ärzten (den Chefärzten, aber auch den Oberärzten) hinreichende Autonomieräume zur Verfügung zu stellen, sodass sie sich als wirkmächtige, kompetente und entscheidungsverantwortliche Akteure präsentieren und erleben können.[220] Hierdurch bekommen Assistenzärzte die Möglichkeit, sich ihre

---

218 Genau genommen steht nicht allein die Mengenausweitung im Fokus, sondern auch die Fall*schwere*, da schwere Fälle entsprechend besser vergütet werden. Hieraus resultiert das Problem, auf das in den Interviews sowohl von der Pflege als auch den Chefärzten immer wieder hingewiesen wird: wenn die durchschnittliche Fallschwere auf Station steigt, steigt auch der Aufwand, da die finanzielle Aufwertung solcher Fälle nicht ohne Grund erfolgt. Bezüglich der personellen Ausstattung wird diesem Umstand dann jedoch nicht Rechnung getragen (sondern man folgt beispielsweise der Logik: 25 Patienten sind 25 Patienten).

219 Vgl. Klatetzki und Tacke (2005).

220 Dies bestätigt sich im Protokoll einer teilnehmenden Beobachtung, in dem der kaufmännische Leiter richtiggehend mit Ehrfurcht vom ärztlichen Direktor spricht. Nicht nur die Ärzte dürfen sich so fühlen, sondern der kaufmännische Leiter rechnet ihnen

Vorgesetzten zum Vorbild zu nehmen, sofern diese ihre professionelle Autorität und Kompetenz hinreichend plausibilisieren können. Wenn die Assistenzärzte den Eindruck haben, dass ihnen fachlich etwas geboten wird, sie ihre Ausbildungsabschnitte zertifiziert bekommen und sehen können, welche (soziale) Position man als Arzt erreichen kann, sind sie mit hoher Wahrscheinlichkeit dazu bereit, jene Opfer zu bringen, die jeder zu leisten hat, der zur Leistungselite gehören möchte.[221] Dieses Arrangement funktioniert allerdings nur dann, wenn die entsprechenden Positionen nicht allzu sehr durch Zwänge korrumpiert werden, die eine Identifikation mit den hiermit verbundenen Werten erschweren und die Ausbildung einer entsprechenden intrinsischen Leistungsmotivation behindern.[222]

Zumindest in diesem Sinne scheint das Arrangement des Managements, das bislang in diesem Kapitel herausgearbeitet wurde, dafür geeignet zu sein, eine hohe Leistungsbereitschaft der Ärzteschaft zu garantieren. Schon hier wird allerdings deutlich, dass eine diesbezügliche innerärztliche Sozialisation bzw. professionelle Enaktierung kein Selbstläufer ist, sondern ihrerseits einer hierarchischen Steuerung bedarf, die im Einzelfall auch gegen einzelne Ärzte vorgeht. Denn es kann auch unter Bedingungen, welche grundsätzlich die professionelle Autonomie fördern, nicht in jedem Falle davon ausgegangen werden, dass sich Ärzte immer für die Seite der bis an die Leistungsgrenzen gehenden Einsatzbereitschaft entscheiden.

Der diesbezügliche Lackmustest für das Management ergibt sich in unserer Befragung aus dem Beispiel des Chefarztes der Anästhesie und dem in Folge eingesetzten Machtmittel der Kündigung. Erst durch diesen Schritt entsteht eine Spannung, die auf der einen Seite den Leistungsverweigerer als abschreckenden Pol präsentiert, um auf der anderen Seite den Macher anzubieten, bei dem Stress die notwendige Energie generiert, um weiterhin danach zu streben, auf der Gewinnerseite zu stehen. Damit ist zugleich der innere Feind markiert, der in der Personifikation all derer erscheint, die all dies nicht leisten können oder wollen.[223] Das heißt, auch

---

tatsächlich hohe Kompetenz zu. Es handelt sich also nicht nur um einen Managementkniff.

221 Habituell sind sie durch Schichtzugehörigkeit und Studium in der Regel schon gut hierauf vorbereitet (s. zur Rekonstruktion der Dynamiken des ärztlichen Feldes bereits ausführlich Vogd 2004b, S. 207ff.).

222 Siehe hierzu etwa die Folgedynamiken, die mit der Degradierung von Chefärzten einhergehen, in Wilkesmann (2016).

223 Siehe hierzu etwa folgende Aussage des Chefarztes für Wirbelsäulenchirurgie: „Es gibt natürlich immer Leute, die sagen wir mal so, den gewissen Geist des Verhinderns sehr gut finden, weil sie selbst dann auch weniger arbeiten müssen. Das sind so diese unheilvollen Kaskaden von Nutznießertum, die sich dann da nachschalten. Das ist ja das Fatale in so einem komplexen Gebilde, dass von der Insuffizienz, oder eine insuf

wenn hier auf die ganz strenge Variante der Kontrolle durch Zahlen verzichtet wird und den Ärzten Autonomie-Spielräume ermöglicht werden, kann es sich auch dieses Haus nicht leisten, den politisch gewollten finanziellen Druck einfach auszublenden oder zu ignorieren – so, wie es oben zunächst den Anschein hatte. Auch hier müssen die Ärzte zu maximaler Leistung angehalten werden, was aber in diesem Fall nicht so leicht dem kaufmännischen Leiter *in persona* zugerechnet werden kann (im Sinne eines ‚bad guy‘).

Insofern es also gelingt, die besagte Innenspannung in der dargestellten Weise zu arrangieren, entsteht ein motivationaler Vektor, der weg vom Widerstand gegen die Primate des Managements weist und zur Hingabe an die Werte der Leistungselite hinführt. Genau dies scheint dem Management des hier vorgestellten Krankenhauses bei den leitenden Ärzten recht gut zu gelingen.

Wie aber sieht es bei der Pflege aus? Auf den ersten Blick zeigt sich hier zum Zeitpunkt der Befragung eine homologe Dynamik. Wir treffen auf eine gestaltungsfreudige und aktive Pflegedienstleistung, die auch auf Station präsent ist. Die befragte Akteurin hat zum Zeitpunkt des Interviews erst 100 Tage in diesem Haus gearbeitet.[224] Nichtsdestotrotz hat sie diese kurze Zeit bereits als produktiv erlebt, da sie mit der Unterstützung der Geschäftsführung und der Stationsleitungen schon einige Prozessabläufe umgestalten konnte, so z. B. das bereits zuvor geschilderte Bettenmanagement („Habe ich dann auch mit dem Herrn (Name) gesprochen. Ist der kaufmännische Leiter und dann haben wir das wirklich Station für Station angefangen"). In ihrer täglichen Arbeit sucht sie die Nähe zu den betreuenden Stationen und hält dort täglich eine Visite ab („Kann schnell gehen, aber so eine Runde kann auch schon einmal bei mir 5 Stunden dauern"). Unter Berücksichtigung des in Hinblick auf die Führung der Chefärzte bereits rekonstruierten Managementstils scheint sich auch hier das Prinzip der Enaktierung durch hohe Eigenverantwortung mit großer Nähe zur Logik der Praxis des eigenen Feldes durchzusetzen.

Die folgende Interviewsequenz lässt jedoch deutlich werden, welche Zumutungen dies im Fall der Pflegedienstleitung mit sich bringt. Aufgrund von Überlastung und

---

fizienten Leistung natürlich manche andere Ebenen profitieren. [...] Und wir hatten ja die, und das muss man sich wirklich vor Augen führen, das zeigt, über was man da redet, die Person, die maßgeblich auch damals in geschäftsführender Funktion da, eben Mitglieder der erweiterten Geschäftsführung, nämlich in der Pflegedirektion und Ärztedirektion, die bis zum letzten Atemzug ihres Daseins hier behauptet haben, früher, das heißt also vor der Übernahme, war alles besser. Ja. Spricht für sich, oder? Wie man sagt, also früher, also so wie es früher war, so wie wir pleite gegangen sind, war es besser."

224 Wie bereits zuvor angedeutet, wurde der vorherigen Pflegedienstleitung seitens der Geschäftsführung die Kündigung ausgesprochen.

Krankheit kommt es häufig zu massiven Personalausfällen in der Notaufnahme, da besonders der pflegerische Bereich oftmals (und so auch im vorliegenden Haus) unter wirtschaftlichen Konsolidierungsphasen zu leiden hat. Die Befragte füllt gelegentlich selbst personelle Lücken und übernimmt Dienste:

> *Pflegedienstleiterin:* Kommt auch vor. Ich habe auch häufig in der Notaufnahme hatte ich sehr häufig in der letzten Zeit personelle Engpässe. Ja, da habe ich auch sehr oft ausgeholfen. Letzten Freitag
>
> *I:* Ach, tatsächlich am Bett mit oder wie? [...]
>
> *PDL:* Ja. In verschiedenen Abteilungen schon hier mitgearbeitet. Letzten Freitag, ein Beispiel jetzt von letzter Woche Freitag, komme ich hier zum Dienst, werde angerufen von den Mitarbeitern von der Notaufnahme, Frau (Name) haben Sie mal ein paar Minuten Zeit? Ich komm dahin, beide krank, Brechdurchfall, wirklich die sahen so schlecht aus. Ja und somit war mein komplettes Team in der Notaufnahme ausgefallen. Ja. Da habe ich natürlich klar, wo, Dienstkleidung, alle meine Bürotermine über so mein Sekretariat absagen lassen.
>
> *I:* So eng ist das? Ja, Personal, die Personaldecke?
>
> *PDL:* Ja, mhm (bejahend). Und wenn dann und Sie kriegen ja auch nicht jemanden, es ist ja nicht so, dass jemand zu Hause nur
>
> *I:* Da mussten, da haben Sie den ganzen Tag da?
>
> *PDL:* Ja, genau. Hab da den ganzen Tag mitgearbeitet. Es wartet ja keiner zu Hause, dass ich anrufe (lacht) und ja. War natürlich ganz unglücklich, dass beide krank waren und. Die haben sich bemüht, den ging's schon zu Hause schlecht. Haben schon was eingenommen. Es macht, die Pflege macht's sehr oft, irgendwie sich dopen, um bloß irgendwie im Dienst zu sein.

Die Pflegedienstleiterin als Management-Spitze der Pflege ist hier so nah dran, dass sie das Leiden der Pflegekräfte an der Basis nicht nur mitbekommt, sondern sich im Sinne eines mitfühlenden Verstehens berühren lässt. Dementsprechend versucht sie die entstandene personelle Lücke zu schließen, indem sie selbst tätig wird und somit performativ die aufopferungsvolle Haltung zum Ausdruck bringt, die sie auch ihren Mitarbeitern und der Pflege im Allgemeinen zuschreibt („Es macht, die Pflege macht's sehr oft, irgendwie sich dopen, um bloß irgendwie im Dienst zu sein"). In ihrer Erzählung sind die Bürotermine nachgelagert und können entsprechend durch die Sekretärin abgesagt werden. Als Folge entsteht eine starke Rückbindung an diejenigen Akteure des Krankenhauses, die unter den widrigen Bedingungen der Praxis Alltagsprobleme zu bewältigen haben. Hierdurch wird aber zugleich Führung im Sinne einer Vorbildfunktion möglich:

> *Interviewer:* Gibt's irgendwas, wo Sie sagen würden, das ist total wichtig in meiner Tätigkeit, was ich jetzt gar nicht gefragt hab? [...]

PDL: meine Tätigkeit ist, bei meinen Mitarbeitern immer gut gelaunt zu sein, immer mich so präsentieren, als hätte ich gar keine Probleme (lacht).

I: (Lacht)

PDL: Das ist so der eigentliche Trick (lacht). Immer so tun, als wäre alles Bestens (lacht). Also die Unruhe nicht verbreiten.

I: Ja.

PDL: Egal was es jetzt für ein Problem gibt.

I: Ja.

PDL: Ich darf jetzt nicht irgendwie hektisch irgendwo ankommen oder wenn Probleme auftreten, och Gott, jetzt, also das ist total wichtig.

I: Ja. Ist denn dieser Personal, also diese dünne Personaldecke, ist das ein Problem oder sagen Sie es ist einfach ne, muss man mit klarkommen?

PDL: Ein Problem ist das schon.

Diese Interviewsequenz ist bemerkenswert, denn die PDL reflektiert hier darüber, wie die Kommunikation im Modus des Als-ob als Führungsinstrument genutzt werden kann, um zu vermitteln, dass alles gut ist, obwohl nichts gut ist. Es zeigt sich ein subtiles Kontexturmanagement, das darauf beruht, das Skandalon der Ausbeutung der Pflege (und hiermit einhergehend Überlastung und Burn-out) im Rahmen der Tugend einer befriedigenden Selbstaufopferung als Leitungsperson selbst zu verkörpern und darzustellen. Dies wiederum setzt Reflexion voraus, also eine dritte Perspektive, unter der eine solche Selbstpräsentation gewählt und generiert werden kann. Denn sie wählt ja bewusst diese Form der Selbstpräsentation, zu der sie sich immer wieder neu überwinden muss, wenn mal wieder nicht alles in Ordnung ist. Eine Führung, die eine solche Nähe zur Interaktion unter Anwesenden aufweist, also nicht aus der Distanz heraus operiert, setzt ein entsprechendes emotionales Selbstmanagement voraus.[225] In diesem Prozess wird die Innenspannung der Organisation (Behandlung bedürftiger Patienten vs. Fluchttendenzen aufgrund von Überforderung) in das Selbst kopiert, das wiederum eine Form generieren kann, die nach außen die Macherin präsentiert („gut gelaunt sein", „immer so tun, als wäre alles Bestens"), wobei sie innerlich sehr wohl um die Schwierigkeit – man ist fast geneigt zu sagen: Aussichtslosigkeit – der Lage weiß.

Dennoch – oder besser gesagt: gerade deshalb – gelingt die Konstitution der Pflegedienstleitung als Managerin. Denn durch ihre emotionale Kontrolle wirkt

---

225 Die Aufgabe für gute Stimmung zu sorgen wird schon lange als Aufgabe der Pflege angesehen, wie bereits zuvor mit Verweis auf Rohde (1974, S. 107) geschildert wurde. Der Übergang zum Emotionsmanagement in Leitungspositionen erscheint hiermit fließend.

sie nicht als Lückenbüßerin, sondern vielmehr als Managerin, wobei ihr Stil darin liegt, die verlangte Praxis vorzuleben, um die anderen, untergeordneten Akteure zu homologen Formen des Selbstmanagements zu enaktieren. Als Lösung wird hier also die internalisierte Negation des Problems gewählt. Im Sinne eines hochkomplexen Reflexionsverhältnisses wird das Problem der Personalknappheit dadurch bearbeitet, dass die PDL performativ zeigt, dass die Alltagspraxis in der Organisation bewältigt werden kann (und vielleicht sogar noch mehr: dass *wir* die Alltagspraxis bewältigen können[226]). Die Spannung selbst wird dabei nicht weiter kommunikativ bearbeitet, sondern ins Innerpsychische verlagert.[227] Durch den Akt des Aushelfens wird nonverbal gezeigt, dass man verstanden hat, dass die Arbeitslast das Maß des Aushaltbaren überschritten hat, wobei gleichzeitig tabuisiert wird, hierüber zu lamentieren.

Aus dieser Perspektive erklärt sich auch, warum am Ende des Interviews genau dies noch gesagt werden muss, wenngleich nicht danach gefragt wurde. Denn erst durch diese Schilderung wird deutlich, wer die Sprecherin ist: nämlich eine Person, die führt, auch wenn es zunächst nicht so aussehen mag. Entsprechend dem hier aufscheinenden Orientierungsrahmen zeigt die PDL in der Reaktion auf die immanente Nachfrage der Interviewerin nochmals performativ, dass sie zwar um das Problemhafte weiß, dies aber nicht als bedrohlich empfindet („ein Problem ist das schon"), da sie (noch) in der Lage ist, die Situation zu managen.

An dieser Stelle schließt sich der Kreis und wir können den Blick auf das übergreifende Arrangement lenken, durch das sich das Management dieses Krankenhauses auszeichnet. Wir sehen, dass sich die unterschiedlichen Positionen (Geschäftsführung, kaufmännische Leitung, Chefärzte, Pflegedienstleitung) in Hinblick auf ihre Orientierung darin einig sind, den ökonomischen Druck und dessen unmittelbare Repräsentation (etwa in Form von Leistungszahlen) abzublenden. Damit wird eine intrinsische Motivation instauriert, die Verantwortung für das in seiner Existenz bedrohte Haus nicht nur zu übernehmen, sondern dies auch implizit (denn es lässt sich nach der Sei-spontan-Paradoxie nicht explizit sagen) von den Kollegen einzufordern, die die genannte Orientierung nicht teilen.

---

226 Im Sinne einer Konjunktion; ‚ihr geht ans Limit, ich geh ans Limit, wir gehen ans Limit' und zeigt damit ‚ich bin eine von euch'. Umgekehrt hat das vermutlich auch aus Stationssicht den motivierenden Effekt: ‚Die geht ans Limit, also gehen wir auch ans Limit.' und womöglich auch: ‚die setzt sich für uns ein'. Gerade in dieser Hinsicht unterscheidet sie sich von anderen Pflegedienstleitungen (s.zu einer Typenbildung das Kapitel IV.2).

227 Mit Blick auf die Kontexturanalyse formuliert: Hier zeigt sich erneut die Operation der „totalen differenzierten Rejektion". Die andere Perspektive – nämlich die verständliche Position sich diesen Zumutungen zu entziehen – wird aufgegriffen und sogleich negiert.

Ein Dienst-nach-Vorschrift-Verhalten widerspricht den hier vermittelten wie auch gelebten Werten, weshalb es legitim erscheint, bei Bedarf mit entsprechenden Personalmaßnahmen durchzugreifen. Innen- und Außenspannungen kommen hier in ein spezifisches Arrangement, das einen motivationalen Vektor aufbaut, der sich auf der einen Seite durch die Außenspannungen – insbesondere den ökonomischen Druck und die existenzielle Bedrohung des Hauses – speist und auf der anderen Seite durch die Autonomisierung der Mitarbeiterschaft, die hierdurch gewissermaßen selbst entscheiden kann, den von ihnen erwarteten Arbeitseinsatz selbst zu wollen. Um es nochmals mit den bereits zitierten Worten des kaufmännischen Leiters zu formulieren: Wenngleich all dies „das Arbeiten" in dem Haus nicht unbedingt „angenehm" macht („wäre das falsche Wort"), erscheint es doch „durchaus" als „fairer Weg miteinander umzugehen". Denn „die Leistung" oder „das Potenzial" oder „die Versorgung, für die wir hier nun mal stehen", wird erbracht, insofern alle das tun, was sie in ihrem „Rahmen" leisten können. Dies geschieht hier freilich mit Blick auf den einzelnen Akteur, denn ein „optimales Leistungsangebot" lässt sich nur „schaffen", wenn es dem Haus gelingt, sich „personell" entsprechend aufzustellen. Ein solches Gelingen manifestiert sich buchstäblich als „Gefühl", nämlich als intrinsische Motivation, trotz der großen Spannungen weiter anzupacken.

Im ärztlichen Bereich funktioniert dies offensichtlich recht gut, wobei zu vermuten ist, dass die Organisation hier bereits an der Grenze des Möglichen operiert, da man auf die unbedingte Leistungswilligkeit angewiesen ist. Für die Pflege muss jedoch die Gretchenfrage gestellt werden. Denn die Aufstiegschancen dort sind begrenzt und die Personalressourcen bleiben systembedingt knapp. Zudem fehlt der Pflege die Möglichkeit, Zugehörigkeit zu einer Leistungselite zu empfinden und daraus Motivation zu schöpfen (im Selbstverständnis funktioniert dies möglicherweise schon, aber nicht in Bezug auf ihre gesellschaftliche, organisationale und finanzielle Honorierung).

Zusammenfassung und Diskussion

Führung – so Baecker – ist „die Wiedereinführung der Organisation in die vom Management bereits wiedereingeführte Organisation. Sie stellt die evolutionäre Oszillation zwischen den einzelnen Dimensionen einer inkonsistenten Organisation in einer oder in einigen wenigen dieser Dimensionen für einen mehr oder minder begrenzten Zeitraum und unter Rückgriff auf einen mehr oder minder großen sozialen Rückhalt still, indem sie der einen oder anderen Dimension Prominenz verleiht" (2003b, S. 284). Die mitlaufenden alternativen Lesarten verschwinden dadurch nicht, sondern werden temporär ruhiggestellt. Engagement kann auch

Ausbeutung bedeuten, die Erfahrung von Autonomie kann auch als raffinierte Form der Fremdbestimmung gegengelesen werden (etwa als Subordination im Sinne der Foucault'schen Selbsttechnologien, s. etwa Bröckling 2007). Ebenso kann ein Zuviel an Verständnis seitens der Geschäftsführung oder des Managements mit dem Verlust der eigenen Referenzen einhergehen oder gar als Manipulation wahrgenommen werden. Die Unschuld des Einfach-nur-naiv-mitmachen-könnens kann dementsprechend leicht verloren gehen.

Hiermit wird deutlich, welches Wagnis mit dieser recht komplexen Form des Managements eines Krankenhauses eingegangen wird. Wir treffen hier – wie oben ausgeführt – auf ein raffiniertes Arrangement von Hinschauen und Wegschauen, Zugestehen von Autonomie und hierarchischem Durchgriff, Anerkennung der professionellen Eigenständigkeit bei gleichzeitigem Anspruch, dass die betriebswirtschaftliche Kompetenz und Entscheidungsmacht allein bei der Geschäftsführung liegt. Dementsprechend verlangt dieses Spiel den Beteiligten in psychischer Hinsicht viel ab, denn die Grenzen in Hinblick auf die Innenspannungen sind von den leitenden Akteuren vor allem innerpsychisch zu ziehen. Der Druck muss ausgehalten und schließlich in hohe Selbstmotivation und Leistungsbereitschaft gewendet werden.

Konditioniert und erleichtert wird ein solches Arrangement selbstredend durch die offensichtlichen Außenspannungen. Die Gesetzgebung und Regelungen einer Politik, die offensichtlich weitere Krankenhausschließungen anstrebt, erlaubt die Konstitution einfacher Feindbilder. Diese vermitteln innen vermeintlich die Legitimation, jene Mitarbeiter zu tadeln und sich gegebenenfalls auch von ihnen zu trennen, die zu wenig Engagement im Sinne der nun notwendigen hohen Leistungsbereitschaft zeigen. Selbstredend ist hierdurch wie von selbst legitimiert, Politik und Krankenkassen – die vor diesem Hintergrund auf der Feindseite stehen – geschickt zu überlisten. Man begegnet ihnen unter dem Blickwinkel der totalen Rejektion. Um es einfacher zu sagen: Man nimmt die Vorgaben, die nicht ignoriert werden können, dadurch ernst, dass man sie dort unterläuft, wo es möglich ist. Der Druck, der das Arrangement nicht nur erleichtert, sondern maßgeblich konditioniert, bleibt unabweisbar.

Da dieses Arrangement des Managements von Innen- und Außenspannungen hochgradig voraussetzungsvoll ist, verwundert es kaum, dass diese Form im Sample nicht als Regelfall anzutreffen ist. Stattdessen begegnen wir einer Reihe anderer, einfacher erscheinender Arrangements. In Hinblick auf die Bearbeitung von Innenspannungen ist eine Form des Managements stark vertreten, das über ein entsprechendes Controlling Zahlenvorgaben platziert und sich nicht darum kümmert, was an der Basis medizinischer und pflegerischer Praxis passiert (s. den zuvor geschilderten Fall des Westgroup-Klinikums). Paradigmatisch hierfür ist eine Pflegedienstleitung, die als handlungsleitende Orientierung die betriebswirtschaftliche Managementlehre aufgreift und sich faktisch kaum mehr auf den Stationen blicken lässt (vgl. Kapitel IV.2, Typ 1).

Der Erfolg der in diesem Kapitel rekonstruierten Managementpraxis verweist auf einige übergreifende managementsoziologische Einsichten. Zum einen gewinnt das bereits in der Einleitung (Kapitel I) angedeutete komplexitätstheoretische Argument an Substanz. Ein Management, das handlungs- und arbeitsfähig bleiben will, kann nicht – und schon gar nicht zur gleichen Zeit – alle theoretisch relevanten Reflexionsperspektiven berücksichtigen. Die überfordernde Komplexität muss auf eine „einfache Komplexität" reduziert werden (Baecker 1997), das heißt, dass (nur) eine bestimmte, aber begrenzte Zahl von Reflexionsperspektiven thematisiert und in ein Arrangement gebracht wird. In diesem Arrangement ist, zumindest temporär, klar, was Gegenstand ist, was kommunikativ adressiert und was ab- oder ausgeblendet wird. Daher können im Managementprozess nicht alle denkbaren Außen- und Innenspannungen aufgegriffen werden. Gemeinsam mit seiner Umwelt und der organisationsinternen Innenwelt generiert das Management eine jeweils eigenständige und originäre Form der Selbstkonditionierung, die als Steuerung sowohl in die Umwelt (s. das Beispiel der Wirbelsäulenchirurgie) als auch in die betrieblichen Abläufe hineinreicht (etwa in Form von Umstrukturierungen und Entlassungen).

Umweltanforderungen können – je nachdem, wie die Perspektive des Gegenübers aufgegriffen wird – ignoriert, im Modus des Als-ob oder affirmierend bearbeitet werden. Gleiches gilt für die Steuerung der Mitarbeiter. Das Management kann hier primär auf intrinsische Motivation setzen, was die Anerkennung der differierenden Perspektive des anderen voraussetzt (so ebendieser Fall), oder Parameter vorgeben, deren Erfüllung erwartet wird (so der zuvor geschilderte Fall). In jedem Fall wird die Spannung gleichsam als Stress präsent gehalten, ohne jedoch eine Trivialisierung des Verhaltens einzufordern. Auf diese Weise können Machtverhältnisse produktiv werden, wenn sie nämlich ein Arrangement der Spannungslagen ermöglichen, das die Autonomie der Mitarbeiter trotz des Drucks fördert.

Beide Male wird nicht zuletzt die jeweils typische Verschränkung von Innen- und Außenspannungen deutlich. Dieser Befund verweist wiederum auf die aktuelle Diskussion um die ökonomische Zurichtung des Krankenhauses, und zwar als unhintergehbarer existenzieller Druck, der im Guten wie im Schlechten bestimmte Arrangements der Geschäftsleitung hervorbringt. Dementsprechend muss die Wirkung einer solchen Zurichtung differenziert betrachtet werden, denn die Form der entstehenden Arrangements ist keineswegs determiniert.

An dieser Stelle begegnen wir Whites (2004) Einsicht, dass der Schlüssel zum Verständnis ökonomischen Handelns weniger in einem Marktverhalten liegt, das beste Leistungen zum günstigsten Preis anbietet, sondern in der Suche nach Nischen, wo die Konkurrenz minimiert ist. In diesem Sinne sind für das Krankenhaus gerade auch deren Netzwerke von zentraler Bedeutung. Doch vor allem hier gilt: Steuerung darf nicht mit Durchgriffskausalität verwechselt werden.

All die im Sinne der vorangehenden Ausführungen bestehenden Kontingenzen weisen das Management von Organisationen – insbesondere wenn diese unter Druck stehen – als hoch bedeutsam aus, denn es führt (entscheidende) Unterscheide in die Organisation des Krankenhauses ein.

4   St.-Joseph-Krankenhaus: Verantwortung für das Ganze

Hintergrund und Formalstruktur des Hauses

Das St.-Joseph-Krankenhaus in freigemeinnütziger Trägerschaft befindet sich in einem großstädtischen Ballungsgebiet. Das katholische Traditionshaus kann mittlerweile auf über 100 Jahre Geschichte zurückblicken und ist ein Haus der Regelversorgung mit etwa 500 Betten.

Die Formalstruktur des Managements ist in eine Geschäftsführung und eine Klinikleitung aufgeteilt. Die Klinikleitung besteht aus vier Mitgliedern: der Pflegedirektorin, dem kaufmännischen Leiter, dem ärztlichen Direktor und dem Vorsitzenden der Geschäftsführung. Die beiden letztgenannten bilden als eingetragene Geschäftsführer formal die letztentscheidungsbefugte Geschäftsführung. Der Vorsitzende der Geschäftsführung ist darüber hinaus Geschäftsführer der „Holding". Diesem kleinen Verbund gehören noch zwei weitere Spezialkliniken

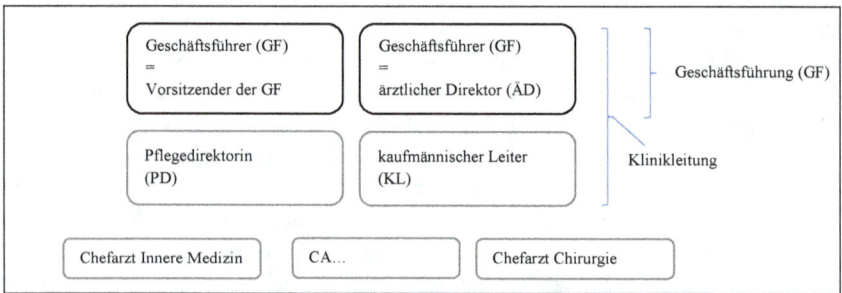

Abb. 3   Managementstruktur St.-Joseph-Krankenhaus, eigene Darstellung

in anderen Städten sowie ein Medizinisches Versorgungszentrum (MVZ) an. Eine Besonderheit des vorliegenden Falles liegt darin, dass der ärztliche Direktor hauptamtlich im Management tätig ist und nicht als praktizierender Chefarzt einer eigenen Klinik vorsteht. Er kann sich so ausschließlich Management- und Verwaltungsaufgaben widmen.

Zur Rekonstruktion des Falles stehen folgende Interviews zur Verfügung: Vorsitzender der Geschäftsführung (VGF), Pflegedirektorin (PD), ärztlicher Direktor (ÄD), Chefarzt für Innere Medizin (CA Innere) und Chefärztin Chirurgie (CA Chirurgie). Der kaufmännische Leiter (KL) war leider nicht zu einem Interview bereit, trotz mehrfacher Nachfrage auf Empfehlung der anderen Mitglieder der Klinikleitung.

Selbstverständnis des Managements

Vor dem Hintergrund der eben erfolgten formalen Beschreibung der *Stellen*konstellation wenden wir uns konkreter den *Personen* zu, mit denen diese Stellen besetzt sind.[228] Es soll zunächst darum gehen, wie die jeweiligen Personen ihre Aufgabenbereiche und die Zusammenarbeit innerhalb der Klinikleitung beobachten und beschreiben. Wir beginnen mit dem Vorsitzenden der Geschäftsführung, bevor wir uns dann der Perspektive des ärztlichen Direktors und Geschäftsführers und am Ende der Pflegedirektion zuwenden.

Vorsitzender der Geschäftsführung

Der Vorsitzende der Geschäftsführung (VGF) ist ausgebildeter Betriebswirt und hat seit jeher in diesem Haus gearbeitet. Er hat seine Karriere vor 25 Jahren in diesem Haus begonnen und ist somit stark mit dem Wachstum und der Entwicklung des Hauses verbunden. Seit wann er genau in seiner jetzige Position tätig ist, kann er nicht genau beantworten („Das ist eine gute Frage"), da die einzelnen Entwicklungsschritte sowohl des Hauses als auch seiner Karriere aufgrund der langjährigen Tätigkeit zeitlich verblassen. Mit der Entstehung der Krankenhaus*gruppe* ist er auch dort Vorsitzender der Geschäftsführung geworden. Dementsprechend haben sich im Laufe der Zeit auch seine Aufgabenfelder „entwickelt", weg vom „unmittelbaren Tagesgeschäft" hin zu „strategischen Fragestellungen". Er präsentiert sich dabei trotz seiner langjährigen Tätigkeit in den unterschiedlichen Führungspositionen des Hauses nicht als *der* Leiter des Krankenhauses.

---

228 „Personen" und „Stellen" sollen hier im Sinne Luhmanns verstanden werden (vgl. Luhmann 2000b; Luhmann 2005a).

Das Krankenhaus selber sei ein „unabhängig von der Konzernzugehörigkeit [...]
eigenständiges Gebilde". Der sich wöchentlich treffende „Viererkreis" führe zwar
das Krankenhaus „im konkreten Tagesgeschäft", dennoch wird selbstverständlich
erwähnt, dass auch die untergeordneten Stellen (Chefärzte und Abteilungsleiter
im medizinischen Bereich sowie Bereichsleitungen im kaufmännischen Bereich)
maßgeblich beteiligt seien.

Das Verhältnis von Klinikleitung und Geschäftsführung wird weiter spezifiziert:

> *VGF:* Wenn Sie so wollen, ist die Kranken/ ist die Geschäftsführung in diese Kran-
> kenhausleitung integriert, könnte aber qua Kompetenz und Gesetz natürlich auch
> das Krankenhaus alleine leiten. Der Geschäftsführer ist das vertretungsberechtigte
> Organ, das offiziell vertretungsberechtigte Organ der GmbH, nicht, aber, so, das/ wir
> sind da ja ein gutes interdisziplinäres Team, was hervorragend zusammenarbeitet und
> das wollte man an so einer Stelle gar nicht missen. Das wollte man gar nicht durch
> absolutistische Entscheidungen ersetzen.

Besonders interessant erscheint an dieser Stelle das Verhältnis von formaler Asymmetrie und informaler Symmetrie. Formal argumentiert sei die Geschäftsführung
letztentscheidungsbefugt und könne somit das Haus „qua Kompetenz und Gesetz"
führen. Dadurch ergibt sich überhaupt erst die Möglichkeit, sich gegen diese Form
der Führung zu entscheiden – denn wenn formal alle Mitglieder der Geschäftsführung zeichnungsberechtigt wären (s. Fall Bergstadt, V.5), *könnte* man ja gar
nicht anders, als diese einzubeziehen. Die Macht und damit die Möglichkeit der
„absolutistischen Entscheidung" erlaubt nun aber die Freiheit der Entscheidung
für ein, wie er sagt, hervorragend zusammenarbeitendes interdisziplinäres Team.
Wie sich dies aus Sicht der Pflegedirektorin darstellt, wird sich noch zeigen.[229]

Entsprechend der betriebswirtschaftlichen Sozialisation und seiner Verantwortung für das wirtschaftliche Überleben des Hauses, betrachtet er das Krankenhaus
als „dynamischen Wirtschaftsbetrieb" bzw. als „Unternehmenskrankenhaus",

---

229 Zur Wertschätzung des Zusammenhangs zwischen Macht, Willkür und Freiheit siehe
Baecker (2009, S. 25ff.). Man ist vermutlich geneigt, das interdisziplinäre Team der
absolutistischen Entscheidung vorzuziehen. Dennoch sollte nicht vergessen werden,
dass dies zwei unterschiedlichen Arrangements entspricht, die sich nicht nur in Bezug auf Einflussmöglichkeiten unterscheiden. Im Fall der Teamarbeit verzichten die
formal untergeordneten zu Gunsten der Einflussnahme auf die Möglichkeit, sich aus
der Verantwortung zu ziehen und nehmen sich selbst in die Pflicht, sich einzubringen.
Zudem muss auch den Untergeordneten entsprechender Einfluss auf die Übergeordneten
eingeräumt werden, wenn man nicht das zu einfache Bild der autoritären Weisungskette
annimmt (vgl. zur Führung von unten Baecker 1999b, S. 207ff.; Luhmann 2016; Weick
1998, S. 27ff.). Der Fall Katharinenstift hat deutlich gezeigt, inwiefern Hierarchie auch
Autonomie ermöglichen kann.

wobei größere Investitionsentscheidungen (zuletzt der Umbau des Zentral-OPs und die Beschaffung dreier Großgeräte), „mehr oder weniger regelmäßig" getroffen werden müssen. Die Rolle der Geschäftsführung, und damit auch seine Rolle, bestehe darin, Entscheidungen ‚abzusegnen und zu tragen'. Er „gibt (…) Hinweise" und veranlasse Planungen, die dann mit allen Betroffenen „abgestimmt" werden sollen. Diesen Prozess überlässt er jedoch nicht der Eigendynamik (deren *Ergebnis* er erst wieder zu Gesicht bekommt), sondern er behält sich vor, sowohl den Modus („konsequent und zielgerichtet") zu kontrollieren, als auch die Inhalte („nicht in die falsche Richtung"). Er ist demnach wesentlich in einen Prozess eingebunden – oder besser: er bindet sich in einen Prozess ein – den er aber allein schon deswegen nicht autoritär kontrollieren muss, da er über all die Jahre „das Unternehmen ja auch ein Stück auf sich eingestellt" hat. Dies soll nun nicht dahingehend interpretiert werden, dass er in 25 Jahren von expliziten auf impliziten Absolutismus umgestellt hat. Indem er anführt, dass „wir als Krankenhausleitung" regelmäßig bei Planungen einzubeziehen sind, dokumentiert sich in diesem „wir" ein weiteres Mal die bereits erwähnte Zusammenarbeit im interdisziplinären Team.[230] Nicht er persönlich muss die Kontrolle ausüben, sondern die Krankenhausleitung – und damit auch er – vertritt gemeinsam eine richtige Richtung.

Explizite Bezüge zu den anderen Mitgliedern der Krankenhausleitung finden sich über die Referenz als hervorragendes Team hinaus im gesamten Interview kaum (was in ähnlicher Weise auch für das Interview des ärztlichen Direktors/ Geschäftsführers gilt). Auf die Frage, ob der ärztliche Direktor ebenfalls für ein Interview zu sprechen sei, wird dieser als *„sehr interessanter Mann, ein hervorragender ärztlicher Direktor"* bezeichnet.

Ärztlicher Direktor/Geschäftsführer

Wie bereits erwähnt, ist der ÄD/GF Teil der Geschäftsführung. Er übt diese Tätigkeit hauptamtlich aus und stellt damit nicht nur in unserem Sample, sondern auch in der deutschen Krankenhauslandschaft eine Ausnahme dar.[231] Zum Zeitpunkt des Interviews ist er seit 9 Jahren in dieser Funktion tätig. Zuvor war er nach „acht

---

230 Der kritische Leser könnte natürlich auch hier noch eine Trennung von *talk* und *action* vermuten. Zudem unterliegt die Auffassung von Teamarbeit einer weiten Streuung.

231 Der CA Innere des Hauses bewertet dies sehr positiv: „Ich glaube: In der heutigen Zeit, dass Häuser dieser Größenordnung gut beraten sind, einen hauptärztlichen – oder hauptamtlichen ärztlichen Leiter – zu haben. Bei uns ist ja das der zweite Geschäftsführer, was ein gewisses Konfliktpotenzial in sich birgt. (…) Aber ich denke: eigentlich das einzige Zukunftsmodell. (…) Oder Sie haben einen schwachen, ärztlichen Direktor. (…) Weil er sich letztendlich nicht drum kümmern kann, weil: Wie soll das funktionieren? Entweder vernachlässigt er die Klinik oder den Job als ärztlicher Direktor. Beides

Jahren ärztlicher oder rein ärztlicher Tätigkeit" für etwa sieben Jahre als Leiter des Qualitätsmanagements eines großen öffentlichen Trägers tätig.

> *ÄD/GF:* Ja, ich bin hier im St.-Joseph-Krankenhaus ärztlicher Direktor und Geschäftsführer. In der Reihenfolge sagt das auch ein bisschen was über die Positionierung aus. Also die Hauptaufgabe liegt im Bereich der ärztlichen Direktion. Die Geschäftsführung ist sicherlich ursprünglich vom Gesellschafter so gedacht worden, um auch die Position des ärztlichen Direktors entsprechend aufzuwerten und auch den Kaufleuten ähnlich zu machen im Krankenhaus.

Bereits im zweiten Satz der Eingangserzählung des Interviews setzt der Befragte seine beiden Positionen zueinander in Bezug. Seine „Hauptaufgabe" läge im Bereich der ärztlichen Direktion, was keine Form der Degradierung darzustellen scheint (in dem Sinne, dass sich in der Praxis eine informale Asymmetrie eingestellt hätte, die ihn in seinem gewünschten Einfluss beschneidet). Vielmehr sei seine Position als Geschäftsführer von *externer* Seite („Gesellschafter") als Aufwertung gegenüber den „Kaufleuten" konzipiert worden, was für ihn jedoch nicht mehr relevant zu sein scheint („sicherlich ursprünglich"). Dies kann unterschiedlich gedeutet werden: a) der Kaufmann hat dennoch das Sagen, b) der ÄD hegt keinerlei Ambitionen, maßgeblich geschäftsführend tätig zu sein, oder c) es hat sich im Sinne der o. g. Teamarbeit die Zusammenarbeit (ungeachtet der Formalstruktur und möglicher Konzeptionierungen) auf eine ausgewogene und für ihn zufriedenstellende Verteilung der Aufgaben eingependelt. *Welche* Konstellation sich ausgebildet hat, wird sich noch erweisen. Deutlich wird jedenfalls, dass der zuvor beschriebene Vorsitzende der Geschäftsführung tatsächlich der *Vorsitzende* ist, auch wenn dieser zumeist symmetrisch von zwei Geschäftsführern spricht.[232]

Die Doppelrolle (ärztlicher Direktor/Geschäftsführer) wäre keine, und würde auch keine Doppelbezeichnung erfordern, wenn nicht auch unterschiedlichen Logiken damit einhergehen würden.[233] Diese Form der Stellenbeschreibung kann an sich schon als Bearbeitung eines Bezugsproblems gesehen werden, das sich jedem (von uns untersuchten) Krankenhausmanagement stellt: die Relationierung von

---

zusammen ist für von der Arbeitsbelastung nicht machbar. Es sei denn: Sie haben eine Klinik, die nicht gut läuft."

232 Die beiden Geschäftsführerstellen werden durch den ÄD/GF folgendermaßen relationiert: „Und eben der Geschäftsführer, also mein Mitgeschäftsführer oder ich bin sein Mitgeschäftsführer, der schon insgesamt 25 Jahre hier ist, ..."

233 Das bedeutet nun natürlich nicht, dass sich ärztliche Direktoren die nicht zusätzlich noch die offizielle Bezeichnung „Geschäftsführer" tragen sich rein auf medizinische Belange zurückziehen können. Zum Thema Ärzte im Management siehe auch Llewellyn (2011), Forbes et al. (2004), Witman et al. (2011) sowie Jansen und Poranzke (2015).

Wirtschaft und Medizin. Dieses Bezugsproblem stellt aufgrund der Doppelrolle konsequenterweise auch eine „Hauptaufgabe" des ÄD/GF dar. In der folgenden Sequenz wird u. a. auf frühere Passagen des Interviews verwiesen, in denen er auf eine unzureichende Finanzierung der Krankenhäuser verweist. Es bestünde daher gar keine Alternative, als auf Wachstum zu setzten (s. hierzu den Abschnitt „Außenspannungen") Es bleibt die Frage, was dies für seine Aufgabe als ÄD/GF bedeutet:

> *ÄD/GF:* Und die Hauptaufgabe, also das ist jetzt keine des ärztlichen Direktors, aber da ist natürlich auch immer schwer, die Rollen/ also für mich ist ja auch nochmal schwierig, also wie früher man dann sagte „so, jetzt setze ich mal den Hut auf, jetzt bin ich hier der ärztliche Direktor und gleich bin ich der Geschäftsführer." Das ist irgendwie schwer so auseinander, man ist nicht zwei Personen und ich glaube, die Schwierigkeit wird natürlich sein, eben diese, das, was es über, dieser Versuch des Wachstums gegen die unzureichende Finanzierung der Lohnentwicklung, dass man dadurch so eine Organisation nicht ins Ungleichgewicht bringt. Also man kann immer nur eine bestimmte Anzahl von Patienten sinnvoll behandeln in einem bestimmten Setting und mit einer bestimmten Anzahl von Personen. Da das richtige Maß zu haben, praktisch weiterhin ein ausgeglichenes Bilanzergebnis zu bekommen, ohne eben das System, ich nenne das mal das System, seines Krankenhauses da zu überfordern.

Interessant ist zunächst, dass das „richtige Maß" zwischen sinnvoller Patientenbehandlung (Medizin) und ausgeglichener Bilanz (Wirtschaft) eine Hauptaufgabe *ist,* aber keine des ärztlichen Direktors, sondern – so die Interpretation hier – irgendwo zwischen den Positionen des Geschäftsführers und des ärztlichen Direktors anzusiedeln ist. Denn das „richtige Maß" bezieht sich maßgeblich auf eine Balancierung der Logiken Wirtschaft und Medizin (wobei dies natürlich unter Hinzuziehung weiterer Logiken wie Recht, Mikropolitik, Hierarchie, etc. geschehen kann) die weitestgehend mit den Rollen ÄD und GF assoziiert werden. Dies wird performativ durch die Suche nach der Verortung dieser Hauptaufgabe deutlich und mündet für den Befragten in einem schwierigen Spiel aus Rollen, Hüten und Personen. Das Früher, an dem der einfache Hutwechsel noch möglich gewesen wäre, erscheint als (fiktiver) Gegenhorizont zur heutigen Situation. Es wird nicht ersichtlich, warum sich dies früher anders dargestellt haben soll als heute. Ersichtlich wird nur, dass für Ihn das Innehaben beider Rollen nicht über ein Denken in unterschiedlichen Hüten funktioniert – was nichts anderes ist, als eine Metapher für die Auslagerung der Problematik in die Zeitdimension. Ihm scheint es nicht möglich zu sein, das Problem der Spannung zwischen sinnvoller Patientenbehandlung und ausgeglichener Bilanz zu lösen, indem er von einer Logik in die andere wechselt. Es kann nicht situativ die jeweils andere Seite des Gleichgewichts *ausgeblendet* werden, denn er sei – und das ist interessant – „nicht zwei Personen". Mit Luhmann können wir auch sagen, dass *zwei Stellen* mit *einer Person* besetzt werden, wobei beiden Stellen durch unterschiedliche „normative Bedingungen der Richtigkeit, Brauchbarkeit und Akzeptierbarkeit des Verhaltens programmiert" werden (Luhmann 2005a, S. 51). Die mit den jeweiligen Stellen verbundenen „Auslösebedingungen (Konditionalprogramme)" und die „anzustrebenden und zu vermeidenden Resultate (Zweckprogramme)" (ebd.) stehen für den ÄD/GF im Widerspruch zueinander. In der Doppelrolle bzw. Doppelstelle wird dieser Widerspruch institutionalisiert.

Durch die Organisation werden der *Person* als „festverschnürtes Paket von Entscheidungsprämissen" (Luhmann 1992 [1988], S. 178) widersprüchliche Entscheidungsprämissen ‚umgebunden'.[234] Dies erscheint daraufhin in der Bearbeitung bestimmter Themen (Sachdimension) als spannungsreiches Bezugsproblem, das weder in der Sozialdimension (man ist nur eine Person), noch in der Zeitdimension (Hutwechsel) einfach gelöst werden kann. Erst vor diesem Hintergrund wird plausibel, wie überhaupt etwas ‚schwierig' sein kann, warum überhaupt *für ihn* Spannungen entstehen. (Besonders) aufgrund der *Doppel*rolle entstehen Spannungen *in* ihm und nicht etwa als Konflikt zwischen zwei Stellen (beispielsweise zwischen ihm und dem VGF).[235]

Worin besteht nun das Gleichgewicht, welches nicht ins Ungleichgewicht geraten soll? Wann ist „das System" Krankenhaus „überfordert", wie der ÄD/GF es formuliert? Dies ist dann der Fall, wenn die sinnvolle Patientenbehandlung, die ohne ein Mindestmaß an personeller und apparativer Ausstattung nicht zu gewährleisten ist, nicht mehr möglich ist, ohne dabei den Bereich der ausgeglichenen Bilanz zu verlassen. Hintergrund bildet die Annahme (die letztlich auch das normative Ziel der DRG-Berechnungen darstellt), das eine sinnvolle Patientenbehandlung automatisch auch ein ausgeglichenes Bilanzergebnis nach sich ziehen sollte.[236] Die Frage, und die damit verbundene Spannung, wird nun deutlich: was passiert, wenn die Patientenbehandlung bereits hart an der Grenze des Sinnvollen vollzogen wird

---

234 Da es sich bei den in Spannung stehenden Programmen um Entscheidung*sprämissen* handelt „ist noch nichts über die Zugriffsdichte gesagt, mit denen Entscheidungsprämissen – es sind nur Prämissen! – das Verhalten bestimmen" (Luhmann 2005a, S. 55). Dementsprechend ist zu fragen, welches *Verhalten* der ÄD/GF entwickelt, um beiden Programmen Rechnung zu tragen. Aus Sicht des CA Innere des Hauses ist diese Spannung durch den ÄD/GF sehr gut gelöst.

235 Systemtheoretisch betrachtet lagert die Organisation den Konflikt zwischen den Systemreferenzen Medizin und Wirtschaft in die psychischen Systeme und somit in ihre Umwelt aus (siehe zu diesem Gedanken auch (Vogd 2011b, S. 154).

236 Die Krankenkassen und der MDK könnten dann im Falle eines unausgeglichenen Bilanzergebnisses unterstellen, dass Misswirtschaft, Fehlkodierung, Überversorgung etc. vorliegen. Die zu stellende „Systemfrage" lautet, wann von wem und unter welchen Umständen überhaupt anerkannter Weise festgestellt werden kann, dass das Geld *tatsächlich* nicht ausreicht.

und das Bilanzergebnis dennoch nicht stimmt? Sollen die Patientenzahlen weiter erhöht werden? Muss weiteres Personal entlassen werden? Wenn dies aufgrund ausbleibender Investitionszahlungen und Lohnangleichung nicht mehr der Fall ist, bleibt nichts anderes mehr übrig, als über Wachstum die Rentabilität zu erhöhen (s. Abschnitt „Außenspannungen"). Die Reflexion genau dieses Bezugsproblems, welches *pars pro toto* für die Situation der Krankenhäuser steht, weist den ÄD/GF als einen Managementakteur aus, der für eine sinnvolle Patientenbehandlung eintritt, ohne den Blick für die Bilanz zu verlieren.

Zugunsten der Ausführung dieser wichtigen Grundproblematik mussten einige andere, sehr interessante Stellen des Interviews ausgespart werden. Wie hier exemplarisch deutlich wurde, handelt es sich bei dem GF/ÄD um eine *Person*, die es vermag, mehrere Reflexionsperspektiven präsent und wählbar zu halten. Er arbeitet auf ein „Gleichgewicht" hin, das sich eben nicht einstellen würde, wenn er nur stur innerhalb einer Logik verharren würde. Allerdings – und hier deutet sich das Arrangement bereits an – wäre dies in der Konstellation allein deswegen dysfunktional, da der VGF umgekehrt auf die Zusammenarbeit im interdisziplinären Team setzt (im Gegensatz zum Fall der Westgroup-Klinik), was natürlich wiederum durch den konkreten ÄD/GF („ein hervorragender ärztlicher Direktor") mitbedingt ist.

In den Abschnitten zu den Innen- und Außenspannungen wird noch deutlicher werden, dass er zwar maßgeblich die Patientenbehandlung als auch seine Mitarbeiter im Blick hat, dies aber nicht im Widerspruch dazu steht, sich marktstrategisch und mit Sinn für eine ausgeglichene Bilanz zu orientieren. Eben darin zeigt sich (s)eine Stärke als Manager: In der Fähigkeit zu einem komplexen Kontexturmanagement, also dem Vermögen in differenzierter und funktionaler Weise mehrere Kontexturen bzw. Logiken zueinander, füreinander und gegeneinander in Beziehung zu setzen.[237]

Pflegedirektorin

Die Pflegedirektorin ist zum Zeitpunkt des Interviews seit 13 Jahren in diesem Krankenhaus tätig, zunächst als Assistentin der Pflegedirektion (damals noch eine Ordensschwester) und dann seit mittlerweile acht Jahren als Pflegedirektorin.[238]

---

237 In der Sprache der Kontexturanalyse hieße das, welche Strukturkomplexität (Marotzki 1990, S. 214) er in der Lage ist zu bearbeiten und selbst aufzubauen. Verbleibt er hier innerhalb einer einfachen Verbundkontextur und zieht sich auf partielle Rejektionen zurück? Oder grenzt er sich über (totale) undifferenzierte Rejektionen ab? Oder muss er nicht vielmehr gezwungenermaßen die komplexeste Variante der (totalen) differenzierten Rejektion auch beherrschen? Oder besser: ist es nicht die Stärke dieses ÄD, genau dies auch zu können, situativ aber immer auch andere Rejektionen zu beherrschen?

238 Die Bezeichnung ‚Pflegedirektorin' entspricht damit der offiziellen Bezeichnung und markiert zumindest im Selbstverständnis der Befragten keinen qualitativen Unterschied

Sie ist seit 1977 Krankenschwester und hat nach eigener Aussage einen „typischen" Karriereweg in der Pflege durchlaufen („mit berufsbegleitendem Studium und, und, und"). Sie habe sich dieses Krankenhaus als Arbeitsplatz aussuchen können, da sie zuvor in einer Beratungsfirma gearbeitet habe. Nicht zuletzt aufgrund dieser Tätigkeit gibt sie an, zu wissen, wie es auch in anderen Häusern „zugeht". Wie für diese Position typisch, ist sie für ein Tableau an Aufgaben und Bereichen verantwortlich, neben dem Bereich der Pflege beispielsweise auch für den Sozialdienst, Arzthelferinnen, Hebammen, Hygienemanagement etc.. Diese Bereiche werden von ihr nicht nur verwaltet, sondern auch strategisch geführt, wie sich an einigen Stellen des Interviews anhand konkreter Maßnahmen nachvollziehen lässt. Sie scheint sehr gerne auszuführen, dass es sich bei ihrer Position um eine sehr wichtige handelt, wobei sie dies maßgeblich in zweierlei Hinsicht begründet: *demokratisch*, als Vertretung der höchsten *Anzahl* an Mitarbeitern und *unternehmerisch/betriebswirtschaftlich*, als Verantwortliche für das höchste *Budget*. Mit Bezug auf die anderen Klinikleiter und die Verteilung der Managementaufgaben formuliert sie: „wir vier teilen uns auch Aufgaben auf". Auch sie spricht von einem ‚Management-Wir' und bestätigt in vielen Interviewpassagen die Perspektive auf die Klinikleitung als „Team". Ihr Aufgaben- und Betätigungsfeld fasst sie folgendermaßen zusammen:

> PD: Also das ist unheimlich/ ein großes Puzzle, wofür man die Verantwortung mitträgt."

Deutlich wird an dieser Stelle (und an vielen anderen Interviewpassagen) ihr Verständnis von Management als *Verantwortung*. Dieses Verständnis beschränkt sich nicht auf die Bereiche, für die *sie* verantwortlich ist, sondern wird auf das Haus als Ganzes übertragen. Führen wir die von ihr verwendete Metapher aus, fügen sich die einzelnen Bereiche des Hauses im Sinne eines Puzzles zu einem Gesamtbild zusammen. Als Teilverantwortliche trägt sie zu einer gemeinsamen Gesamtverantwortung bei (s. hierzu auch Typ 2 im Kapitel IV.2).

Gefragt nach einer markanten Entscheidung in der jüngsten Vergangenheit, bestätigt sich diese Orientierung der gemeinsam getragenen Verantwortung und der Teamarbeit in der Klinikleitung:

> PD: Ja, als wir uns zum Beispiel für eine ganz neue Strategie, einen neuen (...) Sektionsleiter in der Endoskopie entschieden haben. Das haben wir zusammen gemacht. Das ist dann so, dass wir in der Krankenhausleitung, wir treffen uns jede Woche, jeden Mittwoch haben wir Krankenhausleitungssitzung, dort fällen wir gemeinschaftliche

---

zur Bezeichnung Pflegedienstleitung: „...dass die Pflegedirektion oder die Pflegedienstleitung oder wie man sie auch oder uns mittlerweile (lacht) tituliert...".

Entscheidungen. Auch wenn wir natürlich zwei Geschäftsführer haben, die letztendlich die (...) endgültige Entscheidung treffen, haben wir das in der Krankenhausleitung doch sehr offen miteinander gestaltet, dass auch jeder seine Meinung dazu sagen kann. Das ist eine Besonderheit hier im Haus.

I: Aber die letztendliche Entscheidung wird dann von Herrn Dr. (ÄD/GF) und Herrn (VGF)/

PD: ...und Herrn (VGF), ja sicher. Die letztendliche Entscheidung. Aber ich habe es so noch nie erlebt, dass wir Vier, also (...) nicht gemeinsam etwas entschieden haben. Und das ist mal so, dass der eine mal sagen muss na ja gut okay, drei zu eins (lacht) oder/ aber ich habe das wirklich in den zehn Jahren hier noch nie erlebt, (...) dass es nicht eine Abstimmung untereinander gibt und auch jeder gehört wird. (...) Wie gesagt, das ist etwas Besonderes, ich kenne es auch anders.

I: Kennen Sie das auch anders? (lacht)

B: (Lacht) Ja

Die Orientierung an der gemeinsamen Zusammenarbeit tritt hier deutlich hervor. In den Krankenhausleitungssitzungen werden „gemeinschaftliche Entscheidungen" gefällt. Was wir bereits aus Sicht des formal übergeordneten VGF gesehen haben (Team vs. absolutistischer Entscheidung), bestätigt sich hier: die Symmetrie in der gemeinsamen Entscheidung und die Asymmetrie in der formalen Hierarchie. Gerade weil die formale Hierarchie asymmetrisch angelegt ist, kann sich die Klinikleitung in der Praxis und über die Praxis als ein gemeinschaftliches „wir Vier" konstituieren, ohne, dass dies eine formale noch übliche („ich kenne das auch anders", „das ist eine Besonderheit hier im Haus") Selbstverständlichkeit wäre.[239] Dabei wird jedoch – und das ist ein entscheidender Punkt – nicht zugunsten der gemeinschaftlichen Entscheidung verschwiegen, dass „natürlich" die Letztentscheidung bei den beiden Geschäftsführen liegt („ja sicher"). Durch diese Trennung in Entscheidung und Letztentscheidung (was selbst eine Entscheidung ist) erscheint die formale Hierarchie nicht als problematisch oder als Beschneidung des Einflusses. Die PD habe es in acht Jahren noch nicht erlebt, dass eine absolutistische Entscheidung getroffen worden sei. Das bedeutet im Umkehrschluss nicht, dass alle der gleichen Meinung sein müssen.[240] Jeder wird gehört, dann wird abgestimmt.

---

239 „Die Identität einer Organisation bestimmt sich aus nichts markanter als daraus, wie ihre spezifische Lösung der Arbeit *mit* der Hierarchie *gegen* die Hierarchie aussieht." (Baecker 1999b, S. 217).

240 Oder so getan wird, als wäre das der Fall, aber innerlich ,brodelt' es. An anderer Stelle führt die PD an:
„Also ich kann es wirklich nur sagen, das ist (lacht)/ es klingt manchmal auch etwas/ natürlich haben wir auch Reibereien hier in der Krankenhausleitung, das finde ich ist aber auch/ das muss es auch geben. Man kann ja nicht immer nur einer Meinung sein,

Dass jeder *gehört* wird, ist davon zu unterscheiden, dass jeder etwas *sagen* kann. Es bedeutet, dass die jeweiligen Perspektiven und Interessen als legitim anerkannt werden und darüber in die Entscheidungsprozesse mit einfließen.[241] Dies kann wiederum als Besonderheit ausgewiesen werden, da es keine formalhierarchische Notwendigkeit darstellt.

Bevor wir im Kontext der Innen- und Außenspannungen weitere Hinweise auf die Praxis dieser kollegialen Zusammenarbeit erhalten, betrachten wir noch eine letzte, längere Sequenz, die den Modus der Zusammenarbeit aus Sicht der PD weiter erhellt und deutlich werden lässt, dass sie die Interessen der Pflege zu positionieren weiß. Inhaltlicher Kontext des folgenden Ausschnitts ist die typischerweise prekäre Stellensituation der Pflege.

> *PD:* Da muss man gute Argumente immer bringen. Nein, man muss einfach sich mit den Kollegen, den drei Kollegen sagen, warum man Stellen in manchen Bereichen braucht. [...] Und ich habe bisher, auch in diesem Jahr, einen Zuwachs von 17 VK-Stellen. Das ist nicht gerade wenig. Aber das kommt eben sehr darauf an, wie man sich argumentativ aufstellen kann und wie die Zahlen sind und welche gemeinsamen (...) Neuerungen man auch mitgeht. Also man kann sich ja stur hinstellen und sagen ich will nur oder man geht auch neue Wege und schaut, wie kann man denn Stationen neu organisieren. Brauchen wir alles dreijährig Examinierte oder kann man auch mit Kollegen, die eine andere Qualifikation haben, die aber dann halt in der Bezahlung etwas günstiger sind, genauso gute Arbeit machen und das ist meine Aufgabe mit zu sagen, jetzt gucken wir mal, in dem und dem Bereich, wir haben das Budget für diese Station, welche Qualifikation wollen wir denn dafür einkaufen. So kann man das ja auch machen.

> das wäre ja irgendwie komisch. Aber es kommt immer zu einem guten gemeinsamen Abschluss, den dann alle tragen können. Und das finde ich das (...) Wichtige.
> *I:* Ja. Ich will Ihnen jetzt auch gar nichts unterstellen (lacht).
> *B:* Nein (lacht), aber ich werde auch von vielen Kollegen beneidet, das muss ich auch sagen (lacht)."

241 Es wäre auch denkbar, dass jeder etwas ,sagen' darf und am Ende entscheiden die beiden GFs ungeachtet dessen. Dies wäre dann eine Beteiligung auf performativer Ebene, wobei die „Entscheider" die ,gesagten' Perspektiven partiell oder undifferenziert rejizieren – und eben nicht ,hören'. Im vorliegenden Fall hingegen würden wir mit der Kontexturanalyse formulieren, dass alle Beteiligten zu differenzierten Rejektionen aus verschiedenen Kontexturen heraus (Medizin, Wirtschaft, Organisation etc.) in der Lage sind, und gerade dadurch in diesem Krankenhausmanagement eine funktionierende Teamarbeit möglich ist. Dass pflegerische Belange nicht nur als legitim anerkannt werden, sondern konkret in die Entscheidungsprozesse mit einfließen zeigt sich beispielhaft am Stellenzuwachs in der Pflege und der Einführung des Bereichsleitungssystems durch die PD.

Während zuvor eine uneingeschränkt positive Sichtweise auf die Klinikleitung gegeben wurde, erhalten wir in dieser Sequenz Aufschluss über den Modus der Zusammenarbeit der Klinikleitung. Das Verhältnis sei kollegial und es zählt die logische Argumentation (begründen, warum man Stellen braucht) und nicht etwa eine emotionale („stur hinstellen" i. S. v. ‚ihr bekommt immer so viele Ärzte, jetzt will ich aber auch mal was‘). Eigene (professions-/funktionsspezifische) Interessen können nur unter Berücksichtigung vielfältiger Referenzen *erfolgreich* geltend gemacht werden. Und trotz aller Konjunktion im Management *müssen* sie geltend gemacht werden. Hierfür muss die Organisation als Ganzes in den Blick genommen werden und nicht nur das Defizit im eigenen Bereich (diese Sichtweise fügt sich in die Metapher der geteilten Verantwortung für das Puzzle ein). Berücksichtigen zu können, „wie die Zahlen sind", verweist auf die Fähigkeit (ebenfalls) Rechnen zu können. Dies betrifft nicht nur die *finanziellen* Rahmenbedingungen, sondern schließt vorhandene wie potenzielle Zahlen des Controllings mit ein.²⁴² Die Wichtigkeit der Frage „welche gemeinsamen Neuerungen man auch mitgeht" verweist einerseits auf eine Form der Kompromissfähigkeit (*gemeinsame* Neuerungen) andererseits auf eine Form der Flexibilität und Beweglichkeit (gemeinsame *Neuerungen*). Das *Mit*gehen fügt sich in die bisherige Narration des ‚gemeinsamen Vorgehens‘ ein, ist selbst aber nicht das Ziel (etwa weil Gemeinschaftlichkeit ‚schön‘ ist), sondern Mittel zur erfolgreichen Zielerreichung. Die „17 VK Stellen" gehen nicht wieder im Management-Wir auf, sondern werden als Erfolg für die Pflege verbucht, der sie letztlich vorsteht und für die sie sich argumentativ in der kollegialen Klinikleitung in Stellung bringt (und auch bringen muss).

Die Pflegedirektorin erscheint hier als Management-Akteurin, die zu differenzierten Reflexionen in der Lage ist. Trotz der nahezu uneingeschränkt positiven Sicht auf das ‚Management-Wir‘ geht sie nicht bedingungslos in diesem auf und nimmt im Gegensatz zur Pflegdienstleitung der Westgroup-Klinik eine eigenständige Position ein.²⁴³ Die Konjunktion im Management findet folglich *nicht auf Ebene*

---

242 Man könnte hier auch von einer ganz bestimmten, management-typischen Fähigkeit des Rechnens sprechen, bzw. einem geschickten Umgang mit Zahlen, der sowohl die Erhebung neuer, gerade passender Zahlen einschließt, als auch die Fähigkeit, sich wenn nötig über die Zahlen hinwegzusetzen. Siehe hierzu u. a. Feißt und Molzberger (2016).

243 In der Westgroup-Klinik haben wir ein Arrangement rekonstruiert, in dem die Pflegedirektorin sich maßgeblich durch eine subordinierende Assimilierung auszeichnet. Es ist ihr wichtig, dass nach Außen „wir [das Management] als eins" wahrgenommen werden. Diese Einheit ist in diesem Fall jedoch deswegen möglich, da die PD keine eigenständige Position einnimmt, sondern in der Begeisterung für „ihren" kaufmännischen Leiter dessen Logik übernimmt und so keinerlei Vermittlungsprobleme bearbeitet werden müssen. Was dies für die Interessen der Pflege bedeutet, ist eine andere Frage.

der konkreten Argumente statt, sondern auf *Ebene des Modus der Argumentation*, also der Art und Weise, wie miteinander umgegangen wird. Nicht die *Ziele* werden geteilt, sondern die *Mittel* (vgl. Weick 1998).[244]

Zusammenfassung

Das vorliegende Management stellt sich bereits jetzt als voraussetzungsreich dar. Dies liegt daran – so die zusammenfassende Interpretation an dieser Stelle –, dass jeder einzelne der befragten Managementakteure zu komplexen Reflexionsverhältnissen in der Lage ist. Besonders mit Blick auf den ÄD/GF und die PD wurde dies deutlich.

Der ärztliche Direktor und Geschäftsführer muss schon aufgrund seiner Doppelrolle und der Untrennbarkeit von *Person* und *Position* eine Lösung für die auftretenden Spannungen bereithalten. Dies kann er jedoch nicht durch Abblenden einer der beiden Perspektiven lösen (im Sinne eines idealtypischen Rückzugs auf eine der beiden Perspektiven), sondern dadurch, dass er sowohl die sinnvolle Patientenbehandlung als auch die ausgeglichene Bilanz im Blick behält. Diese Spannung zu managen, gelingt ihm nach Aussage des Chefarztes für Innere Medizin sehr gut.

Die Pflegedirektorin betont am stärksten die Besonderheit der ‚Wir-Orientierung' des Managements und die Verantwortung jedes Einzelnen für das gemeinsame „Puzzle". Damit ist explizit nicht ausgeschlossen, sich argumentativ für die Pflege in Stellung bringen zu können und zu müssen. Dies kann sie gerade deshalb erfolgreich, weil sie es vermag, ihren „Wagen an die Zapfstelle zulässiger Argumente heranzufahren" (Luhmann 2016, S. 86), was wiederum eine legitime Anerkennung anderer Perspektiven voraussetzt. Gerade deshalb und mit Blick auf die Verantwortung für das Ganze scheint es auch in Ordnung zu sein, wenn man von den Kollegen überstimmt wird. Die Aussage des Vorsitzenden der Geschäftsführung (VGF), auf (formal mögliche) „absolutistische Entscheidungen" zu verzichten und stattdessen die Arbeit im „hervorragenden interdisziplinären Team" zu wählen, bestätigt sich also auch ‚von unten'. Die Perspektive des VGF auf das Haus als „Unternehmenskrankenhaus" wird in den beiden nachfolgenden Abschnitten deutlich.

Es weist also vieles darauf hin, dass hier im Team erfolgreich „*mit* der Hierarchie gegen die Hierarchie" gearbeitet wird (vgl. Baecker 1999b, S. 217) und die Überwindung der formalen Asymmetrie zugunsten einer informalen Symmetrie immer wieder als Erfolg der guten Teamarbeit ausgewiesen werden kann. Dabei scheint das Erfolgsrezept des Managements darin zu liegen, dass sich in der Praxis eine „Ist-Kultur" der guten Teamarbeit herausgebildet hat, ohne dies notwendigerweise im Sinne einer „Soll-Kultur" so angestrebt zu haben (vgl. ebd.). Anders formuliert:

---

244 Im Gegensatz zum Fall Bergstadt ist dieser Modus weniger eine Frage selbst auferlegter Strukturen, er hat sich vielmehr im Zuge einer entsprechenden Praxis *ergeben*.

Hier wünscht sich niemand gute Teamarbeit, hier arbeitet man nach Aussagen aller Beteiligten gut im Team zusammen. Dementsprechend funktioniert die Teamarbeit auch und vielleicht gerade deshalb, weil eben nicht das „Behelfs-Paradies mit Harmonie-Garantie" (Rohde 1974, S. 361) angestrebt wird. Die auftretenden und akzeptierten Spannungen werden nicht dadurch bearbeitet, dass die einzelnen Personen sich im Sinne einer Anwaltschaft auf die jeweiligen Logiken (Wirtschaft, Medizin, Pflege) zurückziehen und diese „stur" vertreten. Das bedeutet allerdings auch nicht, dass nicht die jeweiligen Interessen stark gemacht werden. Es kommt zu differenzierten Relationierungen der Kontexturen. Der ÄD kann die sinnvolle Patientenbehandlung im Blick haben und dennoch den Wert einer ausgeglichenen Bilanz anerkennen. Die PD kann sich argumentativ strategisch aufstellen und ihre Interessen positionieren, aber immer auch damit rechnen, dass sie (im Sinne der geteilten Verantwortung für das Ganze) von den anderen überstimmt wird. So wird es möglich, das Ergebnis als gemeinsame Managemententscheidung zu vertreten und den Bereichsleitungen dennoch glaubhaft machen zu können, sich aktiv für etwas eingesetzt zu haben, was jetzt gemeinsam anders vertreten wird. Sich in dieser Komplexität zurechtzufinden, ohne sie weiter reduzieren zu wollen – darin liegt die Stärke des Managements des St.-Joseph-Krankenhauses. Das gemeinsame Vorgehen, die Arbeit im Team (mit allem, was dies an Flexibilität, Kompromissfähigkeit und Fähigkeit zur adäquaten Positionierung der eigenen Interessen erfordert) hat man in diesem Haus zu schätzen gelernt, ohne dass es das explizite Ziel war oder ist, möglichst gemeinschaftlich zu arbeiten.[245]

Betrachten wir aber nun etwas genauer die Innen- und Außenspannungen, um dem Managementarrangement weiter auf die Spur zu kommen.

---

245 Einer solchen Ist-Kultur darf jedoch nicht unterstellt werden, sie habe implizit zu sein oder zu bleiben. Als „Komplex der unentscheidbaren Entscheidungsprämissen" (Luhmann 2000b, S. 241) unterliegen sie jedoch anderen Möglichkeiten der Thematisierung als entscheidbare Entscheidungsprämissen (vgl. a. a. O., S. 239ff.). – „Der Fetisch, den die Organisation als Organisationskultur vor sich herträgt, macht die Intransparenz jener Entscheidungsprämissen, die, obwohl gesetzt, nicht geändert werden können, dann sogar transparent" (Baecker 1999b, S. 306). Eine der Stärken einer solche „Organisationskultur" ist es, dass sie intransparent ist, aber dennoch thematisiert werden kann, ohne dabei an „Ambiguität" (Luhmann 2000b, S. 243) bzw. „Schwammigkeit" (a. a. O., S. 248) zu verlieren. Dies wird später noch mit Blick auf die Dimension des Konfessionellen deutlicher. Katholische Wertorientierung und die gute Teamarbeit sind hier füreinander anschlussfähig (gerade weil es sich um abstrakte oder schwammige Konzepte handelt), ohne dass gesagt werden kann, dass das eine dem anderen vorangeht – auch wenn den Akteuren es nun möglich ist, beides als logisch zusammengehörig zu sehen und zu kommunizieren.

Außenspannungen

Nach diesem Einblick in die Zusammenarbeit des Managements wenden wir uns im Folgenden den Außenspannungen zu, denen sich das vorliegende Haus ausgesetzt sieht.[246] Die heuristische Unterscheidung zwischen Innen- und Außenspannungen orientiert sich dabei an Rohde (1974 bzw. Kap. I.2 in diesem Buch). Spannungen entstehen immer dort, wo unterschiedliche Logiken miteinander in Beziehung gesetzt werden (müssen). Das ist weder gut noch schlecht, sondern ein konstitutives Moment von Organisationen. Hier gilt ähnliches wie für Komplexität: Es mag nachvollziehbar sein, dass Organisationsmitglieder dazu neigen, Spannungen gänzlich beseitigen zu wollen, dies ist mit Jürgen Rhode gesprochen allerdings Ausdruck eines „naive(n) Bewusstsein(s)" und der „Sehnsucht nach dem (wie und wann immer) ‚verlorenen Paradies' und der (unbewußte) Versuch, die normative Kraft des Verlorenen aufrechtzuerhalten" (Rohde 1974, S. 359). Gemeint ist hiermit, dass nicht jede Spannung als unabwendbare Notwendigkeit betrachtet werden soll (und man deshalb gar nicht erst anfangen sollte, sie zu bearbeiten), gleichwohl aber auch nicht sämtliche Spannungsverhältnisse restlos beseitigt werden könnten oder sollten.[247] So können beispielsweise medizinische Forschung und medizinische Behandlungspraxis in ein produktives Spannungsverhältnis treten.

Mit *Außen*spannungen bezeichnen wir diejenigen Spannungen, die durch externe Anforderungen an das Krankenhaus hervorgerufen werden (beispielsweise Nachbarkrankenhäuser, Stellenmarkt, Krankenkassen, Gesundheitspolitik, etc.). Wie verwenden dies als grobe Unterscheidung, um die vielfältigen Spannungslagen eines Krankenhauses zu ordnen. Auch die Auswahl und die Gliederung der nachfolgenden Ausführungen sind vor diesem Hintergrund als Heuristik zu sehen. Wie sich zeigen wird, spielen einige Aspekte zusammen oder tauchen an anderer Stelle wieder auf. Dies ist Ausdruck dessen, was wir im Feld vorfinden, Ausdruck der Praxis.

---

246 „Außen" darf dabei nicht verwechselt werden mit der Umwelt der Organisation im systemtheoretischen Sinne, denn dazu sind dann auch psychische Systeme und Interaktionen zu rechnen.

247 Weder die Gesellschaft noch Organisationen sind Orte der Harmonie und werden es erst recht nicht, wenn versucht wird, auf diesen Zustand hinzuarbeiten (vgl. ebd.). Das klingt wiederum nur aus der Perspektive pessimistisch, die Rhode als „naives Bewusstsein" bezeichnet.

Konkurrenz

In allen von uns untersuchten Häusern zeigte sich bei den Befragten ein fragloser Umgang mit marktwirtschaftlichen bzw. ökonomischen Begrifflichkeiten wie Markt und Konkurrenz. Das vorliegende Haus befindet sich in der Situation, dass in weniger als einem Kilometer Entfernung ein Krankenhaus der Maximalversorgung angesiedelt ist, weitere Häuser befinden sich ebenfalls im näheren Umfeld.

> *Interviewer:* Und wenn wir jetzt gerade schon beim Thema andere Kliniken sind, ich habe jetzt nur gesehen, dass hier direkt das...
>
> *PD:* 800 Meter
>
> *I:* ...große [Träger, Klinik I] ist.
>
> *PD:* [Klinik II], 3,5 Kilometer entfernt, [Klinik III], 5 Kilometer entfernt.
>
> *I:* Wie macht sich das dann für Ihre Arbeit bemerkbar?
>
> *PD:* Ja das macht sich bemerkbar, das ist Konkurrenz und nicht nur der Patientenkonkurrent, sondern auch des Personals in [Großstadt].
>
> *I:* Okay.
>
> *PD:* Das ist extrem. [...] In [Großstadt] ist (...) die Personalgewinnung/ muss man sich schon als guter Arbeitgeber darstellen können.

Die Aufzählung der Kliniken im unmittelbaren Umfeld und deren räumliche Distanz zum eigenen Haus gehört – so lässt sich mit Blick auf die von uns untersuchten Häuser sagen – zur Fingerübung einer Klinikleitung. Hier zeigt sich dies besonders gut, denn die befragte PD kommt dem Interviewer in der Antwort zuvor und schließt (ungefragt) mit weiteren Kliniken im unmittelbaren Umfeld an. In zweierlei Hinsicht handelt es sich dabei um Konkurrenz: mit Blick auf Patienten und mit Blick auf Personal. Die Konkurrenz um Patienten scheint hier, wie es in allen Häusern beobachtbar ist, für die PD jedoch sekundär zu sein. „Extrem" sei die Situation hingegen mit Blick auf die Personalgewinnung. Diese Gewichtung ergibt sich sicher auch aus ihrer bereits angeführten Verantwortung für den größten Teil des Personals im Haus (s. o.). Damit bildet die Personalgewinnung ebenso wie in peripher gelegenen Gebieten ein Problem, welches unterschiedlich bearbeitet wird. In diesem Fall kann man zwar auf die Attraktivität der Stadt setzen, kommt aber dennoch nicht umhin, sich als „guter Arbeitgeber" darstellen zu müssen und sich somit nicht nur um die Patienten, sondern auch um das Personal zu bemühen.[248]

Eine etwas andere Perspektive erhalten wir durch den Vorsitzenden der Geschäftsführung. Angesprochen auf die unmittelbare Nähe zum Nachbarhaus deutet er diese

---

248 Im Fall eines von uns untersuchten, peripheren Krankenhauses (ca. 30 Autominuten von einer Großstadt entfernt) versucht man das Problem über Shuttle-Busse zu bearbeiten.

positiv und bezieht sich dabei auf die Entwicklung des eigenen und der anderen Häuser als Ganzes und auf das überregionale Einzugsgebiet einer Metropolregion.

> *Interviewer:* Stellt sich das hier konkret als Prob/ ich meine, hier ist ja auch das große [Klinik I], direkt ja um die Ecke. Gibt es da irgendwelche Probleme mit?
>
> *VGF:* Kein Problem, nein, ganz im Gegenteil. Also wir haben mit unseren Nachbarn seit Jahrzehnten eine hervorragende Konkurrenz und, ja, das ist jedenfalls für uns und ich glaube, auch für die Nachbarn noch nie ein Problem gewesen. Wir sind in all den Jahren, in denen es diese Konkurrenz gab, deutlich gewachsen. Ich glaube, inzwischen nach gewissem Sanierungskurs geht es den um uns herumliegenden Krankenhäusern auch wieder gut. Das war mal eine Zeit, als die noch im städtischen Besitz waren, da nahm das eine komische Entwicklung, aber, nein, überhaupt nicht. (…) Es gibt eine, zwar größere, aber durchaus überschaubare Anzahl von Krankenhäusern, aber [Großstadt] wird letztendlich als Metropolregion wahrgenommen. Das heißt, wenn Sie hier Süd-Deutschland genauer betrachten, dann werden Sie feststellen, dass die High-End-Medizin, die wird wirklich nur in einigen Großstädten dann am Ende betrieben und [Großstadt] zieht ja nicht nur aus der Stadt selber, sondern zieht ja gewaltig aus seinem Umland (…) und wir haben kein Problem unsere Betten voll zu bekommen.

Die Bezeichnung der Konkurrenz als „hervorragend" sticht hier besonders hervor, wobei dies im Falle des VGF eher als Synonym für ,positiv' gesehen werden muss, neigt er im Interview doch generell zur Verwendung von Superlativen. Aber selbst die Rahmung der Konkurrenz als positiv ist ungewöhnlich.

Interessant ist vor allem die Perspektivübernahme der anderen Häuser („und ich glaube, auch für die Nachbarn nie ein Problem gewesen"). Er scheint sogar deren Privatisierung (zuvor waren sie in „städtischem Besitz") und damit deren erfolgreiche Sanierung (von einer „komischen Entwicklung" hin zu ,es geht ihnen wieder gut') gut zu heißen und nicht etwa auf deren Schließung gehofft zu haben.[249] Da die Konkurrenz schon „seit Jahrzehnten" besteht, stellt sie kein Gegenwartsphänomen dar und zählt seit jeher (Zeitdimension) zu den Rahmen- und Entwicklungsbedingungen des Hauses. Dabei wird deutlich betont, dass sich vor diesem Hintergrund das eigene Haus stets *positiv* entwickelt habe („deutlich gewachsen") und es die anderen Häuser seien, die instabile Entwicklungen zu verzeichnen haben („komische Entwicklung", „Sanierungskurs", Trägerwechsel). Ob der VGF jedoch konsequenterweise im Umkehrschluss anführen würde, dass – wo die Konkurrenz doch so hervorragend ist – das eigene Haus *ohne* diese Konkurrenz schlechter dastehen

---

249 Vergleiche hierzu den Fall der Westgroup-Klinik: Der GF spitzt hier die Ohren für jedes Gerücht, ob sich ein anderes Haus oder lediglich die Station eines anderen Hauses negativ entwickelt, woraus sich Potenziale für das eigene Haus ergeben könnten.

würde, muss offen bleiben, kann jedoch bezweifelt werden. Die Konkurrenz wird hier positiv im Sinne eines unternehmerischen Ansporns gedeutet.[250]

Im zweiten Teil der Sequenz wird auch die räumliche Perspektive des VGF deutlich. Vor dem Hintergrund der „Metropolregion" und der Erweiterung des Einzugsgebietes über die Stadtgrenzen hinaus (man „zieht ja gewaltig aus seinem Umland"), verliert die Nähe zum Nachbarkrankenhaus einen Teil seiner Relevanz bzw. Brisanz, da es vermutlich keinen Unterschied mehr macht, ob die Häuser 800 Meter oder fünf Kilometer voneinander entfernt liegen. Da man sich zudem als ein Anbieter (innerhalb einer „überschaubaren" Anzahl von anderen Anbietern) von „High-End Medizin" wahrnimmt, verschieben sich ohnehin die Verhältnisse. Auf dieser Ebene geht es nicht mehr um Kilometer, sondern man denkt auf der Ebene der Bundesrepublik („Süd-Deutschland").

Das Schlüsselkriterium und damit auch der Aufschluss darüber, warum die Konkurrenz hier als weniger brisant erlebt wird, als in anderen Häusern, wird von dem Befragten am Ende der Sequenz konsequent auf den Punkt gebracht: *„wir haben keine Probleme die Betten voll zu bekommen".* Dabei ist nicht nur das Ziel-Kriterium benannt, sondern auch, *dass* es Häuser gibt, die Probleme haben. Das eigene Haus gehört nicht dazu. Der VGF weiß aber auch, dass es „nicht so (ist), dass sich so ein Haus automatisch füllt. (...) Sie können auch in [Großstadt] leerlaufen". Wie hier gegengesteuert wird, zeigt sich im weiteren Verlauf.

Betrachten wir zuvor noch den ärztlichen Direktor und Geschäftsführer. Auch er sieht die Entwicklung des eigenen Hauses als eng mit der Nähe zum benachbarten Maximalversorger verwoben („das ist ja historisch so"). Im Vergleich zum VGF wird diese jedoch nicht so positiv gedeutet.

I: Also ist ja [Klinik I] direkt um die Ecke, aber ich glaube die [Klinik II], ist ja auch nicht weit. Inwiefern betrifft es Sie auch hier, oder?

ÄD/GF: Also für uns ist das natürlich das Haupt/ was heißt, das ist ja historisch so. Also wir liegen jetzt, sagen mal, sehr eng an [Klinik I] und wenn man das jetzt mal so geografisch betrachtet, ist es wahrscheinlich so, dass das [eigene Krankenhaus] in bestimmten Segmenten wie Schlaganfallbehandlung oder Herzinfarktbehandlung ungefähr nur 50 Prozent der Fälle hat, die wir normal aufgrund unserer Größe, wenn wir ein tangiertes Einzugsgebiet durch einen Konkurrenten hätten, haben müssten. Also ich habe das mal angeschaut auf das gesamte Stadtgebiet. Wenn man jetzt Krankenhäuser wie [Klinik IV] oder [Klinik V] oder so, die nicht einen unmittelbaren Konkurrenten haben, sondern die, sagen wir mal, 5 Kilometer drum herum erst mal Ruhe haben, die haben ungefähr die doppelte Anzahl und wenn ich jetzt

---

250 Wenn es diese hervorragende Konkurrenz nicht gäbe, würde dieser Ansporn wegfallen, dadurch müsste man aber auch weniger unternehmerisch sein. Dies als hypothetischen Gedanken zur Situation.

[Klinik I] und das St.-Joseph-Krankenhaus, dann ist das schon, dass das in manchen Notfallversorgungsgebieten sich einfach halbiert, weil die sehr eng aufeinander, 2 große Krankenhäuser liegen praktisch 10 Minuten Fußweg auseinander. Das ist hier ja die Situation. Und da sieht man natürlich auch, dass es um Versorgung geht. Und das ist einfach, es sind zwei da. Eben mal der eine, mal der andere.

Der ÄD/GF stellt hier eine einfache Rechnung auf, die sich u. a. aus dem Vergleich mit anderen Häusern ergibt, die im unmittelbaren Umfeld „erst mal Ruhe haben". Die Nachbarklinik scheint im Umkehrschluss für Unruhe zu sorgen, wobei dies hier zunächst relativ wertfrei gesehen werden muss – jedenfalls scheint die Unruhe das Haus nicht unter Stress zu setzen. Das Bild der Unruhe könnte demnach auch vom VGF geteilt werden. Ruhe zu haben, muss nicht unbedingt heißen, dass es sich hierbei um einen erstrebenswerten/wünschenswerten Zustand handelt. So gesehen könnte sich aus dieser Unruhe genau jene unternehmerische Stimulation ergeben, die der VGF als positiv beschreibt. Erst wenn das Haus Probleme in der Patientengewinnung hätte und dies in kausalem Zusammenhang mit der Nachbarklinik gebracht werden würde, könnte es existenziell werden, dadurch Stress entstehen und die „hervorragende Konkurrenz" in ‚knallharte Konkurrenz' umschlagen (vgl. für diese Deutung in der gleichen Großstadt den GF im Krankenhaus Antonius-Stift).

Während der VGF die Situation anhand des Angebotes von „High-End-Medizin" veranschaulicht hat, ist die „geografische" Lage innerhalb der Stadt bei bestimmten Akutfällen (Herzinfarkt und Schlaganfall), bei denen schnellstmöglich das nächstgelegene Krankenhaus angefahren werden muss, etwas anders zu deuten.[251] Hier macht es sehr wohl einen Unterschied, ob das Haus 800 Meter oder fünf Kilometer entfernt ist. Die Vermutung („wahrscheinlich") lautet, auch im Vergleich mit anderen Häusern des Stadtgebietes, dass sich die diesbezüglichen Fälle halbieren. Hierbei scheinen sich keine Kriterien für eine Vorrangstellung zu ergeben („Eben mal der eine, mal der andere.") und damit auch kein konkreter Ansatzpunkt, dies aktiv zu beeinflussen. Da aber das Haus insgesamt kein Problem hat, die vorhandenen Kapazitäten zu „füllen" – und damit sind wir wieder bei dem Unterschied zwischen Unruhe und Stress – wird diese Aufteilung der Akutfälle auch nicht existenziell gedeutet.

---

251 Nicht, dass solche Akutfälle nicht auch auf High-End-Medizin angewiesen wären. Wir vermuten hier aber, dass sich der VGF eher auf Fälle bezieht, bei denen nicht die Einlieferung in kürzester Zeit entscheidend ist. Denn dies wäre vor dem Hintergrund der geografischen Dimensionen, in denen er spricht, nicht plausibel. Dies schließt nicht aus, dass bestimmte Fälle dennoch per Helikopter über größere Distanzen den nur dort durchführbaren High-End-Behandlungsmöglichkeiten zugeführt werden.

„Natürlich" – führt der ÄD/GF im weiteren Verlauf aus – „würde man (…) die 50 Prozent, die da sind, auch gerne hier haben" und kommt auf die Strukturierung der Versorgung zu sprechen:

> *ÄD/GF:* Es wäre natürlich kein Problem wahrscheinlich, wenn [Klinik I] nicht mehr da wäre, also (lachen beide). Ein paar Betten mehr bräuchte man schon, aber es gibt keine, meiner Meinung nach würde ich sagen, für diese hochattraktiven groß-städtischen Bereiche gibt es überhaupt keine Mangelversorgung. Das ist eher, wenn man es gesundheitsökonomisch oder gesamtgesundheitspolitisch, ob es nicht ein Überangebot von Betten in diesen Bereichen gibt. Stellt sich immer die Frage, will man das jetzt rigoros kappen oder akzeptiert man eine gewisse Überversorgung an Betten und einen zunehmenden Sog ins Umfeld, also dass man sagt, gut, dann gibt es eben ein paar mehr Betten hier, es gibt aber auch bestimmte Spezialisierungen, die sich auf dem Land nicht machen lassen. (…) Und das ist ja die Frage, wie sollen die Gesundheitssysteme so in den Metropolen funktionieren, ja? Weil tendenziell, also wenn es nur um die, würde ich sagen, wenn es jetzt nur um die eigene Bevölkerung geht, dann ginge es vielleicht auch mit ein bisschen weniger.

Das hypothetische Szenario ohne die Nachbarklinik würde nach der Einschätzung des ÄD/GF weniger zu einem Versorgungs*einbruch* als zu einer Versorgungs*verschiebung* führen. Man hätte keine „Mangelversorgung" zu befürchten, sondern eher einen Abbau des „Überangebot(es) von Betten". Der Fokus läge dann aufgrund der geringeren Kapazitäten eher auf der „eigenen" Bevölkerung zulasten der Versorgung eines größeren Einzugsbereichs. Dies sei wiederum eine gesundheitspolitische Frage der Strukturierung von Versorgungsangeboten („rigoros kappen" versus „Überversorgung" und „Sog ins Umfeld"[252] akzeptieren).

Damit ist die Frage nach einer Marktregulierung aufgeworfen, denn der „Sog ins Umfeld" ist hier nicht mehr *allein* durch Spezialisierung und „High-End Medizin" (VGF) legitimiert. Wenn man nun nicht die Sichtweise sich evolutionär entwickelnder Systeme anlegt, sondern in Kausalitäten denkt, landet man unmittelbar bei einer Henne-Ei-Problematik: werden Spezialisierungen angeboten, die als Nebeneffekt eine Sogwirkung ausüben, oder benötigt man den Patientensog und erzeugt deshalb Spezialisierungen? Denn vor dem Hintergrund einer wirtschaftlichen Druck erzeugenden Politik (vgl. Bode und Vogd 2016a) liegt auch folgende Denkweise nahe: kein Management will, dass das eigene Haus schließt und sucht

---

252 Sog *ins* Umfeld ist etwas missverständlich und ergibt streng genommen nur Sinn aus Sicht der Bevölkerung des Umfeldes (auf die der Sog wirkt), die sich selbst aber nicht unbedingt als Umfeld bezeichnen würde. Was mit dieser Metapher gemeint ist, sollte dennoch klar sein.

dementsprechend nach Möglichkeiten, Patienten zu akquirieren. Wo gibt es noch mehr? Im Umland. Wie zieht man sie an? Mit High-End Medizin.

Fassen wir kurz die wesentliche Einschätzung der Konkurrenzsituation des Hauses aus Sicht des Managements zusammen. Sie wird maßgeblich durch einen unmittelbar benachbarten Maximalversorger bestimmt. Die Konkurrenz besteht seit jeher (Zeitdimension) und wird unterschiedlich gedeutet. Die Orientierung des VGF und des ÄD/GF beziehen sich (primär) auf die Konkurrenz um Patienten. Aus der Perspektive der PD ist die Konkurrenz vorwiegend und „extrem" im Bereich der Personalgewinnung präsent und bezieht sich auf das Ballungsgebiet insgesamt. Die Konkurrenz bedeutet Unruhe, versetzt das Haus aber nicht unter existenziellen Stress, da die Auslastung des Hauses gewährleistet ist. Diese Form der Unruhe kann vom VGF als produktive Stimulation („hervorragende Konkurrenz") gerahmt werden, oder vom ÄD/GF zumindest für einen Teil der Patienten so interpretiert werden, dass kein direkter Handlungsbedarf besteht („mal das eine, mal das andere, je nachdem").[253] Obwohl man vor allem bestimmte Akutpatienten ungern aufteilt (ÄD/GF), hat man dennoch kein Problem damit, die eigenen ‚Betten' zu füllen' (VGF). Vor dem Hintergrund der Betrachtung der Versorgungslandschaft als „Metropolregion" (VGF + ÄD/GF) relativieren sich die Distanzen. Man ist ein Haus aus einer überschaubaren Anzahl von Häusern die „High-End Medizin" anbieten, die generell nur in den (Groß-) Städten gemacht wird. Dies verursacht einen „Sog ins Umland" (ÄD/GF + VGF). Die Bearbeitung der Konkurrenzsituation verschiebt sich unter anderem in Richtung Ausbildung eines spezialisierten Profils (s. hierzu ausführlich den Abschnitt „Strategische Ausrichtung").

Wachstumszwang

Neben der Konkurrenz mit anderen Krankenhäusern um Personal und Patienten, sieht sich das St.-Joseph-Krankenhaus (wie auch andere Häuser in unserer Untersuchung) einer weiteren grundlegenden Außenspannung ausgesetzt. Als Krankenhaus auch unternehmerisch zu wachsen, ist aus dieser Perspektive nicht etwa dem unlauteren Gewinnstreben kaufmännischer Leitungen geschuldet, sondern eine durch die Politik induzierte, systemimmanente Notwendigkeit um zu überleben.

---

253 Besonders die positive Interpretation einer solchen Unruhe lässt sich sehr schön unter dem Blickwinkel von Weick (1998, S. 269ff.) und der Überlegungen zur „requisite variety" betrachten. Hier scheint die Organisation eben jene notwendige Mannigfaltigkeit bereitzuhalten, um auf die Stimulationen bzw. Variationen aus der Umwelt zu reagieren. Diese Variation hilft dabei, die Organisation in Bewegung zu halten – eine Aufgabe, die dem Management ohnehin zukommt (Baecker 2014, S. 107),

ÄD/GF: Und der natürliche Verlauf ist, dass unter einer nicht ausreichenden/ oder die Krankenhäuser sind nicht ausfinanziert, was die Gehaltssteigerungen, also was in der Regel die Lohnentwicklung angeht. Bekommen ja nur einen Teil der Lohnsteigerung über den Landesbasisfallwerten über die DRG letztendlich vergütet und darüber wird meiner Meinung nach ein sehr starker Wachstumsimpuls gesetzt für die Krankenhäuser. Also das Normal-Krankenhaus, da würde ich uns einbeziehen, versucht halt, die Kostenentwicklung durch Wachstum zu kompensieren. Und das ist neu, also das ist ein Phänomen, was es seit 2004 durch die Einführung der Fallpauschalen gibt.

Der ÄD weist explizit darauf hin, dass ein Wachstum und die dadurch generierten Erlöse maßgeblich dazu dienen, die vom Vergütungssystem nicht ausreichend berücksichtigten Kostenentwicklungen zu „kompensieren". Nicht Gewinn, sondern Kompensation steht im Mittelpunkt.[254] Im Abschnitt „Selbstverständnis des Managements" führte der ÄD/GF die Spannung zwischen gesunder Patientenbehandlung und ausgeglichener Bilanz auf diesen Wachstumszwang zurück. Mittlerweile wurde etwas deutlicher, welche Referenzen und welche Komplexität durch den ÄD/GF bei der Bearbeitung dieser Spannung einbezogen werden.

In Bezug auf die „dualistische Finanzierung" beschreibt der VGF einen ganz ähnlichen Zwang „Geld zu verdienen":

VGF: Naja gut, und das Thema Finanzen bleibt in Krankenhäusern ja weiterhin ein ganz großes Thema, nicht. Dualistische Finanzierung von Krankenhäusern, geht das noch, ist das überhaupt zeitgemäß? Kann man machen, funktionieren tut sie überhaupt nicht mehr. Weiß jeder, so, die Länder können viel zu wenig Geld bereitstellen, also sind die Krankenhäuser verpflichtet, mit dem mit den Krankenkassen verdienten Geld so viel Geld auch zu verdienen, dass sie die Investition leisten können. Alles nicht im System vorgesehen. So, also eigentlich der pure Unsinn und trotzdem traut sich keiner dran, weil der Föderalismus sagt, das soll so nicht gehen und die Länder ihre letzten Kompetenzen in dem Bereich verteidigen.

Der VGF bezieht ein, dass politische Länderinteressen Veränderung eines Systems verhindern, dessen Praxis der „pure Unsinn" sei.[255] Da die Länder zu wenig Geld

---

254 Vgl. hierzu auch den GF des Westgroup-Klinikums. Dieser führt an, dass es nicht unanständig sei Gewinne zu erzielen, sondern Verluste zu machen. Auch er führt an, dass das Geld „1:1" wieder reinvestiert wird. Hier besteht vermutliche eine Grauzone, in der die ethische Frage, welches Ausmaß an Wachstum im Rahmen der Kompensation bleibt, und wann es in aggressive Expansion umschlägt, im Sinne von Heinz von Foerster (1993, S. 73) unentscheidbar ist.

255 Dabei handelt es sich im vorliegenden Fall mit der Kontexturanalyse gesprochen um eine totale undifferenzierte Rejektion der föderalistischen Logik. Sie wird zwar als eigenständige Logik anerkannt, dann wiederum als unzeitgemäß und unsachgemäß verworfen.

bereitstellen (wozu sie eigentlich verpflichtet wären), müsse ein Krankenhaus dieses fehlende Geld im Rahmen der Finanzierung durch die Krankenkassen zwangsweise selbst verdienen. Anders ausgedrückt sind die Krankenhäuser aus Sicht dieses Geschäftsführers (und auch anderer Geschäftsführungen) systematisch unterfinanziert. Bestimmte Zahlungen der einen Seite der „dualistischen Finanzierung" werden nicht geleistet, weshalb gezwungenermaßen entsprechende Gewinne auf der anderen Seite der dualistischen Finanzierung erwirtschaftet werden müssen.[256] Diesem Finanzierungsmodell erteilt er deshalb in der Praxis eine klare Absage: „Kann man machen, funktionieren tut sie überhaupt nicht mehr."

Zuweisermanagement

Wenn die Menge (und der „Case Mix") der behandelten Fälle einer der Dreh- und Angelpunkte für die finanzielle Situation eines Krankenhauses ist, ist es nur konsequent, sich intensiv darüber Gedanken zu machen, wie Patienten überhaupt in das eigene Haus gelangen und welche Möglichkeiten sich ergeben, dies zu beeinflussen. Bereits im Fall des Westgroup-Klinikums konnten wir rekonstruieren, inwiefern *Patientenversorgung* in der derzeitigen Situation der Krankenhäuser in doppelter Hinsicht verstanden werden muss. So besteht eine der Kernaufgaben *des Managements* nicht in der medizinischen Versorgung der Patienten, sondern vielmehr in der Versorgung des Hauses mit Patienten. Mit entsprechenden Maßnahmen wird versucht, dieser Aufgabe gerecht zu werden. Die Krankenhäuser sehen sich somit in

---

256 Nicht geleistete Investitionszahlungen durch die Länder sind auch in Krankenhäusern anderer Bundesländer Thema. Vgl. u. a. den GF des Klinikum Nord: „Schauen Sie sich die Länder an. Was hat man früher investiert und was macht man jetzt. Gerade das InEK hat ja jetzt gerade erst festgestellt, man muss glaube ich, 6 Milliarden waren es, 6 Milliarden müsste jedes Jahr, müssten die Länder in die Krankenhäuser an Investitionen reinpacken, damit wir halbwegs auf einem normalen Stand sind. 2,7 Milliarden ist es. Ja? In [Großstadt II] ist es eine extreme Situation, wenn man sich überlegt, was wir mal vor 10, 12 Jahren an Fördermitteln bekommen haben für Investitionen und was man jetzt bekommt. Das ist einfach ein Witz. Ja? Und was soll man machen? Wenn Sie jetzt strategisch auf einem Wachstumspfad sind, wenn Sie sich verändern wollen, dann müssen Sie investieren, in Bau in was auch. Wir haben in das Klinikum Nord glaube ich, haben wir in den letzten 10 Jahren 26, 27 Millionen investiert ja? Nicht ein Cent ist vom Land, nicht ein Cent! (...) Ja? Also insofern, da entsteht Druck (...) Es ist nicht unser Ziel, jetzt Gewinne zu erwirtschaften und auch nicht jetzt horrende Renditen oder was. Wir sind nicht bei der Deutschen Bank. Aber wir müssen schon zusehen, dass wir hier schwarze Zahlen schreiben, dass wir Überschüsse erwirtschaften, um auch eben notwendige Investitionen vorzunehmen."

der Situation, dass es sich nicht mehr nur um die eigenen Patienten kümmern müssen, sondern auch um potenzielle Patienten sowie um Patienten anderer Häuser.[257]

In allen von uns untersuchten Häusern haben sich, mit Bezug auf die niedergelassenen Ärzte (auch ‚Einweiser‘ oder ‚Zuweiser‘ genannt), unterschiedliche Formen des Zuweiser*managements* etabliert.[258] Obwohl niedergelassene Ärzte rechtlich gesehen „ohne hinreichenden Grund" keine Empfehlung für ein konkretes Krankenhaus aussprechen dürfen (vgl. Berufsordnung 2011: §31 (2)), scheint dies die gängige Praxis zu sein, die auch in der jährliche Umfrage des Deutschen Krankenhaus Instituts ganz selbstverständlich angeführt wird.[259] Mit einer solchen Empfehlungspraxis wird jedenfalls in allen Häusern gerechnet, so auch in diesem Fall, und dementsprechend versucht, darauf Einfluss zu nehmen. Jedoch, so der ärztliche Direktor, sei das „Metier" der Niedergelassenen besonders in einer Großstadt „schwer zu bespielen". Die Form der Abendveranstaltung mit einem „schönen Vortrag […] und was leckerem zu Essen", die „früher" der „Klassiker des Zuweiser-Marketing" war, funktioniere heute nicht mehr, zumindest nicht in einer Großstadt. Wie wir aus den Interviews mit den Chefärzten wissen, wird dennoch nicht gänzlich auf solche Formen verzichtet, vermutlich nicht zuletzt deshalb, da man auch hier in Konkurrenz zu anderen Häusern steht, denen ein Verzicht auf solche Veranstaltungen in die Hände spielen würde.[260]

---

257 Siehe hierzu auch die „Zweitmeinungskampagne" (Abschnitt „Außenspannungen/ Marketing") im Fall Bergstadt.

258 Schwieriger gestaltet sich der Einfluss darauf, welches Krankenhaus durch die Notärzte angefahren wird. Hier und da wird dann schon mal ein „Würstel spendiert" (vgl. ärztlicher Direktor des „Klinikum Nord").

259 „Niedergelassene Ärzte sind neben den Patienten für die Krankenhäuser eine zentrale Zielgruppe. Sie bestimmen z. B. über ihre Empfehlungen von Krankenhäusern bzw. Einweisungen maßgeblich die Patientenströme. Für die Krankenhäuser ist es daher im Sinne des strategischen Managements wichtig, etwas über die Meinung der Zuweiser zu erfahren." (Blum, Löffert, Offermanns und Steffens 2015, S. 64)

260 Diese Formen von Veranstaltungen werden auch in Form von Fortbildungen angeboten, für die es entsprechende Zertifizierungspunkte gibt, die die niedergelassenen Ärzte sammeln müssen. Man dockt sich somit an ein verpflichtendes Fortbildungssystem an und nutzt die Notwendigkeit bei den Niedergelassenen, entsprechende Fortbildungen besuchen zu müssen. Entsprechend äußert sich auch der GF des Antonius Stift in der gleichen Stadt: „Und dafür sind die aufgerufen. Die Klinikchefs müssen da auch (…) ihre Themen auch sauber scannen: was ist interessant? Womit kriegt man möglichst viele Einweiser auch hergelockt? Denn wir wollen natürlich nicht nur, dass die eine ordentliche Fortbildung sehen. Die sollen sich hier auch wohlfühlen. Die sollen auch nicht hungrig nach Hause. So. Es ist nicht so, dass wir jetzt mit Essen um uns schmeißen, aber das muss schon alles so ein bisschen nett sein/ Und wir wollen sie natürlich hier ins Haus kriegen. Weil wir glauben, dass unser Haus ein besonders schönes ist,

Letztlich identifiziert der ÄD/GF in diesem Feld noch Bearbeitungspotenzial, jedoch scheint man hier nicht eine zentrale Stellschraube der Patientengewinnung zu sehen:

> *ÄD/GF:* Also das, sagen wir mal, das Zuweiser-Management, das ist natürlich auch ein weites Feld. Also jetzt sagen wir, was es angeht, obwohl wir da, muss ich sagen, nicht ganz konsequent/ also wenn man jetzt sagt Management, dann ist das vielleicht zu viel gesagt. [...] Also wenn Sie mich jetzt fragen, wie viele Besuche pro Jahr finden durch Ihre Chefärzte statt? Dann könnte ich das nicht sagen. [...] Also wir versuchen im Moment, auch erst mal unsere Datenbasis zu verbessern, dass wir überhaupt wissen, besser wissen, wer weist uns zu, um dann in diesem Rahmen zu gucken, wer ist denn hier im Umfeld, wer ist weiter weg, wo könnte man da nochmal für sich Werbung machen in der Richtung? Aber das ist, wie gesagt, wir hatten letztes Jahr auch mal eine Dame eingestellt, die sich da drum kümmern konnte, die hat sich aber entschieden, nach Australien zu gehen warum auch immer. (lacht) Als ob das nicht gefallen hat mit dem Zuweiser-Management. Wir haben allerdings, jetzt könnte man sagen, ist aber irgendwie nicht gut, da kümmern die sich zu wenig drum...

Management, so die eigene Aussage des ÄD/GF, sei mit Bezug auf die Zuweiser, „zu viel gesagt". Auch sei man *hier* nicht ganz konsequent, was sich performativ in der Erzählung zeigt. Er scheint – im Gegensatz zu anderen Häusern – seinen Chefärzten keine Vorgaben zu machen, wie viele Besuche sie zu machen haben. Ohnehin sei man gerade damit beschäftigt, die Datenbasis zu verbessern, wobei sich besonders an der Erzählung über die „Dame" zeigt, dass man die fehlende bzw. unzureichende Datenbasis zwar erkannt hat, deren Systematisierung aber keiner *besonderen* Dringlichkeit unterliegt – zumindest scheint es wichtiger zu sein, lachend darauf zu verweisen, dass diese Dame nach Australien gegangen sei.[261] An

---

und so einen persönlichen Kontakt haben und so. Aber das machen auch alle, ja. Wir sind überhaupt nicht alleine. Das machen alle anderen auch. Insofern ist das nichts Besonderes. Aber man muss es halt machen."

261 Spielen wir hier im Vergleich zum Thema Datenbasis noch einmal den GF des Antonius Stift ein: Deutlich wird hierbei, welche anderen kommunikativen Anschlussmöglichkeiten eine umfangreiche Datenbasis bietet. „Klar. Wir haben Einweiser-Statistiken. Das gehört mit zum Berichtswesen. Das kriegen auch die Chefärzte. Ich gucke mir das in den Einzelfällen mal an. Wenn es irgendwelche Analysen oder Entwicklungen in Abteilungen gibt, wo ich sage: Hm, das ist merkwürdig. Warum geht denn da eine Fallzahl zurück? Oder irgendwie so. Dann spreche ich mal mit dem Chefarzt. Und wenn der sagt: Ja, weiß ich jetzt auch nicht. Dann wäre meine nächste Frage: Haben Sie die Einweiser-Statistik? Was sagt die denn dazu?
Interviewer: Das heißt: Sie haben dann konkret Zahlen hier?
Befragter: Genau. [...] das sind schon hunderte, aber/ entscheidend ist, wie viel weisen die ein, ja? Wir gucken so: a, b, c. Also, so Mengenliste sozusagen. Wer sind die Top-Ten

der Verbesserung der Datenbasis wird zwar gearbeitet, allerdings werden hier weder ‚versunkenen Schätze' vermutet, noch eine so große Not verspürt, dass man hier mit erhöhter Dringlichkeit tätig werden müsste. Er selbst rahmt seine Erzählung ja als eine, aus der man schließen *könne*, dass man sich im St.-Joseph-Krankenhaus zu wenig um das Thema Zuweisermanagement kümmere.

Von den Chefärzten selbst (zumindest von den beiden von uns Befragten) werden sowohl Werbemaßnahmen als auch die direkte Akquise, also das Werben bei den Niedergelassenen, als wenig wirkungsvoll beschrieben. Wichtig mit Blick auf das Arrangement ist aber auch, dass sie von der Klinikleitung auch nicht dazu angehalten zu werden scheinen.

Mit Bezug auf die hohen Werbeaktivitäten des benachbarten Großkonzerns ist es der Chefarzt selbst, der die „Verbindung zwischen den Ärzten", also zwischen den Niedergelassenen und den Krankenhausärzten, im Kontrast zu Werbemaßnahmen als besonders wichtig herausstellt. Hierbei beruft er sich nicht – wie als Extremfall der Chefarzt für Innere Medizin im Krankenhaus Katharinenstift[262] – auf persönliche Rückmeldungen oder Gespräche mit den Ärzten selbst, sondern auf „Untersuchungen", die die Zuweiser als relativ genügsame Interessensgruppe darstellen. Zentral sei, dass die „Kommunikationsschienen laufen". Damit sind aber eben nicht – wie in anderen Häusern – Vorstellungsrunden des Chefarztes bei den niedergelassenen Ärzten gemeint, sondern die im Rahmen der Patientenbehandlung erfolgende Kommunikation. Betrachtet man den Kontakt zu den Zuweisern als Verschränkung von Sach- und Sozialdimension, so liegt der Unterschied in der Schwerpunktsetzung. Mit *inhaltlich* ist die Betonung der Sachdimension gemeint (wenn man die Abteilung entsprechend organisiert und „taktet", habe man „eigentlich das Gro der Probleme erledigt"), wohingegen sich Praktiken abgrenzen lassen, die den Kontakt eher über ein *socializing* bearbeiten (Marketingansatz).

Ähnlich ‚sachlich/inhaltlich' argumentiert auch der Chefarzt für Innere Medizin. Die Zuweiser ‚abzufahren' um sich dort vorzustellen hält er in der erhofften Wirkung für „überschätzt".

Interviewer: Okay. Und das heißt: Sie stehen gar nicht in besonders großem Kontakt zu den Zuweisern?

CA Innere: Doch klar, klar. Aber es ist eben so: Wenn Sie einen hohen Prozentsatz der Patienten über zentrale Notaufnahme bekommen, und Sie haben Zuweisung immer

---

der Einweiser? Wie viele Patienten bringen die? Und so gibt es da riesige lange Listen. Und da steht für jeden Einweiser halt wie viele Patienten hat er eingewiesen. In welche Abteilung. So."

262 Der es als Erfolg verbuchen kann, auf die Grillfeste der örtlichen „Inzest-Mafia", wie er es beschreibt, eingeladen zu sein. (Vgl. „Außenspannungen" im Kapitel V.3)

nur mit vier, fünf, acht Patienten, die können natürlich alle abfahren, aber es macht keinen Sinn so richtig. [...] Das wird auch überschätzt, glaube ich. Also entweder: man hat von vornherein ein finanzielles Konstrukt, dass sie [die Ärzte] finanziell eingebunden sind in die Klinik, dann haben sie per se natürlich ein hohes Interesse, das zu machen. Oder Sie haben das nicht, dann werden Sie das kriegen, was Ihnen zugewiesen wird, ne.

I: Okay. Ja, ich kenne das jetzt eben auch aus anderen Häusern, dass da doch ganz massiv auch die Chefärzte dazu angehalten werden, zum Beispiel.

CA: Aber es wird nichts bringen. (...) Da können Sie – ganz ehrlich – wenn Sie die ganzen Niederlassungen abfahren würden, ich würde behaupten: Damit werden Sie keinen einzigen Patienten mehr kriegen, ne. (..) Also das läuft nur über Erfahrung. Jemand weist zu, merkt: ‚Mensch, das läuft gut', kriegt eine gute Rückmeldung, schickt den nächsten Patienten.

Zum einen führt der CA hier an, dass (zumindest bei ihm) ein hoher Anteil der Patienten nicht per Überweisung, sondern über die Notaufnahme komme. Damit reduziert sich bereits der Patientenanteil, der überhaupt über ‚klassische' Zuweisermaßnahmen beeinflusst werden kann, erheblich. Auf Nachfrage unterstreicht er noch einmal, dass man über solche ‚Praxenrunden', wie sie auch in anderen Krankenhäusern genannt werden, „keinen einzigen Patienten mehr kriegen" würde. Er sieht vielmehr (wie auch die CA Chirurgie zuvor) die gute inhaltliche Arbeit als ausschlaggebend. Indem er hier anführt, dass sich die Zuweisungen jenseits vertraglicher Bindungen weitestgehend dem eigenen Einfluss entziehen („dann werden sie kriegen, was sie kriegen"), wendet er sich dezidiert gegen Maßnahmen, die auf ein ärztliches *socializing* als Mittel zur Patientenakquise setzen.

Allgemein gesprochen verdeutlich sich hier ein wesentlicher Unterschied zwischen dem Management und den Chefärzten, der als mittelbare vs. unmittelbare Einflussnahme beschrieben werden kann. Beide Chefärzte betonen den Kontakt zu den niedergelassenen Ärzten und berücksichtigen deren Perspektive. Hieraus lassen sich dann auch unmittelbare Anknüpfungspunkte der Verbesserung extrapolieren (Stationsorganisation verbessern, Berichtswesen verbessern, so arbeiten, dass der Zuweiser die Erfahrung machen kann, dass gute Arbeit gemacht wird, etc.). Beide Chefärzte können demnach in ihrer eigenen, unmittelbaren Arbeit entsprechende „Stellschrauben" identifizieren, d.h. ihre Arbeit mit der Arbeit der Niedergelassenen in Verbindung bringen. Das Management hingegen hat keine unmittelbaren Möglichkeiten der Einflussnahme. Es kann höchstens eine eigene Sicht der Dinge entwickeln und eigene Stellschrauben identifizieren, steht dann aber vor dem Problem, dass sie andere (die Chefärzte) dazu anhalten muss (darin liegt dann die Praxis des Managements), die Probleme so zu bearbeiten, wie sie (das Management) sie sieht. Dabei könnte es natürlich auch darauf zurückgreifen, zusammen mit den Chefärzten eine gemeinsame Sicht der Dinge zu erarbeiten.

Im vorliegenden Fall können wir das diesbezügliche Arrangement hingegen folgendermaßen skizzieren: Der ÄD/GF sieht die „klassischen" Maßnahmen (Praxenrunden und Zuweiserveranstaltungen) nicht als zentrale Stellschraube und scheint hier mit Bezug auf diese konkrete Maßnahme keinen Druck auszuüben. An anderer Stelle betont der ÄD/GF, dass es – nach seinem Verständnis von Management und Führung – ohnehin unerlässlich sei, darauf zu *vertrauen*, dass die Abteilungen ihre Arbeit gut erledigen. Es genügt dann, den Chefärzten auf geeignete Weise zu signalisieren, wenn die Anzahl der Zuweisungen zu niedrig ist. Bei der Bearbeitung dessen erhalten sie dann jedoch entsprechenden Autonomiespielraum, auf geeignete Maßnahmen zurückzugreifen, die sie selbst für sinnvoll halten. Das funktioniert natürlich nur, wenn sie einerseits mit dieser Aufgabe nicht überfordert sind und andererseits in der Notwendigkeit eines bestimmten Zuweisungsniveaus mit der Geschäftsführung weitestgehend übereinstimmen.

Verbindung der Sektoren

Eine Möglichkeit des Einflusses auf einer anderen Ebene, die auch der CA Innere angeführt hatte, betrifft die finanzielle Einbindung der Ärzte (z. B. als Kooperationsärzte, über Belegbetten oder Konsiliarärzte). Man holt sich damit die Niedergelassenen partiell über bestimmte Formen der (Teil-) Mitgliedschaft in die Organisation hinein, indem über entsprechende Kooperationsverträge die Möglichkeit geboten wird, in den Räumlichkeiten der Klinik die eigenen Patienten selbst zu operieren. Diese Form der Bindung der Zuweiser an das eigene Haus arbeitet damit an der Überwindung der Trennung der Sektoren ambulant/stationär, die sich für den vorliegenden Fall als zentral erweist!

Die Zusammenarbeit mit Kooperationsärzten habe im Haus Tradition, weiß der ÄD/GF zu berichten. Einige niedergelassene Ärzte führen schon seit fast 20 Jahren kleinere Operationen, die im Rahmen ihrer eigenen Räumlichkeiten nicht möglich sind, in der Klinik durch und bekommen dafür entsprechend der DRG einen Teil der Vergütung. Das sei „letztendlich eine sehr gute Zuweiserbindung", denn wenn – so die Denkweise – die Ärzte das Haus sehr gut kennen, schicken sie auch ihre anderen Patienten eher hierhin. Darüber hinaus würden die von den Ärzten selbst operierten Patienten ggf. auch vorhandene Anschluss- bzw. Zusatzangebote im Haus nutzen und hierfür nicht etwa das Haus wechseln.

Dies stellt nun lediglich einen Teil eines größeren Bereichs dar, der inhaltlich auch das Thema der strategischen Ausrichtung betrifft und einer genaueren Betrachtung bedarf. Auf den oben angeführten, gegen sich selbst vorgebrachten Einwand, man könne denken, dass das Thema Zuweiserbindung vernachlässigt werde, führt der ÄD/GF folgende Strategie an:

ÄD/GF: Und von daher, vielleicht kann man in einem Punkt noch sagen, von daher tendieren natürlich, halte ich, ich glaube, dass es richtig ist, als Krankenhaus alle Stufen der Versorgungskette quasi selbst zu besitzen.

Obschon diese Strategie sowohl in dieser Arbeit als auch im Interview im Kontext des Zuweisermanagements angesprochen wird, sollte nicht voreilig der Schluss gezogen werden, dass „alle Stufen der Versorgungskette quasi selbst zu besitzen" allein ein strategisches Mittel zur Patientenbeschaffung sei. Versuchen wir, genauer die Komplexität dieser Strategie zu entfalten, denn an diesem Thema zeigt sich, wie eng Wirtschaft, Medizin und Politik miteinander verwoben sind. Der VGF und der ÄD/GF weisen diesbezüglich übereinstimmende Sichtweisen auf, weswegen im Folgenden nicht etwa auf Konflikte innerhalb des Managements abgestellt wird. Dafür gibt es keinerlei Hinweise im Interviewmaterial und darin dokumentiert sich letztlich auch die zuvor rekonstruierte, konstruktive Stimmung im Management. Rein strukturell betrachtet besitzt das Haus zum Zeitpunkt des Interviews zusätzlich ein Medizinisches Versorgungszentrum (MVZ) und sieben Kassenarztsitze.[263] Beginnen wir mit einer längeren Sequenz des VGF zu diesem Thema.

VGF: ...jedenfalls unser Ziel als St.-Joseph-Krankenhaus, das, da gibt es auch unterschiedliche Philosophien zu, auch gerade hier in [Großstadt], aber unser Ziel sozusagen die medizinische Leistung damit zu komplettieren, nicht, dem Patienten klare Wege zu geben, wie das abläuft. Also im Sinne von, man hat immer einen Ansprechpartner. Wird man, braucht man vor einem stationären Aufenthalt eine radiologische Leistung. So, gibt es einen niedergelassenen Radiologen in unserem MVZ, wo man hingehen kann, wo man das Bild machen lassen kann, nicht. Es gibt in der Unterstützung, man kommt mit einem Notfall in unsere zentrale Notaufnahme. Dann gibt es den stationären Bereich für die Fälle, wo sofort erkennbar ist, das ist ein ernster Fall, also ein Herzinfarkt, ein Schlaganfall oder andere schwerwiegende Erkrankungen würde man niemals als erstes in den niedergelassenen Bereich abzwacken lassen, nicht. Also wenn Sie in unsere zentrale Notaufnahme kommen, sage ich vereinfacht gesagt immer, rechts herum ist, da wird nicht diskutiert, da setzt sofort die Notfallbehandlung ein. Links herum, und so ist es dann wirklich auch rein räumlich betrachtet, ist Schnupfen, Husten, Heiserkeit. Sie haben was, wo entweder der Niedergelassene sagt „na, das ist ein bisschen heikel" oder aber auch Sie erst gar nicht zum Niedergelassenen wollten, konnten, wie auch immer. So, aber dann ist das nicht unbedingt was, wo Sie

---

263 Zahl verändert. Man Vergleiche hier den Fall des Westgroup-Klinikums in einem anderen Ballungsgebiet. Dort stellte es einen riskanten „Coup" dar, überhaupt einen Kassenarztsitz zu übernehmen, wohingegen im vorliegenden Fall der Besitz von sieben Kassenarztsitzen eher beiläufig erwähnt wird. Es bestätigt sich damit die Einschätzung des GF im Westgroup-Klinikum, dass es in unterschiedlichen Regionen Deutschlands starke Unterschiede in den Ressentiments gegenüber dem „Eindringen" der Krankenhäuser in den Bereich der Niedergelassenen gibt.

den vollen Fokus moderner Medizin drauf richten müssen, nicht. Sondern, so, und dafür gibt es dann eben an solchen Stellen auch Niedergelassene sitzen. Und ich finde immer, wie gesagt, das gibt eine gute, eine komplette Abbildung von Medizin, auch in einem Krankenhaus. Also wir sind heute, wenn Sie das mit einem Schlagwort belegen wollen, insofern viel mehr Gesundheitszentrum oder Krankenhauszentrum oder, nein, Krankenhauszentrum nicht, aber Kranken-Behandlungszentrum, so. Aber eher würde ich es mal als Gesundheitszentrum betrachten, weil, wie gesagt, das stationäre Angebot finanziell noch einen, der wesentliche Teil unseres Unternehmens ist, aber es ist eben lange nicht mehr der größte, nicht, von der Patientenzahl her betrachtet.

Der VGF argumentiert an dieser Stelle maßgeblich mit Blick auf die organisatorische Umsetzung einer guten und sinnvollen Patientenversorgung. Dem Patienten sollen „klare Wege" gegeben werden, in dem Sinne, dass man für ihn die entsprechenden „Ansprechpartner" selbst bereithält (Radiologe, etc.). Wenn man selbst die „komplette Abbildung von Medizin" bereitstellt, kann man sehr genau die Patienten innerhalb dieses Bildes hin- und herschieben. Das ‚klassische', rein stationär arbeitende Krankenhaus, gäbe es in dieser Form ohnehin nicht mehr, da die meisten Fälle eines Hauses ambulante Fälle seien (was sich bei allen Krankenhäusern in der „Weißen Liste" gut einsehen lässt), obschon wirtschaftlich gesehen der Anteil der stationären Behandlung am Unternehmen überwiege.[264] Die Richtungsentscheidung ambulant oder stationär, die letztlich keine Neuerung darstellt, kann aber noch konsequenter institutionalisiert werden. Auch medizinische Bagatellen („Husten, Schnupfen, Heiserkeit") können entsprechend ab- bzw. umgeleitet werden, ohne – dies nur als hypothetischen Gedanken – dem Patienten das Gefühl zu geben, abgewiesen zu werden. Mit Blick auf die Organisation entferne man sich damit von dem klassischen Krankenhaus, sondern betreibe vielmehr ein Gesundheitszentrum. Diese griffige begriffliche Gegenüberstellung scheint aber keine ausgemachte Strategie zu sein, was sich performativ an seiner Suche nach einer geeigneten Begrifflichkeit zeigt.

Wenn wir nun dem VGF kein grundlegendes Misstrauen entgegenbringen und auch hier noch versteckte Gewinnabsichten wittern, fügt sich dies letztlich zu einer *organisationalen* Strategie zusammen, die sinnvoll für den Patienten sein kann, ohne dass hier der VGF um seine ausgeglichene Bilanz fürchten muss. Mit anderen Worten müssen sich an dieser Stelle Patientenversorgung und wirtschaftliche Anforderungen nicht notwendigerweise ausschließen. Und selbst wenn der VGF sehr gut um die Verteilung der Anteile am Gesamtumsatz weiß, spricht dies

---

264 Vgl. hierzu den VGF an anderer Stelle „Wenn man ins Bett musste, dann ging man ins Krankenhaus, nicht, und das ist ja seit mehr als einem Jahrzehnt ist das ja schon gar nicht mehr so, sondern heute ist das stationäre Geschäft, das ist zwar vom Gesamtumsatz immer noch das größte Geschäft, aber von der Patientenzahl ist es das ja schon lange nicht mehr."

nicht dagegen, dass er die organisatorische Umsetzung der Patientenbehandlung auch mit Blick auf das ‚Patientenwohl' reflektieren kann. Denn genau genommen reflektiert er die Prozessabläufe einer organisierten Krankenbehandlung. Sowohl der Patient als auch der Umsatz würden bei einer solchen Strategie profitieren (doch auch hier gäbe es, wie er sagt, unterschiedliche „Philosophien"). Daran lässt sich sehr gut beobachten, worum es in einem Krankenhausmanagement geht: um eine sinnvolle Verzahnung der Kontexturen in der Praxis!

Interessanterweise ist es der ärztliche Direktor, der diesbezüglich eher wirtschaftlich argumentiert:

> *ÄD/GF:* ...aber im Prinzip bespielen wir alle/ und wir haben Tageskliniken. Also wir bespielen, wir versuchen, alle Aspekte der ambulanten Versorgung, auch alle Möglichkeiten der Finanzierung ambulanter Versorgung auch daran teilzunehmen an praktisch allen Systemen, also am KV-System, am normalen, an der normalen Krankenkassenvergütung, aber auch dann an speziell eingerichteten Systemen eben wie in diesem Paragraph 116b. Und ich glaube, das ist für Krankenhäuser heute ein ganz wichtiges Kriterium auch, sich irgendwo mit diesem Bereich der ambulanten Versorgung auseinanderzusetzen. Und für uns heißt das, dass wir im Prinzip schon interessiert sind, für die meisten Fachbereiche hier auch, sagen wir mal, einen eigenen Kassenarztsitz zu haben, um auch dieses Segment, wie Patienten zu uns kommen können, eben mit zu bedienen und auch kontrollieren zu können in dem Sinne, dass man sagt, vielleicht entwickelt sich doch die Zukunft nochmal Richtung komplexerer Versorgungsform.

Im Wesentlichen werden hier drei Reflexionsperspektiven aufgeworfen: 1) die Reflexion des Vergütungssystems und Möglichkeiten der möglichst umfangreichen Teilhabe, 2) die Kontrolle der Patientenströme über eigene Kassenarztsitze in jedem Fachbereich und 3) in der Zukunftsperspektive auf „komplexere Versorgungsformen" vorbereitet zu sein.

Es wird nun plausibel, weshalb sich die zuvor als halbherzig eingestuften Bemühungen um Patienten lediglich auf die „klassischen" Formen des Zuweisermanagements beziehen. Das Bezugsproblem der Lenkung der Patientenströme wird maßgeblich (aber nicht ausschließlich) im Rahmen einer übergeordneten *organisationalen* Strategie bearbeitet,[265] deren Ziel es ist, strategische Bereiche des ambulanten Sektors an sich zu binden (in Form von Kassenarztsitzen, einem

---

265 Wir unterscheiden hiermit zwei Formen von Strategien. Was wir hier als *organisationale* Strategie beschreiben haben betrifft die genaue Kenntnis sämtlicher Stationen der organisierten Krankenbehandlung und der daran beteiligten Einrichtungen – um sich dann wirtschaftlich wie medizinisch geschickt zu positionieren. Davon zu unterscheiden ist eine *inhaltliche* Strategie, auf die im Abschnitt „Strategische Ausrichtung" genauer eingegangen wird. Im Rahmen dessen werden beispielsweise inhaltliche Schwerpunkte,

angegliederten MVZ aber auch über Kooperations- und Konsiliarärzte). Diese Strategie fügt sich sehr schlüssig in eine wirtschaftliche Logik ein, indem „alle Möglichkeiten der Finanzierung ambulanter Versorgung" mit abgeschöpft werden und zudem der Kontakt zu niedergelassenen Ärzten gestärkt wird. All dies ist aber auch innerhalb der medizinischen Logik bestens vertretbar, da den Patienten klare und kurze Behandlungswege ohne Reibungsverluste angeboten werden können. Darüber hinaus ist dies an die Politik und die Krankenkassen anschlussfähig, die – so sowohl der VGF als auch der ÄD/GF – gezielt die Zusammenarbeit zwischen den Sektoren (ambulant/stationär) begrüßen und fördern.

Es soll nicht der Eindruck erweckt werden, dass der vorliegende Fall des St.-Joseph-Krankenhaus *als eines von wenigen Häusern* die Abdeckung des niedergelassenen Bereichs durch das eigene Unternehmen für sich entdeckt habe. In vielen Krankenhäusern bemüht man sich um die Einrichtung Medizinischer Versorgungszentren und die Übernahme von Kassenarztsitzen. Dennoch scheint die Art und Weise, wie hier auf Ebene des Krankenhauses im Rahmen einer übergreifenden Strategie an der Verbindung der Sektoren gearbeitet wird, Ausdruck einer *spezifischen Form* strategischer Ausrichtung zu sein, die in vielerlei Hinsicht zukunftsweisend ist und sich von anderen Typen abgrenzen lässt.

Abschließend und überleitend sei noch auf einen pragmatischen Aspekt dieser übergreifenden, *organisationalen* Strategie verwiesen:

> *ÄD/GF:* …und letztendlich ist es natürlich auch eine Wachstumsmöglichkeit für ein Unternehmen. Wir können natürlich durch/ es ist einfacher, eine Praxis zu kaufen als ein Krankenhaus und viel billiger.

Der hier eingebrachte Aspekt der „Wachstumsmöglichkeit" darf nicht vorschnell mit einem außerordentlichen Gewinnstreben in Verbindung gebracht werden. Wie bereits angeführt sehen sich sowohl der ÄD/GF als auch der VGF einem Wachstums*zwang* ausgesetzt.

Beispiel: Schließung des ambulanten Pflegedienstes

Abschließend wollen wir in aller Kürze an einem Beispiel illustrieren, welche Reflexionsperspektiven durch das Management bei konkreten Entscheidungen im Bereich des ambulanten Sektors einbezogen werden. Ein von der Klinik betriebener, ambulanter Pflegedienst wurde nach mehreren Jahren wieder aufgegeben. An diesem Beispiel führt uns der ÄD/GF anschaulich vor Augen, wie er sich innerhalb einer

---

die Notwendigkeit zur inhaltlichen Spezialisierung in einer Großstadt und die strategische Einbindung des christlichen Wertbezugs relevant.

polykontexturalen Ordnung bewegt, aber auch bewegen *muss,* und – das wiederum zeichnet ihn als kompetenten Managementakteur aus – auch bewegen *kann.*[266]

Vor der folgenden Sequenz geht es im Interview zunächst um Angebote der Rehabilitation. Dieser Bereich sei uninteressant (im Hinblick auf die Entscheidungsprämisse, dies selbst anbieten zu wollen), da es bereits eine Vielzahl an Angeboten gäbe und es kein Problem sei, gute und passende Angebote „für seine Patienten" zu finden. Während der ÄD/GF in den bisherigen Sequenzen vorwiegend wirtschaftlich argumentierte, wird nun die Versorgung der Patienten zum Kriterium. Schwierig sei allerdings die „vernünftige Entlassung der alten Menschen in häufig unzureichende Nachbetreuungssettings. Das ist ein echtes Problem."

> *ÄD/GF:* Und das ist sicherlich für das, es gibt für Krankenhäuser auch nochmal eine besondere Anforderung, da eine gute Struktur für sich zu haben.
>
> *I:* Ja, das wäre ja dann so in dem Bereich von einem ambulanten Pflegedienst ja gewesen.
>
> *ÄD/GF:* Das wäre da interessant, aber wie gesagt, das ist auch ein extrem schwieriger Markt mit, sagen wir mal, geringen Margen. Und wo wenig Spielraum ist auch, jetzt sagen wir mal, auf der finanziellen Ebene Personal zu motivieren, mal davon abgesehen, wie weit Geld überhaupt motiviert, aber wo es einem schon schwer fällt, jetzt sagen wir, hier Löhne anzubieten, die auch dazu führen, dass so jemand eine Familie ernähren, da wäre ich schon ausgesprochen skeptisch in so einem Umfeld wie [Großstadt]. So als Alleinverdiener jetzt. Na klar, wenn 2 Pflegekräfte da sind, aber das ist dann, also gut auf dem flachen Lande ist das kein Problem. Wenn man eine günstige Miete hat oder so, dann geht das natürlich. Aber hier in [Großstadt] ist eben für Pflegekräfte und so oft schon ein Wohnraumproblem. Die Sachen werden schon schwierig, das entsprechend zu realisieren.

Die „Anforderung" im Bereich der Nachsorge älterer Menschen eine „gute Struktur für sich" zu haben, im Zweifelsfall also auch selbst anzubieten, ergibt sich in dieser Argumentation aus einer Logik der medizinischen Behandlung. Da sowohl die Notwendigkeit als auch das Defizit offensichtlich seien, habe man ein „echtes Problem", bzw. wie er zuvor sagt: ein „generelles (…) Organisationsproblem" an der Schnittstelle der Sektoren. An den Einwand, dass der von der Klinik eingestellte Betrieb eines ambulanten Pflegedienstes diese Aufgaben hätte übernehmen können, schließt der Befragte mit einer betriebswirtschaftlichen Argumentation an. Es sei

---

266 So betrachtet ist die polykontexturale Ordnung etwas, von dem wir als soziologische Beobachter ausgehen und kann auch als Verweis auf unsere Form der Beobachtung gesehen werden. Für uns erscheinen die Management-Akteure dann als unterschiedlich befähigt, sich in dieser Ordnung zu bewegen. *Wie* sie das tun, ist Ziel unserer Rekonstruktion. Das kann durch massive Reduktion der Komplexität geschehen, oder durch den Einbezug unterschiedlichster Logiken, die auf verschiedene Weise zueinander in Bezug gesetzt werden.

ein „extrem schwieriger Markt mit (…) geringen Margen". Interessant ist die weitere Entwicklung der Sequenz. Der ÄD/GF könnte ja durchaus der Ansicht sein, dass es sich trotz geringer „Margen" aus Sicht eines sinnvollen Behandlungsprozesses, also aus einer medizinischen Behandlungslogik heraus, dennoch ‚lohnt‘ hier tätig zu sein. Dass man nicht den „Spielraum" habe um auf „der finanziellen Ebene" Personal zu motivieren, wird als Motivationsgrund sofort wieder partiell eingeklammert („wie weit Geld überhaupt motiviert") um dann zu markieren, in welchem Bereich der finanziellen Anreizsetzung man sich bewege: es gehe nicht so sehr darum, Pflegekräfte über Geld zu motivieren, sondern vielmehr darum, überhaupt Löhne zahlen zu können, die eine Existenz ermöglichen.[267] Hier argumentiert er in einer Arbeitnehmer-Logik bzw. Logik eines Arbeitnehmer-Haushalts. Trotz zunächst betriebswirtschaftlicher Argumentation geht es an dieser Stelle, ganz ähnlich wie im Falle des „Wachstumszwanges" (Kompensation vs. Expansion), um *faire* Löhne und nicht etwa um Premium-Verträge und Gewinn. Durch die PD haben wir erfahren, dass die Konkurrenz in Bezug auf das Personal „extrem" sei und die Lohnanpassung der tariflich gebundenen konfessionellen Häuser notwendig war um konkurrenzfähig zu bleiben. So auch in diesem Beispiel: vor dem Hintergrund des Personal-Mangels ist es unerlässlich, überhaupt einen angemessenen Lohn zu zahlen (der das Wohnen im sehr teuren Ballungsgebiet überhaupt ermöglicht). Spielräume für darüber hinausgehende finanzielle Anreize gibt es jedoch nicht. Da unter diesen Bedingungen der Pflegedienst nicht anzubieten war, musste er geschlossen werden.

Es muss an dieser Stelle noch einmal explizit hingewiesen werden, dass es zu kurz greifen würde, bei den Worten „Markt" und „Margen" und der zunächst betriebswirtschaftlichen *Argumentation* den ÄD/GF auf eine betriebswirtschaftliche *Orientierung* festzulegen.[268] Wie sich an diesem Beispiel gezeigt hat, müssen im Sinne einer polykontexturalen Ordnung der Praxis, ganz viele Aspekte zusammengebracht werden. Der GF/ÄD zeichnet sich unserer Interpretation nach dadurch aus, dass er eben das vermag! Er *kann* betriebswirtschaftlich Denken und *gleichzeitig* auch

---

267 Die Annahme, dass man in diesem Bereich als Pflegekraft besonders gut verdienen könne, wäre mit Blick auf die derzeitige Situation der Pflege in Deutschland auch zynisch.

268 Denn auch die betriebswirtschaftliche Argumentation wird immer auf Distanz gehalten, indem er mehrfach „sagen wir mal" einschiebt. Hieran können wir sehen, wie er zum Zwecke der Schilderung dieses Sachverhaltes eine Logik *wählt*, wohlwissend, dass damit nicht die Komplexität hinreichend beschrieben ist. In der Praxis überlagern sich mehrere Logiken. Dieser Gleichzeitigkeit kann aber in der Narration nur unzureichend Rechnung getragen werden. Deshalb muss eine Narration gewählt werden („sagen wir mal"), die freilich richtig ist und zutrifft, aber eben nur in Teilen!

eine Logik der medizinischen Behandlung mitführen, ohne das eine zulasten des anderen *grundsätzlich* zu verwerfen. Aber genau das ist es, was ihn unter Spannung setzt. Dass er diese und weitere Perspektiven bereit hält, ist die notwendige Bedingung der Möglichkeit zu denken, dass „das System (…) seines Krankenhauses" überfordert werden könne.[269] Er selbst ist jedenfalls nicht überfordert. Auch wenn er den ambulanten Pflegedienst schließen musste, den er (auch oder vor allem) im Sinne der Patientenversorgung gerne anboten hätte, ist er weder zynisch geworden, noch wirkt er resigniert oder hat bereits (innerlich) gekündigt.

Wir sind durch die Interpretation dieses Beispiels ein wenig von der ‚Haus-Perspektive' und der organisationalen Strategie, sich Teile des ambulanten Sektors ‚anzueignen', abgekommen. Es sollte sich dennoch im Kleinen gezeigt haben, was auch für die Gesamtstrategie gilt: betriebswirtschaftliche Logik und medizinische Behandlungslogik werden in diesem Krankenhaus zusammen gedacht. Letztlich muss genau dies von allen Häusern gewährleistet werden und der theoretische Extremfall eines monokontexturalen Managements wird sich sicher nicht finden lassen. Dennoch scheint die Balancierung beider Perspektiven in diesem Haus in besonderer Weise zu gelingen.

Strategische Ausrichtung

In Teilen sind wir bereits in der Diskussion um die strategische Ausrichtung angekommen. Als *organisationale* Strategie haben wir die strategische Entscheidung bezeichnet, das Bezugsproblem der Patientengewinnung[270] durch eine möglichst umfassende Positionierung im ambulanten Sektor zu bearbeiten. Die „klassischen" Mittel des Zuweisermanagements hingegen werden nicht ausdrücklich forciert. Alle von uns befragten Geschäftsführungen in städtischen Gebieten teilen die Sichtweise, dass in einer Großstadt ein Haus ohne entsprechende Spezialisierungen

---

269 Die Komplexität eines Sachverhaltes zu erfassen steht und fällt mit der Komplexität der Beobachterperspektive. Das gilt für die Akteure im Feld wie für uns. Die Kontexturanalyse bietet in Bezug auf die Verschachtelung dieser unterschiedlichen Logiken einen Zugang deren Relationierung zu erfassen. Es wäre fatal, wenn die Komplexität der Praxis der Unterkomplexität der Beobachtungsperspektive zum Opfer fällt. Diese Gefahr besteht Beispielsweise im Diskurs um die Ökonomisierung des Krankenhauses, was wiederum nicht bedeutet, dass diese Kritik unberechtigt wäre (siehe zur Kritik dieser oftmals zu einfach gehandhabten Kritik Vogd 2016). Gleichzeitig muss bedacht werden, dass auch unsere Perspektive Komplexität reduziert – aber ohne getroffene Unterscheidungen gäbe es gar nichts zu sehen.

270 Dies impliziert schon zahlreiche Vorannahmen, beispielsweise dass es mehr Häuser als Patienten gibt, dass hierdurch ein Markt entsteht auf den man Einfluss nehmen kann und muss und dass es sich um einen Quasimarkt handelt (vgl. Le Grand 2007), da die Preise nicht beeinflussbar sind. All das wird als Entscheidungsprämissen mitgeführt.

wirtschaftlich nicht überleben könne. Da es allerdings „mehr Krankenhäuser als (...) Gebiete in der Medizin gibt", würde es nach Aussagen des vorliegenden VGF auch nicht funktionieren, einfach das anzubieten, was niemand sonst anbietet. Deshalb käme es auch unternehmerisch gesehen „ein bisschen auf den eigenen Mut an und am Ende müsse es „medizinisch und wirtschaftlich klappen". Gerade auf der Ebene der Strategie im Sinne der grundlegenden Ausrichtung des Hauses finden wir bei allen drei hier Befragten Mitgliedern der Krankenhausleitung Übereinstimmung – wenn auch jeweils etwas unterschiedlich konnotiert. Neben der wirtschaftlichen und medizinischen Logik spielt darüber hinaus der christliche Wertbezug des Hauses eine entscheidende Rolle.

> *ÄD/GF:* ...wir sind ja nicht in einem beliebigen Markt, wo man was machen kann oder es auch ganz lassen kann, sondern wir sind ein Krankenhaus, was angesteuert wird in bestimmten Problemsituationen, und das machen wir erst mal. Und trotzdem gibt es natürlich immer wieder Überlegungen, will man in verschiedene Richtungen, passt das zu unserem Wertebild und dem, was wir uns als ein gutes katholisches Krankenhaus, sage ich mal, vorstellen und ist das potenziell erfolgreich auf dem Markt. Das wären ja nochmal so zwei Horizonte, vor denen man eine strategische Ausrichtung des Hauses positionieren kann.

Mit dem christlichen Wertbezug kommt eine weitere wichtige Referenz ins Spiel.[271] Die grundstrategische Frage orientiert sich in diesem Haus demnach daran, ob es medizinisch sinnvoll ist, wirtschaftlich tragfähig und ob es in das Bild „als ein gutes katholisches Krankenhaus" passt. Dadurch unterscheidet sich der vorliegende Fall von allen anderen von uns untersuchten Krankenhäusern. Konkret wird bzw. wurde dies im vorliegenden Haus folgendermaßen umgesetzt:

> *VGF:* Also zum einen haben Sie natürlich immer für ein Unternehmen überhaupt erst mal die grundstrategische Frage. (...) Als erstes gibt man dem Unternehmen ein Gesamtgepräge und unser Anspruch war immer, wir wollen am, als Unternehmen St.-Joseph-Krankenhaus, wir wollen am Anfang des Lebens ganz hervorragende Leistungen bringen, also wirkliche Exzellenz und wir wollen am Ende des Lebens hervorragende Antworten geben, weil wir das als zwei ausgesprochen schwierige Phasen im menschlichen Leben betrachten. So, das war erst mal die Grundentscheidung. Und auf der Basis und dazwischen sollten natürlich auch etliche Angebote liegen, nicht. (...) Also schon, wir haben da noch die anderen Segmente dazwischen gesetzt,

---

271 Verstanden als Kontextur kann diese, wie alle anderen Kontexturen auch, situativ stark gemacht werden oder auch systematisch in bestimmten Situationen abgeblendet werden. Anders formuliert: so wie nicht immer und überall Wirtschaft *und* Medizin eine Rolle spielen (sondern auch mal nur das eine, mal nur das andere) so muss auch nicht *immer* die Logik des Konfessionellen positiv bedient werden.

aber so das war jedenfalls ein hoher Anspruch, den wir hatten und den haben wir
Stück für Stück dann über die Jahre auch verwirklicht, indem wir die Geburt hier in
[Großstadt], und das war praktisch dann noch richtig Neuland, gebären können Sie
hier in etlichen Kliniken und so. Wir haben aber schon vor etwa 15 Jahren der Geburt
etwas Besonderes gegeben. Das war, dem lag so der Grundgedanke zu Grunde, die
Geburt zum Erlebnis machen. Das ist ein einmaliges, ein Risiko, aber ist auch ein
einmaliges Erlebnis im Leben eines Menschen. Sowohl des Geborenen, des Säuglings,
als auch der Mutter.

Das St.-Joseph-Krankenhaus setzt strategisch die Eckpfeiler „am Anfang des Lebens"
und am „Ende des Lebens" als Rahmen des eigenen medizinischen Angebotes. Dem
Unternehmen wird so ein griffiges „Gesamtgepräge" gegeben. Dies eröffnet eine
wirkungsvolle Rahmensetzung, die aber nicht die Möglichkeit nimmt, auch „andere
Segmente dazwischen" anzubieten. Die Grundgedanken dieser Strategie weisen
dabei keine dezidiert konfessionellen Bezug auf („schwierige Phasen des Lebens",
„zum Erlebnis machen"). Über die Jahre wurden entsprechend die Schwerpunkte
konzeptionell „verfeinert", was im Falle der Kinderklinik „so gut eingeschlagen"
habe, dass in größerem Stil umgebaut werden *musste*. Zudem gehört mittlerweile ein
Kinderkrankenhaus einer nahe gelegenen Stadt zum Unternehmen. Ähnlich verhält
es sich im Bereich „am Ende des Lebens". Hier habe man „gerade onkologischen
Erkrankungen ein Gepräge und eine Marke ergeben, (…) die bei den Patienten hervorragend angekommen ist". Man unterhalte eine Beteiligung an einem Hospiz, das
zwar nicht zum Unternehmen selbst gehöre, dessen „größter Partner und Lieferant"
man jedoch sei. Hier wird deutlich, dass eine strategische Grundentscheidung für
zwei Bereiche (Anfang und Ende des Lebens) nicht primär aus wirtschaftlichen
Interessen getroffen werden muss,[272] um ebenfalls wirtschaftlich gerahmt zu werden
(Lieferant für ein Hospiz zu sein, Krebserkrankungen eine Marke geben). Vielmehr
kann an dieser Stelle gesagt werden, dass es das Management dieses Hauses vermag,
wertorientierte Medizin sehr unternehmerisch umzusetzen. Dabei muss es, ganz im
Sinne des Arrangements, nicht der VGF selbst sein, der die Wertsphäre einfordert.
Und nur, weil nicht *er* primär die Berücksichtigung der christlichen Werte stark
macht, bedeutet dies nicht, dass ihm diese Wertorientierung egal sei, solange nur
die wirtschaftliche Logik hinreichend bedient werde.[273] Kurzum: letztlich führt

---

272 Abgesehen davon, dass es auf übergeordneter Ebene eine unternehmerische Notwendigkeit darstellt, eine strategische und spezialisierte Ausrichtung des Hauses vorzunehmen.

273 Zur Verdeutlichung ist das hypothetische Szenario denkbar: Der VGF argumentiert streng
ökonomisch. Sobald er aber im Sinne des Arrangements bemerkt, dass die katholische
Wertsphäre wegzubrechen droht, ist er derjenige, der sie wieder vehement einfordert.
Ein solches Szenario ist nur denkbar, wenn wir von der Möglichkeit ausgehen, dass der
VGF mehre Kontexturen präsent hält, ohne jede immer explizit machen zu müssen.

dies im Arrangement dazu, dass der VGF die medizinische Behandlung mit der Herstellung von Autos vergleichen kann und es in diesem Bild gleichzeitig wirtschaftlich sinnvoll sein kann, die Pflege auszubauen:[274]

> *VGF:* Das sind, das ist eben dann, wenn Sie so wollen, ein Stück weit auch natürlich das Geheimnis dann des Erfolgs. Und das ist letztendlich auch wie im Leben, nicht. Wenn irgendein Autohersteller nicht dauernd irgendein richtig gutes und interessantes Modell rausbringt, sondern bei dem bleibt, was er schon vor 30 Jahren produziert hat, dann wird das nichts werden und auch da muss man ein Händchen dafür haben, dass man halt das richtige Produkt herausbringt, und das scheint uns hervorragend gelungen zu sein, nicht. Und das ist letztendlich mit den Angeboten am Ende des Lebens ist das ganz ähnlich. Wir waren immer schon bekannt über die letzten zwei oder drei Jahrzehnte für eine hervorragende Pflege, eine sehr patientenzugewandte Pflege als christliches Krankenhaus. Das haben wir auch besonders ausgebaut und gepflegt, haben das dann ergänzt durch hervorragende Ärzte und auch eine hervorragende apparative Ausstattung und als wir sozusagen dieses Fundament geschaffen hatten, haben wir uns sozusagen an die, sagen wir mal, seelisch-ethisch-psychologisch schwierigen Momente am Ende des Lebens, haben wir uns damit beschäftigt, waren praktisch die ersten hier in der Stadt...

Die „patientenzugewandte Pflege als christliches Krankenhaus" wird hier als „Produkt" verstanden und erhält dadurch einen positiven Wert innerhalb der wirtschaftlichen Logik. Durch diese spezifische Verbindung der Kontexturen kann der VGF betriebswirtschaftlich denken und gleichzeitig in positiver Weise die medizinische und konfessionelle Logik bedienen – es sei denn es stört sich jemand daran, *wie* er darüber spricht. Während in anderen Häusern die Pflege eine Schlusslichtposition einnimmt, kann im vorliegenden Fall die Grundstrategie des Hauses immer als Anknüpfungspunkt genommen werden, um pflegerische Interessen stark zu machen. Die Team-Orientierung im Management kommt auch hier zur Geltung, denn selbst das „Händchen" für das „richtige Produkt" rechnet er diesem „wir" und nicht etwa sich selbst zu. Konsistenter Weise beschreibt die PD die Grundstrategie sehr ähnlich, betont allerdings stärker die christlichen Werte des Hauses:

> *Interviewer:* Das heißt Sie sind auch/ das [Konfessionelle] wird auch strategisch berücksichtigt, dann genau diese/
>
> *PD:* Genau. Ich sage mal, man kann sich auch das zu einer Marke machen. [...] Und das wollen wir auch. Also das ist auch eine strategische Entwicklung, neben dem, dass wir auch dann noch voll als Menschen hinterstehen können. Weil in [Großstadt]

---

274 Der Trend geht derzeit genau in die andere Richtung. Wie wir aber Eingangs durch die PD erfahren haben, konnte sie erst unlängst einen Zuwachs an Stellen verzeichnen – wir finden also nicht nur *talk* sondern auch *action*.

müssen Sie sich in den nächsten fünf, sechs Jahren (…) Ihre Marke/ warum ist denn ein Krankenhaus/ es wird in [Großstadt] noch ein Krankenhaus vom Markt gehen irgendwann. Das ist politisch gewollt. Es wird aber keiner eines schließen. Keiner wird ein Haus schließen.

Auch hier verbinden sich wieder Marktlogik, Strategie und Werte. Die Kausalität ist dabei nicht die folgende: man braucht eine Strategie und ‚gibt' sich daraufhin Werte um diese zu verkaufen.[275] Vielmehr schafft es das Management, sich über eine wertorientierte inhaltliche Ausrichtung („noch voll als Menschen hinterstehen können") derart unternehmerisch und strategisch zu positionieren, das nicht das eigene Haus „vom Markt geht".[276]

Als weiterer Aspekt kommt hinzu, dass nicht alle Segmente, die strategisch zu besetzen sind, gleich ‚lukrativ' sind. Auch in anderen Häusern wurde davon gesprochen, dass Geburten diesbezüglich eher am unteren Ende rangieren. So äußert sich auch der VGF in der folgenden Sequenz. Dass das Thema Geburt „schön emotional" sei, passe jedoch in vielerlei Hinsicht gut ins *Gesamt*-Konzept des Hauses – *finanziell* aber erst ab einer bestimmten Größenordnung.

VGF: …und, ja, wie gesagt, das ist ein gutes Thema. Das ist schön emotional, nicht. Das passt aus ganz vielen Aspekten und es passt auch finanziell. Kann auch mit einfach bezahlten Geburten, weil – Geburt ist jetzt nicht der Kracher unter den DRG-Vergütungen. (…) aber auch da ist es dann wieder am Ende Betriebswirtschaft und Unternehmertum, nicht. Was sich nicht rechnet ist, wenn Sie eine Geburtshilfe mit 500 Geburten haben. Das will man nicht haben. Das, da können Sie die Grundstrukturen nicht aufrechterhalten, nicht. Das ist wie mit, auch da wieder, wie mit anderen Dingen im Leben, nicht. Das kann man einfach nicht bezahlen, weil man die Grundstruktur am Kreissaal, an nächtlicher Vorhaltung, an dies, an jenem, so. Das funktioniert nicht mit 500 Geburten. Das funktioniert immer besser, je mehr Sie über 1.000 Geburten kommen und bei 1.500 funktioniert das so schon ganz gut, bei 2.000 funktioniert das erst recht ganz und bei 2.500 Geburten ist das im Prinzip wie beim Autobau, nicht. Einen modernen Golf kann man auch nicht in der Stückzahl 100 bauen, sondern da braucht man schon auch eine gewisse Serienproduktion, nicht.

---

275 Zur Verbindung von Marke und Einstellung wäre für alle Kritiker zu Fragen: ist es nicht gut, sich *Werte* zur Marke zu machen? So gesehen könnte der Zugzwang zur Marke sogar wertorientierte Medizin befördern.

276 Zu dieser Dynamik siehe auch das Westgroup-Klinikum: Dort ist die Gefahr, dass es das eigene Haus trifft wesentlich akuter, da man das kleinste Haus in starker Konkurrenz ist. Einige der von uns Befragten Chefärzte/Managementakteure vertreten die Meinung, dass es nicht so viele Krankenhäuser bräuchte, wie es derzeit gibt. Selbstverständlich will niemand, dass das eigene Haus schließt. Da „die Politik" aber auch keines schließt, befinden sich die Krankenhäuser eben in jenem Markt-Kampf, in dem man beweisen muss, dass das eigene Haus unerlässlich ist.

Und so, das ist bei 3.000, wir sind ja mit 3.000 Geburten waren es im letzten Jahr, [...] also wenn es damit nicht geht, dann würde ich sagen, dann werden in Deutschland demnächst keine Kinder mehr geboren.

Finanziell seien Geburten „nicht der Kracher unter den DRG-Vergütungen", deshalb müsse man in diesem Bereich eine bestimmte Geburtenzahl im Jahr aufweisen, um die Grundstrukturen finanzieren zu können. Dies sei „wie beim Autobau", wobei man im Bereich der „Serienproduktion" angekommen sei. Während bei einem „modernen Golf" jedoch die identische Bauweise die Serienproduktion ermöglicht, stellte er zuvor gerade in Bezug auf Geburt das besondere Erlebnis heraus, wodurch man sich in diesem Haus von anderen abheben würde. Wie dies nun zusammenpasst oder ob der Vergleich nur für die Veranschaulichung eines Teilaspekts gut gewählt ist, muss offen bleiben. Denn das St.-Joseph-Krankenhaus scheint für Geburten tatsächlich einen guten Ruf zu genießen, den sie mit einer automatisierten Serienproduktion sicher nicht hätte. In dieser Sequenz präsentiert sich der VGF jedenfalls wieder als Betriebswirt, der im Blick hat, was sich rechnet und „was sich nicht rechnet". Obschon theoretisch jede Behandlung angemessen vergütet werden sollte, kristallisieren sich in der Praxis Behandlungen heraus, die lohnenswerter sind als andere. So stellt sich unmittelbar die Frage nach der Rentabilität eines Behandlungsangebotes, der dann entsprechend mit „Betriebswirtschaft und Unternehmertum" (hier u. a.: Skaleneffekte) begegnet wird bzw. begegnet werden muss. Überdeutlich wird hier der Einfluss des Vergütungssystems auf die Ausrichtung des Behandlungsangebotes: die Krankenhäuser müssen strategisch in einen „Wettbewerb" (PD) um Geburten eintreten. Denn da die Nachfrage bezogen auf den Markt ja nicht künstlich erhöht werden kann – was im Fall von Geburten moralisch gesehen weniger problematisch wäre, als im Fall von Knieprothesen – habe man den anderen Krankenhäusern Geburten „weggenommen" wie PD es ausdrückt.

Solche rein wirtschaftlichen Beschreibungen dieser „schön emotionalen" Themen[277] sollten nun nicht den Schluss nahelegen, dass hier *eigentlich* nur wirtschaftlich gedacht wird – vielmehr muss *auch* betriebswirtschaftlich gedacht werden. In welchem *Ausmaß* dies geschieht und welche Spielräume anderen Logiken eingeräumt werden (Medizin, Werte, etc.) bzw. eingeräumt werden können, ist dann wiederum eine *der* zentralen Frage in Hinblick auf das Arrangement![278]

Fassen wir die strategische Ausrichtung kurz zusammen. Dem „Unternehmen Krankenhaus" (doppelte Rahmung) wird ein „Gesamtgepräge" gegeben, welches

---

277 Dass diese Themen „schön emotional" sind, zeigt sich allein schon daran, dass es die meisten Leute es erst einmal für unangebracht halten, mit Bezug zu Geburten von Serienproduktion zu sprechen und mit Bezug auf ein Hospiz von einem Lieferanten.

278 Vgl. gerade aus diesem Blickwinkel vergleichend die beiden zuvor ausgeführten Fälle.

von allen drei interviewten Klinikleitern in ähnlichen Worten beschrieben wird: im Fokus steht ‚der Anfang und das Ende des Lebens'. Dies erweist sich in vielerlei Hinsicht als sehr geschickt. Zum einen wurde eine *Formulierung* gefunden, die sich am Patienten und dessen Leben orientiert und eine griffige Narration ermöglicht. Zusätzliche Schwerpunkte, beispielsweise eine sehr große HNO-Klinik, lassen sich dennoch problemlos ‚dazwischen' verorten. Zum anderen ist die konfessionelle Ausrichtung des Hauses sehr gut anschlussfähig an diese Narration. Nicht nur in den eigenen Worten der Befragten, auch mit Blick auf die anderen von uns untersuchten Häuser, erscheint der christliche Wertbezug als etwas Besonderes. Wertneutral verstanden handelt es sich um einen Unterschied, der einen Unterschied macht (Bateson 1987, S. 126ff.).[279] Das Katholische bzw. Christliche steht als zusätzliche Referenz (neben Recht, Medizin, Wirtschaft, etc.) zur Verfügung. Wie sich noch im Kontext der „Innenspannungen" zeigen wird, entstehen dadurch neue Entscheidungsmöglichkeiten, andere werden wiederum ausgeschlossen. Es wird eine spezifische Form „einfacher Komplexität" (Baecker 1997) erzeugt. Im Rahmen der Strategiebildung wird darüber hinaus explizit mit dem Verweis auf die Zeitdimension gearbeitet, indem auf die lange Historie des Hauses rekurriert und langfristig in die Zukunft gedacht wird.[280] Mit Blick auf das Arrangement der Klinikleiter lässt sich sagen, dass hier aktiv eine gemeinsame Linie verfolgt wird und alle drei befragten Klinikleiter sowohl medizinisch, betriebswirtschaftlich als auch innerhalb der Logik christlicher Werte argumentieren können. Deutlich wurde, und dies ist auch als allgemeiner Befund bezüglich einer *polykontexturalen Ordnung* wichtig: Keine der drei hier angeführten Logiken determiniert die anderen. Entscheidungen werden mit Blick auf alle drei Referenzen abgewägt. Etwas muss medizinisch sinnvoll sein, zu den Werten passen und sich rechnen. Das Gesamtgepräge[281] „am Anfang und Ende des Lebens" dient mit Blick auf alle drei Anforderungen als (auf dieser Abstraktionsebene hinreichend flexible) Entscheidungsprämisse.

---

279 Siehe zu einem Versuch das Christliche an der Organisationskultur zu explizieren Hüster et al. (2016).

280 So zum Beispiel die PD: man müsse heutzutage abwägen, welche Kredite man aufnimmt und der nächsten Generation zumuten kann. „Wir sind dieses Jahr 100 Jahre, das soll ja noch ein bisschen länger bleiben."

281 Die Metapher weist zu Recht eine gewisse Nähe zur Metapher der Gallertmasse als Retention bei Weick (1998, S. 298ff.) auf.

Zusammenfassung

In diesem Abschnitt sind wir im Wesentlichen auf drei Aspekte eingegangen. Die Konkurrenzsituation diente als Ausgangspunkt und setzte zugleich den Rahmen für die weiteren Ausführungen. Diese wird maßgeblich von einem unmittelbar benachbarten Maximalversorger, aber auch von weiteren Krankenhäusern im unmittelbaren Umfeld bestimmt. Das Haus befindet sich seit jeher (Zeitdimension) in Nachbarschaft und Konkurrenz, was sich sowohl auf den Bereich der Personalgewinnung (v. a. PD) als auch auf die Konkurrenz um Patienten (VGF + ÄD/GF) auswirkt. Die Konkurrenz bedeutet *Unruhe*, versetzt das Haus aber nicht in existenziellen *Stress*, da die Auslastung gewährleistet ist. Diese Form der Unruhe kann aus unternehmerischer Perspektive als produktive Stimulation („hervorragende Konkurrenz") gerahmt werden. Obwohl natürlich bestimmte Patientengruppen ungern aufgeteilt werden, stellt es kein Problem dar, die eigenen ‚Betten zu füllen'. Vor dem Hintergrund der Versorgungslandschaft in der „Metropolregion" relativieren sich die Distanzen. Man ist Teil einer überschaubaren Anzahl von Häusern, die „High-End-Medizin" in (Groß-)Städten anbieten. Der Verlust von Patienten an benachbarte Häuser wird durch die Erweiterung des Einzugsbereichs in das Umland der Metropolregion kompensiert.

Eine weitere Form der Bearbeitung des zentralen Bezugsproblems der Patientengewinnung ist das sogenannte Zuweisermanagement. Im vorliegenden Fall wird dabei weniger Wert auf die „klassischen" Maßnahmen gelegt, die im Wesentlichen in chefärztlichen *Socializing*-Maßnahmen bei den niedergelassenen Kollegen bestehen. Ohne dies ganz aus dem Blick zu verlieren, setzt das Haus verstärkt darauf, alle Stufen der Versorgungskette selbst zu besetzen und den ambulanten Sektor in das eigene Unternehmen zu integrieren. Dabei ist die noch zu Zeiten des „klassischen" Krankenhauses gültige Trennung der Sektoren durch die bereits hohe Anzahl ambulanter Fälle ohnehin weitestgehend ‚aufgeweicht'. Im Zuge seiner *organisationalen Strategie* versucht das Management genau diesen Trend noch weiter und konsequenter umzusetzen und beide Sektoren vom eigenen Unternehmen/ Krankenhaus (man achte auf die doppelte Rahmung!) zu „bespielen" (Stichwort: „Gesundheitszentrum"). Dies ist nicht nur betriebswirtschaftlich anschlussfähig (Umsatz/Wachstum), den Patienten können medizinisch betrachtet auch „klare Wege" vermittelt werden. Dadurch wird nicht nur die Behandlung *stationärer* Patienten abgesichert (was finanziell trotz einer niedrigeren Anzahl an Patienten immer noch für den größten Umsatz sorgt), sondern einer Patientin kann viel einfacher der optimale Platz in der Versorgungskette zugewiesen werden, da man diese ja selbst anbietet. Reibungsverluste lassen sich durch *gezielte* Vor- und Nachbehandlung vermeiden, was ebenfalls sowohl wirtschaftlich als auch medizinisch anschlussfähig ist. Hier zeigte sich besonders, wie das Management daran arbeitet, die politische, wirtschaftliche, organisationale und medizinische Logik in ein sinnvolles Verhältnis zueinander zu setzen. Durch diesen differenzierten Einbezug der Perspektiven erweist sich das Management als komplex.

Alle von uns befragten Krankenhäuser in städtischen Einzugsgebieten führten an, dass die Ausbildung eines spezialisierten Profils eine notwendige Bedingung sei, um auf dem Quasimarkt besonders in Großstädten wirtschaftlich zu überleben. Dies haben wir in Abgrenzung zur *organisationalen Strategie* die *inhaltliche Strategie* genannt. Im vorliegenden Fall hat sich das Haus ein erfolgreiches „Gesamtgepräge" (VGF) geben können, welches aus seiner Historie heraus entwickelt wurde und einheitlich vom Management vertreten wird. Obwohl es nicht opportunistisch nur auf diejenigen Behandlungen setzt, die am besten vergütet werden, schafft es das St.-Joseph-Krankenhaus, sich erfolgreich betriebswirtschaftlich und unternehmerisch aufzustellen (Stichwort: Serienproduktion), ohne dass notwendigerweise die Behandlungsqualität darunter leiden muss. Die wirkungsvolle Narration vom „Anfang und Ende des Lebens" markiert die Eckpfeiler der Klinik (Geburtsklinik und Onkologie), legitimiert weitere strategische Anschlussentscheidungen (beispielsweise eine Hospizbeteiligung), schließt aber auch andere Schwerpunkte nicht aus. Die christliche Wertorientierung des Hauses ist an diese Narration ebenfalls bestens anschlussfähig.

Insgesamt wurde bisher deutlich, dass in diesem Krankenhaus unterschiedliche Logiken zu einem vergleichsweise balancierten Arrangement finden. Dadurch stellen zwar auch hier wirtschaftliche Erfordernisse eine unhintergehbare Referenz dar, dennoch werden medizinische Anforderungen nicht (gänzlich) überformt und gleichzeitig ein konfessioneller Werthorizont mitgeführt.

Innenspannungen

Nachdem wir nun ausgiebig den Umgang mit bestimmten, für ein Krankenhausmanagement typischen Außenspannungen (Bezugsproblem: Umgang mit Markt und Konkurrenz) skizziert haben, wollen wir uns nun den Innenspannungen zuwenden. Auch hier kann die Gliederung nicht mehr als ein heuristischer Versuch sein, eine gewisse Ordnung in eine Vielzahl zusammenhängender Themen zu bringen. Zunächst werden sowohl vertikale (Hierarchie) als auch horizontale (Berufsgruppen) Aspekte in aller Kürze behandelt. Daran anschließend wird der bereits angesprochene konfessionelle Wertbezug mit Blick auf die Innenperspektive thematisiert, bevor wir diesen Abschnitt übergreifend zusammenfassen.

Vertikale und horizontale Spannungen

Im ersten Teil („Selbstverständnis des Managements") haben wir bereits für das Management die Form der Zusammenarbeit rekonstruiert. Diese erfolgt sehr kollegial und demokratisch, aber nicht, ohne dabei auf Kontroversen zu verzichten. Auch die ‚vertikale' Zusammenarbeit mit der nächst unteren Ebene, den Chefärzten, wird von diesen selbst positiv bewertet.

> *CA Chirurgie:* […] sodass man sagen muss, dass die Entscheidungswege kurz sind, Absprachen eingehalten werden und das letztendlich ein sehr angenehmes und komplikationsfreies Zusammenarbeiten ist, also kein gegeneinander Arbeiten, sondern ein miteinander Arbeiten.

Noch positiver stellt sich dies in den Äußerungen des Chefarztes für Innere Medizin dar:

> *Interviewer:* Ja. Und wenn Sie jetzt sagen: Zu der Klinikleitung – wie sieht da der Austausch aus, also zunächst mal rein formal?
> *CA Chirurgie:* Das ist recht ungewöhnlich hier für dieses Haus. Ich glaube, dass wir/ Ich habe auch viele Unikliniken kennengelernt. Es gibt, glaube ich, wenige Kliniken in Deutschland, die so einen engen Kontakt haben, mit der Geschäftsführung. (…) Wir haben einmal jährlich ein Rehearsal, wo wir uns zwei Tage zurückziehen (…) und strategische Sachen durchsprechen, Kommunikationssachen durchsprechen, strategische Entscheidungen fällen, und so weiter, wirtschaftliche Sachen besprechen. Dann haben wir einmal im Jahr, dass wir – als Beispiel – eine Skifreizeit machen, am Rande. Das ist aber rein privat und mit den Geschäftsführern, den Chefärzten. Das ist ungewöhnlich. Das, glaube ich, haben wenige Häuser, wenn man ehrlich ist. Und wir haben aber hier untereinander doch ein sehr enges Verhältnis. Das heißt jetzt nicht, dass man sagt: okay, dass man vielleicht andere Meinungen vertritt. Aber zumindest ist das Verhältnis sehr, sehr eng. Ne, da wird versucht, gemeinsam Sachen zu bewegen, irgendwo, ne.

Ohne interpretatorisch in die Tiefe zu gehen, werden hier sofort einige Aspekte deutlich, die bereits für die Ebene des Managements rekonstruiert wurden. Zumindest aus Sicht dieses Chefarztes herrscht eine Praxis der konstruktiven Zusammenarbeit. So wird auf die Nachfrage nach der *formalen* Zusammenarbeit gleich die *positive* Zusammenarbeit mit der Klinikleitung herausgestellt, besonders auch im Vergleich mit anderen Kliniken. Das Verhältnis sei „sehr, sehr eng", beispielsweise unternehme man sogar mit der Klinikleitung und allen Chefärzten einmal im Jahr eine „Skifreizeit" und sei auch in strategische und wirtschaftliche Entscheidungen eingebunden. Das Grundgefühl sei, dass versucht wird, „gemeinsam Sachen zu bewegen".

Umgekehrt schildert auch die Klinikleitung, dass die Zusammenarbeit mit und unter den Chefärzten sehr gut sei.[282] Dies dokumentiert sich auch an einem Beispiel der Pflegedirektorin. Kontext bildet die Frage danach, wie sie vorgehe, wenn auf einer Station die Wartezeiten für die Patienten zu hoch sind.

> *PD:* Also dann würde ich mich erstmal mit Dr. [ÄD/GF] besprechen und kurz sagen, wer von uns macht das denn jetzt (lacht). Es kommt ja ein bisschen immer auf den Chef drauf an (lacht). Ob ich den besseren Kontakt/ nein, es ist ja so, man hat ja unterschiedliche Sympathie und Antipathie, das ist so. Und/ oder ich kann mit dem einen besser reden und er kann mit dem anderen besser reden und das nutzen wir einfach, weil wir uns gut absprechen.

Hier erhalten wir Hinweise sowohl auf die Zusammenarbeit mit dem ÄD/GF als auch mit den Chefärzten. Dass hier nicht die Profession entscheidet (Kommunikation mit den Chefärzten läuft über den ÄD), sondern wer „den besseren Kontakt" bzw. „Sympathie und Antipathie" hat, setzt nicht nur voraus, dass eine dementsprechende Arbeitsteilung und Absprache zwischen PD und GF/ÄD möglich ist, sondern auch, dass die Chefärzte die PD als Ansprechpartner akzeptieren. Dies ist, wie sich im Vergleich mit anderen Häuser zeigt, keine Selbstverständlichkeit, da oftmals eine implizite Professions-Hierarchie (Ärzte > Pflege) die formale Hierarchie in der Praxis, wenn nicht in Gänze, so doch oft in Teilen unterläuft.

Ein anderes Thema ist die Frage danach, wie die in Krankenhäusern notorisch knappen Personalressourcen (oder wie der CA Innere die „Personaldecke" beschreibt: „Dünn. Aber gut, die ist überall dünn") und die sich hieraus ergebende Arbeitsbelastung für die Mitarbeiter reflektiert werden. Im Fall der Klinik Katharinenstift führte der kaufmännische Leiter etwa an, zwar keine *guten* Arbeitsbedingungen erreichen zu können, dass er sich aber um *faire* Arbeitsbedingungen bemühe. Ähnlich wird dies auch im vorliegenden Fall reflektiert.

---

282 „Das ist, wenn Sie es fußballtechnisch betrachten, die homogenste Mannschaft, die hier in [Großstadt] im Moment spielt. Also es gibt kein homogeneres Chefarzt-Team wie das Team, was wir hier am Start haben". Da die interviewten Chefärzte und auch die PD und der ÄD/GF sich ähnlich äußern, können wir es als Zeichen einer guten Zusammenarbeit werten, dass die Zusammenarbeit von allen Seiten positiv und konstruktiv gerahmt wird. Im Fall des Westgroup-Klinikums haben wir hingegen beobachten können, dass die PDL zwar das Fazit zieht, dass in der Zusammenarbeit „einfach alles harmoniert", besonders der Chefarzt für Innere Medizin jedoch eine sehr gegenteilige Ansicht vertritt. Umgekehrt zeigt sich im Fall des Antonius-Stift eine deutliche Spannung zwischen dem PDL und den Chefärzten, die auch vom GF als schwierig zu führen gesehen werden (vgl. Kapitel IV.2 und IV.3).

PD: Wir haben keine schlechte Stellensituation. Nicht jetzt, dass man nur jubeln kann, aber ich kann noch jeden Morgen in den Spiegel gucken. [...] Und das finde ich wichtig. Das meine ich jetzt, also in den Spiegel gucken, dass meine Kollegen auf den Stationen einigermaßen gut noch zurechtkommen und die Patienten ordentlich versorgt werden können.

Als Referenzen werden hier die Belastung der Mitarbeiter und die Versorgung der Patienten herangezogen. Beides, so kann aus dieser Stelle gefolgert werden, könnte besser sein (man kann nicht „jubeln") und wird, wie man am eingangs beschriebenen Stellenzuwachs in der Pflege gesehen hat, auch versucht zu bearbeiten. Während im Fall der Klinik Katharinenstift, wie eben beschrieben, ‚Fairness' die angestrebte Messlatte ist, führt die PD im vorliegenden Fall als Mindestbedingung (die auch erreicht ist) die Metapher des ‚in den Spiegel Schauens' an. Dies passt zu ihrer bereits eingangs gewählten Formulierung, dass sie für das Personal *verantwortlich* sei, und dies, wie man hieraus nun schließen kann, nicht nur in einem rein formalen Sinne. Sie *fühlt* sich auch verantwortlich.[283] Auch der VGF verwirft die Möglichkeit, *zufriedene* Mitarbeiter zu haben.

VGF: Die Mitarbeiter sind jedenfalls zumeist, wenn es nicht gerade furchtbare Nächte sind, wo dann/ weil Geburtshilfe ist ja manchmal sehr schubweise, nicht. Also ich glaube, die Mitarbeiter würden mich steinigen, wenn ich sage, die sind schon sehr zufrieden. Meistens würde ich sagen, so, wie gesagt. Nach solchen Nächten dürfen Sie die Leute dann nicht befragen. Dann, genau, aber, nein, nein, das, in der Regel klappt das schon...

Es zeigt sich performativ, dass es auch dem VGF nicht möglich ist, von *zufrie-denen* Mitarbeitern zu sprechen. Obschon er so ansetzt, korrigiert er sich, noch bevor er es ausspricht. Auf der Suche nach einer passenden Einschätzung endet er mit einem „in der Regel klappt das schon". Inwiefern ihm hier eine realistische Einschätzung möglich ist, obwohl er seiner eigenen Aussage nach nur noch in Teilen im „Alltagsgeschäft" tätig ist, lässt sich hier nicht beantworten. Zumindest ist die Mitarbeiterzufriedenheit, gemessen an der ihm möglichen Einschätzung, ein relevanter Faktor, nicht zuletzt, weil er sich hier performativ um eine zutref-

---

283 Natürlich bleibt hier, wenn man so will, die angelegte ‚moralische Skala' offen, also die Frage, wann konkret der kritische Punkt erreicht ist, an dem der Patient unordentlich versorgt ist und die Mitarbeiter nur noch schlecht zurechtkommen. Und sicher unterscheiden sich Personen dahingehend, wie lange sie noch „in den Spiegel" schauen können. Immerhin sind aber diese beiden Referenzen gesetzt und eine persönliche Betroffenheit wurde markiert. Alles Weitere ist im Sinne Heinz von Foersters (1993, S. 73) unentscheidbar und muss entschieden werden – entgegen einem wohl schon fast natürlichen organisationalen Reflex, so etwas messen zu wollen.

fende Einschätzung bemüht.[284] Genau auf dieser Ebene des Performativen erweist sich diese Stelle als interpretatorische Schlüsselstelle, da sich hier zeigt, dass die Perspektive der Mitarbeiter nicht nur wahr-, sondern auch ernstgenommen wird. Die vorangehend immer wieder verdichtete These, dass die Manager des Hauses zu einem komplexen Kontexturmanagement fähig sind, wird hier performativ am Beispiel der Mitarbeiterzufriedenheit auf den Punkt gebracht.

Die Zusammenarbeit von Pflege und Ärzteschaft ist eine der klassischen, *horizontalen* Spannungslagen im Krankenhaus (s. Rohde 1974). Diese tritt allgemein gesprochen *für das Management* in unterschiedlicher Weise selbst als horizontale Spannung auf, d. h. *auf Ebene des Managements.* Oder sie wird innerhalb des Managements zu einer vertikalen Spannung, indem die Pflege sich in einer marginalisierten Position befindet, womit der Konflikt über die (formale oder informale) Hierarchie gelöst wird.[285] Im vorliegenden Fall trifft letzteres nicht zu, was allerdings nicht ausschließt, dass es auch hier zum Konflikt zwischen ÄD/GF und PD kommen kann, der wiederum bewährten Lösungsmöglichkeiten zugeführt werden kann. Das Grundproblem zwischen „Arzt und Pflege" auf Stationsebene (horizontal) wird vom ÄD/GF in der folgenden Sequenz beschrieben. Seine Aufgabe (vertikal) sieht er darin, zu vermitteln.

ÄD/GF: Das sind natürlich prinzipiell Themen der Kommunikation und des Verstehens dabei, weil ich glaube in den spezifischen Verhältnissen auch zwischen Arzt und Pflege, das sind zwei Berufsgruppen, die jeweils in ihren eigenen Sozialisationsachsen leben und auch spezifische Konfliktpunkte haben, die eigentlich immer wieder auch zu Tage kommen, was man auch so im alltäglichen Leben sehen kann. Wenn man ein Beispiel braucht, also die Pflege sagt „jetzt haben wir das doch alles gut organisiert und wer kommt nicht? Der Arzt." Und der Arzt sagt dann „ja, ich kann jetzt nicht immer an diesen Details. Also ich musste jetzt noch das und das und da war noch ein Notfall und dieses war zu erledigen." (…) Das ist so ein klassischer Organisations/ lassen sich die Ärzte, inwieweit lassen sich die Ärzte zum Beispiel im Stationsalltag auch mit organisieren, inwieweit lässt man das zu, wie weit erkennt man diese Qualität auch von Pflege an, gute organisatorische Rahmenbedingungen zu schaffen, und da sind oft Konfliktfelder, die es auch zu vermitteln gilt und da auch, ich denke, auch für beide Seite eigentlich Werbung zu machen dabei.

---

284 Dies wird umso deutlicher, da ansonsten die Einschätzung der Zusammenarbeit und selbst der Konkurrenz als „hervorragend" wahrgenommen wird. Es zieht sich demnach nicht auf ein illusionäres ‚alles hervorragend' zurück (in Anlehnung an das ‚alles harmoniert' der PDL im Fall Westgroup).

285 Wobei es üblicher zu werden scheint, dass auch in der Pflege sozialisierte Geschäftsführungen eingesetzt werden (siehe das Westgroup-Klinikum nach dem Wechsel der GF und der Fall des Kreiskrankenhauses Simonswald).

Das Problem zwischen Pflege und Ärzteschaft ist hier ein grundlegendes (sie „leben" in ihren „eigenen Professionsachsen") und fußt demnach auf einem professionsspezifischen *Habitus* des Arbeitens. Der Fokus ist jeweils ein anderer. Während die Pflege vielmehr die Routine im Blick hat („organisatorische Rahmenbedingungen"), arbeiten Ärzte im Modus der Krise („Notfall" und keine „Details"). Dieses Problem kann selbst keiner formalisierten Problemlösung zugeführt werden. Da es sich hier um zwei unterschiedliche Sozialisationen handelt, kann es auch nicht dadurch bearbeitet werden, dass *die* Lösung gesucht wird. Auch würde es nicht helfen zu sagen, es gäbe keine Spannungen mehr, wenn ‚jeder nur endlich vernünftig seine Arbeit machen würde' (vgl. Rohde 1974).

Wie wir bereits zu Beginn im Abschnitt „Außenspannungen" angeführt haben, *können* und *müssen* Spannungen bearbeitet werden – man sollte nur nicht denken, dass dadurch ein spannungsfreier Zustand erreicht werden könnte. Sich nicht dieser Illusion hinzugeben, kann dem ÄD/GF als Stärke ausgelegt werden, scheint er doch nicht daran zu verzweifeln, *dass* es Spannungen gibt. Dementsprechend muss er immer wieder als Vermittler auftreten. Ein solches Thema „der Kommunikation und des Verstehens" kann nur durch weitere Kommunikation situativ beruhigt werden. *Dass* Pflege gute organisatorische Rahmenbedingungen schaffen kann, steht dabei für ihn nicht in Frage. Es handele sich vielmehr um ein *Anerkennungsproblem*. Umgekehrt müsse man den Ärzten hingegen zugestehen, dass sie bei aller Notwendigkeit für die Organisation ein Stück weit immer unorganisierbar bleiben und vielleicht auch bleiben müssen. Dabei handelt es sich allerdings um eine Beobachtungsperspektive, die im Moment der Beobachtung nicht an der konflikthaften Praxis teilhaben muss und damit, so könnte man sagen, ‚gut reden' hat. In Form von Vermittlung und „Werbung" für „beide Seiten" wird nun versucht, diese Beobachtungsperspektive wieder in die Praxis zurückzuführen und dort verfügbar zu machen – mit dem Ziel, durch diese „Störung" (Baecker 2014) die Spannungen abzubauen bzw. umzulenken.[286]

Das folgende Beispiel verdeutlicht diese horizontale Spannungslage aus Sicht der Pflege. Als die PD vor zehn Jahren in diese Position aufstieg, habe sie zunächst einmal ein neues „Leitungskonzept" etabliert und die vormals sehr unübersichtlichen 90 Leitungen auf 32 Leitungen reduziert. Dabei habe sie auch acht sogenannte „Bereichsleitungen" etabliert, die durch Pflegekräfte besetzt werden und sowohl *ihre*

---

286 Dies kann im Kleinen als Praxis des Managens gesehen werden, wie sie Baecker beschreibt: „Wiedereinführung der Organisation in die Organisation" (Baecker 2003b, S. 273). Hierbei wird die Spannung durch die Beobachtung der Spannung und die Verfügbarmachung dergleichen wieder in die Organisation eingeführt.

„Assistenten" seien als auch die der Chefärzte und somit als „die Spange zwischen Pflege und ärztlichen Berufen" fungieren würden.[287]

Auf die Frage, wie die PD im Rahmen der Einführung eines solchen, auch die Ärzte betreffenden Leitungskonzeptes die Zusammenarbeit mit den Chefärzten erlebe, antwortet sie:

> PD: Ja, das ist spannend (lacht). [...]. Also Neuerungen, das sind immer ganz lange Wege. Nun hatte ich den Vorteil ich kannte das Haus, ich kannte viele Chefärzte und vor zehn Jahren fingen hier mit mir fünf neue Chefärzte an, da hatte ich es ein bisschen einfacher. Die Chefärzte waren eigentlich nicht das Thema. Es war eher die Ebene der Oberärzte. Weil die fühlten sich durch so eine Bereichsleitung/ ja aber ich bin doch hier Oberarzt. Weil die Chefärzte können diesen Bereichsleitungen Aufgaben delegieren. Es gibt Chefärzte, die haben zum Beispiel der Bereichsleitung die gesamte Urlaubsplanung der Ärzte übergeben. Oder die ganze Einbestellung ihrer Patienten. [...] Ganz unterschiedlich, unterschiedliche Schwerpunkte, aber sie haben halt das mit an diese Kollegen gegeben und da gibt es dann Konkurrenzkämpfe mit den Oberärzten. Das war eigentlich die viel schwierigere Gruppe. Nicht die Chefärzte, die sahen eigentlich nach kurzer Zeit ein, dass sie da eigentlich ein Geschenk mit haben, nämlich jemand, der ihnen Arbeit abnimmt in gewissen Sachen. Und so arbeiten die Teams auch zusammen, also das hat sich natürlich nach/ (...) das gab am Anfang natürlich auch die ein oder andere Diskussion. Jetzt will die Pflege sich überall einmischen. Pflege kann aber gut organisieren.
>
> I: Haben Sie das Gefühl, dass das auch mittlerweile jetzt da auch etabliert hat?
>
> PD: Ja. Ja. Also mittlerweile ist es in einigen Bereichen so, dass die Chefärzte sagen, ach Frau [Name PD], das macht mal die Frau soundso.

Die Pflegedirektorin bezieht hier genau die Position, die vom ÄD/GF (der zum Zeitpunkt der Einführung des neuen Leitungskonzeptes noch nicht im Haus war) der Pflege zugeschrieben wurde: „Pflege kann aber gut organisieren". Sie tritt hier nicht als Vermittlerin, sondern als Vertreterin der Qualität der Pflege auf. Der Umstand, dass fünf Chefärzte zum gleichen Zeitpunkt wie sie neu anfingen, wirkte dabei katalytisch, da für diese von ihr generell als neuerungsträge beschriebenen Chefärzte („Neuerungen, das sind immer ganz lange Wege") ohnehin erst einmal alles neu war. Im Gegensatz zum ÄD/GF werden die Spannungen zwischen Ärzten und Pflege hier als *mikropolitische* und nicht als *habituelle*[288] Spannungen gerahmt,

---

287 Hier wird deutlich, dass Hierarchie kontingent, also so oder auch anders möglich ist.

288 Gemeint ist, dass der ÄD/GF beschreibt, dass die beiden Gruppen in zwei unterschiedlichen Sozialisationsachsen *leben*. Mit der Kontexturanalyse könnte man formulieren, dass hier jeweils in unterschiedlichen Logiken gedacht wird (und der ÄD/GF durch Vermittlung und „Werbung" die Formen der Rejektion bearbeitet – weg von undifferenzierten hin zu differenzierten Rejektionen). Das ist aber umso schwieriger, je

die sich zwischen den Bereichsleitungen und den Oberärzten zeitigen. Dieser Rahmungswechsel dokumentiert sich auch hier: Pflege „kann gut organisieren" wird zu Pflege „will (…) sich überall einmischen" – wobei die PD diese Bewegung (in ihrem Sinne als Vertreterin der Pflege) umgekehrt vollzieht. Während die Chefärzte „nach kurzer Zeit" erkannt hätten, dass sie mit den neuen Bereichsleitungen „ein Geschenk" haben, fänden „Konkurrenzkämpfe" mit den Oberärzten statt. Dies ist hochinteressant: Gehen wir davon aus, dass „Urlaubsplanung" und „die ganze Einbestellung der Patienten" zusätzliche Organisationsarbeiten sind, um deren Erledigung sich Ärzte nicht gerade streiten, erscheinen die Bereichsleitungen für die Chefärzte nun als zusätzliche Delegationsadresse für solche Organisationsarbeiten. Oberärzte hingegen empfinden eben diese Bereichsleitungen als Konkurrenten im ‚Adressiert-werden' durch den Chef – selbst wenn es wenig beliebte Arbeiten betrifft. Die Abnahme solcher Arbeiten kann vor diesem Hintergrund nicht als Zugewinn an Autonomie gerahmt werden (ich kann mich jetzt auf wichtigere Sachen konzentrieren), sondern als Autonomieverlust (die mischen sich jetzt überall ein). Diese Konfusionen entstehen, wenn eine Hierarchie sowohl in der Form (wer darf wen adressieren?) als auch in den Inhalten (wer wird mit was adressiert?) verändert wird, und wenn noch unklar ist, wer auf welcher Ebene Gewinne oder Verluste zu verzeichnen hat. Grundlegend scheint sich dieses Leitungskonzept mittlerweile etabliert zu haben – was aber nicht heißt, dass der ÄD/GF hier nicht immer wieder als Vermittler zwischen den Logiken auftreten muss, um mikropolitische Konflikte durch Werbung für die Stärken des jeweils anderen zeitweise zu beruhigen.[289]

Das Konfessionelle

Wie wir bereits im Abschnitt „Außenspannungen" gesehen haben, spielt „das Konfessionelle", wie wir es in Anlehnung an die Interviews genannt haben, in diesem Haus eine *entscheidende* Rolle. Es macht einen Unterschied im Management und für das Management. Auch viele der privatisierten Häuser tragen noch

---

fester die Betroffenen in diesen Denkweisen sozialisiert sind und *leben* – also *habituell* verankert sind. Das implizite Wissen um die jeweilige Logik muss dann erst einmal auf kommunikativer Ebene verfügbar und damit für Kommunikation anschlussfähig gemacht werden.

289 Die Zusammenarbeit mit der Pflege wird auch aus Sicht des CA Innere positiv beschrieben: „Mit Frau [PD] – das klappt sehr gut." Und wenig später allgemein mit Referenz auf die Besonderheit im Haus: „Die Pflege hier ist, muss man sagen sehr, also sehr verzahnt mit den Ärzten. Also nicht/ Oft sind das so zwei separate Bereiche, die ja oft nicht miteinander gut zusammenarbeiten, das ist hier deutlich besser im Haus."

den reliktartigen Verweis im Namen.[290] Aber auch freigemeinnützige Trägerschaft bedeutet nicht gleich konfessionellen Bezug. Anders verhält es sich im vorliegenden Fall. Hier arbeitet man bewusst damit, dass das Konfessionelle ein Unterschied darstellt, der (zunächst einmal wertfrei verstanden) einen Unterschied macht, was in der folgenden Sequenz deutlich markiert wird.

> *PD:* Und die jüngeren Kollegen, die müssen wir gut versuchen zu halten in unserem traditionellen Haus. Das hat ja auch für manche/ schreckt das ja ab, konfessionell, (...) aber für manche ist das durchaus noch etwas wo man sagt ach ja, da herrscht vielleicht eine etwas andere Atmosphäre untereinander.

Man weiß darum, dass das Konfessionelle auch abschrecken kann. Aber letztlich konstituiert sich genau hierüber eine Identität, eine Abgrenzung, auf die positiv wie negativ Bezug genommen werden kann. In diesem Fall als Entscheidungskriterium im Sinne einer Selektionsmöglichkeit für Mitarbeiter. Aber auch das Konfessionelle funktioniert (wie eingangs bereits angedeutet) nicht als einfache Kausalität:

> *ÄD/GF:* In der täglichen Arbeit sind natürlich so Dinge, dass, ich weiß nicht, ob das jetzt über das Konfessionelle/ wir sind ein Krankenhaus, in dem viele Menschen sehr lange arbeiten. Also wir haben unsere älteste oder unsere langjährigste Mitarbeiterin ist seit 48 Jahren (...)

In diesem Haus ist zeigt sich auch an anderen Stellen, dass es einen Wert hat, in langen Zeiträumen zu denken.[291] Interessant an dieser Stelle ist nun vor allem der Einschub des ÄD/GF, er wisse nicht, ob dies dem Konfessionellen zuzurechnen sei. Hier zeigt sich, dass gerade in diesem Bereich eine solche Frage nicht eindeutig geklärt werden kann und vielmehr eine Frage der Zurechnung ist. Allgemeiner formuliert ist das Konfessionelle als Zurechnungs*möglichkeit* präsent und akzeptiert. Bemerkenswert ist dabei auch, dass sich dies nicht nur für uns als Beobachter so

---

290 Im Fall Katharinenstift finden sich auch noch Spurenelemente, die aber keineswegs Teil einer kohärenten Hausstrategie sind.
    Kaufmännischer Leiter: „Ja, aber es ist schon eine private Trägerschaft, auf der anderen Seite, ich meine die Stationen sind auch gesegnet worden. [...] Also das ist (...)/ ja es ist privat, aber es ist durchaus noch/ man kann den Geist, den heiligen Geist hier noch spüren, das ist richtig."
    Interviewer: (Lacht)

291 Nicht nur dadurch, dass auf die Geschichte des Hauses und das anstehende Jubiläum immer wieder Bezug genommen wird. Wie wir gesehen haben, ist nicht nur der VGF, sondern auch der ÄD/GF und die PD bereits langjährig im Haus beschäftigt. Mit den Chefärzten, so die PD, würde es sich sehr ähnlich verhalten. Zudem denke man an die zukünftigen Generationen, die in diesem Haus arbeiten werden.

darstellt, sondern auch von der PD und dem ÄD/GF selbst keine Zurechnungs-*notwendigkeit* gesehen wird (im Sinne von: ‚ganz klar, das liegt alles an unseren christlichen Werten').

Auch wenn, so der ÄD/GF in der folgenden Sequenz, man im Grunde ein „ganz normales Krankenhaus" sei, verstehe man sich als konfessionelles Haus, welches auch gegenüber „weltlichen" Krankenhäusern abgegrenzt werden kann.

> *ÄD/GF:* Ich denke, so im Alltäglichen ist das erst mal ein ganz normales Krankenhaus. Es gibt eben so Spezifika, wie so, das ist, wenn jemand gestorben ist, dann wird da eine kleine Kerze aufgestellt und so. Es ist schon so ein bisschen ein paar Situationen, die anders verlaufen als im weltlichen Krankenhaus.

Am hier nur kurz angedeuteten Beispiel zeigt sich im Kleinen, wie eine christliche Weltanschauung eine bestimmte Praxis hervorbringt. Während im Klinikum Katharinenstift der Umgang mit verstorbenen Patienten unscheinbar und unbewusst vonstattengeht,[292] wird hier umgekehrt mit einer solchen Situation bewusst und durch die Markierung mit einem Symbol (Kerze = Licht) umgegangen. Zwar mag dies eine Besonderheit im Detail darstellen, kann aber auch als Ausdruck einer umfassenderen Haltung zum Thema Tod und Sterben gesehen werden.

Medizinisch gesehen findet ein katholischer Wertekanon Niederschlag im Umgang mit Schwangerschaftsabbrüchen. Diese werden nicht durchgeführt, vielmehr konzentriere man sich auf pränatale Therapieformen. An diesem kleinen Beispiel verdeutlicht sich die Funktion eines kontingenten Entscheidungsprogramms (keine Schwangerschaftsabbrüche), das unabhängig von konkreten Personen greift und eine spezifische Relationierung unterschiedlicher Logiken (Patientenwunsch, Medizin, christliche Werte) auf Dauer stellt.[293]

Es wird deutlich, dass die Strategie „Am Anfang und am Ende des Lebens" gut zum konfessionellen Selbstverständnis des Hauses passt. Zum einen, weil gerade ein christlicher Wertekanon bzw. eine christliche Philosophie hierzu etwas zu

---

292 In einer Chefarztsitzung dieses Krankenhauses stellte der kaufmännische Leiter die Frage, was eigentlich mit den verstorbenen Patienten passiere. Im sich daraufhin entfaltenden Gespräch wusste keiner der Chefärzte so richtig eine Antwort zu geben. Teilweise wurde gemutmaßt, dass es im Keller einen Abschiedsraum gäbe.

293 Als Beispiel für eine Überformung des Patientenwunsches durch christliche Werte kann der Fall einer Patientin in Köln gesehen werden, der 2011 durch die Presse ging. Hier ging es um die Abweisung einer Patientin, die möglicherweise nach Verabreichung von K.O.-Tropfen vergewaltigt worden war. Man hätte bei einer Untersuchung über die Pille danach sprechen müssen, was jedoch nicht dem Wertekanon entspricht. Die Patientin wurde dementsprechend abgewiesen (siehe zu den „Loyalitätspflichten der Ärzte", Beden 2013).

sagen hat (der Bezug zu einer chirurgischen Profilierung wäre möglicherweise etwas komplizierter herzustellen), zum anderen aber sicher auch, weil genau dies die Momente im Leben eines Menschen sind, an denen sie hierfür besonders empfänglich sind. Es wurde aber bewusst formuliert, dass beides, Strategie und konfessioneller Bezug, gut zueinander passen, da nicht unterstellt werden soll, dass sich das eine aus dem anderen ableitet. Weder ist man nur deshalb konfessionell ausgerichtet, weil es strategisch sinnvoll ist, noch hat man den „Anfang und das Ende des Lebens" quasi aus dem Nichts heraus zur Profilierung gewählt, da es am besten passt. Die Schilderungen in den Interviews deuten vielmehr darauf hin, dass beides aneinander entlang erfolgreich zu einem kohärenten Bild entwickelt wurde, wie bereits auch im Abschnitt „Strategische Ausrichtung" deutlich wurde.

Betrachten wir hierzu zu guter Letzt noch eine längere Sequenz der Pflegedirektorin. Sichtbarstes Merkmal des Konfessionellen seien die (mittlerweile nur noch vier) Ordensschwestern, die in Tracht arbeiten.

PD: Aber ansonsten sind hier viele Sachen, die wir/ ja, wir beginnen unsere Einarbeitungstage mit einer Besinnungsstunde in der Kapelle. (…) Ist für uns ganz normal. Egal ob man (…) kirchlich gebunden ist oder nicht oder ob sie Moslem sind oder/ da treffen wir uns, die Kapelle ist ein Treff-Ort. Natürlich ist die sehr stark katholisch geprägt diese Kirche. Aber wir feiern da auch. Oder zu unseren Festlichkeiten wird/ gehören auch unsere Krankenhausseelsorger einfach zum Alltag dazu. (…) Das sind so viele Kleinigkeiten, dass es in allen Patientenzimmern (…) ein Kreuz gibt, genau wie in meinem Büro oder so. Das sind viele, viele Kleinigkeiten. Aber leben tut man das eigentlich eher, indem man den Umgang miteinander (…) versucht in den richtigen Bahnen zu halten, trotz des großen Stresses, was es gibt. Also Sie werden es erleben oder viele sagen das auch, durch unser Haus, da wird man auch noch gegrüßt. (…) Und da grüßt ein Chefarzt im weißen Kittel genauso wie jeder andere. (…) Das leben wir aber auch vor. (…) Und das sind so ja, ganz viele Kleinigkeiten. Kann man gar nicht alles so, das ist so ein Puzzlebild sage ich immer, wie meine Engelchen da, das ist auch so ein Puzzlebild. Das hat eine Mitarbeiterin gemacht. Das sind so Symbole, die wir auch haben. Das war der Entwurf und das Original hängt in der Onkologie im Eingangsbereich. Als das Haus neu gebaut wurde hat die Kollegin, das ist ihr Hobby, gesagt, ich würde gerne was für das St.-Joseph-Krankenhaus machen. Und dann habe ich gesagt, da ist meine Ecke, da passt jetzt ihr (lacht) Ausstellungsstück sozusagen hin.

Zunächst sehen wir – ganz ähnlich wie am Beispiel der Kerzen –, dass sich das Konfessionelle sehr viel im Bereich der „Kleinigkeiten" abspielt, zusammengefügt ergebe dies ein Puzzle. Jedes einzelne der Teile ergibt noch keine (kommunizierbare) konfessionelle Ausrichtung.[294] Performativ fügt die PD in dieser Sequenz das Puzzle zu einem „Puzzlebild" zusammen.

Über die Kapelle als „Treff-Ort" bei Feierlichkeiten wird eine räumliche wie zeremonielle Ritualisierung möglich, die das Christliche sowohl präsent hält („stark katholisch geprägt"), gleichzeitig aber auch transzedieren kann („egal ob man kirchlich gebunden ist (…) oder ob sie Moslem sind"). Damit hat man sowohl die Legitimation für entsprechende Rituale,[295] ohne diese Praxis jedoch dadurch zu gefährden, dass Konfessionsfremde ausgeschlossen sind.[296]

Vieles geschieht mit Verweis auf das Konfessionelle, es bietet die Möglichkeit legitime Referenz zu sein, auf die man sich sowohl bei dezidiert Christlichem (Symbolik der Kreuze[297]) wie auch nicht explizit Christlichem (freundlicher und egalitärer Umgangston) berufen kann. Gerade letzteres wäre auch ohne diese oder mit Bezug auf eine andere Referenz möglich. Das Konfessionelle wird aber ‚gelebt' und so lassen sich die „vielen Kleinigkeiten", und sei es nur der grüßende Chefarzt, als Puzzleteile eines Gesamtbildes rahmen (hier sowohl im Sinne Goffmans (1996) als auch im Sinne der Metapher). In Bezug auf die Organisation des Hauses und die Legitimität von Entscheidungen könnte man formulieren: Wer es versteht, seine Wünsche/Interessen als passende Puzzleteile des Gesamtbildes auszuweisen, hat wesentlich bessere Chancen diese umzusetzen.[298]

Das Puzzlebild an der Wand fügt sich dabei in vielfacher Weise in die (auch ohne das konkrete Wandbild funktionierende) Metapher ein. Zunächst und am offensichtlichsten ist die verkörperte Entsprechung der Metapher (nämlich ein Puzzlebild, oder besser gesagt: ein Mosaik). Diese hängt im Büro des Managements, was ihm nicht nur entsprechende Prominenz verleiht, sondern auch die Möglichkeit bietet, konkret darauf zu *zeigen*, wenn Besucher im Büro sind (z. B. einem

---

294 Es reicht sicher nicht, in allen Räumen Kreuze aufzuhängen, um eine belastbare Konfessionsnarration zu etablieren.

295 Ohne Kirche sind Rituale ebenfalls wichtig und nützlich, nur müsste man sich andere ‚Gründe' bzw. Anlässe überlegen.

296 Genau dieser Pragmatismus bzw. nur dieser Pragmatismus funktioniert, wie wir weiter oben gesehen haben, auch bei der Personalbindung. Denn wenn alle Mitarbeiter katholisch sein müssten – so die PD –, hätte man entweder zu wenig oder nicht die, die man gerne hätte.

297 Diese vermögen es etwa, eine gemeinsame Ebene zwischen Patientenzimmer und Management-Büro herzustellen, da darauf verwiesen werden kann, dass sie hier wie dort hängen. Auch das fügt sich wiederum in das Bild ein.

298 Als Reformulierung der schönen Metapher Luhmanns: „Wer seine persönlichen Ziele mit denen der Organisation zu assoziieren vermag, wer das Geschick besitzt, seinen Wagen an die Zapfstelle zulässiger Argumente heranzufahren…" (Luhmann 2016).

wissenschaftlichen Interviewer oder einer Bereichsleitung oder einem Chefarzt). Die Praxis des ‚auf dieses Bild zeigen und dabei die Unternehmensphilosophie erklären‘, wie sie sich hier in der Interviewsituation performativ vollzieht, kann genau auf diese Weise mit anderen Personen oder mit Mitgliedern der Organisation vollzogen werden („sage ich immer").

Alles, was die PD im Weiteren anführt, fügt sich – wie „viele Kleinigkeiten" – in das Bild ein. Inhaltlich zeigt das Bild „Engelchen", die sie als „meine" Engelchen beschreibt. Es ist ein Entwurf für eine größere Darstellung, die auf der onkologischen Station hängt, was wiederum mit Bedeutung aufgeladen werden kann. Zu guter Letzt sind beide Werke von einer Mitarbeiterin in ihrer Freizeit erstellt worden („Hobby"), die „gerne was für das St.-Joseph-Krankenhaus machen" will, wodurch sich hier ganz beiläufig und implizit die Verbundenheit der Mitarbeiter und das Miteinander in das Bild einfügen. Das Bild an der Wand ist also selbst in vielerlei Hinsicht Teil des Puzzlebildes.

Diese Metapher funktioniert dabei nicht in einer Weise, dass sich im Haus nun grundlegend alles zum Guten wendet, denn auch das vorliegende Haus kennt „großen Stress" und ist, wie mit dem ÄD/GF oben bereits gesagt wurde, „im Alltäglichen (…) erst einmal ein ganz normales Krankenhaus". Mit Hilfe der Metapher des Engelchen-Puzzles lassen sich aber all die „Kleinigkeiten" und auch Strategie-Entscheidungen („am Anfang und am Ende des Lebens") neu und anders ordnen.[299] Somit kann Anschlussfähigkeit noch auf einer zusätzlichen Ebene erzeugt werden.[300] Und selbst wenn die PD die einzige der drei interviewten Klinikmanager ist, die in solch starker Weise metaphorisch argumentiert, so kann doch davon ausgegangen werden, dass sie hierfür keine unverständigen Blicke erntet, d. h. dass eine solche Art der Argumentation, wenn nicht sogar gängig, so doch zumindest anschlussfähig ist.

Zusammenfassung

Wir sind im Zusammenhang der Innenspannungen im Wesentlichen auf zwei Aspekte eingegangen, wohlwissend, dass wir damit lediglich einen Ausschnitt

---

299 Siehe zu Metapher und Organisation auch Gareth Morgan (2006). Und zur Möglichkeit, wie Metaphern unsere Art zu denken und zu handeln prägen, Lakoff und Johnson (1981).

300 Zum Beispiel sind im Krankenhaus viele ehrenamtliche Mitarbeiter tätig. Das Gefühl – um es zu überspitzen – sich als Puzzleteil in ein Engelchen-Bild einzufügen, erhöht sicherlich die Anschlussfähigkeit für ehrenamtliches Engagement.

behandelt haben. Dennoch handelt es sich um einen *charakteristischen* Ausschnitt des vorliegenden Falles.

Mit Bezug auf die vertikalen und horizontalen Spannungen haben wir festgestellt, dass der prinzipielle Modus der konstruktiven Zusammenarbeit nicht nur innerhalb des Managements gilt, sondern auch in der vertikalen Zusammenarbeit mit den Chefärzten. Dies wird von beiden Seiten so gesehen. Bisweilen verfügt sogar die PD und nicht der ÄD über den besseren Kontakt zu dem einen oder anderen Chefarzt, wodurch die gängige Professionshierarchie (Ärzte > Pflege) relativiert wird. Auf Ebene der Stationen treten horizontale Spannungslagen – z. B. zwischen ‚Pflege kann gut organisieren' und ‚Ärzte lassen sich nicht organisieren' – mal als mikropolitische, mal als habituelle Spannungen auf und werden vertikal (vom Management) durch Vermittlung bearbeitet. Wir legen es dem Management als Stärke aus, dass es mit diesen Spannungen rechnet und sie bearbeitet, ohne zu erwarten, dass sie *der* finalen Lösung zugeführt werden könnten.

Mit Bezug auf die Mitarbeiterzufriedenheit ist deutlich geworden, dass es sich hierbei um eine Variable handelt, die sowohl von der PD als auch von dem VGF nicht nur wahr-, sondern auch ernst genommen wird. Die vorangehend immer wieder verdichtete These, dass die Manager des Hauses zu einem komplexen Kontexturmanagement fähig sind, wird performativ an diesem Beispiel auf den Punkt gebracht: Entscheidungen sind nicht mehr nur allein durch ihre betriebswirtschaftliche Notwendigkeit zu legitimieren, sondern werden eben auch (willentlich oder nicht) auf die Implikationen für die Mitarbeiter geprüft. Weder gibt man sich der Illusion der harmonierenden und zufriedenen Mitarbeiterschaft hin (Fall Westgroup) noch begegnet man artikulierter Unzufriedenheit seitens der Mitarbeiterschaft mit dem Verweis auf die alternativlosen Erfordernisse der betriebswirtschaftlichen Logik (s. besonders Herr Wirth, Pflegedienstleitung Typ 1 in Kapitel IV.2).

Zum Schluss wurde die Rolle des christlichen Wertbezuges für das Management rekonstruiert. Unter den von uns untersuchten Krankenhäusern stellt dieser ein Alleinstellungsmerkmal dar. Das Konfessionelle tritt zunächst und wertneutral formuliert als Unterschied auf, der einen Unterschied macht. Mit Bezug auf die Kontexturanalyse lässt sich sagen, dass hierdurch eine zusätzliche Logik in der Verbundkontextur der Organisation zur Verfügung steht, die bedient werden kann, aber nicht immer bedient zu werden braucht. Sie schränkt ein, eröffnet aber auch Handlungsspielräume. Sie verändert die Distanzen zwischen den Entscheidungen, manche liegen nun näher (beispielsweise der Kauf von Gräbern für bei der Geburt verstorbene Kinder), manche liegen ferner (die Durchführung von Abtreibungen oder die Einrichtung einer Schönheitschirurgie). Wichtig ist, dass das Konfessionelle zu Begründungszwecken herangezogen werden *kann*, aber nicht herangezogen werden *muss*. So kann der egalitäre Umgangston als Ausdruck einer katholischen

Werthaltung begriffen werden. Dies spiegelt sich in der starken Metapher der Pflegedirektorin wider: Das Konfessionelle kann – so die PD auch in Bezug auf das Krankenhaus als Ganzes – als Puzzlebild gesehen werden, wobei das Management entsprechende Möglichkeiten erhält, Teile situativ passend als dekorativ oder als notwendige Bestandteile auszuweisen.

Zusammenfassung und Diskussion

Fassen wir in gebotener Kürze einige charakteristische Züge des Managementarrangements des St.-Joseph-Krankenhauses zusammen.

Hinsichtlich der Personen finden wir, gerade im Vergleich mit anderen Häusern, ein sehr klar konturiertes „Team" vor. Es handelt sich hierbei um mehr als nur ein Narrativ. Genau darin liegt die Stärke des Teams. Wir haben glaubhaft rekonstruieren können, dass es nicht das Ziel ist oder war, ein „Behelfs-Paradies mit Harmonie-Garantie" (Rohde 1974, S. 361) zu etablieren, sondern dass sich in der Praxis ein gut zusammenarbeitendes Team mit produktiven Spannungen entwickelt hat. Die Gemeinsamkeit wird geschätzt und betont, die individuellen Positionen werden jedoch nicht nivelliert, wie wir es im Westgroup-Klinikum als Kontrast gesehen haben. Dass dieser produktive Zustand eine Stabilität erlangt, liegt genau daran, dass er aus der gemeinsamen Leitungspraxis heraus entstanden und nicht Teil einer expliziten Strategie gewesen ist, die dann recht schnell wieder durch die starken kulturellen Kräfte (einschließlich bestimmter mikropolitischer Konstellationen) unterlaufen werden kann. Auch mit Bezug auf diese Form des Arrangements ist der Vergleich mit anderen Kliniken aufschlussreich. Im Klinikum Katharinenstift finden wir in diesem Sinne kein Team der Leitungsebene. Der kaufmännische Leiter ist mehr oder weniger auf sich allein gestellt und befindet sich in einer Sandwichposition zwischen einem übergeordneten Geschäftsführer (einem ausgebildeten Arzt, der aufgrund seines professionellen Hintergrundes versteht, dass auch der Kontextur Medizin ein positiver Wert in einem solchen Unternehmen zugewiesen werden muss) und einem ärztlichen Direktor, der als renommierter Wirbelsäulenchirurg weder die Zeit noch den Ehrgeiz hat, sich auf Augenhöhe mit Verwaltung und Organisation zu beschäftigen. Der nachfolgende Fall der Bergstadt-Klinik wiederum bietet einen weiteren Kontrast: Hier hat man sich in der gesamten Klinik bewusst eine Entscheidungsstruktur gegeben, die von der ‚klassischen' Form abweicht und verschiedenen interdisziplinären Leitungsgremien ein hohes Maß an Entscheidungsverantwortung zuschreibt.

Wie auch deutlich wurde, steht im St.-Joseph-Krankenhaus mit der christlichen Wertorientierung eine zusätzliche Kontextur bzw. Logik zu Verfügung, auf die sich die Beteiligten berufen können. So besteht neben der Notwendigkeit, Entscheidungen auf deren medizinischen und wirtschaftlichen Wert hin abzuwägen, auch die Möglichkeit einer Prüfung im Blick auf christliche Werte. Wenn man annimmt, dass „Entscheidungsprogramme (...) Bedingungen der sachlichen Richtigkeit von Entscheidungen" definieren (Luhmann 2000b, S. 257), findet das Konfessionelle Eingang in die Entscheidungsprogramme des Hauses. Nicht nur Mittel und Zwecke können dadurch in Bezug zu christlichen Werten gesetzt werden, auch informelle Konditionalprogramme lassen sich dementsprechend einfordern: Wenn der Umgangston nicht egalitär genug ist, dann passt die Person nicht zu unserem christlichen Haus.

Bezogen auf die strategische Ausrichtung kann *nicht* gesagt werden, dass das „Gesamtgepräge" vom „Anfang und Ende des Lebens" in einem kausalen Sinne als *Resultat* der christlichen Wertorientierung anzusehen ist, vielmehr passt hier das eine zum anderen:[301] Seit jeher sind Geburten ein Schwerpunkt der Klinik, im Zuge der gestiegenen Anforderungen an die Wirtschaftlichkeit wurde dieser Bereich massiv ausgebaut und auf ein rentables Level gehoben. Da das katholische Traditionshaus schon immer für eine „zugewandte Pflege" bekannt gewesen sei, habe man auch hier investiert und die zuwendungsintensiven Bereiche ausgebaut. So kann – im Gegensatz zu allen anderen von uns untersuchten Kliniken – sogar wirtschaftlich plausibel dafür argumentiert werden, in die Pflege zu investieren. Die Bereiche „am Anfang und Ende des Lebens" abzudecken, könnte nicht kohärenter mit konfessionellen Werten verbunden werden.[302] Weitere Schwerpunkte fügen sich

---

301 Dies ist wichtig zu betonen, um nicht voreilig zu einfache Kausalitäten anzunehmen. Überhaupt muss Kausalität, also die Identifizierung von Ursache und Wirkung, aus einer kybernetischen Perspektive als „Spezialfall der Einführung von Einschränkungen" betrachtet werden (Baecker 1999a, S. 37). „Organisierte Komplexität entzieht sich kausalen Erklärungsversuchen, weil man es hier mit Phänomenen zu tun hat, die sowohl zu viele wie auch widersprüchliche Ursachen, sowohl unvorhersehbare wie auch absehbare Wirkungen aufweisen. Der Beobachter, der es dann trotzdem mit der Identifizierung von Ursachen und Wirkungen versucht, sieht sich gezwungen, Unterscheidungen zu treffen, also Einschränkungen vorzunehmen. Wenn sich die Unterscheidungen bewähren, die er trifft, nimmt er teil an der Konstruktion des Phänomens, um das es geht. Aber er wird nicht bereit sein, dies zuzugeben, da er auf Ursachen zurechnen will und nicht auf sich selbst" (ebd.). Dies gilt nun nicht nur für Mitglieder einer Organisation, sondern auch für uns, die wir Organisationen beobachten.

302 „Ich bin das A und das O, der Anfang und das Ende, spricht Gott der HERR, der da ist und der da war und der da kommt, der Allmächtige" (Bibel, Offenbarung 1:8). Abgesehen davon, dass Menschen ihre Frömmigkeit eher im Rahmen von Geburt und Tod als bei einem neuen Kniegelenk (wieder)entdecken, kann zusätzlich das Klischeebild strategisch nutzbar gemacht werden, dass in konfessionellen Häusern der „Mensch" mehr im Mittelpunkt steht als in anderen Kliniken. Es soll nicht bestritten werden,

ohne Probleme „dazwischen" ein. Kurzum: Es ist wesentlich griffiger, vom „Anfang und Ende des Lebens" zu sprechen, als zu sagen, man sei bekannt für Geburtshilfe, HNO und Onkologie – zudem ist es „schön emotional" (VGF).

Jedoch – und das ist ein sehr wichtiger Punkt – sollen auch rein wirtschaftliche Beschreibungen dieser ‚schön emotionalen' Themen (beispielsweise „Lieferant" für ein Hospiz zu sein oder der Vergleich einer Geburtenstation mit einer Autoproduktion) nicht den Schluss nahelegen, dass hier *eigentlich* nur wirtschaftlich gedacht wird – vielmehr wird hier *auch* (und nicht ohne Erfolg) betriebswirtschaftlich gedacht. In welchem *Ausmaß* dies geschieht und welche Spielräume anderen Logiken eingeräumt werden (Medizin, Werte etc.) oder eingeräumt werden können, ist dann allgemein betrachtet wiederum *der* zentralen Frage in Hinblick auf das Arrangement! Problematisch ist nicht, *dass* ein VGF so denkt, problematisch kann es dann werden, wenn er nicht auch anders denken kann oder nicht anerkennt, dass es ebenfalls legitim ist, anders zu denken.[303] Letztlich ist es entscheidend, dass sich in einem Management*arrangement* auch andere Logiken durchsetzen können – sei es mikropolitisch oder durch eine hinreichende Komplexität der betriebswirtschaftlichen Leitungspersonen. Die Frage ist also, inwiefern sich ein Arrangement einstellt, das allen beteiligten Logiken hinreichend Spielräume lässt, wobei keine von einer anderen gänzlich überformt wird. Wie in der Einleitung zu diesem Buch bereits kritisch angeführt, lenken die gesundheitspolitischen Rahmenbedingungen nicht mehr nur die Aufmerksamkeit darauf, dass medizinische Behandlung auch in einem vertretbaren finanziellen Rahmen bleiben muss, sondern forcieren die Überformung der medizinischen Logik durch die betriebswirtschaftliche Logik. Wir haben es hier demnach mit unterschiedlichen Intensitäten zu tun, die den Handlungsspielraum eines Managements einschränken, den einzelnen Logiken im buchstäblichen Sinne entsprechende Spielräume einzuräumen.

Im vorliegenden Fall hat sich gezeigt, dass das Management genau hier die Balancierung der Kontexturen *im Blick* hat – was nicht damit zu verwechseln ist, dass in der Praxis immer allen Anforderungen Rechnung getragen werden kann. Jedoch wird bewusst daran gearbeitet, Betriebswirtschaft, Medizin und christliche Wertorientierung (um die prominenten Referenzen zu nennen) so ineinander zu verschachteln, dass mit Bezug auf die Positivwerte der jeweiligen Kontexturen gleichsam Win-win-Situationen entstehen: dass eine bewusste Ausdehnung der

---

dass dies im vorliegenden Fall tatsächlich so sein mag. Mit Blick auf die Interviews unseres Projekts lässt sich jedoch bezweifeln, dass es einen direkten Zusammenhang zwischen der Trägerschaft und der Qualität der Patientenversorgung gibt.

303 Dies als Verweis auf die unterschiedlichen Formen der Rejektionen in der Kontexturanalyse.

unternehmerischen Aktivitäten auf den ambulanten Sektor sowohl für den Patienten als auch für die Ärzte und das eigene Unternehmen Vorteile hat, dass die strategische Ausrichtung am „Anfang und am Ende des Lebens" sowohl den Anforderungen der Großstadt einer Spezialisierung genügt, aber eben auch ein Narrativ bildet, das an die christliche Wertorientierung des Hauses hervorragend anschlussfähig ist. Das bedeutet aber eben nicht – wie am Beispiel der Schließung des ambulanten Pflegedienstes gesehen – dass es nicht dennoch aus betriebswirtschaftlichen Gründen auch zur Schließung bestimmter Dienstleistungsangebote kommen kann, die an sich wichtig für eine gute Patientenversorgung wären. Die Argumentation hierbei lautete, dass der betriebswirtschaftliche Spielraum im Falle dieses Dienstes so knapp bemessen sei, dass es noch nicht einmal möglich wäre, *faire* Löhne zu zahlen. Betriebswirtschaftliche Spielräume sind demnach nicht mit der Frage nach viel oder wenig Gewinn gleichzusetzen. Wie im Abschnitt „Wachstumszwang" gesehen, ist nach Aussagen der Befragten dieses Hauses nicht Gewinnstreben das Ziel des unternehmerischen Handelns, sondern vielmehr sind Mittel zu erwirtschaften, welche die notwendige Bedingung darstellen, um die aus einer Unterfinanzierung resultierenden Verluste zu kompensieren.

5   Klinikum Bergstadt: Experiment Heterarchie

Hintergrund und Formalstruktur des Hauses

Das in diesem Kapitel analysierte Fallbeispiel stellt das Management eines Krankenhauses in freigemeinnütziger Trägerschaft dar. Das Krankenhaus schreibt schwarze Zahlen und befindet sich wirtschaftlich in einer stabilen Situation. Durch ein zusätzliches Versorgungsangebot, das über den normalen Versorgungsauftrag hinausgeht, ist es dem Haus gelungen, ein Alleinstellungsmerkmal zu entwickeln. Dieses Versorgungsangebot steht in Zusammenhang mit einer starken Wertorientierung der Organisation, die den ganzheitlichen Heilungsprozess des Patienten in den Vordergrund stellt und eine gemeinschaftliche Organisationskultur anstrebt. Eine weitere Besonderheit dieses Krankenhauses ist seine Managementstruktur. Vertraut ist uns die klassische Form der Krankenhausleitung, die durch eine Trias aus Geschäftsführer, ärztlichem Direktor und Pflegedirektor gebildet wird und von da aus über die Säulen der Pflege (Stationspflegeleitung) und der Medizin (Chefärzte, Oberärzte) in die Stationen bzw. Abteilungen hinunterreicht.

Im nun vorzustellenden Klinikum Bergstadt sind demgegenüber interdisziplinäre Managementgremien etabliert worden, in denen Ärzte, Pflegende, Therapeuten und

Verwaltungsmitarbeiter gemeinsam Entscheidungen treffen. Diese Gremien sind auf drei Ebenen angesiedelt: Für jeweils mehrere Stationen bzw. Fachgebiete gibt es ein gemeinsames Gremium, das für diese Arbeitsbereiche entscheidungsbefugt ist (im Folgenden Managementgremium, Ebene 1). Auf einer mittleren Management-ebene sind *zwei* übergeordnete Ausschüsse angesiedelt, denen jeweils die Hälfte der Gremien auf Ebene 1 zugeordnet ist und die diesen gegenüber in erster Linie eine Supervisionsfunktion haben (im Folgenden mittleres Managementgremium, Ebene 2). Weiter gibt es *ein* Leitungsgremium für das Gesamtkrankenhaus, in dem auch die Geschäftsführung angesiedelt ist (im Folgenden Leitungsgremium, Ebene 3). Die Geschäftsführung teilen sich mehrere Personen, darunter auch Ärzte, Kaufmänner und Pflegedienstleitung. Das Organisationsmodell wurde vor gut zehn Jahren eingeführt. Seitdem haben – begleitet von einer externen Beratungsfirma – mehrere Umstrukturierungsprozesse stattgefunden. Als letztes wurde vor einem Jahr die „Ebene 2" eingeführt.

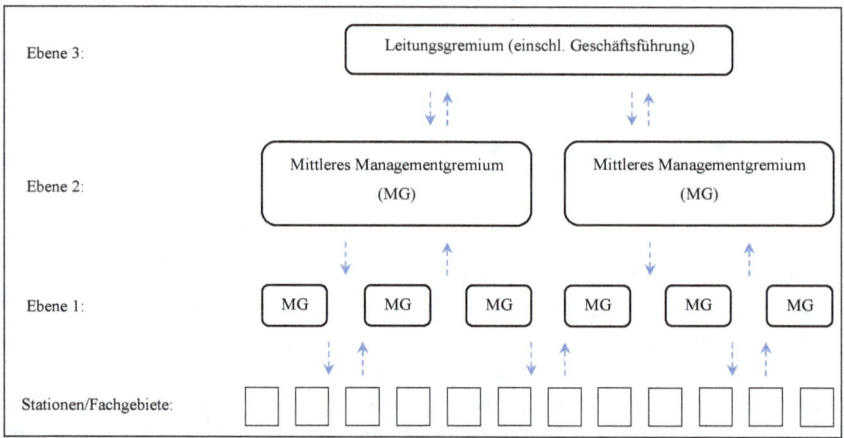

Abb. 4   Managementstruktur Gesamtkrankenhaus Klinikum Bergstadt, eigene Darstellung

Zur Rekonstruktion des Falles stehen Interviews mit folgenden Personen zur Verfü-gung: Geschäftsführer Finanzen, ärztlicher Direktor, Pflegedienstleiterin, Chefarzt der Chirurgie, Oberarzt der Chirurgie, Oberarzt der Kardiologie. Daneben wurden während unterschiedlicher jeweils mehrtägiger Forschungsaufenthalte Beobachtungs-protokolle angefertigt. In den teilnehmenden Beobachtungen (Knoblauch 2001; Vogd

2005c) dokumentiert sich unter anderem die Arbeit der Managementgremien aller drei Ebenen. Zudem wurden Frühbesprechungen sowie Visiten auf Station begleitet. Ziel war es zu beobachten, wie in der Alltagspraxis der Organisation Thematisierungen stattfinden, Relevanzen markiert und Probleme verhandelt werden.[304] Wie in den vorherigen Kapiteln auch, werden wir zunächst anhand von Interviews das Managementverständnis und die Selbstpositionierung einiger Managementmitglieder betrachten. In diesem Fall sind aufgrund der alternativen Organisationsstrukturen wesentlich mehr Personen am Management beteiligt als in anderen Krankenhäusern. Um die Vergleichbarkeit zu den anderen Fällen zu erhalten, die wir primär auf Basis der geführten Interviewgespräche rekonstruiert haben, ziehen wir in diesem Teil vor allem die Interviews mit dem für die Finanzen verantwortlichen Geschäftsführer, dem ärztlichen Direktor sowie der Pflegedienstleitung heran.

Selbstverständnis des Managements

Geschäftsführung Finanzen: Führung als Dienstleistung

In Bergstadt teilen sich mehrere Personen, darunter auch Ärzte, die Geschäftsführung. Der in diesem Abschnitt vorgestellte Geschäftsführer ist demnach einer von

---

304 Dazu wurde der Fokus auf sachliche Thematisierungen, deren Rahmungen und Interaktionen (v. a. sprachliche Bezugnahmen) der Anwesenden gelegt. Gegenüber den Interviews weisen die Beobachtungsprotokolle ein größeres Indexikalitätsproblem auf, da einzelne Aussagen nicht durch den Erzählfluss kontextualisiert werden und so schwieriger zu interpretieren sind. Die Rekonstruktion des situativen Sinns ist in unserem Fall auch dadurch erschwert, dass erstens voraussetzungsreiches organisationales und gesundheitssystembezogenes Kontextwissen der Akteure besteht und zweitens Ton- oder Videomitschnitte aus forschungspraktischen Gründen nicht möglich waren. Dennoch hat die teilnehmende Beobachtung als Erhebungsverfahren den großen Vorteil, dass sowohl diskursive als auch nicht diskursive Settings in vivo erhoben werden können. So sind zum Beispiel die im Folgenden analysierten Managementsitzungen tatsächliche Praxis der Organisation, in der Probleme der Anschlussfähigkeit an vorherige und zukünftige Sitzungen in voller Tragweite gelten. Dagegen müssen Interviews in dem Sinne als virtuelle Erhebungssituationen verstanden werden, als dass die Auslassungen hier nicht direkt die organisationale Praxis sind und keine direkte Anschlusskommunikation innerhalb der organisationalen Praxis darstellen bzw. nach sich ziehen. (Zum Beispiel kann ein Arzt im Interview über unkollegiales Verhalten sprechen, ohne damit direkt einen Konflikt auszulösen. Abwägungen müssen nicht tatsächlich in für die Organisation verbindliche Entscheidungen überführt werden etc.) Durch die Kombination beider Erhebungsformen versuchen wir das Indexikalitätsproblem für den Leser so gering wie möglich zu halten und dort, wo es unentbehrlich erscheint, mit Kontextinformationen zu ergänzen.

mehreren eingetragenen Geschäftsführern. Er ist Mitglied des Managementgremiums des Gesamthauses und verantwortlich für die Finanzen. Er stellt sich als ausgebildeter Betriebswirt in Einrichtungen für das Gesundheitswesen vor und ist kurz nach der Übernahme durch den jetzigen Träger ans Klinikum Bergstadt gewechselt. Zu Beginn des Interviews beschreibt er, wie er damals die Verwaltungsstrukturen mit aufgebaut hat:

> *GF Finanzen:* […] und hier wurde dann völlig neu eine Verwaltungsstruktur aufgebaut, also das habe ich dann mit (Name Geschäftsführer) zusammen gemacht, er hat bestimmte Bereiche wie Personal, EDV, Einkauf primär betreut und ich eher den betriebswirtschaftlichen Bereich wie Patientenverwaltung, Abrechnung, Administration, Finanzbuchhaltung, Controlling und noch ein paar so andere kleinere Bereiche, und da auch von Anfang an in dem Ansatz möglichst schlanker Strukturen, also wir sind jetzt ja auch nicht ein so großes Krankenhaus, aber ich habe hier eben von Anfang an auch teamorientiert gearbeitet, also es gibt jetzt nicht nochmal eine Gruppenleitung, also von der Leitungsebene dann eben den (Name Geschäftsführer) und mich, aber es gibt jetzt bis auf wenige Ausnahmen im EDV-Zusammenhang, da gibt es auch noch eine Gruppenleitung, also einen Leiter EDV, ansonsten sind es immer so Zweier-, Dreierteams in der Verwaltung, die, ja, eben kollegial zusammenarbeiten und wir haben dann regelmäßig Treffen zu bestimmten inhaltlichen Themen und führen natürlich auch Mitarbeitergespräche und solche Entwicklungsdinge und das war schon ein wesentlicher Ansatz im Aufbau […], wie können wir die im Primärprozess unterstützen, um möglichst gute Arbeit abzuliefern.

Die Aufbauarbeit wird von dem Geschäftsführer hier als eine pragmatisch angegangene organisatorische Unternehmung dargestellt, deren Aufgabenbereiche er sich mit einem Kollegen aufgeteilt habe. So praxisnah die Erzählung auch bleibt, wird doch von Anfang an deutlich kommuniziert, dass es bereits damals ein Prinzip gegeben habe: den „Ansatz möglichst schlanker Strukturen". Dies geht anscheinend selbstverständlich mit einem „teamorientierten" Arbeiten einher, wobei unklar bleibt, inwieweit es sich um einen gemeinsamen Ansatz oder den persönlichen Stil des Geschäftsführers handelt. Er reflektiert, dass die „schlanken Strukturen" auch mit der mittleren Größe des Krankenhauses zusammenhängen, und deutet damit an, dass der Entwicklungsprozess an die spezifischen Gegebenheiten angepasst war und damit nicht einem ‚Universalmodell' eines Krankenhauses folgte. Ein Schlüsselsatz für das Selbstverständnis dieses Akteurs, wie es sich im Verlauf des Interviews dokumentiert, ist schon hier in der Frage zu finden: „Wie können wir die im Primärprozess unterstützen, um möglichst gute Arbeit abzuliefern?" Der Anspruch, Dienstleister für die Mitarbeiter in den Primärprozessen zu sein, also Pflegende, Ärzte und Therapeuten zu unterstützen, wird von ihm hier nicht eindeutig dem Management oder der Verwaltung zugeordnet, meint also gewissermaßen ein kollektives „Wir". Seine Verwaltungs- und Managementtätigkeit differenziert er auf die Frage des Interviewers nach seiner Zusammenarbeit mit den Managementgremien auf Ebene 1:

> *Interviewer:* [...] in welcher Position oder in welchem Zusammenhang steht ihre Tätigkeit mit diesen, mit den Managementgremien der Ebene 1, also hier sind Sie ja natürlich Teil des Leitungsgremiums, dort eingebunden als eben auch Geschäftsführer. Wie sind Sie in die Zusammenarbeit der Managementgremien der Ebene 1 eingebunden? Wenn Sie das kurz skizzieren.

> *Geschäftsführer:* Also da weniger aus meiner Geschäftsführungsrolle heraus, das spielt dann eher eine gewisse Rolle, wenn wir uns entweder mit dem mittleren Managementgremium oder auch mit dem Leitungsgremium treffen, wenn es konkrete Themen gibt, die es jetzt aus dem Leitungsgremium zu beraten gibt, dann ist es natürlich die Rolle, Mitglied der Krankenhausleitung zu sein und da natürlich auch ein bestimmtes Aufgabengebiet primär zu betreuen, das ist die eine Ebene und die andere Ebene der sagen wir mal etwas mehr kontinuierlichere Begleitung in bestimmten wirtschaftlichen Fragen, das ist dann so das/ sieht man/ sich entweder trifft mit Mitgliedern der Managementgremien Ebene 1 und bestimmte Fragen mit denen bearbeitet, also häufiger in meinem direkteren Zusammenhang, wenn es um Stellenplanthemen geht, also wie, gibt es Veränderungen, was weiß ich, was jetzt Sekretariatsbereich betrifft, wie sieht es da mit der Struktur aus, wie soll es da Veränderungen geben oder Wünsche nach, ja weniger Reduzierung, sondern meistens natürlich um Stellenplanerhöhung, Ausweitung, dann wird direkt/, gibt es mit mir einen Kontakt dazu.

Der Geschäftsführer unterscheidet zunächst zwei Tätigkeitsfelder: In seiner Rolle als Mitglied des Managementgremiums des Gesamthauses trifft er sich mit den anderen Managementgremien und „berät" sich mit ihnen über bestimmte Themen, für die er innerhalb des Leitungsgremiums wiederum die Zuständigkeit hat (das kann einzelne Projekte oder übergeordnete Thematiken des Gesamthauses betreffen). Das zweite Tätigkeitsfeld ist die „mehr kontinuierlichere Begleitung in bestimmten wirtschaftlichen Fragen". Dies wird nicht durch die Mitgliedschaft im Managementgremium gerahmt, sondern scheint eher mit seiner Kompetenz als Finanzverwalter zusammenzuhängen. Gesprächspartner sind in diesem Fall auch nicht mehr die Managementgremien, sondern einzelne Mitglieder aus diesen. Hier dokumentiert sich ein differenziertes Rollenbewusstsein, das im weiteren Interviewverlauf weiter spezifiziert wird und mit dem Selbstverständnis der Organisation korreliert, in dem auf Basis von Kompetenz und nicht aufgrund von Hierarchie entschieden wird. Mit Blick auf die Managementtätigkeit im Leitungsgremium (die eigene sowie die der anderen Mitarbeiter) versteht er sich als Gestalter, der mit einem eigenen „Ansatz" Strukturen aufbauen kann. Dazu brauche es eine spezifische Kompetenz, und so haben auch alle Mitglieder der Managementgremien über einen längeren Zeitraum Managementweiterbildungen absolviert, wie der Geschäftsführer später ausführt. Die Rolle des Finanzverantwortlichen dagegen steht hier nicht im Zentrum des eigenen Managementverständnisses, sondern die Finanzkompetenz wird eher als Dienstleistung begriffen, die dann den anderen Akteuren Zahlen und Modelle zur Verfügung stellt:

> *Geschäftsführer:* [...] wo dann eher der Ansatz ist, das Angebot, auch wieder zu gucken, wie macht man das dann nochmal deutlich, also, oder gibt Hilfestellung, was sind da wesentliche Themen und Fragestellungen, weil es ja eher das Problem ist, irgendwie mit Information zugeschüttet zu werden und dann nochmal/, also einerseits zu befähigen, das auch vernünftig interpretieren zu können und und/
>
> *Interviewer:* Also einfach so einen Wissenstransfer leisten, erst einmal, auch was ihre Arbeit ausmacht?
>
> *GF:* Genau, und eine Hilfestellung auch zum Lesen und Interpretieren der Zahlen, und da je nachdem, wie lange Einzelne dann auch schon in dieser Gremienarbeit sind, merkt man, dass es da auch einen Entwicklungsweg gibt, also im Sinne von sich mit Zahlen auskennen, da auch schon mal gezielter nachfragen, also über das, was man als Standardberichtswesen noch zu sagen hat, mich interessiert aber jetzt die und jene Fragestellung dann, was da entsprechend herauszusuchen.

Zusammengenommen sehen wir in der sehr sachlichen Schilderung hier einen Akteur, der sich an Inhalten und konkreten Aufgaben orientiert. Dienstleister und Geschäftsführer in Personalunion zu sein, scheint hier nicht problematisch, sondern im Gegenteil organisch zusammenzugehen. Eine solche Orientierung ermöglicht eine vielschichtige Praxis, aus der heraus dann komplexe Problemstellungen differenziert adressiert werden können. Wie sich im Abschnitt zu den Außenspannungen zeigen wird, lassen sich, wenn dies gefragt und opportun erscheint, aus der Geschäftsführerrolle heraus spezifische Dienstleistungen erbringen, die durch die Position eine besondere symbolische Bedeutung erhalten.[305]

Ärztlicher Direktor: Sozialprozesse von Experten managen

Der ärztliche Direktor ist langjähriges Mitglied im Managementgremium des Gesamthauses. Er ist innerhalb seiner Fachdisziplin sowohl wissenschaftlich aktiv und bundesweit vernetzt als auch Leiter einer Station. Zudem ist er ein maßgeblicher Protagonist des neuen Managementmodells bzw. ist an seiner Weiterentwicklung aktiv beteiligt.

> *Ärztlicher Direktor:* Also wir haben auf einmal ganz viele Dinge entwickelt, weil das System, was wir jetzt angelegt haben, ist so: Früher war eben ein Chefarzt König der

---

305 Vgl. Abschnitt „Zertifizierung und Qualitätsprüfung" (S. 413): Der Geschäftsführer bringt externen Prüfern ihr Abendessen und erweist ihnen so mehr Ehre, als es beispielsweise eine Servicekraft mit der gleichen Handlung tun könnte.

Reusen, der Betten. Und hat das gemacht, was er wollte. Und unser Konzept ist: Nein, wir wollen zusammenarbeiten. Und die Medizin ist heute so komplex geworden, dass man eigentlich/ nur wenn man teamorientiert zusammenarbeitet, kann man auch Spitzenleistung abgeben. Und das ist der Vorteil. Wenn wir jetzt also eine Schmerztherapie haben, dazu gehört ein Anästhesist mit Schmerztherapie, dazu gehört jemand der Psychosomatik, also der somatisierte Schmerz. Dann gehört jemand, der guckt, ob die Organe krank sind, also der Internist. Dann gehören drei, vier Fachrichtungen/ der Orthopäde gehört dazu. Und die müssen Sie zusammenbekommen. Und jeder ist natürlich der Klügste und will auch sagen: Ich bin jetzt Leiter der Abteilung. Und dann sagen Sie: Nein, gibt es nicht. Sondern Sie machen teamorientierte Leitungen. Und da gibt es natürlich: Ich bin aber auf den Kongressen derjenige, der am meisten eingeladen wird. Und dann sagt der Internist: Interessiert mich eigentlich nicht, aber ich muss meinen Beitrag haben. Heißt: Das sind alles Sozialprozesse. Und die müssen gemanagt werden.

Hier zeigt sich, dass aus Sicht des ärztlichen Direktors eine teamorientierte Arbeitsweise nicht nur erwünscht, sondern eine sachbezogene Notwendigkeit ist: Die moderne Medizin erfordere interdisziplinäres Arbeiten bzw. könne nur durch teamorientiertes Arbeiten ihr volles Potenzial entfalten. Dies funktioniert aber nicht von sich aus, da Ärzte habituell Platzhirsche seien. Zur Bewältigung eben dieser Inkongruenz von professionellem Habitus einerseits und fachlichen Notwendigkeiten andererseits bedarf es eines Managements. Hier ist zu beachten, dass der ärztliche Direktor nicht die Ärzte an sich verändern will, sondern an die Gestaltung von „Sozialprozesse[n]" glaubt. Es geht ihm dabei nicht darum, die professionellen Orientierungen aufzuheben – im Gegenteil: Hochleistungsmedizin brauche die Expertise unterschiedlicher Fachdisziplinen. Gleichzeitig haben diese ihre Geltungsansprüche aber so weit zurückzustellen, dass Zusammenarbeit möglich wird. Der ärztliche Direktor scheint hier das komplexe Verhältnis von Profession und Organisation mitreflektieren zu können: Nur wenn die Ärzte der Organisation insofern fremd bleiben, als sie primär an ihrem Fachgebiet orientiert sind, leisten sie den entscheidenden Mehrwert für die Organisation. Gleichzeitig haben sie aber untereinander und für die organisatorischen Prozesse in einer Weise anschlussfähig zu sein, dass es zu *Inter*disziplinarität, also der Verschränkung von Fachwissen kommt. Es gilt also, ihre gegenseitigen Bezugnahmen zu managen, ohne ihre Professionalität einzuschränken:

ÄD: Und deshalb vermeiden wir gerade die Verhaltensweisen von Ärzten, die ja immer wieder dazu neigen, per Status ihre Macht einzusetzen und nicht die Argumente. Und daher geht es darum, eigentlich die – sage ich mal – Autorität zu schwächen und die Argumentationsebene in den Auseinandersetzungen zu stärken.

Zwischen Ärzten und anderen Mitarbeitern soll Fachlichkeit und Interdiszipli-
narität an die Stelle sonstigen hierarchischen Verhaltens treten, womit es nun als
illegitim markiert wird, wenn Chefärzte sich wie der „König der Reusen, der Betten"
aufführen oder jemand sich auf seine wissenschaftliche Reputation beruft, um sich
intern durchzusetzen. Man strebe, wie er an anderer Stelle sagt, einen Führungsstil
an, bei dem „aus Macht gar nichts passieren darf". Der ärztliche Direktor kann aus
seiner Managementposition heraus die Ärzte jedoch durchaus anweisen: „Und dann
sagen Sie: Nein, gibt es nicht. Sondern Sie machen teamorientierte Leitungen." Der
Modus der nichtautoritären, sondern argumentativen Führung bedarf demnach
hin und wieder selbst einer autoritären Durchsetzung. Der ärztliche Direktor reklamiert also sehr wohl eine Autorität jenseits der medizinischen Fachlichkeit für
sich – oder besser: für die Managementposition, was sich u. a. daran zeigt, dass er
mit der distanzierenden Formulierung „und dann sagen Sie …" statt „und dann
sage ich …" bereits mittransportiert, dass auch jemand anderes diese Position innehaben könnte. Hier zeigt sich ein Gespür für komplexe Rollendifferenzierungen,
die über die klassischen hierarchischen Strukturen im Krankenhaus hinausgehen
und zwischen Rolle und Person, zwischen Sach- und Sozialdimension unterscheiden lassen. Aus der Managementposition heraus sei es dann auch seine Aufgabe,
„Leute an[zu]treiben":

> *ÄD:* […] der Punkt ist, was ich schon aus einer Leitungsfunktion sein muss. Ich muss
> natürlich die Leute antreiben im Sinne von: Sie spiegeln, dass sozusagen Spitzen-
> leistung auch abgeliefert wird. Das heißt: In der Geriatrie kann man natürlich/ alte
> Menschen kriegt man immer, die Betten kriegt man auch voll. Dazu gibt es genug
> Alte in München. Aber jetzt geht es darum: Wie will man, ja, sich sozusagen am
> Markt so positionieren, dass jeder sagt: Boah, Bergstadt hat eine Spitzengeriatrie, hat
> den Schwerpunkt gerade Demenz. Da gehen die nicht nur nett und menschlich/ und
> die Schwestern sind auch alle nett, sondern: Was hat man auch fachlich zu bieten?
> Also das heißt: Meine Aufgabe ist auch/ Oder als Managementgremium haben wir
> natürlich auch die Aufgabe zu gucken: Wo wollen wir uns differenzieren? Wo wollen
> wir Spezialangebote machen?

Dass „Spitzenleistung […] abgeliefert" werden soll, suggeriert, dass hier die Ärzte
als Dienstleister verstanden werden. Ob dem Patienten oder dem Management
gegenüber, bleibt an dieser Stelle zwar offen, doch befindet sich der ärztliche Direktor offensichtlich in der Position, Leistung beurteilen und ggf. einzufordern zu
können. Wie an anderen Stellen auch wird hier deutlich, dass trotz des alternativen
Managementmodells der interdisziplinären Entscheidungsgremien Hierarchie in
diesem Krankenhaus keineswegs abwesend ist. Sie wird allerdings im Vergleich
zu anderen Häusern häufig explizit und problematisiert. Rollen und Befugnisse
werden in aufwendigen Prozessen ausgehandelt und es werden sehr viel differen-

ziertere hierarchische Strukturen entwickelt. Es wird gleichsam ständig am Design der formalen Entscheidungsstruktur gearbeitet.

Weiter verdeutlicht dieser Abschnitt das Selbstverständnis eines Akteurs, der eben nicht nur sicherstellen will, dass das Haus sich gut, im Sinne von ökonomisch erfolgreich, am Markt positioniert, sondern dem Ökonomischen eigene Gütekriterien zur Seite stellt: Man leistet sich hier die Frage, *wodurch* man sich wirtschaftlich gut aufstellen will und welche Werte dabei berücksichtigt werden sollen. Eben dies wird als gemeinsame, programmatische Aufgabe des Managementgremiums verstanden.

In der Konsequenz ergibt sich aus diesen Ausführungen ein Managementverständnis, das sehr direkt mit den alltäglichen Sozialprozessen auf den Stationen zu tun hat und das explizit zwischen Sozialkompetenz und medizinischer Expertise unterscheidet. Sozialprozesse erscheinen dabei als der primäre und direkte Gegenstand des Managements, während Fachliches primär den jeweiligen Experten überlassen wird. In seiner Funktion als ärztlicher Direktor versteht sich der befragte Akteur also einerseits als Supervisor für Sozialprozesse und erscheint andererseits zuständig für die medizinisch begründete strategische Ausrichtung des Gesamthauses.

Pflegedienstleitung

Die Pflegedienstleitung beschreibt zu Beginn des Interviews ihre unterschiedlichen Rollen als erstens Pflegedienstleiterin, zweitens Mitglied der Krankenhausleitung im Leitungsgremium Ebene 3 sowie drittens ihre Begleitung von Pflegenden in den Gremien auf Ebene 1. Die Pflegedirektorin erzählt kurz, dass sie seit zwanzig Jahren in dieser Rolle in der Krankenhausleitung ist, wobei sie jeweils nach einem Turnus von fünf Jahren erneut in dieser Rolle bestätigt wurde. Darauf folgt eine längere Ausführung über ihre Funktion in den Gremien auf Ebene 1, in denen sie zwar nicht eigentliches Mitglied sei, zu denen sie aber Schwestern zur Unterstützung während ihrer Einarbeitung hinzugebeten hätten:

> *Pflegedienstleitung*: Und ich war in den Managementgremien Ebene 1 nur teilweise eine Weile mit dabei. In/ In drei, weil die Krankenschwestern die dann sozusagen von ihrer/ von ihrem Bereich dahindelegiert wurden [...]. Da hatten mich eben Schwestern gefragt, für die das jetzt eine ganz neue Rolle war und die auch hier vorher keine Leitungserfahrung hatten, ob ich sie eine Weile begleite. Deshalb war ich in drei Managementgremien Ebene 1, sagen wir mal, circa ein Jahr oder vielleicht/ ich weiß es gar nicht mehr genau, in der Startzeit mit dabei und habe da so ein bisschen versucht, das mit/ auch organisatorisch, weil/ die haben ja dann alle E-Mail-Verteiler für diese Gruppe und EDV-Ordner für die Gruppe, und dass man da das auch ein bisschen strukturiert und eben auch eine Unterstützung in dem Prozedere, wie geht das dann da interprofessionell, wie schaffe ich das dann als normale Krankenschwester, mich auch mit dem Arztbereich da sinnvoll zu behaupten und auch auszutauschen.

Die Pflegedirektorin habe in diesem Zuge einerseits dem jeweiligen Gremium beim Aufbau von Kommunikationsstrukturen, z. B. der Einrichtung von EDV, unter die Arme gegriffen, andererseits den Krankenschwestern geholfen, sich gegenüber den Ärzten zu „behaupten und sich auszutauschen". Die Pflegedirektorin gibt damit in ihrer Tätigkeits- und Selbstbeschreibung der außerhalb ihrer formalen Managementrolle liegenden Funktion als Coach eine zentrale Bedeutung. Diese unterstützende Aufgabe habe sie wahrgenommen, bis die Krankenschwestern sich „freigeschwommen" hätten, wie sie es an anderer Stelle nennt, und alleine ihre neue Rolle ausüben konnten. Wenn auch von der Pflegedienstleitung nicht explizit so bezeichnet, dokumentiert sich hier eine „Teamorientierung", wie sie ebenfalls vom Geschäftsführer und dem ärztlichen Direktor angestrebt wird. Sie weiß dabei jedoch genau, dass ein interprofessionelles Team nicht allein durch seine formale Einrichtung entsteht, sondern es auch auf sozialer Ebene der Ermächtigung der zuvor untergeordneten Akteure bedarf. In diesem Sinne arbeitet die Pflegedirektorin sozusagen an den Voraussetzungen, die Sprecherautorität einer „normalen Krankenschwester" gegenüber den traditionell in der Hierarchie höherstehenden Ärzten zu stärken. Im Managementgremium des Gesamthauses stelle sie entsprechend der neuen Struktur eine Ausnahme bzw. ein „Auslaufmodell" dar, da sie keine formalen Verpflichtungen in der direkten Patientenversorgung oder auf Managementebene 1 mehr habe. Die meisten anderen Mitglieder seien im Unterschied zu ihr gleichzeitig an der „Basis" und in den Gremien der Ebene 3 beschäftigt. Auf die Frage nach ihrer Rolle als Pflegedienstleitung führt sie ihre Distanz zur Basis weiter aus:

> *PDL:* Also es ist eher hier sozusagen den/ den/ also einmal Ansprechpartner sein, auch dieses Einarbeiten von Managementgremienschwestern oder eine Art von Coaching vielleicht. Das hört sich immer so hochtrabend an. Und hier eine gewisse Organisation Außenkontakte, Fortbildung organisieren, Bewerbungen sinnvoll auf den Weg bringen und so was alles. Aber nicht wenn jetzt eine Station mit den Ärzten verabredet, was/ wir wollen hier mal im Ab-/ Tagesablauf was ändern oder die Visitenzeiten festlegen oder was auch immer. Damit habe ich nichts zu tun. Also ich arbeite primär mit den Ärzten im Leitungsgremium zusammen. […] Aber jetzt so Alltags- und Ablaufgeschichten vor Ort, damit nicht. Auch wenn die jetzt inhaltlich bestimmte Behandlungspfade oder so was festlegen wollen, da bin ich auch nicht dran beteiligt. Das ist eher/ sind auch Pflegende vor Ort, die da Erfahrung mit den Krankheitsbildern haben […], und die sind das dann, nicht ich.

In ihrer Rolle als Pflegedienstleitung ist sie für übergeordnete Aufgaben des Pflegebereichs zuständig, überlässt die Ausgestaltung der Arbeitsprozesse auf Station aber anderen, die hier qua Erfahrung kompetenter sind als sie. Beispielsweise setzt sie sich, wie sie an späterer Stelle ausführt, für die Digitalisierung der Pflegedokumentation ein, sagt aber: „Alltagsmäßig habe ich damit nichts zu tun. Und das wäre ja auch absurd, ich bin ja nicht beim Patienten." Eine Distanz zur Stationspraxis der Pflege beobachten wir auch bei Pflegedirektoren anderer Häuser. Die Freistellung von der Stationsarbeit wird häufig als Vorteil der Pflegedirektoren gegenüber den ärztlichen Direktoren gewertet, da man sich ganz auf Managementaufgaben konzentrieren könne. Bei den Pflegedirektoren der anderen Häuser haben wir jedoch beobachtet, dass dies häufig den Bruch mit der professionellen Identität der Pflege bedeutet und sozusagen einer „Flucht" ins Management gleichkommt, wodurch die Interessen Pflege durch die PDL nicht mehr vertreten werden (wie z. B. im Fall Westgroup bzw. dem im Kapitel zur Pflegedienstleitung IV.2 beschriebenen Typ 1). Im hier vorgestellten Fall ist jedoch keine emotionale Distanz zur Stationspflege zu erkennen, vielmehr scheint es sich um eine sinnvolle Arbeitsteilung zu handeln. Die Distanzierung der Pflegedienstleitung zur Station ist hier möglich, *eben weil* sie der Stationspflege eine hinreichende Kompetenz in Hinblick auf die Organisation ihrer eigenen Arbeit zuspricht. Zudem scheint sie über die Belange an der Basis gut informiert zu sein. Die Zusammenarbeit mit den Ärzten ist in dieser Darstellung auf das Leitungsgremium begrenzt. Außerhalb des Gremiums scheint sie sich als Pflegedienstleitung nur um Pflegebelange zu kümmern, als Gremiumsmitglied ist das Verhältnis ihrer Rollen jedoch komplexer:

Interviewer: […] ja. Und/ Und in dem Leitungsgremium? Was ist da Ihre Rolle?

PDL: Na ja, da bin ich als Pflegedienstleitung drin, aber wir/ wir haben ja da/ wir sollen/ es geht ja nicht nur um eine Interessenvertretung im Leitungsgremium, also weder im Leitungsgremium Ebene 3 noch in den Managementgremien Ebene 1. Das ist ja auch die besondere Herausforderung, dass wir das nicht so denken wollen, dass ich jetzt für die Schwestern und Pflegenden da drin bin, sondern für das Gesamthaus versuche mitzudenken und natürlich immer gucke, wie/ was sind das dann/ die neuen Konzepte, was bedeutet das für die Pflege oder auch umgekehrt natürlich, wenn wir was reintragen. Aber ich bin als Pflegedienstleitung drin, aber nicht ausschließlich dann in der Rolle, sondern gemeinsam mit den anderen strategischen und/ Ausrichtungen und so.

Die Pflegedienstleiterin erläutert hier eine komplexe normative Managementstruktur, die hinsichtlich der Motivation eine Trennung zwischen Bereichszuständigkeit und Managementrolle fordert, hinsichtlich des Inhalts aber eine Verknüpfung beider Bereiche durch die Personalunion aufrechterhalten will. Managementmitglieder sollen keine Partikularinteressen vertreten, ihre fachliche Expertise jedoch einbringen und für den Informationsaustausch mit der eigenen Berufsgruppe sorgen.

Es entsteht eine zunächst paradox anmutende Situation, in der sie zwar als Pflegedirektorin im Leitungsgremium ist, innerhalb des Gremiums aber nicht primär Pflegedirektorin sein soll („Aber ich bin als Pflegedienstleitung drin, aber nicht ausschließlich dann in der Rolle, sondern gemeinsam mit den anderen strategischen und/ Ausrichtungen und so"). Es ist einerseits nicht ihre primäre Aufgabe, Pflegeinteressen zu vertreten, andererseits muss sie, wie sich in den Sitzungen mehrfach zeigt, sich als Pflegedirektorin rechtfertigen, zum Beispiel weil der Pflegebereich über dem vereinbarten Stellenschlüssel liegt. Die Pflegedienstleiterin bezieht diese komplexe Rollenanforderung auf ihre persönliche Stellung, markiert aber auch, dass es sich bei der hier verlangten Haltung um einen Leitgedanken des Krankenhauses handelt. Diese raffinierte Verschränkung eines zugleich normativen und praktischen Verständnisses ist in unterschiedlichen Interviews und Beobachtungen auf ganz ähnliche Weise zu finden. Demnach handelt es sich nicht um eine nur subjektiv erlebte Spannung. Vielmehr scheint die so gelagerte Spannung in der Organisation kultiviert zu werden und unterschiedliche Managementmitarbeiter arbeiten sich an ihr ab.

Der Detaillierungsgrad, mit dem die Pflegedienstleiterin die Arbeit in der Krankenhausleitung selbst beschreibt, lässt auf ihre Kompetenz auf diesem Handlungsfeld schließen (es gehe häufig um „tausend Sachen, auch/ auch Kleinigkeiten, die man gar nicht teilweise denkt"). Aufgrund der Delegation an die Managementgremien auf Ebene 1 und 2 könne man denken, dass für das Leitungsgremium nur noch der „Leitungsrest" übrigbleibe und die Aufgaben immer weniger würden, was jedoch nicht stimme (beispielsweise sei man auch „Gesellschafter für das MVZ, dann haben wir teilweise 4 Stunden Sitzungen mit dem MVZ, dann treffen wir uns mit den Managementgremien 2, dann geht es um Erweiterung Pflegestellenpläne ja oder nein und wenn ja, wie hoch, warum"). Darüber hinaus ist die Pflegedienstleiterin auch in die Budgetverhandlungen mit den Krankenkassen und die Auseinandersetzungen über mögliche Leistungsausweitungen involviert, in denen es schon mal „wie im Europaparlament" zugehe.

Die Pflegedienstleiterin versteht sich, zusammengefasst und im Gegensatz zu den meisten anderen Pflegedirektoren in unserem Sample, eindeutig als ein aktiver Managementakteur. Aus operativer Perspektive scheint sie weit entfernt von der Pflegebasis zu agieren, identifiziert sich jedoch gleichzeitig weiterhin mit der Pflege. Übereinstimmend mit ihrer eigenen Position ist es ihr als Pflegedienstleitung ein besonderes Anliegen, auch anderen Pflegekräften den Schritt ins Management zu ermöglichen und sie darin zu unterstützen, auf Augenhöhe mit den anderen Berufsgruppen auftreten und argumentieren zu können.

Zusammenfassung

Bei allen drei Managementmitgliedern lassen sich komplexe Rollenverständnisse beobachten. Infolge der alternativen Organisationsstruktur sind die klassischen Hierarchien und Rollen eines Krankenhauses nicht mehr so einfach verfügbar, wodurch andere Ordnungsprinzipien innerhalb der Organisation gefunden werden müssen und die Akteure sich auch in ihrem jeweiligen Selbstverständnis neu in die Organisation einzuordnen haben. Der Geschäftsführer tut dies, indem er in seinem Selbstverständnis Führungs- und Dienstleistungsfunktionen verschränkt. Er hat als Geschäftsführer vornehmlich eine Führungsrolle, in seiner Zuständigkeit für den Finanzbereich eher eine Dienstleisterrolle. Die Freiheitsgrade für seine Managementtätigkeit liegen in der Möglichkeit, zwischen beiden Rollen situativ zu wechseln, also sowohl symmetrisch (im Sinne einer partnerschaftlichen und kooperativen Wert- und Beziehungsstruktur) als auch hierarchisch im Sinne der weiterhin bestehenden Führungsverantwortung zu agieren. Dies lässt sich aus den bisher angeführten Interviewsequenzen im Ansatz nachvollziehen und scheint für ihn weitgehend selbstverständlich und konfliktfrei zu verlaufen. Als seine Bezugsprobleme erscheinen dabei einerseits die Entwicklung einer praktikablen Organisationsstruktur sowie andererseits die Vermittlung eines Verständnisses für finanzielle Fragen bei den Mitarbeitern in den Fachbereichen.

Der ärztliche Direktor problematisiert die „Sozialprozesse", vor allem in Hinblick auf die professionellen Deformationen der Ärzte: Einerseits fühlt er sich dafür verantwortlich, sie weiterhin zu medizinischer Exzellenz anzutreiben, andererseits will er das mit der Expertise oft habituell einhergehende Machtgehabe der Ärzte zugunsten der inhaltlichen Argumentation zwischen allen Berufsgruppen eindämmen. Für das Management der nichtautoritären Sozialprozesse muss er jedoch selbst auf seine Autorität zurückgreifen. Diese bezieht er nicht über seine Professionszugehörigkeit, sondern aus seiner Rolle im Management, was in diesem Haus aber wiederum nur im expliziten Rückgriff auf die als Konsens vorausgesetzten Werte der gemeinschaftlichen Leitungsstrukturen möglich ist. Damit deutet sich allerdings auch schon ein Problem an, das durch das Organisationsmodell entsteht: Der kurze Weg von Anweisungen qua Hierarchie steht für die Organisationsprozesse nicht ohne Weiteres zur Verfügung und Machtressourcen sind entsprechend aufwendiger über an Rollen gebundene Mandate zu beziehen.[306]

Die Pflegedirektorin bleibt dem Professionalisierungsprojekt der Pflege habituell und ideell verbunden, wenngleich sie operativ weit von der Stationspflege entfernt und als Managementakteurin eingebunden ist, als welche sie sich für das Gesamtkrankenhaus einsetzt. Aus dieser Lagerung heraus ist es ihr Anliegen, Pfle-

---

306 In den teilnehmenden Beobachtungen lassen sich dann auch Strategien beobachten, die den mit dem Hierarchieabbau verbundenen Kontrollverlust kompensieren, etwa wenn inhaltliches Interesse für Informationen angeführt wird, die man nicht mehr aus einer vorgesetzten Position heraus einfordern kann. Siehe dazu S. 399 den Abschnitt „Kontrollversuche".

gemitarbeiter in die Managementarbeit einzuführen. Dies ist, wie im Kapitel zu den Pflegedirektoren zu sehen, keine Selbstverständlichkeit. Im Vergleich beobachten wir vielmehr, dass die meisten Pflegedirektoren sich entweder auch emotional von der Basis entfernen und, überspitzt formuliert, gleichsam zu identitätslosen Managern werden oder aber der Pflege verbunden, dabei aber keine vollwertigen Managementmitglieder sind. Das Verhältnis zwischen Bereichsverantwortung als Pflegedienstleitung und der übergeordneten Verantwortung als Mitglied im Leitungsgremium erscheint auch für die Akteurin des hier vorgestellten Hauses keineswegs intuitiv selbstverständlich, sondern als eine Norm, an der sie sich selbst orientiert, um dann über ihre formale Aufgabe hinweg die Pflegeakteure zu coachen, Leitungsaufgaben selbstbewusster zu übernehmen. Die Teamorientierung, die Teil der expliziten Organisationskultur ist, wird von der Pflegedienstleitung als ein mit direktiven und pädagogischen Mitteln zu erreichendes Ziel aktualisiert: Um die neue Ordnung, in der sich alle Beteiligten auf Augenhöhe begegnen, herzustellen, sind die habituell eher durchsetzungsschwachen Krankenschwestern in ihrem Selbstbewusstsein und in ihrer Diskussionskompetenz zu schulen. Währenddessen ist die Teamorientierung für den Geschäftsführer eher eine Strategie oder ein Grundprinzip der Organisationsentwicklung und für den ärztlichen Direktor bedeutet Teamorientierung vor allem das Managen von Sozialprozessen.

In der Zusammenschau der drei Managementakteure zeigt sich ein komplementäres Bild: Wir treffen hier auf ein Haus, dass sich als Norm gesetzt hat, die klassischen hierarchischen Strukturen zugunsten von Teamprozessen zu verflüssigen. Dies wiederum wird jedoch erst durch Führung und Management ermöglicht. Die Rollenverhältnisse erscheinen dementsprechend bisweilen paradox, jedoch gleichzeitig für die befragten Managementakteure praktikabel. Es findet keine Distanzierung gegenüber dem Haus oder der zugemuteten Herausforderung statt. Vielmehr wird eine Managementhaltung demonstriert, die um die komplexen Anforderungen weiß und für die Organisation und Profession sowie Oben und Unten, Hierarchie und Team nicht im Gegensatz zueinander stehen. Schauen wir nun auf konkrete Problemlagen, um verstehen zu können, wie das in der Praxis funktioniert.

Innenspannungen

Zunächst blicken wir darauf, welche Spannungslagen *innerhalb* des Hauses bestehen und wie diese im Management bearbeitet werden. Typisch sind für Krankenhäuser – wie in diesem Buch bereits mehrfach benannt – einerseits die Konfliktlinien zwischen Berufsgruppen, also der betriebswirtschaftlichen, der ärztlichen und pflegerischen Logik. Ebenso treten Spannungen zwischen den unterschiedlichen medizinischen Fachdisziplinen sowie durch Hierarchie bedingte Spannungen zwischen oben und unten auf. Auch für das Klinikum Bergstadt generieren sich aus diesen Lagerungen die Bezugsprobleme des Managements, auf die hier jedoch mit der besonderen Organisationsform der interdisziplinären Entscheidungsgremien eine etwas anders gelagerte Antwort gegeben wird. Bei näherem Hinschauen wird jedoch deutlich, dass es dabei nicht nur darum geht, Spannungen aufzulösen, sondern unter Umständen auch darum, diese gezielt aufrechtzuerhalten oder in andere Formen der Spannung zu transformieren. Es lassen sich mit Blick auf die horizontalen Spannungen sowohl Formen der partiellen Integration oder sogar Aktivierung als auch Abweisung und Abblendung (bzw. Rejektion) von professionellen Eigenlogiken beobachten. Mit Blick auf die Dynamiken der Hierarchie erscheint es aufgrund der demokratischen Strukturen einerseits schwieriger, Prozesse und Akteure zu kontrollieren, was jedoch andererseits mit einer Strategie der Versachlichung von Konflikten einhergeht – man muss nolens volens einen Weg finden, miteinander über die Dinge zu reden.

Priorisierung von Problemen statt Hierarchisierung von Positionen

Am Beispiel eines Interviewausschnitts mit dem ärztlichen Direktor wird deutlich, auf welche Weise Interessenkonflikte zwischen Fachdisziplinen in Sachkonflikte überführt werden können.

Interviewer: Können Sie kurz sagen, was in dem Leitungsgremium da Ihre Rolle, ihre Aufgaben sind? […]

Ärztlicher Direktor: Also, erstens ist es so, genau. Was, was ja uns unterscheidet von üblichen Krankenhausleitungen, es gibt ja nach Krankenhausgesetz drei Positionen, die genannt sind nach [unverständlich], also dass nach dem Krankenhausgesetz normalerweise ein Geschäftsführer nach außen die Geschäfte vertritt, ein ärztlicher Leiter die medizinischen Dinge wie Hygiene und so weiter verantwortet, und eine Pflegedienstleitung. Das ist das eine. So verstehen wir uns nicht, sondern wir verstehen uns ja als Leitungsorganisation, als ein Team, was gemeinsam entscheidet, deshalb ja auch einmütig die Entscheidung herbeiführt und wir sind ja auch alle eingetragene Geschäftsführer. Das ist ja ungewöhnlich. Das heißt: Auch der ärztliche Leiter, der stellvertretende ärztliche Leiter, die Pflegedienstleitung, die sind alle Geschäftsführer […] . Was zum Ausdruck bringen soll, dass wir gleichberechtigt sind und dass wir eben schon versuchen, auch die Probleme nicht nur aus unserer Betroffenheitssicht im Sinne: Der Arzt will natürlich immer mehr Geräte, die Schwestern wollen immer nur mehr Schwestern einstellen und der Geschäftsführer will immer schönere Häuser bauen. So. Also das wären jetzt so die üblichen Dinge. Und da ist natürlich die Verwaltung ganz wichtig, dass der Geschäftsführer sagt: Also ich brauche jetzt noch einen neuen Controller, ich brauche noch zwei für die Personalabteilung. Und dann sagen die Schwestern: Wir brauchen aber nochmal fünf auf der Station. Wenn man das alles sieht, dann kann man sagen: Es gibt ein/ das Übliche in einer Krankenhausleitung, dass man eben rumschachert, wer wie viele Interessen durchbekommt. Und das ist kontraproduktiv.

Der ärztliche Direktor beginnt die Beantwortung der Frage nach seiner Rolle im Leitungsgremium mit einer allgemeinen Beschreibung der „normalen" Strukturen, in denen Geschäftsführer, ärztlicher Direktor und Pflegedirektor jeweils spezifische Rollen einnehmen. Gegen dieses Modell der Interessenvertretung grenzt er die eigene Krankenhausleitung ab („So verstehen wir uns hier nicht, sondern wir verstehen uns ja als Leitungsorganisation, als ein Team, was gemeinsam entscheidet, deshalb ja auch einmütig die Entscheidung herbeiführt und wir sind ja auch alle eingetragene Geschäftsführer"). Mit der Beschreibung der team- und konsensorientieren Arbeitsweise findet eine Rejektion der mit der Interviewfrage implizierten Vorstellung statt, dass er als Managementakteur eine bestimmte Rolle zu spielen habe. Stattdessen wird das „Wir" an die zentrale Stelle gesetzt. Interessanterweise geht es zunächst um das Selbstverständnis des Managements: „Wir verstehen uns als Leitungsorganisation". Die formelle Struktur, die diesem Selbstverständnis entspricht („Wir sind ja auch alle Geschäftsführer") wird als Ausdruck ebendieses Verständnisses dargestellt. Es stellt entsprechend – anders als z. B. im Fall Westgroup – nicht ein stilles oder alternativloses Einverständnis mit den Machtverhältnissen dar. Das Selbstverständnis als Team, die Gleichberechtigung der Teammitglieder und das Bemühen um gute Entscheidungen im Sinne der Gesamtorganisation werden jetzt vielmehr als strukturelles Merkmal installiert, wodurch die Akteure – die nun formal gleich mächtig sind – gefordert sind, einen Weg zur Einigung zu finden. Der ärztliche Direktor behauptet nicht, dass die Struktur Gleichberechtigung schaffe, immer harmonisch sei oder gute Entscheidungen garantiere, sondern markiert, dass man es „versucht". Die Struktur erscheint damit selbst als ein Kommunikationsmittel, als der adäquate Ausdruck des Selbstverständnisses, es symbolisiert die hiermit einhergehenden „Entscheidungsprogramme" (Luhmann 2000b), da sich mit ihm der Teamcharakter auf höchster Ebene manifestiert. Das an anderen Krankenhäusern übliche Geschacher um die Durchsetzung der Interessen der eigenen Berufsgruppe wird wiederholt als (fiktives) Negativbeispiel verwendet, das den Wert der eigenen Lösung plausibilisieren soll. Indem das eine als kontraproduktiv bewertet wird, ist der Versuch der Alternative gerechtfertigt. Die Beschreibung des Managementgremiums als „Leitungsorganisation" ruft zudem ein nicht weiter spezifiziertes Bild einer Organisation in der Organisation hervor. Weiter erklärt der ärztliche Direktor:

> ÄD: Und daher ist es so, dass wir ja versuchen, aus einer Metaebene zu gucken, dass jeder für alles im Hause auch so verantwortlich ist, dass er nicht seine eigenen Interessen befriedigt. So, das heißt: Ich als ärztlicher Direktor bin sogar eher so, dass

ich dann zu meinen Ärzten hart bin und sage: Es gibt viel wichtigere Dinge, damit man wirklich eine Perspektive hat, wo es nicht um Interessenkollision geht, dass man, das, was man im Alltag oder das, was man mandatierte/ ärztliche Direktor, der bringt die Interessen durch. Und wenn der Chirurg jetzt einen neuen OP haben will, dann setzt sich der ärztliche Direktor hin und sagt gegenüber dem Geschäftsführer: „Also wenn wir keinen neuen OP bekommen, dann streiken wir oder dann wird der Chirurg unser Haus verlassen oder so." Das ist nicht der Stil.

Die „Meta"-Perspektive der Krankenhausleitung wird spezifiziert als Zuständigkeit für die ganze Organisation und die Distanzierung von Eigen- bzw. Partikularinteressen. Interessant ist, dass der ärztliche Direktor im Anschluss an die programmatische Negierung von professionsspezifischen Zuständigkeiten direkt und zum ersten Mal in diesem Abschnitt seine persönliche Handhabung der gemeinsamen Verantwortung schildert („Ich als ärztlicher Direktor bin sogar eher so, dass ich dann zu meinen Ärzten hart bin [...]"). Dass er zu „seinen" Ärzten hart sein kann, weist auf eine Hierarchie zwischen der Leitungsebene und den Abteilungen hin, wobei abteilungs- und berufsgruppenübergreifende Machtansprüche als nicht angemessen markiert werden. Auch an anderen Stellen im Interview wird deutlich, dass innerhalb des Fachbereichs und im ärztlichen Alltag sehr wohl Hierarchien als notwendig und selbstverständlich gesehen werden.[307] Der eigene „Stil" zeigt sich dann in der folgenden Ausführung des ÄD:

ÄD: [...] sondern wir gucken uns eben an: Was ist das Problem? Dann werden die ganzen Probleme hierarchisiert und dann wird geguckt, was ist mit den wirtschaftlichen Mitteln eben zu machen. Und dann wird eben eine Prioritätenliste gemacht. Und dann wird die einvernehmlich verabschiedet, was die Investitionen angeht. [...] Jeder Mitarbeiter darf sagen, was er meint, was wichtig ist, was angeschafft werden muss. Dann beraten die Ärzte vor, dass sie eine hierarchische Liste machen und sagen: Au, Mensch, ja, ist richtig, wir brauchen – weiß nicht – jetzt das und das Gerät oder mehr Endoskope oder Herzkatheter neu. Und dann wird das hierarchisiert. Und dann wird es aber nachher in einer großen Vollversammlung, also die wird dann eben beraten, wir haben 1,2 Millionen, was kommt jetzt auf Priorität eins, auf Priorität zwei. „Eins" heißt: Sollte umgesetzt werden. Priorität „zwei" heißt: Wenn Geld übrig bleibt, wird noch. Und Priorität „drei" heißt eigentlich: Wird geschoben auf das nächste Jahr oder auf später.
Interviewer: Und das wird dann gemeinsam/
ÄD: Und das wird gemeinsam, und wenn es die erste Runde, die zweite Runde, die dritte Runde dauert. Und wenn das dann von 16 Uhr 20 Uhr, 22 Uhr wird, so lange, bis wir dann eben bei den 1,2 Millionen sind.

---

307 Der ärztliche Direktor gebraucht beispielsweise die Metapher von Pilot und Co-Pilot mit klar verteilten Rollen und Weisungsbefugnissen.

Statt wie im Negativbeispiel Interessenkonflikte auf mikropolitischem Wege indirekt auszutragen, werde direkt auf die Sachprobleme fokussiert. In der Beschreibung wird deutlich, dass es selbstverständlich auch in diesem Krankenhaus Wünsche und Forderungen gibt, die aufgrund begrenzter Ressourcen nicht alle realisiert werden, es also Interessenkonflikte gibt, die sich dann aber lösen lassen, indem man die Bedürfnisse hierarchisiert. Es findet demnach eine Verschiebung statt: von Interessenkonflikten zwischen Personen, denen es um die Durchsetzung ihrer (Macht-)Ansprüche geht, hin zu einem Ressourcenkonflikt, den die Organisation als solche hat und hinsichtlich dessen sie Prioritäten formulieren muss. Ersteres erscheint als Beziehungskonflikt mit entsprechendem Potenzial zur Kränkung der Akteure, welche das Nachsehen haben, und dient entsprechend als die negative Kontrastfolie für die Praxis im eigenen Haus. Hier hingegen würden die Probleme versachlicht und dann systematisch priorisiert.

Die zunächst nicht weiter spezifizierte Priorisierung der Probleme ist im Weiteren ausschließlich auf die Verteilung der finanziellen Ressourcen bezogen. Ausgangspunkt der Passage ist ein „Problem" („Wir gucken uns eben an: Was ist das Problem?"), das durch ein Verfahren (Kontextualisierung mit anderen Problemen, Priorisierung, Abgleich der Machbarkeit mit den vorhandenen finanziellen Mitteln) zu einer reinen Investitionsentscheidung wird, die dann zum Gegenstand der Vollversammlung der Organisationsmitglieder wird.

Innerhalb eines Fachbereichs wird Hierarchie durchaus gelebt und anerkannt (der Pilot ist weisungsbefugt). Die Hierarchie steht jedoch in einer zweiten, größeren Rahmung von „Einmütigkeit" und unterscheidet sich deshalb von der Willkür, ist also durch demokratische Strukturen eingeklammert. Demgegenüber wird fachbereichsübergreifend ein anderer Modus gefunden. Hier scheint die Entscheidung qua Hierarchie keine Lösungsoption z. B. bezüglich konfligierender Investitionsinteressen zu sein. Stattdessen wird mit dem Verfahren der Priorisierung und Versachlichung gearbeitet, was dann auch in den Gremien des Krankenhauses in der Praxis zu beobachten ist. Der soziologische Blick kann hier jedoch feststellen, dass die Versachlichung nur deshalb gelingt, weil unausgesprochen auf zeitliche und soziale Sinndimensionen zurückgegriffen wird. Da nur begrenzt Zeit zur Verfügung steht (und man irgendwann nach Hause will), wird man nicht mehr über die Priorisierungsliste diskutieren wollen, sondern auf Abstimmung drängen (Zeitdimension). Wer dann zu sehr sein Anliegen einbringt, macht sich verdächtig, dem organisationskulturellen Primat zu widersprechen, das Gesamtinteresse seinem Einzelinteresse unterzuordnen, und hat mit Missbilligung zu rechnen (Sozialdimension). Die Vollversammlung selbst erscheint damit als das Medium, um im Sinne einer „Legitimation durch Verfahren" (Luhmann 1969) die geforderte Sachlichkeit erst zu konstituieren.

Diskrepanzen nutzen

Betrachten wir nun an einem Beispiel, wie das Management des Klinikums Bergstadt die professionsspezifischen Orientierungen von Ärzten partiell integrieren bzw. ein Arrangement finden kann. Konfligierende Wertorientierungen, die mit dem Organisationsleitbild zunächst im Widerspruch stehen, werden in einen Kompromiss überführt, mit dem alle Beteiligten leben können, ohne ihr Gesicht zu verlieren.

Im Folgenden Beispiel geht es um die Neueinstellung eines Arztes, die im Leitungsgremium diskutiert wird. Das Management möchte den renommierten Chirurg für sich gewinnen und weiß, dass dieser sich auch in anderen Häusern beworben hat. Er habe „andere Gehaltsvorstellungen", ihm sei aber bereits gesagt worden, dass Arztgehälter hier im Haus „nicht verhandelbar" seien. Dies geht auf ein ideelles Commitment zurück, das an dieser Stelle auch noch einmal in Abgrenzung zu anderen Häusern expliziert wird: Andere Häuser würden „dick abkassieren", und das wolle man hier nicht – weder als Einzelperson noch als Haus. Daraufhin hat der betreffende Arzt vorgeschlagen, seinen Verdienst durch lukrative Operationen in arabischen Ländern aufzustocken, die für ihn zudem auch aus fachlicher Perspektive interessant seien. Hierfür möchte er von der Krankenhausleitung vom Dienst freigestellt werden. Auf diesen Vorschlag hin werden nun moralische und finanzielle Argumente miteinander in Beziehung gesetzt und in ein Arrangement mit den Interessen des Chirurgen gebracht. Dabei ergab sich aus der Diskussion im Leitungsgremium folgender Lösungsvorschlag: Die Freistellung des Arztes für OPs im Ausland soll auf fünf Tage im Jahr begrenzt sein, reine Schönheits-OPs seien dabei aus moralischen Gründen ausgeschlossen, Verbrennungen zu operieren, sei demgegenüber in Ordnung. In die Preisgestaltung könne man dabei leider nicht eingreifen, es sei aber zu erwarten, dass der Arzt auch im Krankenhaus selbst Patienten behandeln werde, die nicht in Europa versichert sind, und damit die neue Patientengruppe ausländischer Selbstzahler für das Haus erschließe, was den ökonomischen Interessen des Krankenhauses zugutekäme. Hier sei dann aber wiederum ein „Kompromiss" mit den ethischen Maximen des Hauses zu finden: Man müsse die Abrechnung begrenzen, z. B. auf das Eineinhalbfache der DRG-Sätze. Den finanziellen Interessen des Hauses würde insofern Rechnung getragen, als der Chirurg fünfzig Prozent aus diesen Einnahmen an das Haus abgeben soll. In diesem Kontext seien dann „DRGs doch mal hilfreich", weil man mit ihnen Anhaltspunkte für eine Berechnung und damit Argumente gegen „Wucher" hätte.

Mit dem hier gefundenen Arrangement wird das Bild der moralischen Integrität der Organisation gewahrt bzw. durch die Aktualisierung sogar gestärkt, schließlich zeigt man sich gegenüber partikularen und rein finanziellen Interessen skeptisch. Gleichzeitig kann man eben dadurch einen hoch motivierten Chirurgen ins Team holen und auch als Organisation die Vorteile durch Patientenzuwachs und Erlös-

steigerung wahrnehmen, indem eben dann doch nicht zu genau hingeschaut wird
(bzw. kontrolliert werden kann), was der neu eingestellte Chirurg wirklich macht.
Das Selbstverständnis des Managements hätte mit Blick auf die eigene Wertorientierung nicht erlaubt, diesen Markt selbst aktiv zu erschließen, weiß jedoch gerade
die Abweichung seiner Mitarbeiter von diesem Selbstverständnis zu nutzen und
gleichzeitig durch die verbale Markierung der Abweichung das eigene Selbstverständnis zu stärken. Die Art und Weise, wie mit der Ausnahme umgegangen
wird, bestätigt die Norm, wobei im soziologischen Sinne gilt, dass Normen per se
kontrafaktisch sind und ihre Einhaltung entsprechender Anstrengungen bedarf.
Das „gerrymandering" (Woolgar und Pawluch 1985), die dynamische Verschiebung
der Grenzen, wirkt sich ihrerseits dementsprechend auf die Identitätsbildung des
Hauses aus, indem sie genutzt wird, um sich in Erzählungen der eigenen Werte
zu vergewissern.

Zahlen und Planspiele

Im Folgenden werden zunächst anhand kurzer Auszüge eines Beobachtungspro-
tokolls einer Sitzung des mittleren Managementgremiums Aspekte einer Managementpraxis rekonstruiert, die an sich in jedem zeitgenössischem Krankenhaus
zu beobachten sind – nämlich zahlenbasierte Planspiele –, in diesem Haus aber
nochmals eine besondere Ausformung finden. Es wird erstens deutlich werden,
wie professionelle Partikularinteressen in der Managementpraxis eingehegt und
in ihrer Geltung zurückgewiesen werden. Zweitens ist beobachtbar, wie dieses
Managementgremium mithilfe von Zahlen und Konzepten ein Bild von der Organisation erzeugt und damit erst bestimmte Spannungslagen generiert werden,
die dann wiederum vom Management genutzt und bearbeitet werden können.

Dieses interdisziplinäre Gremium ist seit ca. einem Jahr eingesetzt und auf der
Ebene 2, also dem mittleren Managements angesiedelt. Es handelt sich bei der
beobachteten Sitzung um einen Sondertermin, zu dem Herr Cast, ein Vertreter
aus der Controllingabteilung, eingeladen wurde, um dem Gremium einerseits Un-
klarheiten in der monatlichen Abrechnung zu erklären, andererseits aber auch die
Art und Weise der Abbildung von Organisationsprozessen durch das Controlling
infrage zu stellen. Das Controlling legt den Managementgremien monatlich so
genannte „Kontoauszüge" zu den einzelnen Stationen vor, in denen deren Kosten
und Erlöse aufgeführt sind. Einige dieser Kontoauszüge werden in der Sitzung
als Folien an die Wand projiziert und besprochen. Die Gremienmitglieder haben
in einer vorangegangenen Sitzung moniert, dass sie immer noch Schwierigkeiten
haben, die Kontoauszüge angemessen zu verstehen bzw. zu interpretieren. Zum
Beispiel würden Informationen fehlen, wie die einzelnen Zahlen zustande kommen, etwa welche Kosten in den benannten Positionen zusammengefasst sind oder

warum eine Bilanz besser oder schlechter ausfällt und vor allem, wie bzw. ob die Stationsleitungen darauf reagieren sollen.

Zu Beginn der im Folgenden Analysierten Sitzung wird deutlich, dass es sich um einen Sondertermin zu einer „ungewöhnlichen" Uhrzeit handelt. Herr Overbeck, ein Arzt, erklärt, dass zwei Kollegen noch fehlen und den Termin möglicherweise vergessen haben. Dass die Uhrzeit ungewöhnlich ist, dürfte allen Mitgliedern bekannt sein, die Erklärung kann deshalb als eine Entschuldigung der Kollegen gegenüber den Gästen, also Herrn Cast und der Beobachterin, gelten. Vorbeugend wird damit dem Eindruck entgegengewirkt, dass Vollzähligkeit und Verbindlichkeit für das Gremium generell problematisch seien. Diese kleine Bemerkung ist als ein Bemühen um Stabilisierung der Gremienarbeit zu sehen. Auch in weiteren Proto-kollen erscheint die Gremienarbeit in unterschiedlichen Hinsichten immer wieder prekär, so z. B. bezüglich der Verbindlichkeit der Mitglieder, aber auch in Hinblick auf Partikularinteressen, Arbeitsbelastung und den Arbeitsauftrag des Gremiums.

> Man ist noch nicht vollständig. Overbeck ruft Herrn Imberg und Herrn Passig an und erinnert an die Sitzung. Zeit 13:30 sei ungewöhnlich. Zwei Kolleginnen aus der Pflege fehlen wegen Urlaubs.
>
> Klinger berichtet: Ein Vortreffen mit Cast, Braun und Klinger hat stattgefunden. [...] Klinger eröffnet die Sitzung.
>
> Cast ist „nicht so zufrieden, wie wir mit Zahlen umgehen", und merkt an, dass er nicht mit den Zahlen selbst nicht zufrieden ist.

Als Controller zeigt sich Herr Cast unzufrieden mit seinem Kerngeschäft, dem „Um-gang" mit Zahlen. Er schließt sich damit dem Anliegen und der Einschätzung des Gremiums an, das ihn ja aus dem Grund der Unzufriedenheit eingeladen hat. Herr Cast unterscheidet im weiteren Verlauf der Sitzung ‚gute Zahlen' von dem ‚Umgang mit Zahlen'. Gute Zahlen zu haben, sei nicht ausreichend, man müsse auch noch gut mit guten Zahlen umgehen. Gute Zahlen sind aus der Sicht des Controllers also nicht nur ein Indikator für z. B. eine rentable Station oder ein rentables Kranken-haus, sondern sollten ihrerseits wieder für weitere Prozesse verwertbar sein. Hier findet also eine Unterscheidung von *guten Zahlen* (im Sinne von nahe am Sollwert) und *brauchbaren Zahlen* statt. Anders als bei dem in anderen Krankenhäusern häufig zu findenden Verständnis des „Ampelsystems"[308], in dem nur mit *schlechten*

---

308 Ampelsysteme kennzeichnen den aktuellen Istzustand vor dem Hintergrund eines vorab definierten Sollzustandes einer beliebigen quantitativen Managementgröße farblich, im Fall des Krankenhauses handelt es sich häufig um Fallzahlen, die im Controlling mit dem Ziel der „Leistungssteuerung" produziert werden und dem verantwortlichen Chefarzt präsentiert werden.

Zahlen (im Sinne von nicht dem Sollwert entsprechend) Chefärzte zu Reaktionen aufgefordert werden können und gute Zahlen weiter nicht instruktiv sind, zeigt sich hier der Anspruch, dass auch gute Zahlen in irgendeiner Weise bedeutend für den Reflexionsprozess sein sollen. Hier führt also der Controller eine eigentlich für das Controlling untypische Differenz von Soll und Ist ein: Während gute Zahlen in anderen Fällen den (zumeist nicht erreichten) Sollzustand markieren, sind sie hier Istzustand, dem ein neuer Sollzustand, nämlich nützlichere Zahlen im Sinne einer besseren Brauchbarkeit für die Prozessorganisation gegenübergestellt wird. Damit ist ein neues Spannungsfeld mitsamt entsprechenden Gelegenheiten für potenzielle bzw. künftige Managemententscheidungen eröffnet.

Als Nächstes weist Herr Overbeck mit einer rhetorischen Frage auf die Aufgaben des Gremiums hin:

> Overbeck sagt, er denke jetzt laut: Wie ist es strukturell? Aufgaben des mittleren Managementgremiums: Supervisionspflicht, kann auch Primärverantwortung haben, hat aber eigentlich Sekundärverantwortung. Overbeck erklärt Cast die Managementstruktur des Hauses.

Diese Explikation des eigenen Arbeitsauftrages, die auch in anderen Beobachtungsprotokollen zu diesem Gremium immer wieder vorkommt, zeigt, dass die hiermit implizierte Handlungsperspektive bzw. -orientierung auch für die Mitglieder des Gremiums keine Selbstverständlichkeit ist und bewusst eingenommen werden muss. Dem Controller wird die besondere Organisationsstruktur erklärt oder jedenfalls noch einmal in Erinnerung gerufen. Es wird also nicht erwartet, dass an anderen Stellen der Organisation (hier Controlling) die besondere Managementstruktur des Hauses und die Verortung des Gremiums im Detail bekannt sind. Damit ist unterstellt, dass das Controlling bisher auch ohne diese Kenntnisse arbeiten konnte, das Wissen um die Bedeutung des Gremiums in der jetzigen Situation aber relevant ist. Gleichzeitig findet damit auch ein gemeinsames (und im Hinblick auf ähnliche Situationen) rituelles In-Erinnerung-Rufen der Organisationsstrukturen statt.

> Es wird noch einmal das Anliegen an Herrn Cast formuliert: eine Analyse des Gesamtbereichs, für den das Gremium verantwortlich ist.
>
> [...] Im laufenden Gespräch wird sich immer wieder auf Einzelheiten auf der Folie bezogen. [...]
>
> *Klinger:* Wir gucken uns Stationen an, nicht Bereiche, „für mich ist das nicht zu beantworten".
>
> Herr Klinger erläutert der Beobachterin: Kosten werden nach Kostenarten auf Stationen gebucht.

Cast erläutert: Erlöse werden aufgeteilt, da ist eine gewisse Unschärfe drin. Negativ-
wert [auf der Folie sichtbar, Anm. der Beobachterin] kommt durch interne Verlegung
zustande. Kosten auf Station 1 und 2 sind Herzkatheter, EKG [ebenfalls auf der Folie].
Die Erlöse werden auf alle Stationen aufgeteilt. Cast ist damit unzufrieden.

Imberg empört sich darüber laut und mit Redeschwall.

Klinger merkt an, dass Stationen historisch gewachsen sind.

Herr Cast erläutert eine negative Bilanz auf dem Kontoauszug von Station 1 mit
einer „gewissen Unschärfe", die wiederum in der Aufteilung der Erlöse auf „alle"
Stationen begründet liege. Während die Kostenpunkte klar definiert und auf der
Folie aufgelistet sind, ist die Verteilung der Erlöse nicht sichtbar, da die Folie sich
nur auf die Station 1 bezieht. Station 1 schneidet also auf dem Papier schlecht ab.
Die „Unschärfe" wäre damit ein Problem der Sichtbarkeit: Weil nur ein Ausschnitt
des Gesamtbildes („alle Stationen") sichtbar ist, ist dieser „unscharf". Unschärfe
entsteht durch einen Mangel an bzw. das Ausblenden von Informationen. Das
Problem, so lässt es sich interpretieren, ist die Fragmentierung des Bildes.

Herr Imbergs laute und empörende Äußerung lässt auf einen Konsens in der
Bewertung der aktuellen Situation als unbefriedigend schließen. Der Affekt, mit dem
sich Imberg jetzt äußert, lässt sich weniger durch die Einnahme einer Gegenposition in einer sich erhitzenden, strittigen Debatte erklären, denn dadurch, dass Herr
Imberg leitender Arzt auf Station 1 und so direkt von der ‚unscharfen' Darstellung
betroffen ist. Eine mögliche Interpretation für die lautstarke Äußerung ist, dass
er in diesem Augenblick nicht aus der Perspektive eines Managementmitglieds
spricht, sondern als betroffener Arzt, dessen Abteilung hier negativ dargestellt ist.
Das würde wiederum plausibilisieren, dass sowohl zu Beginn und auch am Ende
dieser Sequenz durch Herrn Passig die spezifische „Sicht" thematisiert wird: An der
Managementperspektive muss gearbeitet werden, sie ist nicht selbstverständlich,
es bedarf der Anstrengung und wiederholten Korrektur.

Die Erklärung von Herrn Klinger, dass die Stationen und die hiermit einhergehenden Abbildungen historisch gewachsen seien, kann als Versuch interpretiert
werden, die Empörung des Kollegen zu beschwichtigen: Das Problem ist niemand-
dem speziell zuzurechnen, sondern verdankt sich der Organisationsgeschichte,
die dann mit entsprechenden Artefakten in den Darstellungen des Controllings
eingehe. Hiermit werden die Kontingenzen des mit dem Controlling verbundenen
Abrechnungssystems deutlich. Es erscheint nun selbst als eine Entscheidungsprämisse, die verhandelt und gegebenenfalls durch eine Managemententscheidung
verändert werden kann:

Cast: „Wir würden es gern ändern." Bis Ende des Jahres möchte er Vorschläge
erarbeiten: Welches Verrechnungssystem? Z. B.: Nicht nach Stationen, sondern

nach Fachbereichen verrechnen und das Erlössplittung wegnehmen. Vorschlag: Die Entlassfachabteilung bekommt Erlöse und Kosten. Die Intensivstation hätte dann z. B. Verrechnungssätze mit der Kardiologie. Dann hätte man „ganze Fälle", was vorteilhaft ist.

Imberg: Das ist schwierig, weil von Station 2 immer wegverlegt wird.

Cast: Das Problem ist, dass DRGs nicht auf Verweildauer ausgelegt sind. Man „kriegt es nicht sachgerecht hin".

Passig fragt nochmal nach der Perspektive des Gremiums.

Aus diesem Abschnitt sollen nur zwei Aspekte festgehalten werden: Erstens werden die organisationalen Einheiten Station und Fachabteilung sowie die Einheit der Abrechnungsfälle problematisiert. Zweitens verortet Herr Cast nach einer kritischen Anmerkung von Herrn Imberg das Problem noch anders, nämlich im Vergütungssystem: *„Das Problem ist, dass DRGs nicht auf Verweildauer ausgelegt sind. Man ,kriegt es nicht sachgerecht hin'".* Mit anderen Worten: Die Aktenpraxis (DRGs, Vergütungssystem) wird der Sache (Behandlungsdauer des Patienten) nicht gerecht. Durch den Verweis auf das DRG-System thematisiert Herr Cast eine der typischen Außenspannungen, mit denen das Krankenhaus umgehen muss und die durch die vorgeschlagene Veränderung der internen Verrechnung nicht aufgelöst werden können. Die DRG-Pauschale kennt nur den Fall als Ganzes, der dann üblicherweise einer Abteilung zugerechnet wird, nicht jedoch die Prozesse und Leistungen, die in der Diagnose, Therapie und Pflege eines Patienten an unterschiedlichen Stellen des Krankenhauses erbracht werden.

Die weitere Diskussion im Gremium bezieht sich nun wieder auf einen konkreten Kontoauszug:

Klinger: Abteilung 7 ruft nicht alle OPs ab. Scheinbar gibt es ein einkalkuliertes Kontingent an Kosten (hier OPs); wenn diese nicht genutzt werden, stehen die Kosten trotzdem auf dem Kontoauszug.

Imberg: So kann man das nicht lassen!

Passig: Wir wollen doch wissen, wo geht unser Geld hin? InEK funktioniert hier bei uns nicht. Die Zahlen haben so keine Relevanz. Außer dass wir sehen, dass wir günstig sind.

Overbeck: InEK ermöglicht den Vergleich zu anderen Häusern.

Die Information, die sich Herr Passig von den Zahlen wünscht, ist zunächst, *wohin* „unser Geld" geht. Das Bild ist also folgendes: Es ist Geld da, das „unseres" ist und das dann irgendwo landet. Zahlen werden gebraucht, um nachzuvollziehen, wofür das Geld ausgegeben wird. In Bezug auf den vorangehenden Kommentar von Herrn Klinger kann der Satz Passigs *„Wir wollen doch wissen, wo geht unser Geld hin?"*

als Kritik an einer Verwechslung von tatsächlichen Ausgaben und verrechneten Kosten gelesen werden: Wenn nicht abgerufene OPs verrechnet werden, muss Geld übrigbleiben. Passings Anspruch an ein Controllinginstrument ist, dass es aufzeigt, wo *tatsächlich* die mit den Geldern assoziierten Leistungen erbracht werden, und nicht bloß, wie bzw. wo abgerechnet wird. Die Aussage „InEK funktioniert hier bei uns nicht" ist insofern interessant, als das Haus aufgrund der DRG-Daten abrechnet (die sich wiederum aus den Modellkrankenhäusern des InEK[309] ergeben), sich aber vom Normalkrankenhaus distanziert. Das Nichtfunktionieren wird ausdrücklich auf das eigene Haus bezogen, womit unterstellt ist, dass das Kalkulationsmodell anderswo funktionieren könnte. ,Nicht funktionieren' heißt, Zahlen zu produzieren, die keine bzw. nur wenig Relevanz haben, nämlich „nur" zu sehen, dass man günstig ist. Dass das Haus günstig ist, kann wiederum nur im Verhältnis zu anderen Häusern festgestellt werden. Die einzige Information der nach InEK erhobenen Zahlen geht also aus dem externen Vergleich hervor. Was sein Kollege implizit als vernachlässigbares Vermögen von InEK dargestellt hat, hebt Herr Overbeck explizit hervor: „InEK ermöglicht den Vergleich zu anderen Häusern". Er übernimmt Passigs Abwertung von InEK nicht und sieht sehr wohl einen Mehrwert darin zu sehen, dass man kostengünstig arbeitet. Durch den Vergleich mit anderen Krankenhäusern ergibt sich auf unspezifische Weise eine Methode, Außenspannungen zu bearbeiten. Indem die eigene Praxis als kostengünstige Gesundheitsversorgung erscheint, ist ja eigentlich alles in Ordnung und man braucht sich nicht weiter mit den ökonomischen Problemen rumzuschlagen. Aus Perspektive des Managements erscheint diese Antwort jedoch nicht befriedigend. Hier möchte man Informationen haben, die mehr Relevanz für die Steuerung in der Organisation haben. Entsprechend stellt sich hier sehr wohl die Frage nach der angemessenen Abbildung der Leistungsprozesse durch das Controlling:

> Klinger moniert Kosten durch nicht genutzte OP.
>
> *Passig:* Diese Sicht nützt uns nichts. Die Frage ist: „Wo wollen wir unser Geld hinstecken?"
>
> Cast plädiert für „Fälle ganz lassen" und dem Entlassenden alle Erlöse geben.
>
> *Passig:* Was ist mit Vorhaltekosten?
>
> *Cast:* Die werden quer auf alle Fälle verteilt, die das Atmungslabor gebraucht haben.

Herr Klinger wiederholt seinen Hinweis auf Kosten, die seiner Abteilung zugerechnet werden, obwohl die Leistung (Bereitstellung des Operationssaals) nicht immer

---

309 InEK ist die Abkürzung für „Institut für das Entgeltsystem im Krankenhaus", welches zuständig ist für die Berechnung der Fallpauschalen im deutschen DRG-System.

genutzt werde. Dieser Beitrag wird von Herrn Passig zurückgewiesen, mehr noch: Klingers „Sicht" wird als nicht weiterführend disqualifiziert. Zum wiederholten Mal wird bei einer Äußerung, die fachbereichsspezifische Betroffenheit erkennen lässt, eine andere Perspektive angemahnt, aus der sich dann fragen lässt: „Wo wollen wir unser Geld hinstecken?" Die angemahnte Perspektive richtet sich nicht auf einzelne Missstände des Abrechnungssystems, sondern kümmert sich um zukünftige Investitionen. Hat Herr Passig oben den Anspruch formuliert, dass Zahlen eine gewisse Nachvollziehbarkeit gewährleisten sollen (wissen, *wo unser Geld hingeht*), so erweitert er diesen Anspruch jetzt in folgender Form: Die Zahlen sollen Anhaltspunkt für Planung oder Steuerung sein (Wo *wollen* wir hin?).

Zusammenfassend lässt sich festhalten, dass in der Sitzung wiederholt das Einnehmen einer bestimmten Perspektive angemahnt wird. So wird Herr Klinger wiederholt zurechtgewiesen, er solle seine Partikularinteressen hinter das gemeinsame Interesse zurückstellen. Damit wird der chefärztliche Habitus, der für die eigene Abteilung einstehen lässt, in seine Schranken gewiesen. Seine Bedenken werden nicht negiert, jedoch explizit als hier nicht relevant gesetzt: Über ihr Enaktierungspotenzial wird an dieser Stelle negativ entschieden. Es wird versucht, durch kommunikative Arbeit an einer spezifischen Perspektive die Segmentierung der Einzelinteressen zurückzudrängen.

In der Sitzung sind Planspiele mit Zahlen und Aggregationen beobachtbar. Diese geschehen wohlwissend, dass man die komplexen Verhältnisse der Praxis nicht korrekt abbilden kann und z. B. Fälle entweder fragmentiert oder überladen werden. Weiter werden Dokumentationspraktiken nach Tauglichkeit für die interne Steuerung einerseits und für den externen Vergleich andererseits unterschieden. Hiermit ist eine Sicht eingeführt, an die die Kommunikation dieses Gremiums oder anderer Gremien anschließen könnte, um so qua Selektion neue Entscheidungsprämissen aufzugreifen und geltend zu machen. Man könnte die Controllingparameter anders aggregieren, die Abrechnungseinheiten neu konfigurieren, um so zu einem anderen Bild davon zu gelangen, was in der Organisation ökonomisch der Fall ist. Dies hat dann wiederum Konsequenzen für die einzelnen Abteilungen und Stationen, da diese nun in einer anderen Weise wirtschaftlich beobachtet und kontrolliert werden. Zudem ergeben sich neue strategische Optionen – etwa indem Kapazitäten, die vorgehalten werden, in einem neuen Licht erscheinen.

Die Freiheitsgrade des Managements liegen nicht zuletzt in den Spannungsverhältnissen, die es aufgreift, generiert und in die Organisation einführt (in diesem Fall die Projektion neuer Organisationsstrukturen und Controllingkonzepte), wobei wiederum im Sinne pragmatischer Akzeptanz historisch gewachsene (bürokratische/professionelle/hierarchische) Strukturen, mit denen man eben leben muss, kommunikativ einzufangen sind (entweder indem man die Dinge so, wie sie waren, belässt oder aber Veränderungen anregt, dann aber mit Widerstand rechnen muss).

Die in diesem Gremium verhandelten Themen erscheinen von außen betrachtet zunächst als eine selbstreferenzielle, mehr oder weniger beliebige Beschäftigung. Anscheinend ohne konkreten Anlass wird ein Überschuss an Lösungsansätzen erzeugt. Ausgangspunkt dieser und anderer Sitzungen sind nicht konkrete Probleme in der Alltagspraxis, deren Lösung das Management liefern muss (so wurde jahrelang mit ebendiesen Kontoauszügen gearbeitet und die Gesamtbilanz ist zufriedenstellend). Vielmehr lässt sich hier eine Praxis beobachten, die Entscheidungsmöglichkeiten und -gelegenheiten produziert, auf die dann unter Umständen bei Bedarf – etwa wenn das Haus ökonomisch stärker unter Stress gerät oder aus anderen Gründen eine Reorganisation der Prozesse angebracht erscheint – zurückgegriffen werden kann.

Im Rahmen des kollektiven Unterfangens, für diese Situationen eine *Handhabe* in Form von Plänen bereitzustellen, wird allein schon die kommunikative Anbahnung von Partikularinteressen scharf abgelehnt, wobei die dennoch immer wieder durchscheinenden professionellen Erwägungen aufgegriffen und bearbeitet werden müssen. Das Gremium zeigt damit eine spezifische Praxis der Selbstbeobachtung – nämlich hinsichtlich seines Umgangs mit Partikularität und dem vermeintlichen Gesamtinteresse der Organisation.

Die hier beschriebene Managementpraxis verweist aber noch auf ein anderes Merkmal, das als typisch für Prozesse dieses Krankenhausmanagements anzusehen ist. Der Fall des Controllers, der zugibt (und zugeben kann!), über seine *eigene* Materie nicht vollends im Bilde zu sein, illustriert, so ließe sich thesenhaft festhalten, dass das Wissen um das eigene Unwissen konstitutiv für manageriales Handeln ist. Die numerische Abbildung von Behandlungsprozessen und anderen Tätigkeiten an der „Basis" der Organisation durch Controllingkennziffern versetzt das Management zwar einerseits in die Lage, sich ein reflexives „Bild" über die „Lage" und somit eine Differenz zur gelebten Praxis zu machen, andererseits dürfte am empirischen Beispiel das geteilte Unbehagen angesichts der Unzulänglichkeit des Datenmaterials mehr als deutlich geworden sein. In diesem Sinne scheint das Problem der mangelhaften Zahlen zunächst nur dadurch zu beheben zu sein, noch *mehr* Zahlen zu produzieren. Man könnte jetzt zunächst vermuten, das Management gelangt hierdurch in die Falle einer empirisch niemals einzuholenden Evidenzbasierung, denn die Landkarte ist niemals das Gebiet. Dies würde aber nur von einem Management zeugen, das sich selbst empiristisch in eine Sackgasse manövriert hat und deshalb nicht weiterweiß, weil es glaubt, nur auf Basis wirklicher Evidenz entscheiden zu können. Praktisch und auch in dem hier vorgestellten Beispiel geschieht dies jedoch nicht. Kompetente Managementakteure richten sich vielmehr in einem Modus Operandi ein, der Wirklichkeiten und Perspektiven, Realität und Konstruktion multipel halten kann, der Kennziffern nur als eine *mögliche* Perspektive ansieht. Sie können also Entscheidungen treffen, ohne an den hierdurch gezeichneten Bildern dogmatisch festhalten zu müssen.

Kontrollversuche

Folgende kurze Sequenz ist dem Beobachtungsprotokoll einer Sitzung des Leitungs-gremiums entnommen. Inhaltlich geht es um die Vorbereitung einer Präsentation im Rahmen der Zertifizierung eines kardiologischen Zentrums. Diese wird bei dem Treffen kritisch diskutiert, da der Erfolg des Prozesses für die Organisation von hoher Relevanz ist.

> Der ärztliche Direktor ist skeptisch und will, dass Herr Gerlach seine Präsentation für „Kardio-Zert" vorher schon mal intern hält, ‚damit wir sehen, ob er seine Folien fertig hat. Und der peppt ja Zahlen auch mal ganz schön auf.' Außerdem fragt er, ob die Prüfer überhaupt neutral seien.

Laut Protokoll lässt der ärztliche Direktor einige Skepsis erkennen und fordert, dass die Präsentation für „Kardio-Zert" von einem Kollegen, der Mitglied eines Ma-nagementgremiums auf Ebene 2 ist, „schon mal intern" gehalten werden sollte. Das Prüfgeschehen besteht nicht nur aus situativen (Stations-)Begehungen, sondern auch aus Präsentationen seitens offizieller Vertreter des Krankenhauses. Mit dem Verweis auf geschönte Zahlen („peppt ja Zahlen auch mal ganz schön auf"), die der Kollege präsentieren könnte, sowie dem Zweifel an der Neutralität der Prüfer demonstriert sich ein Wissen um die komplexen sozialen Spiele, die ein solches Prüfverfahren auszeichnen. Man weiß, dass Zahlen ‚aufgehübscht' werden, dass man die Sache jedoch nicht übertreiben darf und auf der anderen Seite verdeckte Agenden der Prüfer abzutasten sind, um diesen ggf. zuvorkommen zu können. Damit wird auch verständlich, dass man die Darstellung des vortragenden Kollegen kontrollieren sowie sicherstellen möchte, dass die Präsentation rechtzeitig fertiggestellt wird. Wengleich der hier dargestellte Sachverhalt auch in Hinblick auf die Außenspannungen des Krankenhauses von Interesse ist,[310] interessiert an dieser Stelle die Form, wie der ärztliche Direktor die Gelingensbedingungen der Präsentation zu beeinflussen ver-sucht. Durch eine interne Präsentation, die für alle Beteiligte ohne Gesichtsverlust als Vorbereitung und Information für die Mitarbeiter verstanden werden kann, will er die Arbeit seines Kollegen kontrollieren, auf die er qua Hierarchie keinen Zugriff hat. Er ist nicht weisungsbefugt und die Kompetenz und Verantwortung der Vor-

---

310 Man denke hier etwa an die verdeckten politischen Agenden, die in den Zertifizie-rungsprozessen verborgen liegen.

bereitung obliegt einem anderen Gremium. Sein Kontrollanliegen muss er in dem Leitungsgremium nicht verbergen, gleichzeitig zeigt sich aber auch, dass hier eben kein Durchgriff von oberster Managementebene möglich ist und der Umweg über eine interne Informationsveranstaltung genommen werden muss. Die nicht anspielbare Hierarchie zwingt hier zu indirekten Kommunikations- und Kontrollversuchen. Es wird deutlich, dass das demokratische Steuerungsmodell dieses Krankenhauses seinerseits Folgeprobleme generiert, die dann wiederum kommunikativ bearbeitet werden müssen, ohne dabei jedoch über formalisierte normale Einzugswege zu verfügen. Da das Medium Macht jetzt teilweise neutralisiert ist, müssen die leitenden Managementakteure andere Wege suchen, ihr Anliegen durchzusetzen.

Außenspannungen

In den folgenden Abschnitten geht es darum aufzuzeigen, wie typische Außenspannungen in diesem Krankenhaus aufgegriffen, konfiguriert und verhandelt werden. Dabei werden neben den teilnehmenden Beobachtungen – wie in den anderen Kapiteln auch – kurze Interviewauszüge vorgestellt, um diesbezüglich dann auch auf methodologischer Ebene wieder Vergleichbarkeit zu generieren. Exemplarisch lässt sich der für dieses Krankenhaus typische pragmatische Stil nochmals gut am Beispiel des Umgangs mit einem Zertifizierungsverfahren illustrieren.

Zertifizierung und Qualitätsprüfung

Protokoll der Sitzung des Leitungsgremiums

Beginn um 18:30 im Besprechungsraum (Gebäudebezeichnung), wo unter anderem einige Mitglieder der Geschäftsführung und das Controlling ihre Büros haben.

Der für die Finanzen zuständige Geschäftsführer, Herr Ost, wird entschuldigt, er käme einige Minuten später. Kurz wird darüber gesprochen, dass „jetzt tatsächlich" Herr Ost den KTQ[311]-Prüfern ihre Pizza bringen muss.

An dem Gespräch vor Eröffnung der Sitzung wird deutlich, dass die Mitglieder des Gremiums direkt aus ihren jeweiligen Arbeitsbezügen kommen. In Bezug auf die Außenspannungen ist schon hier Folgendes interessant: Dass der Geschäftsführer „jetzt tatsächlich [...] den KTQ-Prüfern ihre Pizza bringen muss", deutet in der Formulierung darauf hin, dass die Anwesenden es einerseits als unter Herr Osts

---

311 Kooperation für Transparenz und Qualität im Gesundheitswesen. Das KTQ-Verfahren ist ein Zertifizierungsverfahren. Krankenhäuser sind rechtlich zur Qualitätsprüfung verpflichtet, können aber zwischen verschiedenen Verfahren wählen.

Würde ansehen, den externen Prüfern der Qualitätszertifizierung KTQ, die gerade im Hause sind, das Abendessen zu bringen. Andererseits liegt darin auch die negativ konnotierte Einsicht, dass es eben nun mal sein „muss". Es ist unwahrscheinlich, dass kein anderer Mitarbeiter der Organisation verfügbar war, eher kümmert man sich von hoher Stelle selbst um die (scheinbar eher geduldeten als geliebten) Gäste und hält sie mit Bewirtung bei Laune. Hier dokumentiert sich rudimentär ein pragmatischer und alltäglicher Umgang mit externer Prüfung durch standardisierte Qualitätsmessungen und das Bewusstsein, diese einerseits zu brauchen und andererseits kontrolliert zu werden. Im weiteren Verlauf der Sitzung wird das Vorgehen der KTQ-Prüfer, die „einfach Akten ziehen" und Mitarbeiter „piesacken" würden, dann auch explizit thematisiert:

> Herr Ost spricht die KTQ-Begehung an, die seit heute für dreieinhalb Tage im Haus stattfindet. Sabrina sei gepiesackt worden. Das weiß auch Frau Uland [Pflegedirektorin] bereits. Man ist sich einig, dass sich die Stationen untereinander über das Vorgehen der KTQ-Leute informieren sollten. Die Mitglieder fragen sich gegenseitig, wie es auf den Stationen gelaufen ist, ob jemand von jemandem wisse, wie es war. Frau Uland berichtet, dass die KTQ-Prüfer einfach „Akten ziehen". Maria Maschka [Stationspflegerin] sei von ihr darüber informiert worden.

Man beschließt, sich stationsübergreifend auszutauschen und für die Kontrolle zu wappnen. An dieser Stelle zeigt sich, was an anderer Stelle anhand der internen Vorbereitung von Zertifizierungsprozessen ausführlicher dargestellt wurde (Kapitel Innenspannungen), nämlich wie auf externe Kontrollversuche spontan und flexibel mit veränderten, teils mit informellen (Pizzaservice, Austausch), teils mit hoch strukturierten Handlungspraxen (Zuschnitt von Stellenanteilen zwischen Medizinischem Versorgungszentrum und Krankenhaus, um den externen Anforderungen gerecht zu werden) geantwortet wird. Es zeigt sich hier eine recht pragmatische Umgangsweise, die situationsangepasst nach Lösungen sucht.

Rechtliche Ambivalenzen in Hinblick auf die genutzte Liegenschaft

Protokoll Thema: Grundstückskaufvertrag

Herr Emmrich berichtet von einem kürzlich stattgefundenen Treffen mit einem Rechtsanwalt bezüglich des Grundstückskaufvertrages. Seit der Übernahme vor knapp zwanzig Jahren ist der Kauf noch nicht vollständig abgewickelt. Eine noch offene Frage für das Haus ist die Nutzungsbestimmung des Geländes. Zurzeit ist sie im Vertragsentwurf als „krankenhausnah" formuliert, wobei die Frage sei, was krankenhausnah von rechtlicher Seite bedeute. Herr Albrecht wiederholt mehrmals: Sollte das heißen, dass die Nutzung damit auf SGB 5 beschränkt ist, hätten wir ein Problem. Die Anwesenden nicken zustimmend. Herr Albrecht schlägt als alternative Formulierung „Gesundheitsversorgung" vor. Herr Emmrich gibt zu bedenken, dass weitere Änderungen allerdings auch eine Verzögerung für den Prozess bedeuten würden. Er berichtet außerdem die Argumentation des Rechtsanwalts: Für (Name eines großen Krankenhausträgers) sei alles möglich. Warum sollte das Klinikum Bergstadt vom Land schlechter gestellt sein als (Name Krankenhausträger)? Es gibt einen weiteren Termin mit dem Rechtsanwalt [...].

Herr Emmrich berichtet kurz vom Stand im Marketing: Es habe ein Treffen mit der Agentur stattgefunden. Diese wird ihr Konzept präsentieren.

Der erste Berichtspunkt in der Sitzung bezieht sich explizit auf eine rechtliche Problemstellung. Obwohl das Krankenhaus bereits seit zwanzig Jahren an dem Standort etabliert ist, bestehe immer noch keine Klarheit darüber, wie die Nutzungsbeschränkung zu interpretieren sei. Es werden keine akuten Probleme verhandelt, sondern mögliche rechtliche Begrenzungen durch eine zu enge Nutzungsbestimmung *antizipiert*. Das Krankenhaus hat auf seinem Gelände Ausgründungen wie z. B. eine Organisation für Suchthilfe und Medizinische Versorgungszentren (MVZ) ausgegliedert. Die Einrichtung weiterer Versorgungsangebote, die nicht direkt vom Krankenhaus getragen werden sollen oder können, sind im Gespräch. Das Ausloten der rechtlichen Möglichkeiten kann als Teil eines strategischen Prozesses gelesen werden, in dem das Krankenhaus versucht, seine direkte organisationale Umwelt zu prägen und die Grenze der Organisation zu definieren, um auf diesem Wege seine Umweltbezüge aktiv mitzugestalten: Die Auslagerung von gesundheitsbezogenen Dienstleistungen kann das Krankenhaus beispielsweise entlasten oder erlaubt es, über den Versorgungsauftrag eines Akutkrankenhauses hinauszugehen. Dies kann dann therapeutisch Sinn ergeben (etwa im Sinne ‚integrierter' Versorgungsangebote), dazu beitragen, Patienten zu binden und Fallzahlen zu steigern, oder andere neue Einnahmequellen erschließen. Es wird also daran gearbeitet, die Kernorganisation Krankenhaus in ihrer unmittelbaren räumlichen wie organisationalen Peripherie mit einer „Gesundheitsversorgung" im weiteren Sinne zu umgeben und sich so zusätzliche Handlungsräume zu eröffnen. Dieser Aspekt wird weiter unten am Beispiel der Auseinandersetzung um die Bedeutung von Medizinischen Versorgungszentren (MVZs) nochmals aufgegriffen.

In diesem Protokollausschnitt erscheinen nicht nur Fragen in Bezug auf den genauen Wortlaut von Gesetzen bzw. deren Interpretation relevant, auf die man mit Umformulierungen im Vertrag reagieren könnte. Eine weitere Unsicherheitsquelle bildet die Politik, hier in Form der Regierung des Bundeslandes. Es wird versucht, die von ihr eingeführten Kontingenzen durch Beobachtung der Entscheider zu bewältigen. Entsprechend der Anregung des Rechtsanwalts könne hier von einer Logik der Gleichbehandlung ausgegangen werden: Wenn für einen anderen Krankenhausträger „alles möglich" und erlaubt sei, könne das Land das Klinikum Bergstadt in dieser Sache nicht restriktiver behandeln. Insgesamt zeigt sich immer wieder, dass das Management des Klinikums Bergstadt andere Krankenhäuser genau beobachtet und z. B. auch erfolgreiche oder gescheiterte Klagen von anderen Trägern gegenüber Versicherern und Krankenkassen als Orientierungswert für die eigene Praxis heranzieht. Die Krankenhauslandschaft wird hier nicht primär unter dem Aspekt der Konkurrenz vorgestellt, sondern als Vielzahl von Playern mit gleichen Hürden und politischen Gegnern, an denen man sich orientieren und mit denen man punktuell sogar kooperieren kann. Dies zeigt sich auch im direkt anschließenden Beispiel, einem Bericht des Geschäftsführers zur Problematik, vom Land die Bewilligung für ein Brustkrebszentrum zu bekommen.

Gesundheitspolitik des Landes

Protokoll Thema: Land, Gesetz, Mittel

Herr Ost berichtet aus dem (Name Gremium Landesregierung) Gesundheit, dass die Mittel aus dem Landeshaushalt sich nicht erhöhen. Es werde bei der Vergabe aber auch keine Förderhistorie berücksichtigt, das sei positiv für Bergstadt.

Weiter berichtet Herr Ost aus dem Pressespiegel von einem Urteil für Zuschläge eines Brustkrebszentrums nach dem Bundeskrankenhausgesetz. Die (Name Klinikverbund) hätten ein Schiedsverfahren angestrengt, die (Name Klinikum) und (Name Krankenhausträger) seien „durchgewunken worden". An dieser Stelle gibt es einige Einwürfe der anderen Mitglieder, was das für Bergstadt bedeuten könne. Man müsse weiter beobachten.

Herr Albrecht: „Na ja, wenn die schon durchgewunken wurden, geht das ja vielleicht."

In dieser Protokollsequenz erscheinen die Krankenhäuser nun als Akteure, die um die Fördermittel des Landes konkurrieren. Die Geschäftsführung beobachtet unterschiedliche Umgangsweisen. Manchmal werden die Krankenhäuser einfach so „durchgewunken". In anderen Fällen würden von den Häusern Schiedsverfahren angestrebt, um dann bei Ablehnung doch noch eine Zulassung zu bekommen. Die eigenen Chancen werden vorsichtig positiv bewertet, was daraus hervorgeht, dass man sich mit anderen Häusern in diesem Punkt für vergleichbar hält, wie die Aussage Herrn Albrechts zeigt. Die Norm der Gleichbehandlung scheint hier eine konstante normative Erwartung an die Politik darzustellen, die man zur Not auch einklagen könne. Auch hier bleiben die das eigene Haus betreffenden Entscheidungen durch die Landespolitik zwar eine Unsicherheitsquelle. Die Politik lässt sich jedoch qua Beobachtung der Mitbewerber beobachten.[312]

---

312 Beispiele für die Einschätzung der eigenen Chancen durch die Beobachtung der Konkurrenz finden wir in anderer Form auch in anderen Häusern. Vgl. den Fall Katharinenstift.

Medizinische Versorgungszentren

Eine weitere Thematik, anhand derer der Bezug zur organisationalen Umwelt deutlich wird, sind die vom Krankenhausträger betriebenen Medizinischen Versorgungszentren (MVZ). Hierzu eine kurze Sequenz aus dem Interview mit einem Geschäftsführer.

Interviewer: Noch mal zu der ambulant-stationären Verzahnung, gibt es, also dann, es gibt wahrscheinlich Kassenarztsitze?

Geschäftsführer: Ja.

I: Sind die irgendwie an das Krankenhaus gebunden? Das geht gar nicht. Die haben die Ärzte?

GF: Nee. Nein, nein, das ist dann schon die eigene Struktur, die wir, die mit einer gänzlich eigenständigen GmbH betrieben wird, das ist die MVZ, also Medizinisches Versorgungszentrum GmbH. Und die ist ja nun aufgrund des Kassenarztrechtes, muss die wesentlich strikter, also sie muss extrem strikt vom Krankenhausbetrieb getrennt sein, sachlich, fachlich, wesentlich strenger, als es eben sachlich, fachlich richtig wäre. Also wenn man sich wirklich nur über die/ wie man eigentlich eine Verzahnung der Angebote von den Qualifikationen der Beteiligten den Nutzen für die Patienten, auch für die Abläufe und auch unter den wirtschaftlichen Gesichtspunkten, nämlich des Einsatzes der investiven Mittel, also Gerätezeitennutzung et cetera, dann ist sozusagen diese Ebene Kassenarztrecht, die wir in Deutschland haben, absolut kontraproduktiv, weil sie eben strikt auf Trennung Wert legt. Es gibt ja Gründe dafür, dass man es so macht. Das, diese sind ja schon auch nachvollziehbar. Gleichwohl kann man damit eigentlich eine Reihe von wirklich sinnvollen Ansätzen der Verzahnung, muss man geringer halten in der Verzahnung, als man es eigentlich möchte. Also man ist deutlich mehr auf Distanz angelegt. Bis hin, dass Sie eben einen bestimmten Funktionsbereich, der gemeinsam genutzt werden darf, müssen Sie im Grunde, müssten eigentlich sogar die Mitarbeiter, die da tätig sind, unterschiedliche Garderobe tragen, dass man erkennt, aha, das ist ein Mitarbeiter, der ist im VZ tätig, das ist ein Mitarbeiter, der ist im Krankenhaus tätig.

I: Gesetzlich ist das so, oder wie?

GF: Ja, aus diesen Verordnungen des Kassenarztrechts. Ja, ja. Also es ist eine Gesetzesebene letztlich, ja. Also im Gesetz steht nicht drin, die müssen unterschiedliche Kleidung haben, aber wenn sie diese gesetzliche Regelung dieser Trennung durchdeklinieren, und das wird von den kassenärztlichen Vereinigungen durchaus auch exemplarisch exekutiert, dann kommen Sie auf solche Niederungen, dass die da halt eben, also es geht eben drum, eine klare Unterscheidbarkeit zu haben, wird der Patient jetzt grade von jemandem behandelt, der eigentlich krankenhausbezogen ist oder eben aus einem anderen Bereich kommt. Aber ansonsten ist das eben eine gänzlich eigenständige Organisationsstruktur, die wir da haben. Auch ja mit mehreren Standorten außerhalb des Krankenhauses. Da ist es ja eh einfach, weil da ist das dann ja klar erkennbar, dass es außerhalb ist. Also diese Überlappungsfrage und Überschneidungsfrage und eben mehr Trennung, als man eigentlich will, findet eben oder ist dann leider Gottes eben die Realitätsebene, die wir einhalten müssen, innerhalb dieser Krankenhaussitze, die bei uns auf dem Krankenhausgelände betrieben werden.

Der Geschäftsführer erläutert hier die rechtlich verankerte Trennung von stationärer und ambulanter Patientenversorgung, die er zumindest im Falle von an Krankenhäuser angegliederten MVZs sowohl medizinisch als auch organisational und ökonomisch für „kontraproduktiv" hält. Gleichwohl erkennt er diesem kassenarztrechtlichen Konstrukt eine eigene Logik zu („Es gibt ja Gründe dafür, dass man es so macht"), weist deren Relevanz für das eigene Handeln jedoch klar zurück.[313]

In dieser Sequenz wie auch in der Verhandlung der Thematik in den von uns beobachteten Gremiensitzungen dokumentiert sich ein im Vergleich zu anderen Häusern unbefangener und pragmatischer Umgang mit der in rechtlichen und zum Teil in öffentlichen Diskursen hochgehaltenen Trennung der Sektoren. Was „leider Gottes" getrennt ist, wird ohne Berührungsängste organisatorisch zusammengeführt, und zwar bis hin zu raffinierten Konstrukten in der Personalplanung, die Stellenanteile von Mitarbeitern formal und den Richtlinien entsprechend dem Krankenhaus bzw. dem MVZ zuordnen, um dann aber intern anders mit den Personalressourcen umzugehen. Dass dies in den „Niederungen" des Alltags durchaus kompliziert sein kann, wie sich beispielhaft an der Kleiderfrage der Mitarbeiter zeigt (hier verlangen die rechtlichen Vorgaben, dass eindeutig zu erkennen ist, wer für welche Institution arbeitet), verhindert jedoch nicht, dass operativ und strategisch in Hinblick auf Fusion gedacht wird. Notgedrungen erträgt man die nicht vermeidbaren Unannehmlichkeiten, treibt aber das Anliegen der Verzahnung offensiv und explizit voran. Dies ist vor allem auch im Vergleich zum Westgroup-Klinikum interessant, das zunächst vor demselben Bezugsproblem steht, nämlich Ressourcen des ambulanten Sektors zu erschließen, um seine Leistungen ausweiten zu können. Auf formaler Ebene kommt es dabei – wie auch in anderen von uns untersuchten Krankenhäusern – zu ähnlichen Lösungen. Dort werden ebenfalls mittels ausgefeilter rechtlicher Konstrukte Kassenarztsitze an das Krankenhaus gebunden. Jedoch geschieht dies im Fall Westgroup in der internen Reflexion in dem Bewusstsein, einen Tabubruch zu begehen. Die Anbindung des Kassenarztsitzes wird hier zu einem unternehmerischen „Coup" des Managements (s. Kapitel V.2 Abschnitt „Patienten & Einweiser"). Der Tabubruch besteht dabei nicht so sehr im geschickten Umgang mit rechtlichen Konstruktionen, sondern bezieht sich auf den Umstand, dass die niedergelassenen Ärzte der Region empfindlich auf ein Eindringen in deren Sektor reagieren und durch einen Zuweisungsboykott das Krankenhaus wirtschaftlich bedrohen könnten – unabhängig davon, ob man rechtlich auf der sicheren Seite

---

313 In der Form einer „partiellen Rejektion" (vgl. Jansen et al. 2015).

ist. In diesem Fall wird seitens des Managements darauf hingearbeitet, den *Bruch* zwischen der Selbstpräsentation (Trennung) und der Handlungspraxis (Verbindung) möglichst unsichtbar werden zu lassen, da die eigenen strategischen Ziele den Interessen der niedergelassenen Ärzte entgegenstehen.

Im Bergstadt-Klinikum besteht zwar eine Spannung zwischen der „Realitätsebene, die wir einhalten müssen", und den ökonomischen und medizinischen Zielen (ganzheitliche Versorgung), die jedoch im alltäglichen Vollzug bearbeitet werden kann. Hier erscheint dann auch kein grundsätzlicher Interessengegensatz zwischen den ambulanten und den stationären Ärzten, da gewissermaßen alle in einem Boot sitzen und nach Lösungen suchen, wie sich produktiv mit den bürokratischen Vorgaben umgehen lässt. Aus einer solchen in sich kohärenten und gleichzeitig pragmatischen Haltung heraus lässt sich auch feststellen, dass sich MVZs nicht immer lohnen und, wie aus der teilnehmenden Beobachtung einer anderen Gremiensitzung zu entnehmen ist, man über den Rückzug aus einer MVZ-Beteiligung nachdenken kann, obwohl man von der Organisationsform an sich überzeugt ist, um bei alledem die eigentlichen Werte – das Angebot ganzheitlicher Behandlungskonzepte für die Patienten – hochzuhalten. Am Beispiel des Umgangs mit den MVZ-Kooperationen sehen wir, wie unterschiedlich – bei zunächst gleich erscheinenden Sachverhalten – die Perspektiven des Managements ausfallen können. Gerade hier wird deutlich, wie das Management sich seine eigene Umwelt konstruiert, dabei jeweils unterschiedliche Erwartungs- und Werthorizonte unterstellt und – hier sind sich jedoch alle befragten Akteure einig – rechtliche und politische Vorgaben im Modus des Als-ob unterläuft.

Marketing

Ähnlich unaufgeregt und pragmatisch zeigt sich der Umgang mit der Notwendigkeit der Patientenakquise. Ein moralisches Lamentieren über die allgemeinen Zustände, in denen Krankenhäuser aus wirtschaftlichen Gründen um Patienten konkurrieren müssen und dabei zu ethisch fragwürdigen Methoden greifen müssen, lässt sich unter den für das Management relevanten Akteuren des Bergstadt-Klinikums nicht beobachten. Das Problem des Patientenzugangs wird schlicht als solches erkannt und pragmatisch, fast nüchterner als in anderen Häusern angegangen. Hierzu ein Auszug aus dem Interview mit einem Arzt der Chirurgie, Herrn Detz:

> *Interviewer:* Was spielt das Haus für eine Rolle jetzt nach Ihrer Einschätzung in der Versorgungslandschaft hier?
>
> *Herr Detz:* Ich würde schon sagen, dass wir mittlerweile, also/ Das hat sich eben auch wirklich gewandelt. Also, ich denke noch, na, vor fünf Jahren, wenn ich da vom Klinikum Bergstadt gesprochen habe in München, kannten die Leute immer nur die

Geburtshilfe. Das ist da/ Das sind die, die Kräuter verschreiben, und das sind die, wo man Geburten gut macht. Und durch diese doch Wahrnehmung und aggressive Werbung und auch Politik, die wir jetzt in den letzten Jahren gemacht haben, ist es jetzt auch anders. Also werden wir jetzt auch als Chirurgie zum Beispiel auch wahrgenommen oder als Darmzentrum.

I: Was heißt Werbung in dem Sinne jetzt?

Herr Detz: Ja, da wurde ja sowohl so eine Zweitmeinungskampagne also geschaltet, also internetmäßig, also wenn man online/ Wenn man bei Google irgendwie Kardio eingesetzt hat, dann wurde da eben relativ viel Geld rein gepulvert, dass wir immer an allererster Stelle kommen und dann eben so stand darauf Zweitmeinung, Sprechstunde und so, und das landete alles beim Chef. Und da sind unendlich viele, also ich würde sagen neunzig Prozent, die sich zur zweiten Meinung bei uns vorstellen, bleiben auch hier und dann nicht mehr zurückwollen, weil es bei uns einfach schöner ist. Und, ja, dann viele Vorträge und solche Dinge. Aber natürlich auch letztendlich die Qualität der Arbeit, würde ich sagen, und das ist eben was, das ist die zweite Linie, da komme ich dann so ein bisschen eher ins Spiel, weil ich hier diese ganze/ Mein Chef operiert nicht laparoskopisch, das mache ich [...].

Herr Detz reflektiert eine Imagekampagne des Krankenhauses weg von der Wahrnehmung als ‚Kräuterklinik‘ hin zu einer Leistungsorientierung, die sowohl einen medizinischen Service (Zweitmeinung) als auch aktuellste technische Behandlungsangebote einschließt. Erfolgsfaktor für den Patientenzuwachs sei zum einen die Internetkampagne zum Angebot einer Zweitmeinung für Herzpatienten, weiter punkte das Haus mit Atmosphäre („weil es bei uns einfach schöner ist") und modernen technischen Behandlungsmöglichkeiten. Geld in Marketingmaßnahmen „reinzupulvern" oder „aggressiv" zu werben, erscheint aus dieser Perspektive nicht verwerflich, sondern ganz normal und angemessen, obschon es der Wertorientierung des Hauses eigentlich zuwiderlaufen müsste. Es zeigt sich deutlich, dass die Außendarstellung als kongruent mit den Werten und der realen Situation des Hauses wahrgenommen wird – es *ist* aus Sicht von Herrn Detz eben tatsächlich schön hier. Eben darum kann er sich auch persönlich mit den Marketingversprechungen identifizieren und kommt wiederum selbst „ins Spiel", wenn es um chirurgische *Expertise* geht. Aus dem Kongruenzempfinden zwischen Darstellung und Praxis erscheint für ihn kein Bruch zwischen der Außendarstellung und den eigenen Werthaltungen. Dies ermöglicht eine relativ unaufgeregte und moralisch nicht aufgeladene Reflexion des Marketings. Die Vereinbarung von Werteorientierung einerseits und aggressiver Werbung andererseits ist nicht zuletzt deshalb möglich, da man ja „aggressiv" für ‚das Gute‘ wirbt, die wirtschaftlichen Vorteile also nicht als einzige Legitimation für die Kampagne stehen bleiben, sondern man auch das Gefühl haben kann, den neu angeworbenen Patienten etwas Gutes zu tun. Entsprechend erscheint es auch nicht moralisch verwerflich, hier „Geld reinzupulvern". Vielmehr wird dadurch erst der Rahmen dafür gestaltet, dass innerhalb des Krankenhauses ethische Reflexionen über die dem Patienten angemessene Krankenbehandlung möglich werden.

In der Konstellation scheinen organisational internalisierte Spannungen, die zum Teil als ethische Wertkonflikte gezielt und systematisch aufrechterhalten werden (man denke etwa an die zuvor geschilderte Auseinandersetzung über legitime Preisgestaltung bei ausländischen Patienten in der Chirurgie), einen eher pragmatischen Umgang nach außen erst zu ermöglichen, da man sich der Wertorientierung im Inneren versichern kann. Zum Beispiel wird im Rahmen der Zertifizierung eines kardiologischen Zentrums darüber reflektiert, dass eine Fortführung der Behandlung nicht das alleinige oberste Ziel darstelle, sondern dass man palliativen Patienten auch Exitmöglichkeiten aus der kurativen Behandlung bieten müsse. Moralische Zweifel müssen dann nicht anhand allgemein schlechter Zustände des Gesundheitswesens ventiliert werden, sondern können hausintern in einen eventuell produktiven Diskurs gebracht werden, indem dann einerseits Alternativen angeboten werden, andererseits immer wieder das Kriterium der Selbstbeschränkung thematisiert wird (sowohl im Hinblick auf die kurativen Ziele der Medizin als auch finanziell: leitende Ärzte verdienen weniger, als in anderen Häusern der Region üblich ist).

Die Orientierung an Werten heißt dabei nicht, dass sich das Haus vom Marktgeschehen entkoppelt und die eher ideelle Arbeit an einer Organisationskultur relevanter für das Gesamtarrangement sei als wirtschaftlicher Erfolg. Das Management scheint, wie oben schon aufgezeigt, seine Umwelt genau zu beobachten und hat auch scheinbar nebensächliche Allianzen anderer Akteure auf dem Schirm, wie sich im folgenden Beispiel an der Diskussion des 2-Bett-Zimmer-Zuschlags im Leitungsgremium zeigt.

Krankenkassen

Protokoll Thema: Privater 2-Bett-Zimmer-Zuschlag

Der 2-Bett-Zimmer-Zuschlag ist problematisch auf Stationen, auf denen es nur 2-Bett-Zimmer gibt. Es gab Patientenbeschwerden. Herr Ost schlägt vor, dass man mit entsprechend Versicherten reden kann im Sinne von „Sie unterstützen uns, wenn …". Gemeint ist, dass privat oder mit Zusatz Versicherte den Zuschlag nicht vom Haus zurückfordern sollen, weil es gar nicht möglich ist, anders als im 2-Bett-Zimmer untergebracht zu werden. Herr Albrecht wendet ein, dass es den Patienten um die eigene Bereicherung gehe, weil diese den Zuschlag hinterher vom Krankenhaus wieder zurückfordern. Herr Ost: Nein, Privatversicherungen schulen ihre Klienten und teilen den Gewinn mit ihnen. 90.000 werden im Jahr so eingenommen, allerdings abnehmend. Das zeigt, dass weniger Leute 2-Bett-Zimmer-Zuschläge unterschreiben oder zurückfordern. Herr Albrecht überlegt kurz, dass man für diesen Zweck ein

Zimmer mit vielen Betten einrichten könne, um dieses Vorgehen auszuhebeln. Leicht gehässig: Dann schieben wir da halt fünf Betten rein, dann können die sehen, ob die das wollen. Er kommt dann aber selbst zu dem Schluss, dass das räumlich auf den gemeinten Stationen kaum möglich und auch nicht notwendig ist. Man solle den Patienten gegenüber moralisch argumentieren und die Sache sonst nicht weiter verfolgen.

Anlass für die Thematisierung im Leitungsgremium ist eine aktuelle Patientenbeschwerde, wohl darüber, dass vom Krankenhaus ein 2-Bett-Zimmer-Zuschlag abgerechnet wurde, obwohl die Unterbringung im 3- oder Mehrbett-Zimmer gar nicht zur Wahl stand. In der Diskussion wird nun zunächst vermutet, dass sich einige Patienten durch die Rückforderung der Zusatzzahlung persönlich bereichern möchten. Herr Ost widerspricht dieser Unterstellung. Er scheint über eine gängige Praxis der Krankenversicherungen informiert zu sein, in einer Allianz mit den Versicherten gegen die Abrechnung durch das Krankenhaus vorzugehen und die Patienten monetär dafür zu belohnen. Kurz wird die Größenordnung dieses Kostenpunktes überschlagen und festgestellt, dass die von den Kassen so erzielten Einnahmen laut Statistik rückgängig sind. Das Problem scheint für das Management von eher geringer Relevanz. Kurz wird die Einrichtung eines Mehrbettzimmers allein zum Zweck der Abrechenbarkeit des 2-Bett-Zimmer-Zuschlages erwogen, jedoch mangels Durchführbarkeit und Dringlichkeit verworfen. Im Dialog mit den Patienten moralisch gegen die Rückforderung zu argumentieren (im Sinne von „Sie unterstützen uns, wenn …"), scheint demgegenüber als der gangbarere Weg. Das Management zeigt sich in dieser Sequenz sensibel auch für scheinbar abgelegenere Themen. An diesem Beispiel ist beobachtbar, wie das Feld gleichsam proaktiv nach möglichen Handlungsoptionen abgetastet wird, eine Option kommunikativ markiert, aber dann nicht weiter als relevant selektiert wird. Interessant ist auch, dass Patienten, wenn sie in Allianz mit den Krankenkassen finanzielle Forderungen an das Krankenhaus stellen, potenziell auch als Gegenspieler gedacht werden können, die wiederum gegen die Krankenkassen enaktiert werden können. Auch hier zeigt sich wiederum ein recht pragmatischer Umgang mit Problemen, wobei die Leistungsabrechnung per se als ethisch legitimiert erscheint, demgegenüber die Rückforderung durch die Patienten als moralisch problematisierungswürdig markiert wird. Das Krankenhaus erscheint dabei per se auf der guten Seite, was dann auch eine gewisse Willkür in der Wahl der Mittel (etwa zu erwägen, pro forma ein Mehrbettzimmer einzurichten) rechtfertigt.

Zusammenfassung und Diskussion

Während im Klinikum Bergstadt durch das besondere Organisationsmodell und die ideelle Ausrichtung organisationsintern ein hohes Maß an Reflexivität in Bezug auf die Innenspannungen besteht – beispielsweise werden die Werte des Hauses ständig präsent gehalten, Priorisierungsfragen werden kollektiv bearbeitet und ebenso wird bei manchen akutmedizinischen Behandlungsformen der Nutzen und die Sinnhaftigkeit für den Patienten problematisiert –, erscheint die Bearbeitung von Außenspannungen nach der obigen Analyse und im Vergleich zu anderen Häusern eher unaufgeregt und pragmatisch. Als Beispiel können die in anderen Häusern immer wieder als Gängelung kritisierten und mit viel Aufmerksamkeit behandelten Mindestmengen herangezogen werden, die seitens der Managementakteure des Bergstadt-Klinikums eher seltener thematisiert wurden. Natürlich bestehen auch in diesem Klinikum die gleichen Kriterien für die Vergütung von Leistungen. Allerdings scheint man hier in der operativen und strategischen Entscheidungsfindung flexibler und pragmatischer agieren zu können, da man sich zugleich auf eine starke Wertorientierung berufen kann. So kann man sich glaubhaft auf eine starke Patientenorientierung beziehen, was an sich schon legitimierend wirkt. Die Wertorientierung erscheint neben Medizin, Pflege und Wirtschaft als eine wichtige Referenz, welche die Reflexionsprozesse des Managements wie auch die sich hieraus ergebenden Arrangements konditioniert. Tatsächlich werden Entscheidungen in diesem Haus grundsätzlich danach beurteilt, ob sie medizinisch sinnvoll, ökonomisch tragfähig und mit der wertegeprägten Grundhaltung des Hauses in Übereinstimmung sind bzw. in Bezug auf die strategischen Fragen des Managements die hiermit einhergehenden Anliegen vorantreiben (wobei nicht alle Kriterien erfüllt sein müssen und dann pragmatisch abgewogen wird, wie welche Argumente und Werte in der jeweiligen Situation zu gewichten sind). Die Prominenz des letzten Kriteriums unterscheidet das Arrangement dieses Krankenhauses maßgeblich von anderen Häusern, deren Grundkonflikt allein durch das Spannungsfeld zwischen medizinischer und ökonomischer Logik aufgespannt ist. Vergleichbar ist in unserem Sample am ehesten der Fall des St.-Joseph-Krankenhauses, in dem die konfessionelle Ausrichtung ebenfalls eine weitere Wertsphäre als Kontextur zur Verfügung stellt, die in den Alltagsvollzügen des Krankenhauses als Entscheidungsprämisse angespielt werden kann und zu einer übergreifenden Identität der Organisation beiträgt. So können auch dort in Wertkonflikten alltagspraktische Kompromisse eingegangen werden, ohne damit das Gefühl für den Wert der eigenen Organisation zu verlieren. In der Folge entstehen im Vergleich zu anderen Häusern größere Handlungs- und Interpretationsfreiräume und der allgemein auf den Krankenhäusern lastende Druck wird als geringer bzw. besser handhabbar wahrgenommen. Der hier vorgestellte Fall des Klinikums Bergstadt unterscheidet sich allerdings in der Hinsicht von dem konfessionellen St.-Joseph-Krankenhaus, dass die hier verankerte Werthaltung nicht nur eine ideelle Komponente darstellt, die dann von den Managementakteuren einer in formaler Hinsicht konventionell aufgestellten Krankenhaushierarchie aufgegriffen werden kann. Vielmehr wird darüber hinaus die Führungsstruktur selbst durch ein alternatives Modell ersetzt, das an einer egalitären und demokratischen Werthaltung orientiert ist. Dies schafft dann einerseits eine hohe Selbstbindung aller beteiligten Akteure, andererseits werden hiermit Wertkonflikte präsent gehalten, denn auf den unterschiedlichen Ebenen der Managementgremien muss nun im Austausch untereinander jeweils verhandelt werden, ob die getroffenen Entscheidungen (noch) mit den Werten des Krankenhauses im Einklang stehen. Gleichzeitig wird dadurch ein gewisser Pragmatismus möglich – etwa wenn im Sinne eines Muddling Through (Goebel und Clermont 1997) kreativ mit formalen Vorgaben umgegangen wird oder man ggf. manchmal nicht so genau hinschaut, ob erfolgskritische Akteure in jedem Falle im Einklang mit den Werten handeln. Als Preis ist hierfür jedoch ein höherer Kommunikationsaufwand zu zahlen. So kann die Führung nicht mehr unmittelbar qua Hierarchie auf die unteren Ebenen durchgreifen, sondern hat dann indirekte Wege zu suchen, um für notwendig erachtete Entscheidungen und Prozesse zu bahnen.

Abschließend kann festgestellt werden, dass mit Blick auf das Kriterium der erfolgreichen Bearbeitung von Innen- und Außenspannungen ein durchaus funktionales Managementarrangement anzutreffen ist. Für Bergstadt ist die allgemeine Lage des Krankenhaussektors nicht weniger problematisch als für andere Häuser. Allerdings erscheint die Spannungsbearbeitung insbesondere in dem Sinne erfolgreich, dass sie Handlungsmöglichkeiten in einem sonst zunehmend doch recht stark durchregulierten Feld eröffnet. Das gilt bezüglich der Innenspannungen für die Verantwortungsenaktierung der Organisationsmitglieder durch die besondere Organisationsstruktur. Durch die aktive Vertretung in den Leitungskreisen können sich die professionellen Akteure in ihrer eigenen Organisation wiederfinden. Insbesondere für die Pflege zeigt sich entsprechend – im Gegensatz zu vielen anderen Häusern – noch ein deutlich sichtbares Professionalisierungsprojekt. Hier geht es dann nicht nur um eine effiziente Organisation oder um die Bewältigung von Notständen auf der Station, sondern auch darum, in Augenhöhe mit den Ärzten an der Gestaltung eines guten Krankenhauses teilzuhaben.

Bezüglich der Außenspannungen zeigt sich eine durchaus erfolgreiche Praxis des proaktiven Abtastens und Ausprobierens von Handlungsspielräumen, um so die unmittelbare Umwelt der Organisation aktiv mitzugestalten (was in unterschiedlicher Weise auch in anderen Häusern geschieht). Insgesamt zeichnet der Fall Bergstadt sich dadurch aus, dass er Komplexität und Spannungen in seinen

Binnenbezügen systematisch erhöht – nämlich durch die Multiplikation der Entscheidungs- und Führungsverantwortung auf gleich drei Managementebenen – und damit Spannungen internalisiert und sich qua Reflexion zu eigen macht, die in anderen Häusern eher unreflektiert in die Organisation eintreten und dann entsprechend nur noch als Druck alternativloser Sachzwänge erscheinen. Während sich andere Krankenhäuser vorrangig den Verhältnissen im deutschen Gesundheitswesen ausgesetzt fühlen und diese irgendwie zu bewältigen versuchen, ist man sich hier der hart regulierenden Realität ebenfalls bewusst, fokussiert aber eher Spannungslagen, die aus eigener Perspektive interessant erscheinen. Die Organisation wird damit flexibler und durch die schon in der Organisation strukturell angelegte Reflexion der polykontexturalen Verhältnisse in gewissem Maße unabhängiger von extern erzeugtem ökonomischem und politischem Druck. Da der Managementprozess per se hochgradig kommunikationsintensiv angelegt ist, können eine Vielzahl von Lösungsoptionen generiert und in Hinblick auf interne Plausibilität abgetastet werden. Hierdurch entsteht eine hohe Kreativität im Umgang mit den Außenspannungen. Im Sinne partieller Rejektionen[314] werden die Relevanzsysteme von z. B. Krankenkassen, der Kassenärztlichen Vereinigung und des politisch durchgesetzten Abrechnungssystems wahrgenommen und als solche anerkannt, ohne sich diese jedoch zu eigen machen zu müssen. Die durch die Kommunikationsprozesse erhöhte interne Reflexivität generiert eigene Bilder und Interpretationen der Umweltzwänge. Gerade deshalb ist das Management weder blind gegenüber der politischen, institutionellen und wirtschaftlichen Umwelt des Krankenhauses noch den Umweltanforderungen hilflos bzw. passiv ausgeliefert.

Damit ist nicht gesagt, dass hier eine per se erfolgreiche Lösung für die Bezugsprobleme des Krankenhausmanagements gefunden ist. Auch hier gilt, dass Spannungsbearbeitung sich immer nur situativ als erfolgreich erweisen kann und Management als solches prekär bleibt. Ganz im Gegenteil hat es in der fast dreißigjährigen Geschichte des Hauses durchaus Fehlversuche in der Organisationsentwicklung gegeben und eine Reihe von Maßnahmen, die ebenfalls auf eine alternative Managementstruktur setzten, mussten aufgrund fehlender Umsetzbarkeit wieder revidiert werden. Die Organisation rahmt dieses Scheitern ihrerseits als „Lernen". Insgesamt zeigt sich, dass die etablierten heterarchischen Organisationsstrukturen sowie die weitestgehend permanent mitlaufende Arbeit daran ihrerseits wiederum auf das Selbstverständnis der Organisation einzahlen und zur Entwicklung einer Organisationskultur beitragen, welche dieses spezifische Arrangement zu stabilisieren hilft.

---

314 Im Sinne von Jansen et al. 2015.

Aus organisationssoziologischer Perspektive sehen wir in diesem Fall einerseits, wie an den *Grenzen der Organisation* gearbeitet wird, indem zum Beispiel die Beteiligung an MVZs oder die Ausgründung krankenhausnaher Versorgungseinrichtungen vorangetrieben werden. So wird ein Netzwerk aufgespannt, das über den Kernauftrag des Krankenhauses hinaus Aktionsfelder und Gestaltungsmöglichkeiten eröffnet. Versuche, auf die die Krankenhäuser umgebende Versorgungslandschaft Einfluss zu nehmen und so die eigenen Handlungsbereiche zu erweitern, können wir im gesamten von uns untersuchten Sample beobachten. Es handelt sich hier also übergreifend um eine zentrale Managementstrategie.

Im Klinikum Bergstadt werden jedoch neben den *Grenzen der Organisation* in hohem Maße auch die *Grenzen der Organisierbarkeit* virulent. Einerseits werden durch die Organisationskultur und die Gremienarbeit bestimmte *Sozialprozesse* sowie die hierfür förderlichen Haltungen zu designen, zu managen und zu standardisieren versucht, die sich üblicherweise als Interaktionen der Strukturierung durch die Organisation entziehen (der ärztliche Direktor kann etwa von seinen Kollegen einfordern, sich im Umgang miteinander an das Prinzip der Teamorientierung zu halten, es bestehen detaillierte Verfahrensregeln). Andererseits sind durch die programmatische Abkehr von der hierarchischen Ordnung die Strukturierungsmöglichkeiten wiederum eingegrenzt (so kann derselbe ärztliche Direktor nicht aus einer hierarchisch übergeordneten Position Einsicht in die Arbeit eines Kollegen verlangen und kann dieses Kontrolldefizit nur auf indirektem Weg ausgleichen). Wie sich allerdings bereits mit Blick auf einige Passagen aus dem Unterkapitel Innenspannungen erahnen lässt, geht dies mit einer hohen Belastung der Mitarbeiter einher. Zum einen bringt die Organisationsstruktur einen enormen zeitlichen Mehraufwand für die verantwortlichen Mitarbeiter mit sich. Zum anderen werden Spannungen, die sonst interprofessionell verteilt oder in Form von unterschiedlichen Rollen in der Hierarchie auseinandergezogen werden, jetzt zum Teil in einzelne Personen verlagert, welche die komplexen Wertkonflikte nun ihrerseits präsent zu halten haben. Die Organisation setzt gewissermaßen darauf, dass Spannungen, die nicht in organisierter Form gelöst oder produktiv mitgeführt werden können, von einzelnen Mitarbeitern abgefangen werden. Zum Teil sind diese Spannungen auch Resultat des Managementmodells selbst, etwa wenn widersprüchliche Rollenerwartungen an die Akteure gestellt werden. Man denke etwa daran, dass eine Pflegedirektorin oder ein leitender Arzt in den Managementgremien nun zugleich das Beste für seinen Arbeitsbereich zu versuchen hat als auch das Gesamtinteresse der Organisation zu repräsentieren hat, also gefordert ist, Partikularinteressen zurückzustellen, und gleichzeitig für deren Vertretung verantwortlich ist. Die Inkongruenzen zwischen unterschiedlichen Wertsphären, die Spannungen zwischen oben und unten fordern und belasten in diesem Falle die

Psyche der beteiligten Akteure mehr als in einem Arrangement, das klar zwischen unterschiedlichen Rollen trennt.[315] Am Rollenkonflikt und letztendlich dem Burn-out einer in die Gremienarbeit involvierten Pflegerin zeigt sich – wie in mehreren Interviewgesprächen berichtet – denn auch die Kehrseite dieses Arrangements.

Die Arbeit an den Grenzen der Organisierbarkeit führt auch zur Aufhebung eindeutiger Rollenzuschreibungen und zum Teil zu einer Verlagerung der hiermit verbundenen Konflikte in die Psyche der Akteure. Ein derartiges Austesten der Grenzen der Organisierbarkeit (denn dies geschieht in diesem Haus als explizit gewähltes Organisationsmodell) erscheint bivalent. Einerseits verhilft es dem Krankenhaus wie oben beschrieben zu einer hohen Leistungsfähigkeit in Hinblick auf einen flexiblen und pragmatischen Umgang mit Innen- und Außenspannungen. Systemtheoretisch gesprochen entsteht im Managementprozess intern eine hohe *requisite variety* (Weick 1998). Die unterschiedlichen Managementebenen multiplizieren die Perspektiven und die Kommunikationsnotwendigkeiten, wodurch eine große Mannigfaltigkeit von Lösungsmöglichkeiten entsteht, auf die das Haus produktiv und kreativ zurückgreifen kann. Zugleich ermöglicht die Partizipation vieler Akteure an den Managementprozessen eine hohe Identifikation der Mitarbeiter mit der Organisation und mobilisiert Ressourcen für weiteres Engagement, was sich wiederum positiv auf Selbstwirksamkeit, Arbeitszufriedenheit und Verbundenheit mit dem Haus auswirken kann.

Andererseits kann ein solches Arrangement dann aber auch im buchstäblichen Sinne an die Grenzen der Organisierbarkeit kommen. Wie nämlich Stefan Kühl mit Blick auf die Tücken postbürokratischer Organisationsmodelle beschreibt, können hier – insofern die Grenzen zu weit ausgereizt werden – eine Reihe von Dilemmata entstehen (Kühl 1994). Zu nennen ist hier das *Komplexitätsdilemma* (nämlich dass die Herstellung einer Entscheidung so kompliziert wird, dass sie nicht mehr praktikabel ist), das *Politisierungsdilemma* (nämlich dass die informelle Aushandlung von Lösungen zu viel Raum für mikropolitische Machtkämpfe eröffnet) und nicht zuletzt das *Identitätsdilemma* (entsprechend dem die Grenzen der Organisation so sehr verschwimmen, dass ernsthafte Probleme der Adressierung von Verantwortung entstehen können). Wenngleich die hier beobachtete Organisation in Hinblick auf die benannten Dilemmata eine gute Balance zu finden scheint, so bleibt es doch ein fragiles Gleichgewicht, das insofern prekär bleibt, als unter hohem psychischen

---

315 Man denke an dieser Stelle an Fritz Simons Einsicht, dass nur Organisationen schizophren agieren können, ohne verrückt zu werden (Simon 2007). Dass hier die linke Hand nicht weiß, was die rechte tut, ist normaler Organisationsalltag. Widersprüche, Spannungen, Wertkonflikte, kognitive Dissonanzen jedoch psychisch zu repräsentieren und auszuhalten, verlangt dann in der Tat eine hohe soziale Kompetenz und psychische Stabilität.

Einsatz an der Wertidentität gearbeitet werden muss, die den Mitarbeitern überhaupt gestattet, sich auf dieses Experiment einzulassen.

Demokratie im Allgemeinen ist niemals selbstverständlich. Es muss beständig an ihr gearbeitet werden. Dies gilt besonders auch für eine Organisation, die sich nicht nur an diesem Wert orientiert, sondern ihn zugleich als Managementstruktur zu implementieren sucht.

6   Zusammenfassung Arrangements

Wir haben in den vorangegangenen Abschnitten anhand von vier ausführlichen Fallbeschreibungen Einblicke in die Komplexität unterschiedlicher Krankenhausleitungen erhalten.

Als gemeinsames Bezugsproblem der Klinikleitungen – und damit als Basistypik im Sinne der Dokumentarischen Methode – haben wir die Bearbeitung der *Spannung zwischen Selbsterhalt und öffentlicher Daseinsvorsorge* identifiziert. Damit steht jedes Management vor der Aufgabe, medizinischen, professionellen, personellen, betriebswirtschaftlichen und versorgungspolitischen Anforderungen gerecht zu werden, die von unterschiedlicher Seite und auf unterschiedliche Weise für das Management virulent werden – sei es von bzw. nach „innen" (durch Ärzte, Pflegende oder Patienten) oder von „außen" (durch die niedergelassenen Ärzte, den Medizinischen Dienst der Krankenkassen, Zertifizierungsagenturen, umliegende Krankenhäuser, aber auch Rahmensetzungen wie die sektorale Trennung, das duale Finanzierungssystem oder den Landeskrankenhausplan). All diese Anforderungen und die hiermit einhergehenden Erwartungen fungieren als strukturelle Einschränkungen der Entscheidungsspielräume. *Wie* all dies vom jeweiligen Management bearbeitet wird, gestaltet sich dabei jedoch sehr unterschiedlich, was letztlich nicht verwundert. Es finden sich folglich unterschiedliche Praxen des In-Beziehung-Setzens der unterschiedlichen Ansprüche und damit auch – abstrakter formuliert – der unterschiedlichen logischen Sphären. Gerade die Balancierung zwischen der wirtschaftlichen Logik (die in vielen Bereichen vermittelt über Politik an die Krankenhäuser herangetragen wird) und der medizinischen Logik stellt eine der, wenn nicht *die* zentrale Aufgabe des Managements dar. Dabei ist es keineswegs so, dass diese Logiken in einer Art „Reinform" vorzufinden wären oder durch bestimmte Akteursgruppen in Reinform verkörpert werden. So ist eine ärztliche Logik nicht mit einer medizinischen Behandlungslogik (im Sinne des Codes gesund/krank, vgl. Luhmann 2005b) gleichzusetzen, da Ärzte neben der optimalen medizinischen Versorgung legitimerweise auch andere Interessen haben: etwa technische Innovationen (vgl. etwa die Begeisterung für den neuesten „Videoturm") oder die eigene Karriere und zudem schlicht auch organisationalen Restriktionen unterliegen (Zeitdruck, mikropolitischen Dynamiken etc.). Wie sich in den vier dargestellten Fällen sehr deutlich zeigt, lässt sich eine bestimmte Logik nicht eindeutig einer Position zuordnen. So ist es auch nicht per se der Geschäftsführer oder kaufmännische Leiter, der „die" betriebswirtschaftliche Logik verkörpert. Wie bereits im Kapitel zu den kaufmännischen Direktoren (IV.3) deutlich wurde und sich in der Analyse der Arrangements bestätigt, wird selbst in offensichtlich zahlen- und controllingaffinen Geschäftsführungen oftmals nicht hart nach betriebswirtschaftlichen Kriterien entschieden (vgl. u. a. Herrn Plessner und Herrn Wolter (Typ 1) im Kapitel IV.3). Wenn dann beispielsweise der Controller von einem Chefarzt gefragt wird, was er denn im Falle eines konkreten Patienten tun solle, zeigen sich in den Antworten durchaus differenzierte Abwägungen, die auch einen gewissen moralischen Skrupel bei einer zu direkten Anwendung ökonomischer Parameter sichtbar werden lassen (s. hierzu besonders die „Außenspannungen" des Typ 1 im Kapitel IV.3).

Abstrakt und allgemein formuliert bilden sich vielmehr jeweils in den einzelnen Häusern recht unterschiedliche, dann aber durch eine gewisse Stabilität ausgezeichnete Praxen des In-Beziehung-Setzens unterschiedlicher Handlungslogiken bzw. Kontexturen (Wirtschaft, Recht, Medizin etc.) aus. Da allein aus Gründen der Komplexitätsreduktion nicht jeden Tag alles neu verhandelt werden kann, müssen bewährte Formen der *gemeinsamen* (was nicht heißen soll: gemeinschaftlichen[316]) Problembearbeitung gefunden, auf Dauer gestellt und in Entscheidungsprämissen und Entscheidungsprogramme überführt werden, die von uns dann wiederum beobachtet und – wie oben erfolgt – entsprechend rekonstruiert werden können. „Komplexitätsmanagement kann demnach nicht heißen, das Problem der Komplexität ein für allemal zu lösen. [...] Es geht um den Einbau von strukturellen Spannungen in die Organisation, die es der Organisation gegenüber der eigenen und der Umweltkomplexität ermöglichen, immer wieder andere Reduktionen zu wählen und insofern komplex zu reagieren" (Baecker 1999b, S. 171). So ergeben sich je nach Krankenhausleitung (unter anderem in Abhängigkeit von den jeweiligen Akteuren und deren Sozialisation, der formalen Hierarchisierung der Positionen und deren Besetzung etc.) mehr oder weniger stabile wie funktionable *Arrangements*. Diese unterschiedlichen, aber nicht beliebigen *Modi des Ordnens polykontexturaler Verhältnisse* identifizieren und moderieren dann in jeweils spezifischer Weise die

---

316 Im Sinne der Dokumentarischen Methode brauchen wir hier nicht davon auszugehen, dass beim Personal Einigkeit in Bezug auf die gefundenen Lösungen besteht oder gar von einem einheitlichen konjunktiven Erfahrungsraum ausgegangen werden kann.

Innenspannungen[317] und Außenspannungen[318] eines Hauses. Zu betonen ist dabei, dass sich diese Praxis der Verschränkung keineswegs der kognitiven Leistung eines einzelnen Akteurs verdankt! Eben darum sprechen wir von Arrangements. Vielmehr ist auch sie eine Praxis, die ebenso implizit wie explizit strukturiert ist und durch das *Zusammenspiel* der Personen, Verfahrensweisen, Regelungen etc. getragen wird. Sie greift zu einem guten Teil auf inkorporierte Wissensbestände („Gefühl", „Erfahrung") zurück, aber auch auf bewährte Praxen, die als solche weitergegeben werden können (Historie des Unternehmens etc.), sowie auf etablierte „Entscheidungsprogramme" (Luhmann 2000b, S. 195f.), die nicht mehr auf bestimmte Personen zurückzuführen sind. Beispiele sind hier etwa die Etablierung von Ampelsystemen oder standardisierten Routinen wie etwa den wöchentlichen Präsentationen der Fallzahlen in der Chefarztrunde.

Gefragt nach der *(Sozio-)Genese* der Arrangements würde es nach den Erkenntnissen der vorliegenden Studie zu kurz greifen, würde man versuchen, diese Arrangements auf bestimmte grobe Rahmenparameter zurückzuführen und dahingehend zu typisieren, etwa in Bezug auf Lage (städtisch/peripher) oder Trägerschaft (privat/konfessionell). Das bedeutet natürlich nicht, dass Lage und Trägerschaft keinen Unterschied machen. Jedoch ist die Gemengelage der Anforderungen an eine Krankenhausleitung so komplex, dass es eine unzulängliche Komplexitätsreduktion unsererseits darstellen würde, lediglich auf diese Unterschiede abzuzielen. Beispielsweise stellt sowohl für viele städtische als auch für viele ländlich gelegene Krankenhäuser die Frage der Gewinnung von Personal ein ernstes Problem dar, jedoch aus unterschiedlichen Gründen. Besonders in Großstädten gibt es zwar aufgrund der Attraktivität der Lage gutes Personal, um das jedoch viele Krankenhäuser konkurrieren. Für peripher gelegene Krankenhäuser hingegen stellt oftmals die Unattraktivität der Lage das vom Management zu bearbeitende Problem dar.[319] In unserem Sample ließ sich diesbezüglich aber allein schon deshalb keine distinkte Lagetypik ausmachen, da die Unterscheidung in Zentrum und Peripherie an sich zwar eine heuristisch sinnvolle Unterscheidung darstellt, besonders mit Blick auf die sich hieraus ergebenden gemeinsamen Bezugsprobleme, jedoch die Personal-

---

317 Zu nennen ist hier beispielsweise das Verhältnis zwischen Ärzten und Pflege, die Art und Weise der Kommunikation und Durchsetzung von Zielvorgaben, auf welche Weise die Fallkodierung und der Case Mix optimiert werden.

318 Hier sind beispielsweise der Umgang mit der Konkurrenz zu den anderen Häusern, das Zuweisermanagement, die Form der Rechtsstreitigkeiten mit dem Medizinischen Dienst der Krankenkassen oder die Bearbeitung der Vorgaben der Politik zu nennen.

319 Im Fall des Sinceritas-Krankenhauses wurden Shuttlebusse für Ärzte zur nächstgelegenen Großstadt eingerichtet, womit man wiederum in die Konkurrenz um dieselben Fachkräfte eintritt wie die städtischen Krankenhäuser.

gewinnung nur eines von vielen Bezugsproblemen darstellt, so dass zumindest in unserem Sample die Diversität der Merkmale nicht erlaubt, eine distinkte *lagespezifische* Managementtypik zu erstellen.

Neben den bürokratischen Anforderungen stellt die Versorgung der Klinik mit Patienten eine der zentralen Aufgaben des Krankenhausmanagements dar. Dies gilt für unterschiedliche Häuser selbstredend in unterschiedlichem Ausmaß. In städtischen Gebieten erscheint nach unseren Erkenntnissen aufgrund der Konkurrenz die Notwendigkeit einer entsprechenden strategischen Positionierung und Profilbildung wesentlich bedeutsamer als auf dem Land. *Trägerschaftstypische* Unterschiede konnten hier aber weder in Bezug auf die Dringlichkeit noch mit Bezug auf konkrete Maßnahmen ausgemacht werden (s. zur Rolle der Trägerschaft auch Kapitel V.1). Zwar wird im Fall des freigemeinnützigen St.-Joseph-Krankenhauses der christliche Wertbezug auch in besonders geschickter Weise mit der Schwerpunktbildung des Krankenhauses verknüpft ("Am Anfang und Ende des Lebens") und als zusätzliche Logik einbezogen, dennoch erscheint in unserem Sample die Variation unter den Krankenhäusern in freigemeinnütziger Trägerschaft so groß, dass auch hier keine typologisch eindeutige Zurechnung zu den vermeintlichen Merkmalen der Trägerschaft möglich ist. Im "Diakonie-Klinikum" sowie im "Antonius-Stift" finden wir beispielsweise keinerlei expliziten konfessionellen Wertebezug vor, wenngleich wir dies zunächst mit Blick auf das Sample erwartet hätten. Gerade das fusionierte Antonius-Stift lässt aus unserer Perspektive bezüglich der Organisationsform in der beobachtbaren Praxis keinerlei relevante Unterschiede zum privaten Katharinenstift GmbH erkennen. Vielmehr scheint der kaufmännische Leiter in letzterem Fall um einiges besser mit den unterschiedlichen Logiken – besonders der professionellen und habituellen Eigenlogik der Ärzte – zurechtzukommen als der Geschäftsführer im Antonius-Stift, der sich mehr oder weniger explizit danach sehnt, in einem "normalen Wirtschaftsunternehmen" tätig zu sein (vgl. Typ 2 im Kapitel IV.3 und mit ihm sein Pflegedirektor, vgl. Typ 1 im Kapitel IV.2). Wie wir bereits in der Einleitung zu diesem Kapitel (IV.2) in der Begründung der Fallauswahl ausgeführt haben, konnten wir in unserer Studie auch keine Managementpraxis ausmachen, die für ein Krankenhaus öffentlicher Trägerschaft typisch ist – auch hier überschreiben die vielfältigen und spezifischen anderen Problemlagen des Krankenhauses die typologische Besonderheit der Trägerschaft – und haben bereits hier auf die ähnlich lautenden Ergebnisse von Bär (2011) verwiesen. Zudem lässt sich beobachten, dass in manchen Großstädten kaum mehr öffentliche Krankenhäuser zu finden sind oder zumindest ein starker Rückgang zu verzeichnen ist (Bundesamt 2016). Damit soll natürlich wiederum nicht gesagt sein, dass auf Ebene der konkreten Managementpraxis keinerlei Unterschiede zu verzeichnen sind, obschon alle Krankenhäuser in unserem Sample ungeachtet der Trägerschaft formal betrachtet wirtschaftlich und rechtlich eigenständig von einem Management geführt werden (müssen). Ob aber nun eine neue Geschäftsführung von der übergeordneten Konzernleitung ohne Mitsprache der Belegschaft eingesetzt wird oder vonseiten des Landes (wie im Fall des von uns analysierten, jedoch in der Darstellung nicht näher dokumentierten Kreiskrankenhauses), macht dann *aus unserer Perspektive* keinen erkennbaren Unterschied in der Dynamik der Managementpraxis bzw. in Hinblick auf das sich hieraus ergebende Arrangement. Und obschon auch in ebendiesem Krankenhaus mit Bezug auf die öffentliche Trägerschaft von einer gewissen Trägheit bestimmter Prozesse und damit einhergehend spezifischen Einschränkungen des Managementhandelns ausgegangen werden kann, ist dies einerseits nichts, was nicht aus anderen Gründen auch in anderen Krankenhäusern vorfindbar ist, vor allem aber ist es kein Umstand, der systematisch das Management des Hauses in einer Weise prägt, die im methodologischen Sinne als *typisch* anzusehen wäre, also eindeutig der Trägerschaft zuzurechnen ist.

Typologie und Kontraste

Werden wir nun konkreter: Vorangehend wurden nun vier Arrangementtypen herausgearbeitet. Von Typen sprechen wir in dem Sinne, dass deutlich „*der Kontrast in der Gemeinsamkeit*" (Bohnsack 2014c, S. 150)[320] hervortritt. Konkreter formuliert bedeutet dies, dass wir unterschiedliche Lösungen in der Praxis für

---

320 Natürlich ist hier mit Blick auf die Dokumentarische Methode zu berücksichtigen, dass eine Typisierung von Arrangements wesentlich komplexer ist als die Typisierung einzelner Personen. Ein „Fall" ist hier nicht eine Person und speist sich maßgeblich aus einem zugehörigen Interview, sondern ein Fall besteht an sich bereits aus mehreren Interviews, teilnehmenden Beobachtungen und ggf. Sitzungsprotokollen, die aufeinander bezogen sind und zueinander in Beziehung gesetzt werden müssen. Der Fallrekonstruktion an sich kommt demnach eine ganz andere Aufmerksamkeit zu. Da sich in einem Arrangement der Krankenhausleitungen die Einflüsse auf die *Genese* eines konkreten Arrangements potenzieren, verzichten wir an dieser Stelle bewusst auf den sonst vor allem im rekonstruktiven Sozialforschung üblichen kausalen Zusammenhang zwischen Orientierung und Soziogenese, da dies immer zu kurz greifen würde und eher wissenschaftsästhetischen Gewohnheiten als der Praxis des Feldes Rechnung tragen würde. Dennoch verzichten wir nicht auf eine Typenbildung. Diese folgt jetzt jedoch einer anderen Logik. Sie richtet sich nach systemischen Kriterien aus. Wir typisieren entsprechend unterschiedliche Arrangements, die dann eine jeweils spezifische Charakteristik haben, die sich durch die jeweilige Ökologie ergibt. Hiermit haben wir eine Typenbildung, jedoch keine soziogenetische. An der Stelle gelangen wir zu einer Ökologie unterschiedlicher Sinngenesen, die in einer logischen Beziehung zueinander stehen. Siehe ausführlicher zu den methodologischen Gedanken Kapitel III.

das gemeinsame Bezugsproblem (s. o.) rekonstruieren konnten. Dabei haben wir keineswegs das Spektrum möglicher Arrangements vollumfänglich abgedeckt. Jedoch sind wichtige Kontraste markiert, die gewissermaßen als wahrscheinliche Lösungen übergreifender Probleme erscheinen und dann gleichsam als Attraktoren angelaufen werden können, da die gefundenen Managementarrangements aufgrund der inneren Ökologie – etwa im Sinne einer wechselseitigen Enaktierung von Positionen und Wertbezügen – eine gewisse Stabilität erwarten lassen. In diesem Sinne ist entsprechend auch nicht davon auszugehen, dass unendlich viele Typen identifizierbar sind, sondern sich nur eine bestimmte Gruppe von Lösungen bewährt, wie die innere und äußere Komplexität des Krankenhauses handlungspraktisch bewältigt werden kann. Pointieren wir im Folgenden noch einmal zusammenfassend und kontrastierend, welche unterschiedlichen Formen „einfacher Komplexität" (Baecker 1997) sich jeweils mit Blick auf die von uns beobachteten Managementpraxen rekonstruieren ließen.[321]

Typ 1: „Unternehmerischer Erfolg" (Wirtschaft)

In diesem Typ kann das Management als Primärreferenz den wirtschaftlichen Erfolg festlegen und dementsprechend einen aktiven unternehmerischen Kurs einschlagen. Ökonomische Leistungsparameter werden in den Vordergrund gestellt und mithilfe von Zielvereinbarungen und unmittelbaren Vergleichen präsent gehalten und forciert.[322] Die strategische Ausrichtung orientiert sich ausschließlich an diesem Ziel und nicht etwa an Versorgungsnotwendigkeiten der Bevölkerung.[323] Natürlich kann ein Krankenhaus nicht gänzlich frei entscheiden, welches Behandlungsspektrum es anbietet. Durch den Landeskrankenhausplan und die Verhandlungen mit den Krankenkassen sind hier die Wahlmöglichkeiten stark eingeschränkt. Dieser Typ zeichnet sich aber gerade dadurch aus, dass er die verbleibenden Möglichkeitsräume besonders aktiv oder gar aggressiv auszunutzen weiß. Der wirtschaftlichen Primärreferenz hat sich dabei insbesondere die Pflege unterzuordnen – sowohl die Pflegedienstleitung *in persona* als auch in Hinblick auf die Substitution eigener

---

321 „Einfache Komplexität ist der ‚bias', der eine Organisation arbeitsfähig macht, indem sie den Möglichkeitsraum strukturiert, auf den zuzugreifen sie für sinnvoll hält" (Baecker 1999b, S. 196).

322 So kommt es im rekonstruierten Fall zu Vergleichen zwischen den Stationen des Hauses, zwischen gleichen Stationen verschiedener Häuser des Konzerns sowie zwischen den Häusern des Konzerns als Ganzes.

323 Besonders deutlich wurde dies im dargelegten Fall an der Errichtung eines Linksherzkatheter-Messplatzes, der bereits im unmittelbar benachbarten Krankenhaus vorgehalten wird. Entsprechenden Einwänden vonseiten der Krankenkassen wurde mit „Wir werden schon sehen, ob ich das Ding auslasten kann" entgegnet.

professioneller Ansprüche zugunsten einer technischen Organisationsrationalität, die vor allem den reibungslosen Ablauf von Prozessen in den Blick nimmt. Den Chefärzten und ihrem Sprecher kommt tendenziell nur – im Gegensatz zur Pflege, aber: immerhin noch – die Rolle zu, Widerstand in Hinblick auf Zumutungen zu artikulieren, die dem ärztlichen Ethos zu sehr zuwiderlaufen würden.

In der Folge erscheint das Management als relativ spannungsarm und unternehmerisch erfolgreich. Diese geringen Spannungen *innerhalb* des Managements sind dabei maßgeblich der etablierten Deutungshoheit des Geschäftsführers geschuldet und dürfen nicht darüber hinwegtäuschen, dass der Druck und die Spannungen, unter dem selbstverständlich auch Häuser mit einem Management dieses Typs stehen, entsprechend in die Organisation hierarchisch nach unten weitergeleitet wird. Während in anderen Arrangements das Management zumindest darum bemüht ist, wirtschaftlichen Druck auf die Ärzte immerhin abzuschwächen, wird er hier ungedämpft weitergegeben, wenn nicht gar durch die hohen Profiterwartungen der Konzernspitze noch verstärkt. Während sich beispielsweise der Geschäftsführer (und mit ihm auch der Pflegedirektor) im Fall des Antonius-Stifts danach *sehnt,* ein „normales Wirtschaftsunternehmen" zu führen (s. wie eben erwähnt Kapitel IV.4, Typ 2 und IV.2, Typ 1), ist dies im Fall des Westgroup-Klinikums bereits die gängige Praxis.

Darüber hinaus war im dargelegten Fall eine entsprechend starke Sozialisation der leitenden Mitarbeiter im Trägerkonzern auszumachen. Das konkrete Haus tritt als identitätsstiftende Einheit hinter den Konzern zurück. Und dies nicht nur in Hinblick auf die Konzernstruktur, innerhalb derer die Häuser ohnehin als untereinander vernetzte Untereinheiten des Unternehmens gesehen werden (in Bezug auf Karrierechancen, Erfahrungs- und Wissensaustausch, konzerninterne Hausvergleiche durch Kennziffern etc.), sondern auch hinsichtlich der gefühlten Identität der verantwortlichen Manager.

Wie in jedem Arrangementtyp verlangt auch dieser Typ mehr oder weniger implizit eine spezifische Form der Compliance der Mitarbeiter. Die (Selbst-)Selektion der Mitarbeiter – also die Verbindung von individuellen Karrieren und Personalentwicklung – orientiert sich daran, wer sich mit den unternehmerischen Zielen der Kultur des Konzerns zu identifizieren vermag bzw. sich mit diesen arrangiert.

Typ 2: „Leistungswillen und Autonomie" (Wirtschaft & Medizin)

Das Management dieses zweiten Typs kann die Autonomie der professionellen Domänen explizit anerkennen und auf entsprechende Eigenmotivation setzen, wobei dann auf ein strenges, ökonomische Leistungsparameter in den Vordergrund stellendes Controlling verzichtet wird. Zugleich wird dabei jedoch die Brisanz des ökonomischen Drucks, dessen Quelle jetzt nicht beim Geschäftsführer oder

der Konzernführung, sondern nun in der Umwelt des Krankenhauses lokalisiert wird, unter den leitenden Ärzten und Pflegekräften präsent gehalten. Die hiermit verbundenen Spannungen und der damit einhergehende Leidensdruck wird nicht negiert, jedoch in Richtung einer erhöhten Leistungsbereitschaft auf Basis einer hohen intrinsischen, an den professionellen Werten der Ärzte und Pflegekräfte orientierten Motivation gewendet.

Auch dieser Typ weist eine klare und bisweilen steile Hierarchie innerhalb des Managements auf (im Gegensatz zu Typ 3) mit einer klar abgegrenzten und expliziten Zuordnung der professionellen Domänen zu bestimmten Personen (ärztliche Belange und medizinische Kriterien werden vom ärztlichen Direktor in die Entscheidungsfindung eingebracht etc.). Trotz dieser hierarchischen Gemeinsamkeit mit Typ 1 gelingt hier ein wesentlicher Unterschied: Die Kompetenzen und Eigenwerte der entsprechenden Verantwortungsbereiche (ärztliches Personal, Pflegepersonal, Verwaltung/Kaufleute) werden gegenseitig anerkannt und entsprechend in eine dialogische Beziehung gebracht, welche die Präsenz der unterschiedlichen Logiken und Wertreferenzen nicht negiert. So wird immerhin versucht, diesen Rechnung zu tragen. Natürlich kann auch hier selektiv Frustration und Enttäuschung über eingeschränkte Handlungsmöglichkeiten auftreten, da gewisse Rahmenbedingungen nicht negiert werden können. Grundlegend herrscht aber nicht das Gefühl vor, der eigene Arbeitsbereich werde durch den anderen überdeterminiert. Oder anders formuliert: Die wechselseitige Konditionierung der unterschiedlichen Werthorizonte findet in einem Maße statt, dass die gefundenen Lösungen mit Blick auf die gegebenen, als widrig empfundenen Rahmenbedingungen als einigermaßen erträglich empfunden werden können. Dies ist aber eben nur dann möglich, wenn bei allen Mitarbeitern eine sehr hohe Leistungsbereitschaft abrufbar ist und entsprechender Einsatz gezeigt wird. Dementsprechend orientiert sich die (Selbst-)Selektion der Mitarbeiter an der unausgesprochenen Bereitschaft, für die Organisation als ein aktiver Leistungsträger zur Verfügung zu stehen, der bereit ist, weit mehr zu geben, als es seine formelle Rollenbeschreibung verlangen würde. Wer hier nicht mitzieht, dem wird – wie an Beispielen gezeigt wurde – gekündigt, was aufgrund der klaren hierarchischen Verhältnisse dann recht einfach durchgesetzt werden kann.

Typ 3: „Verantwortung für das Ganze" (Wirtschaft, Medizin & Werte)

Im Management dieses dritten Typs werden über die unterschiedlichen Positionen hinweg (Geschäftsleute, Chefärzte, Pflegedienstleitung) sowohl der ökonomische Druck als auch die professionstypischen Verortungen wie auch übergreifende (etwa christliche) Werte präsent gehalten, um auf diese Weise zu einer an pragmatischen Lösungen orientierten Kompromissfähigkeit zu gelangen. Wenngleich die gefundenen Lösungen dann im Einzelfall durchaus auch ethisch problematische Aspekte haben mögen (die sich aufgrund der Rahmenbedingungen auch hier nicht vermeiden lassen), können die hiermit einhergehenden Spannungen in einem übergreifenden ‚pragmatisch-harmonischen Management-Wir' absorbiert werden, denn die verantwortlichen Akteure identifizieren sich in einem hohem Maße mit dem Haus. Management wird jetzt in hohem Maße als Verantwortung für die Organisation als Ganzes verstanden, wobei sich die hiermit verbundenen Haltungen und Orientierungen zumindest partiell auch auf die Chefärzte übertragen. Als Bezugsrahmen wird die Organisation als Ganzes stets mitgeführt, in dem sich die einzelnen Teile dann wie ein „Puzzle" zusammenfügen. Innerhalb dieses Managements kommt es dementsprechend auch zur Kreuzung der Verantwortlichkeiten. Obschon die einzelnen Bereiche (Pflege, Ärzteschaft und Verwaltung) personell klar aufgeteilt sind, werden übergreifend die Aufgaben pragmatisch verteilt. So klärt mitunter auch die Pflegedirektorin Probleme mit Chefärzten, sollte sie über den besseren „Draht" zum jeweiligen Chefarzt verfügen. Alle Mitglieder des Managements erkennen die jeweils anderen Logiken und Perspektiven als legitim an (Medizin, Pflege, Ökonomie, Abteilungsinteressen etc.) und verstehen es auch, innerhalb derer zu argumentieren. Das schließt Konflikte zwar nicht aus, ermöglicht aber anspruchsvolle und komplexe Teamprozesse, die Meinungsverschiedenheiten ‚demokratisch' zugunsten des Management-Wir zu lösen erlauben. In diesem Arrangement hat keine bestimmte Person eine dominante Reflexionsposition inne – etwa als alleiniger Unternehmer (Westgroup, BWLer), dezidierter „Alleingeschäftsführer" (Antonius-Stift, Jurist) oder „Visionär" (Diakonie-Klinikum, Arzt) –, sondern tendenziell jeder einzelne Akteur des Managements ist zum komplexen Einbezug unterschiedlicher Logiken in der Lage und bringt die hiermit verbundenen Vermittlungsleistungen entsprechend auch ein. Allerdings muss er in diesem Arrangement auch hierzu in der Lage sein, allein schon um sich für die Interessen des eigenen Bereichs angemessen einsetzen zu können.

Neben den Referenzen Wirtschaft und Medizin kann zusätzlich auf christliche Werte Bezug genommen werden. Obschon diese nicht unhintergehbar sind, sind dann alle drei Wertbezüge in dem Sinne entscheidungsrelevant und maßgebend, dass auf sie jederzeit referiert werden kann, um Entscheidungsprozesse in die eine oder andere Richtung zu konditionieren. Die konfessionelle Ausrichtung, der medizinische Nutzen sowie die betriebswirtschaftliche Rentabilität erscheinen entsprechend auch als Entscheidungsmaßstäbe, die gemeinsam die strategische Ausrichtung des Hauses prägen. Da dies von allen Beteiligten präsent gehalten werden kann, entsteht eine dementsprechende Eigenkomplexität der Organisation, die entsprechende Handlungsspielräume eröffnet (und andere natürlich schließt), aber auch Manager braucht, die damit umzugehen wissen. Mit Blick auf das fachliche Selbstverständnis (und die Selektion entsprechender Managementakteure) ist demnach entscheidend, dass sowohl berufsgruppenbezogene Eigeninteressen im Blick behalten werden können als auch die Kompetenz besteht, diese unter Einbezug multipler Referenzen einzubringen und stark zu machen (da man sonst als jemand gilt, der sich „stur" hinstellt und unbedachte Forderungen stellt). Immer ist jedoch dabei das Haus als Ganzes mitzudenken, das nun mit Blick auf die eigene Geschichte und den hiermit zum Ausdruck kommenden Werthaltungen die für das Management tragende Klammer bildet, um die sich die Komplexität der anderen Prozesse gruppiert.

Typ 4: „Experiment Heterarchie" (Wirtschaft, Medizin, Werte & Struktur)

Das Management dieses außergewöhnlichen Typs verteilt sich selbst innerhalb des Krankenhauses ,heterarchisch' über Leistungsgremien auf verschiedenen Ebenen und setzt gezielt auf die Beteiligung von Akteuren unterschiedlicher Professionen und Disziplinen. In der Folge entsteht eine Dezentrierung von Verantwortlichkeiten bei gleichzeitiger Enaktierung unterschiedlicher Gruppen für die Interessen des eigenen Hauses. Durch das hohe Maß der hierdurch aufgebauten internen Komplexität – auf verschiedenen Ebenen werden verschiedene Handlungslogiken präsent und zudem auch noch die Hierarchie durchkreuzt – werden in starker organisationaler Flexibilität auch in strategischen Fragen pragmatische Lösungen möglich, die durch entsprechenden Konsens abgesichert sind, allerdings von dem Personal eine hohe Bereitschaft verlangen, sich diesen zeitlich und sozial aufwendigen Abstimmungsprozessen zu stellen.

Durch die Organisationsform werden dann nicht nur die Aufgaben des Managements, sondern auch die damit verbundenen Spannungen und Probleme über die ganze Organisation verteilt, also gewissermaßen dezentriert. Die hiermit einhergehenden Koordinations- und Kommunikationsprozesse erzeugen zwar wieder neue Probleme und Spannungen. Da man sich aber bewusst für diese Organisationsstruktur entschieden hat, können diese Spannungen und Probleme ebenfalls als Folge einer bewussten Entscheidung gerahmt und immer wieder beschwichtigt werden. Die Organisationsstruktur erhält damit einen besonderen Eigenwert und ist somit nicht mehr nur Mittel, sondern auch Zweck. So wie man sich als Mitarbeiter in Typ 2 zur Gruppe der Leistungswilligen bekennen muss, um mitzuspielen, hat man sich hier zu den Strukturen und Werten des Hauses zu bekennen. Es reicht freilich nicht aus, dies im Modus des Als-ob zu tun, denn so wie die Leistungswilligen des Typs 2 Leistung *bringen* müssen, muss hier an den zeitintensiven Abstimmungsprozessen wirklich *partizipiert* werden. Dementsprechend orientiert sich die (Selbst-)Selektion der Mitarbeiter daran, wer sich diesem Organisationsmodell verpflichten kann und bereit ist, in mehr oder minder starkem Maße den dadurch entstehenden Kontroll- und Autonomieverlust zugunsten der

Teilhabe zu akzeptieren bzw. die daraus auch unbestritten entstehenden Vorteile zu schätzen zu wissen. Ebenso ist der nicht unerhebliche Aufwand für die hiermit einhergehenden sozialen Prozesse hinzunehmen bzw. darf nicht zu sehr als unnötige zusätzliche Belastung wahrgenommen werden.

Es sollte nun deutlich geworden sein, dass in diesen vier exemplarischen Arrangementtypen Kontraste und Gemeinsamkeiten hervortreten, die sich im Sinne einer „organisierten Komplexität" (Baecker 1999a, S. 37) nicht an einfachen Merkmalen wie der Trägerschaft festmachen lassen. Gerade Stereotypen wie die generelle Annahme einer stärkeren „Wertorientierung" des Managements freigemeinnütziger gegenüber privaten Krankenhäusern sind so nicht haltbar. So finden wir im Fall des freigemeinnützigen „Diakonie-Klinikums" einen dominierenden ärztlichen Direktor, der als vermeintlicher „Visionär" an der Spitze (so wird er von einigen Mitarbeitern beschrieben) die Pflege derart marginalisiert, dass die Pflegedirektorin sich nicht anders zu helfen weiß, als die Kündigung einzureichen. Gegenüber einem solchen Arrangement – welches sich in diesem Fall auch eins zu eins in der räumlichen Repräsentation der einzelnen Funktionsspitzen niederschlägt[324] – wirkt das Arrangement des privaten Katharinenstifts (Typ 2) geradezu egalitär. Vergleichen wir die ersten beiden Typen – beides Häuser in privater Trägerschaft – so wurde deutlich, dass es nicht allein an der formalen Hierarchie oder der Trägerschaft liegt, inwiefern die ärztliche und pflegerische Autonomie anerkannt, geschätzt und ermöglicht wird. Im Fall des Westgroup-Klinikums ist es sogar die PDL selbst, die eine eigenständige Position aufgibt – was mit Blick auf das *Arrangement* natürlich insofern plausibel ist, als mit Blick auf die Mitarbeiterselektion eine vermeintlich machtvolle Position der PDL nur so gehalten werden kann. Der Verzicht auf das Professionalisierungsprojekt erscheint hier gleichsam als Anpassung an ein System, in dem dann primär technokratische Organisationskompetenz eingefordert wird. Wie oben angeführt bildet jedes Management und ferner auch jedes Krankenhaus eine eigene Form der Selbstselektion der Mitarbeiter aus, die Teil des Managementarrangements sind – und im Fall des Westgroup-Klinikums (Typ 1) auch maßgeblich vom Konzern geprägt ist. Dementsprechend verwundert es auch nicht, dass wir hier auf einen Geschäftsführer treffen, der nicht nur geschickt darin ist, die Außenspannungen auszuhalten und zu moderieren, sondern auch ausgesprochen Spaß daran zu haben scheint, sich der offensichtlich prekären Lage des Hauses

---

324 Der ärztliche Direktor residiert über dem Haupteingang in einem großen Büro mit übermannshohen Flügeltüren. Während der Verwaltungsleiter zumindest noch über ein eigenes Büro in einem Nebentrakt des Gebäudes verfügt, teilt sich die PDL ein Büro mit den Stationsleitungen.

unternehmerisch zu stellen. Allerdings lassen die hohen Rendite-/Wachstumser-wartungen des Konzerns keinen Spielraum entstehen, entsprechend dem dieses unternehmerische Geschick den Ärzten zusätzliche Spielräume eröffnet bzw. ihnen wirtschaftlichen Druck abnimmt. Vielmehr wird an dieser Stelle der Druck ebenfalls aufrechterhalten, um zusammengenommen ebenjene Wachstumsanforderungen zu erfüllen, welche die Konzernspitze an das Haus stellt.

Im Fall des privaten Katharinenstifts und des freigemeinnützigen St.-Jo-seph-Krankenhauses hingegen zeigt sich ebenfalls ein offensives unternehmerisches Engagement der Geschäftsführung. Zugleich wird hier jedoch in je unterschiedlicher Weise versucht, die sich aus dem wirtschaftlichen Druck ergebenden Spannungen so über das Haus zu verteilen, dass die Arbeitsbedingungen zwar nicht „gut" sind, aber immerhin „fair" erscheinen (Katharinenstift) bzw. man morgens noch „in den Spiegel schauen" könne (St.-Joseph-Krankenhaus). Hier findet ein ernstgemeinter Einbezug der Situation der Mitarbeiter statt. Deren Situation erhält einen morali-schen Eigenwert, der sich nicht gänzlich dem Wirtschaftlichen unterzuordnen hat oder lediglich mit Bezug auf den unternehmerischen Erfolg einen Wert erhält (etwa im Sinne von ‚zufriedene Mitarbeiter sind leistungsfähiger'). Vielmehr müssen die Spannungen zwischen diesen beiden konkurrierenden Ansprüchen (Zufriedenheit vs. Profit) so austariert werden, dass trotz der prekären wirtschaftlichen Situation immerhin noch faire (wenn schon nicht: gute) Arbeitsbedingungen herrschen. Aber auch hier funktioniert ein solches Arrangement nur durch eine spezifische Form der Mitarbeiterselektion, die dann auf eine intrinsische, durch professionelle Werte getriebene Motivation setzt.

Dies gilt auch für den Fall Bergstadt. Hier sind aus unterschiedlichen Gründen die wirtschaftliche Lage des Hauses und somit auch die Außenspannungen weniger problematisch. Unter anderem ermöglicht aber gerade dies, die Innenspannungen durch eine alternative Organisationsstruktur bewusst anzunehmen und aufzu-greifen (auch wenn das möglicherweise gar mit einer Erhöhung von Spannungen einhergehen mag, etwa in dem Sinne, dass nun Wertkonflikte auf verschiedenen Ebenen explizit verhandelt werden müssen). Das hohe Ausmaß an Partizipation und diskursiver Gremienarbeit ermöglicht dann zwar ebenfalls relativ wenig Autonomie, aber diese Form der Teilhabe und Mitbestimmung verhindert Fremdbestimmung. Dies wiederum ist aber nur zu dem Preis zu haben, sich auf die Organisationsstruk-tur unbedingt einzulassen und die damit verbundenen Formate als Wert an sich anzuerkennen, um den entsprechenden Mehraufwand (Sitzungen etc.) bereitwillig in Kauf zu nehmen und mitzutragen.

Um diesen Aspekt zusammenzufassen: In allen vier hier beschriebenen Ar-rangements lässt sich ein typischer Modus Operandi ausmachen, auf den sich die unterschiedlichen Managementakteure einlassen müssen, der aber natürlich auch maßgeblich von diesen mitgeprägt wird. Auch vonseiten des Topmanagements bzw. der Konzernspitze kann dieser beeinflusst werden (etwa durch Personalentscheidungen oder die Setzung bestimmter Entscheidungsprämissen). Sowohl mit Blick auf die Ergebnisse unserer Fallrekonstruktionen (die ja den Einfluss der Trägerschaft tendenziell relativieren) als auch der in diesem Buch anklingenden systemtheoretischen Auffassung von Management und Organisation folgend kann ein solcher Modus jedoch keineswegs vom Management gezielt *implementiert* und die Organisation entsprechend zielgerichtet *kontrolliert* werden. Im Sinne sich selbst erzeugender und erhaltender Systeme bildet sich ein Modus Operandi heraus, der je nach Haus und Arrangement unter mehr oder weniger starker Einflussnahme des Managements steht.[325]

Es bleibt noch festzuhalten – wie sich im Fall Westgroup ebenfalls zeigt –, dass Konsens im Management nicht unbedingt gut für die Mitarbeiter und Patienten des Krankenhauses sein muss. Denn in diesem Fall besteht der Konsens vor allem in der Einigkeit in Bezug auf das Primat der Wirtschaft, was in der Folge zu immensen Spannungen an anderen Stellen in der Organisation führt. Umgekehrt spricht also vieles dafür, dass das St.-Joseph-Krankenhaus letztlich auch deshalb so gut funktioniert, weil zwar gemeinsame Entscheidungen angestrebt, aber Konfrontationen nicht vermieden und die Kopräsenz inkommensurabler, widerstreitender Werthaltungen anerkannt werden. Ähnliches gilt auch für den Fall des Katharinenstifts GmbH („Da rauchen die Köpfe"). Die Frage bzw. das Ziel des Managements ist hier nicht Harmonie um jeden Preis, sondern vielmehr ob man es schafft, divergierende Interessen ernst zu nehmen und sie entsprechend zwar auf-, aber nicht überkochen zu lassen.[326] Gerade hier ist der Vergleich zwischen dem privaten, hierarchisierten Katharinenstift GmbH und dem christlichen, zumindest im Management weniger stark hierarchisierten St.-Joseph-Krankenhaus

---

325 Auch im Fall des Westgroup-Klinikums, in welchem der Geschäftsführer als Person diesen Modus am prägnantesten zu bestimmen scheint, ist dieser und mit ihm die spezifische Konstellation zwar einerseits auch ein Produkt der Selektionskriterien des Konzerns. Dennoch treten dann mit Blick auf die Geschichte des jeweiligen Krankenhauses jeweils spezifische Formen der ‚Gegenbalance' auf. Zudem zeigen sich aber in unserem Sample auch Häuser des gleichen Konzerns, wo die Führungsdynamik eine andere Ausprägung findet, was dann teilweise auch seinen Ausdruck in einem anderen, kommunikationsorientierteren Stil der Geschäftsführung findet.

326 Was letztlich aber auch immer eine Frage der Temperatur der Herdplatte ist – um die Metapher hier weiterzuführen. Das Bild trifft die Sachlage insofern ganz gut, als gesagt werden kann, dass im Zuge der Reformen der letzten Jahrzehnte (sicherlich zu Recht) die betriebswirtschaftliche Temperatur deutlich erhöht wurde, um Ineffizienzen des Systems entgegenzuwirken. Die entscheidende Frage ist jedoch – um in der Metaphorik zu bleiben –, ob derzeit zu heiß gekocht wird.

aufschlussreich. In beiden Fällen scheint genau das gut zu gelingen, was bereits mit Blick auf die Sorge um die Arbeitsbedingungen der eigenen Mitarbeiter (die bei Westgroup lediglich in einem Chefarztinterview thematisiert wurden) deutlich wurde. Während im Fall des Katharinenstifts GmbH der kaufmännische Leiter wesentliche Entscheidungen alleine trifft, die Anliegen der Ärzte und Pflegenden jedoch ernst nimmt und diese sich auch ernst genommen fühlen und es somit zu einer gegenseitigen Anerkennung der Kompetenz- und Autonomiebereiche kommt,[327] funktioniert das nicht nur trotz, sondern in diesem Fall auch gerade wegen einer entsprechend eindeutigen hierarchischen Struktur, die relativ klar festlegt, wie „die Mitglieder mit ihren Entscheidungen andere Mitglieder erreichen können" (Baecker 1999b, S. 210). Denn die „Hierarchie führt die Notwendigkeit ein, sich mit der Kommunikation von Entscheidungen an die vorgegebenen Instanzenwege zu halten" (Baecker 1999b, S. 183). Dementsprechend sieht sich die Kommunikation im St.-Joseph-Krankenhaus anderen Anforderungen ausgesetzt, wenn sich das Management als *Team* konstituiert und die weiterhin bestehende formale Machtstruktur qua Entscheidung durch die Spitze eingeklammert wird. Denn wenn vier Personen auf horizontaler Ebene kommunizieren, erfordert das einen anderen und für die Beteiligten in einer anderen Weise *voraussetzungsvollen* Modus der Kommunikation.[328] Es handelt sich um eine andere Form einfacher Komplexität, die jedoch in beiden Fällen versucht darauf abzuzielen, die unterschiedlichen Logiken in die Entscheidungsfindung innerhalb des Managements einzubeziehen. Im Fall Bergstadt (Typ 4) wird das auch hier Pate stehende Primat der verantwortlichen Perspektivenübernahme dann durch die programmatische Abkehr von der klassischen hierarchischen Ordnung auf die Spitze getrieben. Im St.-Joseph-Krankenhaus pflegt man zwar eine egalitäre Praxis. Die Möglichkeit, situativ auf die Entscheidungswege der formalen hierarchischen Ordnung zurückzugreifen, bleibt aber stets gegeben. Die Führungskarte könnte entsprechend – beispielsweise wenn es zu einem Personalwechsel im Management kommt – jederzeit gezogen werden. Das Teamgefühl wird dadurch sogar noch bestärkt, da das Team immer als Entscheidung gegen die Hierarchie ausgewiesen werden kann. Genau dies wird im Fall des Klinikums Bergstadt systematisch ausgeschlossen. Hier wird ein bestimmter Steuerungsmodus der gesamten Organisation verordnet. Und

---

327 Gerade in „professional bureaucracies" (Glouberman und Mintzberg 2001; Mintzberg 1983b) ist das relevant und unterscheidet Krankenhäuser von reinen Wirtschaftsunternehmen – und ist der Grund dafür, dass sich das Management im Antonius-Stift genau danach sehnt, endlich (mal wieder) ohne Rücksicht auf eine ärztliche Professionslogik zu agieren.

328 Zum Verhältnis von Hierarchie und Team in Organisationen siehe Baecker (Baecker 1999b, S. 182ff.).

dies in doppelter Weise: einerseits als formale Struktur und andererseits in Form einer ideellen Aufladung ebendieser Struktur als eine, die sich durch Abgrenzung gegenüber „normalen" Organisationen abhebt. Dadurch ist der Modus doppelt abgesichert – einerseits formal, andererseits durch den ideellen Eigenwert, den diese demokratisch-egalitäre Struktur erhält. Dennoch ist es riskant, auf eine Struktur zu setzen, die in einem Spiel, das ohnehin schon hohe persönliche Einsätze verlangt, diese noch weiter erhöht.

Auf solch anspruchsvolle Modi zum Zweck des Einbezugs der unterschiedlichen Logiken des Krankenhauses und der hiermit einhergehenden professionellen Perspektiven wird im ersten Typ (Fall Westgroup) weitestgehend verzichtet. Das bedeutet nun nicht – um Missverständnisse zu vermeiden –, dass in dieser Organisation ärztliche und pflegerische Handlungslogiken nicht mehr von Relevanz sind, denn dann wäre dies kein Krankenhaus mehr. Es soll lediglich gesagt sein, dass unseren Beobachtungen und Rekonstruktionen zufolge diese Logiken/Konturen im Managementarrangement in der Entscheidungsfindung stets nachrangig sind. Wertkonflikte – die ja nur dann entstehen können, wenn zwischen Wirtschaft und etwas anderem abgewogen wird – werden entweder auf die unteren Ebenen der Organisation verlagert oder den Personen entsprechender Schlüsselstellen (ÄD) überlassen, die diese dann ebenfalls an andere Akteure (etwa die Chef- und Oberärzte) weitergeben oder als innerliche Konflikte persönlich auszutragen haben. Wenn sich der Geschäftsführer der Westgroup-Klinik wie bereits mehrfach erwähnt als so außerordentlich geschickt und erfolgreich erweist, was die Sanierung seines Hauses betrifft, so kann pointiert gesagt werden: Die aufgebaute Struktur, innerhalb derer er so geschickt agiert, generiert sich im Wesentlichen aus den Logiken Wirtschaft und Politik. Die Vermittlungsproblematiken zu den Bereichen Medizin und Pflege überlässt er demgegenüber dem ärztlichen Direktor und der Pflegedienstleitung. Je mehr er ausschließlich innerhalb der ersteren Logiken denkt, umso selbstverständlicher und überzeugender kann er diese als Natur der Sache, als Notwendigkeit kommunizieren und damit alles andere zu nachrangigen Problemen erklären, die er dann anderen überlässt, ohne selbst diesbezügliche Reflexionen anstellen zu müssen.

In Bezug auf die Komparatistik des Kontexturmanagements können wir entsprechend die These formulieren, dass das Management im St.-Joseph-Krankenhaus wie auch im Krankenhaus Bergstadt gegenüber dem Management der Westgroup-Klinik einen höheren Strukturreichtum aufweist, was in unserem Kontext wertfrei zu sehen ist. Wir haben im vorliegenden Fall gesehen, dass eine Vielzahl unterschiedlicher Referenzen sowohl von den einzelnen Personen als auch im Arrangement zueinander in Beziehung gesetzt wird, woraus eine hohe Komplexität der Bearbeitung resultiert.[329]

Paradoxerweise kann ein Management eines Krankenhauses eben auch gerade dadurch wirtschaftlich erfolgreich sein, dass es nicht rein auf wirtschaftlichen Erfolg setzt – beispielsweise weil Patienten hoffen, „in so einem konfessionellen Krankenhaus kann man ja auch gut sterben" (ÄD/GF). Dies kann letztlich zu einer lukrativen Steigerung der Fallzahlen führen, ohne dass man es intentional darauf abgesehen hat. Wer hinter einer würdevollen Sterbebegleitung ausschließlich Profitstreben wittert, offenbart dabei möglicherweise mehr über seine eigene Orientierung bzw. Beobachterperspektive, als dass er der Komplexität der organisationalen Praxis gerecht wird. Denn genau an diesen Beispielen wird deutlich, dass das Denken in linearen Kausalitäten zu kurz greift und auf eine kybernetische Denkweise umgestellt werden muss, welche die systemische Verknüpfung von Strukturen, Logiken und Managementpraktiken in den Blick nehmen lässt. Im St.-Joseph-Krankenhaus wurden beispielsweise Gräber für die „stummen Kinder" gekauft, um Eltern den Abschied von nicht lebensfähig geborenen Kindern zu ermöglichen, die aber offiziell nicht begraben werden müssen. Hier nun zu behaupten, dass dies nur aus strategischen Gründen geschehe oder nur weil es sich rechne, wäre zynisch. Letztlich lässt sich mit Blick auf die Interviews sagen, dass man sich im vorliegenden Fall sehr viele Gedanken zu machen scheint, was man an sinnvollen Leistungen anbietet – und sinnvoll bezieht sich hier eben nicht (immer) primär auf die Finanzen, selbst dann, wenn sich etwas auch rechnet, und selbst dann, wenn es sich rechnen muss und man deswegen nach Wegen sucht, es sich rechnen zu lassen.

Mindestens zweierlei sollte an dieser Stelle deutlich geworden sein: erstens die allgemeine Konzeption des Managementarrangements als eine nicht auf einzelne Personen reduzierbare Praxis des In-Beziehung-Setzens unterschiedlicher Logiken, Positionen und Perspektiven. Zweitens vier konkrete und klar voneinander abgrenzbare Arrangementtypen, die keineswegs alle auffindbaren Typen repräsentieren, aber wichtige Positionen einer endlichen Anzahl von Arrangementkonstellationen markieren. Allen diesen Typen liegt die implizite wie explizite Frage nach der Balancierung der unterschiedlichen Logiken zugrunde. Welche Spielräume werden den einzelnen Logiken eingeräumt bzw. können den einzelnen Logiken eingeräumt werden? Diese Frage ist natürlich immer vor dem Hintergrund der

---

329 *Kompliziertheit* bezieht sich hingegen im Kontrast zur Komplexität auf den kombinatorischen Reichtum innerhalb einer Kontextur und damit auch innerhalb einer Verbundkontextur (vgl. Marotzki 1990, S. 214). „Der Grad der Kompliziertheit könne gesteigert werden durch die Vermehrung von Variablen, nicht aber der Grad der Komplexität" (ebd.), so Marotzki mit Verweis auf Gotthard Günther.

jeweiligen Rahmenbedingungen (Umwelt/Ökologie) des Managements zu sehen, die den Spielraum des Managements, entsprechende Spielräume zu schaffen, selbst wiederum einschränkt.

Aus der hier gewählten Betrachtungsweise wird nun aber auch deutlich, warum die Frage nach der Ökonomisierung des Krankenhauses eben nicht so einfach zu beantworten ist. Wir haben gesehen, dass für die Relationierung von Wirtschaft und Medizin (sicher die prominenteste im Krankenhaus) in der Praxis ganz unterschiedliche Formen gefunden werden. Im St.-Joseph-Krankenhaus sprach man von einem Wachstumszwang, bei dem es weniger um Expansion, sondern vielmehr um die Kompensation nicht geleisteter Investitionszahlungen vonseiten des Landes gehe. Im Fall Westgroup hingegen ist die Konzernstrategie explizit auf Wachstum und Rendite ausgelegt, was aber auf die Formel gebracht wird, dass es nicht unanständig sei, Gewinn zu machen, sondern unredlich, Verluste einzufahren, da man ja schließlich auch die Verantwortung für die Gelder der Beitragszahler habe. Hier wird dann Verlust mit Verschwendung gleichgesetzt und die Expansion des Unternehmens als Reinvestition der angestrebten Gewinne in die Versorgung der Bevölkerung deklariert. Oder man verbindet Wirtschaft und Medizin mit der Formel „Gute Medizin lohnt sich immer" (Chefarzt für Innere Medizin des Katharinenstifts GmbH), was natürlich nicht mit der Auffassung verwechselt werden darf, dass alles, was sich lohnt, auch gute Medizin sei.

Diese Beispiele weisen darauf hin, dass wir es mit Bereichen zu tun haben, die in der Bewertung keine klare Grenzziehung erlauben. Denn wo der Umschlagpunkt in ethisch problematische Sphären liegt, erschließt sich nicht allein aufgrund solcher Primate oder Aussagen, sondern ergibt sich wiederum aus den Konsequenzen eines Gesamtarrangements, das immer mehr ist als die Summe seiner Teile. Wann besteht ein Zuviel an Betriebswirtschaft? Wann geht es nicht mehr nur um Kompensation? Wann ist Expansion auch im Sinne des Patienten? Wo geht es nur um ein „Fälle-Machen", möglicherweise gar in Absehung des Nutzens für den Patienten? Und umgekehrt: Wann steht eine bestimmte Behandlung nicht mehr in Relation zu den Kosten? Darf sich ein gutes Behandlungsangebot auch lohnen? Das alles sind Fragen, die eben dann nicht mehr eindeutig zu beantworten sind, die unentscheidbar sind, wenn man von der Gegenüberstellung bestimmter Extremfälle Abstand nimmt und die Zwischenbereiche ausleuchtet, in denen sich die Praxis des Alltags überwiegend zurechtzufinden hat.

Mit Blick auf die normative Implikation dieser Fragen – letztlich der unstrittigen Anforderung, die Patientenbehandlung nicht gänzlich durch betriebswirtschaftliche Anforderungen konditionieren zu lassen – wäre dann entsprechend auf ein Arrangement hinzuarbeiten, welches entsprechende Spielräume der Entscheidbarkeit offenhält und nicht zugunsten betriebswirtschaftlicher Anforderungen schließt.

Die Verantwortung für ein solches „System-Design" (vgl. Bühl 1998) kann aus der eben genannten Perspektive selbst wiederum nicht einfach *geschaffen* werden. Denn zwischen Management und Organisation besteht eben kein operativer, sondern ein referentieller Bezug. Ein Management – und das wurde durch die Rekonstruktion der Management*arrangements* ebenfalls deutlich – kann in systemtheoretischem Sinne weder steuern noch kontrollieren, sondern lediglich (oder: immerhin) mit Blick auf die Umweltbedingungen die Organisation produktiv stören (vgl. Baecker 2011b). Dennoch befreit eine solche Perspektive, wie Bühl darlegt, nicht von Verantwortung – vielmehr liegt die Verantwortung des Managements eines Krankenhauses darin, auf ein „System-Design" hinzuwirken (Bühl 1998), das betriebswirtschaftliche Anforderungen nicht zum Primat der Entscheidungsfindung im Krankenhausmanagement werden lässt. Aber auch das System-Design im Fall Bergstadt, das genau auf die strukturelle Ermöglichung solcher Entscheidungsspielräume setzt, garantiert den Erfolg nicht. Auch hier ist nichts gewiss und auch hier bleiben die prekären Balancen bestehen, die sich immer wieder aufs Neue in der Praxis bewähren müssen und ihre Möglichkeit zum Scheitern immer mitführen – nicht zuletzt aufgrund der enormen Ansprüche durch die gesundheitspolitischen Rahmenbedingungen wie auch die Psychen der beteiligten Akteure, die all das auszuhalten haben.

Zwei Dinge sollten bei der Lektüre der vorangehenden Kapitel deutlich geworden sein. Erstens: Die bundesdeutschen Krankenhäuser stehen unter ökonomischem Druck und entsprechend ist es für das Management nicht leicht, die unterschiedlichen an das Krankenhaus gestellten gesellschaftlichen Anforderungen mit den professionellen Identitäten der Pflege und der Ärzteschaft in Einklang zu bringen. Zweitens: Es zeigen sich recht unterschiedliche Formen, wie diese Probleme seitens des Managements angegangen und bearbeitet werden.

Allein auf Basis einer Studie von zwölf Häusern lassen sich selbstverständlich nicht die vielfältigen Ursachen und Bedingungen rekonstruieren, die zur Ausprägung und Stabilisierung jeweils eines spezifischen Arrangements geführt haben. Zu vielfältig sind die Faktoren, als dass die Soziogenese einer jeweils spezifischen Konstellation nachgezeichnet werden könnte.

Neben den in der Erhebung pointierten Kontrastierungsachsen *Lage* (Ballungsraum vs. Peripherie) und *Trägerschaft* (öffentlich, privat, freigemeinnützig/ konfessionell) sind hier unter anderem zu nennen: unterschiedliche Rahmenbedingungen der Bundesländer, Ausmaß der Konkurrenz vor Ort, Ausmaß des Investitionsstaus, organisationales Gedächtnis in Bezug auf vorangehende Erfolgs- oder Krisengeschichten, organisationskulturelle Besonderheiten und nicht zuletzt von einzelnen Persönlichkeiten abhängige Ausprägungen. Hier jedoch weiter ins Detail zu gehen, erscheint mit Blick auf die Fragestellung der Untersuchung nicht sinnvoll. Ein höherer Detaillierungsgrad, den etwa eine Einzelfallstudie zu einem Krankenhaus bieten könnte, würde die Aufmerksamkeit von den übergreifenden Mustern wegführen – man würde sich zu sehr in Details verlieren, sozusagen den Wald vor lauter Bäumen nicht mehr sehen.

Um übergreifende Aussagen zum Krankenhausmanagement generieren zu können, bleibt diese Studie in ihrer methodologischen Anlage auf einem mittleren Abstraktionsniveau, entsprechend dem im Sinne einer funktionalen Perspektive an den typischen Bezugsproblemen angesetzt wird, an denen sich das Management abzuarbeiten hat (vgl. Kap. III).

Die funktionale Methode arbeitet mit dem Schema *Problem und Lösung*, wobei sich für das Krankenhaus im Anschluss an Rohde (1974) jeweils spezifische Konstellationen von Außen- und Innenspannungen ergeben, die von der Organisation bewältigt und vom Management moderiert werden müssen (Kap. I.2). Die funktionale Methode erlaubt dabei die Rekonstruktion übergreifender Problemlagen, die sich in verschiedenen Lösungen ausdrücken. Auf diese Weise können wir sowohl der Variationsbreite möglicher Lösungen gerecht werden als auch den Blick auf die Systemiken lenken, welche bestimmte *Formen* von Lösungen attraktiv erscheinen lassen. Mit Blick auf die übergreifenden Muster lässt sich von den vielfältigen in der Praxis anzutreffenden Details und Besonderheiten abstrahieren. Ebenso braucht nicht gefragt zu werden, welche spezifische Geschichte von Konstellationen zur Ausprägung einer konkreten Lösung geführt hat, um verstehen und nachvollziehen zu können, dass nur bestimmte Formen von Lösungen eine Antwort auf die Bezugsprobleme geben können, die das gegenwärtige Krankenhaus prägen.

Wenngleich es eine unendliche Vielfalt von konkreten Realisierungen geben mag – jede Organisation ist letztlich einzigartig –, ist mit Blick auf die strukturellen Dynamiken die Typik der Variationsmöglichkeiten beschränkt, denn der Selbstorganisation dieser Prozesse unterliegt eine Kompositionsaufgabe,[330] welche die Anzahl möglicher Lösungen erheblich einschränkt: Weder können die essenziellen Identitäten der beteiligten Berufsgruppen (wie sie etwa durch das ärztliche und pflegerische Ethos ausgedrückt werden) vollkommen getilgt noch kann die gesellschaftliche Umwelt des Krankenhauses (Recht, Politik, Ökonomie) negiert werden.

---

1 Welches Management ist erfolgreich? Normative Implikationen und Kriterien

Die hiermit einhergehenden Spannungen und Inkommensurabilitäten in Hinblick auf Werthaltungen und Handlungsorientierungen kommen also nicht zum Verschwinden, sondern müssen arrangiert werden. Die gefundenen Arrangements haben in der einen oder anderen Weise funktionabel zu sein, wobei sich unsere Analyse bislang weitgehend der *normativen Bewertung* dieser Weisen enthalten hat. Der

---

330 Um mit von Foerster zu sprechen: „[…] die Autopoiese des zusammengesetzten Systems darf die Autopoiese seiner Bestandteile nicht auslöschen, das ist das Kompositionsproblem der Autopoiese" (Foerster 1994, S. 348).

Vergleich unterschiedlicher Lösungen homologer Bezugsprobleme eröffnet jedoch auch die Möglichkeit, zwischen besseren und schlechteren, wünschenswerteren und weniger wünschenswerten Lösungen zu unterscheiden.

Hierfür bedarf es jedoch angemessener Kriterien. Diese sind idealerweise selbst durch den Gegenstand informiert, beziehen sich also auf die normativen Erwartungen, die an Institutionen und Rollenträger in Hinblick auf die von ihnen eingenommenen Funktionen und gesellschaftlichen Zweckaufträge gestellt werden können. Folglich wäre zunächst zu fragen, welche normativen Erwartungen an das Krankenhaus, an die Haltungen der Ärzte und Pflegekräfte, aber auch an die Kompetenzen eines ,guten' Managers gestellt werden können. In einem zweiten Schritt ist nach den Bedingungen des Gelingens und Misslingens zu fragen, die ein Erfüllen oder Nichterfüllen dieser Erwartungen konditionieren.

Medizinischer Auftrag und wirtschaftliche Anforderungen: Synergie oder Überformung?

Die gesellschaftliche Erwartung an die Organisation des Krankenhauses ist mit Rohde (1974) klar bestimmt. Sie ist primär als *Zweckveranstaltung* der Diagnose, Therapie, Pflege und Isolierung anzusehen. Im Vordergrund steht die Behandlung von Kranken, die in einem ambulanten Setting nicht angemessen versorgt werden können. Wie jede Organisation erscheint dabei auch das Krankenhaus als ein „Treffraum für die unterschiedlichsten Funktionssysteme" (Luhmann 2000a, S. 398). Recht, Forschung und Wissenschaft, Ausbildung, Wirtschaft und unterschiedliche soziale Belange, aber auch systemische Eigendynamiken tauchen unweigerlich auf und müssen adressiert und bearbeitet werden.

Wenngleich also immer multiple Referenzen bedient werden müssen, sollte der eigentliche Zweckauftrag des Krankenhauses hierdurch nicht in einer Weise überformt werden, dass ernste Zweifel an der Ausrichtung auf die hiermit einhergehenden Werte entstehen. Dies wäre beispielsweise der Fall, wenn das ,Patienten-Machen' in Absehung von einer sinnvollen medizinischen Indikation zum Selbstzweck wird oder wenn aufgrund von Organisationsversagen wesentliche Aufgaben dauerhaft nicht mehr entsprechend dem State of the Art durchgeführt werden können, man sich also in der Organisation damit einrichtet, Defizite und Mängel eher zu verbergen und zu verschleiern denn sie produktiv anzugehen.

Freilich wird bei alldem in der Organisation Krankenhaus insbesondere von den ärztlichen Akteuren immer schon eine gewisse Rahmungskompetenz verlangt, die unterschiedliche Zwecke und Mittel dynamisch in ein Arrangement bringen lässt, um genügend Ressourcen zu mobilisieren und hinreichende Rechtmäßigkeit zu simulieren, damit das Krankenhaus als Organisation fortbestehen kann. Dem eigentlichen gesellschaftlichen Zweckauftrag lässt sich nur gerecht werden, wenn an der einen oder anderen Stelle Kompromisse gemacht werden. Oder um es schärfer zu formulieren: „Gerade weil die medizinische Praxis, die rechtlich wirksame Dokumentation dieser Praxis, die Abrechnungen der Leistungen sowie die einzelnen Ebenen der ärztlichen Hierarchie nur lose miteinander gekoppelt sind, kann die Entscheidungsfähigkeit unter wechselnden Konstellationen aufrechterhalten werden. So kann behandelt werden, ohne zu behandeln, Rechtmäßigkeit hergestellt werden, indem Unrechtmäßiges nicht dokumentiert wird, wirtschaftlich gearbeitet werden, indem Medizin vorgetäuscht wird, wo anderes stattfindet, um an anderer Stelle umso mehr (ansonsten nicht bezahlbare) Medizin stattfinden zu lassen" (Vogd 2007a, S. 317). Komparative Analysen[331] zu ärztlichem Entscheidungsverhalten zeigen auf, dass „Organisationen gerade dann gut funktionieren, wenn sie ein Arrangement entwickeln können, indem zugleich hingeschaut und nicht hingeschaut wird, also indem gegebenenfalls die Dinge im Diffusen gelassen werden, um weiter prozessieren zu können" (Vogd 2007a, S. 317).

An dieser Stelle ist zu betonen, dass die informelle, situationsangepasste Bearbeitung von Rationalitätskonflikten in rechtlichen Grauzonen nicht per se dem Zweckauftrag des Krankenhauses zuwiderläuft, insofern für die ärztlichen und pflegerischen Akteure als *primäre Rahmung* der oben genannte Zweckauftrag als Handlungsorientierung präsent bleibt. Nicht zuletzt erfordern Engpässe in den Personalressourcen und andere Widrigkeiten, die im organisationalen Alltag auftauchen können, eine gewisse Pragmatik. Hier eine übermäßige formale Strenge zu verlangen, würde die Arbeitsfähigkeit der Organisation Krankenhaus ernsthaft gefährden.

Doch gerade weil der Rückgriff auf die Ressourcen des Informellen und der Rahmungen im Modus des Als-ob für das *ordentliche* Funktionieren von Organisationen unabdingbar ist, erscheint es insbesondere für den soziologischen Beobachter von Managementprozessen geradezu obligatorisch, sich hier die Grenze zwischen Gebrauch und Missbrauch bewusst zu machen. Es macht beispielsweise einen Unterschied, ob man den Verlauf eines Behandlungsprozesses gegenüber der Krankenkasse etwas anders darstellt, um die Mittel für eine therapeutische und diagnostische Krankenbehandlung sicherzustellen, oder ob man Diagnosen oder Interventionen durchführt, die medizinisch unsinnig sind und den Patienten mehr belasten, als ihm nutzen. Ersteres erscheint noch durch den gesellschaftlichen Zweckauftrag der Krankenbehandlung legitimiert, Letzteres demgegenüber als eine ökonomische Überformung, die den ursprünglichen Zweck pervertiert.

Hiermit stellt sich die uns weiter unten noch ausführlicher beschäftigende Frage der Konditionierung dieser Prozesse. Da die Mengen- und Leistungsausweitung

---

331 Vogd (2004a; 2004c; 2006a; 2007b).

unter den gegebenen politisch-ökonomischen Rahmenbedingungen für alle von uns untersuchten Krankenhäuser zur Überlebensfrage geworden ist, stellt sich gleichsam die Gretchenfrage, wie man es mit medizinisch oder aus Patientensicht unangemessenen Indikationsstellungen hält. Die Knappheitsfrage wird nochmals pointiert durch die Unsicherheiten bezüglich der Übernahme der Investitionskosten durch die Bundesländer im Rahmen der sogenannten dualen Finanzierung sowie des unzureichenden Ausgleichs tariflich bedingter Lohnerhöhungen der Krankenhausmitarbeiter.[332]

Entsprechend der sich hieraus nolens volens ergebenden Schieflage stellen wir die Frage, welchen Unterschied das Management auf dem Weg zum guten Krankenhaus machen kann. Auch hierzu später ausführlicher.

Erhalt professioneller Handlungsorientierungen oder Deprofessionalisierung?

Die gesellschaftlichen Erwartungen an professionelle Akteure und deren hierdurch gerechtfertigte besondere Stellung und Autorität sind aus soziologischer Perspektive insbesondere durch die professionstheoretischen Ansätze in Anschluss an Parsons (1968) recht gut beschrieben worden. Stichweh (1987) und Oevermann (1990) thematisieren dabei vor allem die Besonderheiten des Klientelbezugs, wobei es gilt, unter dem Blickwinkel der (geschädigten) Autonomie der anvertrauten Patienten komplexe, teilweise inkommensurable Wertsphären auszubalancieren. Mit Behrens (2005) liegt der Fokus der Pflege mehr auf der Aufrechterhaltung und Wiederherstellung

---

332 Siehe zu einer kritischen Stellungnahme aus Perspektive der Krankenhäuser Bernhard Ziegler (Vorsitzender des Interessenverbandes kommunaler Krankenhäuser) in DER TAGESSPIEGEL vom 26.05.2015: „Weder konnten die Kliniken die gesetzmäßig verankerten Zahlungen für Investitionen seitens der Länder eintreiben, noch hat es seitens der Kostenträger eine auch nur ansatzweise auskömmliche Finanzierung der Personalkostenanteile in den Fallpauschalen gegeben. [...] Die von dem Gesetzgeber betonte Verantwortung der Kliniken zur Wirtschaftlichkeit ignoriere die beim Gesetzgeber liegende Verantwortung zur Strukturierung eines bedarfsgerechten Systems. Das Implementieren von Elementen der Marktwirtschaft eilt der Notwendigkeit einer Definition angemessener Strukturen voraus, an Hand derer eine Budgetplanung nachhaltig erfolgreich sein könnte. [...] Nach dem Wettbewerb soll nun die Qualität bemüht werden, um Kliniken ‚vom Netz' nehmen zu können (Jens Spahn). Der Gedanke ist pervers: die einstmals besten Krankenhäuser Europas werden durch als ‚Reformen' verbrämte Sparprogramme heruntergewirtschaftet, um nun das Mantra der Qualität herunter zu beten, welche Patienten erwarten dürften. Was Patienten vor allem erwarten dürfen, ist ein Gesetzgeber, der seiner Verantwortung gerecht wird. Schafft es die Große Koalition nicht, als Voraussetzung einer tragfähigen und zukunftsfesten Reform zunächst die Strukturen der Versorgung zu definieren, wird dem Krankenhauswesen in Deutschland nur eine Instanz bleiben, das Bundesverfassungsgericht."

der Personalität des Patienten (seiner Würde im sozialen Sinne), während die Ärzte vor allem die Verantwortung für (riskante) Therapieentscheidungen – und deren Bedeutung für den Patienten – zu tragen haben. Aus den hiermit einhergehenden Reflexionsverhältnissen resultieren professionelle Identitätsnormen, die für das Vertrauensverhältnis zum Patienten unabdingbar erscheinen und – etwa im Sinne einer „Care-Ethik" (Kohlen und Kumbruck 2008) oder der Anforderungen an den „guten Arzt" (Dörner 2001) – nochmals zugespitzt werden können.

Aus einer soziologischen Perspektive können die hier aufscheinenden Rollenverhältnisse jedoch nicht per se als gegeben angesehen werden, sondern werden ihrerseits erst durch bestimmte soziale Kontexte und gesellschaftliche Bedingungen enaktiert und stabilisiert. Mit Muzio und Kirkpatrick (2011) lässt sich feststellen, dass die Entwicklung von Organisation und Professionen eng aneinander gekoppelt ist und hier mit komplexen Verhältnissen zu rechnen ist – etwa indem Ärzte Managementrollen einnehmen, um den politischen und ökonomischen Einfluss auf die Praxis der Medizin abzupuffern.

In einem ähnlichen Sinne sieht auch Evetts gerade in dem subtilen Wechselspiel zwischen managerial geführter Organisation sowie den normativen und ideologischen Momenten professioneller Identität die Voraussetzung, um im Sinne von Parsons jene „fragile normative soziale Ordnung" hervorzubringen (2013, S. 784f.), in der sich Ökonomie, bürgerliche Rechtsordnung, die rationale Form der Organisation und professionelle Autonomie wechselseitig evozieren und balancieren können.

Mit Blick auf die Handlungsorientierungen zeigt sich das professionelle Ethos also vor allem in der Kompetenz, mit komplexen widersprüchlichen Anforderungen in einer produktiven Weise zugunsten des anvertrauten Patienten umzugehen. Es offenbart sich weniger in festen, stereotypen Entscheidungsroutinen denn in einer situationsangemessenen Flexibilität, die beinhaltet, Spannungen und Widersprüche nicht nur auszuhalten, sondern im Sinne des eigenen Professionsbezugs nutzbar zu machen.[333] Die Bedingungen für die gelingende Aufrechterhaltung des professionellen Ethos zeigen sich also gerade in einer gewissen Widerständigkeit oder Ambivalenz und Auseinandersetzung. Sie manifestieren sich bei der Arbeit an den Grenzen des ethisch noch Vertretbaren, also einer Grenzarbeit (‚boundary work'), in der sich die professionelle Identität ihrer selbst vergewissern kann.

---

333 Reimann (2013) kann hinsichtlich der Arztsozialisation aufzeigen, dass die Adepten die den Arztberuf auszeichnenden Identitätsnormen schon in frühen Berufsphasen bzw. bereits zu Studienbeginn übernehmen, während sie sich einen stabilen professionellen Arzthabitus (im Sinne eines souveränen Umgangs mit Krisen sowie der alltagspraktischen Fähigkeit, die Subjektivität des Patienten anzuerkennen) erst Jahre später aneignen.

Der Verlust oder die Bedrohung des professionellen Ethos würde sich demgegenüber anhand einer eindimensionalen Orientierung an trivialisierten Handlungsprogrammen zeigen, etwa in der technokratischen Subsumption unter eine vermeintliche Sache oder einer übergreifenden organisationalen Rationalität, mit der die Differenz der eigenen professionellen Position hinter einem kollektivierenden ‚Wir' verschwindet. Ebenso zeigt sich die Erosion professioneller Orientierungen im Verlust von Selbstwirksamkeit und einer hiermit einhergehenden Haltung von Zynismus oder Hilflosigkeit.

Umgekehrt beinhaltet die Einnahme einer kompetenten professionellen Haltung also, Spannungen balancieren zu können, was heißt, die hiermit verbundenen Zumutungen, Mehrdeutigkeiten und Unsicherheitslagen zugleich wahrnehmen wie auch aushalten und in produktive Haltungen umsetzen zu können. Damit geht das professionelle Ethos gerade nicht in einem explizierbaren Rational auf, sondern es wird als die Fähigkeit verstanden, unterschiedliche, teils auch inkommensurable Rationalitäten präsent zu halten und in ein der jeweiligen Situation angemessenes Arrangement zu bringen.

Aus einer organisationssoziologischen Perspektive gesprochen ist hiermit zunächst die Bereithaltung einer Adresse bzw. Rolle impliziert, der für diese komplexen Operationen entsprechende Autonomieräume zugestanden werden. Aus Perspektive des Managements stellt sich die Frage, wie die hiermit verbundenen Freiheitsgrade zu konditionieren sind bzw. normativ gesprochen: konditioniert werden sollten.

Darüber hinaus stelle sich aus einer habitus- bzw. identitätstheoretischen Perspektive die Frage, ob und inwieweit die Rolle von einer Person ausgefüllt werden kann, die mit den mit der geforderten Autonomie verbundenen Unsicherheiten umzugehen weiß. In der methodologischen Unterscheidung der *praxeologischen Wissenssoziologie* (Bohnsack 2014b) haben wir dabei zwischen dem Habitus im Sinne eines impliziten, atheoretischen Orientierungswissens (Bourdieu 1997) und den Identitätskonstrukten im Sinne von Rollen- und Identitätserwartungen unterschieden. Letztere sind als an sich selbst und an andere gerichtete Identitätsnormen und imaginäre Projektionen reflexiv zugänglich. Darüber hinaus ist zwischen individualisierenden Faktoren, die der *personalen Identität* zugerechnet werden können, und jenen Aspekten der Selbstkonzepte zu differenzieren, die durch Zugehörigkeiten zu sozialen Systemen – seien es Gruppen oder Organisationen – zustande kommen, also der *sozialen Identität* (Simon und Mummendey 1997). Im Sinne der primär soziologischen Fragestellung der hier vorgelegten Untersuchung interessieren uns insbesondere die *sozialen Identitäten,* und zwar in Verbindung mit den im Habitus zum Ausdruck kommenden *Handlungsorientierungen* sowie die hiermit einhergehenden Brechungen und Inkongruenzen, die sich aus widersprüchlichen Rollenerwartungen ergeben.

Mit Blick auf die genannten Ausführungen ergeben sich insbesondere drei Fragen:

1. Besteht eine hinreichende Autonomie der professionellen Akteure, die es – zumindest partiell bzw. temporär – ermöglicht, gegen organisationale oder wirtschaftliche Rationale zu entscheiden? Es gilt hier entsprechend Klaus Dörners Maxime für den guten Arzt, zumindest ab und zu „einmal den Vorrang des ursprünglichen ärztlichen Behandlungszwecks auch um den Preis der Institutsschädigung zu verteidigen" (Dörner 2001, S. 206). Aus einer organisationssoziologischen Perspektive kann dies selbstredend nicht heißen, dass Entscheidungen zu Lasten der Organisation bis zur Zerstörung derselben getroffen werden. Es bedeutet aber, dass die professionellen Akteure, wenngleich ihrerseits in institutionelle Zwänge eingebunden, personal und sozial über hinreichende *requisite variety* verfügen,[334] um überhaupt entscheiden bzw. sich in Bezug auf Patientenbelange als autonome Entscheider konstituieren zu können.

2. Inwieweit gelingt die Rückbindung der Konditionierung dieser Freiheitsgrade an den Zweckauftrag des Krankenhauses? Hier gilt aus professionsethischer Perspektive: Unverrückbarer Referenzpunkt jeglicher Balance inkommensurabler Rationalitäten hat der Patient zu sein. Damit stellt sich insbesondere die Frage, ob das Management Anreize zu einer diesbezüglichen Balance gibt oder ob durch Fehlanreize Schräglagen entstehen, die das Vertrauensverhältnis zum Patienten korrumpieren.[335]

3. Kann unter den genannten Bedingungen überhaupt ein stabiler professioneller Habitus ausgebildet werden oder kommt es zu Brechungen und Inkongruenzen zwischen Rolle und Habitus, die unüberbrückbar erscheinen?

Führung: Aufgreifen, Aushalten und Moderieren von Spannungen

Während die strukturellen Dynamiken der ärztlichen Arbeit wie auch der Pflege durch die einschlägigen professionssoziologischen Arbeiten recht gut beleuchtet sind, erscheint – wie bereits in der Einleitung geschildert – die Rekonstruktion der spezifischen Dynamiken, die das Topmanagement auszeichnen, aus soziologischer Perspektive zunächst als Desiderat. Aus einer systemtheoretischen wie auch einer institutionentheoretischen Perspektive ergeben sich jedoch klare Hinweise, wo eine entsprechende Rekonstruktion anzusetzen hat, nämlich an der Bearbeitung der Innen- und Außenspannungen der zu managenden Organisation (Rohde 1974). Zu nennen ist hier insbesondere die Vermittlung zwischen den Erwartungsstrukturen

---

334 Siehe zum Begriff der *requisite variety* Weick (1998, S. 269f.).
335 Siehe zur Frage des Vertrauens in der Medizin auch Vogd (2014a) im Kursbuch.

der Gesellschaft, der Anforderung, ein positives betriebswirtschaftliches Ergebnis zu liefern, und der Differenzstruktur einer Organisation, die sich allein durch die divergierenden Standortabhängigkeiten der unterschiedlichen Berufsgruppen und hierarchischen Ebenen ergibt (Baecker 2003b; Baecker 2011a).

An der Schnittstelle zwischen dem ‚Innen' und ‚Außen' der Organisation nimmt das Management per se eine Scharnierposition ein. Es hat zu entscheiden, welche Außenspannungen für das jeweilige Haus als besonders relevant zu erachten sind und welche Innenspannungen von der Organisation aufgriffen, thematisiert und genutzt werden, etwa um auf Prozesse der Organisation Einfluss nehmen zu können. Die Führung eines Krankenhauses hat deshalb immer schon eine irritierende und störende und zugleich eine moderierende Funktion zu erfüllen. Sie hat zu entscheiden, welche Phänomene thematisiert, aktiv oder passiv ausgeblendet bzw. ignoriert und wo Spannungen abgemildert oder verstärkt werden. Sie hat die unterschiedlichen Innen- und Außenspannungen in ein Arrangement zu bringen, das weder überfordert noch so spannungsarm angelegt ist, dass das Management in der Selbstorganisation der Organisation praktisch keinen Unterschied macht.

Per definitionem werden der Führung diesbezüglich entsprechende Machtressourcen und Entscheidungskompetenzen zugestanden, wobei in der Praxis einer möglichen Willkür dadurch Grenzen gesetzt sind, dass die Geschäftsführer sich ihrerseits wieder anderen Gremien gegenüber zu verantworten haben (z. B. gegenüber einem Aufsichtsrat) und nach innen mit Widerständen zu rechnen haben – und seien sie nur informeller Art. Zudem steht ein Krankenhaus auch unter der Beobachtung von Institutionen aus seiner Umwelt (etwa den Krankenkassen, die Rechnungen in Bezug auf vermeintliche Leistungen infrage stellen können, den Massenmedien, die Normverstöße skandalisieren, oder den einschlägigen Institutionen des Rechts, die gegebenenfalls gar strafrechtliche Verfahren einleiten können).

Gerade das Topmanagement ist also in hohem Maße durch gesellschaftliche Erwartungsstrukturen konditioniert. Daher können die hiermit einhergehenden unterschiedlichen, teilweise inkommensurablen Wertreferenzen nicht ohne Weiteres negiert werden. Zu entscheiden bleibt die Frage, wie sie aufgegriffen, thematisiert und arrangiert werden (etwa durch Affirmation, Abblendung oder Bearbeitung im Modus des Als-ob). Wenngleich sich die Handlungsoptionen des Managements also durch eine Vielzahl von Freiheitsgraden auszeichnen, kann es nicht beliebig agieren.

Vor diesem Hintergrund kann es – ebenso wie in der Betrachtung der professionellen Identitäten und Handlungsorientierungen – keine einfachen, sondern nur komplexe Kriterien zur Beurteilung und Bewertung von Management- und Führungskompetenzen geben. Diese lassen sich nicht an einzelnen Merkmalen festmachen, sondern zeigen sich in der Fähigkeit, unterschiedliche Perspektiven wahrzunehmen und der Situation angemessen in Beziehung zu setzen, ferner in der

Kompetenz, Spannungen nicht zu negieren, sondern wahrzunehmen, auszuhalten und situativ zu nutzen, wobei zugleich das Gesamtarrangement – sozusagen die Ökologie der Organisation – im Blick zu halten ist.

Auf den Managementakteur bezogen heißt dies, gekonnt zwischen Nähe und Distanz, zwischen Innen- und Außenperspektive, zwischen Betroffenheit und nüchternem Kalkül, Hierarchie und Heterarchie, autoritärem Entscheiden und dialogischer Partizipation hin und her zu pendeln. Dies bedeutet, Wertreferenzen sowohl affirmieren als auch rejizieren zu können, sich also weder statisch einer Referenz verpflichtet zu fühlen noch per se Wertbezüge außen vor zu lassen.

Wie auch bei den professionellen Akteuren wird der soziologische Blick die entsprechenden Kompetenzen nicht der Einzigartigkeit oder der Kunstfertigkeit eines einzelnen Individuums zurechnen wollen, sondern diese eher als eine systemische Eigenschaft betrachten, die sich unter anderem aus der spezifischen Position in einem Rollengefüge ergibt und sich in einem Habitus ausdrückt, der seinerseits als verkörperte Orientierung aus der Sedimentation einer ebenfalls als überindividuell zu verstehenden Seinslagerung resultiert.

Auch hier besteht das Problem der Kohärenz bzw. der Diskrepanz zwischen Rollenanforderung und Habitus, also etwa die Frage, inwieweit Führungspersönlichkeiten die oben genannten Kontingenzen und die hiermit verbundenen Unsicherheiten aushalten oder ob sie nur auf ein eindimensionales Set von Wertreferenzen zurückgreifen können. Letzteres würde gerade im Fall einer hochgradig wissensbasierten Organisation wie dem Krankenhaus die für eine produktive Führung präsent zu haltende Komplexität tilgen. Die sich aus inkommensurablen Werthorizonten ergebenden Spannungen könnten in diesem Fall in der Führung kaum mehr produktiv zur Geltung kommen, da die Organisation nur noch aus einer Perspektive, nur durch einen Werthorizont – etwa dem der ökonomischen Anreizsysteme – bestimmt erschiene. Auch hierzu später mehr.

Management: Eröffnung von Freiheitsgraden

Die komparativen Analysen in Kapitel IV. (*Handlungsleitende Orientierungen: Ärzte, Pflegekräfte und Kaufleute in der Krankenhausleitung*) beleuchteten die Bezugsprobleme des Managements aus der jeweiligen Perspektive einer spezifischen Rollenanforderung. So erschien der ärztliche Direktor einerseits als Primus inter Pares als Vertreter der Chefärzte und andererseits als Teil eines Managementprozesses, der auch in die ärztlichen Sphären hineinzuwirken sucht. Hieraus ergibt sich eine Zwitterrolle, die von den sie ausfüllenden Akteuren in besonderem Maße verlangt, Spannungen aushalten und balancieren zu können.

In diesem Sinne verwundert es kaum, dass sich die ethischen Problemlagen des Krankenhausmanagements insbesondere in dieser Position widerspiegeln.

Die Notwendigkeit, die Chefärzte zur Beachtung ökonomischer Kriterien zu bewegen, bei gleichzeitiger Notwendigkeit, der Überformung durch medizinfremde Systemreferenzen entgegenzuwirken, ist an sich schon keine leichte Aufgabe. Dazu kommt noch die Herausforderung, auf einen Konsens hinzuarbeiten, bzw. die Notwendigkeit, zumindest die Akzeptanz strategischer Entscheidungen des Managements zu erwirken. Dementsprechend stellt sich mit Blick auf die empirischen Rekonstruktionen die Frage, unter welchen Bedingungen und Konstellationen diese Rolle gut ausgefüllt werden kann bzw. Akteure hier scheitern (müssen).

Homologes gilt prinzipiell auch für das Pflegemanagement, wobei sich hier empirisch zeigt, dass die Akteure des Pflegemanagements (anders als die leitenden Ärzte) strukturell nur bedingt in die Lage versetzt werden, die für ein Spannungsmanagement im oben beschriebenen Sinne notwendige Widerständigkeit auszudrücken. Sie verfügen in der Regel über zu wenige Machtmittel, um einen starken Gegendruck aufbauen zu können.

Den Kaufleuten in der Krankenhausleitung kommt dem gegenüber allein schon in Hinblick auf die üblicherweise formell mit dieser Rolle verbundene Macht eine herausragende Stellung in der Balance der unterschiedlichen Rationalitäten des Krankenhauses zu. Empirisch zeigt sich jedoch, dass auch diese Rolle in den untersuchten Häusern recht unterschiedlich ausgefüllt wird. Nicht jeder Geschäftsführer erscheint in dem Sinne als ein Manager der Innen- und Außenspannungen des Krankenhauses, dass er die unterschiedlichen inkommensurablen Handlungsrationalitäten des Krankenhauses explizit wahrnimmt, reflektiert und in ein subtiles Spannungsmanagement überführt, das beansprucht, diesen unterschiedlichen Handlungsrationalitäten zumindest ansatzweise gerecht zu werden.

Die Spannungen können dabei konfligierend auf unterschiedliche Personen verteilt werden oder sich in komplexeren Arrangements ausdrücken, in denen die einzelnen Managementakteure situativ Perspektiven und Positionen unterschiedlicher Rationalitäten übernehmen und moderierend abgleichen. Um metaphorisch in psychopathologischen Kategorien zu sprechen: Organisationen können in einem hohen Maße dissoziiert sein und dabei oftmals auch schizophren agieren, etwa wenn die eine Hand nicht weiß, dass die andere genau das Gegenteil tut (vgl. Simon 2007). Um es wieder auf unsere Studie zurückzuwenden: Empirisch können wir auf integrative oder dissoziierte, in verschiedene Pole auseinanderfallende Arrangements der Krankenhausführung treffen.

All dies ist in Kapitel V am Beispiel von vier übergreifenden Analysen ausgearbeitet worden. In einer komparativen Analyse kamen die jeweiligen Spezifika der Arrangements in den Blick, mit denen die Innen- und Außenspannungen im Rollengefüge in ein Verhältnis gesetzt werden. Es wurden Gemeinsamkeiten und Unterschiede sichtbar.

Auch hier liegt wiederum eine normative Beurteilung des jeweils zum Ausdruck kommenden Führungsstils nahe. Zumindest lässt sich feststellen, dass ein systematisches Ausblenden von Spannungen und divergierenden Rationalitäten und der Verzicht auf eine kommunikative Vermittlung mit blinden Flecken einhergeht, die sich das Management einer Einrichtung der Patientenversorgung in Hinblick auf seine gesellschaftliche Verantwortung eigentlich nicht erlauben kann. Außerdem ist als weiteres Beurteilungskriterium das Ausmaß an Flexibilität relevant. Insofern wir v. Foersters ethischem Prinzip folgen,[336] dass Entscheidungen und Programmierungen der Organisation besser sind, wenn sie mehr Freiheitsgrade und Wahlmöglichkeiten eröffnen, und schlechter sind, wenn Freiheitsgrade und Optionen geschlossen werden, dann sind rigide Führungsarrangements allein schon deshalb als tendenziell negativ zu bewertende Varianten zu sehen, weil hierdurch kommunikative Offenheit und Dialogmöglichkeiten in einer Weise abgeschnitten werden, dass die *requisite variety* der Organisation sinkt.

2 Intransparenz, Nichtwissen und die Systemiken des Vertrauens

Auf eine weitere wichtige normative Problemlage in Hinblick auf die Führung einer hochgradig wissensbasierten Organisation wie dem Krankenhaus sind wir bislang noch nicht eingegangen: die Frage des Umgangs mit Intransparenz und Nichtwissen. Nicht nur aufgrund begrenzter (Zeit-)Ressourcen und kognitiver Kapazitäten muss ein Großteil der Prozesse und Vorgänge innerhalb der Organisation dem Management verborgen bleiben. Allein schon aus der grundlegenden, für jeden kommunikativen Prozess geltenden kommunikativen Differenz zwischen Information und Mitteilung[337] ergeben sich notwendigerweise blinde Flecken in der Rekonstruktion dessen, was in der Organisation der Fall ist. Viele Sachverhalte sind so komplex, dass ihre Eigendynamik nur durch intensive Einarbeitung verstanden werden kann, wozu jedoch im Führungsalltag in der Regel nicht genügend Zeit zur Verfügung steht. Sach- oder Problemlagen können auch vorgespielt oder vorgetäuscht, „Action and Talk" (Brunsson 1989) entkoppelt werden. Berichte lassen sich im Modus des Als-ob formulieren und auch das beste Qualitätsmanagement kann seine Abbildungen nur auf Basis von Surrogatparametern generieren, die selektiv bedient bzw. optimiert werden können. Ebenso beruhen auch die öko-

---

336 Vgl. v. Foerster (1994, S. 234).
337 Siehe ausführlich Luhmann (1993).

nomischen Abbildungen des Controllings auf Selektionen, die ihrerseits blinde Flecke erzeugen – und damit etwa Räume für mikropolitische Prozesse eröffnen. All dies trifft insbesondere auf wissensbasierte Organisationen zu, deren Leistungen vornehmlich von professionellen Akteuren garantiert werden, die aufgrund der ihnen zugerechneten Expertise über besondere Autonomiespielräume verfügen.

„Die Kontrolle der Intransparenz" (Luhmann 1997) bedarf dementsprechend einer subtilen Balance aus Vertrauen und selektiver Kontrolle. Dafür müssen sich Management und Führung bei jedem Schritt ihres Handelns der Tatsache ihres eigenen Nichtwissens gewahr sein, um auf dieser Basis situativ entscheiden zu können, wann man vertraut und wann ein genaueres Hinschauen angebracht ist. Vertrauen wird hier als systemisches Desiderat sozialer Systeme begriffen, die Steuerungskomplexität auf ein praktikables Maß reduzieren müssen.[338] Es impliziert aber sehr wohl die Notwendigkeit, sich die Möglichkeit offenzuhalten, bei Bedarf genauer nachzuschauen, vor Ort nachzufragen, Dokumente kritisch gegenlesen zu lassen und zudem Machtmittel bereitzuhalten, um gegebenenfalls invasiv von oben – insbesondere in Hinblick auf kritische Personalfragen – ein- und durchzugreifen. Ein blindes Vertrauen auf Basis der Beobachtung globaler Parameter kann demgegenüber mit fatalen Konsequenzen einhergehen, da die hierin eingehenden Indikatoren nur im Modus des Als-ob bedient werden und dadurch Fehlentwicklungen bis hin zur Schädigung der Organisation verschleiert werden können. Ebenso lässt sich den negativen macht- und mikropolitischen Eigendynamiken professioneller Gruppeninteressen nur entgegenwirken, wenn deren Sprechern nicht blind vertraut wird, sondern selektiv eigene Kriterien der Kontrolle und Beobachtung ins Spiel gebracht werden.

Auch aus einer professionstheoretischen Perspektive spricht einiges dafür (so auch Evetts 2013), dass auch Professionen ihre Tugenden (hier die Verpflichtung gegenüber dem Patienten) erst in der Balance ihrer Macht und den hiermit einhergehenden ideologischen Momenten durch eine externe Kontrolle (die nicht zuletzt auch ökonomische Effizienz einfordert) zur Blüte bringen können.[339]

Freilich kann hier – und dies zeigen gerade auch unsere Untersuchungen – nicht von dem Automatismus eines natürlichen Ausgleichs ausgegangen werden. Es darf keine abstrakte Systemlogik unterstellt werden, die die Verhältnisse schon richten wird. Es darf hier also nicht naiv auf einen automatischen ökologischen Ausgleich vertraut werden, etwa in dem Sinne, dass, wenn an der einen Stelle eine bestimmte

---

338 Vgl. Luhmann (2000c, S. 191ff.).

339 Genau dies hatte Freidson (2001) im Blick, als er in seinem letzten Buch vermutete, dass sich die drei ‚Logiken' „bureaucratism", „economism" und „professionalism" keineswegs ausschließen, sondern gegenseitig auf die Spitze treiben.

Handlungslogik überspannt wird, an anderer Stelle in der Organisation automatisch eine Gegenbalance entsteht. Denn Systemvertrauen stellt sich komplizierter dar. Es erscheint als eine *Systemik des Vertrauens, die ihrerseits in die eine oder andere Richtung hin konditioniert werden kann, je nachdem, was kontrolliert und wo weniger genau hingeschaut wird.*

Um zu verdeutlichen, was hiermit gemeint ist, schauen wir nochmals auf einen Interviewausschnitt aus dem Gespräch mit dem stellvertretenden Geschäftsführer Herrn Bremer, das bereits in Kapitel IV.3 analysiert wurde:

> *Herr Bremer:* Also ich bin, das ist aber vielleicht/ ist das gar nicht bei so wenig Ärzten, wenn man das mal auf sich selbst/ da hat man ja manchmal auch eine gewisse Skepsis gegenüber auch der Leistungsfähigkeit der Medizin als solcher oder ob es da immer nur der eine Weg, jetzt jemanden zu operieren, oder ob nicht auch andere Alternativen des Zuwartens, der konservativen Therapie. Der Blick ist natürlich so, dass ich sagen würde, gut, ich möchte eigentlich nur, dass aus der ärztlichen Perspektive auch nur indizierte Therapie hier im Haus durchgeführt wird. Also wir wollen nicht auf einer Ebene agieren, wo wir sagen, jetzt, also so, wo sind die nächsten fünfzig Hüften und ganz gleich, auch wenn es schon ein bisschen weh tut, sollen wir die mal alle operieren? Und das, finde ich, ist nicht die richtige Strategie, aber die Situation ist natürlich komplexer. Also ich stelle ja die Indikation nicht, die Indikation stellen die Chirurgen. Aber die Chirurgen sind ja auch in einem Gesamtkontext eingebunden, auch die leitenden Ärzte, der natürlich die wirtschaftliche Situation mit reflektiert. Also man kann meiner Meinung nach ein Krankenhaus nicht führen, indem man nicht die verantwortlichen Ärzte in diesen Diskurs mit reinnimmt. Und in dem Sinne ist das natürlich so, dass man im Zweifel, wenn man jetzt natürlich sagen muss, wo ist im Ermessen mal eine Situation, wo jemand denkt, ah, es wäre ganz gut, ich hätte noch drei Fälle jetzt. Gut, das kann ich auch nicht ergründen dabei. Das ist so. Also ich denke, wie ob Indikation eng oder das hat ja damit zu tun, ob Indikationen eng oder weit gestellt werden, und das ist auch nicht nur ein ökonomisches Problem, sondern das ist natürlich insgesamt ein Problem, wo die Innovation und das Neue einen sehr starken Sog hat in der Medizin, auch unabhängig davon, dass man sagen kann, gibt es eigentlich gute Evidenz für die Dinge, die wir machen überhaupt.

An dieser Stelle interessiert uns vor allem die genaue Kenntnis wie auch Reflexion der hierin zum Ausdruck kommenden komplexen Lagerung. „Eigentlich" möchte der Sprecher, dass im Hause nur medizinisch „indizierte Therapie" durchgeführt wird. Andererseits stellt sich auch für ihn das Anreizsystem so dar, dass es eine Grauzone gibt, in der zumindest manchmal vom ärztlichen Rational zugunsten der ökonomischen Perspektive abgewichen wird. Gerade in diesem Haus arbeitet das Management stark mithilfe von Controllinginstrumenten, was hier unter anderem heißt, dass den Chefärzten mehrmals monatlich die diesbezüglichen ökonomischen Parameter rückgespiegelt werden.

Zugleich lässt sich der Führungsstil der Geschäftsführung als ein Management auf Distanz charakterisieren. Man arbeitet primär mit Zahlen und vermeidet dabei tendenziell den Kontakt zu den Abteilungen oder Stationen. Während der ökonomische Druck also als Anreizsystem oder schärfer formuliert als regulatorischer Stressor präsent bleibt bzw. explizit als Moment der Steuerung und des Spannungsmanagements selektiert wird, stellt sich die Sachlage in Hinblick auf die Fehlindikationen anders dar. Der Sprecher erklärt, dass er diesen Umstand nicht ergründen könne, was wohl heißt, dass das Management keine entsprechenden Beobachtungsinstanzen etabliert hat und auch nicht einzuführen beabsichtigt, um hier kontrollierend einzugreifen. In der Metaphorik der Spannung fehlt hier also eine Gegenspannung, welche die ökonomische Spannung ausbalancieren könnte. In Hinblick auf das Spannungsmanagement entsteht hier eine systemische Schieflage, deren Bearbeitung den Ärzten überantwortet wird, ohne dabei einen Modus zu entwickeln, zumindest selektiv hinschauen zu können, ob und wie diese Bearbeitung vonstattengeht. Oberflächlich mag es so aussehen, als ob man den Ärzten und der *„eminence based medicine"* vertrauen würde, doch faktisch wird ihnen bereits bezüglich der Indikationsstellung misstraut. Eine Form des Systemvertrauens, die ein nicht zu genaues Hinschauen rechtfertigen würde, ist damit bereits korrumpiert. Denn es erscheint nur noch als ein Vertrauen darauf, dass die leitenden Ärzte die wirtschaftliche Situation mitreflektieren und selbstständig zum ökonomischen Erfolg beitragen. Es erscheint aber gerade nicht als eines, das als ein Vertrauen in das professionelle Ethos gerechtfertigt ist. All dies verdeutlicht, dass ein solches Vertrauen immer auch eine Systemeigenschaft darstellt, also nicht (allein) den individuellen professionellen Akteuren zugerechnet werden darf. Normativ gesprochen hieße dies: Vertrauen ist nicht gleich Vertrauen. Es gibt Kontexte, in denen es gerechtfertigt erscheint, da es die Akteure dazu bringt, sich den eigenen professionellen Werten zuzuwenden, und es gibt ein ‚korrumpiertes' Vertrauen, das dadurch motiviert ist, bei einem moralisch problematischen Fehlverhalten die Augen zu verschließen, um nicht anschauen zu müssen, auf welche Weise dann der eingeforderte ökonomische Erfolg erzielt wird.

In obigem Interviewausschnitt wird außerdem eine zweite Ebene der Konditionierung der Systemdynamik des Gesundheitswesens deutlich. Es geht hier nämlich auch um die Frage, wie die durchaus nicht immer positiv zu bewertenden Eigendynamiken der Medizin zu balancieren sind. Denn auch die medizinischen Leistungsvollzüge und Innovationen sind tendenziell auf ein unbegrenztes Wachstum hin ausgerichtet.[340] Dabei ist jedoch zu betonen, dass mehr medizinische

---

340 Siehe zu einer systemtheoretischen Reflexion der Eigenlogik des Medizinsystems und dem Befund, dass Wachstumsgrenzen nur von außen eingeführt werden können, bereits Luhmann (1990).

Leistungen nicht unbedingt mit einem höheren Nutzen für die Patienten oder der globalen Steigerung der Gesundheit der Bevölkerung einhergehen, wie nicht zuletzt die wissenschaftliche Zweitbeobachtung der Medizin durch die Gesundheitswissenschaften, insbesondere durch die sogenannte *evidence based medicine* zeigt.[341] Angesichts der Präsenz einer Medizin, die zwar den Anspruch vertritt, leidenden Menschen zu helfen, dabei aber zugleich der Faszination des Neuen unterliegen mag und angesichts des Handlungsdrucks der Praxis blind für die eigenen Rationalitätsschranken zu sein droht, stellt sich nun die Frage, wer Ärzte in ihrem diagnostischen und therapeutischen Tun ggf. in die Schranken weisen könnte. Die aufgeworfene Problematik – so reflektiert Herr Bremer durchaus im Einklang mit gesundheitswissenschaftlichen Erkenntnissen[342] – ist also nicht nur ökonomischen Eigendynamiken zuzurechnen, sondern beruht auf komplexeren Systemdynamiken, in denen sich Erstere mit medizinischen, politischen, rechtlichen und anderen Dynamiken verschränken.

Herr Bremer nimmt die Problematik zwar wahr, scheint aber als Managementakteur diesbezüglich hilf- und machtlos zu sein. Er ist als Führungskraft für den Erfolg und das Überleben seiner Organisation verantwortlich, weshalb es ihm unmöglich ist, glaubwürdig für eine Reduktion der Medizin einzutreten und entsprechende Direktiven an Ärzte oder Pflegekräfte zu kommunizieren oder gar entsprechende Kontrollregime zu initiieren. Es erschiene geradezu absurd, das von Klaus Dörner (2001, S. 96ff.) formulierte medizinethische Primat der Selbstbegrenzung von der Krankenhausführung einzufordern. Denn die derzeitige Konfiguration des DRG-Systems und die hiermit einhergehenden Rahmenbedingungen der Krankenhauspolitik lassen entsprechende Perspektiven für das einzelne Haus nicht nur wirtschaftlich unsinnig, sondern gar existenzgefährdend erscheinen.

Volkswirtschaft und Gesundheitspolitik auf der einen Seite (hier wird eine Dämpfung und Begrenzung der Krankenhausbetten angestrebt) und das betriebswirtschaftliche Anreizsystem auf der anderen Seite (hier erscheint die Leistungsausweitung als einzige Möglichkeit des Überlebens der Organisation[343]) greifen hier also nicht ineinander, sondern wirken gegeneinander.

---

341 Siehe aus soziologischer Perspektive zur Beziehung zwischen Medizin und Gesundheitswissenschaften bzw. der evidence based medicine Vogd (2002; 2005b) sowie aus einer innermedizinischen Perspektive Smith (2001).

342 Siehe zum problematischen Verhältnis von Medizin und Gesundheitswissenschaften Vogd (2005b).

343 Um es nochmals mit den Worten eines unserer befragten Akteure auszudrücken: „Und der natürliche Verlauf ist, dass unter einer nicht ausreichenden/ oder die Krankenhäuser sind nicht ausfinanziert, was die Gehaltssteigerungen, also was in der Regel die Lohnentwicklung angeht. Bekommen ja nur einen Teil der Lohnsteigerung über den

Dementsprechend können die wirtschaftlichen Zwänge nicht als Regulativ fungieren, das Knappheit an der Stelle einführen würde, wo sie systemisch sinnvoll erscheint – nämlich um medizinische Selbstbegrenzung zu erwirken –, sondern sie wirken umgekehrt als weiterer Ansporn, unnötige medizinische Leistungen auszuweiten. Medizin und Ökonomie balancieren sich hier also nicht aus, wie es etwa in einem Krankenhaus mit definiertem Versorgungsauftrag und begrenzten Mitteln der Fall wäre. Stattdessen führen Medizin und Ökonomie im Sinne einer wechselseitigen Katalyse zu einer Steigerungslogik, die nur den Pol der Fall- und Leistungsausweitung kennt, nicht jedoch den vor allem auch in Bezug auf das Patienteninteresse wichtigen Pol der medizinischen Selbstbegrenzung. So scheint im derzeitigen Betrieb des Krankenhauses kein Platz mehr zu sein für die ursprüngliche internistische Tugend des *watch and wait* (Vogd 2007b). Ruhig zu beobachten und abzuwarten, um sorgfältig eruieren zu können, welche Therapie und Diagnose bzw. ob überhaupt eine Intervention angebracht ist, erscheint unter den gegebenen Verhältnissen nicht mehr opportun. Denn Fälle zu machen, ist zur Überlebensfrage geworden. Wie in all den von uns untersuchten Krankenhäusern von unterschiedlicher Seite explizit wurde, ist es essenziell, diagnostische oder therapeutische Interventionen auch entlang möglichst lukrativer Fallpauschalen auszuwählen. Das jeweilige Krankenhausmanagement bietet unter diesen Bedingungen keine gemäßigte Mitte, die man anstreben könnte, und keinen Ruhepol. Die Beschäftigten befinden sich vielmehr gleichsam im Hamsterrad. Jede Bewegung, jede Initiative ist neuer Anlass weiterzurennen.[344]

Wenn aber die starken ökonomischen Kräfte nicht vor Ort, also unmittelbar im Betrieb des Krankenhauses als Gegenpol in Stellung gebracht werden können, stellt sich die Frage, an welcher Stelle sonst die systemische Funktion der Gegensteuerung oder Balance liegen könnte. Die Wissenschaft mit Einsicht in den medizinischen State of the Art (etwa in den Leitlinien der medizinischen Fachgesellschaften niedergeschrieben) oder die wissenschaftlichen Ergebnisse der Versorgungsforschung, mit der organisatorische Problemlagen beschrieben werden, können vor allem

---

Landesbasisfallwerten über die DRG letztendlich vergütet und darüber wird meiner Meinung nach ein sehr starker Wachstumsimpuls gesetzt für die Krankenhäuser. Also das Normalkrankenhaus, da würde ich uns einbeziehen, versucht halt, die Kostenentwicklung durch Wachstum zu kompensieren. Und das ist neu, also das ist ein Phänomen, was es seit 2004 durch die Einführung der Fallpauschalen gibt" (ÄD/GF, St.-Joseph-Krankenhaus).

344 Das Hamsterrad war auch eine der zentralen Metaphern der Anhörung des Deutschen Ethikrats am 24.04.2015, während leitende Ärzte, Pflegemanager und Geschäftsführer sowie einschlägige wissenschaftliche Experten die oben genannte Problematik diskutierten.

aufgrund der fehlenden Durchgriffswirkung auf die Praxis kein starkes Moment der Gegenkonditionierung entfalten.

Übrig bleibt allein der Druck, der durch bürokratische und rechtliche Gegenkontrollen entfaltet werden kann. Zu denken ist hier etwa an die Regelanfragen der Krankenkassen zu Behandlungsverläufen, die oftmals wegen einbehaltener Gelder in Schlichtungsverfahren münden, oder aber an die Versuche, Angebotsausweitung durch entsprechende bürokratische und politische Vorgaben zu verhindern. Wie dem auch sei, Krankenhäuser sind hierdurch gezwungen, ihrerseits bürokratisch und rechtlich aufzurüsten, denn der Rückgriff auf entsprechende Experten (insbesondere auf Medizinrechtler) erscheint aus ökonomischen Gründen notwendig. Freilich verschiebt sich hiermit die Referenz der Auseinandersetzung von der medizinischen Handlungsrationalität – und damit auch von der Frage, ob Angebote für den Patienten diagnostisch und therapeutisch sinnvoll sind – auf die Eigenlogik des Rechts und die hiermit einhergehenden bürokratischen Verfahren.

Die dazugehörigen Kontrollprozesse entfalten sich entlang formaler Parameter, die weit entfernt von der unmittelbaren ärztlichen und pflegerischen Praxis verlaufen, und können daher kaum zu einer sachgerechten Balance derselben beitragen. Die betriebswirtschaftliche Eigendynamik einer allein auf Leistungsausweitung konditionierten Medizin wird hierdurch nicht ausgehebelt, sondern die Frage der Selbstbegrenzung wird auf Basis rechtlich-bürokratischer Kriterien angegangen. Die wiederum hiermit einhergehenden Anforderungen äußern sich als weitere Zumutung für die Organisation Krankenhaus, als ein zusätzlicher Stressor, der bearbeitet werden muss und zusätzliche Ressourcen von der Patientenversorgung abzieht, jedoch die systemische Konditionierung der Geschäftsgrundlage in keiner Weise ändert.

Aus Perspektive des Krankenhausbetriebs erscheinen die von der Politik wie auch seitens der Krankenkassen formulierten Ansprüche entsprechend als *Fremdrahmung*, die bestenfalls im Modus des Als-ob zu bearbeiten ist.[345] Letzteres gilt auch für die derzeit diskutierten Qualitätsindikatoren, die unter der gegebenen systemischen Konditionierung der Eigenlogik des Krankenhauses fremd, ihr äußerlich sind (hierzu später ausführlicher).

Zusammenfassend lässt sich mit Blick auf das systemische Arrangement Folgendes sagen: Die betriebswirtschaftlichen Primate werden als das Eigene aufgenommen, jegliche Initiative zur Beschränkung medizinischer Leistungen wird jedoch als Aktivität externer Akteure gesehen, welche die Existenz des eigenen Hauses bedroht. In der Folge rückt die Abwehr der vermeintlichen Bedrohungen in den Vordergrund

---

345 Im Sinne der Begrifflichkeiten der Kontexturanalyse werden sie also in Form einer totalen undifferenzierten Rejektion bearbeitet (Jansen et al. 2015, Abschnitt 28f.).

und die diesbezüglichen Player aus Politik und Krankenkassen erscheinen primär als Gegner, deren Claims nicht berücksichtigt zu werden brauchen, deren Initiativen unterlaufen werden dürfen, ohne dass dies in moralische Dilemmata münden würde. Vielmehr rechtfertigt der äußere Feind die Anwendung von Mitteln, die im Sinne des eigenen Überlebens notwendig erscheinen. Die auch den Managementakteuren durchaus bewusst werdenden negativen Nebenfolgen der ökonomischen Zurichtung des Krankenhauses werden dementsprechend primär als von der Politik verursacht gesehen und weniger als Ergebnis der Entscheidungen des Managements. Die systemische Schieflage stabilisiert sich und wird zudem genährt durch die derzeit fortbestehende gesundheitspolitische Zielsetzung, weitere Krankenhauskapazitäten abzubauen. So verständlich Letzteres aus volkswirtschaftlichen Überlegungen auch sein mag, die Schließung oder der Konkurs des eigenen Hauses kann jedoch nicht Ziel eines Managements sein. Es bleibt also nur der Ausweg, das eigene Überleben über Leistungsausweitungen zu sichern. Wie die von uns untersuchten Häuser gezeigt haben, kann die Ausweitung in vielerlei Weise geschehen, etwa durch Versuche, die ambulanten Einweiser zu beeinflussen, Monopolstrukturen in der Versorgungskette aufzubauen, oder mithilfe des Rechts gegen Restriktionen der Krankenkassen oder der Landespolitik anzugehen. Mit obiger Metapher bleibt also nur, sich im Hamsterrad – also im Dauerstress – irgendwie einzurichten.

Zurechnung von Verantwortung

Mit Blick auf die nolens volens als Dauerzustand in Kauf zu nehmende Schieflage stellt sich abschließend nochmals die Frage der Gegenbalance und der hiermit einhergehenden ethischen Implikationen. In Referenz auf die obigen Ausführungen ist außerdem nochmals in verschärfter Form zu fragen, wie es mit der Zurechnung von Verantwortung steht. Hierzu können wir vor dem Hintergrund des bereits Gesagten drei Ebenen unterscheiden:

1. die *Individualebene* der professionellen Akteure,
2. das *Organisationsdesign* und die entsprechenden Initiativen des Managements,
3. die übergreifende Systemkonditionierung, insbesondere durch Politik und Gesellschaft (s. anschließende Kapitel).

1) Im Sinne einer Individualethik bleibt zunächst der Appell an das professionelle Ethos der Akteure, welche die medizinischen und pflegerischen Dienstleistungen erbringen. Entsprechend hat ein Arzt oder eine Pflegekraft als psychisches System die sich aus den spezifischen Innen- und Außenspannungen des Krankenhauses ergebenden ethischen Problemlagen auszuhalten, die mit ihrer jeweiligen Rolle verbunden sind.

Die Ärzte und Pflegekräfte, welche primär in der Versorgung und weniger in der höheren Administration tätig sind, standen nicht im Zentrum der vorliegenden Untersuchung, weshalb nur am Rande diesbezügliches empirisches Material erhoben wurde. Trotzdem ist leicht einzusehen, dass allein aufgrund der Abhängigkeitsverhältnisse der Angestellten und der hiermit einhergehenden Konditionierung von Karrieren professionsethische Standards im Regelfall nur unter bestimmten Bedingungen auf hohem Niveau aufrechterhalten werden können – nämlich wenn die vorhandenen Gruppendynamiken eine entsprechende Organisationskultur nahelegen und wenn diese auch von – zumindest Teilen – der Hierarchie unterstützt wird. Sofern jedoch Letzteres nicht gegeben ist, kann der Ruf nach individueller Verantwortung nur weitgehend ins Leere schallen, denn es erscheint schlichtweg als Überforderung des Einzelnen, sich durchweg gegen die Organisation und die Gruppenzwänge zu stellen. Mit Blick auf die hiermit einhergehenden Gewissenskonflikte ist vermutlich eher das Burn-out oder eine explizite Kündigung zu erwarten denn eine dauerhafte Resilienz gegenüber den hiermit verbundenen Zumutungen der Organisation.

2) Vor allem in Bezug auf unsere Untersuchungsergebnisse spricht zunächst einiges dafür, das Organisationsdesign bzw. die hiermit einhergehenden Arrangements als Referenzpunkt für eine normative Betrachtung heranzuziehen. Wir würden hiermit bei einer Organisationsethik im starken Sinne landen, wobei die Verantwortung für die Organisation primär bei Führung und Management liegen würde.

Wie in Kapitel V. aufgezeigt, lassen sich auf Basis unseres empirischen Materials unterschiedliche Arrangements rekonstruieren:

a. Die Führung kann (und mit Blick auf den Konzern: *muss*) als Primärreferenz bzw. Leitwert den wirtschaftlichen Erfolg festlegen und ein entsprechend strenges Controlling- und Benchmarking-Regime fahren, dem sich die Pflege weitgehend unterordnet. Den Chefärzten und ihrem Sprecher kommt tendenziell nur noch die Rolle zu, Widerstand gegen Zumutungen zu artikulieren, die dem ärztlichen Ethos in nicht akzeptablem Maße zuwiderlaufen würden (Typ 1: „Unternehmerischer Erfolg").

b. Die Führung kann die Autonomie der professionellen Domänen explizit anerkennen und auf entsprechende Eigenmotivation setzen, wobei auf ein strenges, ökonomische Leistungsparameter in den Vordergrund stellendes Controlling verzichtet wird. Zugleich wird jedoch die Brisanz des ökonomischen Drucks, dessen Ursachen hier in der Umwelt des Krankenhauses lokalisiert werden, unter den leitenden Ärzten und Pflegekräften präsent gehalten. Die hiermit verbundenen Spannungen und der damit einhergehende Leidensdruck werden zwar nicht negiert, aber in Richtung einer erhöhten Leistungsbereitschaft auf Basis einer hohen intrinsischen, an den professionellen Werten orientierten Motivation gewendet (Typ 2: „Leistungswille und Autonomie").

c. In der Führung können über die unterschiedlichen Positionen hinweg (Geschäftsleute, Chefärzte, Pflegedienstleitung) sowohl der ökonomische Druck als auch die professionstypischen Verortungen wie auch die übergreifenden (etwa christlichen) Werte präsent gehalten werden, um auf diese Weise zu einer an pragmatischen Lösungen orientierten Kompromissfähigkeit zu gelangen. Wenngleich die gefundenen Lösungen dann im Einzelfall durchaus auch ethisch problematische Aspekte haben mögen (die sich aufgrund der Rahmenbedingungen auch hier nicht vermeiden lassen), können die hiermit einhergehenden Spannungen in einem übergreifenden ‚pragmatisch-harmonischen Management-Wir' absorbiert werden, denn die verantwortlichen Akteure identifizieren sich in einem hohem Maße mit dem Haus. Management wird als Verantwortung für die Organisation als Ganzes verstanden (Typ 3: „Verantwortung für das Ganze").

d. Die Führung selbst kann sich innerhalb des Krankenhauses ‚heterarchisch' über Managementgremien auf verschiedenen Ebenen und Beteiligung von Akteuren unterschiedlicher Professionen und Disziplinen verteilen. In der Folge entsteht eine Dezentralisierung von Verantwortlichkeiten bei gleichzeitiger Enaktierung unterschiedlicher Gruppen für die Interessen des Hauses. Hierdurch werden in starker organisationaler Flexibilität auch in strategischen Fragen pragmatische Lösungen möglich, die in hohem Maße durch Konsens abgesichert sind. Allerdings verlangen diese dem Personal eine hohe Leistungsbereitschaft ab, sich diesen zeitlich und sozial aufwendigen Abstimmungsprozessen zu stellen (Typ 4: „Experiment Heterarchie").

Allein die typologische Bandbreite der Konstellationen lässt deutlich werden, dass die Frage des Organisationsdesigns – und damit auch der Führung – einen Unterschied macht, der sich in der Legitimität und daher auch mit hoher Wahrscheinlichkeit in der organisationalen Verankerung professionsethischer Ansprüche ausdrückt. Freilich dürfen wir hier nicht in die Falle tappen, Harmonie und Einverständnis unter den verschiedenen leitenden Akteuren mit der Lösung von Spannungen und den hiermit einhergehenden ethischen Konfliktlagen gleichzusetzen. Die Beurteilung und Bewertung der Arrangements verlangt eine komplexere Betrachtung.

Offensichtlich problematisch erscheint selbstverständlich eine Führung, die diesbezügliche Konflikte ausblendet, wodurch die subordinierten ärztlichen oder pflegerischen Akteure ihre professionsethischen Ansprüche nur noch in Form von Widerständigkeit ausdrücken können. Subtiler erscheint demgegenüber die Ausblendung entsprechender Problemlagen und Antagonismen durch Verfahren des vermeintlichen Verstehens divergierender Positionen, die schließlich zu einem ‚Wir' bzw. Konsensus führen, in dem sich die leitenden Akteure einrichten können. Auch wenn entsprechende Eintracht nicht per se zu kritisieren ist, so muss doch mit Blick auf die bereits an verschiedener Stelle formulierten Schieflagen ein „Behelfs-Paradies mit Harmonie-Garantie" (Rohde 1974, S. 361) – zumindest wenn es als dauerhafter Eigenwert des Managements erscheint – allein schon deshalb als problematisch angesehen werden, weil hierdurch die Sensibilität in Hinblick auf Widersprüche und das Leiden an ethisch problematischen Kompromissen abstumpft. Frei nach Adornos Sentenz „Es gibt kein richtiges Leben im falschen" (Adorno 1969, S. 43) wird gerade im Spannungshort des gegenwärtigen Krankenhauses ein Zuviel an Wohlgefühl und Einverständnis und ein Zuwenig an kritischen Bedenken den Verdacht wecken, den Kontakt mit der Basis und den alltäglich aufscheinenden problematischen Realitäten verloren zu haben.

Da wir Management als die Fähigkeit und Kompetenz rekonstruiert haben, Spannungen auszuhalten und zu moderieren, um auf diese Weise Innen- und Außenspannungen der Organisation in ein produktives Verhältnis zu setzen, droht in der zuletzt genannten Konstellation der Verlust jenes notwendigen Leidens, das den leitenden Akteuren erst die nötige Energie verleiht, die von ihnen als Dilemmata verinnerlichten Konfliktlagen zu thematisieren und balancieren. Denn wie bereits zuvor gesagt wurde, setzt dies ein Pendeln zwischen Nähe und Distanz, zwischen Innen- und Außenperspektive, zwischen Betroffenheit und nüchternem Kalkül voraus. Es setzt die Fähigkeit voraus, situationsangepasst Wertreferenzen sowohl affirmieren als auch rejizieren zu können, um hierdurch eine Balance zu finden, in der einerseits Konfliktlagen und Spannungen anerkannt und andererseits auch situationsadäquate Lösungen gefunden werden können.

Wenngleich wir hiermit das Desiderat einer Organisationsethik formulieren, in der die Frage des (Organisations-)Designs im Vordergrund steht und entsprechend dem der Führung eine entscheidende Rolle zukommt, stellt sich auf der zweiten Ebene die Frage, ob und unter welchen Voraussetzungen die Führung im Angesicht solcher Ansprüche überfordert sein könnte. Auch hier ließe sich (sicherlich mit gewisser Plausibilität und Berechtigung) mit Bezug auf einzelne Akteure (also Menschen) argumentieren, die einer solchen Aufgabe aus biografisch nachvollziehbaren Gründen besser gewachsen sind als andere, etwa indem sie ihr Gewissen authentisch einbringen können, um entsprechend wirksamer, konsequenter und überzeugender auf das Organisationsdesign einzuwirken. Ohne abstreiten zu wollen, dass einzelne Menschen diesbezüglich einen sehr großen Unterschied machen können (weshalb auch die Personalauswahl aus organisationsethischer Hinsicht hochrelevant ist[346]), lässt sich wiederum nach den Systemiken fragen, die – auch hier über die Idiosynkrasien einzelner Akteure hinausgehend – bestimmte Szenarien wahrscheinlicher werden lassen.

Eine offensichtlich negativ zu bewertende Konditionierung ergibt sich beispielsweise, wenn die Probleme und Dilemmata, die sich aus den Innen- und Außenspannungen ergeben, etwa zu (selbst-)zerstörerischem Verhalten führen und die Beschwernisse und Zumutungen, welche die betroffenen Mitarbeiter auf den untergeordneten Ebenen mitunter erleiden müssen, einem Außenstehenden als eine Form der Verletzung oder gar in einer Weise unwirklich erscheinen. In solch einer Konstellation erscheint die Variante der ‚Führung auf Distanz' vor allem deshalb opportun, weil ein Zuviel an Nähe psychisch nicht auszuhalten wäre. Es wird primär vom Schreibtisch aus agiert, die Kommunikation beschränkt sich auf die nächstuntere Ebene der Hierarchie, wodurch die Nähe zu den Stationen vermieden wird, wo die konkreten Lasten anfallen und Probleme auftreten. Empirisch zeigt sich dies etwa am Beispiel einer Pflegedienstleitung, die sich kaum noch auf der Station sehen lässt, und Geschäftsführern, die primär auf Basis von Zahlen steuern, ohne sich dabei den sozialen Dynamiken auszusetzen, die durch die abstrakten Abbildungen des Controllings vermeintlich gesteuert werden sollen.

Wenn diese Spannungen aufgrund von Dissoziation und Abblendung nicht mehr wahrgenommen werden, kann auch Führung als ein Spannungsmanagement im Sinne einer situationsangepassten Moderation inkommensurabler Werte und Funktionslogiken nicht mehr stattfinden. Führung wird unter diesen Bedingungen blind für die ethischen Dilemmata des eigenen Hauses. Sie agiert im buchstäblichen Sinne verantwortungslos, insofern wir die Conditio sine qua non von Verantwortung in der Nähe zum Problem, also in Kontakt und Dialog sehen, denn erst auf Basis von Wahrnehmung und Empathie lässt sich (ver-)antworten.

Das Management eines Krankenhauses wird zudem durch die Einbettung in die übergreifende Trägerschaft konditioniert, da sich von hier ausgehend spezifische Anforderungen an die Programmierung von Stellen ergeben. Zudem erscheint von Bedeutung, von welcher beruflichen Primärsozialisation aus sich die Managementakteure rekrutieren. Ferner macht es einen Unterschied, ob diesbezügliche Positionen extern oder intern besetzt werden (etwa von Akteuren, die sich von ‚unten' hochgearbeitet haben und dementsprechend eine gewisse Verbindung zur Basis spüren).

---

346 Da der Mensch offensichtlich einen Unterschied macht, verwundert es nicht, dass in den aktuellen Managementdiskursen das Thema ‚personal leadership' vermehrt ventiliert wird. Siehe zu einer systemtheoretischen Perspektive etwa Knudsen (2015).

Mit Blick auf die Ergebnisse unserer empirischen Untersuchungen wird also deutlich, dass sowohl die jeweilige Organisation als auch ihr Management in Hinblick auf die Konfiguration von Spannungslagen und die hieraus erwachsenden Konsequenzen einen Unterschied für die Balancierung professionsethischer Claims machen, dass also auch auf dieser Ebene Freiheitsgrade und Gestaltungsräume bestehen.

Doch diese werden wiederum von anderen Systemdynamiken konditioniert. Gleichsam von unten geschieht die Konditionierung durch die psychischen Systeme, die all dies aushalten und bei all dem mitspielen, von oben die Systemiken der gesellschaftlichen Konditionierung, welche die bereits an verschiedener Stelle angeführte Schieflage entstehen lässt. Dem Dauerstress aufgrund der existenziellen Bedrohung der Krankenhäuser lässt sich im Kontext der gegenwärtigen Konfiguration des Gesundheitssystems nicht entgehen. Auch in einem Organisationsdesign, das eine gewisse Sensibilität gegenüber den hiermit verbundenen professionsethischen Lagerungen bewahrt, bleibt das Wissen um diese Asymmetrie bestehen. Und auch wenn wir dem Management die Verantwortung für das Organisationsdesign zuschreiben, kommen wir nicht umhin, die ethische Überforderung zu berücksichtigen, die immer dann virulent wird, wenn die Autopoiesis – also die Existenz – der eigenen Organisation gefährdet ist. Genau dies scheint unter der derzeitigen Einstellung des DRG-Systems für einen beachtlichen Anteil der Krankenhäuser der Regelfall zu sein und es ist bislang nicht absehbar, wann der Druck der Gesundheitspolitik auf die Krankenhäuser abnehmen oder etwa aufhören wird. Vielmehr sieht das zum 01.01.2016 in Kraft getretene „Gesetz zur Reform der Strukturen der Krankenhausversorgung" gar vor, die Abwicklung von Krankenhäusern der Akutversorgung finanziell zu unterstützen.[347] Genau dies kann aber von der Krankenhausführung wie auch von leitenden Angestellten nicht gewollt werden (bzw. es wäre mit Blick auf die hiermit verbundenen professionellen Identitäten eine Zumutung, dies von den betroffenen Akteuren zu verlangen).

Nolens volens bleibt hier kaum ein anderer Ausweg, als ökonomische Erfolge im Sinne von Wachstumsversprechen zu präsentieren, die den Erhalt der eigenen Einrichtung legitimieren – dies allerdings unter Voraussetzung einer Reihe büro-

---

347 So heißt es etwa in der „Ärzte Zeitung" vom 06.11.2015: „Der Strukturfonds ist ein wesentliches Element der Reform. Ziel ist es, die Zahl der bislang noch etwa 1980 Krankenhäuser deutlich zu reduzieren. Krankenhausträger, die sich bereit erklären, ihr Haus zu schließen oder zum Beispiel in ein geriatrisches Zentrum umzuwidmen, können Mittel aus dem Strukturfonds erhalten. Der Bund zahlt 500 Millionen in den Fonds ein, die Länder sollen sich in gleicher Höhe beteiligen. Die Kosten für die Schließung einer Klinik liegen nach Expertenschätzungen zwischen einem und 2,5 Jahresbudgets einer Klinik" (http://www.aerztezeitung.de, Abruf 14.07.2016).

kratischer Gegenkontrollen seitens der Politik und der Krankenkassen, die dieser Bewegung entgegenzusteuern versuchen. Letzteres macht es dem Management jedoch weder leichter noch trägt es zur Harmonisierung professionsethischer Spannungslagen bei, sondern verlagert die Verteilungskämpfe stattdessen auf eine juristisch-bürokratische Ebene. Dies leitet zusätzlich Ressourcen von der unmittelbaren Patientenversorgung ab und führt entsprechend zu einer weiteren Überformung der Krankenbehandlung durch medizinfremde Rationalitäten.

Mit Blick auf die Balance der hiermit verbundenen professionsethischen Lagerungen kann es im Sinne von Bühl (1998) also auch hier nicht ausreichen, auf eine Individualverantwortung der Akteure aus dem Management zu hoffen, die – neben Ärzten und Pflegekräften – die ethisch-moralische Bürde zu schultern haben. Vielmehr rückt nun unweigerlich das gesamte Systemarrangement in den Blick, wobei auch die gesellschaftlichen, d. h. insbesondere die gesundheitsökonomischen und gesundheitspolitischen Konditionierungen berücksichtigt werden müssen.

Exkurs: Steuerungsversuche auf Basis von Qualitätsindikatoren

Unter dem Blickwinkel der vorangehenden Reflexionen schauen wir nun auf die in der Gesundheitspolitik formulierten Initiativen zur qualitätsorientierten Vergütung. Mit dem Krankenhausstrukturgesetz werden finanzielle Abschläge in Hinblick auf sogenannte Qualitätsindikatoren möglich. Wie bereits bei anderen Steuerungsparametern gilt jedoch auch hier: Kein „Verfahren der Qualitätssicherung" kann „direkt auf die Prozesse zugreifen, die es steuern und bewerten möchte. Letztlich lässt sich auch hier immer nur an Surrogatparametern orientieren, wobei dann aber gilt: die Landkarte ist nicht das Gebiet. Die Dokumentation von Leistungen etwa darf nicht mit dem verwechselt werden, was dokumentiert werden soll. Im Sinne einer ‚Audit Society' (Power 1997) mag zwar alles Mögliche ausgewiesen, evaluiert und zertifiziert werden, doch da sich die ‚Rituals of Verification' immer nur auf die Dokumentation, nicht jedoch auf die eigentliche Praxis beziehen, erscheint der zu evaluierende Prozess weiterhin als *black box*. Was eine solchermaßen informierte externe Qualitätssicherung dann leisten kann, ist bestenfalls eine Anpassung der Dokumentation an die von außen angesetzten Kriterien. Ob dies jedoch zu einer Erhöhung der medizinischen und pflegerischen Qualität oder nur zu einer Bearbeitung im Modus des Als-Ob führt, lässt sich durch diese Steuerungsinstrumente nicht verlässlich abbilden" (Bode und Vogd 2016a, S. 13f.). Zudem ist hier – wie bereits in Bezug auf das Instrumentarium der DRGs – mit paradoxen Effekten zu rechnen: „So wie es – folgt man Garfinkel (1974) – ‚gute organisatorische Gründe' für eine ‚schlechte Aktenführung' gibt – etwa indem ein Arzt es für wichtiger hält, mit dem Patienten zu sprechen oder mit den Kollegen den Fall zu beraten, als durch aufwendige Aktenprosa Sicherheit vorzutäuschen – bestehen auch, wie Heath und

Luff (1996) zeigen, ‚schlechte organisationale Gründe', die ‚guten Akten' zu produzieren. Der gegenwärtige Selektionsdruck führt zu einer Inversion der Verhältnisse in Richtung Letzterem. Oftmals besteht die eigentliche Herausforderung darin, viel Zeit dafür aufzuwenden, die Akten und Berichte aufzupeppen (und entsprechende Stellen dafür vorzuhalten), um juristisch abgesichert die höchstmöglichen Erträge aus einem Fall herauszuholen; es geht dann sehr viel weniger darum, sich dem medizinischen Fallgeschehen selbst zuzuwenden" (ebd.).

Da jeder Qualitätsindikator auf Surrogatparametern beruht, also nicht direkt auf die abgebildeten Prozesse rückschließen lässt, werden über die Verbindung mit ökonomischen Konsequenzen weitere Fehlanreize gegeben – etwa zur Bevorzugung unkomplizierter Fälle oder zum Verzicht auf an sich sinnvolle Maßnahmen, die jedoch in kritischem Maß in die Qualitätsberechnung eingehen (etwa eine zusätzliche Wiedereinbestellung zur Kontrolle).[348] Dementsprechend sind nicht nur die DRGs, sondern auch die Qualitätsindikatoren als *leaky black boxes* (Lowe 2001) anzusehen, die – je nachdem, was für Konsequenzen der Gesetzgeber an sie gekoppelt hat – von verschiedener Seite unterschiedlich genutzt und beschrieben werden.

---

348 So formuliert auch Ulrike Elsner, Vorstandsvorsitzende des Verbandes der Ersatzkassen e. V. in DER TAGESSPIEGEL vom 28.05.2015 zu den Qualitätsindikatoren und dem Problem der Mengensteuerung: „Doch steckt der Teufel wie immer im Detail. Nach dem vorgelegten Entwurf bleibt es nämlich den Ländern z. B. bei ihrer Krankenhausplanung weitestgehend freigestellt, ob und wie sie die – bundesweit gültigen – Qualitätsvorgaben des G-BA umsetzen: Sie können sich den Vorgaben durch Landesrecht entziehen. Äußerst fragwürdig ist auch der Plan, Krankenhäuser, die schlechte Qualität liefern, mit Vergütungsabschlägen zu versehen bzw. Krankenhäuser, die außerordentlich gute Qualität erbringen, mit Zuschlägen zu belohnen. Bevor man aber Zuschläge beschließt, ist durch den G-BA festzulegen, wann von besonders guter Qualität gesprochen werden kann. Die Ersatzkassen erwarten, dass die Krankenhäuser schon jetzt eine gute Qualität für das Geld ihrer Versicherten erbringen. Alles andere ist unakzeptabel. Das impliziert aber auch, dass Krankenhäuser – wenn sie dauerhaft schlechte Qualität aufweisen – von der Versorgung ausgeschlossen werden sollten. Das muss nicht sofort geschehen, aber nach einer gewissen Karenzzeit von maximal zwei Jahren schon. Weniger Geld für schlechte Leistung kommt daher für uns auf Dauer nicht infrage. Auch Zuschläge für außerordentliche gute Qualität sind untauglich, solange es noch keine klaren Festlegungen zur Indikationsstellung gibt. Denn ansonsten besteht die Gefahr, dass leichte Fälle oder sogar Gesunde bevorzugt behandelt werden, damit Krankenhäuser den Vergütungszuschlag bekommen. Fehlanreize sind hier vorprogrammiert. [...] Ohnehin geht der Gesetzentwurf die Mengensteuerung nicht ausreichend an. Und das, obwohl wir im OECD-Vergleich am meisten operieren. Vielmehr sind noch weitere Zuschläge zur Verbesserung der Krankenhauseinnahmen und Anreize zur Mengenausweitung vorgesehen: neben den erwähnten Qualitätszuschlägen etwa Zuschläge für die Notfallversorgung, Sicherstellungszuschläge, Zentrumszuschläge und viele mehr."

Hinter dem Qualitätsbegriff verbergen sich komplexe Dynamiken, in denen sich nicht nur Struktur, Prozess und Outcome verweben (Donabedian 1980), sondern in denen auch der Wert einer Variable nicht ohne den ihn konditionierenden Wertmaßstab zu begreifen ist. Qualitätsindikatoren, die hausintern zur Qualitätssicherung genutzt werden, führen tendenziell zu einer anderen Formatierung von Prozessen als Indikatoren, die zugleich abrechnungstechnisch gelesen werden. Letztere legen eine Behandlung im Modus des Als-ob nahe, also die Entkopplung von der Referenz, der sie ihrer Namensgebung nach eigentlich dienen sollten.[349]

Aus Perspektive des Krankenhausmanagements und der leitenden Ärzte entsprechen die im Krankenhausstrukturgesetz formulierten Qualitätsindikatoren zunächst nur einem weiteren Stressor, wobei jedoch unklar ist, wie die einzelnen

---

349 Hierzu anekdotisch Hagen Kühn, ehemaliger Leiter der Forschungsgruppe Public Health am Wissenschaftszentrum Berlin, im Interview mit Werner Vogd im Juni 2009: „Ich war 20 Jahre lang jedes Jahr ein-, zweimal in Amerika. Da habe ich das ja mitgekriegt. Da kannten wir hier das Wort Qualitätssicherung noch gar nicht. Die haben ja 1983 in diesem Medicare System eben DRGs eingeführt. Da kam sofort Qualitätssicherung auf. Da war Reagan-Administration. Selbst die haben dann Geld gegeben, um so ein Institut für Qualitätssicherung zu machen, was bei uns lange gedauert hat, bis die überhaupt mal auf den Trichter kamen, dass, wenn sie schon so einen Unsinn machen wie diese Art von Finanzierung, dass man dann wenigstens Qualitätssicherung machen muss. Ich habe auch viel größere Hoffnungen am Anfang da reingesetzt, als sich jetzt im Laufe der Zeit rausgestellt hat, als man wirklich realistischerweise haben kann. Ich bin da am Anfang auch, nur weil wir so etwas in Deutschland überhaupt nicht hatten, darauf reingefallen. Ich dachte auch, ja, das wäre ja mal eine Sache, sozusagen den Gebrauchswert in den Vordergrund zu stellen in der Medizin, was ja auch was Neues wäre. – In Amerika habe ich Interviews in Krankenhäusern gemacht. Da hatte ich gleich am Anfang ein ziemlich bezeichnendes Erlebnis. Ich fragte die dann also nach *quality insurance* und so. Dann guckten die mich so an und haben gedacht, dass sie mich vielleicht sprachlich nicht richtig verstehen. Dann haben die sich untereinander kurz so angeguckt und dann sagt er auf einmal, ‚ach, ja, der meint diese Kostenkontrolle‘. Da war es so, dass es da ein Qualitätsteam in diesem Krankenhaus gab. Die bestanden aus einem Arzt, aus einem Controller und aus einer akademisch gebildeten Nurse. Die sind dann halt von Abteilung oder von Station zu Station, die haben dann gecheckt, die Amis nannten das *getrendet*. ‚Haben sie dich schon getrendet?‘, fragte der Arzt seinen Kollegen. Getrendet. Die haben dann eben geguckt, Liegedauer, der ist da eingeliefert worden, da ist er überhaupt erst untersucht worden, wie kommt das, das geht unmöglich und so. Bei denen kam das an … Die wussten zwar, das heißt irgendwie *quality insurance*, aber bei denen kam das an, Kostenkontrolle und sozusagen auf den Trend gebracht werden. – Da hatte ich erst schon mal dann begriffen, dass eigentlich erst der Kontext entscheidet, was so ein Instrument tatsächlich ist. Wenn man den Kontext nicht kennt, dann kann man auch nicht wissen, was dieses Instrument macht, von da mal abgesehen, dass diese qualitativen Veränderungen da nicht erfasst werden.“

Krankenhäuser darauf antworten werden und ob diese Antworten dem dienlich sind, was landläufig unter guter Behandlungsqualität verstanden wird. Hiermit soll keineswegs der Sinn solcher Indikatoren bzw. die Erhebung qualitätsbezogener Daten generell infrage gestellt werden, sondern aus systemischer Perspektive auf die Problematik von deren Koppelung mit ökonomischen Funktionsbezügen hingewiesen werden. Möglicherweise erscheinen bei kritischen Variablen Koppelungen über das Recht und hiermit einhergehende spezifische Verfahrensweisen sinnvoller als wirtschaftliche Anreizsysteme. Man denke hier beispielsweise an das Ziel, Infektionen mit multiresistenten Keimen zu vermeiden.

3 Gesellschaftliche Ansprüche und politische Rahmensetzung: Rationalisierung und Transparenz als Allheilmittel?

Vor allem die Fragen der Mengenausweitung und der Behandlungsqualität lassen – so der abschließende Befund der vorangehenden Überlegungen – nochmals verschärft das Problem der gesellschaftlichen Konditionierung des Krankenhauses in den Fokus rücken. Hiermit stellt sich zunächst die Frage nach der übergreifenden gesellschaftlichen Rationalität dieser Prozesse. Da dies erst kürzlich ausführlich an anderer Stelle diskutiert worden ist (Vogd 2016), soll das Problem des übergreifenden Systemarrangements hier auf die Frage verengt werden, wie eine zugleich auf Kostenreduzierung (Rationalisierung) und Qualitätsverbesserung (Transparenz) ausgerichtete Gesundheitspolitik in ein Alignement mit dem Sozialstaatsgebot gebracht werden kann.

Das derzeit immer noch von der Gesundheitspolitik präferierte Modell besteht darin, dem stark korporatistisch geprägten, auf einen gesellschaftlichen Interessenausgleich durch selbstverwaltete Kollektiventscheidungen abzielenden Gesundheitssystem[350] ein pluralistisches, auf marktwirtschaftlichen Anreizsyste-

---

350 Häufig „Gemeinsame Selbstverwaltung" genannt. Diese besteht aus den Akteuren in der gesetzlichen Krankenversicherung, also Krankenkassen und ihren Verbänden, Ärzten und ihren Kammern und Kassenärztlichen Vereinigungen, Krankenhäusern und ihren Krankenhausgesellschaften, Wohlfahrtsverbänden, Patienten bzw. Versicherten und ihren Patientenverbänden. Diese arbeiten auf unterschiedlichen Ebenen zusammen, etwa auf Bundesebene im Gemeinsamen Bundesausschuss (G-BA) oder auf Länderebene bei der Aushandlung von Versorgungsverträgen zwischen Kostenträgern und Leistungserbringern. Im Rahmen der Selbstverwaltung kommt für die bundesdeutsche Gesundheitspolitik eine Regulierungsform zum Ausdruck, die in der Politik- und

men beruhendes Steuerungsregime zur Seite zu stellen (z. B. Alber 1992; Badelow 2004; Lehmbruch 1988; Rosenbrock und Gerlinger 2015). Zudem werden Wege der Interessenvermittlung gesucht, welche die etablierten verbandlichen Koordinationsmuster unterlaufen. So bestehen für Kostenträger und Leistungsanbieter heutzutage zahlreiche Möglichkeiten, Selektivverträge zu schließen und im Rahmen sektorenübergreifender Versorgungsformen außerhalb kollektivvertraglicher Regelungen Gelder zu erhalten, man denke etwa an den erst kürzlich eingeführten Innovationsfonds.[351] Der Gesetzgeber scheint hier eine Doppelstrategie zu verfolgen: Einerseits wird die Selbstverwaltung mit weiteren Kompetenzen versehen, andererseits aber wird der faktische Gestaltungsspielraum der Akteure durch Einführung von Budgetobergrenzen seit Jahrzehnten stark eingeschränkt. Der Gesetzgeber hat damit auf die häufig erhobene Kritik an der gemeinsamen Selbstverwaltung reagiert, nach der Kollektiventscheidungen oftmals zu Lasten Dritter (etwa den Beitragszahlern oder Patienten) getroffen und Reformen blockiert würden, da vielfach zu stark die Interessenpolitik der Ärzteschaft im Vordergrund stehe. Das politische Ziel scheint daher in einer Art „Wettbewerbskorporatismus" (Urban 2005) zu bestehen, der die (als zu stark empfundenen) Ärzteverbände schwächen und hierüber eine bessere Konzertierung erzielen soll. Spiegelbildlich dazu wurden die Krankenkassen seit den 1990er Jahren sukzessive gestärkt und treten heute als „wettbewerbsorientierte Manager der Versorgungsprozesse" (Rosenbrock und Gerlinger 2015, S. 212) auf. Auch hier werden dann – gemeinsam mit einer der ärztlichen Profession fremden wissenschaftlichen Expertise (z. B. Versorgungsforschung, Gesundheitsökonomie) – ökonomische und gesundheitssystemische Rationalitäten ins Spiel gebracht. Die Einführung derartiger Markt- und Erkenntnisinstrumente galt bislang als „innovatives Schmiermittel" (Bode 2005, S. 250) eines sich herausbildenden *Wohlfahrtsmarktes* (Nullmeier 2003). Unter diesen ‚Märkten' versteht Bode einen Implementationsmodus wohlfahrtsstaatlicher Politik, der „systematisch" neue Unsicherheiten generiert und in diesem Sinne unablässig Regulierungsdruck erzeugt, die Prozesse der Regulierung selbst aber stets „ergebnisoffen" bleiben (Bode 2005, S. 266). Wir haben es hier also zunehmend mit einer Aktivierung von kommu-

---

Verbändeforschung „Korporatismus" genannt wird. Der Staat definiert dabei über Gesetze und Erlasse einen Ordnungsrahmen, dessen sich dann Verbände zu Konkretisierungs- und Umsetzungszwecken annehmen und über ein Durchsetzungsmandat verfügen, zugleich aber von staatlichen Stellen kontrolliert werden.

351 Im Rahmen des GKV-Versorgungsstärkungsgesetzes stehen zwischen 2016 und 2019 jährlich 300 Mio. Euro für die Erprobung neuer Versorgungsformen (75%) und deren wissenschaftlicher Begleitung durch Versorgungsforschung (25%) bereit. Getragen wird das Vorhaben vom G-BA, der hierfür einen „Innovationsausschuss" gegründet hat und über die Entwicklung und Ausführung des Fonds wacht.

nikativen Formen des Dissenses zu tun, die gewissermaßen an Hayeks (1969) Idee vom Wettbewerb als „Entdeckungsverfahren" anschließt: Die Akteure bringen erst in konkurrenzbasierten *Konfrontationen* (zusätzlich vermehrt in Form von Rechtsstreitigkeiten) – also nicht in Verhandlungen per einvernehmlichem Konsens – ein immerzu vorläufiges Ergebnis hervor, auf das wiederum neue, sich weiter differenzierende *Anläufe ad infinitum* erfolgen. Wohlfahrtsstaatliche Regulierung richtet sich damit insgesamt nicht bloß auf die Einhaltung sozialstaatlicher Prinzipien und konzertierte Ausgestaltung dieser Prinzipien, sondern versucht ein evolvierendes System der Selbstverwaltung auf Basis konkurrierender Akteure zu installieren. Dieses System erscheint immer weiter optimierbar und lokalisiert darüber hinaus die Verantwortung für nicht eingelöste Rationalisierungsversprechen bei den einzelnen Versorgungseinrichtungen (und nicht beim Staat). Gleichzeitig hält der Staat in Gestalt der Länder gemäß ihrer verfassungsrechtlich verbrieften Zuständigkeit für die Krankenhausplanung weiterhin einen mächtigen versorgungspolitischen Hebel in seinen Händen. Dieser ermöglicht es ihm, jenseits der korporatistischen Integration und der instaurierten Konkurrenzbeziehungen weiterhin die stationäre Versorgung durch eine eigene politische Agenda zu formatieren.

Gute Medizin durch Wettbewerb? Die Hoffnung auf den Quasimarkt

Zur weiteren Illustration dieser gesundheitspolitischen Entwicklung und als argumentative Klammer hierfür mag uns erneut der im Verlauf des Buches mehrfach verwendete Begriff des Quasimarktes dienen. Ursprünglich im angelsächsischen Verwaltungskontext entstanden (Le Grand und Bartlett 1993), beschreibt dieser Terminus ein Setting, das vorgibt, die wohlfahrtsstaatliche Daseinsvorsorge als Komplex von Dienstleistungen über die Einführung von Wettbewerbsmechanismen aufseiten der *Anbieter* einerseits effizienter und „responsiver" gestalten zu können. Andererseits verspricht das Modell, kollektive Leistungsansprüche in Hinblick auf Qualität und Umfang für alle Wohlfahrtsempfänger[352] nicht zu enttäuschen. Auf Quasimärkten wird im Gegensatz zu vollwertigen Märkten nur ein beschränktes Angebot an Leistungen zur Verfügung gestellt. Der Leistungskatalog geht aus

---

352 Das angelsächsische Gesundheitssystem, dem die Theorie des Quasimarktes entstammt, ist entgegen dem deutschen Gesundheitssystem, das sich überwiegend aus Versichertenbeiträgen finanziert, zu einem Großteil steuerfinanziert. Der „National Health Service" (NHS) ist die staatliche Behörde, welche die Steuergelder für Gesundheitsleistungen verwaltet. Hiermit geht traditionell eine starke Beschränkung der Freiheitsgrade von Patienten einher (zum Beispiel der Arztwahl), die im deutschen Krankenversicherungssystem eine lange Tradition haben. In Großbritannien werden Letztere erst seit ein bis zwei Dekaden – auch im Rahmen der Quasimarkttheorie – diskutiert und erprobt (vgl. auch Le Grand 2007b, S. 94-126).

„quasimarktlichen Interaktionen" (Bode 2005, S. 261) zwischen Leistungsanbietern und Kostenträgern hervor, die Verträge über vordefinierte Produkte miteinander abschließen. Im deutschen Gesundheitswesen werden medizinische Leistungen durch statistische Konstrukte einer fallpauschalierten Produktsystematik (den DRGs) definiert und von einer eigens dafür von den Parteien der Selbstverwaltung eingesetzten Institution (Institut für das Entgeltsystem im Krankenhaus, kurz InEK) errechnet und überwacht. Entsprechend den so von ,oben' voreingestellten Quasimärkten sollen dann die inhärenten Probleme der älteren Steuerungsmodelle überwunden werden, wobei nun die DRGs selbst die Stellschrauben sind, an denen die notwendigen Anpassungen oder Korrekturen vorgenommen werden können (etwa indem Preise verändert, neue medizinische Leistungen in die Kataloge aufgenommen oder andere gestrichen werden). Da aber jetzt die Parameter der Steuerung zugleich komplexe wie auch abstrakte Konstrukte darstellen, ergibt sich nun die Frage, wie man es mit den Informationsdefiziten in Hinblick auf die konkrete Ausgestaltung der Leistungsprozesse hält. In der gesundheitspolitischen Diskussion finden sich zwei Konzepte: Zum einen wird das vertrauensbasierte, sogenannte „Trust"-Modell angeführt. Zum anderen steht ein kontroll- und steuerungsintensiv ausgerichtetes, das sogenannte „Command-and-control"-Modell in der Diskussion.

Das „Trust"-Modell wird als defizitär angesehen, da ein zu großes Vertrauen staatlicherseits in die Autonomie der professionellen Akteure vernachlässige, dass nicht bloß Patienteninteressen handlungsleitend für Professionelle seien, sondern auch die Verfolgung von Eigeninteressen und entsprechend Qualitätseinschätzungen wie Behandlungsentscheidungen *auch* gegen das Wohl des Patienten gefällt würden (vgl. Le Grand 2007, S. 132ff. sowie auch weiter oben die Diskussion zum medizinischen Zweckauftrag). Das erste Modell war im bundesdeutschen Kontext insbesondere in den Jahrzehnten vor 1990 prominent und charakterisiert ein ordnungspolitisches Regime, in dem Krankenhäuser primär „professionelle Bürokratien" (Mintzberg 1983b) darstellten und Ärzte relativ unbehelligt von Fragen der Kostensenkung und externer Qualitätssicherung ihren medizinischen Primaten folgen konnten. Kontrolle war hier *fachliche* Kontrolle und wurde in diesem Setting *kollegial* und von den medizinischen Fachverbänden sowie im weiteren Zusammenhang von der klinischen Forschung ausgeübt.

Das „Command-and-control"-Modell setzt demgegenüber auf eine rigide Kontrolle und Steuerung der professionellen Praxis durch Instrumente der Ziel- und Leistungssteuerung („target and performance management") seitens staatlicher Akteure. Allerdings ist hier mit negativen Nebenfolgen zu rechnen, etwa demotivierten und demoralisierten Ärzten und Pflegekräften sowie den weiter oben schon besprochenen Fehlallokationen (Über-, Unter- und Fehlversorgung). Diesbezüglich zeigen sich erhebliche Parallelen zu den in diesem Buch rekonstruierten

Handlungsorientierungen und Problemlagen. Diese sind also in einen direkten Entstehungszusammenhang zu der derzeit vorherrschenden Ordnungspolitik zu sehen, in Hinblick auf die Steuerung stark auf extrinsisch motivierende Parameter (ökonomische Anreize und unterschiedliche Formen der ‚Bestrafung') zu setzen.

Le Grands ursprüngliche Idee bestand darin, mit dem Quasimarktmodell die Meriten der beiden zuvor benannten Modelle zusammenzuführen. Als neues steuerndes wie zugleich verbindendes Element kommt nun die „Nutzerorientierung" hinzu, also eine veränderte Rolle der Patienten. Ihre Ansichten und Erfahrungen zu medizinischen Behandlungen sollten nicht nur als Meinungen („voice") aufgefasst, sondern zu ressourcenallokierenden Patienten*entscheidungen* umgeformt werden, um so eine gesteigerte Reaktionsfreudigkeit („responsiveness") bei den Leistungserbringern für die Belange ihrer Patienten zu erzeugen. Le Grand bringt dies auf die knappe Formel: „Choice gives power to voice" (Le Grand 2007, S. 135). Durch steigende Wahlfreiheiten werden – so die Annahme – Ressourcen dorthin allokiert, wo die bessere (oder: beste) Leistung angeboten werde. Dabei sei es unerheblich, ob die Patienten im konkreten Falle ihre Wahlfreiheit nun zur Geltung bringen würden oder nicht. Entscheidend sei vielmehr allein die Möglichkeit („opportunity"), von dieser Wahlfreiheit Gebrauch zu machen. Denn die Erwartung, der Patient *könne* sich anders entscheiden, stelle an sich schon einen starken Anreiz für die Leistungserbringer dar, die Belange der Patienten (noch) stärker zu berücksichtigen. Le Grand formuliert erneut kurz und bündig: „The opportunity of choice will have given power to voice" (Le Grand 2007, S. 44).

Der daraus resultierende Anbieterwettbewerb würde entsprechend angesichts der immer möglichen Verdrängung der Leistungsanbieter vom Quasimarkt gewissermaßen eine politökonomische Vermittlungsfunktion übernehmen: Der *Wettbewerb* um *gute* (gar die beste) Medizin liefere die prinzipielle Anreizstruktur für eine qualitäts- *und* effizienzorientierte Behandlungspraxis. Aus Kostenvorteilen würden somit keine Qualitätsnachteile erwachsen, da sich beide Kriterien gegenseitig verstärken – so das Versprechen des Modells. Der Quasimarkt würde auf diese Weise also als Anreizstruktur das Patientenwohl über einen Qualitätswettbewerb an das wirtschaftliche Überleben der Krankenhäuser binden, die gleichsam in einem Effizienzwettbewerb miteinander stehen. Der Wille, ökonomisch zu überleben (und damit weiter Medizin betreiben zu können), würde so zur Patientenorientierung führen, da die Patienten ihrerseits Qualität *wählen* würden. Professionelle Autonomie *und* das Patientenwohl als Artikulation und Maßstab eines reziproken Handelns könnten so konstruktiv aufeinander bezogen werden, ohne die intrinsische professionelle Motivation der Ärzte und Pflegekräfte durch eine allzu rigide politische Steuerung zu gefährden.[353]

An dieser Stelle stellen sich zwei Fragen. Liegt die Theorie in Hinblick auf ihre Grundannahmen richtig? Und lässt sie sich auf das deutsche Gesundheitssystem sinnvoll anwenden? Sieht man einmal von den markanten Unterschieden ab (die sich auch aus dem Entstehungskontext der Theorie in Großbritannien erklären, allen voran das steuerfinanzierte System des „National Health Service" und die seit jeher geringe Wahlfreiheit der Patienten im Gegensatz zum deutschen Gesundheitssystem), lässt sich auf Grundlage der bisherigen Darstellungen des Buches leicht einsehen, dass sich deutsche Krankenhäuser durchaus in einem quasimarktlichen Arrangement bewegen. Versuchen wir nun in aller Kürze eine Innen- wie Außenperspektive auf die diesbezüglichen Verhältnisse zu werfen und hierfür jüngere politökonomische Entwicklungen sowie zu guter Letzt nochmals schlaglichtartig die eigenen empirischen Befunde heranzuziehen.

In Hinblick auf das Thema ‚Wahlfreiheit' befindet sich das deutsche Gesundheitssystem aus angelsächsischer Sicht unzweifelhaft in einer Vorreiterrolle: Im Rahmen der Krankenversicherung besteht die freie Arztwahl in Deutschland schon seit Anfang des 20. Jahrhunderts. Überdies wird seit einigen Jahren eine weitere Verrechtlichung des Arzt-Patienten-Verhältnisses beschritten, u. a. durch das Patientenrechtegesetz von 2013 und das Versorgungsstärkungsgesetz von 2015. Dort ist unter anderem das Recht auf eine unabhängige ärztliche Zweitmeinung formuliert, das insbesondere bei planbaren „mengenanfälligen" Eingriffen die „Gefahr einer Indikationsausweitung" (BGBL 2015, S. 1212) eindämmen soll. Die Wahlfreiheit soll hier in Hinblick auf die Frage der adäquaten Krankenbehandlung einen weiteren professionellen Kontrollmechanismus etablieren, um *wettbewerbsverzerrende* Effekte in Richtung einer ‚falschen' Indikationsstellung einzuhegen. Die Autorisierung zur Zweitmeinung ist darüber hinaus an Richtlinien gebunden, die der Gemeinsame Bundesausschuss (G-BA) (derzeit) erarbeitet. Gesetzgeberisch initiiert, administrativ und juristisch kontrolliert verzahnen sich hier also ein deliberativ verstandenes Konzept des Patientenwillens mit einer Ordnungspolitik, die faire Wettbewerbsbedingungen garantieren soll. Eine weitere Einschränkung ärztlicher Autonomie ist durch diese Maßnahme nicht zu befürchten, da die Indikationsstellung nicht von externen Akteuren, sondern lediglich von einem *anderen* Mediziner kontrolliert wird, wenngleich der Prozess von der gesundheitssystemischen Selbstverwaltung (u. a. dem G-BA) begleitet wird.

---

353 So spricht Le Grand (2007, S. 43) dann auch davon, dass die in Quasimärkten übliche Verbindung von Wahlfreiheiten mit Wettbewerbsimpulsen einen „instrumental" mit einem „intrinsic value" verkopple.

Auf den ersten Blick scheint also die Diagnose in Hinblick auf die Frage, ob hier das Steuerungsregime des Quasimarktes vorliegt, eindeutig: „Selbstständige Anbieter" werden „in Konkurrenz mit anderen tätig" und erbringen „Leistungen auf der Basis einheitlicher Preise, einer nur begrenzt frei zirkulierenden Nachfrage sowie extensiver öffentlicher Kontrolle" (Bode und Vogd 2016, S. 4). Ob wir es allerdings mit einem „echten" („real", Le Grand 2007b, S. 106), sprich funktionierenden Wettbewerb zu tun haben, muss aus verschiedenen Gründen ernsthaft in Zweifel gezogen werden. Zwar scheinen sämtliche von Le Grand (2007b, S. 106-116) identifizierten Anforderungen an eine quasimarktliche Wettbewerbsordnung zunächst erfüllt: Patienten können zwischen unterschiedlichen Alternativen (niedergelassenen Ärzten, Krankenhäusern etc.) wählen, neue Marktteilnehmer können sich erfolgreich im Konzert der etablierten Krankenhäuser behaupten und selbst der „Marktaustritt" wird seit der letzten Krankenhausreform gesetzlich geregelt.

Wie in diesem Buch in aller Ausführlichkeit beschrieben, kommt es allerdings unter dem Vorzeichen des vom Gesetzgeber erwirkten *volkswirtschaftlichen Nullsummenspiels* zu einer Dynamik, die recht stark von den Steuerungszielen des von Le Grand beschriebenen Quasimarktes abweicht. Das politisch administrierte Festpreissystem samt seiner Orientierung an statistischen Mittelwerten für die medizinische Leistungsvergütung bringt es nämlich mit sich, „dass *kein* Winwin-Spiel entstehen kann, denn die Konzeption der Mittelwerte impliziert, dass die meisten Fälle *darüber-* oder *darunter*liegen" (Bode und Vogd 2016a, S. 5).[354] Also bleibt für die einzelnen Häuser aufgrund des existenziellen ökonomischen Drucks zunächst kein anderer Weg offen, als in Hinblick auf die lukrativen Fälle eine Mengenausweitung anzustreben und kosten- bzw. verlustträchtige Fälle zumindest tendenziell abzuweisen. Infolge der rigiden Ausgabendeckelung und fehlender Investitionsmittel bleiben also die vielbeschriebenen Anreize zu Unter-/ Über- bzw. Fehlversorgung auf der medizinischen Seite nicht nur bestehen, sondern werden durch die ökonomische Zurichtung des Krankenhauses weiter angeheizt.

Die nun kaum verzichtbaren Strategien der Marktteilnehmer, den Wettbewerb einzuhegen (Monopolstellungen, Wettbewerbskartelle), Einweiser an das Haus zu binden und die Wahlfreiheit der Patienten durch gezielte Patientenakquise und -selektion zu unterlaufen („Rosinenpicken" bzw. „cream-skimming", Le Grand 2007, S. 120ff.), gefährden die qualitätskonsolidierte Erschließung des Krankenhaussektors und führen die volkswirtschaftlich verfolgte Kostendämpfung ad absurdum.[355]

---

354 Herv. im Original.

355 Die diesbezügliche Datenlage sieht folgendermaßen aus: Zwischen 2003 und 2015 konnte zwar eine Reduktion der Krankenhäuser um etwa 9% (von 2.197 auf 1.956 Häuser) festgestellt werden. Ebenso konnte die Bettenzahl bei etwa gleicher Bettenauslastung

Überdies scheint in einer solchen Lage das Gebot der Gleichbehandlung von Patienten systematisch ausgehebelt zu werden, da eben nicht mehr die Krankheit bzw. der Behandlungsbedarf das Selektionskriterium für die Leistungsangebote darstellt, sondern die aufgrund der Einstellung des DRG-Systems und anderer Vertragsoptionen (Selektivverträge) zu erwartenden Gewinne.[356] Insofern ist zu bezweifeln, dass das von Le Grand entwickelte Quasimarktmodell im deutschen Gesundheitssystem seinem eigenen Anspruch gerecht werden kann. Vielmehr ist die deutsche Gesundheitspolitik als „System komplexer Vielfachsteuerung" (Alber 1992, S. 157) ungleich verschachtelter als das angelsächsische Pendant. Überdies wirkt die hiesige gesundheitspolitische Leistungssteuerung sehr stark *angebotsorientiert*, während Le Grand den Quasimarkt diesbezüglich vor allem *bedarfs-* bzw. *nachfrageorientiert* denkt. Das bezeugt etwa sein Vorschlag, für elektive, nicht unmittelbar notwendige Behandlungen Patientenbudgets einzurichten, die den Patienten in Form von Direktzahlungen unmittelbar zur freien Leistungswahl zur Verfügung gestellt werden (Le Grand 2007, S. 128-147). Kurz gesagt: Die bundesdeutschen Krankenhausreformen der letzten zwanzig Jahre setzten auf die *strukturelle Ermächtigung* der Selbstverwaltung bei einer gleichzeitigen Konsolidierung der Angebotsseite (der Abbau von Planbetten in Landeskrankenhausplänen). Eine

---

um etwa 13% gesenkt werden, zugleich erhöhte sich die Fallzahl um etwa 11%. Da zudem die ambulant durchgeführten Eingriffe massiv angestiegen sind (von 575.613 Operationen im Jahre 2002 auf 1.854.125 Operationen 2010), darüber hinaus vermehrt kompliziertere und aufwendigere Eingriffe durchgeführt wurden und nicht zuletzt der Verwaltungsaufwand in den Krankenhäusern deutlich gestiegen ist, verwundert es nicht, dass sich die bereinigten Kosten pro Fall zwischen 1991 und 2014 von 2.567 € auf € 4.239 € um knapp 60% erhöht haben. Darüber hinaus ist zu erwähnen, dass die Minderung der Bettenzahl in den Akutkrankenhäusern durch einen starken Anstieg der Betten in den vorsorgenden und nachsorgenden Einrichtungen kompensiert wurde (von 144.172 im Jahr 1991 auf 171.724 2010). Die Daten stammen allesamt vom Statistischen Bundesamt (https://www.destatis.de/DE/Startseite.html; Abfrage am 30.11.2016) bzw. von der Publikation von Bölt und Graf (2012).

356 Le Grand (2007, S. 124) bemerkt dazu: „Overall, it seems likely that there will be some negative impact on equity arising from patient choice enhancing cream-skimming effects." Rosenbrock und Gerlinger (2015, S. 216) hierzu prononcierter: „Marktmechanismen oder marktanaloge Anreizsysteme werden derzeit ausgebaut, obgleich sie eine Ressourcenallokation hervorbringen, die vielfach Chancenungleichheiten und Qualitätsabbau befördert, Verwaltungskosten verursacht und das Vertrauen der Patienten in den behandelnden Arzt untergräbt. Diese Befunde legen nahe, dass der Markt und die ökonomische Konkurrenz keine geeigneten Regulierungsformen für Gesundheitssysteme sind und stattdessen nach problemspezifischen Mischformen als Regulierungssystem zu suchen ist."

leistungsallokierende Stärkung der Nachfrageseite, was mit dem *Empowerment der Patienten* einhergehen würde, ist demgegenüber bis dato nicht sichtbar.

In unfreiwilliger Weise liegt der Ball für die Ausbalancierung der ethischen Schieflagen, die infolge der skizzierten gesamtgesellschaftlichen Rationalitäten entstehen, wieder bei der Organisation Krankenhaus. Damit landen wir erneut bei der Frage, welchen Unterschied das Management hierbei auch im Sinne einer Verantwortungsübernahme für die skizzierten Problemlagen trotz allem machen kann.[357]

Führen, managen oder verwalten? Der Unterschied, der den Unterschied macht!

Wir kommen hiermit also abschließend nochmals zu dem Problem der „Verantwortung für soziale Systeme" (Bühl 1998). Nolens volens stellt sich damit zugleich die Frage nach der politischen Ökonomie des zeitgenössischen Krankenhauses, die wir hier – wenngleich nicht beantworten – jedoch zumindest in den Raum stellen möchten.

Dass Politik und Ökonomie gerade im Gesundheitswesen aufs Engste miteinander verbunden sind, wissen die von uns befragten Akteure besser als jeder andere, denn sie sind es, die mit den hiermit verbundenen Zumutungen umzugehen gelernt und zugleich ein hochempfindliches Sensorium entwickelt haben, zukünftige Entwicklungen abzutasten, um sich rechtzeitig an die hiermit verbundenen Weichenstellungen anzupassen.

Lassen wir abschließend deshalb nochmals Stimmen pars pro toto zu Wort kommen, die einige Schlaglichter auf derzeitige Herausforderungen, die das Krankenhaus zu bewältigen hat, werfen. Das erste Zitat eines Geschäftsführers betrifft eine der wesentlichen Außenspannungen der Krankenhäuser, nämlich das eigene Überleben sowie den politischen Versorgungsauftrag in einem sich immer härter darstellenden Wettbewerb sicherzustellen:

> *Herr Wohlfahrt:* Also, hier in (Ortsname) ist das […] wirklich ein massives Problem auch für uns. Weil hier ein echter Verdrängungswettbewerb stattfindet. (Name Krankenhauskonzern) bildet [Zahl, größer als 50]% der (Ortsname) Krankenhausversorgung ab. […] Und ich sitze ja mit denen zusammen im Vorstand der Krankenhausgesellschaft.

---

357 Einer gesamtsystemischen Begünstigung markt- bzw. erwerbsorientierter Formen der Leistungserstellung ist mit Ingo Bode die Frage nach den Möglichkeiten eines „bedarfsethischen Wettbewerbs" (Bode 2005, S. 260) entgegenzuhalten und übereinstimmend zu konkludieren: „Das Ausmaß effektiver Bedarfsorientierung hängt verstärkt davon ab, ob es dafür im Energiehaushalt der Leistungsanbieter hinreichende (ideelle und materielle) Ressourcen gibt" (ebd., S. 263).

Das ist schon ganz lustig. Also wenn die was wollen, dann machen sie es auch. Und sie versuchen halt durch viele, viele Maßnahmen versuchen sie halt, die Versorgung in (Ortsname) an sich zu ziehen. […] Und wenn man es schafft, dagegenzuhalten, dann hat man noch sein Auskommen. Aber das schaffen wir halt immer weniger. Und die fangen immer mehr an, auch (…) jetzt Erfolge zu zeigen.

Interviewer: Mhm. Man muss nämlich aus Kartellrechtsgründen auch ein Krankenhaus/

Herr Wohlfahrt: […] Sie dürfen nichts mehr dazukaufen. Also, sie haben kartellrechtlich sozusagen die Verfügung, dass sie nichts dazukaufen müssten. Müssten jeden Kauf über (Summe in Millionen) müssten sie anmelden. […] Deswegen sind sie ja einen anderen Weg gegangen, den ich kartellrechtlich auch (…) eigentlich mich wundern soll, warum das Kartellamt das so hinnimmt. Oder sie wissen es nicht, weiß ich nicht. Sie sind annähernd dazu übergangen, wenn sie keine Krankenhäuser kaufen können/ (…) dann kaufen sie sich halt den niedergelassenen Bereich. Und die haben ja inzwischen über (Zahl) MVZ-Sitze aufgekauft. Zahlen jeden Preis. […] Und jemand anders hat kaum noch die Chance, irgendeinen niedergelassenen Sitz zu kaufen. (…) Weil (Name Krankenhauskonzern) in der Regel immer schon da war. Und auch gut geboten hat. (…) (Zahl) Sitze, das ist schon was. Und es geht eine tiefe Spaltung geht durch die Stadt. Weil natürlich die Niedergelassenen diese Konkurrenz auch sehen (…). Und die a) die nicht wollen, aber gleichzeitig immer noch zu (Name Krankenhauskonzern) einweisen. Das ist dann irgendwie auch immer (…) komisch.

Die Schilderungen von Herrn Wohlfahrt gleichen einem Wink mit dem Zaunpfahl: Wenn die Leistungsplanung für Krankenhäuser (durch Landeskrankenhauspläne) zunehmend auch durch kartellrechtliche Problemstellungen berührt wird, stellt sich die Frage, wie weit es mit einer konzertierten Regulierung des Leistungsgeschehens im Krankenhaussektor her ist. Fragen einer bedarfsorientierten Leistungsplanung werden hiermit tendenziell zweitrangig und treten hinter wettbewerblichen Überlegungen potenzieller Monopolanbieter zurück. Auch zeigt sich hier, dass große Krankenhauskonzerne offenbar genügend finanzielle Mittel als auch unternehmerischen Drang besitzen, um kartellrechtliche Regelungen zu umgehen, um so die gesundheitspolitisch erwünschten Effekte des Marktgeschehens – nämlich eine produktive, qualitätsorientierte Konkurrenz zu unterlaufen.

Eine relevante Innenspannung wird im nächsten Zitat thematisiert, wenn Pflegedienstleitung Frau Holder erläutert, wie im alltäglichen Vollzug des Krankenhausmanagements Personalpläne mit Wirtschaftsplänen zusammenhängen und in welcher Form diese wiederum in ein politökonomisches Feld eingebettet sind, das durch das bereits erwähnte volkswirtschaftliche Nullsummenspiel formatiert wird.

Interviewer: Jetzt vielleicht auf Personalebene: Wie sieht die Situation gerade aus?

Frau Holder: Pflegebereich, also der 01er-Bereich, da können wir nicht mehr viel dran drehen. 03er-Bereich, das ist Funktionsbereich, müssen wir gucken, im Prinzip haben

wir da Überhang, wie wir den ggf. wieder abgebaut kriegen im Laufe des Jahres. Es ist
ja so: Das, was da ist, will ja auch keiner mehr abgeben. Und es stehen viele Gespräche
an, dass man dann überlegt: Wie kann man es umorganisieren und ggf. mit ein, zwei
Köpfen weniger klarkommen? [...] damit das Ganze wieder wirtschaftsplanmäßig auf
den Stand kommt, wie es sollte. [...] Das Ergebnis ist nicht so schwarz, es ist noch rot.
Wie kommt man wieder auf schwarze Zahlen? Und bei achtzig Prozent Personalkosten
bleibt es beim Personal hängen. [...] Investitionskosten, Instandhaltungskosten sind
auch aus dem laufenden Geschäft zu tätigen und da sind immer so Sachen: Muss es
dieses Jahr sein oder kann man es ggf. noch ein, zwei Jahre schieben? Wir haben eine
Dachsanierung, die schieben wir jetzt schon drei Jahre. Solange es nicht reinregnet,
muss es nicht passieren. Aber die muss aus den laufenden Kosten finanziert werden
und da es in (Bundesland) ja nicht unbedingt genug Fördermittel für solche Sachen
gibt, müssen wir mit Eigenmitteln dann haushalten und dann wird es eng. [...] Die
duale Finanzierung: Von dual merkt man im Moment in (Bundesland) nicht viel.
Fördermittel – das ist ein Tropfen auf den heißen Stein. [...] So geht es ja allen hier,
auch so im Umfeld, denn Kredite kriegt man, aber auch ein Kredit will wieder bedient werden. Ja, und das belastet wieder das Budget. Da beißt sich die Katze in den
eigenen Schwanz. [...] Im Moment – man muss einfach gucken, dass man über die
Runden kommt. Rauskommen: Im Moment ist es wie so eine Drehschraube, dreht
sich weiter hoch. Wir müssen gucken, dass wir klarkommen, und gucken, wer am
längsten überlebt. [...] Krankenhausgeschäft ist kein schönes Geschäft mehr.

Die Konfusionen einer ökonomischen Imperativen folgenden medizinischen Leistungssteuerung werden auch beim Thema Qualitätsmanagement deutlich, wie Herr
Reuter, Chefarzt für Innere Medizin in einem privatisierten Klinikum, ausführt:

Herr Reuter: Es [das Qualitätsmanagement] ist schon eine gute Sache, ob man in
jedem Fall und immer wieder um jedes Qualitätssiegel kämpfen muss, dazu habe
ich meinen eigenen Standpunkt, wenn ich mir z. B. überlege: Wir kämpfen um den
Titel ‚schmerzfreie Klinik‘, dann tut mir das irgendwo innerlich weh, für so was gibt
es solche Zertifikate, dann frage ich mich: Was haben eigentlich die Kollegen früher
gemacht? Haben die ihren Patienten Schmerzen zugefügt? Haben die gesagt: „Also
pass auf. Das interessiert mich gar nicht, deine Schmerzen." Das ist so ein bisschen
ein Hammerschlag gegen die Kollegen, die viele, viele Jahre gearbeitet haben. Ich
arbeite seit dreißig, fünfunddreißig Jahren. Für mich stand immer am obersten Gebot, dass der Patient keine Schmerzen hat. Und dass man dafür auch entsprechend
zu wirken hat und wenn man jetzt so ein Qualitätssiegel ins Leben ruft/ Ich kenne
Häuser, die haben das. Die werden auch Sie kennen. Schmerzfreie Klinik, dann ist das
sehr zu hinterfragen. Der Schmerz ist ein Symptom für eine bestimmte Erkrankung
und eine schmerzfreie Klinik will ich gar nicht haben. Denn der ist für mich auch
wegweisend in der Diagnostik und in der Therapie. Also das sind solche Dinge, die
solche Auswüchse haben. Qualitätsmanagement, die eigentlich überzogen und ins
Gegenteil schlagen. Das finde ich nicht gut, das findet auch nicht meine Zustimmung.

Qualitätsmanagement mutiert in dieser Lesart zu einer Marketingrhetorik, die das professionelle Selbstverständnis der Ärzte entwertet und dies obendrein auf dem Rücken der Patienten geschehen lässt, für die solche Instrumente zwecks einer *besseren* Informationslage doch eigentlich erdacht und implementiert worden waren. Oder anders herum formuliert: Der Einsatz für eine bessere Qualität geht mit vielfältigen organisations- und professionsspezifischen Interpretationen von *Transparenz* einher, welche die Dinge eher verschleiern denn sinnvolle Patienteninformationen bereitstellen.

Der Eindruck, „Erfüllungsgehilfe" einer „medizinisch inkompetent(en)" kaufmännischen Planungsbehörde zu sein und doch als Unternehmer adressiert und in die Verantwortung genommen zu werden, stellt nicht nur das Primat der Medizin in der organisierten Krankenbehandlung infrage, sondern verweist generell auf die Rationalitätsdefizite der derzeitigen politisch-ökonomischen Einstellung des Krankenhauswesens. Lassen wir in Bezug auf die hiermit empfundene Hilflosigkeit abschließend Herrn Kolmar, seinerseits chirurgischer Chefarzt eines privat geführten städtischen Klinikums, zu Wort kommen:

> *Herr Kolmar:* Vielleicht einfach, das ist sicher eine Wiederholung, ich will einfach nochmal diese besondere Situation, in der man sich als Abteilungsleiter befindet, betonen. Dass man auf der einen Seite im Grunde genommen agiert wie ein Unternehmer, aber auf der anderen Seite kein Unternehmer ist, sondern nur „Erfüllungsgehilfe" eines von kaufmännischer Seite und, was die Medizin angeht, diesbezüglich inkompetenter Seite, einer Planungsbehörde. Das ist jetzt etwas übertrieben, es gibt eine Planungsbehörde, die medizinisch inkompetent ist, aber trotzdem medizinische Planung macht, und man wird genötigt, sich so zu verhalten, als ob man Unternehmer wäre, aber hat die Kompetenzen des Unternehmers nicht, hat die Machtfülle des Unternehmers nicht. Das ist etwas, was ich als unangenehm erlebe, und das Zweite ist eben dieser Kampf gegen die Ökonomisierung. Beziehungsweise der Kampf für das Bewusstsein, dass Medizin das Primat hat und nicht die Ökonomie das Primat hat. Beides Dinge, die ich bei der Entscheidung, ich gehe diesen Weg und strebe diese und diese Position an, so nicht wahrgenommen habe. Muss ich mal so sagen. Also ursprünglich bin ich in/ wollte ich/ kam eine Niederlassung für mich nie infrage, aus dem Grund, weil ich auf keinen Fall eine ökonomisch orientierte Medizin betreiben wollte. Das ist ja im niedergelassenen Bereich schon immer so gewesen, dass sie ökonomisch orientiert ist beziehungsweise sind eben alles Kleinunternehmer.

Krankenhäuser managen und gesellschaftliche Verantwortung übernehmen?

All den von uns befragten Ärzten, Kaufleuten und Pflegemanagern möchten wir abschließend nochmals unseren Respekt aussprechen, denn ein Krankenhaus unter den gegebenen Verhältnissen zu führen, ist keine leichte Aufgabe.

Ja, Manager, Geschäftsleute, Chefärzte und Pflegedienstleiter haben Spielräume, die sie eigenverantwortlich zum Guten nutzen können oder eben auch nicht. Zugleich sind sie jedoch einem Spiel ausgeliefert, dessen Regeln nicht unter ihrer Kontrolle liegen und mit denen sie irgendwie zurechtkommen müssen, wenngleich oftmals auch für sie durchaus ethische Problematiken auf der Hand liegen. Sofern sie bereit sind, sich den hiermit verbundenen Spannungen auszusetzen, bleibt ihnen nichts anderes, als zu versuchen, in der Schieflage eine Balance zu finden, was – wenn wir diesem Bild folgen – scheitern kann. Schließlich muss man sich hinreichend gegen die systembedingten Gravitationskräfte stemmen, um sich nicht unfreiwillig auf einer Ebene wiederzufinden, auf der man sich ursprünglich nicht bewegen möchte. Angesichts dieser Lage erscheint es umso menschlicher und verständlicher, an der eigenen Rolle zu zweifeln, einen gewissen Zynismus zu entwickeln oder einer Bewältigungsstrategie zu folgen, die eine allzu große Nähe zu den konkreten Problemlagen verhindert.

Mit Blick auf die Balance der hiermit verbundenen berufs- und professionsethischen Lagerungen kann es im Sinne von Bühl (1998) auch hier nicht ausreichen, auf eine Individualverantwortung zu hoffen, die – neben den Ärzten und Pflegekräften – den leitenden Akteuren eine entsprechende ethisch-moralische Bürde aufschultert. Vielmehr muss das übergreifende Systemarrangement wahrgenommen werden, worin die gesellschaftlichen Konditionierungen als nicht zu hintergehende Kontextbedingungen des Krankenhauses inbegriffen sind.

In diesem Sinne lässt sich abschließend die Vermutung formulieren, dass mit Blick auf die zuvor benannten Schieflagen möglicherweise auch das Systemvertrauen in die Medizin auf dem Spiel steht. Die Herausforderungen für das Management werden vermutlich in Zukunft keineswegs geringer. Das Ausmaß an Skandalisierung durch die Massenmedien wird wahrscheinlich steigen, ebenso die Anzahl der Rechtsbegehren seitens der Patienten. Die Gegenkontrollen der Medizinischen Dienste der Krankenkassen werden wahrscheinlich ebenfalls nicht abnehmen, sondern sich eher noch ausweiten. Nicht nur die Außenspannungen des Krankenhauses würden damit zunehmen, es wäre zu erwarten, dass sich die hiermit verbundenen Konflikte auf jeder Ebene des Krankenhauses widerspiegeln. Das Krankenhaus bleibt damit aller Voraussicht nach auch in Zukunft ein Ort großer Spannungen.

Vor diesem Hintergrund stellt sich die kritische Frage, ob sich gerade auch in den leitenden Positionen Akteure finden, die bereit sind, diese Spannungen nicht nur wahrzunehmen und auszuhalten, sondern produktiv im Sinne eines differenzierten Spannungsmanagements zu wenden verstehen, das sowohl den unterschiedlichen professionellen Identitäten gerecht wird als auch den ihnen anvertrauten Krankenhäusern Überlebens- und Entwicklungsoptionen bietet. Die in diesem Buch vorgestellten empirischen und managementtheoretischen Perspektiven auf das

Krankenhaus eröffnen eine differenzierte Auseinandersetzung zur Frage der Beziehung zwischen Persönlichkeit und Verantwortung, zwischen Psyche und sozialem Feld bzw. der gesellschaftlichen Konditionierung von Letzterem.

Das die Einnahme einer Führungsposition per se heißt, Spannungen zu balancieren und zu moderieren, gilt mit Dirk Baecker gerade auch für das Feld des gegenwärtigen Krankenhauses: „Wer nicht in einer Krise steckt, hat ein Problem, denn er hat den Kontakt mit der differenten Wirklichkeit verloren und verwechselt seine eigene selektive Wahrnehmung mit der Welt, in der er sich bewegt" (Baecker 2009, S. 59f.). Allerdings wird in Hinblick auf die oben genannten Konfliktlagen auch verständlich, warum nicht jeder Akteur aus dem Management bereit bzw. fähig ist, Krisen ins Produktive zu wenden. Manchmal sind die Probleme zu groß und die Möglichkeiten, gestaltend einzugreifen, zu gering, als dass man sich mit den Problemen auseinandersetzen mag oder die Kraft zu einer Widerständigkeit findet, die notwendig ist, um Spannungen zu dämpfen und um dominante Handlungsimpulse in andere Bahnen umzuleiten.

Dies gilt zunächst insbesondere für Manager aus dem Bereich der Pflege, die von ihrer beruflichen Herkunft her eine Gruppe zu vertreten haben, die im derzeitigen Machtgefüge des Krankenhauses wohl am schlechtesten dasteht. Entsprechend verwundert es kaum, dass gerade die Pflege nur noch selten professionelle Claims einbringt und man sich stattdessen lieber mit einem technokratischen Verständnis des Managens identifiziert. Die Überforderung mündet damit tendenziell in die Entfremdung von der eigenen Basis. Doch auch die ärztlichen Direktoren scheinen mit der Aufgabe, das Spannungsmanagement ins Produktive zu wenden, oftmals überfordert zu sein. Habituell zunächst aus der Chefarzttätigkeit heraus an die Machtposition gewöhnt, stoßen sie im Krankenhausmanagement auf das Problem, andere, fachfremde Referenzen mitreflektieren und mitbearbeiten zu müssen und zudem in der Hierarchie den Kaufleuten untergeordnet zu sein. Auch hier erscheinen der Rückzug in Zynismus wie auch der Versuch, durch Distanzierung Entspannung zu schaffen, indem Konflikte vermieden werden, als verständliche Bewegungen. Aber auch für die kaufmännischen Akteure gilt, dass es oftmals leichter ist, sich in den technokratischen Routinen eines zahlenbasierten Controllings einzurichten, anstatt die Spannungslagen des zeitgenössischen Krankenhauses an sich heranzulassen.

Ein solches Arrangement wird durch die offensichtlichen Außenspannungen konditioniert und in einer gewissen Weise entlastet – bzw. zumindest gegenüber sich selbst und anderen legitimierbar. Die Gesetzgebung und Regelungen einer Politik, die weitere Krankenhausschließungen anstrebt, diesbezüglich aber im Einzelnen keine dezidierten Entscheidungen treffen möchte, begünstigt die Konstitution einfacher Feindbilder. Dadurch entsteht im Innern der Organisation die Legitimation, den Druck auf die Mitarbeiter zu erhöhen und auch jene schwachen

Elemente zu identifizieren und zu eliminieren, die einen daran hindern, sich dem Kampf zu stellen. Selbstredend erscheint hierdurch auch legitimiert, dass man der Politik und den Krankenkassen – die vor diesem Hintergrund auf der Feindseite stehen – mit der einen oder anderen List zuvorkommt. Man nimmt sie nur vordergründig ernst und unterläuft ihre Vorgaben im Modus des Als-ob.

In diesem Sinne lässt sich abschließend nochmals würdigen, was es bedeutet, wenn das Management nicht nur die Problemlagen des Krankenhauses *verwaltet*, sondern zugleich beansprucht zu *führen*. Unter Führung – so Baecker (2003b, S. 284) – lässt sich im Sinne der diese Untersuchung leitenden Theoriedisposition „die Wiedereinführung der Organisation in die vom Management bereits wiedereingeführte Organisation" verstehen. Führung „stellt die evolutionäre Oszillation zwischen den einzelnen Dimensionen einer inkonsistenten Organisation in einer oder in einigen wenigen dieser Dimensionen für einen mehr oder minder begrenzten Zeitraum und unter Rückgriff auf einen mehr oder minder großen sozialen Rückhalt still, indem sie der einen oder anderen Dimension Prominenz verleiht" (Baecker 2003b, S. 284). Die immer auch mitlaufenden alternativen Lesarten, die jeweils einen anderen Spannungspol pointieren, sind damit nicht verschwunden, sondern temporär ruhiggestellt, um an anderer Stelle, zu anderer Zeit wieder thematisiert zu werden. Alles kann dementsprechend wiederum von einer anderen Seite gegengelesen und problematisiert werden.

In den Begriffen der Kontexturanalyse[358] können die Akteure des Krankenhausmanagements die für das Krankenhaus typischen Innen- und Außenspannungen selektiv aufgreifen oder im Sinne einer partiellen Rejektion negieren (die Überkomplexität der Situation verlangt, immer wieder auch Letzteres zu tun). Gleiches gilt in Hinblick auf die Steuerung der Mitarbeiter. Das Management kann hier primär auf intrinsische Motivation setzen, was eine Anerkennung der Differenz der Perspektive des anderen voraussetzt, oder Parameter vorgeben, deren Erfüllung erwartet wird. In jedem Fall wird die Spannung gleichsam als Stress präsent gehalten, ohne jedoch eine Trivialisierung des Verhaltens einzufordern. Auf diese Weise können Machtverhältnisse produktiv werden, nämlich indem sie Spannungslagen so arrangieren lassen, dass sich die Mitarbeiter trotz des Drucks als ‚autonom' erleben.

In den in dieser Studie vorgestellten Arrangements des Krankenhausmanagements verdeutlicht sich nicht zuletzt auch die jeweils typische Verschränkung von Innen- und Außenspannungen. Erst auf diese Weise lässt sich die aktuelle Diskussion um die ökonomische Zurichtung des Krankenhauses aufgreifen – nämlich als unhintergehbarer existenzieller Druck, der im Guten wie im Schlechten bestimmte

---

358 Vgl. Jansen et al. (2015).

Arrangements des Managements hervorbringt – und auch eine notwendige Differenzierung auf empirischer Basis belegen: Die Form der entstehenden Arrangements ist nicht in einer simplen Weise durch die ökonomischen Vorgaben determiniert, sondern folgt Eigengesetzlichkeiten, die sich nur erschließen, wenn wir jeweils auf die konkreten Verhältnisse schauen.

Jedenfalls wollen wir nochmals explizit darauf hinweisen, dass die hiermit einhergehenden Prozesse und Dynamiken den beteiligten Akteuren auch in psychischer Hinsicht viel abverlangen, denn die Grenzen in Bezug auf die Innenspannungen sind von den leitenden Akteuren vor allem innerpsychisch zu ziehen. Der Druck muss hier ausgehalten werden, um ihn in positivem Sinne in Richtung hoher Selbstmotivation, Leistungsbereitschaft und Integrität (um es hier explizit zu formulieren) wenden zu können. Es ist hochgradig voraussetzungsvoll für ein Management, ein Arrangement von Innen- und Außenspannungen im Modus einer elaborierten Führung zu finden, die diese Spannung zur Mitarbeitermotivation nutzen kann. Daher verwundert es kaum, dass diesbezügliche Managementakteure im Sample in der Minderheit vertreten sind.

Literatur

Ackroyd, S., Kirkpatrick, I., & Walker, R. M. (2007). Public Management reform in the UK and its consequences for professional organization: A comparative Analysis. *Public Administration 85*.

Adorno, T. W. (1969). *Minima Moralia*. Frankfurt Main: Suhrkamp.

Alber, J. (1992). *Das Gesundheitswesen der Bundesrepublik Deutschland. Entwicklung, Struktur und Funktionsweise*. Frankfurt Main, New York: Campus.

Allen, D. A. (2014). Lost in translation? 'Evidence' and the articulation of institutional logics in integrated care pathways: from positive to negative boundary object? *Sociology of Health & Illness 36*: 807-822.

Amelung, V. E. (2007). *Managed Care. Neue Wege im Gesundheitsmanagement*. Wiesbaden: Gabler.

Amelung, V. E., Sydow, J., & Windeler, A. H. (2009). *Vernetzung im Gesundheitswesen. Wettbewerb und Kooperation*. Stuttgart: Kohlhammer.

Augurzky, B., Beivers, A., & Schmitz, H. (2002). Regionale Unterschiede in der stationären Versorgung: Das ländliche Krankenhaus im Fokus. In J. Klauber, M. Geraedts, J. Friedrich & J. Wasem (Hrsg.), *Krankenhaus-Report 2012; Schwerpunkt: Regionalität*, (S. 19-32). Stuttgart: Schattauer.

Badelow, N. C. (2004). Akteure und Interessen in der Gesundheitspolitik: Vom Korporatismus zum Pluralismus? *Politische Bildung 37*: 49-63.

Badura, B. (1999). Evaluation und Qualitätsberichterstattung im Gesundheitswesen – Was soll bewertet werden und mit welchen Maßstäben? I: B. Badura & J. Siegrist (Hrsg.), *Evaluation im Gesundheitswesen. Ansätze und Ergebnisse*, (S. 15-42). Weinheim, München: Juventa.

Baecker, D. (1997). Einfache Komplexität. In: H. W. Ahlemeier & R. Königswieser (Hrsg.), *Komplexität Managen. Strategien, Konzepte und Fallbeispiele*, (S. 17-50). Wiesbaden: Gabler.

Baecker, D. (1999a). *Die Form des Unternehmens*. Frankfurt Main: Suhrkamp.

Baecker, D. (1999b). *Organisation als System*. Frankfurt Main: Suhrkamp.

Baecker, D. (2002). *Wozu Systeme?* Berlin: Kulturverlag Kadmos.

Baecker, D. (2003a). *Kapitalismus als Religion*. Berlin: Kulturverlag Kadmos.

Baecker, D. (2003b). *Organisation und Management*. Frankfurt Main: Suhrkamp.

Baecker, D. (2009). *Die Sache mit der Führung*. Wien: Picus Verlag.

Baecker, D. (2011a). Management als Störung im System. In Bäcker D. (Hrsg.), *Organisation und Störung. Aufsätze* , (S. 76-117). Berlin: Suhrkamp.

Baecker, D. (2011b). *Organisation und Störung. Aufsätze*. Berlin: Suhrkamp.

Baecker, D. (2014). *Organisation und Störung*. Berlin: Suhrkamp Verlag.

Baecker, D. (2016). Negativsprachen aus soziologischer Sicht. In D. Baecker (Hrsg.), *Wozu Theorie?*, (S. 78-114). Berlin: Suhrkamp.

Bähr, C. (2008). Privatisierungswelle deutscher Kliniken. In O. Everling & M. D. Kampe (Hrsg.), *Rating im Health-Care-Sektor: Schlüsse zur Finanzierung von Krankenhäusern, Kliniken, Reha-Einrichtungen*, (S. 10-21). Wiesbaden: Gabler.

Bär, S. (2011). *Das Krankenhaus zwischen ökonomischer und medizinischer Vernunft. Krankenhausmanager und ihre Konzepte*. Wiesbaden: VS Verlag für Sozialwissenschaften.

Bateson, G. (1987). *Geist und Natur: Eine notwendige Einheit*. Frankfurt Main: Suhrkamp.

Bateson, G., & Bateson, M. C. (1993). *Wo Engel zögern. Unterwegs zu einer Epistemologie des Heiligen*. Frankfurt Main: Suhrkamp.

Becker, A. (2003). *Controlling als reflexive Steuerung von Organisationen*. Stuttgart: Schäffer-Pöschel.

Beden, M. (2013). Katholische Krankenhäuser: Die Loyalitätspflichten der Ärzte. *Deutsches Ärzteblatt* 110: 2-4.

Behrens, J. (2005). Soziologie der Pflege und Soziologie der Pflege als Profession: die Unterscheidung von interner und externer Evidence. In K. R. Schroeter & T. Rosenthal (Hrsg.), *Soziologie der Pflege*, (S. 51-70). Weinheim, München: Juventa.

Beine, K. H. (2007). Tötungsserien in Krankenhäusern und Heimen. *Deutsches Ärzteblatt* 104: A2328-2332.

Beine, K. H., & Korzilius, H. (2015). Es gibt die Neigung, die Augen zu verschließen. *Deutsches Ärzteblatt* 112: A1777-A1778.

Berchtold, P., Endrissat, N., Müller, W. R., & Schmitz, C. (2007). Managing Professionals – Führung in Spitälern. Projektbericht. *Journal of Management & Marketing in Healthcare* 3 (1): 21-27.

Berg, M. (1996). Practices of reading and writing: the constitutive role of the patient record in medical work. *Sociology of Health and Illness* 18: 499-524.

Berufsordnung (2011). *(Muster-)Berufsordnung für die in Deutschland tätigen Ärztinnen und Ärzte – MBO-Ä – in der Fassung der Beschlüsse des 114. Deutschen Ärztetages 2011 in Kiel*.

Blum, K., Löffert, S., Offermanns, M., & Steffens, P. (2014). *Krankenhaus-Barometer. Umfrage 2014*. Düsseldorf: Deutsches Krankenhaus Institut.

Blum, K., Löffert, S., Offermanns, M., & Steffens, P. (2015). *Krankenhaus-Barometer. Umfrage 2015*. Düsseldorf: Deutsches Krankenhaus Institut.

Blum, K., & Offermans, M. (2013). Mengenentwicklung im Krankenhaus – die Fakten sprechen lassen. *das Krankenhaus* 2013: 10-16.

Bode, I. (2005). Einbettung und Kontingenz. Wohlfahrtsmärkte und ihre Effekte im Spiegel der neueren Wirtschaftssoziologie. *Zeitschrift für Soziologie* 34: 250-269.

Bode, I. (2010). Die Malaise der Krankenhäuser. *Leviathan* 38: 189-211.

Bode, I. (2013). *Die Infrastruktur des postindustriellen Wohlfahrtsstaats. Organisation – Wandel – Hintergründe*. Wiesbaden: Springer VS.

Bode, I., & Lange, J. (2014). Zerredete Eindeutigkeit. „Unseriöse Operatinen" im Krankenhauswesen als Gegenstand von Diskurs-ambivalenz. *Sozialer Sinn* 15 (2): 271-90.

Bode, I., & Vogd, W. (2016a). Einleitung. In I. Bode & W. Vogd (Hrsg.), *Mutationen des Krankenhauses. Soziologische Diagnosen in organisations- und gesellschaftstheoretischer Perspektive*, (S. 131-157). Wiesbaden: Springer VS.

Bode, I., & Vogd, W. (2016b). *Mutationen des Krankenhauses. Soziologische Diagnosen in organisations- und gesellschaftstheoretischer Perspektive*. Wiesbaden: Springer VS.

Bodenheimer, T. (2005). High Rising Health Care Costs. Part 2: Technology Innovation. *Annals of Internal Medicine* 142: 932-937.

Bohnsack, R. (2003a). Praxeologische Wissenssoziologie. In R. Bohnsack, W. Marotzki & M. Meuser (Hrsg.), *Hauptbegriffe Qualitativer Sozialforschung. Ein Wörterbuch*, (S. 137-138). Opladen: Leske + Budrich.

Bohnsack, R. (2003b). *Rekonstruktive Sozialforschung. Einführung in qualitative Methoden.* Opladen: UTB.

Bohnsack, R. (2008). *Rekonstruktive Sozialforschung. Einführung in qualitative Methoden.* 7. Auflage. Opladen: Barbara Budrich.

Bohnsack, R. (2014a). Der Milieubegriff der Praxeologischen Wissenssoziologie. *Zeitschrift für Soziologie für theoretische Soziologie (ZTS)* Sonderband: Form des Milieus. Zum Verhältnis von gesellschaftlicher Differenzierung und Form der Vergemeinschaftung: 16-45.

Bohnsack, R. (2014b). Habitus, Norm und Identität. In W. Helsper, R.-T. Kramer & S. Thiersch (Hrsg.), *Schülerhabitus*, (S. 33-42). Wiesbaden: Springer VS.

Bohnsack, R. (2014c). *Rekonstruktive Sozialforschung: Einführung in qualitative Methoden.* 9., überarbeitete Auflage. Opladen: Barbara Budrich.

Bölt, U., & Graf, T. (2012). *20 Jahre Krankenhausstatistik. WISTA – Wirtschaft und Statistik* Februar 2012: 112-212.

Bolton, S. C. (2005). ‚Making up' managers: the case of NHS nurses. *Work, Employment and Society* 19: 5-23.

Bourdieu, P. (1985). *Sozialer Raum und »Klassen«. Leçon sur la leçon. Zwei Vorlesungen.* Frankfurt Main: Suhrkamp.

Bourdieu, P. (1997). *Sozialer Sinn. Kritik der theoretischen Vernunft.* Frankfurt Main: Suhrkamp.

Bourdieu, P. (2001a). *Die Regeln der Kunst.* Frankfurt Main: Suhrkamp.

Bourdieu, P. (2001b). *Meditationen. Zur Kritik der scholastischen Vernunft.* Frankfurt Main: Suhrkamp.

Bourdieu, P. (2005). *Was heißt sprechen?* Wien: Braumüller.

Brandom, R. B. (2000). *Expressive Vernunft.* Frankfurt Main: Suhrkamp.

Braun, B. (2014). Auswirkungen der DRGs auf Versorgungsqualität und Arbeitsbedingungen im Krankenhaus. In A. Manzei & R. Schmiede (Hrsg.), *Theoretische und empirische Analysen zur Ökonomisierung von Medizin und Pflege*, (S. 91-114). Wiesbaden: Springer VS.

Braun von Reinersdorff, A. (2002). *Strategisches Krankenhausführung. Vom Lean Management zum Balanced Hospital Management.* Bern Göttingen: Verlag Hans Huber.

Bräutigam, C., Evans, M., Hilbert, J., & Öz, F. C. (2014). *Arbeitsreport Krankenhaus. Eine Online-Befragung von Beschäftigten deutscher Krankenhäuser.* HBS Arbeitspaper 306. Düsseldorf, Hans Böckler Stiftung. Düsseldorf.

Bröckling, U. (2007). *Das unternehmerische Selbst. Soziologie einer Subjektivierungsform.* Frankfurt Main: Suhrkamp.

Brunsson, N. (1989). *Organization of Hypocrisy: Talk, Decisions and Actions in Organizations.* Chichester et al.: Wiley.

Bühl, W. L. (1998). *Verantwortung für soziale Systeme. Grundzüge einer globalen Gesellschaftsethik.* Stuttgart: Klett-Cotta.

Buhr, P., & Klinke, S. (2006). *Qualitative Folgen der DRG-Einführung für Arbeitsbedingungen und Versorgung im Krankenhaus unter Bedingungen fortgesetzter Budgetierung. Eine vergleichende Auswertung von vier Fallstudien.* Berlin: Wissenschaftszentrum Berlin für Sozialforschung (WZB).

Bundesamt, S. (2016). *Gesundheit. Grunddaten der Krankenhäuser 2015.* Wiesbaden: Statistisches Bundesamt.

Buscher, F. (2008). 4. Bericht zur Lage der Krankenhäuser in Deutschland bei Einführung der Fallpauschalen. Ergebnis einer Länderumfrage bei den Trägern der Krankenhäuser im Juli/August 2007. *das Krankenhaus* 2008: 27-30.

Buß, E. (2011). *Managementsoziologie: Grundlagen, Praxiskonzepte, Fallstudien.* München: Oldenbourg.

Busse, R., & Blümel, M. (2014). *Germany. Health system review. Health Systems in Transition.* Copenhagen: European Observatory of Health Systems and Policies.

Busse, R., Schreyögg, J., & Tiemann, O. H. (2010). *Management im Gesundheitswesen.* Berlin, Heidelberg, New York: Springer.

Clade, H. (2010). 1989/1990 bis 2009/2010: Modernisierung im Kraftakt. Vom Umbruch im Gesundheitswesen war die stationäre Versorgung besonders betroffen. Heute haben sich die Krankenhäuser Ost und West im Niveau anglichen. *Deutsches Ärzteblatt* 107: A1204-1206.

Cohen, M., March, J., & Olsen, J. (1972). A Garbage Can Model of Organizational Choice. *Administrative Science Quarterly* 17: 1-25.

Courpasson, D. (2000). Managerial Strategies of Domination. Power in Soft Bureaucracies. *Organization Studies* 21: 141-161.

Crilly, T., & Le Grand, J. (2004). The motivation and behaviour of hospital Trusts. *Social Science & Medicine* 58: 1809-1823.

Debatin, J. F., Ekkernkamp, A., & Schulte, B. (2010). *Krankenhausmanagement: Strategien, Konzepte, Methoden.* Berlin: Medizinisch Wissenschaftliche Verlagsgesellschaft.

Deutsche Krankenhausgesellschaft (2015). *Bestandsaufnahme zur Krankenhausplanung und Investitionsfinanzierung in den Bundesländern.* Stand: August 2015. http://www.dkgev.de/media/file/21258.Bestandsaufnahme_August_2015.pdf (letzter Zugriff: 25.04.2017).

Donabedian, A. (1980). *Explorations in quality assessment and monitoring. Vol 1: The definition of quality and approaches to its assessment.* Michigan: Ann Arbor.

Dörner, K. (2001). *Der gute Arzt. Lehrbuch der ärztlichen Grundhaltung.* Stuttgart, New York: Schattauer.

Dresing, Th., & Pehl, Th. (2013). *Praxisbuch Interview, Transkription & Analyse. Anleitungen und Regelsysteme für qualitativ Forschende.* 5. Auflage. Marburg. Quelle: www.audiotranskription.de/praxisbuch (letzter Zugriff: 04.03.2017).

Eberllein-Gonska, M., & Costa, S.-D. (2015). Qualitätsmanagement – integraler Bestandteil der täglichen Arbeit? *Deutsches Ärzteblatt* 112: A316-318.

Eichhorn, S., Labryga, F., & Wischer, R. (1986). *Neue Wege in der Gestaltung von Bau und Betrieb des Krankenhauses.* 12. Internationales Krankenhaussymposium, Tagungsbericht. Berlin: Technische Universität Berlin.

Ethikrat, D. (2016). *Patientenwohl als ethischer Maßstab für das Patientenwohl.* Stellungnahme 5. April 2016. Berlin: Deutscher Ethikrat.

Evetts, J. (2013). Professionalism: Value and ideology. *Current Sociology Review* 61: 778-796.

Feißt, M., & Molzberger, K. (2016). Die Praxis der Zahlen im Krankenhausmanagement – Fakt oder Fetisch? In I. Bode & W. Vogd (Hrsg.), *Mutationenen des Krankenhauses. Soziologische Diagnosen in organisations- und gesellschaftstheoretischer Perspektive*, (S. 119-142). Wiesbaden: Springer VS.

Fetter, R. B., Brand, D. A., & Gamache, D. E. (1991). *DRGs: their design and development.* Ann Arbor, Mich: Health Administration Press.

Feuerstein, G. (1995). *Das Transplantationssystem. Dynamik, Konflikte und ethisch-moralische Grenzgänge*. Weinheim, München: Juventa.

Foerster, H. v. (1993). *KybernEthik*. Berlin: Merve.

Foerster, H. v. (1994). *Wissen und Gewissen: Versuch einer Brücke*. Frankfurt Main: Suhrkamp.

Forbes, T., Hallier, J., & Kelly, L. (2004). Doctors as managers: investors and reluctants in a dual role. *Health Services Management Research* 17: 167-176.

Foucault, M. (1988). *Die Geburt der Klinik. Eine Archäologie des ärztlichen Blicks*. München: Fischer.

Fox, R. (1969). Training for Uncertainty. In R. K. Merton, G. G. Reader & P. L. Kendall (Hrsg.), *The Student Physician. Introductory Studies in the Sociology of Medical Education*, (S. 207-241). Cambridge Massachusetts: Harvard Univ. Press.

Freidson, E. (1975). *Doctoring together. A study of professional social control*. New York: Elsevier.

Freidson, E. (1988). *Profession of Medicine: A Study of the Sociology of Applied Knowledge*. Chicago: University of Chicago Press.

Freidson, E. (2001). *Professionalism. The third logic*. Cambridge, Mass: Polity Press.

Frewer, A., Bruns, F., & Rascher, W. (2011). *Gesundheit, Empathie und Ökonomie. Kostbare Werte in der Medizin*. Würzburg: Königshauses & Neumann.

Friedland, R., & Alford, R. R. (1991). Bringing Society Back In: Symbols, Practices, and Institutional Contradictions. In W. W. Powell & P. J. DiMaggio (Hrsg.), *The New Institutionalism in Organizational Analysis*, (S. 232-266). Chicago: University of Chicago Press.

Friedman, M. (1970). The Social Responsibility of Business is to Increase its Profits. *The New York Times Magazine, September 13, 1970*.

Garfinkel, H. (1974). "Good" Organizational Reasons for "Bad" Clinical Records. In R. Turner (Hrsg.), *Ethnomethodology. Selected Readings*, (S. 109-127). Hardmondsworth: Penguin.

Gehlen, A. (1963). *Studien zur Anthropologie und Soziologie*. Neuwied: Luchterhand.

Gieryn, T. F. (1983). Boundary-Work and the Demarcation of Science from Non-Science: Strains and Interests in Professional Ideologies of Scientists. *American Sociological Review* 48: 781-795.

Glaser, B. G., & Strauss, A. L. (1967). *The Discovery of Grounded Theory: Strategies for Qualitative Research*. Chicago: Aldine.

Glouberman, S., & Mintzberg, H. (2001). Managing the care of health and the cure of disease – Part I: Differentiation. *Health Care Manage Review* 26: 56-69.

Goebel, J., & Clermont, C. (1997). *Muddling Through. Die Tugend der Orientierungslosigkeit*. Berlin: New Sign, Agentur für Kommunikation.

Goffman, E. (1996). *Rahmen-Analyse. Ein Versuch über die Organisation von Alltagserfahrungen*. Frankfurt Main: Suhrkamp.

Greenfield, D., & Braithwaite, J. (2008). Health sector accreditation research: a systematic review. *International Journal for Quality in Health Care* 20: 172-183.

Grosser, M. (2014). Burnout im Krankenhaus: Ursachen, Folgen und Prävention. Die auszehrende Organisation. In D. Oelsnitz, F. Schirmer & K. Wüstner (Hrsg.), *Leistung und Gesundheit in einer anspruchsvollen Arbeitswelt*, (S. 209-237). Wiesbaden: Springer VS.

Günther, G. (1976). Cybernetic Ontology and Tranjunctional Operations. In G. Günther (Hrsg.), *Beiträge zur Grundlegung einer operationsfähigen Dialektik*, Bd. 1 (Hamburg 1976), (S. 249-328). Hamburg: Meiner.

Habersam, M. (2009). *Management öffentlicher Krankenhäuser. Eine Rekonstruktion der theoretischen Grundlagen*. Wiesbaden: VS Verlag für Sozialwissenschaften.

Hasse, R., & Krücken, G. (1999). *Neo-Institutionalismus*. Bielefeld: transcript Verlag.

Heath, C., &. Luff, P. (1996). Documents and Professional Practise: 'bad' organisational reasons for 'good' clinical records. In *Proceedings of the Conference on Computer Supported Cooperative Word*, (S. 354-363). Boston: ACM Press.

Heinen, M. M., van Achterberg, Th., Schwendimann, R., Zander, B., Matthews, A., Kózka, M., Ensio, A., Sjetne, I. S., Casbas, T. M., Ball, J., & Schoonhoven, L. (2013). Nurses' intention to leave their profession: a cross sectional observational study in 10 European countries. *International Journal of Nursing Studies* 50: 174-184.

Herder-Dorneich, P., & Schuller, A. H. (1983). *Die Anpruchsspirale. Schicksal oder Systemdefekt?* Stuttgart, Berlin, Köln: Kohlhammer.

Herrmann, S. K. (2013). Was heißt sprechen? Sozialität, Gewalt und Leiblichkeit bei Pierre Bourdieu. In E. Alloa & M. Fischer (Hrsg.), *Leib und Sprache. Zur Reflexivität verkörperter Ausdrucksformen*, (S. 135-156). Weilerswist: Velbrück.

Hirschman, A. (1970). *Exit, Voice, Loyalty. Responses to Decline in Firms, Organizations, and States*. Cambridge, Massachusetts: Cambridge University Press.

Hüster, P., Hobelsberger, H., & Hellwig, A. H. (2016). *Christliche Organisationskultur prägen. Ansätze im kirchlichen Gesundheitswesen*. Freiburg im Breisgau: Lambertus.

Iding, H. (2000). *Hinter den Kulissen der Organisationsberatung. Qualitative Fallstudien von Beratungsprozessen im Krankenhaus*. Opladen: Leske & Budrich.

Illich, I. (1995). *Die Nemesis der Medizin. Die Kritik der Medikalisierung des Lebens*. München: Beck.

Isfort, M., & Weidner, F. (2001). DRG-Einführung in der pflegewissenschaftlichen Betrachtung. In F. Rau, N. Roeder & P. Hensen (Hrsg.), *Auswirkungen der DRG-Einführung in Deutschland. Standortbestimmung und Perspektiven*, (S. 74-88). Stuttgart: Kohlhammer.

Jansen, T. (2013). *Mitbestimmung in Aufsichtsräten*. Wiesbaden: Springer VS.

Jansen, T., & Poranzke, S. (2015). Management: between medical professionalism and financial pressure. In M. Knudsen & W. Vogd (Hrsg.), *Systems Theory and sociology of health and illness: observing healthcare*, (S. 128-148). London, New York: Routledge.

Jansen, T., & Vogd, W. (2013). Polykontexturale Verhältnisse – disjunkte Rationalitäten am Beispiel von Organisationen. *Zeitschrift für Soziologie für Theoretische Soziologie (ZTS)* 1: 82-97.

Jansen, T., & Vogd, W. (2017). Reflexivität in der dokumentarischen Methode – metatheoretische Herausforderungen durch die Organisationsforschung. In S. Amling & W. Vogd (Hrsg.), *Dokumentarische Organisationsforschung. Perspektiven einer praxeologischen Wissenssoziologie*, (S. 260-278). Opladen: Barbara Budrich.

Jansen, T., von Schlippe, A., Vogd, W. (2015). Kontexturanalyse – ein Vorschlag für rekonstruktive Sozialforschung in organisationalen Zusammenhängen. *FQS Forum: Qualitative Sozialforschung* 16: Art. 4 (68 Absätze).

John, R., Henkel, A., & Rückert-John, J. (2010). *Die Methodologie des Systems. Wie kommt man zum Fall und wie dahinter?* Wiesbaden: VS Verlag für Sozialwissenschaften.

Kerson, T. S., & Kerson, L. A. (1985). *Understanding chronical illness: Die medical and psychosocial dimension of nine diseases*. New York: Free Press.

Kettner, M., & Koslowski, P. (2011). *Wirtschaftsethik in der Medizin. Wie viel Ökonomie ist gut für die Gesundheit*. München: Willhelm Fink.

Klatetzki, T., &. Tacke, V. (2005). *Organisation und Profession. Organisation und Gesellschaft*. Wiesbaden: VS Verlag für Sozialwissenschaften.

Klauber, J., Geraedts, M., Friedrich, J., & Wasem, J. H. (2013). *Krankenhaus-Report 2013. Mengendynamik: mehr Menge, mehr Nutzen?* Stuttgart: Schattauer.

Klein-Hitpaß, U., & Scheller-Kreinsen, D. (2015). Policy trends and reforms in the German DRG-based hospital payment system. *Health Policy* 119: 252-257.

Klinke, S. (2008). *Ordnungspolitischer Wandel im stationären Sektor. 30 Jahre Gesundheitsreform, DRG-Fallpauschalensystem und ärztliches Handeln im Krankenhaus.* Berlin: Pro Business.

Knoblauch, H. (2000). Frame Analysis. In D. Kaesler & L. Vogt (Hrsg.), *Hauptwerke der Soziologie,* (S. 171-176). Stuttgart: Kröner Verlag.

Knoblauch, H. (2001). Fokussierte Ethnographie. *Sozialer Sinn. Zeitschrift für hermeneutische Sozialforschung.* 1: 123-141.

Knudsen, M. (2015). Personal Leadership in Polyphonic Organisations. In M. Knudsen & W. Vogd (Hrsg.), *Systems Theory and the Sociology of Health and Illness. Observing Healthcare,* (S. 215-234). London, New York: Routledge.

Kohlen, H., & Kumbruck, C. (2008). *Care-(Ethik) und das Ethos fürsorglicher Praxis (Literaturstudie).* Bremen.

Kühl, S. (1994). *Wenn die Affen den Zoo regieren. Die Tücken der flachen Hierarchien.* Frankfurt Main: Campus.

Kühl, S., & Schnelle, T. (2009). Führen ohne Hierarchie. Macht, Vertrauen und Verständigung im Prozess Lateralen Führens. *Organisationsentwicklung* 2: 51-60.

Kühl, S., Schnelle, T., & Schnelle, W. (2004). Führen ohne Führung. *Harvard Business Manager* 1: 71-79.

Küpper, G. (1996). *Weibliche Berufskarrieren in der stationären Krankenpflege. Pflegedienstleiterinnen als Führungskräfte zwischen Tradition und institutioneller Modernisierung.* Bielefeld: Kleine Verlag.

Lakoff, G., & Johnson, M. (1981). *Metaphors We Live by.* Chicago: University of Chicago Press.

Le Grand, J. (2007). Quasi-markets in healthcare. In J. Hills, J. Le Grand & D. Piachaud (Hrsg.), *Making Social Policy Work.* Essay in honour of Howard Glennerster, (S. 131-146). Bristol: The Policy Press.

Le Grand, & J. (2007). *The Other Invisible Hand. Delivering Public Services through Choice and Competition.* New Yersey: Princeton University Press.

Le Grand, J., &. Bartlett, W. (1993). The Theory of Quasi-Markets. In J. Le Grand & W. Bartlett (Hrsg.), *Quasi-Markets and Social Policy,* (S. 13-34). London: Macmillan.

Lehmbruch, G. (1988). Der Neokorporatismus der Bundesrepublik im internationalen Vergleich und die ,Konzertierte Aktion im Gesundheitswesen'. In G. Gäfgen (Hrsg.), *Neokorporatismus und Gesundheitswesen,* (S. 11-32). Nomos: Baden-Baden.

Llewellyn, S. (2011). ,Two-way Windows': Clinicians as Medical Manager. *Organization Studies* 22: 593-623.

Lowe, A. (2001): Casemix accounting systems and medical coding – Organisational actors balanced on "leaky black boxes". *Journal of Organizational Change Management* 14: 79-100.

Luhmann, N. (1964). *Funktionen und Folgen formaler Organisation.* Berlin: Duncker & Humblot.

Luhmann, N. (1969). *Legitimation durch Verfahren.* Neuwied: Luchterhand.

Luhmann, N. (1983). Anspruchsinflation im Krankheitssystem. Eine Stellungnahme aus gesellschaftstheoretischer Sicht. In P. Herder-Dorneich & A. Schuller (Hrsg.), *Die Anpruchsspirale. Schicksal oder Systemdefekt?,* (S. 28-49). Stuttgart, Berlin, Köln: Kohlhammer.

Luhmann, N. (1986). *Ökologische Kommunikation. Kann die moderne Gesellschaft sich auf ökologische Gefährdungen einstellen?* Oblaten: Westdeutscher Verlag.

Luhmann, N. (1990). Der medizinische Code. In N. Luhmann (Hrsg.), *Soziologische Aufklärung, Konstruktivistische Perspektiven*, (S. 183-195). Opladen: Westdeutscher Verlag.

Luhmann, N. (1992 [1988]). Organisation. In W. Küpper & G. Ortmann (Hrsg.), *Mikropolitik. Rationalität, Macht und Spiele in Organisationen*, (S. 165-186). Opladen: Westdeutscher Verlag.

Luhmann, N. (1993). *Soziale Systeme. Grundriß einer allgemeinen Theorie*. Frankfurt Main: Suhrkamp.

Luhmann, N. (1997). Die Kontrolle der Intransparenz. In H. W. Ahlemeier & R. Königswieser (Hrsg.), *Komplexität managen: Strategien, Konzepte und Fallbeispiele*, (S. 51-76). Wiesbaden: Gabler.

Luhmann, N. (2000a). *Die Politik der Gesellschaft*. Frankfurt Main: Suhrkamp.

Luhmann, N. (2000b). *Organisation und Entscheidung*. Oblaten: Westdeutscher Verlag.

Luhmann, N. (2000c). *Vertrauen: Ein Mechanismus der Reduktion sozialer Komplexität*. Stuttgart: Lucius & Lucius.

Luhmann, N. (2005a). Allgemeine Theorien organisierter Sozialsysteme. In N. Luhmann (Hrsg.), *Soziologische Aufklärung 2, Aufsätze zur Theorie der Gesellschaft*, (S. 48-62). Wiesbaden: VS Verlag für Sozialwissenschaften.

Luhmann, N. (2005b). Der Medizinische Code. In N. Luhmann (Hrsg.), *Soziologische Aufklärung 5, Konstruktivistische Perspektiven*, (S. 176-188). Wiesbaden: VS Verlag für Sozialwissenschaften.

Luhmann, N. (2005 [1970]). Funktionale Methode und Systemtheorie. In N. Luhmann (Hrsg.), *Soziologische Aufklärung 1, Aufsätze zur Theorie sozialer Systeme*, (S. 39-67). Oblaten: Westdeutscher Verlag.

Luhmann, N. (2016). *Der neue Chef*. Berlin: Suhrkamp.

Mannheim, K. (1980). *Strukturen des Denkens*. Frankfurt Main: Suhrkamp.

Mannheim, K. (1995 [1929]). *Ideologie und Utopie*. Frankfurt Main: Vittorio Klostermann.

Manzei, A., & Schmiede, R. H. (2014). *20 Jahre Wettbewerb im Gesundheitswesen. Theoretische und empirische Analysen zur Ökonomisierung von Medizin und Pflege*. Wiesbaden: Springer VS.

Marotzki, W. (1990). *Entwurf einer strukturalen Bildungstheorie. Biographietheoretische Auslegung von Bildungsprozessen in hochkomplexen Gesellschaften*. Weinheim: Deutscher Studien Verlag.

Messner, M., Scheit, T., & Becker, A. (2007). Messen und Managen: Controlling und die (Un-)Berechenbarkeit des Managements. In A. Mennicken & H. Vollmer (Hrsg.), *Zahlenwerk. Kalkulation, Organisation und Gesellschaft*, (S. 87-104). Wiesbaden: VS Verlag für Sozialwissenschaften.

Meuser, M., & Nagel, U. (2005). ExpertInneninterviews – vielfach erprobt, wenig bedacht. In A. Bogner, B. Littig & W. Menz (Hrsg.), *Das Experteninterview. Theorie, Methode, Anwendungsfelder*, (S. 71-93). Wiesbaden: VS Verlag für Sozialwissenschaften.

Meyer, M. W., & Zucker, L. G. (1989). *Permanently Failing Organizations*. Newbury Park/CA: Sage.

Mihm, A. (2013): *Gesundheitspolitik: CDU-Experte hält Hunderte Kliniken für überflüssig*. FAZ.

Milgram, S. (1982). *Das Milgram Experiment. Zur Gehorsamsbereitschaft gegenüber Autorität*. Reinbek: Rowohlt.

Mintzberg, H. (1973). *The Nature of Managerial Work*. New York, Evanston, San Francisco, London: Harper & Row.

Mintzberg, H. (1983a). *Power in and around Organizations.* Englewood Cliffs, New Jersey: Prentice-Hall.

Mintzberg, H. (1983b). *Structures in Fives: Designing Effektive Organizations.* Englewood Cliffs: Prentice Hall.

Molzberger, K., & Vogd, W. (2016). Die Gefährdung des Ökonomischen durch die Ökonomik – von epistemischen Irrtümern und der ‚richtigen' Performanz ökonomischer Rechenapparaturen am Beispiel der ökonomischen Zurichtung des Krankenhauses. *Zeitschrift für theoretische Soziologie (ZTS).*

Monahan, T. (2008). Dreams of Control at a Distance: Gender, Surveillance, and Social Control. *Cultural Studies Critical Methodologies* 9: 286-305.

Morgan, G. (2006). *Bilder der Organisation.* Stuttgart: Klett-Cotta.

Muzio, D., & Kirkpatrick, I. (2011). Introduction: Professions and Organizations – A Conceptual Framework. *Current Sociology* 59: 389-405.

Neumann, K., Gierling, P., Peters, D. B., & Dietzel, J. (2013). *Konsequezen aus der Qualitätsmessung im Krankenhaus.* Berlin: IGES Institut.

Nietzsche, F. (2009). *Zur Genealogie der Moral.* Stuttgart: Reclam.

Nohl, A.-M. (2001a). Komparative Analyse: Forschungspraxis und Methodologie dokumentarischer Interpretation. In R. Bohnsack, I. Nentwig-Gesemann & A.-M. Nohl (Hrsg.), *Die dokumentarische Methode und ihre Forschungspraxis. Grundlagen qualitativer Sozialforschung,* (S. 253-274). Opladen: Leske und Budrich.

Nohl, A.-M. (2001b). *Migration und Differenzerfahrung. Junge Einheimische und Migranten im rekonstruktiven Millieuvergleich.* Oblaten: Leske und Budrich.

Nohl, A.-M. (2013). *Relationale Typenbildung und Mehrebenenvergleich: Neue Wege der dokumentarischen Methode.* Berlin: Springer VS.

Nullmeier, F. (2003). Wohlfahrtsmärkte und Bürgerengagement in der Marktgesellschaft. In J. Allmendinger (Hrsg.), *Entstaatlichung und soziale Sicherheit. Verhandlungen des 31. Kongresses der Deutschen Gesellschaft für Soziologie in Leipzig 2002,* (S. 961-974). Oblaten: Leske & Budrich.

Observatory, E. (2000). *European Observatory on Health Care Systems. Deutschland.* Copenhagen: WHO, Regionalbüro Europa.

Oevermann, U. (1990). *Klinische Soziologie. Konzeptualisierung, Begründung, Berufspraxis und Ausbildung.* Frankfurt Main.

Ortmann, G. (2010). *Organisation und Moral.* Weilerswist: Velbrück.

Ortmann, G., & Schnelle, G. (1999). Medizinische Qualitätsnetze – Steuerung und Selbststeuerung. In J. Sydow & A. Windeler (Hrsg.), *Steuerung von Netzwerken. Konzepte und Praktiken.* Opladen, S. 206-233.

Ortmann, G., Sydow, J., & Windeler, A. (2000). Organisation als reflexive Strukturation. In G. Ortmann, J. Sydow & J. Türk (Hrsg.), *Theorien der Organisation. Die Rückkehr der Gesellschaft,* (S. 315-354). Wiesbaden: Westdeutscher Verlag.

Parsons, T. (1951). *The Social System.* London: Routledge and Kegan.

Pauker, S. G., & Pauker, S. P. (1998). Expected-utility perspectives on defensive testing. Torts, tradeoffs, and thresholds – is defensive medicine defensible? *Medical Decision Making* 18: 29-31.

Petry, M., & Grabow, J. (2013). Haftpflichtversicherung im Krankenhaus – quo vadis? *das Krankenhaus* 6.2013: 601-604.

Pohlmann, M. (2002). Management, Organisation und Sozialstruktur – Zu neuen Fragestellungen und Konturen der Managementsoziologie. In R. Schmidt, H.-J. Gergs & M.

Pohlmann (Hrsg.), *Managementsoziologie. Perspektiven, Theorien, Forschungsdesiderate*, (S. 227-244). München: Rainer Hampp.

Pohlmann, M. (2007). Management und Führung: eine managementsoziologische Perspektive. *Sozialwissenschaften und Berufspraxis* 30: 5-20.

Pollitt, C., & Bouckaert, G. (2011). *Public Management Reform. A Comparative Analysis – New Public Management, Governance, and the Neo-Weberian State*. Oxford: Oxford University Press.

Pollitt, C., van Thiel, S., & Homburg, V. H. (2007). *New Public Management in Europe. Adaption and Alternatives*. Basinkstoke: Palgrave.

Porter, E. M., & Teisberg, E. O. (2006). *Redefining Health Care*. Boston, Mass.: Harvard Business School Press.

Porzsolt, F. (1996): Rationalisierung und Rationierung im Gesundheitssystem. *Münchner Medizinische Wochenschrift* 138: 608-611.

Pouthier, V., Christopher W. J., Steele, C. W. J., & Ocasio, W. (2013). The Changing Relationship between Hospitalist Identity and Logics of Health care. In M. Lounsbury & E. Boxenbaum (Hrsg.), *Institutional Logics in Action, Part A* (Research in the Sociology of Oganizations, Volume 39 Part A, (S. 203-241). Bingley: Emerald Group.

Powell, W. W. (1990). Neither Market nor Hierarchy. Network Forms of Organization. *Research in Organizational Behavior* 12: 295-336.

Power, M. (1997). *The Audit Society. Rituals of Verification*. Oxford: Oxford University Press.

Prosser, H., & Walley, T. (2005). A qualitative study of GPs' and PCO stakeholders' views on the importance and influence of cost on prescribing. *Social Science & Medicine* 60: 1335-1346.

Rau, F., Reeder, N., & Hensen, P. H. (2009). *Auswirkungen der deutschen DRG-Einführung*. Stuttgart: Kohlhammer.

Reay, T., & Hinings, C. R. (2009). Managing the Rivalry of Competing Institutional Logics. *Organization Studies* 30: 629-652.

Reimann, S. (2013). *Die medizinische Sozialisation. Rekonstruktion zur Entwicklung eines ärztlichen Habitus*. Wiesbaden: Springer VS.

Richter, H. (2008). Stationäre Versorgung – Das Krankenhaus in der Postmoderne. *Deutsches Ärzteblatt* 105: A 1329-1333.

Roeder, N. F., & Dominik (2014). Beschleunigung im Krankenhausalltag. Konsequenzen für Beschäftigte und Patienten. *G&G Wissenschaft* 14 (3): 26-34.

Rohde, J. J. (1974): *Soziologie des Krankenhauses. Zur Einführung in die Soziologie der Medizin*. Stuttgart: Ferdinand Enke.

Rosenbrock, R., & Gerlinger, T. (2006). *Gesundheitspolitik. Eine systematische Einführung. Gesundheitswissenschaften*. Bern: Huber.

Rosenbrock, R., & Gerlinger, T. (2015). Gesundheitspolitik. In C. Thielscher (Hrsg.), *Medizinökonomie 1. Das System der medizinischen Versorgung*. 2. aktualisierte und erweiterte Auflage, (S. 159-224). Wiesbaden: Springer Gabler.

Rüegg-Stürm, J. (2007). Die Prozessqualität ist die Grundlage. Wege zu einer besseren Kosteneffizienz von Krankenhäusern. *Deutsches Ärzteblatt* 50: A 3464-3467.

Rürup, B. (2008). *Umstellung auf eine monistische Finanzierung von Krankenäusern. Expertise im Auftrag des Bundesministeriums für Gesundheit*. Darmstadt.

Sackett, D. L., Rosenberg, W. M. C., Gray, J. A. M., Haynes, R. B., & Richardson, W. S. (1997). Was ist Evidenz-basierte Medizin und was nicht? *Münchner Medizinische Wochenschrift* 139: 644-645.

Samuel, S., Dirsmith, M. W., & McElroy, B. (2005). Monetized medicine: from physical to the fiscal. *Accounting Organizations and Society* 30: 249-278.

Sauerland, D. (2002). *Gesundheitspolitik in Deutschland. Reformbedarf und Entwicklungsperspektiven.* Gütersloh: Verlag Bertelsmann Stiftung.

Scheel, O. E., Thry, E., Schmidt-Rhode, C., & Berenbeck, M. (2011). *Deutsches Gesundheitssystem auf dem Prüfstand.*

Schmidt, R., Gergs, H.-J., & Pohlmann, M. H. (2002). *Managementsoziologie. Perspektiven, Theorien, Forschungsdesiderate.* München: Rainer Hampp.

Schrappe, M. (2007). Medizinische Zentren – Systematik und Nutzen. *Zeitschrift für ärztliche Fortbildung und Qualität im Gesundheitswesen* 101: 141-146.

Schumpeter, J. (1987 [1934]). *Theorie der wirtschaftlichen Entwicklung. Eine Untersuchung über Unternehmergewinn, Kapital, Kredit, Zins und den Konjunkturzyklus.* Berlin: Duncker & Humblot.

Scott, W. R. (1992). Health Care Organizations in the 1980s: The convergence of public and professional control systems. In J. W. Meyer & W. R. Scott (Hrsg.), *Organizational Environments. Rituals und Rationality,* (S. 99-113). Newbury Park: Sage.

Scott, W. R., Ruef, M., Mendel, P. J., & Caronna, C. A. (2000). *Institutional Change and Healthcare Organizations. From Professional Dominance to Managed Care.* Chicago: The University of Chicago Press.

Sibbel, R. (2004). *Produktion integrativer Dienstleistungen. Kapazitätsplanung und Organisationsgestaltung am Beispiel von Krankenhäusern.* Wiesbaden: DVU.

Siemen, C. (2012). *Die Kultur der Zusammenarbeit verändern? Empirische Rekonstruktionen intendierter Veränderung am Beispiel eines Großkonzerns.* Saarbrücken: Akademiker Verlag.

Simon, B., & Mummendey, A. (1997). Selbst, Identität und Gruppe: Eine sozialpsychologische Analyse des Verhältnisses von Individuum und Gruppe. In A. Mummendey & B. Simon (Hrsg.), *Identität und Verschiedenheit. Zur Sozialpsychologie der Identität in komplexen Gesellschaften,* (S. 11-38). Göttingen: Huber.

Simon, F. B. (2007). Paradoxiemanagement oder: Genie und Wahnsinn von Organisationen. *Revue für postheroisches Management* 1: 68-87.

Simon, F. B. (2014). *Einführung in die (System-)Theorie der Beratung.* Heidelberg: Carl-Auer.

Simon, M. (2000). *Krankenhauspolitik in der Bundesrepublik Deutschland.* Wiesbaden: VS Verlag für Sozialwissenschaften.

Simon, M. (2013). Das Deutsche DRG-System. Grundsätzliche Konstruktionsfehler. *Deutsches Ärzteblatt* 110: A 1782-1787.

Smith, R. (2001). Too much medicine? Almost certainly. (Editorial). *British Medical Journal* 324: 859-860.

Spencer-Brown, G. (2005). *Gesetze der Form.* Lübeck: Bohmeier.

Stichweh, R. (1987). Professionen und Disziplinen – Formen der Differenzierung zweier Systeme beruflichen Handelns in modernen Gesellschaften. In K. Harney (Hrsg.), *Professionalisierung der Erwachsenenbildung: Fallstudien, Materialien, Forschungsstrategien,* (S. 210-275). Frankfurt Main: Peter Lang.

Stichweh, R. (2000). *Die Weltgesellschaft. Soziologische Analysen.* Frankfurt Main: Suhrkamp.

Strauss, A., Schatzman, L., Ehrlich, D., Bucher, R., & Sabshin, M. (1963): The hospital and its negotiated Order. In E. Freidson (Hrsg.), *The hospital in modern society,* (S. 147-169). London: Free Press.

Strauss, A. L. (1998). *Grundlagen der qualitativen Sozialforschung. Datenanalyse und Theoriebildung in der empirischen soziologischen Forschung.* München: Wilhelm Fink.

Strauss, A. L., Fagerhaugh, S., Suczek, B., & Wiener, C. (1997). *Social Organisation of Medical Work.* New Brunswick, London: Transaction Publishers.

Strodtholz, P., & Kühl, S. (2002). Qualitative Methoden in der Organisationsforschung – ein Überblick. In P. Strodtholz & S. Kühl (Hrsg.), *Methoden der Organisationsforschung.* Rowohlt: Reinbek.

Teubner, G. (2006). *Coincidentia Oppositorum: Hybrid Networks Beyond Contract and Organization.*

Thornton, P. H., Ocasio, W., & Lounsbury, M. (2012). *The Institutional Logics Perspective: A New Approach to Culture, Structure and Process.* Oxford: Oxford University Press.

Timmermans, S., & Berg, M. (2003). *The Gold Standard. The Challenge of Evidence-Based Medicine and Standardization in Health Care.* Philadelphia: Temple University Press.

Tonkens, E., Bröer, C., van Sambeek, N., & van Hassel, D. (2013). Pretenders and Performers: Professional responses to the commodification of health care. *Social Theory & Health* 11: 368-387.

Urban, H.-J. (2005). *Wettbewerbskorporatismus und soziale Politik. Zur Transformation wohlfahrtsstaatlicher Politikfelder am Beispiel der Gesundheitspolitik. Studie 21 der Forschungsgruppe Europäische Integration am Institut für Politikwissenschaft.* Marburg.

Vogd, W. (2002). Professionalisierungsschub oder Auflösung ärztlicher Autonomie. Die Bedeutung von Evidence Based Medicine und der neuen funktionalen Eliten in der Medizin aus system- und interaktionstheoretischer Perspektive. *Zeitschrift für Soziologie* 31: 294-315.

Vogd, W. (2004a). Ärztliche Entscheidungsfindung im Krankenhaus bei komplexer Fallproblematik im Spannungsfeld von Patienteninteressen und administrativ-organisatorischen Bedingungen. *Zeitschrift für Soziologie* 33: 26-47.

Vogd, W. (2004b). *Ärztliche Entscheidungsprozesse des Krankenhauses im Spannungsfeld von System- und Zweckrationalität: eine qualitativ rekonstruierte Studie unter dem besonderen Blickwinkel von Rahmen und Rahmungsprozessen.* Berlin: VWF.

Vogd, W. (2004c). *Ärztliche Entscheidungsprozesse des Krankenhauses im Spannungsfeld von System- und Zweckrationalität. Eine qualitativ rekonstruktive Studie.* Berlin: VWF.

Vogd, W. (2004d). Entscheidung und Karriere – organisationssoziologische Betrachtungen zu den Geschehnissen einer psychosomatischen Abteilung. *Soziale Welt* 55: 283-300.

Vogd, W. (2005a). Die Verhältnisse sind klüger als das Bewusstsein – oder: Das prognostische Einholen von Wirklichkeit im Spannungsfeld von Praxis und den Theorien über die Praxis. In R. Hitzler & M. Pfadenhauer (Hrsg.), *Interpretative Beiträge zur sozialwissenschaftlichen Diagnose und Prognose,* (S. 95-108). Wiesbaden: VS Verlag für Sozialwissenschaften.

Vogd, W. (2005b). Medizinsystem und Gesundheitswissenschaften. Rekonstruktion einer schwierigen Beziehung. *Soziale Systeme* 11: 236-270.

Vogd, W. (2005c). Teilnehmende Beobachtung. In S.-U. Schmitz & K. Schubert (Hrsg.), *Einführung in die Politische Theorie und Methodenlehre,* (S. 89-109). Oblaten: Verlag Barbara Budrich.

Vogd, W. (2006a). *Die Organisation Krankenhaus im Wandel. Eine dokumentarische Evaluation aus Perspektive der ärztlichen Akteure.* Huber Verlag: Bern.

Vogd, W. (2006b). Verändern sich die Handlungsorientierungen von Krankenhausärzten unter den neuen organisatorischen und ökonomischen Rahmenbedingungen? Ergebnisse einer rekonstruktiven Längsschnittstudie. *Sozialer Sinn* 2002: 197-231.

Vogd, W. (2007a). Empirie oder Theorie? Systemtheoretische Forschung jenseits einer vermeintlichen Alternative. *Soziale Welt* 58: 295-321.

Vogd, W. (2007b). Von der Organisation Krankenhaus zum Behandlungsnetzwerk? Untersuchungen zum Einfluss von Medizincontrolling am Beispiel einer internistischen Abteilung. *Berliner Journal für Soziologie* 17: 97-119.

Vogd, W. (2008). Paradoxien einer chirurgischen Abteilung, deren leitenden Akteure zugleich entscheiden und funktionieren sollen. In I. Saake & W. Vogd (Hrsg.), *Moderne Mythen der Medizin. Studien zur organisierten Krankenbehandlung*, (S. 109-136). Wiesbaden: VS Verlag für Sozialwissenschaften.

Vogd, W. (2009). Systemtheorie und Methode? Zum komplexen Verhältnis von Theoriearbeit und Empirie in der Organisationsforschung. *Soziale Systeme* 15: 97-136.

Vogd, W. (2011a). *Systemtheorie und rekonstruktive Sozialforschung – eine Brücke. 2., erweiterte und vollständig überarbeitete Auflage*. Oblaten: Barbara Budrich.

Vogd, W. (2011b). *Zur Soziologie der organisierten Krankenbehandlung*. Weilerswist: Velbrück.

Vogd, W. (2014a). Götter in grau. Über das gestörte Verhältnis zwischen Arzt und Patient. *Kursbuch* 180: 58-73.

Vogd, W. (2014b). Problematische Selbstverhältnisse und Vermittlung. Qualitative Therapieforschung als Rekonstruktion der Reflexionsverhältnisse. *KONTEXT (Zeitschrift für systemische Therapie und Familientherapie)* 45: 7-22.

Vogd, W. (2016). Das Missverstehen des Ökonomischen – oder vom Sündenfall falsch verstandener Rationalitäten im Krankenhaus. In I. Bode & W. Vogd (Hrsg.), *Mutationen des Krankenhauses. Soziologische Diagnosen in organisations- und gesellschaftstheoretischer Perspektive.*, (S. 281-307) Wiesbaden: Springer VS.

Vogd, W. (2017). The Professions in Modernity and the Society of the Future: A Theoretical Approach to Understanding the Polyvalent Logics of Professional Work. *Professions and Professionalism (Online Journal)* 7: 1-15.

Vogd, W., &. Amling, S. (2017). Einleitung: Ausgangspunkte und Herausforderungen einer dokumentarischen Organisationsforschung. In S. Amling & W. Vogd (Hrsg.), *Dokumentarische Organisationsforschung. Perspektiven einer phraseologischen Wissenssoziologie* (S. 9-40). Opladen: Barbara Budrich.

von Hayek, F. A. (1969). *Freiburger Studien*. Tübingen: Mohr-Siebeck.

Wallenczus, K. (1998). *Praxisfeld Krankenhaus: Analyse einer Feldstudie anhand Bourdieuscher Reflexionen*. Hamburg: Kovac.

Watzlawick, P. (1991). *Anleitung zum Unglücklichsein*. München: Pieper.

Weick, K. E. (1976). Educational Organizations as Loosely Coupled Systems. *Administrative Science Quaterly 21: 1–19* 21: 1-19.

Weick, K. E. (1998). *Der Prozeß des Organisierens*. Frankfurt Main: Suhrkamp.

White, H. C. (2004). *Markets from Networks: Socioeconomic Models of Production*. Princeton: Princeton University Press.

Wilkesmann, M. (2016). Von Fürsten zu Knechten? Aktuelle Transformationsprozesse in der Organisation Krankenhaus am Beispiel der Ärzteschaft. In W. Vogd & I. Bode (Hrsg.), *Mutationen des Krankenhauses. Soziologische Diagnosen in organisations- und gesellschaftstheoretischer Perspektive*, (S. 207-228). Wiesbaden: Springer VS.

Willems, H. (1997). *Rahmen und Habitus. Zum theoretischen und methodologischen Ansatz Erving Goffmans: Vergleiche, Anschlüsse und Anwendungen*. Frankfurt Main: Suhrkamp.

Willke, H. (1992). *Ironie des Staates*. Frankfurt Main: Suhrkamp.

Willke, H. (1997). *Supervision des Staates*. Frankfurt Main: Suhrkamp.

Wimmer, R. (2016). Der wissenschaftliche Blick auf die Führung: Traditionen, Entwicklungen, Erkenntnisse. *supervision* 2: 12-23.

Wimmer, R., Glatzel, K., & Lieckweg, T. (2015). *Beratung im Dritten Modus: Die Kunst, Komplexität zu nützen.* Heidelberg: Carl-Auer.

Wimmer, R., Meissner, J. O., & Wolf, P. H. (2014). *Praktische Organisationswissenschaft. Lehrbuch für Studium und Beruf.* Heidelberg: Carl-Auer.

Witman, Y., Smid, G., Meurs, P., & Willems, D. (2011). Doctor in the lead: balancing between two worlds. *Organization* 18: 477-495.

Wolf, J., & Ostermann, A. (2016): Von der Organisation der Pflege zur Pflege der Organisation: Ein neuer Typus der Pflegedienstleitung im Krankenhausmanagement. In I. Bode & W. Vogd (Hrsg.), *Mutationenen des Krankenhauses. Soziologische Diagnosen in organisations- und gesellschaftstheoretischer Perspektive,* (S. 181-200). Wiesbaden: VS Verlag für Sozialwissenschaften.

Woolgar, S., & Pawluch, D. (1985). Ontological Gerrymandering: The Anatomy of Social Problems Explanations. *Social Problems* 32: 214-227.

Woolhandler, S., Campbell, T., & Himmelstein, D. U. (2003). Costs of Health Care Administration in United States and Canada. *The New England Journal of Medicine* 349: 768-775.

Wulf, C. (2005): *Zur Genese des Sozialen: Mimesis, Performativität, Ritual.* Bielefeld: transcript.

Zimbardo, P. G. (2008). *Der Luzifer-Effekt: Die Macht der Umstände und die Psychologie des Bösen.* Heidelberg: Spektrum Akademischer Verlag.

GPSR Compliance
The European Union's (EU) General Product Safety Regulation (GPSR) is a set of rules that requires consumer products to be safe and our obligations to ensure this.

If you have any concerns about our products, you can contact us on

ProductSafety@springernature.com

In case Publisher is established outside the EU, the EU authorized representative is:

Springer Nature Customer Service Center GmbH
Europaplatz 3
69115 Heidelberg, Germany